四庫全書總目彙訂

修訂本

5

子部

魏小虎 編撰

上海古籍出版社

卷九一

子 部 一

子 部 總 敘

　　自《六經》以外立説者，皆子書也。其初亦相淆，自《七略》區而列之，名品乃定。其初亦相軋，自董仲舒別而白之，醇駁乃分。其中或佚不傳，或傳而後莫為繼，或古無其目而今增，古各為類而今合，大都篇帙繁富。可以自為部分者，儒家以外有兵家，有法家，有農家，有醫家，有天文算法，有術數，有藝術，有譜錄，有雜家，有類書，有小説家，其別教則有釋家，有道家，敘而次之，凡十四類。儒家尚矣。有文事者有武備，故次之以兵家。兵，刑類也。唐虞無皋陶，則寇賊姦宄無所禁，必不能風動時雍，故次以法家。民，國之本也；穀，民之天也，故次以農家。本草經方，技術之事也，而生死繫焉。神農、黄帝以聖人為天子，尚親治之，故次以醫家。重民事者先授時，授時本測候，測候本積數，故次以天文算法。以上六家，皆治世者所有事也。百家方技，或有益，或無益，而其説久行，理難竟廢，故次以術數。游藝亦學問之餘事，一技入神，器或寓道，故次以藝術。以上二家，皆小道之可觀者也。《詩》取多識，《易》稱制器，博聞有取，利用攸資，故次以譜錄。羣言岐出，不名一類，總為薈粹，皆可採摭菁英，故次以雜家。隸事分類,亦雜言也,舊附於子部,今從其例,故次以類書。稗官所述,其事末矣,用廣見聞,愈於博弈,故次以小說家。以上四家,皆旁資參考者也。二氏,外學也,故次以釋家、道家終焉。夫學者研理於經,可以正天下之是非;徵事於史,可以明古今之成敗,餘皆雜學也。然儒家本六藝之支流,雖其閒依草附木,不能免門戶之私。而數大儒明道立言,炳然具在,要可與經史旁參。其餘雖真偽相雜,醇疵互見,然凡能自名一家者,必有一節之足以自立。即其不合於聖人者,存之亦可為鑒戒。"雖有絲麻,無棄菅蒯","狂夫之言,聖人擇焉",在博收而慎取之爾。

儒 家 類 一

古之儒者,立身行己,誦法先王,務以通經適用而已,無敢自命聖賢者。王通教授河汾,始摹擬尼山,遞相標榜,此亦世變之漸矣。迨托克托等修《宋史》,以道學、儒林分為兩傳,而當時所謂"道學"者,又自分二派,筆舌交攻。自時厥後,天下惟朱、陸是爭,門戶別而朋黨起,恩讐報復,蔓延者垂數百年。明之末葉,其禍遂及於宗社。惟好名、好勝之私心不能自克,故相激而至是也。聖門設教之意,其果若是乎?今所錄者,大旨以濂、洛、關、閩為宗。而依附門牆,藉詞衛道者,則僅存其目。金谿、姚江之派,亦不廢所長。惟顯然以佛語解經者,則斥入雜家。凡以風示儒者無植黨,無近名,無大言而不愸,無空談而鮮用[1]。則庶幾孔、孟之正傳矣。

【彙訂】

[1] "用",殿本作"實"。

孔子家語十卷（內府藏本）

魏王肅註。肅字子雍，東海人，官至中領軍散騎常侍。事蹟
具《三國志》本傳。是書肅自序云："鄭氏學行五十載矣，義理不
安，違錯者多，是以奪而易之。孔子二十二世孫有孔猛者，家有
其先人之書，昔相從學。頃還家，方取以來。與予所論，有若重
規疊矩。"云云。是此本自肅始傳也。考《漢書・藝文志》有《孔
子家語》二十七卷，顏師古註云："非今所有《家語》。"《禮・樂記》
稱："舜彈五弦之琴，以歌《南風》。"鄭註："其詞未聞。"孔穎達疏
載肅作《聖證論》，引《家語》"皋財解慍"之詩以難康成。又載馬
昭之説，謂"《家語》，王肅所增加，非鄭所見"。故王柏《家語考》
曰："四十四篇之《家語》，乃王肅自取《左傳》、《國語》、《荀》、
《孟》、二戴《記》，割裂織成之。孔衍之序，亦王肅自為也。"獨史
繩祖《學齋佔畢》曰："《大戴》一書，雖列之十四經，然其書大抵雜
取《家語》之書，分析而為篇目。其《公冠篇》載成王冠，祝辭內有
'先帝'及'陛下'字，周初豈曾有此？《家語》止稱'王'字，當以
《家語》為正。"云云。今考"陛下離顯先帝之光曜"已下，篇內已
明云"孝昭冠辭"，繩祖誤連為祝雍之言，殊未之考。蓋王肅襲取
《公冠篇》為《冠頌》，已誤合孝昭冠辭於成王冠辭，故刪去"先
帝"、"陛下"字，竄改"王"字。《家語》襲《大戴》，非《大戴》襲《家
語》，就此一條，亦其明證。其割裂他書，亦往往類此。反覆考
證，其出於肅手無疑[①]。特其流傳已久，且遺文軼事，往往多見
於其中，故自唐以來，知其偽而不能廢也。其書至明代，傳本頗
稀，故何孟春所註《家語》，自云"未見王肅本"。王鏊《震澤長語》
亦稱："《家語》今本，為近世妄庸所刪削。惟有王肅註者，今本所
無多具焉。"則亦僅見之也。明代所傳凡二本，閩徐[火勃]家本中缺

二十餘頁，海虞毛晉家本稍異，而首尾完全。今徐本不知存佚。此本則毛晉所校刊，較之坊刻，猶為近古者矣。

【彙訂】

①　“已”，殿本作“既”。

荀子二十卷（內府藏本）

周荀況撰。況，趙人。嘗仕楚為蘭陵令，亦曰荀卿。漢人或稱曰孫卿，則以宣帝諱詢，避嫌名也①。《漢志》“儒家”載《荀卿》三十三篇②，王應麟《考證》謂當作三十二篇。劉向《校書序錄》稱：“孫卿書凡三百二十三篇，以相校除重複二百九十篇，定著三十三篇③，為十二卷，題曰《新書》。”唐楊倞分易舊第，編為二十卷，復為之註，更名《荀子》，即今本也。考劉向《序錄》，卿以齊宣王時來游稷下，後仕楚，春申君死而卿廢。然《史記·六國年表》載春申君之死，上距宣王之末凡八十七年。《史記》稱卿“年五十始游齊”，則春申君死之年，卿年當一百三十七矣，於理不近。晁公武《讀書志》謂《史記》所云“年五十”為“年十五”之譌，意其或然。宋濂《荀子書後》又以為襄王時游稷下，亦未詳所本。總之戰國時人爾，其生卒年月已不可確考矣。況之著書，主於明周、孔之教，崇禮而勸學。其中最為口實者，莫過於《非十二子》及《性惡》兩篇。王應麟《困學紀聞》據《韓詩外傳》所引，卿但非十子，而無子思、孟子，以今本為其徒李斯等所增。不知子思、孟子後來論定為聖賢耳。其在當時，固亦卿之曹偶，是猶朱、陸之相非，不足訝也。至其以性為惡，以善為偽，誠未免於理未融。然卿恐人恃性善之說，任自然而廢學，因言性不可恃，當勉力於先王之教。故其言曰：“凡性者，天之所就也，不可學，不可事。禮義者，聖人之所生也，人之所學而能，所事而成者也。不可學、不可事而在人者，謂之性；可學而能、可事而成之在人者，謂之偽，是性、偽之分也。"其辨白"偽"字甚明。楊倞註亦曰："偽，為也。凡非天性而人作為之者，皆謂之偽。故偽字人旁加為，亦會意字也。"其説亦合卿本意。後人昧於訓詁，誤以為真偽之偽，遂譁然掊擊，謂卿蔑視禮義，如老、莊之所言。是非惟未睹其全書，即《性惡》一篇自篇首二句以外，亦未竟讀矣。平心而論，卿之學源出孔門，在諸子之中最為近正，是其所長；主持太甚，詞義或至於過當，是其所短。韓愈"大醇小疵"之説，要為定論，餘皆好惡之詞也。楊倞所註，亦頗詳洽。《唐書·藝文志》以倞為楊汝士子，而《宰相世系表》則載楊汝士三子：一名知溫，一名知遠，一名知至，無名倞者。《表》、《志》同出歐陽修手，不知何以互異。意者倞或改名，如溫庭筠之一名岐歟？

【彙訂】

① 漢人不避嫌名，荀之為孫，如孟卯之為芒卯，司徒之為申徒，語音之轉也。（顧炎武：《日知錄》）

②《漢書·藝文志》原文作《孫卿子》三十三篇。（陳尚君、張金耀主撰：《四庫提要精讀》）

③ 劉向《孫卿書序錄》原文作"孫卿書凡三百二十二篇，以相校除複重二百九十篇，定著三十二篇"。（同上）

孔叢子三卷（內府藏本）

舊本題曰孔鮒撰。所載仲尼而下子上、子高、子順之言行，凡二十一篇。又以孔臧所著賦與書上下二篇附綴於末，別名曰《連叢》。鮒字子魚，孔子八世孫，仕陳涉為博士。臧，高祖功臣孔蒝之子^①，嗣爵蓼侯，武帝時官太常。其書《文獻通考》作七卷，今本三卷，不知何人所併。晁公武《讀書志》云：“《漢志》無《孔叢子》，儒家有《孔臧》十篇，雜家有《孔甲盤盂書》二十六篇，其《獨治篇》，鮒或稱孔甲。意者《孔叢子》即《孔甲盤盂》，《連叢》即《孔臧書》。”案，《漢書・藝文志》顏師古註，謂孔甲“黃帝之史，或云夏后孔甲，似皆非”。則《孔叢》非《盤盂》。又《志》於儒家《孔臧》十篇外，詩賦家別出《孔臧賦》二十篇。今《連叢》有賦，則亦非儒家之孔臧。公武未免附會^②。《朱子語類》謂：“《孔叢子》文氣軟弱，不似西漢文字，蓋其後人集先世遺文而成之者。”陳振孫《書錄解題》亦謂：“案，《孔光傳》：‘孔子八世孫鮒，魏相順之子，為陳涉博士，死陳下。’則固不得為漢人。而其書記鮒之没，則又安得以為鮒撰？”其説當矣。《隋書・經籍志》論語家有《孔叢》七卷。註曰：“陳勝博士孔鮒撰。”其《序錄》稱《孔叢》、《家語》並孔氏所傳仲尼之旨，則其書出於唐以前。然《家語》出王肅依託，《隋志》既誤以為真，則所云《孔叢》出孔氏所傳者，亦未為確證。朱子所疑，蓋非無見^③。即如“《舜典》‘禋于六宗’，何謂也？子曰：‘所宗者六，皆潔祀之也。埋少牢於泰昭，所以祭時也；祖迎於坎壇，所以祭寒暑也；主於郊宮，所以祭日也；夜明，所以祭月也；幽禜，所以祭星也；雩禜，所以祭水旱也。禋于六宗，此之謂也。’”其説與偽《孔傳》、偽《家語》並同，是亦晚出之明證也。其中第十一篇即世所傳《小爾雅》，註疏家往往引之，然皆在晉、宋以後。惟《公羊傳疏》所引賈逵之説，謂“俗儒以六兩為鋝”，正出此書。然謂之俗儒，則非《漢藝文志》之《小爾雅》矣。又《水經注》引《孔叢子》曰：“夫子墓塋方一里，在魯城北六里泗水上。諸孔氏封五十餘所，人名昭穆，不可復識。有銘碑三所^①，獸碣具存。"云云。今本無此文，似非完帙。然其文與全書不類，且不似孔氏子孫語。或酈道元誤證，抑或傳寫有譌，以他書誤題孔叢歟⑤？

【彙訂】

① "孔聚"，殿本作"孔聚"，誤。

② 顏師古注語意乃此書非出於黄帝之史或夏后孔甲之手，則當出自秦漢時孔甲。又，儒家之孔臧同時有賦，亦合乎情理。（楊軍：《孔叢子考證》）

③ 此書前四篇記孔子，確有原始材料，其時代在漢興之前。第五至十記子思，乃采輯《子思子》而成。第十一篇《小爾雅》，作於漢成帝間，作者當為孔安國曾孫子立與其子子元。第十二至十四記子高，敍事細節詳盡，未謬於史，或係子高自撰，涵有其《讕言》之文。第十五至十七記子順，敍事尤詳，偶露自述之迹，當係其親近之人據知見或傳聞並綜合自撰材料而成。第十八篇《詰墨》，末節載"曹明問子魚曰'觀子《詰墨》之辭'"云云，則確係孔鮒手筆。第十九至二十一記孔鮒，《獨治》篇明言藏書，恐非漢惠帝除挾書令之前所撰。且載孔鮒語陳王問對詳盡，其作者如非親歷，至少當時身在陳地，可能是孔鮒之弟子襄。前十八篇未見子家、子京二代事，則此書非出自較近之子高、子順輩，且獨載孔鮒《詰墨》專文，則其采集編撰者亦應為孔鮒（除《小爾雅》外）。《連叢子》上篇之《敍書》即全書後序，敍及"長子之後承殷統為宋公"，據《漢書·外戚恩澤侯表》事在漢平帝元始二年，又據《漢書·王莽傳》，莽始建國元年，以"殷後宋公孔弘運轉次移，更分為章昭侯"。可知《孔叢子》本書二十一篇編定於元始二年（2）至始建國元年（9）之間。而《連叢子》載至孔子二十世孫季彦事，當

係二十一世孫孔羨編訂。(黄懷信:《〈孔叢子〉的時代與作者》、《新撰〈四庫全書總目〉提要三則》;孫少華:《〈孔叢子〉的成書時代與作者及其材料來源》)

④"孔氏",殿本作"孔邱",誤。"銘碑",殿本作"碑銘"。

⑤《水經注》卷六又引《孔叢子》狋頓事却見於今本,可證酈道元所見或異於今本,誤證或傳寫有譌之説輕率。(孫少華:《〈孔叢子〉的成書時代與作者及其材料來源》)

新語二卷(内府藏本)

舊本題漢陸賈撰。案,《漢書》賈本傳稱著《新語》十二篇。《漢書·藝文志》儒家"《陸賈》二十七篇"①,蓋兼他所論述計之。《隋志》則作《新語》二卷。此本卷數與《隋志》合,篇數與本傳合,似為舊本。然《漢書·司馬遷傳》稱遷取《戰國策》、《楚漢春秋》、陸賈《新語》作《史記》②。《楚漢春秋》,張守節《正義》猶引之,今佚不可考。《戰國策》取九十三事,皆與今本合。惟是書之文,悉不見於《史記》③。王充《論衡·本性篇》引陸賈曰:"天地生人也,以禮義之性,人能察己所以受命,則順,順謂之道。"今本亦無其文。又《穀梁傳》至漢武帝時始出,而《道基篇》末乃引"《穀梁傳》曰"④,時代尤相牴牾。其殆後人依託,非賈原本歟⑤?考馬總《意林》所載,皆與今本相符。李善《文選註》於司馬彪《贈山濤》詩引《新語》曰:"楩梓仆則為世用。"於王粲《從軍》詩引《新語》曰:"聖人承天威,承天功,與之爭功,豈不難哉。"於陸機《日出束南隅行》引《新語》曰:"高臺百仞。"於《古詩》第一首引《新語》曰:"邪臣之蔽賢,猶浮雲之鄣日月⑥。"於張載《雜詩》第七首引《新語》曰:"建大功於天下者,必垂名于萬世也。"以今本核校,雖文句有詳略異同,而大致亦悉相應,似其偽猶在唐前。惟《玉海》稱:"陸賈《新語》今存於世者,《道基》、《術事》、《輔政》、《無為》、《資賢》⑦、《至德》、《懷慮》,纔七篇。"此本十有二篇,乃反多於宋本,為不可解。或後人因不完之本補綴五篇,以合本傳舊目也⑧。今但據其書論之,則大旨皆崇王道,黜霸術,歸本於修身用人。其稱引《老子》者,惟《思務篇》引"上德不德"一語,餘皆以孔氏為宗。所援據多《春秋》、《論語》之文。漢儒自董仲舒外,未有如是之醇正也。流傳既久,其真其贗,存而不論可矣。所載"衛公子鱄奔晉"一條,與三《傳》皆不合,莫詳所本⑨。中多闕文,亦無可校補。所稱"文公種米"、"曾子駕羊"諸事,劉畫《新論》、馬總《意林》皆全句引之,知無譌誤,然皆不知其何説。又"據犁嗝報"之語,訓詁亦不可通⑩。古書佚亡,今不盡見,闕所不知可也。

【彙訂】

①《漢書·藝文志》儒家類著錄《陸賈》二十三篇。(胡玉縉:《四庫全書總目提要補正》)

②《漢書·司馬遷傳》未言取陸賈《新語》,《總目》蓋襲高似孫《子略》之誤。(同上)

③《史記·屈原傳》曰:"智伯極武,秦任刑法。"當即本之《新語·道基》"知伯仗威任力,兼三晉而亡……秦二世尚刑而亡"。(李鼎芳:《陸賈〈新語〉及其思想論述——〈新語會校註〉代序》)

④"引穀梁傳曰",殿本作"引及穀梁傳"。

⑤《漢書·藝文志》儒家著錄《陸賈》二十三篇,《論衡·本性篇》稱"陸賈曰",不稱"《新語》曰",則今本《新語》無其文,亦不

足異。《論衡·書虛篇》、《薄葬篇》及《西京雜記》卷三所引陸賈言論亦不見於今本《新語》。《穀梁傳》雖漢武時始立學,然據《漢書·楚元王傳》及《儒林傳》,魯申公《穀梁春秋》之學受之於浮丘伯,陸賈與浮丘伯同時且同處一地,非不及見《穀梁春秋》之學。《新語·辨惑篇》引魯定公與齊侯會於夾谷事,《至德篇》云魯莊公與民爭山林藪澤之利等,皆用《穀梁》師說。(余嘉錫:《四庫提要辨證》)

⑥ "鄲",殿本作"蔽",誤,參《文選注》卷二九原文。

⑦ 此書今本第七篇為《資質》,《玉海》卷五五誤作《資賢》。(王利器:《新語校注》)

⑧ 唐魏徵等編《羣書治要》載《新語》有八篇,其《辨惑》、《本行》、《明誠》、《思務》四篇,皆非王應麟所見。宋黃震《黃氏日抄》卷五六云:"《新語》十二篇,漢大中大夫陸賈所撰。"其所述篇目,與今本皆合,且能每篇言其作意,是十二篇未嘗闕也。王應麟偶見不全之本耳。(嚴可均:《新語敍》;余嘉錫:《四庫提要辨證》)

⑨ 此條實據《穀梁》襄二十七年傳,《公羊》何休注亦與《新語》同。(余嘉錫:《四庫提要辨證》)

⑩《羣書治要》卷四十引作"據犁接耜",今本傳寫誤作"據犁嗝報"。(同上)

新書十卷(通行本)

漢賈誼撰。《漢書·藝文志》儒家"《賈誼》五十八篇"。《崇文總目》云:"本七十二篇。劉向刪定為五十八篇。隋、唐《志》皆九卷,別本或為十卷。"考今隋、唐《志》皆作十卷,無九卷之說。蓋校刊《隋書》、《唐書》者未見《崇文總目》,反據今本追改之①。

明人傳刻古書，往往如是，不足怪也。然今本僅五十六篇，又《問孝》一篇有錄無書，實五十五篇，已非北宋本之舊。又陳振孫《書錄解題》稱："首載《過秦論》，末為《弔湘賦》，且略節誼本傳於第十一卷中。"今本雖首載《過秦論》，而末無《弔湘賦》，亦無附錄之第十一卷，且併非南宋時本矣②。其書多取誼本傳所載之文，割裂其章段，顛倒其次序，而加以標題，殊瞀亂無條理。《朱子語錄》曰："賈誼《新書》除了《漢書》中所載，餘亦難得粹者，看來只是賈誼一雜記稾耳。中閒事事有些個。"陳振孫亦謂其非《漢書》所有者輒淺駁不足觀，決非誼本書。今考《漢書》誼本傳《贊》，稱："凡所著述五十八篇，掇其切於世事者著於傳。"應劭《漢書註》亦於《過秦論》下註曰："賈誼書第一篇名也。"則本傳所載皆五十八篇所有，足為顯證③。《贊》又稱："三表五餌，以係單于。"顏師古註所引《賈誼書》，與今本同。又《文帝本紀》註引《賈誼書》"衛侯朝於周，周行人問其名"，亦與今本同。則今本即唐人所見，亦足為顯證。然決無摘錄一段立一篇名之理，亦決無連綴十數篇合為奏疏一篇上之朝廷之理。疑誼《過秦論》、《治安策》等本皆為五十八篇之一。後原本散佚，好事者因取本傳所有諸篇，離析其文，各為標目，以足五十八篇之數，故餖飣至此。其書不全真，亦不全偽。朱子以為雜記之稾，固未核其實；陳氏以為決非誼書，尤非篤論也④。且其中為《漢書》所不載者，雖往往類《説苑》、《新序》、《韓詩外傳》，然如《青史氏之記》，具載胎教之古禮；《修政語》上下兩篇，多帝王之遺訓；《保傅篇》、《容經篇》並敷陳古典，具有源本。其解《詩》之"騶虞"，《易》之"潛龍"、"亢龍"，亦深得經義。又安可盡以淺駁不粹目之哉！雖殘闕失次，要不能以斷爛棄之矣。

【彙訂】

①《舊唐書·經籍志》實作九卷。高似孫《子略》目及《玉海》卷五五引《隋書·經籍志》，均作《賈子》十卷，錄一卷。是南宋人所見《隋書·經籍志》，已同今本，非明人所追改也。（余嘉錫：《四庫提要辨證》）

②《玉海》卷五五備載《新書》目錄，卷五內《問孝》下注"闕"字，卷十《禮容語》上下注云"上篇闕"。知《問孝篇》之有錄無書，非自明本始。南宋時《新書》亦非僅有陳振孫所見一本，明本實較之南宋刻本，文字并無闕失。（同上）

③凡載於《漢書》本傳者，乃從五十八篇之中擷其精華，然其間斧鑿之痕，有顯然可見者。《過秦論》乃《陳涉傳贊》所引，不在本傳之中。（同上）

④古人之書，書於竹簡，篇卷不宜過長，其常所誦讀，則又斷篇而為章，以便精熟易記。一篇之文可摘錄數十字，即別為之名。班固明云"誼數上疏陳政事，多所欲匡建，其大略曰"云云，可知《治安策》本非一篇，其連綴數篇為一篇者，班固也，非賈誼也。（同上）

鹽鐵論十二卷（內府藏本）

漢桓寬撰。寬字次公，汝南人。宣帝時舉為郎，官至廬江太守丞。昭帝始元六年，詔郡國舉賢良文學之士，問以民所疾苦。皆請罷鹽鐵、榷酤，與御史大夫桑宏〔弘〕羊等建議相詰難。寬集其所論，為書凡六十篇，篇各標目。實則反覆問答，諸篇皆首尾相屬。後罷榷酤，而鹽鐵則如舊。故寬作是書，惟以"鹽鐵"為名，蓋惜其議不盡行也。書末《雜論》一篇，述汝南朱子伯之言，記賢良茂陵唐生、文學魯萬生等六十餘人，而最推中山劉子雍、九江祝生,於桑宏羊、車千秋深著微詞。蓋其著書之大旨,所論皆食貨之事①,而言皆述先王,稱六經,故諸史皆列之儒家。黄虞稷《千頃堂書目》改隸史部"食貨類"中,循名而失其實矣。明嘉靖癸丑,華亭張之象為之註,雖無所發明,而事實亦粗具梗概。今並錄之,以備考核焉。

【彙訂】

① "皆",殿本作"雖"。

新序十卷(江蘇巡撫採進本)

漢劉向撰。向字子政,初名更生。以父任為輦郎,歷官中壘校尉。事蹟具《漢書》本傳①。案班固《漢書·藝文志》,稱:"向所序六十七篇,《新序》、《説苑》、《世説》、《列女傳頌圖》也。"《隋書·經籍志》:"《新序》三十卷,《錄》一卷。"《唐書·藝文志》其目亦同。曾鞏校書序則云"今可見者十篇"。鞏與歐陽修同時,而所言卷帙懸殊②,蓋《藝文志》所載據唐時全本為言,鞏所校錄則宋初殘闕之本也。晁公武謂"曾子固綴輯散逸,《新序》始復全"者,誤矣。此本《雜事》五卷,《刺奢》一卷,《節士》二卷,《善謀》二卷,即曾鞏校定之舊③。《崇文總目》云:"所載皆戰國、秦、漢閒事。"以今考之,春秋時事尤多,漢事不過數條。大抵採百家傳記,以類相從,故頗與《春秋内》、《外傳》、《戰國策》、《太史公書》互相出入。高似孫《子略》謂:"先秦古書,甫脱爐劫,一入向筆,採擷不遺。至其正紀綱,迪教化,辨邪正,黜異端,以為漢規監者,盡在此書。"固未免推崇已甚④。要其推明古訓,以衷之於道德仁義,在諸子中猶不失為儒者之言也。葉大慶《考古質疑》摘其"昭奚恤對秦使者"一條,所稱司馬子反在奚恤前二百二十年,葉公子高、令尹子西在奚恤前一百三十年,均非同時之人;又摘其誤以孟子論好色、好勇為對梁惠王,皆切中其失⑤。至大慶謂"《黍離》乃周詩,《新序》誤云衛宣公之子壽閔其兄且見害而作",則殊不然。向本學《魯詩》,而大慶以《毛詩》繩之,其不合也固宜。是則未考漢儒專門授受之學矣。

【彙訂】

① "向字子政"至"事蹟具漢書本傳"一段,殿本置於"説苑二十卷"條內。

② 殿本"而"下有"其"字。

③ 殿本"即"上有"蓋"字。

④ 殿本"甚"下有"之詞"二字。

⑤ 司馬子反應即司馬子發,反、發一聲之轉,即景舍也,與昭奚恤同時。古書記景舍事,多作子反。(石光瑛:《新序校釋》)

　　説苑二十卷(江蘇巡撫採進本)①

　　漢劉向撰。是書凡二十篇。隋、唐《志》皆同。《崇文總目》云:"今存者五篇,餘皆亡。"曾鞏校書序云:"得十五篇於士大夫家,與舊為二十篇。"晁公武《讀書志》云:"劉向《説苑》以君道、臣術、建本、立節、貴德、復恩、政理、尊賢、正諫、法誡、善説、奉使、權謀、至公、指武、談叢、雜言、辨物、修文為目,陽嘉四年上之②,闕第二十卷。曾子固所得之二十篇,正是析十九卷作《修文》上③、下篇耳。"今本第十《法誡篇》作《敬慎》,而《修文篇》後有《反質篇》。陸游《渭南集》記李德芻之言,謂得高麗所進本補成完書。則宋時已有此本,晁公武偶未見也。其書皆錄遺聞佚事足為法戒之資者，其例略如《詩外傳》。葉大慶《考古質疑》摘其"趙襄子賞晉陽之功孔子稱之"一條、"諸御已諫楚莊王築臺引伍子胥"一條、"晏子使吳見夫差"一條、"晉太史屠餘與周桓公論晉平公"一條、"晉勝智氏後闔閭襲郢"一條、"楚左史倚相論越破吳"一條、"晏子送曾子"一條、"晉昭公時戰邲"一條、"孔子對趙襄子"一條，皆時代先後，邈不相及。又介子推、舟之僑並載其《龍蛇之歌》，而之僑事尤舛。黃朝英《緗素雜記》亦摘其"固桑對晉平公論養士"一條，《新序》作"舟人古乘對趙簡子"；又"楚文王爵筦饒"一條，《新序》作"楚共王爵筦蘇"。二書同出向手，而自相矛盾，殆捃拾衆說，各據本文，偶爾失於參校也。然古籍散佚，多賴此以存。如《漢志》，《河閒獻王》八篇，《隋志》已不著錄，而此書所載四條，尚足見其議論醇正，不愧儒宗。其他亦多可採擇。雖閒有傳聞異詞，固不以微瑕累全璧矣。

【彙訂】

①　此條與文淵閣庫書次序不符。文淵閣庫書及殿本皆置於"鹽鐵論十二卷"條之後。

②　"陽嘉四年"，《郡齋讀書志》"說苑"條原文作"鴻嘉四年"。鴻嘉為成帝年號，鴻嘉四年為西元前17年，與劉向年代相符。陽嘉為順帝年號，陽嘉四年為西元135年。（江慶柏等整理：《四庫全書薈要總目提要》）

③　"正是"，《郡齋讀書志》"說苑"條原文作"止是"。（同上）

法言集註十卷（通行本）

漢揚雄撰。宋司馬光集註。雄有《方言》，光有《易說》，皆已著錄。考《漢書·藝文志》，儒家揚雄所序三十八篇，註曰"《法言》十三"。雄本傳具列其目,曰學行第一,吾子第二,修身第三,問道第四,問神第五,問明第六,寡見第七,五百第八,先知第九,重黎第十,淵騫第十一,君子第十二,孝至第十三。凡所列漢人著述,未有若是之詳者,蓋當時甚重雄書也。自程子始謂其"曼衍而無斷,優柔而不決",蘇軾始謂其"以艱深之詞,文淺易之説",至朱子作《通鑑綱目》,始書"莽大夫揚雄死",雄之人品著作,遂皆為儒者所輕。若北宋之前,則大抵以為孟、荀之亞。故光作《潛虛》以擬《太元〔玄〕》,而又採諸儒之説以註此書。考自漢以來,有侯芭註六卷,宋衷註十三卷,李軌解一卷,辛德源註二十三卷。又有柳宗元註、宋咸註①、吳祕註。至光之時,惟李軌、柳宗元、宋咸、吳祕之註尚存。故光裒合四家,增以己意。原序稱"各以其姓別之",然今本獨李軌註不署名,餘則以"宗元曰"、"咸曰"、"祕曰"、"光曰"為辨,蓋傳刻者所改題也。舊本十三篇之序列於書後,蓋自《書序》、《詩序》以來,體例如是。宋咸不知《書序》為偽孔傳所移,《詩序》為毛公所移,乃謂:"子雲親旨反列卷末,甚非聖賢之旨。今升之章首,取合經義。"其説殊謬。然光本因而不改,今亦仍之焉。

【彙訂】

① 殿本"宋咸"下有"廣"字,衍。

潛夫論十卷(江蘇巡撫採進本)

漢王符撰。符字節信,安定臨涇人。《後漢書》本傳稱:"和、安之後,世務游宦,當途者更相薦引,而符獨耿介不同於俗,以此遂不得升進。志意蘊憤,乃隱居著書二十餘篇①,以議當時得失。不欲章顯其名,故號曰《潛夫論》。"今本凡三十五篇,合《敘錄》為三十六篇，蓋猶舊本。卷首《讚學》一篇，論勵志勤修之旨。
卷末《五德志》篇，述帝王之世次。《志氏姓》篇，考譜牒之源流。
其中《卜列》、《相列》、《夢列》三篇，亦皆雜論方技，不盡指陳時
政②。范氏所云③，舉其著書大旨爾。符生卒年月不可考。本傳
之末載度遼將軍皇甫規解官歸里，符往謁見事。規解官歸里，據
本傳在延熹五年，則符之著書在桓帝時，故所説多切漢末弊政。
惟桓帝時皇甫規、段熲、張奐諸人屢與羌戰，而其《救邊》、《邊議》
二篇乃以避寇為憾。殆以安帝永初五年嘗徙安定、北地郡，順帝
永建四年始還舊地，至永和六年又内徙。符，安定人，故就其一
鄉言之耶？然其謂"失涼州則三輔為邊，三輔内入則宏〔弘〕農為
邊，宏農内入則洛陽為邊。推此以相況，雖盡東海猶有邊"，則灼
然明論，足為輕棄邊地之炯鑒也。范氏錄其《貴忠》④、《浮侈》、
《實貢》、《愛日》、《述赦》五篇入本傳，而字句與今本多不同。晁
公武《讀書志》謂其有所損益，理或然歟？范氏以符與王充、仲長
統同傳，韓愈因作《後漢三賢贊》。今以三家之書相較，符書洞悉
政體似《昌言》，而明切過之，辨別是非似《論衡》，而醇正過之。
前史列之儒家，斯為不愧。惟《賢難》篇中稱"鄧通吮癰為忠於文
帝"，又稱其"欲昭景帝之孝，反以結怨"，則紕繆最甚。是其發憤
著書，立言矯激之過，亦不必曲為之諱矣。

【彙訂】

　　①"二十餘篇"，《後漢書》王符本傳原文作"三十餘篇"。
（江慶柏等整理：《四庫全書薈要總目提要》）

　　②"《卜列》、《相列》、《夢列》三篇"，文淵閣本書前提要作
"《卜列》、《正列》、《相列》、《夢列》四篇"。按《正列》（當作《巫
列》，見《敘錄》篇）云："凡人吉凶，以人為主，以命為決……却凶

災而致福善之本也。”是所論即“雜論方技，不盡指陳時政”，自當與《卜列》等同歸一類。（同上）

③“所云”，殿本無。

④《貴忠》當作《忠貴》。（司馬朝軍：《〈四庫全書總目〉精華錄》）

申鑒五卷（兩江總督採進本）

漢荀悦撰。悦有《漢紀》，已著錄。《後漢書·荀淑傳》稱：“悦侍講禁中，見政移曹氏，志在獻替，而謀無所用，乃作《申鑒》五篇。其所論辨，通見政體。既成，奏上。帝覽而善之。”其書見於《隋經籍志》、《唐藝文志》者皆五卷，卷為一篇。一曰政體，二曰時事，皆制治大要及時所當行之務。三曰俗嫌，皆機祥讖緯之説。四曰雜言上，五曰雜言下，則皆泛論義理，頗似揚雄《法言》。《後漢書》取其《政體篇》“為政之方”一章，《時事篇》“正當主之制”、“復內外註記”二章[1]，載入《傳》中。又稱悦別有“《崇德正論》及諸論數十篇”。今並不傳，惟所作《漢紀》及此書尚存於世。《漢紀》文約事詳，足稱良史，而此書剖析事理，亦深切著明。蓋由其原本儒術，故所言皆不詭於正也。明正德中，吳縣黄省曾為之註，凡萬四千餘言。引據博洽，多得悦旨。其於《後漢書》所引間有同異者，亦並列其文於句下，以便考訂。然如《政體篇》“真實而已”句，今本《後漢書》“實”作“定”，“不肅而治”句，今本《後漢書》“治”作“成”，而省曾均未之及，則亦不免於偶疏也。

【彙訂】

① 據此書卷二《時事》篇，“復內外註記”乃“復外內註記”之誤。

中論二卷（通行本）

漢徐幹撰。幹字偉長，北海劇人。建安中為司空軍謀祭酒掾屬，五官將文學。事蹟附見《魏志·王粲傳》，故相沿稱為魏人。然幹歿後三四年，魏乃受禪，不得遽以帝統予魏。陳壽作史，託始曹操，稱為太祖，遂併其僚屬均入《魏志》，非其實也。是書隋、唐《志》皆作六卷。《隋志》又註云：“梁目一卷。”《崇文總目》亦作六卷。而晁公武《讀書志》、陳振孫《書錄解題》並作二卷，與今本合，則宋人所併矣。書凡二十篇，大都闡發義理，原本經訓，而歸之於聖賢之道，故前史皆列之儒家。曾鞏校書序云：“始見館閣《中論》二十篇。及觀《貞觀政要》，太宗稱嘗見幹《中論·復三年喪》篇，今書獨闕。又考之《魏志》，文帝稱幹著《中論》二十餘篇，乃知館閣本非全書。”而晁公武又稱李獻民所見別本，實有《復三年》、《制役》二篇。李獻民者，李淑之字，嘗撰《邯鄲書目》者也①。是其書在宋仁宗時尚未盡殘闕，鞏特據館閣不全本著之於錄。相沿既久，所謂別本者不可復見，於是二篇遂佚不存②。又書前有原序一篇，不題名字，陳振孫以為幹同時人所作。今驗其文，頗類漢人體格，知振孫所言為不誣。惟《魏志》稱幹卒于建安二十二年，而序乃作於二十三年二月，與史頗異。傳寫必有一譌，今亦莫考其孰是矣③。

【彙訂】

①《宋史》卷二九一《李若穀傳》附《李淑傳》稱淑字獻臣，王偁《東都事略》卷五七及曾鞏《隆平集》卷七《李淑傳》皆稱字獻臣。晁公武《郡齋讀書志》（衢本）卷九著錄《邯鄲圖書志》，亦題“李淑獻臣撰”。（吳瓊：《“李獻民”與“李獻臣”之辨》）

②《羣書治要》所引“今觀天地之間含氣而生者”一篇即《復

三年喪》篇,"昔之聖王判為禮法"一篇即《制役》篇,明本《中論》
皆脫。(陸心源:《儀顧堂題跋》)

③ 無名氏《中論序》曰:"年四十八。建安二十三年春二月遭
癘疾,大命隕頹。"《三國志·魏志·武帝紀》建安二十三年注引
《魏書》載曹操令曰"去冬天降疫癘",《魏志·文帝紀》注引《魏書》
曰:"帝初在東宮,疫癘大起,時人凋傷。"曹丕以建安二十二年十月
立為太子,事見《武帝紀》。可知徐幹卒於建安二十三年二月,兩年
後"魏乃受禪"。(曹道衡、沈玉成:《徐幹卒年當從〈中論序〉》)

　　傅子一卷(永樂大典本)

　　晉傅元〔玄〕撰。元字休奕,北地人。官至司隸校尉,封鶉觚
子。《晉書》本傳稱元撰論經國九流及三史故事,評斷得失,各為
區例,名為《傅子》。為內、外、中篇,凡有四部六錄,合百四十首,
數十萬言行世。元初作《內篇》成,以示司空王沈。沈與元書曰:
"省足下所著書,言富理濟,經綸政體,存重儒教,足以塞楊、墨之
流遁,齊孫、孟於往代。"其為當時所重如此。《隋書·經籍志》、
《唐書·藝文志》皆載《傅子》一百二十卷①,馬總《意林》亦同,是
唐世尚為完本。宋《崇文總目》僅載二十三篇,較之原目,已亡一
百一十七篇。故《宋史·藝文志》僅載有五卷。其後惟尤袤《遂
初堂書目》尚見其名。元、明之後②,藏書家遂不著錄,蓋已久
佚。今檢《永樂大典》中散見頗多,且所標篇目咸在。謹採掇裒
次,得文義完具者十有二篇,曰《正心》,曰《仁論》,曰《義信》,曰
《通志》,曰《舉賢》,曰《重爵祿》,曰《禮樂》,曰《貴教》,曰《檢商
賈》,曰《校工》,曰《戒言》,曰《假言》。又文義未全者十二篇,曰
《問政》,曰《治體》,曰《授職》,曰《官人》,曰《曲制》,曰《信直》,曰

《矯違》,曰《問刑》,曰《安民》,曰《法刑》,曰《平役賦》,曰《鏡總敘》。篇目視《崇文總目》較多其一,疑《問刑》、《法刑》本屬一篇③,《永樂大典》誤分為二耳④。其《宋志》五卷原第,已不可考。謹依文編綴,總為一卷。其有《永樂大典》未載而見於他書所徵引者,復蒐輯得四十餘條,別為附錄,繫之於後。晉代子家今傳於世者,惟張華《博物志》、干寶《搜神記》、葛洪《抱朴子》、嵇含《草木狀》、戴凱之《竹譜》尚存。然《博物志》、《搜神記》皆經後人竄改,已非原書。《草木狀》、《竹譜記錄》瑣屑,無關名理。《抱朴子》又多道家詭誕之説,不能悉軌於正。獨元此書所論,皆關切治道,闡啟儒風,精意名言,往往而在,以視《論衡》、《昌言》,皆當遜之。殘編斷簡,收拾於闕佚之餘者,尚得以考見其什一,是亦可為寶貴也。

【彙訂】

①“一百二十卷”,殿本作“一百四十卷”,誤。《隋書·經籍志》、《舊唐書·經籍志》、《新唐書·藝文志》、馬總《意林》卷五均作一百二十卷。(余嘉錫:《四庫提要辨證》)

②“之後”,殿本作“以後”。

③“法刑”,殿本作“刑法”,誤。

④ 據葉德輝《傅子》輯本敘所考,《永樂大典》本二十四篇,除去《鏡總敘》篇非《傅子》本文(實出自《韓非子》),《官人》篇採自《意林》,非出原書,則其所存實止二十二篇,較宋人所見者尚少其一。(余嘉錫:《四庫提要辨證》)

中説十卷(副都御史黃登賢家藏本)

舊本題隋王通撰①。《唐志》“文中子《中説》五卷”,《通考》

及《玉海》則作十卷,與今本合。凡十篇。末附序文一篇及杜淹所撰《文中子世家》一篇,通子福畤錄《唐太宗與房、魏論禮樂事》一篇,通弟績《與陳叔達書》一篇。又錄《關子明事》一篇,卷末有阮逸序,又有福畤貞觀二十三年序。晁公武《郡齋讀書志》嘗辨通以開皇四年生,李德林以開皇十一年卒,通方八歲,而有"德林請見,歸援琴鼓《蕩之什》,門人皆沾襟"事;關朗以太和丁巳見魏孝文帝,至開皇四年通生已相隔一百七年,而有"問禮於朗"事;薛道衡以仁壽二年出為襄州總管,至煬帝即位始召還,又《隋書》載道衡子收,初生即出繼族父儒,及長不識本生,而有"仁壽四年通在長安見道衡,道衡語其子收"事。洪邁《容齋隨筆》又辨《唐書》載薛收以大業十三年歸唐,而《世家》有"江都難作,通有疾,召薛收共語"事。王應麟《困學紀聞》亦辨《唐會要》載武德元年五月始改隋太興殿為太極殿,而書中有"隋文帝召見太極殿"事。皆證以史傳,牴牾顯然。今考通以仁壽四年自長安東歸河汾,即不復出,故《世家》亦云:"大業元年,一徵又不至。"而《周公篇》內乃云:"子遊太樂,聞《龍舟五更》之曲。"阮逸註曰:"太樂之署,煬帝將遊江都,作此曲。"《隋書·職官志》曰:"太常寺有太樂署。"是通於大業末年復至長安矣。其依託謬妄,亦一明證。考《楊炯集》有《王勃集序》,稱:"祖父通,隋秀才高第,蜀郡司户書佐,蜀王侍讀。大業末,退,講藝於龍門。其卒也,門人諡之曰文中子。"炯為其孫作序,則記其祖事必不誤。杜牧《樊川集》首有其甥裴延翰序,亦引文中子曰"言文而不及理,王道何從而興乎"二語,亦與今本相合。知所謂文中子者實有其人。所謂《中說》者,其子福郊、福畤等纂述遺言,虛相夸飾,亦實有其書。第當有唐開國之初,明君碩輔不可以虛名動。又陸德明、孔穎達、賈公彥諸人老師宿儒，布列館閣，亦不可以空談惑。故其人其書皆不著於當時，而當時亦無斥其妄者。至中唐以後，漸遠無徵，乃稍稍得售其欺耳。宋咸必以為實無其人，洪邁必以為其書出阮逸所撰，誠為過當。講學家或竟以為接孔、顏之傳，則偵之甚矣。據其偽蹟炳然，誠不足採，然大旨要不甚悖於理。且摹擬聖人之語言自揚雄始，猶未敢冒其名。摹擬聖人之事蹟則自通始，乃併其名而僭之。後來聚徒講學，釀為朋黨，以至禍延宗社者，通實為之先驅。《坤》之初六"履霜堅冰"，《姤》之初六"繫於金柅"，錄而存之，亦足見儒風變古，其所由來者漸也。

【彙訂】

① 依《總目》體例，當補"通有《元經》，已著錄"。

帝範四卷（永樂大典本）

唐貞觀二十二年太宗文皇帝御撰，以賜太子者也。新、舊《唐書》皆云四卷。晁公武《讀書志》僅載六篇。陳振孫《書錄解題》亦題曰一卷。此本載《永樂大典》中，凡一十二篇，首尾完具。後有元吳萊跋，謂"征雲南僰夷時，始見完書"。考其事在泰定二年，蓋此書南宋佚其半，至元乃復得舊本，故明初轉有全文也。《唐書·藝文志》載有賈行註。而《舊唐書·敬宗本紀》稱："寶曆二年，祕書省著作郎韋公肅註是書以進，特賜錦綵百匹。"是唐時已有二註。今本註無姓名，觀其體裁，似唐人註經之式。而其中時稱楊萬里、呂祖謙之言，蓋元人因舊註而補之。其詞雖不免冗贅，而援引頗為詳洽，足資參考。惟傳寫多所脫誤，謹旁考諸書，一一釐訂，各附案語於下方。仍依舊史，釐為四卷，以復其舊焉。

　　續孟子二卷（福建巡撫採進本）

　　唐林慎思撰。慎思字虔中，長樂人。咸通十年進士，十一年又中宏〔弘〕詞拔萃魁，授祕書省校書郎，興平尉。尋除尚書水部郎中，守萬年縣令。黃巢之亂，抗節不屈死。《崇文總目》及鄭樵《通志·藝文略》皆載是書二卷，與今本合。《崇文總目》載慎思之言曰：“《孟子》七篇，非軻自著書，而弟子共記其言，不能盡軻意，因傳其說演而續之。”今觀其書十四篇，大抵因《孟子》之言，推闡以盡其義。獨其不自立論，而必假借姓氏，類乎《莊》、《列》之寓言。又如“與民同樂”本莊暴、齊王之事，而移於隔章之樂正子、魯君，義頗無取。然其委曲發明，亦時有至理，不可廢也。昔揚雄作《太元》以擬《易》，王通作《中說》以擬《論語》，儒者皆有僭經之譏。蔡沈作《洪範九疇數》，《御纂性理精義》亦以其僭經，斥之不錄。慎思此書頗蹈此弊。然唐時《孟子》不號為經，故馬總《意林》與諸子之書並列，而韓愈亦與荀、揚並稱，固不能以後來論定之制為慎思責矣。

　　伸蒙子三卷（福建巡撫採進本）

　　唐林慎思撰。前有慎思自序曰：“舊著《儒範》七篇，辭艱理僻，不為時人所知。復研精覃思，一旦齋沐禱心靈，是宵夢有異焉。明日召著祝之，得蒙之觀，曰：‘仲蒙入觀，通明之象也。’因自號仲蒙子。”又曰：“嘗與二三子辨論興亡，敷陳古今，編成上、中、下三卷。《槐里辨》三篇，象三才，敘天、地、人之事。《澤國紀》三篇，象三人，敘君、臣、人之事。按，唐人避太宗諱，故以“君、臣、民”為“君、臣、人”。《時喻》二篇，象二教，敘文武之事。”今觀其書，上卷設為干祿先生、知道先生、求己先生問答。中卷設為弘文先生①、如愚子、盧乳子問答。下卷則自抒己説。惟上卷《喻時》一篇，釋"仲尼小天下"之義，詞不近理。其餘皆持論醇正，非唐時天隱、無能諸子所可彷彿。《崇文總目》列之"儒家"，蓋為不忝。惟其所列六人之名，書"干禄"為"岸崃"，書"知道"為"洇涺"，書"求己"為"碌砎"，書"弘文"為"弢敗"，書"如愚"為"栁穏"，書"盧乳"為"甌甂"，而各註所以增改偏旁之故，皆怪而近妄，是則好奇之過矣。

【彙訂】

① "弘文"，殿本作"宏文"，乃避乾隆諱改。

素履子三卷（兩淮馬裕家藏本）

唐張弧撰。以履道、履德、履忠、履孝等名分目①，凡十四篇。其書《新唐書・藝文志》②、晁公武《讀書志》、陳振孫《書錄解題》、尤袤《遂初堂書目》皆未著錄，惟鄭樵《藝文略》、《宋史・藝文志》有之。蓋其詞義平近，出於後代，不能與漢、魏諸子抗衡。故自宋以來，不甚顯於世。宋濂作《諸子辨》，亦未之及。然其援引經史，根據理道，要皆本聖賢垂訓之旨，而歸之於正，蓋亦儒家者流也。弧，《唐書》無傳。宋晁説之《學易堂記》謂世所傳《子夏易傳》，乃弧偽作。舊題其官為大理評事，而里貫已不可考。《藝文略》、《宋志》皆作一卷。今本三卷，殆後人所分析歟？

【彙訂】

① "以履道履德履忠履孝等名分目"，殿本無。

② "其書"，殿本無。

家範十卷（兩淮鹽政採進本）

宋司馬光撰。光有《易説》，已著錄。是書見於《宋史・藝文志》、《文獻通考》者卷目俱與此相合,蓋猶原本。首載《周易·家人》卦辭,及節錄《大學》、《孝經》、《堯典》、《詩·思齊篇》語,以為全書之序。其後自《治家》至《乳母》凡十九篇,皆雜採史事可為法則者。亦閒有光所論説,與朱子《小學》義例差異,而用意略同。其節目備具,簡而有要,似較《小學》更切於日用。且大旨歸於義理,亦不似《顏氏家訓》徒揣摩於人情世故之閒。朱子嘗論《周禮·師氏》云:"至德以為道本,明道先生以之;敏德以為行本,司馬溫公以之。"觀於是編,猶可見一代偉人修己型家之梗概也。

　　帝學八卷(内府藏本)

　　宋范祖禹撰。祖禹有《唐鑑》,已著錄。是書元祐初祖禹在經筵時所進,皆纂輯自古賢君迄宋祖宗典學事蹟。由伏羲迄宋神宗,每條後閒附論斷。自上古至漢、唐二卷,自宋太祖至神宗六卷。於宋諸帝敍述獨詳,蓋亦本法祖之意以為啟迪也。祖禹初侍哲宗經幄,因夏暑罷講,即上書論今日之學與不學,係他日治亂,而力陳宜以進學為急。又歷舉人主正心修身之要,言甚切至。史稱其"在邇英時守經據正,獻納尤多",又稱其"長於勸講,平生論諫數十萬言。其開陳治道,區別邪正,辨釋事宜,平易明白,洞見底蘊,雖賈誼、陸贄不是過"。今觀此書,言簡義明,敷陳剴切,實不愧史臣所言。雖哲宗惑於黨論,不能盡用祖禹之説,終致更張初政,國是混淆,而祖禹忠愛之忱,惓惓以防微杜漸為念。觀於是書,千載猶將見之矣。

　　儒志編一卷(浙江巡撫採進本)[1]

　　宋王開祖撰。開祖字景山,永嘉人。皇祐五年進士,試祕書省校書郎,佐處州麗水縣。既而退居郡城東山,設塾授徒,年僅三十二而卒。其著作亦多湮沒。是編乃其講學之語,舊無刊本。據其原序,乃明王循守永嘉時②,始為蒐訪遺佚,編輯成帙。因當時有"儒志先生"之稱,故題曰《儒志編》。然考《宋史·藝文志》"儒家類"中有王開祖《儒志》一卷,則非循之所輯。或原本殘闕,循為釐訂而刻之歟?其書久湮復出,真偽雖不可考,然當時濂、洛之説猶未大盛,講學者各尊所聞,孫復號為名儒,而尊揚雄為模範,司馬光三朝耆宿,亦疑孟子而重揚雄。開祖獨不涉岐趨,相與講明孔、孟之道。雖其説輾轉流傳,未必無所附益,而風微人往,越數百年,官是土者猶為掇拾其殘帙,要必有所受之,固異乎王通《中説》出於子孫之夸飾者矣。循字進之,休寧人。宏治丙辰進士,官至順天府通判。所著有《仁峯集》,今未見傳本,不知存佚③。惟此書尚行於世云。

【彙訂】

① 文淵閣《四庫》本尚有卷首附錄一卷。(沈治宏:《中國叢書綜錄訂誤》)

② 孫詒讓《温州經籍志》卷一四引《總目》注云:"案,循乃知縣,見乾隆《温州府志》一七,此云'守',誤。"檢乾隆《温州府志》卷一七《職官志》,明代温州知府、府轄五縣之知縣,確無王循其人。惟永嘉知縣有汪循,注:"休寧人,進士。"查雍正《江南通志》卷一二二《選舉志》,弘治九年丙辰科朱希周榜,有"汪循,休寧人"。《四庫》本《儒志編》卷首之序,末署"弘治己未(按即十二年)八月中秋新安汪循序",乃知《總目》不僅誤"宰"為"守",且誤"汪"為"王"。(楊武泉:《四庫全書總目辨誤》)

③《總目》卷一七六《仁峯文集》條云:"明汪循撰。循字進

之，休寧人，弘治丙辰進士，官至順天府通判……是集凡文十七卷，日錄二卷，詩五卷，末附詩話數則，外集一卷，附錄敕命、行實、墓銘、祭文之類。"（同上）

　　案以上諸儒，皆在濂、洛未出以前。其學在於修己治人，無所謂理氣心性之微妙也。其說不過誦法聖人，未嘗別尊一先生，號召天下也。中惟王通師弟，私相標榜，而亦尚無門户相攻之事。今併錄之，以見儒家之初軌與其漸變之萌蘗焉。

子 部 二

儒 家 類 二

太極圖説述解一卷通書述解一卷西銘述解一卷（河南巡撫採進本）①

明曹端撰。端字正夫，號月川，澠池人。永樂戊子舉人，官霍州學正，後改蒲州。事蹟具《明史·儒林傳》。史稱："其學務躬行實踐，而以靜存為要。讀《太極圖説》、《通書》、《西銘》，曰：'道在是矣。'篤志研究，坐下著足處兩甎皆穿。"蓋明代醇儒，以端及胡居仁、薛瑄為最，而端又開二人之先。是編箋釋三書，皆抒所心得，大旨以朱子為歸。而《太極圖》末附載《辨戾》一條，乃以朱子所論太極、陰陽，語錄與註解互異，而考定其説。蓋註解出朱子之手，而語錄則門人之所記，不能無譌。端得於朱子者深，故能辨別微茫，不肯雷同附和，所由與依草附木者異也。前有端自序，作於宣德戊申，惟論《太極圖説》，及以詩贊、《辨戾》附末之意，而不及《西銘》。卷末有正德辛未黎堯卿跋，始兼《西銘》言之。《通書》前後又有孫奇逢序及跋，跋但言《通書》，而序則言澠池令張燡合刻三書。蓋堯卿始以《太極圖説》、《西銘》合編，燡又增以《通書》也。據端本傳，其書本名《釋文》，所註《孝經》乃名

《述解》。此本亦題曰《述解》，不知何人所改。刊版頗拙惡，排纂亦無體例。每句皆以正文與註連書，字畫大小相等，但以方匡界正文每句之首尾，以為識別，殊混淆難讀。今離而析之，使註與正文別行，以便省覽焉。

【彙訂】

① 文淵閣《四庫》本《通書述解》為二卷，書前提要不誤。（沈治宏：《中國叢書綜錄訂誤》）

張子全書十四卷附錄一卷（編修勵守謙家藏本）

宋張載撰。考載所著書見於《宋史·藝文志》者，有《易說》三卷，《正蒙》十卷，《經學理窟》十卷，《文集》十卷①。虞集作吳澄《行狀》，稱："嘗校正張子之書，以《東》、《西銘》冠篇，《正蒙》次之。"今未見其本。此本不知何人所編，題曰《全書》，而止有《西銘》一卷，《正蒙》二卷，《經學理窟》五卷，《易說》三卷，《語錄鈔》一卷，《文集鈔》一卷，又《拾遺》一卷，又採宋、元諸儒所論及《行狀》等作為《附錄》一卷，共十五卷。自《易說》、《西銘》以外，與史志卷數皆不相符。又語錄、文集皆稱曰"鈔"，尤灼然非其完帙，蓋後人選錄之本。名以"全書"，殊為乖舛。然明徐時達所刻已屬此本②。嘉靖中呂柟作《張子鈔釋》，稱："文集已無完本，惟存二卷。"康熙己亥，朱軾督學於陝西，稱："得舊稿於其裔孫五經博士繩武家，為之重刊。"勘其卷次篇目，亦即此本，則其來已久矣。張子之學，主於深思自得，本不以著作繁富為長。此本所錄，雖卷帙無多，而去取謹嚴。橫渠之奧論微言，其精英業已備採矣。

【彙訂】

①《宋史·藝文志》尚載其《詩說》一卷、《橫渠張氏雜儀》一

卷、《雜述》一卷，另《三家冠婚喪雜禮》五卷，司馬光、程頤、張載撰。（李裕民：《四庫提要訂誤》）

②"徐時達"乃"徐必達"之誤。《總目》卷九五著錄明徐必達編《周張全書》二十二卷。徐氏又於萬曆三十四年刻《邵子全書》，此書今存。（同上）

註解正蒙二卷（江蘇巡撫採進本）

國朝李光地撰。光地有《周易觀彖》，已著錄①。《正蒙》一書，張子以精思而成，故義博詞奧，註者多不得其涯涘。又章句既繁，不免偶有出入。或與程、朱之説相牴牾，註者亦莫知所從，不敢置議。光地是書疏通證明，多闡張子未發之意。又於先儒互異之處，如"太虛"之説與周子"太極"不同，清神濁形之分為程子所議，太極、陰、陽為三之説啟胡氏"三角太極"之學，"地有升降"一條，黃瑞節以為執"四遊"舊説；又如《六經》之中，釋《孟子》之"過化"為不滯於物，釋《中庸》之"敦化"為體厚用神，釋《易》"繼善"為不已其善，釋《論語》"上智下愚"為習成，釋《中庸》"仁者"為生安、"智者"為學利，釋《論語》"空空無知"為無思無為，釋《易》"蒙以養正"為養蒙以正，釋《論語》"先進"、"後進"為"急行"、"緩行"，"洋洋盈耳"為樂失其次，"與朋友共，敝之而無憾"句，以"共"字屬下，釋"好勇疾貧"章二"亂"字為迷繆，釋《易》"險阻"為聖德之高堅，釋《論語》"素絢"、"後素"二"素"字異義，釋《詩》"勿翦勿拜"為拜跪之拜，《棠棣》為文王之詩而周公有所加，《晨風》為勞而不休，釋《禮》"禘祫"之義牽用《註疏》舊説，"殤祭"之義又改易舊説，皆一一別白是非，使讀者曉然不疑。於明以來諸家註釋之中可謂善本矣。

【彙訂】

① 依《總目》體例，當作"光地有《周易通論》，已著錄"。

正蒙初義十七卷（直隸總督採進本）

國朝王植撰。植有《四書參註》，已著錄。是編詮釋《正蒙》，於《性理大全》所收《集釋》、《補註》、《集解》外，取明高攀龍、徐德夫、國朝冉覲祖、李光地、張伯行之註，列程、朱諸説之後。並採張子《經學理窟》、《語錄》、《性理拾遺》三書相發明者附錄之，而各以己見參訂於後。其大旨謂："張子見道原，從儒、釋異同處入，故其言'太虛'，皆與釋氏對照。"又謂："太虛有三義。"又謂："程、朱多不滿此書'太虛'二字。然晰其本旨，殊塗同歸，正不必執程、朱諸論以詆之。"又謂："《詩箋》、《書序》、《禮疏》舊説，張子所用為多。今人習見習聞，皆程、朱遺澤，遂咤而怪之。但當分別讀之，不宜橫生訾議。"論皆持平，頗能破門户之見。其謂："張子自註，惟見於《參兩》、《神化》、《至當》、《三十》、《樂器》者各一，見於《王禘》者五，《乾稱》者四，諸本或以集釋誤為自註。"又謂："十七篇為蘇昞所傳，張子手定，李光地本多割裂。"其辨析皆為不苟。至所稱張伯行註出於他人之假名，非所自著，云得諸伯行面言，亦足資考訂也。

二程遺書二十五卷附錄一卷（江西巡撫採進本）

宋二程子門人所記，而朱子復次錄之者也。自程子既歿以後，所傳語錄，有李籲、呂大臨、謝良佐、游酢、蘇昞、劉絢、劉安節、楊迪、周孚先、張繹、唐棣、鮑若雨、鄒柄、暢大隱諸家，頗多散亂失次，且各隨學者之意，其記錄往往不同。觀尹焞以朱光庭所鈔伊川語質諸伊川，伊川有"若不得某之心，所記者徒彼意耳"之語。則程子在時，所傳已頗失其真，案，此事見朱子後序中。故《朱子語錄》謂"游錄語慢，上蔡語險，劉質夫語簡，李端伯語宏〔弘〕肆，永嘉諸公語絮"也。是編成於乾道四年戊子，乃因家藏舊本，復以類訪求附益，略據所聞歲月先後編第成為二十五卷。又以行狀之屬八篇為《附錄》一卷。《語錄》載"陳淳問第九卷'介甫言律'一條何意。曰：'伯恭以凡事皆具，惟律不説。偶有此條，遂漫載之。'"又鄭可學問："《遺書》有'古言乾坤不用六子'一段如何？曰：'此一段却主張是自然之理，又有一段却不取'。"又《晦菴文集》内有《答呂伯恭書》曰："《遺書》節本已寫出，愚意所删去者，亦須用草紙鈔出，逐條略著删去之意，方見不草草處。若暗地删却，久遠却惑人。"云云。今觀書内，如劉安節所錄"謹禮者不透，須看《莊子》"一條①，語涉偏矯，則註云："别本所增。"又暢大隱所記"道豈有可離而不可離"一條②，純入於禪，則註云："多非先生語。"其去取亦深為不苟矣。考《文獻通考》載《遺書》卷目，與此本同。而黄震《日鈔》所載則至十七卷而止，與此互異。又震所載《遺書》卷目，呂與叔《東見錄》及《附東見錄》均次為第二卷，而此本則次《附東見錄》為第三卷，殆傳本有異同歟？至《附錄》中《年譜》一篇，朱子自謂實錄所書文集内外書所載，與凡他書之可證者。震則謂朱子訪其事於張繹、范棫、孟厚、尹焞而成。蓋朱子舉其引證之書，震則舉其參考之人，各述一端，似矛盾而非矛盾也。

【彙訂】

　①"看"，殿本脱。此書卷十八《劉元承手編》原文作："學者後來多耽《莊子》。若謹禮者不透，則是佗須看《莊子》。"

　②"有"，據殿本補。此書卷二十五《暢潛道本》原文作"《中

庸》曰：‘道不可須臾離也，可離非道也。’又曰‘道不遠人’，此特聖人為始學者言之耳。論其極，豈有可離與不可離，而遠與近之説哉？”

二程外書十二卷（江西巡撫採進本）

亦二程子門人所記，而朱子編次之。成於乾道癸巳六月，在《遺書》之後五年。後序稱：“《遺書》二十五篇，皆諸門人當時記錄之全書，足以正俗本紛更之謬。而於二先生之語，則不能無所遺。於是取諸人集錄，參伍相除，得此十二篇，以為《外書》。”凡採朱光庭、陳淵、李參、馮忠恕、羅從彥、王蘋、時紫芝七家所錄，又胡安國、游酢家本及建陽《大全集》印本三家，又《傳聞雜記》自王氏《麈史》至孔文仲疏，凡一百五十二條，均採附焉。其語皆《遺書》所未錄，故每卷悉以“拾遺”標目。其稱《外書》者，則朱子自題所謂“取之之雜，或不能審所自來。其視前書，學者尤當精擇審取”者是也。中閒傳聞異辭，頗不免於叢脞。如《程氏學拾遺》卷内，以“望道未見”為“望治道太平”一條，黄震《日鈔》謂：“恐於本文有增。”又《時氏本拾遺》卷内，以《老子》“天地不仁，萬物芻狗”之説為是一條，震亦謂其説殊有可疑。蓋皆記錄既繁，自不免或失其本旨。要其生平精語，亦多散見於其中。故但分別存之，而不能盡廢。如吕氏《童蒙訓》記“伊川言‘僧家讀一卷經，要一卷經道理受用。儒者讀書，都無用處’”一條，又“明道至禪寺，見趨進揖遜之盛，歎曰：‘三代威儀盡在是。’”一條。《朱子語錄》嘗謂其“記錄未精，語意不圓”，而終以其言足以警切學者，故並收入《傳聞雜記》中，無所刊削。其編錄之意，亦大略可見矣。

二程粹言二卷（兩江總督採進本）

宋楊時撰。時字中立，南劍州將樂人。熙寧九年進士，官至國子祭酒。高宗即位，除工部侍郎，兼侍讀，以龍圖閣直學士提舉杭州洞霄宮，卒諡文靖。事蹟具《宋史》本傳。時始以師禮見明道於潁昌，相得甚歡。明道沒，又見伊川於洛。南渡以後，朱子及張栻等皆誦説程氏，屹然自闢一門户。其源委脈絡，實出於時。是書乃其自洛歸閩時，以二程子門人所記師説，採撮編次，分為十篇。朱子嘗稱：“明道之言發明極致，善開發人；伊川之言即事明理，尤耐咀嚼。”然當時記録既多，如《遺書》、《外書》、《雅言》、《師説》、《雜説》之類，卷帙浩繁，讀者不能驟窺其要。又記者意為增損，尤不免牴牾龐雜。朱子嘗欲删訂為節本而未就。世傳張栻所編《伊川粹言》二卷，又出依託。惟時師事二程，親承指授，所記録終較剿竊販鬻者為真。程氏一家之學，觀於此書，亦可云思過半矣①。

【彙訂】

① 此書與《總目》卷九五著録傳張栻所編《伊川粹言》二卷實為一書。該書並未見諸宋元書目，程門後學亦無一人提及此書，元代至治年間譚善心搜集和校刊二程著作時也未收録該書，直到明萬曆年間徐必達刊印《二程全書》時始收録該書。徐氏序稱從焦竑處得到此書，而焦竑《程子序》則云：“相傳龜山先生所潤色，而張南軒氏序而傳之者也。”據《楊龜山先生年譜》所載，楊時到洛陽拜見程頤是在元祐八年（1093），第二年便赴瀏陽任職，直到元符元年（1098）方從瀏陽返回故鄉。“自洛歸閩時”，即從洛陽返回福建老家後所撰的説法有誤。楊時著手編撰二程語録是在宣和五年（1123），他曾寫信與同門游酢討論此事。但不久

游酢去世,此後楊時又被召入朝為官,因而編撰二程語錄的計劃也被暫時擱置下來。直到紹興三年(1133)楊時已八十一歲,決定重啟二程語錄的編撰計劃,並寫信同胡安國討論。兩年後楊時去世,其弟子、女壻陳淵在給胡安國的信中云:"淵蒙喻編次龜山著述……惟明道、伊川語錄,意欲修之未暇。"可知今本《二程粹言》並非出自楊時之手。張栻寫給吳晦叔的信中説:"'力行近乎仁'之説甚緊要,更須細味'近'字為深長也;'克伐怨欲'之説,曾細味二程先生之説否?'仁'字須是如此看,伯逢所類《遺書》中語已領。"其中的伯逢就是胡寅的兒子胡大原(字伯逢),《粹言》極有可能是他在其父胡寅所改寫的語錄本子的基礎上分類整理而成。"朱子嘗欲刪訂為節本而未就"之説亦不確。朱熹實際上已經寫出了二程語錄的節本,他在寫給呂祖謙的信中説:"《遺書》節本已寫出。"疑《宋史·藝文志四》"子部儒家類"所載《語錄》二卷即此書。(趙振:《二程粹言考述》、《〈四庫全書總目〉著錄〈二程粹言〉考》)

　　公是先生弟子記四卷(浙江巡撫採進本)

　　宋劉敞撰。敞有《春秋傳》,已著錄[①]。是編題曰《弟子記》者,蓋託言弟子之所記。而文格古雅,與敞所註《春秋》詞氣如出一手,似非其弟子所能。故晁公武《讀書志》以為敞自記其問答之言,當必有據也。公武又稱書中於"王安石、楊愷之徒書名,王深甫、歐陽永叔之徒書字",以示褒貶。今考公武所説,亦大概以意推之。即如王回一人,論四岳薦鯀一條、論聖人一條,則書其名;論泰伯一條、論晉武公一條,則書其字,是於褒貶居何等乎?且其書固多攻王氏新學,而亦兼寓鍼砭元祐諸賢之意,故其言曰：“淫聲出乎律呂，而非所以正律呂也；小道生乎仁義，而非所以明仁義也。”又曰：“八音不同物而同聲，同聲乃和；賢能不同術而同治，同治乃平。”又曰：“忘情者自以為達，悖情者自以為難，直情者自以為真，三者異趨而同亂。”又曰：“學不可行者，君子弗取也②；言不可用者，君子弗詢也。”又曰：“智不求隱，辨不求給，名不求難，行不求異。”又曰：“無為而治者，因堯之臣，襲堯之俗，用堯之政，斯孔子謂之無為也。”又曰：“夫賢者為人所能為而已矣。人所不能為，賢者不為也。”又曰：“君子恥過而欲改之，小人恥過而欲遂之。君子欲善而自反，小人欲善而自欺。”又曰：“矜小名以售大偽，飾小廉以鉤大利者，惟鉅屌爾。”蓋是時三黨交訌，而敞獨蕭然於門户之外，故其言和平如是。至於稱老子之“無為”，則為安石之新法發，辨孟子之“人皆可以為堯舜”，則為安石之自命聖人發。其說稍激，則有為言之者也。又王守仁謂：“無善無惡者性之體，有善有惡者意之用。”明人斷斷辨正，稱為衛道。今觀是書，乃知王安石先有是說，敞已辭而闢之。是其發明正學，又在程、朱之前。其或謂“仁義禮智不若道之全”一條，謂：“道固仁義禮智之名，仁義禮智弗在焉，安用道？”亦預杜後來狂禪之弊，所見甚正。徒以獨抱遺經，澹於聲譽，未與伊、洛諸人傾意周旋，故講學家視為異黨，抑之不稱耳。實則元豐、熙寧閒卓然一醇儒也③。其書宋時蜀中有刻版。乾道十年，豫章謝諤得之於劉文潚，付三衢江溥重刊④。淳熙元年，趙不黯又於敞從曾孫子和及子和從叔椿家得二舊本，校正舛脱，就江本改刻十八頁，補三百七十字。此本即從不黯所刻鈔出者，末有諤、溥、不黯三跋，證以《永樂大典》所引，一一符合，知為原書，亦可謂罕覯之笈矣。《敞墓誌》及《宋史》本傳俱稱《弟子記》五卷⑤，《讀書志》

則作一卷。蓋南宋之初已病其繁碎,合併為一。今以篇頁稍多,釐為四卷,以酌其中。又錢曾《讀書敏求記》載《極沒要緊》一卷,註曰:"即劉原父《弟子記》也。"考浙江所進遺書,有《極沒要緊》一卷,亦題"公是先生撰"。其文皆採掇郭象《莊子註》語,似出依託,與此顯為二書。今別存其目於道家中,庶真贋不相淆焉。

【彙訂】

① 依《總目》體例,當作"敞有《春秋權衡》,已著錄"。

②"弗",殿本作"不"。按,此書卷一原文作"弗"。

③《弟子記》全屬《論》、《孟》式之訓詞,不涉時事。全書僅卷四有一條駁王安石"性無善惡惟情有善惡"之說,並無"多攻王氏新學"之言。王安石制訂新法,在熙寧二年。《三經新義》成於熙寧八年。三黨交訌,在元祐年間。而劉敞,據歐陽修《歐陽文忠公集》卷五〇《集賢院學士劉公墓誌銘》,卒于熙寧元年四月八日。敞弟攽號公非先生,卒于元祐三年(據清人吳榮光《歷代名人年譜》)。館臣蓋未辨"是"、"非",誤混劉氏兄弟之時代也。(楊武泉:《四庫全書總目辨誤》;李裕民:《四庫提要訂誤》增訂本)

④ 乾道年號僅九年。江溥序作於壬辰(乾道八年)。(張尚英:《劉敞著述考》)

⑤《宋史》本傳未載《弟子記》。(同上)

節孝語錄一卷(兩江總督採進本)

宋徐積撰。積字仲車,山陽人。登進士第。元祐初以薦授揚州司戶參軍,為楚州教授。歷和州防禦推官,改宣德郎,監中岳廟卒。政和六年賜諡節孝處士。事蹟具《宋史·卓行傳》。是書為其門人江端禮所錄。《文獻通考》載一卷，與今本合。其中說經之條，如釋“唐棣之華，偏其反而”，謂：“偏當音徧，言開徧而復合。”今考《禮》“二名不偏諱”註，偏讀為徧，則偏、徧二字原相通，然以釋“偏其反而”則曲説矣。其釋《春秋》“壬申，御廩災，乙亥，嘗”，謂：“説者皆言先言御廩災，是火災之餘而嘗，志不敬。其實《曾子問》言天子諸侯之祀，遇日食、火災、喪服則皆廢祀。今御廩災，則嘗可廢而不廢，是為不敬。何必謂火災之餘而嘗？”今考《曾子問》曰“當祭而日食，太廟火”，乃廢祭。他火災不廢也。積概言火災則廢，反斥《公》、《穀》二傳，亦殊失經意。他若以《論語》“三嗅”為“三歎”，謂：“《春秋》‘西狩獲麟’重書僭狩非禮，不重書獲麟”，亦皆穿鑿。至於商論古人，推揚雄而譏賈誼，至以陳平為秦、漢以來第一人，殊乖平允。而誤解《禮記》“葬欲速朽”，以近世用厚棺為非，尤為紕繆。然積篤於躬行，粹於儒術，所言皆中正和平，無宋代刻核古人之習，大致皆論事論人，無空談性命之説，蓋猶近於古之儒家焉。

儒言一卷（永樂大典本）

宋晁説之撰。説之字以道，鉅野人[1]。少慕司馬光之為人。光晚號迂叟，説之因自號曰景迂。元豐五年進士，蘇軾以著述科薦之[2]。元符中以上書入邪等[3]。靖康初，召為著作郎，試中書舍人，兼太子詹事[4]。建炎初，擢徽猷閣待制。高宗惡其作書非孟子，勒令致仕[5]。是書已編入《景迂生集》。然晁公武《讀書志》已別著錄，蓋當時亦集外別行也。公武以是書為辨王安石學術違僻而作。今觀所論，大抵《新經義》及《字説》居多，而託始於安石之廢《春秋》，公武所言良信。然序稱作於元黙執徐，實徽宗政和二年壬辰,在崇寧二年安石配享孔子後。故其中“孔孟”一條、“名聖”一條、“祀聖”一條,皆直斥其事。則實與紹述之徒辨,非但與安石辨也。又“不奪”一條、“心蹟”一條及“流品”以下凡數條,併兼斥安石之居心行事,亦非但為學術辨也。當紹述之説盛行,而侃侃不撓,誠不愧儒者之言。至於因安石附會《周禮》而詆《周禮》,因安石尊崇孟子而抑孟子,則有激之談,務與相反,惟以恩怨為是非,殊不足為訓。蓋元祐諸人,實有負氣求勝,攻訐太甚,以釀黨錮之禍者。賢智之過,亦不必曲為諱也,取其大旨之正可矣。

【彙訂】

① 晁説之世居澶州清豐,生於開封。(張劍:《晁説之研究》)

② 説之元祐五年(1090)因范純仁、蘇軾、豐稷等交薦於朝,授蔡州教授。(同上)

③ 據《宋史紀事本末》卷四九,説之乃崇寧元年(1102)因元符末應詔封事落邪中等。(同上)

④ 據《郡齋讀書志》,靖康元年(1126)欽宗召説之為著作郎,免試除中書舍人,兼太子詹事。(同上)

⑤ 説之建炎元年(1127)除徽猷閣待制。據《建炎以來繫年要錄》卷十九,説之建炎三年正月告老,上(高宗)曰:“是嘗著論非孟子者,孟子發明正道,説之何人,乃敢非之,可進一官致仕。”則非勒令致仕。(同上)

童蒙訓三卷(兩淮鹽政採進本)

宋吕本中撰。本中有《春秋集解》,已著錄。是書其家塾訓課之本也。本中北宋故家,及見元祐遺老,師友傳授,具有淵源。

故其所記多正論格言，大抵皆根本經訓，務切實用。於立身從政之道，深有所裨。中間如申顏、李潛、田腴、張琪、侯無可諸人，其事蹟史多失傳，賴此猶可以考見大略，固不僅為幼學啟迪之資矣。考朱子《答呂祖謙書》有"舍人丈所著《童蒙訓》極論詩文，必以蘇、黃為法"之語，此本無之。其他書所引論詩諸説，亦皆不見於書内。故何焯跋疑其但節錄要語而成，已非原本。然刪削舊文，不過簡其精華，除其枝蔓，何以近語錄者全存，近詩話者全汰？以意推求，殆洛、蜀之黨既分，傳是書者輕詞章而重道學，不欲以眉山緒論錯雜其間，遂刊除其論文之語，定為此本歟？其書初刊於長沙，又刊於龍溪，譌舛頗甚。嘉定乙亥，婺州守邱〔丘〕壽雋重校刊之，有樓昉所為跋。後紹定己丑，眉山李埴守郡，得本於提刑呂祖烈，復鋟本於玉山堂。今所傳本，即明人依宋槧翻雕。行款字畫，一仍其舊，最為善本。今亦悉從之焉。

省心雜言一卷（永樂大典本）

宋李邦獻撰。邦獻，懷州人。太宰邦彦之弟，官至直敷文閣。是書在宋有臨安刊本，題為林逋撰。或又以為尹焞所撰[1]。至宋濂跋其書，則謂逋固未嘗著，焞亦因和靖之號偶同而誤，皆非其實。而王佖所編《朱子語錄續類》内有《省心錄》，乃沈道原作之文，必有所據，當定為沈本。陶宗儀《説郛》錄其數條，仍署為林逋所作，迄無定論。今考《永樂大典》具載是書，共二百餘條，蓋依宋時槧本全帙錄入。前有祁寬、鄭望之、沈潛、汪應辰、王大寶五序[2]，後有馬藻、項安世、樂章三跋，并有邦獻孫耆岡及四世孫景初跋三首，皆謂此書邦獻所作。耆岡且言曾見手稿，而辨世所稱林逋之非。其説出於李氏子孫，自屬不誣[3]。又考王安禮為沈道原作《墓誌》,具列所著《詩傳》、《論語解》等書④,並無《省心雜言》之名,足證確非道原作。宋濂遂因《朱子語錄》定為道原,其亦考之未審矣⑤。其書切近簡要,質而能該,於範世勵俗之道頗有發明。謹釐正舛誤,定為李氏之書,而考證其異同如右。

【彙訂】

① "所",殿本無。

② 王氏序末署"戊子暮春揭陽王大寶書","寶"字訛。

③ "而辨世所稱林邇之非"至"自屬",殿本脫。

④ "詩傳",殿本作"書傳",誤。王安禮《王魏公集》卷七有《故朝奉郎權發遣秀州軍州兼管內勸農事輕車都尉借紫沈公墓誌銘》,云"公諱季長,字道原……文集十五卷,《詩傳》二十卷,《論語解》十卷,《對問》五卷"。"書",殿本無。

⑤ "足證確非道原作宋濂遂因朱子語錄定為道原其",殿本作"足證非道原所作實朱子語錄之舛誤宋濂執為定論"。

上蔡語錄三卷(浙江巡撫採進本)

宋曾恬、胡安國所錄謝良佐語,朱子又為刪定者也。良佐字顯道,上蔡人。登進士第。建中靖國初,官京師。召對忤旨,出監西京竹木場。復坐事廢為民。事蹟具《宋史·道學傳》。恬字天隱,溫陵人。安國有《春秋傳》,已著錄。是書成於紹興二十九年,朱子年三十歲,監潭州南岳廟時。生平論著,此為最早。據朱子後序稱"初得括蒼吳任寫本一篇①,皆曾天隱所記。最後得胡文定公寫本二篇,凡書四篇,以相參校。胡氏上篇五十五章,記文定公問答。下篇四十九章②,與版本、吳氏本略同,然時有小異。輒因其舊,定著為二篇。獨版本所增多猶百餘章,或失本旨,雜他書。其尤者五十餘章,至詆程氏以助佛學,輒放而絕之。其餘亦頗刊去。而得先生遺語三十餘章,別為一篇。凡所定著書三篇"云云,是朱子於此書芟薙特嚴。後乾道戊子,重為編次,益以良佐與安國手簡數條,定為今本。又作《後記》,稱:"胡憲於呂祖謙家得江民表《辨道錄》,見所刪五十餘章,首尾次序,無一字之差。然後知果為江氏所著,非謝氏之書。"則去取亦為精審。觀《語錄》稱:"某二十年前得《上蔡語錄》觀之,初用朱筆畫出合處,及再觀則不同,乃用粉筆,三觀則又用墨筆。數過之後,全與原看時不同。"則精思熟讀,研究至深,非漫然而定也。良佐之學,以切問近思為要。其言論閎肆,足以啟發後進。惟才高意廣,不無過中之弊。故《語錄》云:"看道理不可不仔細。程門高弟如謝上蔡、游定夫、楊龜山,下梢皆入禪學去。"又云:"上蔡《觀復齋記》中說道理皆是禪底意思。"又云:"程子諸門人,上蔡有上蔡之病,龜山有龜山之病,和靖有和靖之病,也是合下見得不周,偏差了。"其論皆頗以良佐近禪為譏。然為良佐作《祠記》,則又云:"以生意論仁,以實理論誠,以常惺惺論敬,以求是論窮理,其命意皆精當。而直指窮理居敬為入德之門,尤得明道教人之綱領。"乃深相推重。蓋良佐之學,醇疵相半,朱子於《語錄》舉其疵,於《祠記》舉其醇,似矛盾而非矛盾也。合而觀之,良佐之短長可見矣。

【彙訂】

①"一",殿本作"二",誤。朱熹紹興二十九年三月庚午後序原文作"初得括蒼吳任寫本一篇,後得吳中版本一篇,二家之書皆溫陵曾恬天隱所記"。

② 後序原文作"下篇四十七章"。

袁氏世範三卷(永樂大典本)

宋袁采撰。案《衢州府志》,采字君載,信安人。登進士第。三宰劇邑,以廉明剛直稱。仕至監登聞鼓院。陳振孫《書錄解題》稱采嘗宰樂清,修《縣志》十卷①。王圻《續文獻通考》又稱其令政和時,著有《政和雜志》、《縣令小錄》。今皆不傳。是編即其在樂清時所作。分睦親、處己、治家三門,題曰《訓俗》。府判劉鎮為之序,始更名《世範》②。其書於立身處世之道,反覆詳盡,所以砥礪末俗者,極為篤摯。雖家塾訓蒙之書,意求通俗,詞句不免於鄙淺,然大要明白切要,使覽者易知易從,固不失為《顏氏家訓》之亞也。明陳繼儒嘗刻之《祕笈》中,字句譌脱特甚。今以《永樂大典》所載宋本互相校勘,補遺正誤,仍從《文獻通考》所載,勒為三卷云。

【彙訂】

① "縣志",殿本作"樂清志"。《直齋書錄解題》卷十此書解題僅云:"樂清令三衢袁采君載撰。"(黃嬿婉:《四庫全書總目誤引〈直齋書錄解題〉訂正十七則》)

② 據袁采自跋,其書初目為《俗訓》。(劉思生:《袁氏世範提要》)

延平答問一卷附錄一卷(浙閩總督採進本)

宋朱子撰。程子之學,一傳為楊時,再傳為羅從彥,又再傳為李侗。侗字愿中,延平其所居也。侗於朱子為父執。紹興二十三年,朱子二十四歲,將赴同安主簿任,往見侗於延平,始從受學。紹興三十年冬,同安任滿,再見侗,僅留月餘。又閱四載而侗没①。計前後相從，不過數月，故書札往來，問答為多。後朱子輯而錄之。又載其《與劉平甫》二條，以成是書。朱子門人又取朱子平昔論延平語及祭文、行狀別為一卷，題曰《附錄》，明非朱子原本所有也。後侗裔孫葆初別掇拾侗之諸文，增入一卷，改題曰《延平文集》，且總題曰"朱子所編"②，殊失其舊。今仍錄原本，而葆初竄亂之本別存目於集部焉。

【彙訂】

① 李侗卒於隆興元年(1163)十月，年七十一，見朱熹《晦菴集》卷九七《延平李先生行狀》及汪應辰《文定集》卷二二《延平李先生墓誌銘》。紹興三十年冬至隆興元年十月，僅三年。（楊武泉：《四庫全書總目辨誤》）

② "曰"，殿本作"為"。

近思錄十四卷（直隸總督採進本）

宋朱子與呂祖謙同撰。案《年譜》，是書成於淳熙二年，朱子年四十六矣。書前有朱子題詞曰："淳熙乙未之夏，東萊呂伯恭來自東陽。過余寒泉精舍，留止旬日。相與讀周子、程子、張子之書，歎其廣大宏博，若無津涯，而懼夫初學者不知所入也，因共掇取其關於大體而切於日用者，以為此編。"云云。是其書與呂祖謙同定，朱子固自著之，且併載祖謙題詞。又《晦菴集》中有乙未八月與祖謙一書，又有丙申與祖謙一書、戊戌與祖謙一書，皆商榷改定《近思錄》，灼然可證。《宋史·藝文志》尚並題"朱熹、呂祖謙類編"。後來講學家力爭門户，務黜眾説而定一尊，遂没祖謙之名，但稱朱子《近思錄》，非其實也。書凡六百六十二條①，分十四門，實為後來性理諸書之祖。然朱子之學，大旨主於格物窮理,由博反約,根株六經,而參觀百氏,原未暖暖妹妹守一先生之言。故題詞有曰:"窮鄉晚進,有志於學,誠得此而玩心焉,亦足以得其門而入矣。然後求諸四君子之全書,以致其博而反諸約焉,庶乎其有以盡得之②。若憚煩勞,安簡便,以為取足於此而止,則非纂集此書之意。"然則四子之言且不以此十四卷為限,亦豈教人株守是編,而一切聖經賢傳束之高閣哉!又呂祖謙題詞,論首列陰陽性命之故,曰:"後出晚進,於義理之本原雖未容驟語,苟茫然不識其梗概,則亦何所底。列之篇端,特使知其名義,有所向往而已。至於餘卷所載講學之方、日用躬行之實,自有科級,循是而進,自卑升高,自近及遠,庶不失纂集之旨。若乃厭卑近而騖高遠,躐等凌節,流於空虛,迄無所依據,則豈所謂'近思'者耶?"其言著明深切,尤足藥連篇累牘、動談未有天地以前者矣。其《集解》則朱子歿後葉采所補作。淳祐十二年③,采官朝奉郎,監登聞鼓院,兼景獻府教授時,嘗齋進於朝。前有進表及自序。采字仲圭,號平巖,建安人。其序謂:"悉本朱子舊註,參以升堂紀聞及諸儒辨論。有略闕者④,乃出臆說。"又舉其大旨,著於各卷之下,凡閱三十年而後成云。

【彙訂】

① 應為六百二十二條。(王澔:《〈近思錄〉版本考》)

②"以",殿本作"而"。按,朱熹《近思錄》原序作"以"。

③"淳祐十二年",殿本作"淳熙十二年",誤。參葉采進表及自序,書成於淳祐八年,十二年(1252)表奏於朝。而淳熙十二年(1185)距《近思錄》成書僅十年,朱熹尚在世。(王澔:《〈近思錄〉版本考》)

④"略闕",葉采自序原文及殿本作"缺略"。

近思錄集註十四卷（編修徐天柱家藏本）

國朝茅星來撰。星來字豈宿，烏程人。康熙間諸生。按朱子《近思錄》①，宋以來註者數家，惟葉采《集解》至今盛行。星來病其粗率膚淺，解所不必解，而稍費擬議者則闕，又多彼此錯亂，字句譌舛。因取周、張、二程《全書》及宋、元《近思錄》刊本，參校同異。凡近刻舛錯者，悉從朱子考正錯簡之例，各註本條之下。又薈粹衆説，參以己見，為之支分節解。於名物訓詁，考證尤詳。更以《伊洛淵源錄》所載四子事蹟具為箋釋，冠於簡端，謂之《附説》。書成於康熙辛丑，有星來自序。又有後序一篇，作於乾隆丙辰，去書成時十五年。蓋殫一生之精力為之也。其後序有曰："自《宋史》分道學、儒林為二，而言程、朱之學者，但求之身心性命之閒，不復以通經學古為事。蓋嘗竊論之，馬、鄭、賈、孔之説經，譬則百貨之所聚也；程、朱諸先生之説經，譬則操權度以平百貨之輕重長短者也。微權度，則貨之輕重長短不見，而非百貨所聚，則雖有權度亦無所用之。故欲求程、朱之學者，其必自馬、鄭諸傳疏始。愚於是編，備著漢、唐諸家之説，以見程、朱諸先生學之有本，俾彼空疏寡學者無得以藉口。"云云。其持論光明洞達，無黨同伐異、爭名求勝之私，可謂能正其心術矣。

【彙訂】

① "星來字豈宿烏程人康熙間諸生按"十四字，殿本無。同治《湖州府志》卷七六《人物傳·文學三》："茅星來，字豈宿，號鈍叟，又號具茨山人，歸安人，坤後。為諸生，屢絀於有司，乃專攻經文，欲以著述自見。"光緒《歸安縣志》卷三五《儒林·茅星來傳》文亦同。且云："書成，名曰《集註》，洵朱子之功臣也。"可知"烏程人"乃"歸安人"之誤，清代《烏程縣志》無是紀載也。（楊武

泉：《四庫全書總目辨誤》）

　　近思錄集註十四卷（安徽巡撫採進本）

　　國朝江永撰。永有《周禮疑義舉要》，已著錄。《近思錄》雖成於淳熙二年，其後又數經刪補，故傳本頗有異同。至各卷之中，惟以所引之書為先後，而未及標立篇名，則諸本不殊。至淳祐閒，葉采纂為《集解》，尚無所竄亂於其閒。明代有周公恕者，始妄加分析，各立細目，移置篇章。或漏落正文，或淆混註語，謬誤幾不可讀。永以其貽誤後學，因仍原本次第，為之集註。凡朱子《文集》、《或問》、《語類》中其言有相發明者，悉行採入分註。或朱子説有未備，始取葉采及他家之説以補之，閒亦附以己意，引據頗為詳洽。蓋永邃於經學，究心古義，穿穴於典籍者深。雖以餘力為此書，亦具有體例，與空談尊朱子者異也[1]。

【彙訂】

　　[1]“子”，殿本無。

　　雜學辨一卷附記疑一卷（副都御史黃登賢家藏本）

　　宋朱子撰，以斥當代諸儒之雜於佛老者也。凡蘇軾《易傳》十九條，蘇轍《老子解》十四條，張九成《中庸解》五十二條，呂希哲《大學解》四條。皆摘錄原文，各為駁正於下。末有乾道丙戌何鎬跋。鎬字叔京[1]，何兑之子。丙戌為乾道二年，朱子三十七歲，監嶽廟家居時也。《記疑》一卷，前有朱子題詞，稱“偶得雜書一册[2]，不知何人所記。懼其流傳久遠，上累師門”云云。蓋程子門人記錄師説，附以己意，因而流入二氏者，亦摘錄而與之辨，凡二十條。其書作於淳熙二年丙申三月，朱子方在婺源，距作《雜學辨》時十年矣[3]。後人附刻《雜學辨》後，以類相從，今亦仍舊本錄之焉。

【彙訂】

①"叔京",殿本作"京叔",誤。宋黎靖德編《朱子語類》"姓氏"中有何鎬,"字叔京,邵武人"。清李清馥《閩中理學淵源考》卷二十三《朱子邵武汀州門人并交友》亦有"縣令何叔京先生鎬"條。

②"雜書",殿本作"雜詞",誤,參《記疑》原文。

③《雜學辨》作於乾道二年丙戌,見書末何鎬跋。十年之後,為淳熙三年丙申。(楊武泉:《四庫全書總目辨誤》)

小學集註三卷(通行本)①

宋朱子撰,明陳選註。選字士賢,臨海人。天順庚辰進士,官至廣東布政使。追贈光祿寺卿,諡恭愍。事蹟具《明史》本傳。朱子是書成於淳熙丁未三月。凡內篇四,曰立教,曰明倫,曰敬身,曰稽古。外篇二,曰嘉言,曰善行。考《晦菴集》中有癸卯與劉子澄書,蓋編類此書,實託子澄。其初有"文章"一門,故書中稱:"文章尤不可泛。如《離騷》一篇,已自多了。《敘古蒙求》亦太多,兼奧澀難讀,非啟蒙之具。卻是古樂府及杜子美詩意思好,可取者多。"又有乙巳與子澄書,稱"《小學》見此修改②,凡定著六篇"云云,是淳熙十二年始改定義例,又越二年乃成也。案《語類》,陳淳錄曰:"或問《小學·明倫篇》何以無'朋友'一條,曰:'當時是眾人編類,偶闕此爾。'"又黃義剛錄曰:"《曲禮》'外言不入於閫,內言不出於閫'一條,甚切,何以不編入《小學》?曰:'這樣處漏落也多。'"王懋竑《朱子年譜考異》謂:"據此則編類不止子澄一人。而於兩錄又可見古人著書,得其大者,小小處亦不屑尋究。"其説最確。後人或援引古書,證其疏略,或誤以一字一句皆朱子所手錄,遂尊若《六經》,皆一偏之論也。選註為鄉塾訓課之計,隨文衍義,務取易解,其説頗為淺近。然此書意取啟蒙,本無深奧,又雜取文集、子、史,不盡聖言。註釋者推衍支離,務為高論,反以晦其本旨。固不若選之所註,猶有裨於初學矣。是書自陳氏《書錄解題》,即列之經部小學類③。考《漢書・藝文志》以《弟子職》附《孝經》,而小學家之所列,始於史籀,終於杜林,皆訓詁文字之書。今案以幼儀附之《孝經》,終為不類。而入之小學,則於古無徵。是書所錄皆宋儒所謂養正之功,教之本也。改列儒家,庶幾協其實焉。

【彙訂】

①《四庫》所收為六卷,書前提要亦云六卷。(修世平:《〈四庫全書總目〉訂誤十七則》,圖)

②"見此修改",底本作"見比修改",據《晦菴集》卷三五《與劉子澄書(七月九日)》原文及殿本改。

③陳振孫《直齋書錄解題》經部小學類並未著錄朱子《小學集註》,《總目》所引內容,實出於卷九子部儒家類"《小學書》四卷"條。(楊大忠:《〈四庫全書總目提要〉訂誤十則》)

朱子語類一百四十卷(內府藏本)

宋咸淳庚午導江黎靖德編。初,朱子與門人問答之語,門人各錄為編。嘉定乙亥,李道傳輯廖德明等三十二人所記為四十三卷,又續增張洽錄一卷,刻於池州,曰"池錄"。嘉熙戊戌,道傳之弟性傳續蒐黃榦等四十二人所記為四十六卷,刊於饒州,曰"饒錄"。淳祐己酉①,蔡杭又裒楊方等二十三人所記為二十六

卷,亦刊於饒州,曰"饒後錄"。咸淳乙丑,吳堅採三錄所餘者二
十九家,又增入未刊四家為二十卷,刊於建安,曰"建錄"。其分
類編輯者,則嘉定己卯黃士毅所編,凡百四十卷,史公說刊於眉
州,曰"蜀本"。又淳祐壬子王佖續編四十卷,刊於徽州,曰"徽
本"。諸本既互有出入,其後又翻刻不一,譌舛滋多。靖德乃裒
而編之,删除重複一千一百五十餘條,分為二十六門,頗清整易
觀。其中甚可疑者,如包楊錄中論《胡子知言》以書為"溺心志之
大穽"之類②,概為刊削。亦深有功於朱子。靖德《目錄後記》有
曰:"朱子嘗言《論語》後十篇不及前,'六言六蔽'不似聖人法語。
是孔門所記猶可疑,而況後之書乎?"觀其所言,則今他書閒傳朱
子之語而不見於《語類》者,蓋由靖德之删削。鄭任鑰不知此意,
乃以《四書大全》所引不見今本《語類》者,指為《或問》小註之證,
其亦不考之甚矣。

【彙訂】

①"己酉",殿本作"乙酉",誤。淳祐年號無乙酉,己酉為淳
祐九年(1249)。

②"書",殿本作"讀書"。

戒子通錄八卷(永樂大典本)

宋劉清之撰。清之字子澄,號靜春,臨江人。紹興二年進
士①,光宗時知袁州。《宋史》本傳稱其生平著述甚多,是書其一
也。其書博採經史羣籍,凡有關庭訓者,皆節錄其大要,至於母
訓閫教,亦備述焉。史稱其"甘貧力學,博極羣書"。故是編採摭
繁富,或不免於冗雜。然其隨事示教,不憚於委曲詳明,雖瑣語
碎事,莫非勸戒之資,固不以過多為患也。元虞集甚重其書,嘗

勸其後人刻諸金谿。後崔棟復為重刻。顧自宋以來，史志及諸家書目皆不著錄。惟《文淵閣書目》載有二册，亦無卷數。外閒傳本尤稀。今謹據《永樂大典》所載，約略篇頁，釐為八卷。所引諸條，原本於標目之下各粗舉其人之始末，其中閒有未備者，今並為考補增註，以一體例。惟自宋以前時代錯出，頗無倫次，蓋一時隨手摘錄，未經排比之故。今亦姑存其舊焉②。

【彙訂】

① 劉清之為朱熹弟子，朱熹生於建炎四年，紹興二年時，朱熹才三歲。《宋元學案》卷五七劉清之小傳，謂光宗即位，起知袁州，卒，年五十七。由光宗即位之紹熙元年，上溯五十七年，則清之生於紹興四年。《宋史》本傳謂紹興二十七年進士，確。（楊武泉：《四庫全書總目辨誤》）

② “存”，殿本作“仍”。

知言六卷附錄一卷（永樂大典本）

宋胡宏撰。宏有《皇王大紀》，已著錄。是編乃其論學之語，隨筆劄記，屢經改訂而後成。呂祖謙嘗以為勝於《正蒙》。然宏之學本其父安國，安國之學雖出於楊時，而又兼出於東林常總。總嘗謂“本然之性不與惡對言”，安國沿習其說，遂以本然者、與善惡相對者分成兩性。宏作此書，亦仍守其家傳。其所謂“性無善惡，心以成性。天理人欲，同體異用，同行異情。指名其體曰性，指名其用曰心，性不能不動，動則心矣”云云，朱子力詆其非，至作《知言疑義》與呂祖謙及宏門人張栻互相論辨，即栻亦不敢盡以其師說為然。其論治道，以井田封建為必不可廢，亦泥古而流於迂謬。然其他實多明白正大，足以闡正學而闢異端。朱子亦嘗稱其"思索精到處殊不可及",固未以一二瑕疵盡廢其書也。自元以來,其書不甚行於世。明程敏政始得舊本於吳中,後坊賈遂有刊版。然明人傳刻古書,好意為竄亂,此本亦為妄人強立篇名,顛倒次序,字句舛謬,全失其真。惟《永樂大典》所載,尚屬宋槧原本,首尾完備,條理釐然。謹據其章目,詳加刊正,以復其舊。其《朱子語錄》各條亦仍依原本,別為《附錄》一卷,繫之於末,以備考證焉。

明本釋三卷(永樂大典本)

宋劉荀撰。荀,東平人,尚書左僕射摯之孫。書中所稱"先文肅公",即謂摯也。孝宗時嘗知盱眙軍。其事蹟則不可考矣①。是書乃其講學之語,大旨謂致力當求其本。因舉其切要者三十三條②,各為標目,而著論以發明之。論所不盡者,又自為之註。中多稱引元祐諸人、程門諸子及同時胡宏、張九成、朱子之言,持論頗醇正。其文率詳明愷切,務達其意而止。北宋諸名臣之言行出處,亦附註焉。蓋黨籍子孫,尊其先世之舊聞也。《宋史·藝文志》、晁公武《讀書志》皆不載,陳振孫《書錄解題》、馬端臨《經籍考》但載荀所撰《建炎德安守禦錄》,而是書亦略焉。惟明《文淵閣書目》、《國史經籍志》有之。蓋其書在宋不甚顯,至元③、明閒始行於世也。楊士奇、焦竑皆作"《明本》二卷,劉荀撰",然《永樂大典》所載,實皆題曰《明本釋》。疑其書原名《明本》,或後人因其註而增題"釋"字歟?

【彙訂】

① 劉荀籍貫,《宋元學案》卷四一劉荀小傳作"清江",與《隆慶臨江府志》卷一二《劉荀傳》、雍正《江西通志》卷七三《劉荀傳》

同。劉荀與劉芮為兄弟行,《宋元學案》卷二〇劉芮小傳云:"東平人也,忠肅公摯之曾孫,學易先生跂之孫,南渡後居湘中。"劉摯為東光人,見《宋史》本傳,但《傳》又稱"鞠於外氏,就學東平,因家焉"。故劉摯又可稱東平人。劉芮南渡後移居湘中,劉荀蓋同時移居贛中而為清江人。《總目》仍作"東平人",已不合。《明本釋》卷中三次提到"先忠肅公","忠肅"為劉摯之諡,與《宋史》本傳合,《總目》作"文肅",誤。卷中"以殺為嬉者"句下注稱"先忠肅公送伯祖父學易"。學易即劉摯之子劉跂。又可知劉荀為摯之曾孫,與《宋元學案》稱劉芮為摯曾孫合。(楊武泉:《四庫全書總目辨誤》)

②"三十三條",底本作"二十三條",據殿本改。此書卷上言:"姑舉其關於大體、切於日用者,凡三十三條。若云明於一本而萬本皆明,似非始學者之事。"其卷上十三條,卷中九條,卷下十一條。

③"至",殿本無。

少儀外傳二卷（永樂大典本）

宋呂祖謙撰。祖謙有《古周易》,已著錄。是書末有雲谷胡巖起跋及其弟祖儉後序①。丹陽譚元獻嘗刻之於學宮,歲久散佚,久無刊本,故朱彝尊《經義考》註曰"未見"。此本載《永樂大典》中,尚端末完整,無所譌闕。今仍釐為二卷,以還其舊。其書為訓課幼學而設,故取《禮記・少儀》為名。然中間雜引前哲之懿行嘉言,兼及於立身行己、應世居官之道,所該繁富,不專於灑埽進退之末節,故命之曰《外傳》。猶韓嬰引事説詩,自題曰《外傳》云爾。呂本中舊有《童蒙訓》,皆自為誥誡之語。此書則採輯舊文,體例近朱子《小學》。《小學》盛行於世,《童蒙訓》亦有刊本,而此書湮没不彰。蓋書之傳不傳,亦有幸不幸焉,未可以是定優劣也。《永樂大典》別載《辨志錄》二卷,亦題吕祖謙撰,其文全與此同。蓋一書二名,編纂者不出一手,因而兩收。今附著於此,不復重録其文,亦不復別存其目焉。

【彙訂】

①“末”,底本作“宋”,據殿本改。“祖儉”,殿本作“祖健”,誤。是書末有嘉定癸未三月朔雲谷胡巖起跋及紹熙二年七月十五日吕祖儉後序。吕祖謙《東萊集》卷十四《東萊公家傳》云:“曾孫十六人,曰祖謙、祖仁、祖儉、祖恕、祖重、祖寬、祖懃、祖平、祖新、祖節、祖憲、祖永、祖志、祖慈、祖義、祖忞。”

麗澤論説集録十卷(浙江孫仰曾家藏本)

宋吕祖謙門人雜録其師之説也。前有祖謙從子喬年題記,稱:“先君嘗所裒輯,不可以不傳。故今仍據舊録,頗附益次比之。”喬年為祖謙弟祖儉之子,則蒐録者為祖儉,喬年又補綴次第之矣。凡《易説》二卷,《詩説拾遺》一卷,案,《詩説》獨曰“拾遺”,以祖謙著有《家塾讀詩記》也。《周禮説》一卷,《禮記説》一卷,《論語説》一卷,《孟子説》一卷,《史説》一卷,《雜説》二卷,皆冠以“門人集録”字,明非祖謙所手著也。祖謙初與朱子相得,後以爭論《毛詩》不合,遂深相排斥。黎靖德所編《語類》,以論祖謙兄弟者別為一卷,第一百二十二卷。其中論祖謙者凡三十一條。惟“病中讀《論語》”一條,稍稱其善。“《答項平甫書》、《與曹立之書》”一條,稱編其集者誤收他文。其餘三十條,於其著作詆《繫辭精義》者二,詆《讀詩記》者二,詆《大事記者》五,詆《少儀外傳者》一,詆《宋文鑑》者五，詆《東萊文集》者三，其餘十一條則皆詆其學問[①]。如云："東萊博學多識則有之矣，守約恐未也。"又云："伯恭之弊，盡在於巧。"又云："伯恭説義理太多傷巧，未免杜撰。"又云："伯恭教人看文字也粗。"又云："東萊聰明，看文理却不仔細。緣他先讀史多，所以看粗著眼。"又云："伯恭於史分外仔細，於經却不甚理會。"又云："伯恭要無不包羅，只是撲過，都不精。"可謂抵隙攻瑕，不遺餘力。托克托等修《宋史》，因置祖謙《儒林傳》中，使不得列於《道學》。呂喬年《記》亦稱："講説所及，而門人記錄之者。祖謙無恙時，嘗以其多舛，戒無傳習。"殆亦陰解朱子之説，欲歸其失於門人也。然當其投契之時，則引之同定《近思錄》，使預聞道統之傳；當其牴牾以後，則字字譏彈，身無完膚，毋亦負氣相攻，有激而然歟？《語類》載李方子所記云："伯恭更不教人讀《論語》。"而此書第六卷為門人集錄《論語説》六十八條，又何以稱焉？道學之譏儒林也，曰不聞道；儒林之譏道學也，曰不稽古。斷斷相持，至今未已。夫儒者窮研經義，始可斷理之是非，亦必博覽史書，始可明事之得失。古云"博學反約"，不云未博而先約。朱氏之學精矣，呂氏之學亦何可盡廢耶？

【彙訂】

① 三十一條除去"病中讀《論語》"一條、"答項平甫書、與曹立之書"一條，應為二十九條，不當云"其餘三十條"。下文所列舉合計亦為二十九條。

曾子一卷（安徽巡撫採進本）

宋汪晫編。晫字處微，績溪人。是書成於慶元嘉泰閒。咸淳十年，其孫夢斗與《子思子》同獻於朝，得贈通直郎。考《漢志》

載《曾子》十八篇,《隋志》有《曾子》二卷、《目》一卷,《唐志》亦載
《曾子》二卷。晁公武《郡齋讀書志》著錄二卷,十篇,稱即唐本。
高似孫《子略》稱其與《大戴禮》四十九篇、五十八篇及雜見《小戴
記》者無異同,後人掇拾以為之。陳振孫《書錄解題》並稱有慈湖
楊簡註。是宋時原有《曾子》行世,殆晫偶未見,故輯為此書。凡
十二篇,仲尼閒居第一,明明德第二,養老第三,周禮第四,有子
問第五,喪服第六,中闕第七、第八,晉楚第九,守業第十,三省身
第十一,忠恕第十二。《明明德》獨標云"内篇",《養老》以下皆標
"外篇"。而《仲尼閒居》篇不言内外,疑本有"内篇"字,而傳寫佚
之也。其第一篇即《孝經》,而削去經名,別為標目,未免自我作
古。第二篇即《大學》。考自宋以前有子思作《大學》之傳,而無
曾子作《大學》之説。歸之曾子,已屬疑似。又改其篇目,與前篇
武斷亦同。至外篇十篇,亦往往割裂經文,以就門目。如《曾子
問》"師行必以遷廟主行乎"至"老聃云",孔疏曰:"此一節論出師
當取遷廟主,及幣帛皮圭以行,廟無虛主之事。蓋首問師行必以
遷廟主,論其常也。師行無遷主,又籌其變也。"二問相承,義實
相濟,故《孔疏》通為一節。今割"古者師行無遷主"至"蓋貴命
也"入《周禮》篇,割"古者師行必以遷廟主行乎"至"老聃云"入
《喪服》篇,文義殆為乖隔。若云以其文有涉喪服,是以分屬,則
《周禮》篇内又明載"三年之喪弔乎"數節,為例尤屬不純。然漢
本久逸,唐本今亦未見,先賢之佚文緒論,頗可借此以考見。則
過而存之,猶愈於過而廢之矣。卷首冠以夢斗進表,稱有晫自
序。而此本佚之,僅有元汪澤民、俞希魯、翟思忠、明朱文選序四
篇,明詹潢後序一篇,皆合二書稱之。蓋晫本編為一部也。今以
前代史志二子皆各自為書,故分著於錄焉。

子思子一卷（安徽巡撫採進本）

宋汪晫編。考晁公武《讀書志》載有《子思子》七卷，晫蓋亦未見其本，故別作是書。凡九篇，"内篇"天命第一，鳶魚第二，誠明第三；"外篇"無憂第四，胡母豹第五，喪服第六，魯繆公第七，任賢第八，過齊第九。其割裂《中庸》，別列名目，與《曾子》載《孝經》、《大學》同。又晫輯《曾子》用朱子改本《大學》。至《孔叢子》一書，朱子反覆辨其偽，而晫採之獨多，已失鑒別。又往往竄亂原文，如《孔叢子》"子上雜所習請於子思"，註曰："雜者，諸子百家。"故下文子思答曰："雜説不存焉。"此書引之，改曰"子上請所習於子思"，則與子思答義全不相貫。《孔叢子》："仲尼曰：'由乎心，心之精神是謂聖，推教究理不以疑。'"此書引之，"聖"字下多一"區"字，"疑"字上多一"物"字。又《孔叢子》云："伋於進瞻亟聞夫子之教。"此書引之，"進瞻"作"進善"。輕改舊文，均失先儒詳慎之道。且與《曾子》所引均不著其出典，亦非輯錄古書之體，較薛據《孔子集語》，蓋瞠乎後矣。特以書中所錄雖真贋互見，然多先賢之格言，故雖編次踳駮，至今不得而廢焉。

邇言十二卷（浙江范懋柱家天一閣藏本）

宋劉炎撰。炎字子宣，括蒼人。是書分十二章，曰成性、存心、立志、踐行、天道、人道、君道、臣道、今昔、經範、習俗、志見。其立言醇正篤實，而切於人情，近於事理。無迂闊難行之説，亦無刻核過高之論。如曰："井田封建，成之非一日，其壞也亦非朝夕之故，不必泥其制也。能存其意，亦可以為治矣。"又曰："或問節義之士如之何而黨錮？曰：'自取之也。君子百是，必有一非；小人百非，必有一是。天下士至不少矣。豈必登龍仙舟者皆賢，

不在此選者皆不肖耶？更相題表，自立禍的者也，人豈能禍之
哉！'"又曰："或問學聖賢之道者，其流亦有偏乎？曰：'近聞之真
公，學而至之，烏得偏？學而不至，雖孔、孟門人不能無偏。能溯
其源，歸於正矣。不然，毫釐之差，其謬踰遠。是足為學二程而
不至者之戒也。'"如此之類，皆他儒者心知其然而斷不出之於口
者。炎獨筆之於書，可謂光明磊落，無纖毫門户之私矣。此本為
嘉靖己丑光澤王所刊①。考《明史·諸王世表》，光澤王寵瀼，以
成化二十三年封，嘉靖二十五年薨。己丑為嘉靖八年，當即寵
瀼。前有梅南生序，稱得鈔本於棠陵方思道。梅南生即寵瀼別
號也。又有嘉泰甲子炎自序、嘉定壬午真德秀後序、嘉定癸未葉
克跋。書中《君道篇》第一條、第二條，《習俗篇》第十一條，《志見
篇》第九條，寵瀼俱註有脱誤②。今無別本可校，亦仍其舊。又
《經籍篇》"唐無全史"一條，中亦有譌脱。寵瀼未註，今補註之。
《經籍篇》第二條下有夾註"止菴曰"一段，駁尊揚雄、陶潛、蘇軾
而抑屈原之非。其言有理，亦併附錄。考寵瀼序末有私印曰"止
菴"，則此註亦寵瀼所加矣。

【彙訂】

①"己丑"，殿本作"乙丑"，下同，誤。乙丑為嘉靖四十四
年。（昌彼得：《跋武英殿本〈四庫全書總目提要〉》）

②"俱註有脱誤"，殿本作"註俱有脱誤"。

木鍾集十一卷（浙江巡撫採進本）

宋陳埴撰。埴字器之，永嘉人。嘗舉進士，授通直郎，致仕。
其學出於朱子。永樂中修《五經大全》所稱"潛室陳氏"，即埴也。
是編雖以"集"為名，而實則所作語錄。凡《論語》一卷，《孟子》一

卷,《六經》總論一卷,《周易》一卷,《尚書》一卷,《毛詩》一卷,《周禮》一卷,《禮記》一卷,《春秋》一卷,《近思雜問》一卷,《史》一卷。其説《大學》、《中庸》,列《禮記》之中。蓋其時《四書章句集註》雖成,猶私家之書,未懸於國學之功令,故仍從古本。史論惟及漢、唐,則伊、洛之傳不以史學為重,偶然及之,非專門也。其體例皆先設問而答之,故卷首自序謂:"取禮善問者如攻堅木,善待問者如撞鐘義,名曰《木鍾》。"刊帙久佚。明宏治十四年,溫州知府鄧淮始得舊本重刊①。自第五卷至十一卷皆題曰"某卷下",疑或各佚其上半卷。而核其所列,則《書》始二《典》,《詩》始比興賦,《春秋》始隱元年,《近思雜問》始理氣,史始漢,皆不似尚有前文。惟《周禮》不始天官而始府史,《禮記》不始《曲禮》而始《王制》,似有所佚。然府史之名先見於序官,而《王制》亦《禮記》第三篇,即從此託始,亦無不可。宋本既不可見,姑闕所疑焉可矣。

【彙訂】

①"刊",殿本作"刻"。

經濟文衡前集二十五卷後集二十五卷續集二十二卷(安徽巡撫採進本)①

不著編輯者名氏。初刻於正德辛巳②,有楊一清序,但稱"先儒所輯"。再刻於萬曆丙午,有朱吾弼序,但稱為"董崇相家藏本",亦不能指作者何人。黃虞稷《千頃堂書目》則載是書為馬季機編,所列《前集》、《後集》、《續集》之目③,亦皆相合。乾隆乙未,南昌楊雲服重刻④,程恂序之,稱為宋滕珙編⑤。考滕珙字德章,號蒙齋,婺源人。淳熙十四年進士,官合肥令。與兄璘俱遊朱子之門。朱子銘其父墓，稱"二子皆有聲州縣間"，又稱珙"廷對甚佳"。蓋亦新安高弟也。今觀是書，取朱子《語錄》、《文集》分類編次。《前集》皆論學，《後集》皆論古，《續集》則兼二集所遺而補之。每一論必先著其緣起，次標其立論之意，條分縷析，條理秩然。視他家所編《經世大訓》之類，或簡而不詳，或繁而少緒者，迥乎不同。即不出於珙手，要非學有淵源者不辦也。惟是朱子平生學問大端，具見於此，而獨以"經濟"為名，殆不可曉。即以開卷一篇論之，太極、無極有何經濟可言耶？其門目亦太煩碎，多不應分而分之。《前集》尤甚，亦為一瑕。讀者取其宏旨可耳[⑥]。

【彙訂】

①"二十二卷"，殿本作"二十五卷"，誤。此書續集為二十二卷。

②此書今存元泰定元年（1324）梅溪書院刻本。又有正德四年己巳趙俊刻本，而辛巳為正德十六年。（徐德明：《〈類編標註文公先生經濟文衡〉版本考略》）

③"則載是書為馬季機編所列前集後集續集之目"，殿本無。

④"乾隆乙未"當作"乾隆己未"，今存乾隆四年己未楊雲服刻本。（杜澤遜：《四庫存目標注》）

⑤《天祿琳琅書目》著錄元刻本兩部，謂宋馬括輯，有馬氏淳祐十一年辛亥自序。（同上）

⑥"耳"，殿本作"矣"。

大學衍義四十三卷（兵部侍郎紀昀家藏本）

宋真德秀撰。德秀有《四書集編》，已著錄。是書因《大學》

之義而推衍之。首曰帝王為治之序，帝王為學之本。次以四大綱，曰格物致知，曰正心誠意^①，曰修身，曰齊家，各繫以目。格物致知之目四，曰明道術，辨人材，審治體，察民情；正心誠意之目二，曰崇敬畏，戒逸欲；修身之目二，曰謹言行，正威儀；齊家之目四，曰重妃匹，嚴內治，定國本，教戚屬。中惟修身一門無子目，其餘分子目四十有四。皆徵引經訓，參證史事，旁採先儒之論，以明法戒，而各以己意發明之。大旨在於正君心，肅宮闈，抑權倖。蓋理宗雖浮慕道學之名，而內實多欲，權臣外戚，交煽為姦，卒之元氣凋弊，閱五十餘年而宋以亡。德秀此書成於紹定二年，而進於端平元年。皆陰切時事以立言，先去其有妨於治平者以為治平之基，故《大學》八條目僅舉其六。然自古帝王正本澄源之道，實亦不外於此。若夫宰馭百職，綜理萬端，常變經權，因機而應，利弊情偽，隨事而求。其理雖相貫通，而為之有節次，行之有實際，非空談心性即可坐而致者。故邱濬又續補其闕也。

【彙訂】

①"正心誠意"，據此書目錄、正文，當作"誠意正心"。（江慶柏等：《四庫全書薈要總目提要》）

讀書記六十一卷（江西巡撫採進本）^①

宋真德秀撰。案陳振孫《書錄解題》謂："《西山讀書記》有甲、乙、丙、丁，甲言性理，中述治道，末言出處。大抵本經史格言，而述以己意。今但有甲三十七卷，丁二卷，乙、丙未見。"故載於《文獻通考》者僅三十九卷。今世所傳明時舊刊本，甲、丁二《記》卷數與《書錄解題》合，中多《乙記》二十二卷。前有開慶元年德秀門人湯漢序，稱《讀書記》惟甲、乙、丁為成書。甲、丁二

《記》先刊行。《乙記上》即《大學衍義》,久進於朝,其下未及繕寫
而德秀没。漢從其子仁夫鈔得,釐為二十二卷,而刊之福州。據
此,則《丙記》原書本闕,《乙記》為湯漢所續刊。振孫惟見初行之
本,故止於甲、丁二《記》也。《甲記》自論天命之性至論鬼神,各
分標目。前有《綱目》一篇,具詳論次先後之旨。《乙記》載虞、夏
以來名臣賢相事業,略仿編年之體。前亦有《綱目》一篇,謂訖於
五閏。而書中至唐李德裕而止,蓋撰次未完者。《丁記》上卷皆
論出處大義,下卷分處貧賤、處患難、處生死、安義命、審重輕諸
目,與上卷互相發明。德秀《大學衍義》羽翼聖經,此書又分類銓
錄,自身心性命、天地五行,以及先儒授受源流,無不臚晰。名言
緒論,徵引極多,皆有裨於研究。至於致治之法,《衍義》所未及
詳者,則於《乙記》中備著其事②。古今興衰治忽之故,亦犁然可
睹。在宋儒諸書之中,可謂有實際者矣③。

【彙訂】

①　文淵閣《四庫》本為《西山讀書記》四十卷目錄一卷。(沈
治宏:《中國叢書綜錄訂誤》)

②　"備",殿本作"略",疑誤。

③　"亦犁然可睹在宋儒諸書之中可謂有實際者矣",殿本作
"尚未能綜括無遺然在宋儒諸書之中亦可謂有實際矣"。

心經一卷(安徽巡撫採進本)

宋真德秀撰。是編集聖賢論心格言,而以諸家議論為之註。
末附四言《贊》一首。端平元年,顏若愚鋟於泉州府學,有跋一
首,稱其"築室粵山之下,雖晏息之地,常如君父之臨其前"。淳
祐二年,大庾令趙時棣又以此書與《政經》合刻。前有德秀門人

王邁序云:"《心經》一書行於世,至徹禁中。端平乙未,公薨後兩月,從臣洪公咨夔在經筵,上出公《心經》曰:'真某此書,朕乙夜覽而嘉之,卿宜為之序。'其見重也如此。"《文獻通考》作《心經法語》,與《書錄解題》相合,蓋一書而二名耳。明程敏政嘗為作註,而疑其中有引及《真西山讀書記》者,非德秀之原文。殆後人又有所附益,非舊本也①。

【彙訂】

①"也",殿本作"矣"。

政經一卷(安徽巡撫採進本)

宋真德秀撰。採典籍中論政之言列於前,而以行政之蹟列於後,題曰"傳"以別之,末附當時近事六條,謂之"附錄"。其後載德秀《帥長沙咨呈》,又知泉州軍事時《勸諭文》,帥長沙時《勸民閒置義倉文》,帥福州《曉諭文》諸篇。蓋後人所益,如《心經》之引《讀書記》耳。德秀雖自命大儒,斷不敢以己之條教題曰經也。案《宋史·道學傳》,德秀任湖南安撫使知潭州,以"廉仁公勤"四字屬僚屬。復立惠民倉,置社倉。其知福州,戒所部無濫刑橫斂,無徇私黷貨。蓋德秀立朝日淺,其政績多在居外任時,故留心民瘼,著為此編。其門人王邁序謂:"先生再守溫陵日,著《政經》。"考德秀再守泉州在理宗紹定五年,蓋晚年之作。邁又言:"趙時棣為法曹,朝夕相與,遂得此經。實在四方門人之先,而四方門人亦未必盡見之。"《書錄解題》載《心經》而不及此書,豈《心經》行世早,而此書晚出歟?抑或德秀名重,好事者依託之也①。真偽既不可詰,而其言能不悖於儒者,故姑與《心經》並存焉。

【彙訂】

① 顏若愚跋《心經》在端平元年，王邁序此書在淳祐二年，相距止九年，趙時棣合刻之，王邁又并言之，其非依托可知。（胡玉縉：《四庫全書總目提要補正》）

項氏家説十卷附錄二卷（永樂大典本）

宋項安世撰。安世有《周易玩辭》，已著錄。此蓋其讀經史時條記所得，積以成編者也。案嘉定辛未，樂章撰《周易玩辭後序》曰："項公昔忤權臣，擯斥十年，杜門却埽，足跡不涉户限。耽思經史，專意著述，成書數篇。迨兵端既開，邊事告急，被命而起，獨當一面。外禦憑陵，内固根本，成就卓然。"陳振孫《書錄解題》亦稱其"當慶元中得罪時，謫居江陵，杜門潛心，起居不出一室，送迎賓友，未嘗踰閾。諸書皆有論説"。然則是書乃慶元開斥居江陵時所作也。安世學有體用，通達治道，而説經不尚虛言。其訂覈同異，考究是非，往往洞見本原，迥出同時諸家之上。是書見於《宋史·藝文志》者十卷，附錄四卷，又别出《孝經説》一卷，《中庸説》一卷。《書錄解題》並同。自明初以來，其本久佚，今惟散見《永樂大典》各韻内。核其所載，多兼及《説經》、《説事》、《説政》、《説學》等篇名，而逐條又各有標題。其原書體例，約略可見，篇帙亦尚多完善。謹依類排纂。經則案各經之文次之，卷一、卷二並《易》説，卷三《書》説，卷四《詩》説，卷五《周禮》，卷六《禮記》，卷七《論語》、《孟子》等。是為《説經篇》，凡七篇。其八、九、十三卷則先以《説事篇》，次《説政篇》，次《説學篇》。雖原目無存，未必悉符其舊。然陳振孫言是書有云："九經皆有論著。其第八卷以後雜説文史政學。"則序次大致當亦不甚懸殊。

振孫又云："附錄《孝經》、《中庸》、《詩篇次》、《邱〔丘〕乘圖》,則各為一書,重見諸類。"似附錄之四卷本分為四種單行,而復取以附於《家說》後也。今檢《永樂大典》,但有《孝經説》、《中庸臆説》二書,而《詩篇次》、《邱乘圖》未經收入。疑當時即已散佚,無可考補。謹據其存者,仍合為《附錄》二卷,次之於末,以略還原書之舊焉。

　　先聖大訓六卷(衍聖公孔昭煥家藏本)

　　宋楊簡撰。簡有《慈湖易傳》,已著錄。是編蒐輯孔子遺言,排比成五十五篇,而各為之註。錢時作簡《行狀》曰："其歸自胄監也,家食者十四載,築室德潤湖上,更名慈湖。始取先聖大訓閒見諸雜説中者,刊譌別誣,萃成六卷,而為之解。"即此書也。簡之學出陸九淵。其嘉泰二年《擬陛辭劄子》稱："臣願陛下即此虛明不起意之心以行,勿損勿益,自然無所不照。"嘉定三年面對,稱："舜曰'道心明,心即道',孔子曰'心之精神是謂聖',_{案,此}據《孔叢子》之文,其實《尚書大傳》先有此言,不云孔子。偽撰《孔叢子》者剽剟其文,駕言先聖耳。謹附訂於此。孟子曰'仁,人心也'。此心虛明無體,廣大無際,日用云為,無非變化,無思無為而萬物畢照。"考其立言宗旨[①],已開新會、餘姚之派。故註是書,往往藉以抒發心學,未免有所牽附。然秦、漢以來,百家詭激之談,緯候怪誕之説,無一不依託先聖為重,龐雜蕪穢,害道滋深。學者愛博嗜奇,不能一一決擇也。簡此書削除偽妄,而取其精純;刊落瑣屑,而存其正大。其閒字句異同,文義舛互[②],亦皆參訂斟酌,歸於一是。較之薛據《集語》,頗為典核。求洙泗之遺文者,固當以是為驪淵矣。

【彙訂】

① "考"，殿本無。

② 殿本"互"下有"者"字。

黄氏日鈔九十五卷（安徽巡撫採進本）

宋黄震撰。震有《古今紀要》，已著錄。是書本九十七卷，凡讀經者三十卷，讀三《傳》及孔氏書者各一卷，讀諸儒書者十三卷，讀史者五卷，讀雜史、讀諸子者各四卷，讀文集者十卷，計六十八卷，皆論古人。其六十九卷以下，凡奏劄、申明、公移、講義、策問、書記、序、跋、啟、祝文、祭文、行狀、墓誌著錄者計二十九卷，皆所自作之文。其中八十一卷、八十九卷原本併闕，其存者實九十五卷也。震與楊簡同鄉里，簡為陸氏學，震則自為朱氏學，不相附和。是編以所讀諸書隨筆劄記，而斷以己意。有僅摘切要數語者，有不摘一語而但存標目者，併有不存標目而採錄一兩字者。大旨於學問排佛、老，由陸九淵、張九成以上溯楊時、謝良佐，皆議其雜禪。雖朱子校正《陰符經》、《參同契》，亦不能無疑。於治術排功利，詆王安石甚力。雖朱子謂《周禮》可致太平，亦不敢遽信。其他解説經義，或引諸家以翼朱子，或舍朱子而取諸家，亦不堅持門户之見。蓋震之學朱，一如朱之學程，反復發明，務求其是，非中無所得而徒假借聲價者也。

北溪字義二卷（副都御史黄登賢家藏本）

宋陳淳撰。淳字安卿，號北溪，龍溪人。嘉定十年授迪功郎、泉州安溪主簿，未上而卒。事蹟具《宋史》本傳。此編為其門人清源王雋所錄，以《四書》字義分二十有六門，每拈一字，詳論原委，旁引曲證，以暢其論。初刻於永嘉趙氏。又有清漳本，刻於宋淳祐閒,即九華葉信厚本也[1]。舊版散佚,明宏治庚戌始重刻。復有四明豐慶本,增減互異。近惟桐川施氏本為較詳,然亦有《大全》所引而施氏本未收者。此本乃國朝顧秀虎校正諸本之異同,復取散見於他書者,錄為"補遺"一卷。又附以《嚴陵講義》四條[2],曰道學體統,曰師友淵源,曰用工節目,曰讀書次第。乃淳嘉定九年待試中[3],歸過嚴陵,郡守鄭之悌延講郡庠時作也。考淳同時有程端蒙者,亦撰《性理字訓》一卷,其大旨亦與淳同。然書頗淺陋,故趙汸《答汪德懋〈性理字訓〉疑問書》案,汸《東山集》誤作《性理字義》。稱其為初學者設。今惟錄淳此書,而端蒙之書則姑附存其目焉。

【彙訂】

①"葉信厚",底本作"葉信原",據殿本改。《景定建康志》卷二十七《官守志四》載江寧縣縣令有葉信厚:"宣教郎。寶祐三年十二月二十四日到任,至四年十月六日避親離任。"疑即其人。

② 明弘治庚戌本末林同後序稱"《嚴陵講義》四篇,仍依舊帙,並列於左",則非顧本始附入。(胡玉縉:《四庫全書總目提要補正》)

③ 據《宋史》本傳,"中"後脫"都"字。(高流水、熊國楨點校:《北溪字義》)

準齋雜說二卷(永樂大典本)

宋吳如愚撰。如愚字子發,錢塘人。少以父蔭補承信郎[1],監福州連江商稅。再調常熟,解職歸。嘉熙二年,以丞相喬行簡奏薦,改授承信郎,差充祕閣校勘。三疏辭免,特轉秉義郎,與祠。其仕履見於《館閣續錄》及趙希弁《讀書附志》,而《宋史》不

為立傳，故行實不概見。今考徐元傑《楳埜集》有所作如愚《行
狀》②，臚載事蹟極詳。大略言如愚孝友忠恕，安貧樂道，理明行
修。凡所著述，於學問自得甚深。別有《易》、《詩》、《書説》、《大
學》、《中庸》、《論》、《孟》及《陰符經解》諸種，並佚不傳。此書亦
久無行世之本，獨散見《永樂大典》中者尚得四十餘篇，大抵皆研
究理學之文。元杰又稱如愚早年留心清淨之教，凡三四年。既
而幡然盡棄所學，刻意講道。是如愚學術，其初亦稍涉於禪悦。
其解《大學》“格物”，以正為訓。明王守仁《傳習錄》所謂格物如
《孟子》“格君心”之格，其説實創於如愚。似欲毅然獨行一家之
言者。然如愚平日嘗稱：“塞乎天地者皆實理，行乎萬世者皆實
用，惟盡心知性則實理融而實用貫。”其用功致力，實以體用兼備
為主，而不墮於虛無。故其剖析義理，如天理、人欲之辨，三畏、
四勿之論，無不發揮深至，於宋末諸儒中所造較為平實。元杰又
言：“永嘉陳昉親炙不倦，得所著述，退輒錄之，刻為一編。臨川
羅愚復刊於廣右漕臺，所傳益廣。”蓋是編即昉所輯，久經刊布，
在當時甚重其書。今檢《行狀》，載如愚別有《踐形》、《踐迹》諸
説，已不在《永樂大典》中。則所錄亦不免闕佚，然崖略具存。謹
編次成帙，釐為二卷，猶可考見其概焉。

【彙訂】

①“蔭”，殿本作“任”。

②“故行實不概見今考”，殿本作“惟”。

性理羣書句解二十三卷（兩江總督採進本）①

宋熊節編，熊剛大註。節字端操，建陽人。官至通直郎，知
閩清縣事。剛大亦建陽人，受業於蔡淵、黃榦。嘉定中登進士。

自稱覺軒門人，掌建安書院朱文公諸賢從祀祠。其仕履則不可
考②。註中稱："邇年皇上親酒白鹿洞規，以賜南康。"則理宗時
人也。節受業於朱子。是書採摭有宋諸儒遺文，分類編次。首
列濂溪、明道、伊川、橫渠、康節、涑水、考亭遺像並傳道支派，次
贊，次訓，次戒，次箴，次規，次銘，次詩，次賦，次序，次記，次說，
次錄，次辨，次論，次圖，次《正蒙》，次《皇極經世》，次《通書》，次
文，而以七賢《行實》終焉。其列司馬光一人，與後來講學諸家持
論迴異。考朱子於紹熙五年冬，築竹林精舍，率諸生行舍菜之禮
於先聖先師，以周、程、邵、張、司馬、延平七先生從祀。集中載其
祝文，有"曰邵曰張，爰及司馬，學雖殊轍，道則同歸"之語。則朱
子序列學統，本自有光，後來門戶日分，講學者乃排而去之。節
親受業於朱子，故猶不敢恣為高論也。所錄之文，亦以七賢為
主，而楊時、羅仲素、范浚、呂大臨、蔡元定、黃榦、張栻、胡宏、真
德秀所作亦閒及焉。其上及范質者，以朱子作《小學》嘗錄其詩。
旁及蘇軾者，則以司馬光《行狀》之故，非因軾也。明永樂中，詔
修《性理大全》，其錄諸儒之語，皆因《近思錄》而廣之，其錄諸儒
之文，則本此書而廣之，併其"性理"之名似亦因此書之舊。是其
文雖習見，固亦作樂者之葦籥，造車者之椎輪矣。剛大所註，蓋
為訓課童蒙而設，淺近之甚，殊無可採。以其原附此書以行，姑
並錄之，以存其舊焉。

【彙訂】

　　① 今存元刊本《性理羣書句解》前集二十三卷，後集二十三
卷，後集蓋熊剛大續編。（朱家濂：《讀〈四庫提要〉札記》）

　　②《八閩通志》卷六五有熊剛大本傳。（李裕民：《四庫提要
訂誤》增訂本）

東宮備覽六卷（浙江吳玉墀家藏本）

宋陳模撰[1]。模字中行，泉州永春人。慶元二年進士。嘉泰二年除祕書省正字，三年兼國史院編修官。開禧三年又兼實錄院檢討官。嘉定二年除校書郎仍兼檢討。其歷官始末見於《館閣續錄》中。是書乃其為正字時所上。取經史舊文有關於訓儲者彙成一編。凡分二十條，曰始生，曰入學，曰立教，曰師傅，曰講讀，曰宮僚[2]，曰擇術，曰廣誨，曰謹習，曰主器，曰正本，曰問安，曰友悌，曰戒逸，曰崇儉，曰辨分，曰正家，曰規諫，曰幾諫，曰監國。支分縷析，節次詳明。前有《進書表》一篇，敘一篇。又有《上宰相劄子》，申言二十餘條，中擇妃嬪、簡宮僚、謹遊習三條，尤為切務。又冠以《改官省劄》及《誥詞》，以溫嶠《侍臣箴》比之，蓋當時甚重其書也。案《宋史·藝文志》載陳謨《東宮備覽》一卷，然校進表及序皆稱分為六卷，則《宋史》字誤矣。其第二卷“講讀”條闕一頁，“宮僚”條闕一頁，第六卷“監國”條闕一頁。今無別本可校，亦姑仍其舊錄之焉。

【彙訂】

①“陳模”，殿本作“陳謨”，下同，誤。《南宋館閣續錄》卷八“校書郎”，卷九“正字”、“國史院編修官”、“實錄院檢討官”諸條皆作陳模。《宋史·藝文志》亦作“陳模《東宮備覽》一卷”。書中各卷卷首皆題“宋陳模撰”。

②“宮僚”，殿本作“宮寮”，下同，誤。《學海類編》本此書目錄及卷二正文均作“宮僚”。

孔子集語三卷（兩江總督採進本）[1]

宋薛據撰。據字叔容，永嘉人[2]，官至浙東常平提舉[3]。林德暘《霽山集》有《二薛先生文集序》曰："薛氏世學蓋三百年。玉成公學於慈湖楊敬仲，刊華據實，猶程門緒餘。偽學禁興，隻手衛道，著《伊洛源流》，各為譜傳。又以弓冶授其子叔容公，志宏力毅，負荷千年。念聖遠言湮，為《孔子集語》二十卷。"即是書也。此本但分二十篇，僅有三卷。殆舊以一篇為一卷，後人併之歟？所列書凡三十餘種。其凡例謂《曾子》、《大戴禮》、《孔叢子》、《孔子家語》四全書及《左氏》、《莊子》、《荀子》、《列子》概不採及，惟見於他古書者採之。然《孔子世家》列在正史，不僻於《孔叢》、《家語》。且既云不錄《大戴禮記》，而《顏叔子第十二》乃又引其一條④，亦自亂其例。至引《說文》"黍可為酒，禾入水也，一貫三為王，推一合十為士"等語，並數條為一條，義不相貫，尤為失倫。他若《韓非子·說林下》、《內儲說上》、《內儲說下》、《外儲說左上》、《外儲說右下》、《難一》、《難三》諸篇，可採者幾二十條，而此書所引僅三條。若《淮南子·主術訓》、《繆稱訓》、《齊俗訓》、《道應訓》、《人閒訓》、《泰俗訓》諸篇⑤，所可採者不下十餘條，而此所引者亦僅三條。則其餘挂漏，可以概知。又文翔鳳《雲夢藥溪談》摘其"五酉"一條，引《搜神記》而諱其所出，又譌"五酉"為"五酉"，則駁雜舛錯，亦所不免。特所錄尚多秦、漢古書，殘篇斷句，或可藉此以僅存。故考古者亦不能廢焉。

【彙訂】

① 文淵閣《四庫》本為上、下二卷。（沈治宏：《中國叢書綜錄訂誤》）

② 雍正《浙江通志》卷一八二薛據傳引《溫州府志》云："字叔容，平陽人。"《宋元學案》卷七四薛據小傳所載同。其父名凝之，民國《平陽縣志》卷三四《薛凝之傳》云："崇政鄉南湖人。"可

知薛據里籍在平陽。《孔子集語》自序末署“永嘉薛據”，因平陽
隸溫州，溫州稱永嘉郡，泛舉郡名以示地望，非籍貫也。（楊武
泉：《四庫全書總目辨誤》）

　　③ 民國《平陽縣志》卷三四《薛據傳》，據《舊志》、《霽山集》
等資料，稱：“淳祐間，賜同進士出身。寶祐初，浙東提舉某，辟為
稽山書院山長。景定二年，秘書監同郡謝子強率同列上所著
書。……詔付秘書省。薛據特與升擢差遣。尋除淮東總領所幹
辦官，分差鎮江，秩滿，未改觀，卒。”可知薛據官僅至淮東總領所
幹辦官，非掌一路倉儲、水利等政務之提舉常平。“浙東常平提
舉”，乃舉薦薛據者之官，非薛據任是官也。（同上）

　　④ “又”，殿本無。

　　⑤ “淮南子主術訓繆稱訓齊俗訓道應訓人間訓泰俗訓諸
篇”，殿本作“淮南子道應訓主術訓下齊俗訓修務訓泰俗訓要略
諸篇”，誤。《修務訓》、《要略》未載孔子言論。“泰俗訓”乃“泰族
訓”之誤。

　　朱子讀書法四卷（永樂大典本）

　　宋張洪、齊熙同編。洪字伯大，熙字充甫，皆鄱陽人。事蹟
無可考①。據洪自序，咸淳中分教四明，熙適客遊浙東，遂相與
商榷是書，而刻諸鄞泮。其書本朱子門人輔廣所輯。巴川度正
嘗屬遂寧于和之校刊②。鄱陽王氏復廣為後編，洪與熙又因而
補訂之。以輔氏原本為上卷，而以所續增者列為下卷。皆以《文
集》、《語類》排比綴緝，分門隸屬。雖捃拾鈔撮，裨販舊文，不足
以言著述，而條分縷析，綱目井然，於朱子一家之學③，亦可云覃
思研究矣。元時版已不存。至順中，江南行臺御史趙之維重鏤

於集慶路學，故《永樂大典》全帙收入。原編卷次，已不可考。今酌其篇帙，釐為四卷，俾講新安之學者有所考證焉。

【彙訂】

① 張洪乃饒州永豐人，淳熙十三年解試，見《江西通志》。（陸心源：《儀顧堂題跋》）

②“于和之”，殿本作“於和之”，誤，參齊烺序。

③“學”，殿本作“言”。

家山圖書一卷（永樂大典本）

不著撰人名氏。《永樂大典》題為朱子所作。今考書中引用諸說，有《文公家禮》，且有“朱子”之稱，則非朱子手定明矣。錢曾《讀書敏求記》曰：“家山圖書，晦菴私淑弟子之文，案，“弟子”二字刊本誤倒其文，今改正。蓋逸書也。李晦顯翁得之於劉世常平父，劉得之於魯齋許文正公。其書以《易》、《中庸》、《古大學》、《古小學》參列於圖，而於修身之旨歸綱領，條分極詳。此本惜不多覯，宜刊布之，以廣其傳。”云云。曾家所藏舊本，久已不傳。世無刊本，書遂散失。惟《永樂大典》尚備載其原文。然首列《小學本旨圖》，中多《曲禮》、《內則》、《少儀》之事，與曾所謂“以《易》、《中庸》、《古大學》、《小學》參列於圖”者，體例稍異。意是書諸儒相傳，互有增損，行世者非一本歟？然要其旨歸則一也。其書先圖後說，根據禮經，依類標題，詞義明顯。自入學以至成人，序次冠、昏、喪、祭、賓、禮、樂、射、御、書、數諸儀節，至詳且備。而《負劍辟咡》以及《鄉飲》、《五御》諸圖，尤足補聶崇義所未及。蓋朱子《小學》一書詳於義理，而此則詳於名物度數之閒，二書相輔而行，本末互資，內外兼貫，均於蒙養之學深有所裨，有不容以偏廢者焉。

卷九三

子 部 三

儒 家 類 三

讀書分年日程三卷（編修勵守謙家藏本）[①]

元程端禮撰。端禮字敬叔，號畏齋，鄞縣人。以薦為建平教諭，遷台州路教授。事蹟具《元史·儒學傳》。是書有延祐二年自序，謂一本輔漢卿所萃《朱子讀書法》修之。考《朱子讀書法》六條，一曰居敬持志，二曰循序漸進，三曰熟讀精思，四曰虛心涵泳，五曰切己體察，六曰著緊用力。端禮本其法而推廣之。雖每年月日讀書程限不同，而一以六條為綱領。史稱所著有《讀書工程》，國子監以頒示郡縣，即此書也。然書末又有端禮自跋，歷敘崇德吳氏、平江陸氏、池州馮氏及江浙諸處鈔刊各本，而不及國子監頒示事。則本傳所云，或端禮身後之事歟？跋作於元統三年十一月朔。考順帝以元統三年十一月辛丑改元至元，此標十一月朔，則尚在辛丑之前[②]。故仍稱元統云。

【彙訂】

① 文淵閣《四庫》本尚有卷首一卷。（沈治宏：《中國叢書綜錄訂誤》）

② 殿本"辛丑"下有"改元"二字。

辨惑編四卷附錄一卷（兩江總督採進本）①

元謝應芳撰。應芳有《思賢錄》，已著錄。是編作於至正中。因吳俗信鬼神，多拘忌，乃引古人事蹟及先儒議論一一條析而辨之。其目凡十五，一曰死生，二曰疫癘，三曰鬼神，四曰祭祀，五曰淫祀，六曰妖怪，七曰巫覡，八曰卜筮，九曰治喪，十曰擇葬，十一曰相法，十二曰祿命，十三曰方位，十四曰時日，十五曰異端。末一卷附錄書及雜著八篇，皆力闢俗見，斷斷然據理以爭，與是編相發明者也。昔宋儲泳作《祛疑說》，原本久佚，惟左圭《百川學海》中載其節本。應芳此書持論雖似乎淺近，而能因風俗而藥之，用以開導愚迷，其有益於勸戒，與泳書相等。而持論較泳尤正大，正不得以平易忽之。曹安《讕言長語》曰：“毗陵謝子蘭取聖賢問答之詞闢異端者為書，名曰《辨惑編》。經書子史，先儒扶正抑邪之言備載，真可以正人心。”蓋深取之也。惟葉盛《水東日記》曰：“毗陵謝子蘭氏《辨惑編》一書，誠亦闢邪植正，有益於世。其中援經據法②，深怪世人惑於淫祀，當矣。乃云自其先人亡後，即以所事神影火之，以其非義之故，此獨惜其過當。《春秋》書毀泉臺，君子以為臺之存毀，非安危治亂所繫，雖勿居可也。何必暴揚其失，非之毀之至是耶？子蘭之闢淫祀，先儒成說甚多，正不必此，雖不言可也。愛子蘭者須削而去之。”云云。其言切中應芳之失。蓋講學之家往往矯枉過直，此亦其一。讀者取其大旨之正可矣。

【彙訂】

①“附錄一卷”，殿本脫。文淵閣《四庫》本有附錄一卷。

②“援經據法”，殿本作“援據經法”，誤，參明刻本、文淵閣《四庫》本《水東日記》卷二十五原文。

治世龜鑑一卷（浙江鄭大節家藏本）

元蘇天爵撰。天爵有《名臣事略》，已著錄。此書為成化丙午吳江知縣太和陳堯弼所刊。篇首天爵結銜，題中奉大夫、浙江等處行中書省參知政事。考《元史》天爵本傳，凡兩拜是官，一在至正七年，一在至正十二年。此書前有林興祖、趙汸二序，皆標至正十二年壬辰正月，則作於再任之日。是時妖寇自淮右延及江東，詔天爵總兵饒信，克復一路六縣。正干戈倥擾之際，乃能留心於治理，所採皆宋以前善政嘉言，而大旨歸於培養元氣。其目凡六，曰治體，曰用人，曰守令，曰愛民，曰為政[1]，而終之以止盜，殆有深意也。天爵著述載於本傳者，《名臣事略》十五卷，《文類》七十卷，《松廳章疏》五卷，《春風亭筆記》二卷，詩七卷，文三十卷。又載有《遼金紀元》、《黃河源委》二書，未及脫稿。而不載此書。然趙汸序今載《東山存稿》第二卷中，與此本一一相合，知非偽託，本傳蓋偶遺之。亦足證《元史》之多疏矣。

【彙訂】

[1] "曰治體曰用人曰守令曰愛民曰為政"，殿本作"一曰治體一曰用人一曰守令一曰愛民一曰為政"。

管窺外篇二卷（浙江鮑士恭家藏本）

元史伯璿撰。伯璿有《四書管窺》，已著錄。是書成於至元丁未，蓋繼《管窺》而作。皆條記友人問答以闡發其餘義。大抵皆辨證之文，不主於詮釋文句，故曰"外篇"。實即伯璿之語錄。《經義考》"四書"類中惟列《管窺》而不載此書，蓋由於此，非彝尊疏漏也。然《管窺》所論，猶僅與胡炳文[1]、陳櫟之流參稽同異。此書於天文、曆算、地理、田制言之頗詳，多有所援據考證。則較炳文及櫟見聞稍博,尚非暖暖姝姝守一家之語錄者。惟論天象,疑月、星本自有光,不待日以受光之類,未免仍涉臆斷。是則宋、元閒儒者之積習,消除未盡耳。自明以來,未有刊本。康熙乙亥,其邑人呂宏誥始以付梓[2]。雍正壬子,王靈露等復續補成之,乃得行於世云。

【彙訂】

① "與",殿本作"於"。

② 此書明代有成化九年呂洪重刻本。（朱家濂:《讀〈四庫提要〉札記》）

内訓一卷（兩江總督採進本）

明仁孝文皇后撰。案成祖以篡逆取國,淫刑肆暴,無善可稱,后乃特以賢著。是書凡二十篇,曰德性,曰修身,曰慎言,曰謹行,曰勤勵,曰警戒,曰節儉,曰積善,曰遷善,曰崇聖訓,曰景賢範,曰事父母,曰事君,曰事舅姑,曰奉祭祀,曰母儀,曰睦親,曰慈幼,曰逮下,曰待外戚。前有永樂三年正月望日自序,内有"蕭事今皇上三十餘年"之語。考《明史・后妃傳》,后以洪武九年冊為燕王妃,至永樂三年正月,甫及三十年。云三十餘年,蓋約略大數耳。又考本傳載后撰此書頒行天下,在永樂三年。而《明朝典彙》載:"五年十一月,以仁孝皇后《内訓》頒羣臣,俾教於家。"若五年以前已頒行天下,不應至五年之末始賜羣臣。又考《名山藏・坤則記》載后初為此書,不過示皇太子諸王而已。至永樂五年七月以後,成祖乃出后《内訓》、《勸善》二書,頒賜臣民,與《典彙》相合。此本為明初刊本[1],首標"大明仁孝皇后"。考后於永樂五年七月乙卯崩,甲午謚曰仁孝,則此本刊於五年七月以後無疑。至十一月，特賜臣民，正屬刊行之始，《明史》本傳偶未及檢耳。各章之下繫以小註，多涉頌揚，當為儒臣所加，《明史·藝文志》不著其名②。又《藝文志》載《內訓》一卷，高皇后撰，《勸善書》一卷，文皇后撰，與本傳所載不同。亦偶未檢點耳③。

【彙訂】

① "刊本"，殿本作"刊板"。

② 殿本"名"下有"今遂無考"一句。

③ "亦偶未檢點耳"，殿本作"亦偶誤也"。

理學類編八卷（浙江巡撫採進本）

明張九韶撰。九韶字美和，後以字行①，故《明史》附見《宋訥傳》作張美和。清江人。元末累舉不仕。洪武三年，以薦為縣學教諭，遷國子助教②。改翰林編修，致仕歸。後復徵入校書，書成遣還。茲編成於至正丙午，乃未入明時所作。其初本名《格物編》③，臨川吳當見之，以為所輯天地、鬼神、人物、性命之說乃格物之一端，不足以盡格物之義，因為易今名。凡天地一卷，天文二卷，地理一卷，鬼神一卷，人物一卷，性命一卷，異端一卷。以周、程、張、邵、朱六子之言為主，而以荀子以下五十三家之說輔之，復於每篇之末繹以己見。其所採擷，大都摘取精要，不事博引繁稱，故條理次序，頗為精密。前代如揚雄、谷永、《淮南子》之說，近世如洪邁《容齋五筆》、羅大經《鶴林玉露》之說，並加摭集，以參觀互證，亦不蹈講學家門戶之見。其"異端"一門，於陰陽、相術、讖緯諸家斥駁明切，尤足以破世俗之惑。史載明初司國子監者有宋訥、王嘉會、龔斂，而九韶與聶鉉④、貝瓊亦皆名儒，"當洪武時，先後為博士、助教、學錄，以故諸生多所成就"。知其躬行導率，無忝師範，與徒為高論者異矣。

【彙訂】

① 依《總目》體例，當作"九韶有《元史節要》，已著錄"。

② 殿本"國子"下有"監"字。

③ "其初本名"，殿本作"初名"。

④ "聶鉉"，殿本作"聶鈜"，乃避康熙諱改。聶鉉，《明史》附見《宋訥傳》。

　　性理大全書七十卷（兵部侍郎紀昀家藏本）

　　明胡廣等奉敕撰。是書與《五經四書大全》同以永樂十三年九月告成奏進，故成祖御製序文稱二百二十九卷，統七部而計之也。考自漢以來，弟子錄其師說者，始於《鄭記》、《鄭志》，是即後世之語錄。其裒諸儒之言以成一書者，則古無是例，《近思錄》其權輿矣。宋景定、端平間，周、程、張、朱諸儒皆蒙褒贈，真德秀亦以講學有名，得參大政。天下趨朝廷風尚，纂述日多。王孝友作《性理彝訓》三卷，熊節作《性理羣書句解》二十三卷①，於是性理之名大著於世。廣等所採宋儒之說凡一百二十家，其中自為卷帙者，為周子《太極圖說》一卷，《通書》二卷；張子《西銘》一卷，《正蒙》二卷；邵子《皇極經世書》七卷；朱子《易學啟蒙》四卷，《家禮》四卷；蔡元定《律呂新書》二卷；蔡沈《洪範皇極內篇》二卷，共二十六卷。自二十七卷以下，捃拾羣言，分為十三目，曰理氣，曰鬼神，曰性理，曰道統，曰聖賢，曰諸儒，曰學，曰諸子，曰歷代，曰君道，曰治道，曰詩，曰文。大抵龐雜冗蔓，皆割裂襞積以成文，非能於道學淵源真有鑒別。聖祖仁皇帝特命儒臣，刪其支離，存其綱要,欽定為《性理精義》一書。菁華既擷,所存者僅其糟粕矣。以後來刻性理者汗牛充棟,其源皆出於是書。將舉其末,必有其本。姑錄存之,著所自起云爾。

【彙訂】

① "性理羣書句解",殿本作"性理羣書",誤。今存元刊本熊節輯,熊剛大注《性理羣書句解前集》二十三卷。《總目》卷九二亦著錄熊節編,熊剛大注《性理羣書句解》二十三卷。

讀書錄十一卷續錄十二卷(浙江巡撫採進本)①

明薛瑄撰。瑄字德溫,河津人。永樂辛丑進士。官至禮部右侍郎,入閣預機務。贈禮部尚書,諡文清。事蹟具《明史·儒林傳》。其書皆躬行心得之言。兩《錄》之首皆有自記,言其因張子"心有所開②,不思則塞"之語,是以自錄隨時所得,以備屢省。其後萬曆中有侯鶴齡者,因所記錯雜,更為編次,刪去重複,名《讀書全錄》。然去取之閒,頗失瑄本意。今仍錄原書以存其舊。瑄嘗言:"樂有雅、鄭,書亦有之。《小學》、《四書》、《六經》,濂、洛、關、閩諸聖賢之書,雅也,嗜者常少,以其味之淡也;百家小說,淫詞綺語,怪誕不經之書,鄭也,莫不喜談而樂道之,蓋不待教督而好之矣,以其味之甘也。淡則人心平而天理存,甘則人心迷而人欲肆。"觀瑄是《錄》,可謂不愧斯言矣。

【彙訂】

① "十一卷",殿本作"十卷",誤。文淵閣《四庫》本為十一卷。

② "張子",殿本作"程子",誤。《讀書錄》卷一篇首自記曰:"橫渠張子云:'心中有所開,即便劄記,不思則還塞之矣。'"

大學衍義補一百六十卷（兵部侍郎紀昀家藏本）①

明邱濬撰。濬有《家禮儀節》，已著錄。濬以宋真德秀《大學衍義》止於格致、誠正、修齊，而闕治國、平天下之事。雖所著《讀書乙記》採錄史事，稱為是書之下編，然多錄名臣事蹟，無與政典，又草創未完。乃採經傳子史，輯成是書，附以己見，分為十有二目，於孝宗初奏上之。有詔嘉獎，命錄副本付書坊刊行。濬又自言：「《衍義補》所載，皆可見之行事，請摘其要者下內閣議行。」帝亦報可。至神宗復命梓行，親為製序。蓋皆甚重其書也。特濬聞見甚富，議論不能甚醇②。故王鏊《震澤紀聞》稱其學問該洽③，尤熟於國家掌故，議論高奇，務於矯俗，能以辨博濟其説。如譏范仲淹多事，秦檜有再造功，評騭皆乖正理④。又力主舉行海運，平時屢以為言，此書更力申其説。所列從前海運抵京之數，謂省內河挽運之資，即可抵洋面漂亡之粟，似乎言之成理。然一舟覆没，舟人不下百餘。糧可抵以轉輸之費，人命以何為抵乎？其後萬恭著議，謂為有大害而無微利，至以好事斥之，非苟論也。又明之中葉，正閹豎恣肆之時，濬既欲陳誨納忠，則此條尤屬書中要旨，乃獨無一語及宦寺⑤。張志淳《南園漫錄》詆其有所避而不書，殆亦深窺其隱。以視真氏原書，殊未免瑕瑜互見。然治平之道，其理雖具於修齊，其事則各有制置。此猶土可生禾，禾可生穀，穀可為米，米可為飯，本屬相因。然土不耕則禾不長，禾不穫則穀不登，穀不舂則米不成，米不炊則飯不熟，不能遞溯其本，謂土可為飯也。真氏原本實屬闕遺，濬博綜旁搜，以補所未備，兼資體用，實足以羽翼而行。且濬學本淹通，又習知舊典，故所條列，元元本本，貫串古今，亦復具有根柢。其人雖不足重，其書要不為無用也。

【彙訂】

① 文淵閣《四庫》本尚有卷首一卷。(沈治宏:《中國叢書綜錄訂誤》)

② "不能",殿本作"乃不"。

③ "學問",殿本作"學"。明末刻本《震澤紀聞》卷下"丘濬"條作"問學"。

④ "乖",殿本作"乘",誤。

⑤ 此書卷九七所加按語云:"況宮闈邃密,門禁森嚴,外人無由而至,朝夕左右得以觀視之間者,宦官宮妾爾。彼生深宮之中,執使令之役,固無外交,亦無遠識,何用誇彼為哉?"把宦官視同宮妾。卷一百零四的按語中又説:"乃有一種悖天無親之徒,自宮其身以求進……有國者所當嚴為之禁,而罪其主使用力之人。"乃主張扼制宦官的增長。對於歷代宦官干政的現象,書中先後舉出唐中宗時宦官超遷七品以上官達千人、唐代宗時以宦官魚朝恩判國子監事和唐文宗時李德裕被宦官王守澄讒間罷相事(分別見卷十二和卷首),也多少影射明代宦豎擅權的現實。又卷一一八的按語云:"漢初值宿皆以士人為之,其後不用士人,而所用皆宦官,遂至内外大權悉歸之,以為一代之禍。""夫自古國家危亡之禍,皆出於房闈宦寺之中,何也? 婦人女子與夫刑餘之人所以敢肆其奸者,以其處夫人君肘腋之間,幽隱深邃,而人不得以制之也。"豈可謂"無一語及宦寺"? (周濟夫:《太學生丘敦其人其書》)

居業錄八卷(江西巡撫採進本)①

明胡居仁撰。居仁有《易象鈔》,已著錄。是書皆其講學語錄,分十二類,曰道體,曰為學,曰主敬,曰致知,曰力行,曰出處,曰治體,曰治法,曰教人,曰警戒,曰辨異端,曰勸聖賢,共一千一百九十九條。居仁與陳獻章皆出吳與弼之門,與弼之學介乎朱、陸之間,二人各得其所近。獻章上繼金谿,下啟姚江。居仁則恪守新安,不踰尺寸,故以"敬"名其齋。而是書之中,辨獻章之近禪,不啻再三。蓋其人品端謹,學問篤實,與河津薛瑄相類,而是書亦與瑄《讀書錄》並為學者所推。黃宗羲《明儒學案》乃謂其主言靜中之涵養,與獻章之靜中養出端倪,同門冥契。特牽引附合之言,非篤論也。正德中有張吉者,嘗刪其書為《要語》。又有吳廷舉者,刪其書為《粹言》。此本為宏治甲子余祐所編,猶為原帙。祐字子積,鄱陽人。宏治己未進士,官至吏部右侍郎[2]。年十九時,受業於居仁,居仁以女妻之。而卷首序文乃稱"門人",蓋用黃榦編朱子集之例,榦又用李漢編韓愈集之例[3]。然考皇甫湜作《愈墓誌》,稱愈女初適於漢,後乃離婚,嫁樊氏。漢稱門人而不稱婿,蓋緣於此。榦及祐沿襲其稱,殊為不考[4]。閻若璩《潛邱劄記》乃以為重道統而輕私親,曲說甚矣。

【彙訂】

①"八卷",殿本作"十二卷",誤。《四庫》所收為八卷,書前《提要》亦云八卷。(修世平:《〈四庫全書總目〉訂誤十七則》,圖)

②"祐字子積鄱陽人宏治己未進士官至吏部右侍郎",殿本無。

③二"之"字,殿本無。

④皇甫湜《韓文公墓銘》(《皇甫持正文集》卷六)未提及長女離而再嫁,其文斷句應為:"婿右拾遺李漢,〔長女〕;集賢校理樊宗懿,次女;許嫁陳氏,三女,未笄。"即長女嫁李漢,次女嫁樊

宗懿。(陳克明:《韓愈年譜及詩文繫年》)

　　楓山語錄一卷(浙江范懋柱家天一閣藏本)①

　　明章懋撰。懋字德懋,別號闇然子,蘭溪人。成化丙戌會試第一。改庶吉士,授編修。會上元內宴,命作鼇山燈詩,不奉詔,且以疏諫,黜為臨武知縣。宏治、正德間累官南京禮部尚書,致仕。事蹟具《明史》本傳。崔銑《明臣十節》曰:"成化中白沙陳獻章學禪而疏,一峯羅倫尚直而率,定山莊㫤好名而無實,皆負巨望焉。楓山章公懋,質約淳雅,潛修默成,年甫四十,棄官還郡。賀諫議欽、鄭御史已皆責公交疏於陳。莊公遜謝之後,白沙受清秩而交泛,一峯行鄉約而戮族人,莊晚年又仕而敗,惟章公德行無瑕。"云云。其在明代,可云不愧醇儒。是編卷帙不多,分為五類,曰學術,曰政治,曰藝文,曰人物,曰拾遺。其學術、政治雖人人習見之理,而明白醇正,不失為儒者之言。藝文諸條,持論亦極平允,不似講學家動以載道為詞。其評騭人物,於陳獻章獨有微詞。則懋之學主篤實,而獻章或入元虛也②。然獻章出處之間,稍有遺議,而懋人品高潔,始終負一代重望,則篤實鮮失之明驗矣。又謂胡居仁不適於用,似亦有見。惟推尊吳與弼太過,則頗有所不可解耳。

　　【彙訂】

　　① 文淵閣《四庫》本尚附《行實》一卷。(沈治宏:《中國叢書綜錄訂誤》)

　　②"元虛",殿本作"虛無"。

　　東溪日談錄十八卷(湖北巡撫採進本)

　　明周琦撰。琦字廷璽,馬平人。成化辛丑進士,官至南京戶部員外郎。琦之學出於薛瑄。是編記所心得，分十三類。凡性道談二卷，理氣談一卷，祭祀談二卷，學術談一卷，出處談一卷，物理談一卷，經傳談三卷，著述談一卷，史系談二卷，儒正談一卷，文詞談一卷，異端談一卷，闢異談一卷。《廣西通志》載其著《日談錄》十八卷，又著《儒正篇》，論薛河東之學。今考《儒正》即此書之第十五卷，非別有《儒正篇》也。前有呂景蒙序，謂書刻於嘉靖丁酉。而此本乃係傳寫。或其版已佚，後人錄存之歟？琦為人以端直謹厚見重鄉里，其書亦一本濂、洛之說，不失醇正。蓋河東之學雖或失之拘謹，而篤實近理，故數傳之後，尚能恪守師說，不至放言無忌也。

困知記二卷續記二卷附錄一卷（左都御史張若淓家藏本）

明羅欽順撰。欽順字允升，號整菴，泰和人。宏治癸丑進士，官至南京吏部尚書，諡文莊。事蹟具《明史·儒林傳》。是書皆其晚年所作。前《記》成於嘉靖戊子，凡一百五十六章。《續記》成於嘉靖辛卯，凡一百一十三章。《附錄》一卷，皆與人論學之書，凡六首。欽順自稱："初官京師，與一老僧論佛，漫舉禪語為答。意其必有所得，為之精思達旦，恍然而悟。既而官南雍，取聖賢之書潛玩，久之漸覺就實。始知所見者乃此心虛靈之妙，而非性之理。自此研磨體認，積數十年，始確然有以自信。"蓋其學由積漸體驗而得，故專以躬行實踐為務，而深斥姚江"良知"之非。嘗與王守仁書，辨《朱子晚年定論》，於守仁顛倒年月之處，考證極詳。此書明白篤實，亦深有裨於後學。蓋其學初從禪入，久而盡知其利弊。故於疑似之介，剖析尤精，非泛相詞斥，不中竅要者比。高攀龍嘗稱："自來排斥佛氏，未有若是之明且悉者．"可謂知言矣。

讀書劄記八卷（江蘇巡撫採進本）

明徐問撰。問字用中，號養齋，武進人。宏治壬戌進士，官
至南京戶部尚書，謚莊裕。事蹟具《明史》本傳。是書乃問巡撫
貴州時，與門人問答，隨時劄記而成。所論天文、曆象、山川、性
理、六經、四子書皆守先儒成說。其論學則一本程、朱，而力黜姚
江之學。如古本《大學》、親民、格物、知行合一各說，皆逐條辨
正。嘗與羅欽順書云："王氏之學本諸象山，至今眩惑人聽，《讀
書劄記》第二冊實闢其說。蓋以廣中侍讀黃才伯促而成之。"才
伯者，黃佐字也。所云第二冊者，即指此本第五卷。今核其所闢
各條，大都託之"或謂"，又稱為"近學"、"世學"，而並未斥言。蓋
是時王學盛行，羽翼者衆，故問不欲顯加排擯。然所摘發，多能
切中癥結，迥異乎陳建諸人叫囂詬詈，如不共戴天者。史稱問官
長蘆鹽運使，終任不取一錢，則與言清行濁者異。又載問官貴州
巡撫時，破獨山州賊蒙鉞，則與迂疏無用者亦異。宜其言篤實切
近，無講學家之積習矣。

士翼四卷（副都御史黃登賢家藏本）

明崔銑撰。銑有《讀易餘言》，已著錄。是書前三卷曰《述
言》，皆語錄之類。後一卷曰《說象》，則專論六十四卦象義①。
自序謂："退居相臺十祀，非聖人之志不存，非翼經之文不閱。乃
劄記所明，稍修章句，名曰《士翼》，蓋以輔彝典也。"其中如論高
宗夢傅說事，涉於怪誕。韓子《原道》："蓋先乎養二氏之徒之繁，
由君無以養而安之也。"又云："談理至宋人而精，然而滋蔓；講學
至宋人而切，然而即空。"又云："漢、唐之小人易見，宋之小人難

知;漢、唐之君子可信,宋之君子當考。"又曰:"去《序》而言《詩》,背《左氏》而言《春秋》,必荒謬矣。蓋道可以智窮,事必以實著,況千載之下乎?"其言皆講學家之所深諱,而侃侃鑿鑿,直抒無隱,可謂皎然不自誣其心矣。至於以蕭何之薦曹參為克己歸仁,盧懷慎之讓姚崇為一个臣之有容,雖意有所寓,然未免品題失當,謂之白璧微瑕可也。

【彙訂】

①《讀易餘言》五卷見《總目》卷五,卷三內容為大象説,專論六十四卦象義。此條誤將《讀易餘言》卷三內容著錄為《士翼》卷四。(修世平:《〈四庫全書總目〉訂誤十七則》,圖)

涇野子內篇二十七卷(陝西巡撫採進本)

明呂柟撰。柟有《周易説翼》,已著錄。柟師事渭南薛敬之,其學以薛瑄為宗。是書乃其門人所編語錄。凡《雲槐精舍語》二卷,《東林書屋語》一卷,《端溪問答》一卷,《解梁書院語》,《柳灣精舍語》二卷,《鷲峯東所語》十二卷,《太常南所》附《邵伯舟中語》三卷,《太學語》二卷①,《春官外署語》二卷,《禮部北所語》一卷②。其子昀等類而刻之。柟為學在格物以窮理,先知而後行。其所謂窮理,不是泛常不切於身,只在語默作止處驗之。所謂知者,即從聞見之知以通德性之知,但事事不肯放過。其踐履最為篤實。嘗斥王守仁言良知之非,以為"聖人教人,未嘗規規一方。今不論資禀造詣,刻數字以必人之從,不亦偏乎?"觀於所言,可謂不失河津之淵源矣。

【彙訂】

①"太學語",殿本作"大學語",誤,參此書卷二十三、二

十四。

②　提要所錄卷數相加僅二十六卷。今存明刻本有《解梁書院語》一卷,《柳灣精舍語》二卷。（李裕民:《四庫提要訂誤》)

周子鈔釋三卷(兩江總督採進本)①

明呂柟撰。宋五子中惟周子著書最少,而諸儒辨論則惟周子之書最多。無極、太極之説,朱、陸兩家斷斷相軋,至今五六百年,門户之分,甚於冰炭。《太極圖説》與《通書》表裏之説,元何虚中至特著一書辨此一語。論者亦遞相攻擊,究無定評。至於主靜之説,明代訟爭尤甚。是編蓋因《周子全書》而摭其精要。一卷為《太極圖説》、《通書》,二卷為遺文、遺詩,而附以雜記三卷,則本傳、墓碣、事狀也,較《全書》特為簡潔。每條之下,各釋以一二語,或標其大旨,或推所未言之隱②,較諸家連篇累牘之辨,亦特淳實。其釋“荀子元不識誠”一條,謂貶荀子太過。以《大學》、《中庸》之言誠擬荀子之言誠③,未免駁雜。釋“養心亭記”一條,謂:“寡欲亦‘允執厥中’之義,若至於無,恐難通行於衆。”亦未免詞不達意。然大旨要為不悖。觀周子之書者,其精華略具於此矣。

【彙訂】

①　文淵閣《四庫》本為二卷附錄一卷。(沈治宏:《中國叢書綜錄訂誤》)

②　“隱”,殿本作“意”。

③　“誠擬”,殿本作“比擬”。

張子鈔釋六卷(兩江總督採進本)

明呂柟撰。是編摘錄張子之書。以《西銘》、《東銘》為冠,次

《正蒙》十九篇，次《經學理窟》十一篇，次語錄，次文集，而終以《行狀》。亦每條各附以釋，如《周子鈔釋》之例。首有嘉靖辛丑柟自序，稱："張子書存者止二《銘》、《正蒙》、《理窟》、語錄、文集。而文集又未完，止得二卷於馬伯循氏。諸書皆言簡意實，出於精思力行之後。顧其書散見漫行①，渙無統紀，而一義重出，亦容有之。暇嘗稡鈔成帙，註釋數言，略發大旨，以便初學觀省。"蓋其謫官解州時作也。案虞集作吳澄《行狀》，稱："澄校正張子之書，挈《東》、《西銘》於篇首，而《正蒙》次之。"大意與柟此本合。澄本今未見，柟此本簡汰不苟，較世所行《張子全書》，亦頗為精要矣。

【彙訂】

① "漫行"，底本作"漫衍"，據書前自序及殿本改。

二程子鈔釋十卷（左都御史張若溎家藏本）

明呂柟撰。前有自序，稱："初得《二程全書》於崔銑，以其中解說《六經》、《四書》之語與門弟子問答行事之言，統為一書，浩大繁博，初學難於觀覽。因鈔出心所好者，集為八卷，凡二十九篇。"而卷首所列程子門人姓氏，後有嘉靖辛卯柟門人休寧程爵重刊跋，乃稱："涇野先生鈔釋程氏書凡十卷。"此本為嘉靖丙申柟門人鄧誥所刊，卷數與爵跋相合。豈柟作序時其書尚止八卷，後或有所增益，而序文則未改歟①？其書不分門類，亦不敘先後，仍以《二程遺書》原載"門人某某所記"分編。每條之末，皆以一二語標其大意。昔朱子編《遺書》，嘗病其真贗相雜。柟是書削駁留醇，頗為不苟。蓋柟之學源於河津，最為篤實，故去取皆有所見。惟其文原出李夢陽，全集率詰屈不可讀。故每條下所釋詞旨,往往晦滯②,非初學所能洞曉云。

【彙訂】

①"文",殿本無。呂柟自序稱:"暇嘗鈔出心所好者,集為八卷,凡二十九篇……而於詩文亦抄出數篇,以為外篇。"此書卷九為文,卷十為詩。卷九首頁標有"外篇"字樣,説明後兩卷即外篇,總計十卷,與序文及程爵跋語相合,則此二卷亦應為自序前已編就。(李裕民:《四庫提要訂誤》)

②"晦滯",殿本作"晦澀"。

朱子鈔釋二卷(兩江總督採進本)

明呂柟撰。是編乃嘉靖丙申柟為國子監祭酒時所定。宋儒之中,惟朱子著述最富,辨論亦最多。其時諸弟子所述者,有池錄、饒錄、饒後錄、建錄諸刊,黎靖德刊除重複,分類編次,尚得一百四十卷,則浩博可知矣。柟此本所鈔,止於二卷,乃較張子、二程子為少。然朱子之學,無所不通,與門人亦無所不講。黎氏《語類》以二十六目舉其大凡,包括尚有未盡,讀者茫無津涯。又早年、晚年,持論或異,門人所記,或以己意增損之①,亦往往彼此不同,讀者亦莫能決其去取②。明人遞相選錄,幾於人有一編。其大意乃在於勝負相爭,區分門户,不過借朱子為名,未嘗真為明道計也。柟作是編,惟摘切要之詞,而不甚以攻擊為事,於學問大旨轉為簡明。然於"與陸子靜論意見"一條,註其下曰:"陸氏終近禪。"則是非之辨,亦未嘗不謹嚴矣。

【彙訂】

①"之",殿本無。

②"亦莫能",殿本作"多莫"。

中庸衍義十七卷（兩淮馬裕家藏本）

明夏良勝撰。良勝字于中①，南城人。正德戊辰進士，官至太常寺少卿。事蹟具《明史》本傳，自宋以來，取古經之義，括舉條目而推衍其說者，始葉時《禮經會元》，嗣則真德秀《大學衍義》，良勝又因德秀之例，以闡發《中庸》。其書成於嘉靖間，蓋以《大禮疏》稿事謫戍遼海時作也。自性、道教、達道、達德、九經、三重之屬，一一援據古今，推廣演繹。至於崇神仙、好符瑞、改祖制、抑善類數端，尤究極流弊，倦倦言之，蓋皆為世宗時事而發。然務抒獻納之忱，而無一毫怨懟譏訕之意，斯所以為純臣之言也。中頗採邱濬《大學衍義》之說。考良勝於正德、嘉靖間兩以鯁直杖謫，風節凜然，為當世所重。其書雖近於濬書，至其人品則非濬所可企及矣。

【彙訂】

① "于中"，殿本作"于仲"，誤，參《明史》卷一八九本傳。

格物通一百卷（廣東巡撫採進本）①

明湛若水撰。若水有《二禮經傳測》，已著錄。是編乃嘉靖七年若水任南京禮部侍郎時所進。體例略仿《大學衍義》，以致知併於格物，而以格物統貫誠意、正心、修身、齊家、治國、平天下六條。凡誠意格十七卷，分審幾、立志、謀慮、感應、儆戒、敬天、敬祖考、畏民八子目。正心格三卷，無子目。修身格九卷，分正威儀、慎言語、進德業三子目。齊家格十三卷，分謹妃匹、正嫡庶、事親長、養太子、嚴內外、恤孤幼、御臣妾七子目。治國格十四卷，分事君使臣、立教興化、事長慈幼、使眾臨民、正朝廷、正百官、正萬民七子目。平天下格四十四卷，分公好惡、用人、理財三子目。而"用人"之中又分學校、舉措[②]、課功、任相、任將、六官六目，"理財"之中又分修虞衡、抑浮末、飭百工、屯田、馬政、漕運、勸課、禁奪時、省國費、慎賞賜、蠲租、薄斂、恤窮、賑濟十四目。皆雜引諸儒之言，參以明之祖訓，而各以己意發明之，大致與邱濬《大學衍義補》相近。而濬書多徵舊事以為法戒之資，此書多引前言以為講習之助。二書相輔而行，均於治道有裨者也[③]。

【彙訂】

① 文淵閣《四庫》本尚有卷首一卷。(沈治宏:《中國叢書綜錄訂誤》)

②"舉措"，殿本作"舉錯"，誤，參此書卷五十七卷首所列子目。卷六十三至卷六十六為"舉措"。

③"者"，殿本無。

世緯一卷(江蘇巡撫採進本)[①]

明袁裦撰。裦字永之，號胥臺，吳縣人。嘉靖丙戌進士，官至廣西提學僉事。《明史·文苑傳》附見《文徵明傳》中。是書凡二十篇，曰官宗，曰遴傅，曰簡輔，曰降交，曰誘諫，曰廣薦，曰崇儒，曰貴士，曰裁閹，曰汰異，曰拒偽，曰抑躁，曰久任，曰惜爵，曰懲墨，曰節浮，曰節奢，曰正典，曰實塞，曰均賦。其言皆指陳無隱，切中時弊。雖立說不免過激，而憂時感事，發憤著書，亦賈誼痛哭之流亞也。當時狃於晏安，文恬武嬉，朝廷方以無事為福。故裦自序有"鑿枘異用，竽瑟殊好，空言無益，衹增多口"之語。而《拒偽》一篇，講學者尤深嫉之。然裦之言曰:"今之偽者，其所誦讀者，周、孔之詩書也;其所講習者，程、朱之傳疏也;而其所談者,則佛、老之糟粕也。黨同而伐異,尊陸而毀朱。"云云。蓋指姚江末流之弊,有激言之。觀於明季,襃可謂見微知著矣。又烏得惡其害己,指為排抑道學乎?

【彙訂】

① 文淵閣《四庫》本為二卷。(沈治宏:《中國叢書綜錄訂誤》)

呻吟語摘二卷(直隸總督採進本)

明呂坤撰。坤有《四禮疑》,已著錄。《明史・藝文志》載《呻吟語》凡四卷,此止二卷。考卷末萬曆丙辰其子知畏跋,則此乃坤從四卷中手自刪削,並取知畏所續入者若干條,存十之二三。距萬曆壬辰郭子章作序之時,又二十四年,蓋坤晚年之定本也。其內篇分七門,曰性命,曰存心,曰倫理,曰談道,曰修身,曰問學,曰應務。外篇分九門,曰世運,曰聖賢,曰品藻,曰治道,曰人情,曰物理,曰廣喻,曰詞章。大抵不侈語精微,而篤實以為本;不虛談高遠,而踐履以為程。在明代講學諸家①,似乎粗淺。然尺尺寸寸,務求規矩,而又不違戾於情理。視陸學末派之倡狂、朱學末派之迂僻,其得失則有閒矣。

【彙訂】

① 殿本"在"上有"其"字。

聖學宗要一卷學言三卷(浙江巡撫採進本)

明劉宗周撰。宗周有《周易古文鈔》,已著錄。是編凡《聖學宗要》一卷,載周子《太極圖說》,張子《東銘》、《西銘》,程子《識仁說》、《定性書》,朱子《中和說》,王守仁《良知問答》等篇,各為註釋。蓋本其友人劉去非《宋學宗源》一書而增益之,加以詮解,改為今名。《學言》三卷則宗周講學語錄，其門人姜希轍所刻也。宗周生於山陰，守其鄉先生之傳，故講學大旨多淵源於王守仁。蓋目染耳擩，其來有漸。然明以來講姚江之學者，如王畿、周汝登、陶望齡、陶奭齡諸人，大抵高明之過，純涉禪機。奭齡講學白馬山，至全以佛氏因果為説，去守仁本旨益遠。宗周獨深鑒狂禪之弊，築證人書院，集同志講肄，務以誠意為主，而歸功於慎獨。其臨没時，猶語門人曰："為學之要，一誠盡之，而主敬其功也。"云云。蓋為良知末流深砭痼疾。故其平生造詣，能盡得王學所長而去其所短。卒之大節炳然，始終無玷，為一代人倫之表。雖祖紫陽而攻金谿者，亦斷不能以門户之殊併詆宗周也。知儒者立身之本末，惟其人不惟其言矣。

人譜一卷人譜類記二卷（浙江巡撫採進本）

明劉宗周撰。姚江之學多言心，宗周懲其末流，故課之以實踐。是書乃其主蕺山書院時所述以授生徒者也。《人譜》一卷，首列人極圖説，次紀過格[①]，次改過説。《人譜類記》二卷，曰體獨篇，曰知幾篇，曰凝道篇，曰考旋篇[②]，曰作聖篇，皆集古人嘉言善行，分類錄之，以為楷模。每篇前有總記，後列條目，閒附以論斷。主於啟迪初學，故詞多平實淺顯。兼為下愚勸戒，故或參以福善禍淫之説。然偶一及之，與袁黄功過格立命之學終不同也。或以蕪雜病之，則不知宗周此書本為中人以下立教，失其著作之本旨矣。

【彙訂】

①"紀過格"，底本作"記過格"，據《人譜》及殿本改。

②"考旋篇"，底本作"考疑篇"，據《人譜類記》卷上及殿

本改。

榕壇問業十八卷（福建巡撫採進本）

明黃道周撰。道周有《易象正》，已著錄。此篇乃其家居時講學之語。道周自崇禎壬申削籍歸石養山守墓，是年講學於浦之北山。越二年甲戌夏，始入郡就芝山之正學堂為講舍。至乙亥冬，以原官召用，始罷講。故此書起甲戌五月至乙亥仲冬者凡十六卷。其十七卷有云"丙子春"者，則道周已罷講還家，取他方友人書牘問難之詞，當時未即答者，續為發明綴入。其十八卷，則同年蔣德璟所問之詞，道周屬諸弟子代答，閒亦衷以己說，併以德璟原問十八條附錄於後。其書每卷分載所編弟子姓氏。卷之前後，道周復各綴以題識。其大旨以致知明善為宗，大約左祖考亭而益加駿厲。書內所論，凡天文、地志、經史、百家之說，無不隨問闡發，不盡作性命空談。蓋由其博洽精研，靡所不究，故能有叩必竭，響應不窮。雖詞意閒涉深奧，而指歸可識，不同於禪門機括，幻窅無歸。先儒語錄每以陳因迂腐，為博學之士所輕，道周此編可以一雪斯誚矣。

温氏母訓一卷（編修程晉芳家藏本）

明温璜錄其母陸氏之訓也。璜初名以介，字于石①，號石公。後以夢兆改今名，而字曰寶忠。烏程人。崇禎癸未進士，官徽州府推官。事蹟附見《明史·邱〔丘〕祖德傳》。乾隆四十一年，賜諡忠烈。璜有《遺集》十二卷。此書其卷末所附錄。語雖質直，而頗切事理。末有跋語，不署名氏，稱："原集繁重，不便單行。"乃錄出再付之梓。案璜於順治乙酉起兵，與金聲相應，以拒王師。凡四閱月，城破，抗節以死。其氣節震耀一世，可謂不愧

於母教。又高承埏《忠節錄》載璜就義之日,慨然語妻茅氏曰:
"吾生平學為聖賢,不過求今日處死之道耳。"因繞屋而走。茅氏
曰:"君之遲留,得無以我及長女寶德在乎?"時女已寢,母呼之
起。女問:"何為?"母曰:"死耳。"女曰"諾",即延頸受死。璜手
刃之。茅氏亦臥床引頸待刃,璜復斫死。乃自剄。知其家庭之
間,素以名教相砥礪,故皆能臨難從容如是,非徒託之空言者矣。
故雖女子之言,特錄其書於儒家,示進之也。

【彙訂】

　①"于石",殿本作"於石",誤,參《明史》卷二百七十七
本傳。

卷九四

子 部 四

儒 家 類 四

御定資政要覽三卷後序一卷

順治十二年世祖章皇帝御撰。凡三十章，曰君道，曰臣道，曰父道，曰子道，曰夫道，曰婦道，曰友道，曰體仁，曰弘義[①]，曰敦禮，曰察微，曰昭信，曰知人，曰厚生，曰教化，曰儉德，曰遷善，曰務學，曰重農，曰睦親，曰積善，曰愛民，曰慈幼，曰養生，曰懲忿，曰窒欲，曰履謙[②]，曰謹言，曰慎行，曰愛物。每篇皆有箋註，亦御撰也。體裁雖仿周、秦諸子，而鎔鑄古籍，闡為聖謨，義理一本於經，法戒兼裁於史。大旨闡明修身齊家之道，又多為羣臣百姓而言。伏考《堯典》有曰：“平章百姓，百姓昭明。協和萬邦，黎民於變時雍。”又《說命》有曰：“惟天聰明，惟聖時憲。惟臣欽若，惟民從乂。”蓋治天下者，治臣民而已矣。使百官咸提躬飭行以奉其職守，萬姓咸講讓型仁以厚其風俗，則唐、虞三代之治不過如斯。明之季年，三綱淪而九法斁，讒妄興於上，姦宄生於下，日偷日薄，人心壞而國運隨之，天數乃終。世祖章皇帝監夏監殷，深知勝國之所以敗，故丁寧誥誡，親著是書。俾朝野咸知所激勸，而共躋太平。御題曰《資政要覽》，見澄敍官方，敦崇世教，為保邦之切務,聖人之情見乎詞矣。傳諸萬年,所宜聰聽而敬守也。

【彙訂】

①"弘",殿本作"宏"。

②"履謙",殿本作"履儉",誤。此書卷三有《履謙章》第二
十七。文淵閣《四庫》本書前提要不誤。

　聖諭廣訓一卷①

　謹案《聖諭》十六條,聖祖仁皇帝所頒,《廣訓》一萬餘言,則
我世宗憲皇帝推繹聖謨以垂範奕世者也。粵稽虞代,命契為司
徒,敬敷五教,當時必有誥誡之文,今佚不可考。《周禮》:州長
"正月之吉,各屬其州之民而讀法,以考其德行道藝而勸之,糾其
過惡而戒之"。又族師"月吉則屬民而讀教法,書其孝弟睦婣有
學者"。其法今亦不傳。然而聖帝明王膺作君作師之任,其啟迪
愚蒙,必反覆丁寧,申以文告,則其制章章可考,故《書》稱"皇極
之敷言,是彝是訓,于帝其訓"也。惟是歷代以來,如家訓、世範
之類,率儒者私教於一家。《琴堂諭俗編》之類,亦守令自行於一
邑。罕聞九重揮翰,為愚夫愚婦特撰一編。獨明太祖所著《資治
通訓》諸書,具載《永樂大典》中,而義或不醇,詞或不雅,世亦無
述焉。洪惟我聖祖仁皇帝體天牖下民之意,親揮宸翰,示億兆以
典型。我世宗憲皇帝復欽承覺世之旨,鄭重申明②,俾家絃户
誦。聖有謨訓,詞約義宏,括為十有六語不為少,演為一萬餘言
不為多。迄今朔望宣讀,士民肅聽,人人易知易從,而皓首不能
罄其蘊。誠所謂言而世為天下則矣。

【彙訂】

①此條殿本置於《庭訓格言》條後,與文淵閣庫書次序

不符。

②“申明”,殿本作“明申”。

庭訓格言一卷

雍正八年,世宗憲皇帝追述聖祖仁皇帝天語,親錄成編。凡二百四十有六則,皆《實錄》、《聖訓》所未及載者。蓋我世宗憲皇帝至孝承顏,特蒙眷注。宮闈問視之暇,從容溫諭,指示獨詳。而帝德同符,心源默合,聆受亦能獨契,故紬繹舊聞,編摩寶帙,敷由皇極,方軌《六經》。粵考三皇、五帝,以逮於禹、湯、文、武,其佚文遺教,散見於周、秦諸書,而紀錄失真,醇疵互見,故司馬遷有“百家稱黃帝,其文不雅馴”之說。蓋其識不足以知聖人,故所述不盡合本旨也。是編以聖人之筆記聖人之言,傳述既得精微;又以聖人親聞乎聖人①,授受尤為親切。垂諸萬世,固當與典謨訓誥共昭法守矣。

【彙訂】

①“乎”,殿本作“於”。

御製日知薈說四卷

乾隆元年,皇上取舊製各體文刪擇精要,得二百六十則,釐為四卷。第一卷論帝王治化之要,第二卷論天人性命之旨,第三卷論禮樂法度之用,第四卷論古今得失之迹。考三代以前,帝王訓誡多散見諸子百家中,真贗相參,不盡可據。《漢書》所載黃帝以下諸目,班固已註為依託,亦不足憑。惟所載高帝八篇、文帝十二篇,為帝王御製著錄儒家之始,今其書不傳。然高帝當戰伐之餘,政兼霸術;文帝崇清淨之學,源出道家,其詞未必盡醇。久而散佚,或以是歟? 梁元帝《金樓子》體儕說部,抑又次焉。夫詞人所著作，盛陳華藻而已，帝王之學，則必歸於傳心之要義；儒生所論説，高談性命而已，帝王之學，則必徵諸經世之實功。故必以聖人之德，居天子之位，而後吐辭為經，足以垂萬世之訓也。我皇上睿聰首出，念典彌勤，紬繹舊聞，發揮新得。所謂為天地立心，為生民立命，為往聖繼絕學，為萬世開太平者，具備於斯。迄今太和翔洽，久道化成，《無逸》作所之心，與天行同其不息。而百度修明，八紘砥礪，天聲赫濯，尤簡册之所罕聞①。豈非内聖外王之道，文經武緯之原，一一早握其樞要歟？臣等校録鴻編，循環跪誦，欽聖學之高深，益知聖功之有自也。

【彙訂】

① "罕"，殿本作"未"。

御定内則衍義十六卷

順治十三年世祖章皇帝御定。冠以御製序文及恭進皇太后表①。以《禮記·内則篇》為本，援引經史諸書以佐證推闡之。分八綱，三十二子目。一曰孝之道，分事舅姑、事父母二子目。二曰敬之道，分事夫、勸學、佐忠、贊廉、重賢五子目。三曰教之道，分教子、勉學、訓忠三子目。四曰禮之道，分敬祭祀、肅家政、定變、守貞、殉節、端好尚、崇儉約、謹言、慎儀九子目。五曰讓之道，分崇謙退、和妯娌、睦宗族、待外戚四子目。六曰慈之道，分逮下、慈幼、敦仁、愛民、宥過五子目。七曰勤之道，分女工、飲食二子目。八曰學之道，分好學、著書二子目。考古西周盛運，化起宫闈。《周南》始《關雎》，而《桃夭》、《漢廣》丕變乎民風；《召南》始《鵲巢》，而《采蘋》、《采蘩》具嫻乎禮教。蓋正其家而天下正，天下各正其家而風俗淳美，民物泰平。故先王治世，必以内政為本也。此編出自聖裁，併經慈鑒②，端人倫之始，以握風化之原③。疏通經義，使知所遵循；引證史文，使有所法戒。用以修明閫教，永著典型，以視豐鎬開基之治，有過之無不及矣。班昭《女誡》以下，區區爝火之明，又何足仰擬日月歟？

【彙訂】

① "及恭進皇太后表"，殿本無。

② "併經慈鑒"，殿本無。

③ "端人倫之始以握風化之原"，殿本作"用以端人倫之始握風化之原"。

御定孝經衍義一百卷①

謹案是書為順治十三年奉敕所修，至康熙二十一年告成。聖祖仁皇帝親為鑒定，製序頒行。體例全仿真德秀《大學衍義》。首冠以《衍經之序》、《述經之旨》二篇，不入卷數。次《衍至德之義》，以五常分五子目。次《衍要道之義》，以五倫分五子目。次《衍教所由生之義》，以禮、樂、政、刑分四子目。次《天子之孝》，以愛親、敬親為綱，愛親分子目十二，敬親分子目十四。次《諸侯之孝》，分子目四。次《卿大夫之孝》，分子目五。次《士之孝》，分子目四。次《庶人之孝》，分子目三。亦皆以愛親、敬親為首。末二卷以《大順之徵》終焉。大旨以一心一理推而廣之，貫通乎萬事萬物。自上以及下，篤近而舉遠，源流本末，無所不賅，而於天子之孝，推演尤詳。凡例謂："經稱先王以發端，明是為君天下之天子陳孝道也。"誠得孔、曾授受之本旨矣。真德秀《大學衍義》僅及修身、齊家而止，治平之事待邱濬而後補焉，不及此編體用兼備也。孝治之淵源，聖功之繼述，樞要蓋具在斯矣。

【彙訂】

① 與文淵閣庫書次序不符，文淵閣庫書及殿本皆置於“御定內則衍義十六卷”條之前。文淵閣《四庫》本尚有卷首二卷。（沈治宏：《中國叢書綜錄訂誤》）

御纂性理精義十二卷

康熙五十六年聖祖仁皇帝御定。初，朱子門人陳淳撰《性理字義》，熊剛大又撰《性理羣書》，性理之名由是而起。明永樂中，遂命胡廣等雜鈔宋儒之語，湊泊成編，名曰《性理大全書》，與《五經四書大全》同頒於天下，列在學官。然廣等以斗筲下才，濫膺編錄，所纂《五經四書大全》並剽竊坊刻講章，改竄姓名，苟充卷帙。語詳各本條下。其《性理大全書》尤龐雜割裂，徒以多為貴，無復體裁。我聖祖仁皇帝接唐、虞之治統，契孔、孟之心傳，原本《六經》，權衡百氏。凡宋儒論著，於其見道之淺深，立言之醇駁，並究知微曖，坐照無遺。病胡廣等所編徒博講學之名，不過循聲之舉，支離冗碎，貽誤後來。乃命大學士李光地等刊正其書，復親加釐訂。如蔡沈《洪範數》之類，既斥之以防僭擬，所附詩賦之類，亦削之以戒浮文。其餘諸門，皆精汰嚴收，十分取一。卷帙雖減於前，而義蘊之宏深，別裁之精密，以較原書，司空圖所謂“如礦出金”也。羣言淆亂折諸聖，豈不信歟？

御纂朱子全書六十六卷

康熙五十二年聖祖仁皇帝御定。南宋諸儒好作語錄，卷帙之富①，尤無過於朱子。咸淳中，黎靖德刪除重複，編為一集，尚得一百四十卷。又南宋文集之富，無過周必大、楊萬里、陸游，而《晦菴大全集》卷帙亦與相埒。其記載雜出眾手，編次亦不在一時。故或以私意潤色，不免失真；或以臆説託名，全然無據。即確乎得自師説者，其中早年晚歳，持論各殊，先後異同，亦多相矛盾。儒者務博，篤信朱子之名，遂不求其端，不訊其末，往往執其一語，奉若《六經》，而朱子之本旨轉為尊朱子者所淆。考《朱子語錄》稱孔門弟子"留下《家語》②，至今作病痛"，憾其擇之不精也。然則讀朱子之書者，不問其真贗是非，隨聲附和，又豈朱子之意乎哉！聖祖仁皇帝表章朱子之學，而睿鑒高深，獨洞燭《語錄》、《文集》之得失。乃特詔大學士李光地等，汰其榛蕪，存其精粹，以類排比，分為十有九門。金受鍊而質純，玉經琢而瑕去。讀朱子之書者，奉此一編為指南，庶幾可不惑於多岐矣。

【彙訂】

①"富"，殿本作"繁"。

②"弟子"，殿本作"諸子"。

御定執中成憲八卷

雍正六年春世宗憲皇帝敕撰。雍正十三年夏，書成奏進。仰蒙裁定，宣付武英殿校刊。乾隆三年告藏，御製序文頒行。前四卷錄帝堯以來至明孝宗嘉言善政，後四卷皆唐、虞至明諸臣論説有所裨於治道者。其或奧旨未顯，疑義未明，則折衷以御論，以闡發其理蘊，評斷其是非。昔孔子删書，斷自唐、虞，始著帝王經世之法。後來遞相推衍，互有發明。御製之書，惟唐之《帝範》，敷陳得失為最悉；官撰之本，惟明之《君鑒》，纜舉事蹟為最詳。然《帝範》頗參雜説，詞意或不深醇；《君鑒》旁摭諸書，義例亦為冗雜。至於宋之《洪範政鑒》，以焦贛、京房之説附會於武王、箕子之文，益離其宗。蓋聖人之道統，惟聖人能傳之；聖人之治法，亦惟聖人能述之，非可以强而及也。我世宗憲皇帝聖德神功，上超三古，闡明帝學，論定是編。汰駁存精，删繁舉要，凡遺文舊籍，一經持擇，即作典謨。猶虞帝傳心，親闡執中之理；殷宗典學，自述成憲之監也。雖百篇之裁於洙泗，何以加兹！家法貽留，以鞏萬世之丕基者，豈偶然歟！

　　御覽經史講義三十一卷^①

　　乾隆十四年奉敕編。考講義之作，莫盛於南宋。其解經者如袁燮《毛詩講義》之類，其論史者如曹彥約《經幄管見》之類，皆經筵所陳也。其更番奏御者謂之“故事”，李曾伯《可齋雜稿》、孫夢觀《雪窗集》中皆有之。其體徵引古書於前，附列論斷於後，主於發揮義理，評議是非。與講義之循文衍說者，為例小殊。而即古義以抒所見，則其意一也。我皇上深造聖域而俯察邇言，海岳高深，不遺塵露。乾隆二年，特詔翰林詹事六科十三道諸臣，輪奏講義。或標舉經文，下列先儒義疏，而闡明其理蘊；或節取史事，下列先儒評品，而辨析其得失。略如宋人“故事”之例。其敷陳中理者，溫綸嘉勉，或持論未當者，即召對開示，命復繕以進，則宋世未聞是事。豈非前代帝王徒循舊制，我皇上先登道岸，足以折衷羣言歟？積累既多，因敕大學士蔣溥等，編為此帙，併以訓諭改定者恭錄簡端。蓋都俞吁咈，罔非聖教之裁成。而諸臣管蠡之見，仰蒙採擇，得以流傳於萬世，尤非常之榮幸矣。

【彙訂】

　　① 文淵閣《四庫》本為三十卷目錄二卷卷首一卷。（沈治宏：《中國叢書綜錄訂誤》）

正學隅見述一卷（陝西巡撫採進本）

國朝王宏撰撰。宏撰有《周易筮述》，已著錄。是編以周子"無極"之説，陸九淵爭之於前；朱子"格物"之説，王守仁軋之於後，諸儒聚訟，數百年而未休。大抵尊朱者則全斥陸、王為非，尊陸、王者則全斥朱子為謬，迄無持是非之平者。宏撰此書則以為"格物"之説當以朱子所註為是，"無極"之説當以陸九淵所辨為是，持論頗為平允。其中雖歷引諸説以相詰難，而詞氣皆極和平。凡崇朱氏學者，稱先朝之亂由於學術不正，其首禍為王陽明；崇陸氏學者，稱"無極"二字出於老子，為周子真贓實犯之類，宏撰皆指為太過。其言曰："予素信朱子，惟於無極、太極之説小異。誠不敢以心之所不安者，徒剿襲雷同，以蹈於自欺欺人之為。"其亦異於好為異論者矣。

思辨錄輯要三十五卷（江蘇巡撫採進本）①

國朝陸世儀撰。世儀字道成②，號桴亭，太倉人。《江南通志》列之《儒林傳》中。是書乃其劄記師友問答及平生聞見而成。儀封張伯行為汰其繁冗，分類編次，故題曰"輯要"，明非世儀之完本也。凡分小學、大學、立志、居敬、格致、誠正、修齊、治平、天道、人道、諸儒異學、經、子、史籍十四門。世儀之學主於敦守禮法，不虛談誠敬之旨；主於施行實政，不空為心性之功。於近代講學諸家，最為篤實。故其言曰："天下無講學之人，此世道之衰；天下皆講學之人，亦世道之衰。嘉、隆之間，書院遍天下。呼朋引類，動輒千人，附影逐聲，廢時失事，甚有借以行其私者。此所謂處士橫議也。"又曰："今所當學者，正不止六藝，如天文、地理、河渠、兵法之類，皆切於用世，不可不講。俗儒不知內聖外王

之學,徒高談性命,無補於世,所以來迂拙之誚也。”其言皆深切
著明,足砭虛憍之弊③。雖其中如“修齊類”中必欲行區田,“治
平類”中必欲行井田封建,不免有迂闊之失④。而大端既切於日
用,不失為有裨之言。惟伯行意主貪多,往往榛楛勿翦。甚至如
“頭容直”一條、“王周臣書屋警語”一條之類,前後重出,亦失於
刊除。儻擷採英華,汰其支蔓,則彌為精善矣。

【彙訂】

①　與文淵閣庫書次序不符。文淵閣庫書及殿本皆置於“正
學偶見述一卷”條之前。

②　錢儀吉《碑傳集》卷一二七全祖望《陸先生世儀傳》云:
“桴亭先生姓陸氏,諱世儀,字道威,明南直隸蘇州府太倉人也。”
又同書湯修業《陸桴亭先生小傳》:“先生名世儀,字道威,太倉諸
生。”《國朝先正事略》卷二七陸世儀《事略》、雍正《江南通志》卷
一六三儒林陸世儀傳、宣統《太倉州志》卷一九人物陸世儀傳,所
載均同。(楊武泉:《四庫全書總目辨誤》)

③　“弊”,殿本作“病”。

④　“有”,殿本無。

雙橋隨筆十二卷(浙江巡撫採進本)

國朝周召撰。召字公右,號拙菴,衢州人。康熙初,官陝西
鳳縣知縣。是編乃其甲寅、乙卯間值耿精忠搆逆,避兵山中所
作。雙橋者,其山中所居地也。卷端標曰《受書堂集》,而以《雙
橋隨筆》為子目,殆全書中之一種歟?前有自序,稱:“老生常談,
誠不足採。而藥石之言,原以鍼砭兒輩,與世無關。所自矜者,
集中大意在於通道而不信邪,事人而不事鬼,言理而不言數,崇

實而不崇虛。竊以為獨立之見,若中流一砥。"云云。雖自詡似乎太過,而所言皆崇禮教,斥異端,於明末士大夫陽儒陰釋、空談性命之弊,尤為言之深切,於人心風俗,頗有所裨。惟其隨筆記錄,意到即書,不免於重複冗漫。又適逢寇亂,流離奔走,不免有憤激之詞。是則其學之未粹耳。

讀朱隨筆四卷(浙江巡撫採進本)

國朝陸隴其撰。隴其有《讀禮志疑》,已著錄①。是編乃其讀《朱子大全集》時取所心得,隨筆標記。於正集二十九卷以前,凡詩賦、劄子人所共知者,即不復置論。自正集三十卷起至別集五卷止,則摘其精蘊,分條纂錄,而各加案語以申之。其書初無雕本。康熙戊子,儀封張伯行從隴其之壻曹宗柱索得槀本,因為刊行於福州。隴其之學一以朱子為宗,在近儒中最稱醇正。是編大意,尤在於闢異說以羽翼紫陽。故於儒、釋出入之辨,金谿、姚江蒙混之弊,凡朱子書中有涉此義者,無不節取而發明之。其剖析疑似,分別異同,頗為親切。其他一字一句,亦多潛心體察,而深識其用意之所以然。蓋於朱子之書,誠能融會貫徹,而非徒以口耳佔畢為事者。雖不過一時簡端題識之語,本非有意著書,而生平得力所在,亦概可見矣。

【彙訂】

① 依《總目》體例,當作"隴其有《古文尚書考》,已著錄"。

三魚堂賸言十二卷(編修勵守謙家藏本)

國朝陸隴其撰。本名《日鈔》,皆平時劄記之文,未分門目。其甥金山陳濟排次成編。雖亦不立標題,而推求其例,則一卷至四卷皆說《五經》,五卷、六卷皆說《四書》,而附《太極圖說》、《近思録》、《小學》數條，七卷、八卷皆説諸儒得失，九卷至十二卷皆説子史，而亦閒論雜事。昔朱子博極羣書，於古今之事，一一窮究原委而別白其是非。故凡所考論，率有根據。隴其傳朱子之學，為國朝醇儒第一。是書乃其緒餘，而於名物訓詁、典章度數，一一精核乃如此。凡漢註、唐疏為講學諸家所不道者，亦皆研思探索，多所取裁。可知一代通儒，其持論具有本末，必不空言誠敬，屏棄《詩》、《書》，自謂得聖賢之心法。其於朱、陸異同，非不委曲詳明，剖析疑似，而詞氣和平，使人自領。亦未嘗堅分壁壘，以詬厲相爭。蓋諸儒所得者淺，故爭其名而不足；隴其所得者深，故務其實而有餘。觀於是編，可以見其造詣矣。

　　松陽鈔存二卷（浙江巡撫採進本）

　　國朝陸隴其撰。是編乃其為靈壽知縣時，於簿書之暇，取所輯《問學録》、《日記》二書[①]，摘其中切要之語，録為一編，以示學者。靈壽古松陽地，故以《松陽鈔存》為名[②]。本七十八條，儀封張伯行嘗為刊版，删其與《問學録》重複者，僅存二十八條，殊失隴其之意。此本刊於乾隆辛未，乃金山楊開基所重編，分道體、為學、處事、教學、辨學術、觀聖賢六門。仍以原第幾條註於本條之下，以存其舊，而別以己見附識於後。前有開基序，稱《問學録》為中年之書，此本為晚年手定之書，極論伯行之删本為非。又有隴其孫中憲跋，亦謂伯行刻隴其遺書四種，惟《讀禮志疑》[③]、《讀朱隨筆》為足本，此書及《問學録》均删節失真云。

【彙訂】

①“日記”，殿本作“日抄”，疑誤。陸中憲《松陽鈔存》跋云：

“《鈔存》取諸《問學錄》、《日記》為多。”楊開基注文亦引作《日記》。

②據雍正《畿輔通志》卷一四“靈壽縣沿革”條記載,靈壽在周代先後為中山國、趙國之地,西漢置靈壽縣,此後除了北宋熙寧六年至八年一度廢縣為鎮外,歷代相沿不改,並無松陽古稱。此書末附陸氏之孫中憲跋,只言“靈壽別名松陽”,未謂古有此稱。《讀史方輿紀要》卷一四“靈壽縣”條云:“松陽河在縣南,源發楸山,東南入滹沱。”可知其地別名松陽者,以水名松陽也。松陽非此縣之古稱。(楊武泉:《四庫全書總目辨誤》)

③“讀禮志疑”,殿本作“讀禮識疑”,誤,參陸中憲《松陽鈔存》跋原文。陸隴其著《讀禮志疑》六卷,《總目》卷二二著錄。

榕村語錄三十卷(福建巡撫採進本)①

國朝李光地撰。光地有《周易觀象》,已著錄②。是編為其門人徐用錫及其孫清植所輯。有光地所自記者,有子弟門人所記者,各註於諸條之後。冠以“經書總論”,與論《四書》者為八卷,論《易》、《書》、《詩》、《三禮》、《春秋》、《孝經》者為九卷,論六子、諸儒、諸子、道統者為三卷③,論史者為一卷,論歷代者為一卷,論學者為二卷,論性命、理氣者為二卷,論治道者為二卷,論詩文者為二卷,而“韻學”附焉。光地於律呂、算術皆所究心,而是編一語不載,殆以別為專門,為儒者所當知,而非儒者之所急歟? 抑或律呂惟授王蘭生,算術唯授魏廷珍,而清植等不及聞也。光地之學源於朱子,而能心知其意,得所變通,故不拘墟於門户之見。其詁經兼取漢、唐之説,其講學亦酌採陸、王之義，而於其是非得失，毫釐千里之介，則辨之甚明，往往一語而決疑似。以視黨同伐異之流，斥姚江者無一字不加排詆，攻紫陽者無一語不生訕笑，其相去不可道里計。蓋學問既深，則識自定而心自平，固宜與循聲佐鬭者迥乎異矣。

【彙訂】

① 此條與文淵閣庫書次序不符。文淵閣庫書與殿本皆置於"讀朱隨筆四卷"條前。

② 依《總目》體例，當作"光地有《周易通論》，已著錄"。

③ 據此書卷二十，"道統"乃"道釋"之誤。

讀書偶記三卷（福建巡撫採進本）

國朝雷鋐撰。鋐字貫一，寧化人。雍正癸丑進士，官至副都御史。是編乃其讀書劄記。大旨惟以朱子為宗，然能不爭競門户。如卷一中一條云："古人心最平，如孟子謂夷惠'隘與不恭，君子不由'，而又謂其為百世之師是也。後世如陸子靜、王陽明、陳白沙，論學術者必辨之，謂其非孔、孟、程、朱之正派也。然其砥節礪行，以之鍼砭卑鄙俗夫，不亦百世之師耶？"其持論特平。較諸講學之家，頗為篤實無客氣①。書中論《易》者幾及其半，大致多本李光地，其論禮則多本方苞。一則其鄉前輩，一則其受業師也。所記方苞駁蘇軾一條，引《曾子問》及《檀弓》曾申之事，謂親在不妨學喪禮。國初汪琬與閻若璩以論禮詬爭，琬以是攻若璩，若璩援以駁琬者，其始末具見若璩《潛邱劄記》中。苞殆偶述舊文，而鋐誤以為師說。蓋當鋐在時，《潛邱劄記》尚未出，故未見也②。惟太極一圖，經先儒闡發，已無剩義，而繪圖作說，累牘不休，殊為支蔓。夫人事邇，天道遠，日月五星，有形可見。儒者所論，自謂精微，推步家實測驗之，其不合者固多矣。況臆度諸天地之先乎？是則不免於習氣耳。

【彙訂】

① "頗為篤實無客氣"，殿本作"侈談存理遏欲而實不能自克其門戶之私者可謂不失是非之心矣"。

② 邵懿辰《四庫簡明目錄標注》卷一三"潛丘劄記"條云："乾隆十年閻氏刊本。"近人張舜徽《清人筆記條辨》卷一"潛丘劄記"條亦載有乾隆十年閻氏眷西堂刻本。而《清史稿‧雷鋐傳》云："乾隆二十五年，鋐未終喪，卒，年六十四。"可知雷氏在時，《潛丘劄記》已刊行十餘年。（楊武泉：《四庫全書總目辨誤》）

右儒家類一百十二部，一千六百九十四卷，皆文淵閣著錄。

案，"八儒三墨"見於《荀子》①，《非十二子》亦見於《荀子》，是儒術搆爭之始矣。至宋而門戶大判，釁隙相尋。學者各尊所聞，格鬥而不休者，遂越四五百載。中閒遞興遞滅，不知凡幾，其最著者，新安、金谿兩宗而已。明河東一派，沿朱之波；姚江一派，噓陸之燄。其餘千變萬化，總出入於二者之閒。脈絡相傳，一一可案。故王圻《續文獻通考》於儒家諸書，各以學派分之②，以示區別。然儒者之患，莫大於門戶。後人論定，在協其平。圻仍以門戶限之，是率天下而鬥也，於學問何有焉？今所存錄，但以時代先後為序，不問其源出某某，要求其不失孔、孟之旨而已。各尊一繼禰之小宗③，而置大宗於不問，是惡識學問之本原哉！

【彙訂】

① "八儒三墨"之說，實見於《韓非子·顯學》。（呂友仁、李正輝：《〈四庫全書總目〉補正十六則》）

② "學派"，殿本作"學脈"，誤。

③ "各尊一繼禰之小宗"，殿本作"各尊一別子為祖"。

子 部 五

儒家類存目一

孔子家語註八卷（湖南巡撫採進本）

明何孟春撰。孟春有《何文簡疏議》，已著錄。古本《家語》久佚，今本《家語》撰自王肅，其註亦肅所作。名註古書，實自註也，故其本於諸家為善。然明代罕傳。至崇禎末，毛晉始得北宋本刻之。故崇禎以前，明人無見舊本者①。孟春以元王廣謀《家語註》庸陋荒昧，又正文多所漏略，乃為此註。其考訂補綴，不為無功。而由未見王肅註②，故臆測亦所不免。其序謂：“今本不同於唐，未必非廣謀之妄庸，有所刪除。”其論近理。而近時重刊孟春註者，因顏師古註《漢書・藝文志》“《家語》二十七卷”條下③，有“非今所有《家語》”之文，遂謂唐以前本業已不同，烏知孟春所據非古本？案，師古但云唐時《家語》非古《家語》，不云其時別有古《家語》也。《隋志》：“《孔子家語》二十一卷，王肅註。梁有《當家語》二卷，魏博士張融撰，亡。”《舊唐書・經籍志》：“《孔子家語》十卷，王肅註。”《新唐書・藝文志》亦同。孟春安得古《家語》？此假借之詞，非篤論也。至近本所校補孟春闕誤凡數百條，皆引據精確。則孟春是註之舛漏，抑可知矣。

【彙訂】

① 明初宋濂《文憲集》卷二七提及《家語》"孔子遭齊程子於郯"事,此事元、明流行之王廣謀注本未載,而今傳宋本皆有。明王鏊《震澤長語》卷上云:"一日至書市,有《家語》曰王肅注者,閱之,則今本所無多具焉。"《四部叢刊》收明覆宋刊本《孔子家語》。可知王肅注本於明代流傳未絕。(寧鎮疆:《今傳宋本〈孔子家語〉源流考略》)

② "王",殿本無。

③ "二十七卷",殿本無。

家語正義十卷(江蘇巡撫採進本)

國朝姜兆錫撰。兆錫有《周易本義述蘊》,已著錄。是書首列《至聖年表正譌》,其四十四篇之次,則從葛鼐本,以《正論》與三《典禮》篇為卷九①,以《本姓》、《終記》與《七十二弟子篇》為卷十。案,明毛晉汲古閣本自跋謂:"初從吳興賈人得一編,乃北宋版王肅註本②,惜二卷十六葉以前皆蠹。繼從錫山酒家得一函,亦宋刻王氏註也,所逸者僅末二卷。因急倩能書者一補其首,一補其尾,二冊儼然雙璧。縱未必夫子舊堂壁中故物,已不失王肅本註矣。"是汲古閣刊本,其篇目次第胥仍王本之舊。即徐熥家宋本《家語》,亦僅與毛本小異,不云卷目有所易置也。兆錫乃從葛鼐之本,竄亂舊次,殊為勇於變古。其訓釋亦似俗下講章之禮,不足以資考證。

【彙訂】

① "典禮",底本作"問禮",據殿本改。清雍正十一年寅清樓刻本此書目錄卷九下注:"此下二卷,汲古閣本以《七十二弟

子》、《本姓》、《終記》、《正論》四篇為卷九,以三《曲禮》篇為卷十。今按萬鼎本正之。"所列篇目為《正論》第三十八,《曲禮子貢問》第三十九,《曲禮子夏問》第四十,《曲禮公西赤問》第四十一。

②"版",殿本脫。

孔叢子正義五卷(江蘇巡撫採進本)

國朝姜兆錫撰。是編即世傳《孔叢子》,刪去《連叢子》上、下篇,又刪去《小爾雅》、《詰墨》二篇,但以記孔氏言行者編為五卷。每條之下略仿《詩序》之例,註曰"此言某義也",謂之"正義"。其中偶有考訂者,如"納于大麓"作"大錄萬機之政"①,此自舊說,而引蔡沈《傳》以駁之。其他凡引經與宋儒傳註不合者,悉謂之斷章,未免拘墟之見。至於子順說趙王以歸齊屍,助嫪毐以存魏國,兆錫亦頗疑之。然往往回護其詞,不肯竟斥為依託也。

【彙訂】

①"麓",殿本作"錄";"機",殿本作"幾"。錄、幾皆誤,參《孔叢子》卷上及清雍正十一年寅清樓刻本此書卷一原文。

曾子全書三卷(江蘇周厚堉家藏本)

明曾承業編。承業為曾子六十二代孫,序稱博士,蓋襲職之宗子也。案宋汪晫嘗輯《曾子》一卷,分十二篇,割裂補綴,已非唐以來之舊本。是編又分《主言》一篇為卷一,《修身》、《事父母》、《制言》(上、中、下)、《疾病》、《天圓》七篇為卷二,《本孝》、《立孝》、《大孝》三篇為卷三。與王應麟《玉海》所云"今十篇,自《修身》至《天圓》皆見於《大戴禮》"者,又多出《主言》一篇①,而分合迥異。不知其何所依據,殆亦以意為之也。

【彙訂】

①《主言》乃《王言》之誤。（周洪才：《孔子故里著述考》）

忠經一卷（江蘇巡撫採進本）

舊本題漢馬融撰，鄭元註。其文擬《孝經》為十八章，經與註如出一手。考融所述作，具載《後漢書》本傳。元所訓釋，載於《鄭志目錄》尤詳。《孝經註》依託於元，劉知幾尚設十二驗以辨之，其文具載《唐會要》。烏有所謂《忠經註》哉！《隋志》、《唐志》皆不著錄，《崇文總目》始列其名，其為宋代偽書，殆無疑義。《玉海》引宋《兩朝志》載有海鵬《忠經》，然則此書本有撰人，原非贗造。後人詐題馬、鄭，掩其本名，轉使真本變偽耳①。

【彙訂】

① 此書作者乃唐居士馬融，非漢馬融。書中諱民字、治字可證。（丁晏：《尚書餘論》）

女孝經一卷（內府藏本）

唐鄭氏撰。鄭氏，朝散郎侯莫陳邈之妻。侯莫陳，三字複姓也。前載《進書表》，稱姪女策為永王妃，因作此以戒。《唐書·藝文志》不載，《宋史·藝文志》始載之。《宣和畫譜》載孟昶時有石恪畫《女孝經像》八，則五代時乃盛行於世也。其書仿《孝經》分十八章，章首皆假班大家以立言。《進表》所謂"不敢自專，因以班大家為主"，其文甚明。陳振孫《書錄解題》直以為班昭所撰，誤之甚矣①。

【彙訂】

①《崇文總目》卷三十八"小說類下"著錄："《女孝經》一卷，〔侯莫〕陳邈妻鄭氏撰。"則非《宋史·藝文志》始載之。《直齋書

錄解題》卷十"子部雜家類"錄《女誡》一卷:"漢曹世叔妻班昭撰,固之妹也,俗號《女孝經》。"非指鄭氏《女孝經》,實未著錄此書。(楊昶、趙振:《唐宋家訓文獻考述》)

千秋金鑑錄一卷(江蘇周厚堉家藏本)

舊本題唐張九齡撰。按王士禎《皇華紀聞》曰:"隆慶閒,曲江刻張文獻《千秋金鑑錄》一卷,又偽撰序、表。平湖陸世楷為南雄守,著論辨之。此等謬偽,凡略識之無者亦不肯為,而粵中新刻《曲江文集》竟收入。故孝山謂急應火其書,碎其版。"云云。今此書序中所謂"非吾子孫不得記錄,非人而傳必遭刑憲,學則素衣之人為上達,不學則赭衣之人為白士,此錄一千年後,方許流布"諸語,皆與世楷所指駁者合。士禎又言:"別有《金鑑錄》一册,乃嘉靖閒文獻裔孫張希祖所撰。康熙甲辰,曲江令凌作聖重刊。"[1]士禎所摘謬妄不經之處,如"安祿山為野猪之精,史思明為翮鳥之精,楊貴妃為白鷳之精",又"立子旦為相王,武后太子,先為中宗,皇后廢之,又名哲宗",又"蜀州司戶楊元〔玄〕琬〔琰〕女為上子壽王妃,今上寵之,賜名楊貴妃",又"宮室未委蕭宗也"諸語,今亦皆在《錄》中。則兩本亦大概略同也。末一章預作讖語,言及狄青諸人,尤為妖妄。蓋粗識字義而不通文理者所為,本不足存。以其出於九齡之子孫,恐惑流俗,故存而闢之,俾無熒眾聽焉。

【彙訂】

① "刊",殿本作"刻"。

漁樵對問一卷(兩江總督採進本)[1]

舊本題宋邵子撰。晁公武《讀書志》又作張子,《劉安上集》

中亦載之②。三人時代相接，未詳孰是也。其書設為問答，以發明義理。所稱"有溫泉而無寒火"者，楊慎《丹鉛錄》嘗引葛洪《抱朴子》"蕭邱〔丘〕寒焰"以駁之③。不知儒者論理，論其常耳。其偶異者，即使有之，不足為據。執松柏而謂冬不蕭殺，執麋草而謂夏不茂育，則拘墟之見也。且蕭邱誰得而見之，葛洪又何自而知之？摭百家迂怪之言，以曲相詰難，則道經、釋典理外之事亦多矣，可援以為證乎？至"天何依，曰依乎地；地何附，曰附乎天；天地何依何附，曰自相依附"一條，慎亦駁之。然地處天中，大氣包而舉之，所以不墜。卵黃脬豆，厥譬甚明，是即依附之明證。慎不知曆術，所以獻疑，均不足為是書病。然書中所論，大抵習見之談。或後人摭其緒論為之，如《二程遺書》不盡出於口授歟？

【彙訂】

①《總目》子部術數類著錄邵雍《皇極經世書》十二卷，文津閣本《四庫全書》所收實為十四卷，卷十四後附《漁樵對問》并邵子遺文五篇。則《漁樵對問》一書本已錄入《四庫全書》。（冀淑英：《〈常熟翁氏世藏古籍善本叢書〉影印說明》）

② 劉安上《劉給事集》中並無此書，應為劉安節《劉左史集》之誤。（司馬朝軍：《〈四庫全書總目〉精華錄》）

③ 宋周密《齊東野語》卷一引《抱朴子》及《劉子·從化篇》"蕭丘寒焰"語，以為世亦有寒火，楊慎攘之以為己說。（余嘉錫：《四庫提要辨證》）

太極圖分解一卷（浙江范懋柱家天一閣藏本）

不著撰人名氏。《天一閣書目》作羅鶴撰，然書中自稱"鶚曰"，則名"鶚"非名"鶴"矣。考《江西通志》："羅鶚，宜黃人。嘉靖辛酉舉人，官至思南府同知。"當即其人。范氏誤以"鶚"為"鶴"也。_{案，嘉靖中別有羅鶴，泰和人①，所著有《應菴任意錄》②，詳"雜家類"中本條下。}其書列周子《太極圖説》與朱子之註，而申陸九淵之説以駁之。案聖人立教，使天下知所持循而已，未有辨也。孟子始辨性善，亦闡明四端而已，未爭諸性以前也③。至宋儒因性而言理氣，因理氣而言天，因天而言及天之先，輾轉相推，而太極、無極之辨生焉。朱、陸之説既已連篇累牘，衍朱、陸之説者又復充棟汗牛。夫性善性惡，關乎民彝天理，此不得不辨者也。若夫言太極不言無極，於陽變陰合之妙，修吉悖凶之理，未有害也；言太極兼言無極，於陽變陰合之妙，修吉悖凶之理，亦未有害也。顧舍人事而爭天，又舍共睹共聞之天而爭耳目不及之天，其所爭者毫無與人事之得失，而曰"吾以衛道"。學問之醇疵，心術人品之邪正，天下國家之治亂，果繫於此二字乎？醫家之論三焦也，或曰"有名而無形"，或曰"上焦如霧，中焦如漚，下焦如瀆，實有名而有形"，轇轕喧闐，動盈卷帙。及問其虛實之診，則有形與無形一也；問其補瀉之方，則有形與無形亦一也。然則非爭病之生死，特爭説之勝負耳。太極、無極之辨，適類於是。故今於兩家之説率置不錄，謹發其例於此，後不縷辨焉。

【彙訂】

　　① 清抄本此書卷端題"後學泰和羅鶴著"，書中自稱"鶴曰"或"愚按"，與《天一閣書目》所錄本同。歷修《江西通志》、《撫州府志》、《宜黃縣志》，亦俱未見載羅鶚撰有此書。（何振作：《〈四庫全書總目〉考辨劄記六則》）

　　② "著"，底本作"注"，據殿本改。《總目》卷一二八著錄羅鶴撰《應菴任意錄》十四卷。（同上）

③“性”，殿本作“受生”。

太極圖説論十四卷（浙江吳玉墀家藏本）

國朝王嗣槐撰。嗣槐字仲昭，錢塘人。康熙己未，薦舉博學鴻詞。老不與試，授内閣中書舍人以歸。其書論聖人言《易》有太極，未嘗言無，不應於太極之上復加“無極”二字。疑此圖授自陳摶，非周濂溪作。朱、陸互相辨析，朱子不得已，止作無形有理以解之。而“無極”二字總流入二氏之説。又謂：“其言天道，則曰‘動而生陽，靜而生陰’，乃老氏‘道生天地’之説。言人道，則曰‘聖人定之以仁義中正而主靜’，‘主靜’二字尤為老氏根本所在。”又謂其“‘原始要終，故知生死’二語，乃二氏言道之根原①，而不死無生之樞紐”。逐條辨駁，各為一篇，亦力申陸九淵之説者也。

【彙訂】

①“要”，底本作“反”；“二氏”，底本作“老氏”，皆據清康熙三十五年刻本此書卷首《告聖廟文》原文及殿本改。

太極集註一卷（山西巡撫採進本）①

國朝孫子昶撰。子昶號主一，聞喜人。康熙己未進士，官垣曲縣知縣。是書取朱子之解分配周子之圖，列為十章，分裂原圖，各繫於下。又解周子原説，亦分為十章。而句解字釋，所釋各註“右解之幾章，釋某義”，全摹朱子《大學章句》之體。圖之後附以子昶所演易圖，説之後附以諸家之説，大抵皆可已而不已。前有康熙丁卯范鎬序，亦頗著微詞云。

【彙訂】

①“太極集註”，殿本作“太極圖説集註”。《山西省呈送書

目》著錄孫子昶《太極集註》一卷。

太極圖説註解 無卷數（浙江巡撫採進本）

國朝陳兆成撰。兆成字慎亭，常熟人[①]。是書作於康熙初，以發明朱子《太極圖説》之註。其云"性雖夾和在氣稟中，而苟無習染之累，亦第於善之中微分差別，若謂之有惡則不可"，足以補正程子"善固性也，惡亦不可謂之非性"之説。惟其談五行干支，語多輇輠。至於以一歲四時，每一時九十日，分為十八日者五，以五行各分主十八日，尤為新異。末有乾隆戊辰其子魯附記《凡例》，稱是書"與《參同契》互有異同。是刻可分為二，可合為一"云云。蓋與所註《參同契》並刊者，宜其惟講陰陽五行之説矣。

【彙訂】

①《浙江採集遺書總錄》、《江蘇採輯遺書目錄》皆稱上虞陳兆成著，可知"常熟"乃"上虞"之誤。（杜澤遜：《四庫存目標注》）

通書問一卷（江西巡撫採進本）

元何中撰。中有《通鑑綱目測海》，已著錄。是書因朱子謂周子《通書》乃發明《太極圖説》之義，故所註《通書》皆比附於太極陰陽五行中，則謂："二書各自為義，不必字字牽合。"故作此書以辨之。前有自序，謂："自天地以來，止有一理。理之同者，雖百世之上，百世之下，九州之內，四荒之外，無不同也。而況一人之心，一人之言，豈有不相通者乎？朱子釋《通書》，顯微闡幽，有功於學者至矣。然必欲以《通書》發明《圖説》，則恐非周子著書之本意。"云云。其持論頗精核。所疑各條，亦皆中理。卷末附記稱："竊窺朱子之意，同時學者固有疑《圖説》非周子之書，而朱子主張其力，遂以《圖説》為主，而以《通書》為發明《圖説》而作。"
云云，尤深得當時有激而立言之故。然二書分而解之，固各有義
理，合而解之，於本意亦無所害。既非宏旨所關，又何必字句之
閒徒滋聚訟耶？

太極繹義一卷通書繹義一卷（兩江總督採進本）

明舒芬撰。芬有《周易箋》，已著錄。此其所著《梓溪内集》
之二種也。其説太極，大抵以太極圖不本於《易》而本於河圖。
謂："秋冬非肅殺，乃百物之所胎。土之寄王，維夏秋之交。火烈
金剛，水緩土柔，性之所以相近；火散金遒，木上水下，習之所以
相遠。"皆與先儒之説不同，亦往往有難通之處。《通書》則不過
隨文解義而已。其釋《顏子》章，謂："陋巷，陋俗之巷也。其人習
不善而能憂顏子之貧，乃顏子之德所化。"其説亦殊怪異也。

正蒙釋四卷（浙江巡撫採進本）

舊本題明高攀龍集註，徐必達發明。攀龍有《周易易簡説》，
必達有《南京都察院志》，均已著錄①。葉向高序稱："《正蒙》精
深浩渺，朱子訓釋未盡。錫山高雲從緣其指，廣為集註。檇李徐
德夫篤好此書，嘗條其所見，謂之‘發明’。以質雲從之説，同者
去之，異者存之，異而此失彼得者去之，短長互見者存之。"云云。
則此書為必達所自定，非攀龍之本矣。

【彙訂】

①《總目》卷八〇著錄有《南京都察院志》四十卷："明施沛
撰。沛始末未詳，其修此書時則為南京國子監生，時董其事者為
操江副都御史徐必達，亦天啟初因修兩朝實錄而作也。"雖云徐
必達董其事，然不題徐必達撰，亦未交代徐必達生平。（胡露：

《〈四庫全書總目〉子部存目補正》

　　周張全書二十二卷（内府藏本）

　　明徐必達編。周子書自《太極圖説》、《通書》而外，僅得詩文、尺牘數首，附以年譜、傳誌及諸儒之論為七卷。張子書《正蒙》、《理窟》、《易説》而外，兼載語錄、文集。其散見於《性理》、《近思錄》、二程書者，蒐輯薈稡，別為拾遺、附錄，通十五卷。

　　太極解拾遺一卷通書解拾遺一卷後錄一卷西銘解拾遺一卷後錄一卷（湖南巡撫採進本）

　　國朝李文炤撰。文炤有《周易本義拾遺》，已著錄。是書以《太極圖説》、《通書》、《西銘》朱子祇解其大義，因於原註下別加案語，發揮其説，故名曰《拾遺》。

　　正蒙集解九卷（湖南巡撫採進本）

　　國朝李文炤撰。是編解張子《正蒙》，粗具訓釋，無所發明。其《乾稱篇》以朱子取《西銘》自為一書，故删除不載。此與陳澔註《禮記》，删除《大學》、《中庸》亦何異乎？至其解《參兩篇》七政交食之理，皆據黄瑞節舊文，尤為疏略。

　　周子疏解四卷（陝西巡撫採進本）

　　國朝王明弼撰。明弼有《易象》，已著錄。是書成於康熙癸巳。凡解《太極圖説》一卷，解《通書》三卷，皆列朱子之註於前，而以己意敷衍之。大意取便初學而已。

　　濂關三書無卷數（直隸總督採進本）

　　國朝王植撰。植有《四書參註》，已著錄。是書取《太極圖説》、《通書》、《西銘》三書，以朱子之註列於前[1]，採諸家之説附於後，亦時時參以己意。植於宋五子書皆有註。然《皇極經世》、《正蒙》，其書註者差稀，故頗有所考訂。此三書則人人熟讀，無可發揮，亦如宋以來註《孝經》者隨文演義而已。

【彙訂】

① "於"，殿本無。

伊川粹言二卷（江蘇巡撫採進本）

舊本題宋張栻編①。考宋濂《潛溪集》有此書跋，謂："前序不著姓氏，相傳為張南軒栻撰。"則明初此書尚不著栻之名，此本當為後人據濂語補題也。其序題"乾道丙戌正月十有八日"。然栻《南軒集》但載《二程遺書》跋，而無此序。使果栻作，不應諱而削之也。蓋併編次之說皆在影響之間矣。

【彙訂】

① 依《總目》體例，當補："栻有《南軒易說》，已著錄。"（周曉聰：《〈四庫全書總目〉與考據學》）

二程節錄四卷文集鈔一卷附錄一卷（江蘇巡撫採進本）

明高攀龍編。取二程語錄，擇其精粹。先辨性，次論學，次治事，次釋經，每類各為一卷。末載《文集鈔》及《附錄》各一卷。前有康熙癸未陸楣序，稱："攀龍官行人時為是書。其手鈔本藏同邑秦松齡家，顧鏊欲刻之未果。鏊子棟高，乃踵其父志刊行。"云。

程子詳本二十卷（浙江朱彝尊家曝書亭藏本）

明陳龍正編。龍正有《救荒策會》，已著錄。龍正以《二程遺書》雖朱子所手編，而其記載之重複，字句之同異，以至議論之出入，均未暇是正。乃排比刊削，分類編次，定為此本。其經說之別行者,亦併載入。又益以元譚善心之《傳聞續記》。自序:"視全書頗約,而實不敢不加詳,故不曰約本而曰詳本。"其閒於二子之説多所辨駁,不出明末講學家詬爭之習。

二程語錄十八卷(河南巡撫採進本)

國朝張伯行編。伯行有《道統錄》,已著錄。初,朱子輯《程氏遺書》二十五篇,皆程子門人記其所見聞答問之詞。又取諸集錄為《程氏外書》十二篇,又附錄一卷為行狀、墓誌之類,凡八篇。是書篇目次第悉依朱子原本,而稍加删訂,合為《遺書》十五卷,《外書》二卷,《附錄》一卷,其《少日所聞諸師友説》一卷、《己巳冬所聞》一卷,悉删不錄。《外書》亦删《馮氏本拾遺》一卷。又《附錄》一卷内以《明道先生行狀》一篇、《墓誌》一篇、《門人朋友敘述序》一篇,皆伊川所作,已入《二程文集》,故不復載。而《邢恕》一篇,謂其自絕於程門,亦不錄焉。其《遺書》第六卷中伯行註云:"此一卷朱子原分三卷,今為一卷。又下二卷專説《孟子》者,已與《經説》、《易傳》另行別錄,概不載集中。"考朱子原本卷六以下本四卷,無篇名。卷九本一卷,專説《論》、《孟》。今伯行以四卷為三卷,以説《論》、《孟》一卷為二卷,又第九卷兼説《論》、《孟》,而伯行云專説《孟子》,殆偶然筆誤,刊版者失於校讎歟?

程書五十一卷(内府藏本)

國朝程湛編。湛爵里未詳。是編所錄惟《程氏遺書》、《外書》,而益以《明道文》一卷。其次序則非朱子之舊也[①]。

【彙訂】

①"其次序則非朱子之舊也",殿本作"惟書中序次改竄朱子之舊第而已"。

浩齋語錄二卷(江西巡撫採進本)

舊本題宋過源撰。卷末有源《行實》一編[1]，稱源字道源，號
浩齋。其先浙東人，至高祖徙於臨川。源生有異徵，篤志聖賢之
學，以斯文自任。嘉祐閒召為國子直講，不赴。卒於崇寧丙戌九
月。併載所著述甚富，今皆不傳，惟此書僅存。上卷為其門人永
新龍圖所錄，下卷為其門人白城章偉所錄，而其從孫晶刊之[2]。
然所列書名，《宋史》及諸家書目皆不著錄，其中疑竇尤多。如
《行實》稱源生於丙子，不著年號。以召於嘉祐，卒於崇寧推之，
當生於仁宗景祐丙子，則卒時年七十一，召時年二十餘，是於邵、
周、張、程皆為行輩[3]。當時所稱，不過曰堯夫、茂叔、子厚、伯
淳、正叔而已，諸家之書可考。而此曰邵子、周子、張子、程子，非
同時語也。李燾《長編》凡所有徵召，如胡瑗、孫復、常秩之類，無
不具書。源見徵既在嘉祐中，何以嘉祐首尾八年，《長編》皆不見
其事？《伊川易傳》據楊時跋，則臨歿以稿授張繹，至政和初時乃
排比成書。源卒於崇寧五年，在伊川前。其時《易傳》未出，何以
論程《傳》之得失？自朱子以前，無以《大學》為曾子作者，故攻朱
子者以《章句》為口實。此書乃已稱曾子，何以自北宋以來無人
引及？《大學》、《中庸》自二程子始表章其書，於《禮記》中取出別
行，後人辨難者惟引梁武帝有《中庸義疏》、宋仁宗嘗書《大學》賜
進士，以為先於程子而已。此書乃先有《大學》定本、《中庸》定
本，又何以宋儒無一語及之耶？觀其論樂以黃鍾為三寸九分，是
《呂氏春秋》之文，李文利不得其解，衍為異說者也。萬曆以前，
安有是僻論乎？其跋稱有秦觀、謝無逸二序。觀《淮海集》具在，
實無此文。無逸《溪堂集》雖佚，而詩文散見《永樂大典》中，今已
裒輯成袠，亦無此文。其依託可以概見。又末附其從孫晶《祖光

賦》，稱："宣和乙巳，余在遼陽。"乙巳為靖康前一年，兩國兵交，信使且艱於往來，游學之士安能越國至是？其偽尤不問而知矣。

【彙訂】

①　明萬曆三十三年過繼美刻本《浩齋過先生語錄》二卷，卷末附《文明浩齋過先生實錄》，則"行實"當作"實錄"。

②　"而其從孫晶刊之"，殿本作"其從孫晶祖刊之"，誤。《浩齋過先生語錄》各卷卷首均題"從孫晶紹古刊行"。

③　過源非卒於崇寧丙戌（1106），實卒於寶慶丙戌（1226），館臣誤推前一百二十年。（司馬朝軍：《〈四庫全書總目〉精華錄》）

唐氏遺編四卷（江蘇巡撫採進本）

宋唐棣編。棣字彥思，宜興人。嘗受業於伊川程子，與門人共記平日問答之語為此書。已載入二程之《遺書》①。康熙中，其裔孫一學等重刊於家塾，乃易以《遺編》之名。末附《桐友遺編》一卷，則一學之父所作。一學又與其弟詩及、開緒各附己見，綴列各條之下。

【彙訂】

①　"之"，殿本無。

通言一卷（永樂大典本）

宋吳沆撰。沆有《易璇璣》，已著錄。此書亦語錄之類。如曰："不求過於人而人不能及之者，善道也；不求合於人而人不能離之者，善德也。"又曰："立朝廷而後見山林之志，享富貴而後見貧賤之節。"論亦間有可取。然其自序有曰："孟軻談仁義，至楊、墨而不通，其道小，不足以容楊、墨故也，孔子則無所否矣；韓愈原道德，至佛、老而不通，其道小，不足以容佛、老故也，王通則有所可矣。"其宗旨殊爲謬誕①,不可訓也。

【彙訂】

① "其宗旨殊爲謬誕",殿本作"其論似高而實謬"。

道南三先生遺書十一卷(浙江巡撫採進本)

不著編輯者名氏。摘錄楊時、羅從彥、李侗三家語錄及雜著。楊氏四卷,羅氏六卷,李氏一卷。三人皆南劍州人,疑其鄉人所編也。《千頃堂書目》載莆田宋端儀有《道南三先生遺書》,或即是編歟?

崇正辨三卷(兩淮馬裕家藏本)

宋胡寅撰。寅有《讀史管見》,已著錄。是書專爲闢佛而作。每條先引釋氏之說於前①,而辨正於後。持論最正,其剖析亦最明。然佛之爲患,在於以心性微妙之詞汨亂聖賢之學問,故不可不辨。至其經典荒誕之說,支離矛盾,妄謬灼然,皆所謂不足與辨者。必一一較其有無,是亦求勝之過,適以自褻矣。

【彙訂】

① "前",殿本作"先"。

小學集解六卷(直隸總督採進本)

國朝張伯行撰。是編以坊刻《小學》數十種,纂註標題,止爲試論剽竊之具,無當於朱子親切指點,引人身體力行之意。因集諸家註釋,融會其說,以成是編。伯行沒後,其門人樂亭李蘭梓行之。

小學集解六卷(福建巡撫採進本)

國朝黃澄撰。澄字庭聞,莆田人,康熙中諸生。其書取朱子

《小學》內、外篇參會舊註,附以己見。章分句釋,援引頗為賅洽。然亦不免於過冗。

小學分節二卷(浙江巡撫採進本)[①]

國朝高熊徵撰。熊徵字渭南,岑溪人。順治庚子副榜貢生,官至浙江都轉鹽運使。是書隨章案節,略為分解,特使童子讀之,易於明曉而已。

【彙訂】

① 據《總目》體例及殿本,應置於"小學集解六卷"(張伯行撰)條之前。張伯行乃康熙乙丑進士,黃澄乃康熙中諸生,科第行輩皆晚於高氏。

小學集解六卷(江蘇巡撫採進本)

國朝蔣永修撰。永修有《孝經集解》,已著錄。是編即其提督湖廣學政時與《孝經》合刊者。註釋甚略,而先賢爵里事蹟與《小學》無關者,乃載之頗詳。於朱子著書之旨,似乎倒置矣。

小學纂註六卷(編修勵守謙家藏本)

國朝高愈撰。愈有《高註周禮》,已著錄。是書因天台陳選舊註略刪訂之[①],後附《總論》及《朱子年譜》。

【彙訂】

①《明史》卷一六一陳選本傳謂臨海人,吳寬《家藏集》卷五九《布政使陳公傳》、《總目》卷九二《小學集註》條亦作臨海人。臨海與天台自宋起俱為台州屬縣,不容相混。(胡露:《〈四庫全書總目〉子部存目補正》)

小學句讀記六卷（陝西巡撫採進本）

國朝王建常撰。建常有《律呂圖説》，已著錄。是書因陳選《小學》註本而雜採諸書疏於其下。略如孔穎達《正義》之例，文頗煩蕪。

近思錄集解十四卷（湖南巡撫採進本）

國朝李文炤撰。是編取朱子之説散見各書者，附於《近思錄》各條之下。其未備者則益以諸家之説，間亦自附己意。前有綱領數條，末附《感應詩解》一卷，《訓子詩解》一卷。《感應詩》見《朱子大全集》，《訓子詩》稱傳自黃榦，而無可證據。其詩淺俗，決非朱子所為也。

紫陽宗旨二十四卷（兩江總督採進本）

舊本題宋王佖撰。佖，東陽人，即淳祐壬子作《朱子年譜》序者也。其書採輯朱子《文集》、《語類》，分誨人、析理、明經、論事四門，每門又各分子目。其中註語有出朱子原文者，亦有出佖所增識者。考趙希弁《讀書附志》載晦菴先生《朱文公語後錄》二十卷，註曰：“右東陽王佖記，楊方、黃榦、劉琰、黃灝、邵浩、劉砥、李煇、黃卓、汪德輔、陳芝、吳振、吳雉、林子蒙、林學履、劉礪、鍾震、蕭佐、舒高、魏椿[①]、楊至所錄也。其説謂‘池錄’初成，勉齋猶未免有遺恨於刊行之後，況‘饒本’又出於其後乎？此二十卷，皆池、饒所未及刊者。”云云。其書名各異，卷數復殊。據其所言，乃續刊之語錄，體例亦與此書不合。惟《內閣書目》有佖《紫陽宗旨》三十八卷，《千頃堂書目》則作二十八卷。書名、撰人均與此本相合，而卷數復異，未詳其故。然《浙江通志》“經籍門”中，以佖《朱文公語後錄》列為一條，而以此書附載於下，不入標目，則亦疑非伋作矣。

【彙訂】

①“李煇”,殿本作“李輝”,誤,參《郡齋讀書附志·拾遺》“《晦菴先生朱文公語續錄後集》二十五卷”條原文。“魏椿”,底本作“魏春”,據同書同條及殿本改。

朱子語類纂十三卷(山東巡撫採進本)

國朝王鉞撰。鉞有《粵遊日記》,已著錄。是書其《世德堂遺書》之第五種也。取黎靖德所編《朱子語類》一百四十卷,摘理氣、鬼神、性理、論學四門,餘皆不取。四門之外,又各刪存大略,而閒附以己說。如朱子謂:“理、氣本無先後。”語原無病,鉞必謂:“先有天地之理,然後太極生兩儀。”如其所說,是理又別是一物,可以生氣。然則氣未生時,理又安在? 此主理太過之弊。又如謂:“雨是鬱蒸之氣,有時龍能為之者,龍亦是鬱蒸之氣;雹是不和之氣,有時蜥蜴能為之者,蜥蜴亦是不和之氣。”執一理以該天下之變①,不至於穿鑿附會不止矣。

【彙訂】

① 殿本“執”上有“尤”字。

朱子文語纂編十四卷(編修勵守謙家藏本)

不著編輯者名氏。其書取朱子《文集》、《語類》約略以類相從,而不分門目,前後亦無序跋。蓋草創未完之本也①。

【彙訂】

①“也”,殿本無。

玉溪師傳錄一卷附錄一卷(兩江總督採進本)

舊本題宋童伯羽撰。伯羽字蜚卿,甌寧人,朱子之門人也。

是編所錄朱子語,在《語錄》饒本內繫以庚戌。庚戌為紹熙元年,伯羽時年四十七也。本名《晦菴語錄》。明成化中,其九世孫訓以《語類》諸本參校補訂,改題今名。前列《道學統宗》一圖,上溯羲、孔,而以伯羽直接朱子之下,蓋亦訓之所為。後附《墓表》、《行實》,載朱子詩二首及《敬義堂銘》。考《朱子文集》及續刊諸集,皆所未載,莫詳所自。其稱伯羽撰《四書集成》、《孝經衍義》、《羣經訓解》三書,《宋志》不著錄。朱彝尊《經義考》亦惟載伯羽有《四書訓解》,無此諸名。又前有邱濬序,其文不類。復有龔道後序,作於萬曆甲午,而稱"皇宋淳熙",跳行出格,尤為舛迕。疑即訓捃拾《語類》附益之,非必果出伯羽也。

分類標註朱子經濟文衡七十五卷(江蘇巡撫採進本)[1]

宋滕珙編。其原本已著錄。此本為明朱吾弼重刊,即珙之書而標其要語於簡端,以備答策之用。殊為猥陋[2]。

【彙訂】

[1] 元、明、清諸本皆作七十二卷。(杜澤遜:《四庫存目標注》)

[2] "殊為猥陋",殿本無。

性理字訓一卷(湖北巡撫採進本)[1]

舊本題宋程端蒙撰,程若庸補輯。端蒙字正思,德興人。淳熙七年鄉貢,補太學生。若庸字達原,休寧人。咸淳四年進士,嘗充武夷書院山長。端蒙所作凡三十條,若庸廣之為造化、性情、學力、善惡、成德、治道六門,凡百八十三條,門目糾紛,極為冗雜。明初朱升又增"善"字一條,摭袁甫之說以補之,共為一百八十四條。皆以四字為句,規仿李瀚《蒙求》,而不諧聲韻。不但多棘唇吻,且亦自古無此體裁。疑端蒙游朱子之門[2],未必陋至於此,或村塾學究所託名也。

【彙訂】

①"湖北巡撫採進本",殿本作"湖南巡撫採進本",誤。此書在《四庫採進書目》中僅見於"湖北巡撫呈送第三次書目"。(江慶柏:《殿本、浙本〈四庫全書總目〉著錄圖書進獻者主名異同考》)

②"疑",殿本在下文"或"字前。

聖門事業圖一卷(編修勵守謙家藏本)

宋李元綱撰。元綱字國紀,錢塘人。孝宗時上庠生。是書凡分十圖,曰傳道正統,曰大本達道,曰進修倫類,曰為學之序,曰存心要法,曰求仁捷徑,曰聚散常理,曰傳心密旨,曰一氣通感,曰帥氣良方,曰心性本體。前有自序,後有自跋。其大旨以存心為主,以謹獨為要,而以窮理為用力之始。大抵皆儒生習見之說。

庸言一卷(永樂大典本)

宋楊萬里撰。萬里有《易傳》,已著錄。是編乃其語錄。大致規摹揚雄《法言》,頗極修飾之力。較其詩文又自為一體。而詞工意淺,亦略近於雄。

明倫集三卷(永樂大典本)

宋塗近正撰。近正字尊爵,筠陽人。歐陽偉跋謂其"隱德弗耀,以私淑諸人為己任",謝樞跋則稱"致政塗公",自序亦題"嘉定六年承務郎致仕塗近正",則近正故嘗通籍矣。是集雜採前言往行,分為十類,一曰盡事,二曰養志,三曰勿辱,四曰移忠,五曰移治,六曰因睦,七曰廣孝,八曰念德,九曰家學,十曰揚名。自序有曰："考諸載籍，隨事而書。衣冠之族，必志其家法，而不問閥閱；文章之錄，必志其行實，而不取浮華。"其論周公曰："嘗讀《金縢》之書、《常棣》之詩，見周公之仁兄弟，而不見周公之誅管、蔡。後世信以為周公自誅管、蔡者，起於孔安國傳《書》之妄與漢儒序《詩》之誤。'我之弗辟'，辟者避也，言即日以冢宰之事付之召公、畢公，而身乃避居東都以待命。安國訓辟為法，遂使周公之志不白於天下。"其於經亦閒有發明。惟所錄多習見之事，未免為牀上牀、屋下屋耳。

子家子一卷（永樂大典本）

宋家頤撰。頤字養正，眉山人。其始末未詳。衛湜《禮記集說》嘗引其語，則亦研經之士也。此書趙希弁《讀書附志》著錄，世罕傳本。此本載《永樂大典》中，蓋語錄之類。亦頗明白醇正[1]，而率皆習語。案《公羊傳》有子公羊子、子沈子、子司馬子、子女子、子北宮子。何休註發例於"子沈子"下曰："子沈子，後師稱子冠氏上者，著其為師也。"此書果頤自撰，不應自稱"子家子"，殆其門人所題歟？然《劉禹錫集》中亦自稱"子劉子"，或偶然沿誤，亦未可知也。

【彙訂】

① "醇正"，殿本作"平正"。

言子三卷（永樂大典本）

宋王爚編。爚字伯晦，會稽人[1]。陳振孫《書錄解題》云："言子相傳所居在常熟縣。慶元閒，邑宰孫應時始為之祠。近王爚復裒諸書為此書。"梁維樞《內閣書目》云："宋嘉熙閒，平江守王爚輯子游言行及祠廟事蹟。"[2] 自序以"言子生是邑，嘉言懿行,散在經傳。爰輯是書,其本末可以考見"。蓋以言子吳人,故為此編而刊之③,以存於祠。其書分内篇、外篇、附錄為三卷。所採不出《論語》、《禮記》、《家語》、《孔叢子》諸書,無異聞也。

【彙訂】

①《宋史》卷四百十八本傳云"紹興新昌人",《姑蘇志》卷四十、《浙江通志》卷一百十三均作新昌人,不當稱其古名會稽。(胡露:《〈四庫全書總目〉子部存目補正》)

②《吳梅村全集》卷四二《僉憲梁公西韓先生墓誌銘》,備載梁維樞(别號西韓生)著作,有《内閣小識》,而無《内閣書目》。後者全稱為《内閣藏書目錄》。"宋嘉熙年間平江守王爚"云云,即見於此書卷二子部"言子"條,一字不差。然此《書目》為萬曆三十三年孫能傳、張萱等五人所纂,書末附載五人銜名,其中無梁維樞。(楊武泉:《四庫全書總目辨誤》)

③"刊",殿本作"刻"。

心經附註四卷(浙江巡撫採進本)

明程敏政撰。敏政有《宋遺民錄》,已著錄。其書以真德秀《心經》僅《書》一條,《詩》二條,《易》五條,《論語》三條,《中庸》二條,《大學》二條,《樂記》三條,《孟子》十二條,接以周子二條,程子一條,范氏一條,朱子三條,未為賅備。又其註中或稱《西山讀書記》,疑非德秀自作。乃補輯釐為四卷,名曰《附註》。前後皆有敏政序,末私印文曰"伊洛淵源",蓋敏政自以為程子裔云。

大學衍義通略三十一卷(内府藏本)

明王諍編。諍號竹巖,永嘉人。嘉靖庚戌進士,官至右僉都御史巡撫貴州。其書取楊廉《大學衍義節略》、邱濬《大學衍義補》合為一編，凡《節略》十卷，《補略》二十一卷。閒亦釋字證義，取便檢閱，無所闡明。

大學衍義輯要六卷大學衍義補輯要十二卷（江蘇巡撫採進本）

國朝陳宏謀撰。宏謀字汝咨，號榕門，臨桂人。雍正癸卯進士，官至大學士，諡文愨[1]。是編乃宏謀官雲南布政使時所刊。取真德秀《大學衍義》四十三卷，纂為六卷；邱濬《大學衍義補》一百六十卷，纂為十二卷。蓋為邊方之士艱購全書者設也。

【彙訂】

[1] 李元度《國朝先生正事略》卷一六《陳文恭公事略》云："（乾隆三十六年）六月三日，薨於兗州之韓莊，年七十有七。上聞哀悼，詔入祀賢良祠，賜祭葬，諡文恭。"周中孚《鄭堂讀書記》卷三七《呂子節錄》條注："（陳）宏謀……官至大學士，諡文恭。"《清史稿·陳宏謀傳》："諡文恭。"（楊武泉：《四庫全書總目辨誤》）

研幾圖一卷（浙江巡撫採進本）

舊本題宋王柏撰。柏有《書疑》，已著錄。是書前有自序，稱："溫習舊書，有未解者，因畫成圖，沈潛玩索，萬理悠然而輻輳。"云云。考《宋史》柏本傳雖載柏嘗撰《研幾圖》，然其本不傳。元代諸儒亦未嘗一字及是書[1]。至明永樂中，突出此本。自"二五交運"以下，為圖者凡七十三。又衍聖公孔昭煥家別傳一本，增綴以李元綱《聖門事業圖》、徐毅齋《性命心說》諸圖[2]，共為圖八十五。大抵支離破碎，徒亂視聽。即真出於柏，亦無足採，更無論其偽撰也。

【彙訂】

① 元代金履祥、吳師道、許謙諸家皆一再引述其文字,採取其論點。(程元敏:《王柏之生平與學術》)

② 此本實作《命性心説》。(王重民:《中國善本書提要》)

太極辨三卷(永樂大典本)

元孫自強撰。自強,會稽人。仕履未詳。是書大旨謂:"聖人之言約而明,先儒之論詳而汩。"又謂:"漢、唐以來語焉而弗明,濂、洛諸賢明焉而未純。學者因其辭之紛紜,不以異端傅會於聖經者鮮矣。"故條舉《太極圖説》、《正蒙》及朱子《四書集註》諸書言性命者而辨之。其謂經典"未嘗離氣質以言性",蓋駁張子"義理之性"、"氣質之性"之説。後來李光地《孟子劄記》、《榕村語錄》,皆與自強所論同。然自強之書,外閒實無傳本,光地蓋闇與合耳。

魯齋心法一卷(浙江巡撫採進本)

元許衡撰。衡有《讀易私記》,已著錄①。是書刻於嘉靖元年。前有懷慶府知府洪洞韓士奇序,稱:"正德庚辰,得《魯齋全書》,其行實、文章備之矣。既而得其寫本《心法》,細閱之,的然見我魯齋行實、文章所以重於世者,悉自斯錄中流出。則斯錄視《全書》之補於世何如!酷愛之。惜勿傳②,因廣以梓。"云云。今考此書即《全書》中《語錄》之下卷,而摘其《語錄》上卷之三十二條,亂其次第,竄入其中,非《全書》之外別有此書也。士奇所云,失考甚矣③。其斯以為書帕本歟?

【彙訂】

①《總目》卷四著錄許衡撰《讀易私言》。

②“勿”，清鈔本《魯齋心法》二卷書前韓士奇序原文及殿本作“弗”。

③韓士奇所見《魯齋全書》乃正德十三年高傑刻本，此本卷三為《遺書性理》（即《語錄》，但未分為兩卷）與《奏議》，據卷七附錄所收幸菴彭澤書啟，《語錄》部分是從明初所編《性理大全》中輯出。而韓士奇所用寫本《心法錄》應為單行本，其内容與《性理大全》所載許衡語錄相重複不足為奇。現存明嘉靖四年蕭鳴鳳刻本、萬曆二十四年怡愉刻本《魯齋遺書》，語錄部分均分為上、下兩卷，《總目》所云《全書》，或指其一。但其刊行時代皆晚於韓士奇本。（許紅霞：《許衡“語錄”流傳辨析》）

聖賢語論二卷（浙江朱彝尊家曝書亭藏本）

元王廣謀編。廣謀始末未詳。其書以《禮記》、《家語》、《史記》諸書所載孔子言行，始於相魯，終於公西赤，分四十四篇。卷首有孔子像、《素王事實》。又載至元十年所定廟制及祭祀儀註、樂章，後有嘉靖癸巳書林余氏自新齋跋語，蓋明人所重刊也。卷端題曰《新刊標題明解聖賢語論》，豈當時各路或以孔子遺語命題試士歟？《元史·選舉志》、《延祐條格》所不載，莫之詳矣。其書體例龐雜，註亦淺陋。雖元人舊本，殊不足錄。何孟春註《家語》，稱：“有元王廣謀本，多所竄亂，今未之見。”此書當即一時所成也。

聖學心法四卷（江蘇巡撫採進本）

明成祖文皇帝撰。前有永樂七年御製序，謂：“以君道、父道、子道、臣道揭其綱①，其下分而為目。有統言者焉，有專言者焉。”今案首三卷及第四卷之前半，皆言君道。自統言以外，分子目二十有五。第四卷之後半卷，則以父道、子道、臣道附之。父道、子道有綱無目，臣道亦首為統言，而分列四子目。所採皆經史子集之文，每條後各有附註。考《實錄》載永樂七年二月甲戌，"上出一書，示翰林學士胡廣等曰：'朕因閒暇，採錄聖賢之言，今已成書。卿等試觀之，有不善，更為朕言。'廣等觀覽畢，奏曰：'帝王之要，備載此書，請刊印以賜。'上曰：'然。'遂名曰《聖學心法》，命司禮監刊行，上親為之序"。則此書實成祖所自編，不由詞臣擬進。其序以唐文皇作《帝範》十二篇自比。按成祖稱兵篡位，悖亂綱常。雖幸而成事，傳國子孫，而高煦、宸濠、宸鐇之類，接踵稱戈，咸思犯上，實身教有以致之。而乃依附聖賢[2]，侈談名教，欲附於逆取順守。自序委曲繁重，至五千餘言，抑亦言之不怍矣。至於殺戮諸忠，蔓延十族，淫刑酷暴，桀、紂之所不為者，夷然為之，可謂無復人理。而其序乃曰"秦、隋之君，用法慘酷，倚苟暴之吏，執深刻之文。法外加法，刑外施刑，曾何有忠厚惻怛之意。死人之血，漂流於市；受刑之徒，比肩而立。此仁人君子所以痛傷也"云云。天下萬世，豈受此欺乎？

【彙訂】

① "子道臣道"，底本作"臣道子道"，據明永樂七年內府刻本此書御製序原文及殿本乙。

② "而"，殿本無。

性理備要十二卷（安徽巡撫採進本）

明王三極撰。三極號少墩，仙游人。是書成於萬曆丁亥，取《性理大全》，摘其要語，以便誦習。仍冠以成祖御製序。去取不甚中理，蓋坊刻陋本也。

　　謹案,此書因《性理大全》而刪削之,皆永樂中所纂之原本[1],故仍列永樂中所纂之原第[2]。若楊道會之《性理鈔》,鍾仁傑之《性理會通》,詹淮、陳仁錫之《性理綜要》[3]、《性理標題彙要》,皆顛倒竄亂,非復原文,則仍各從其時代編之。

【彙訂】

① “本”,殿本作“文”。

② “之”,殿本無。

③ “之”,殿本無。

顔子鼎編二卷(浙江巡撫採進本)

　　明徐達左編,高陽刪補併註。達左字良夫,平江人[1]。元季遁迹鄧尉山。洪武初,起為建寧縣學訓導。舊本題為元人,誤也。陽,嘉興人。始末未詳。觀其持論,乃李贄、何心隱之流耳[2]。考歷代史志無顔子書。胡應麟《甲乙剩言》稱:“明太祖時朝鮮國進顔子書,却之。知其偽託也。”惟宋張栻採經文為《希顔錄》[3],元高安李純仁、河北李鼐,遞相補益。達左此編,成於至正庚子。前有自序,稱鼐所編未及見純仁所編,集亦有未然,因更定以成此編。陽又因達左之書重為點竄。首列達左舊目,各註其當刪之由。次列新目,各註其增入之數。末有陽自識,稱損益私裁,先後安參,蓋已非達左之舊矣。考達左原序,譏二家於《莊》、《列》之寓言雜取而不擇,伊、洛考亭之緒論猶未盡舉。而此本所引《莊》、《列》,連篇累牘,且所註提唱心學,刺刺不休,與達左之旨全乖。蓋姚江末派借顔子以闡禪宗,遂使先儒編輯之本志竄亂無存。斯非特輕改古書,抑亦厚誣先賢矣。其曰《鼎編》,蓋即“鼎新”之義。即其命名,亦明季纖詭之習也。

【彙訂】

① 宋時有兩平江,一為蘇州府所升平江府;一為平江縣,屬岳州。元時升平江府為平江路,吳縣為其屬縣。岳州之平江縣升為州,屬岳州路。依《總目》體例,籍貫皆應明其州縣。《姑蘇志》卷五十四、《江南通志》卷一百六十三皆作"吳縣人",《千頃堂書目》卷十七作"吳郡人"。(胡露:《〈四庫全書總目〉子部存目補正》)

② "乃李贄何心隱之流耳",殿本作"蓋李贄何心隱之流派也"。

③ "希顏錄",殿本作"晞顏錄"。

西村省己錄二卷(浙江范懋柱家天一閣藏本)

明顧諒撰。諒字希武,上虞人,西村其別號也。洪武中,以薦為無錫縣教諭。錄中皆論修省之道,大旨醇正,詞亦平近易曉,然持論未免稍迂。其書一刻於正統,再刻於宏治。萬曆九年,其十六世孫充復訪求舊本,手寫而刊之①。

【彙訂】

① 洪武中至萬曆九年(1581),不過兩百年,已傳至第十六代,每代平均不過十三年,豈有可能?《總目》卷四三《字義總略》提要云:"顧充撰。充字回瀾,上虞人,隆慶丁卯舉人,官至南京工部都水司郎中。"光緒《上虞縣志校續》卷十人物《顧充傳》:"字仲達,一字回瀾……充好古績學,尤邃於史。隆慶丁卯(元年)薦於鄉,任鎮海教諭,兼攝定海。弟子多樂其教。萬曆戊戌(二十六年)大司寇蕭大亨攝樞筦,以充總司廳務,相見恨晚。聲望愈蔚,名流推服。終南京都水司郎中。著有《字義總略》、《古雋考

略》、《歷朝捷錄大成》行世。"附注："據《備稿》引《捷錄大成》序，
並採《寧波府志》。"自諒至充，決無十六世也。（楊武泉：《四庫
全書總目辨誤》）

　　雜誡一卷（浙江范懋柱家天一閣藏本）

　　明方孝孺撰。孝孺字希直，一字希古，號正學，天台人。以
薦召授漢中府學教授。建文中，官至翰林侍講學士，改文學博
士。燕王篡位，抗節死。事蹟具《明史》本傳。乾隆四十一年，賜
諡忠文。是書分三十八章，所言皆立身、行己之道，於日用為切
近。已編入《遜志齋集》第一卷。此乃宏治辛酉蜀人鄒魯摘出別
行之本也。

　　夜行燭無卷數（副都御史黃登賢家藏本）

　　明曹端撰。端有《太極圖說述解》，已著錄。明初理學，以端
為冠，而其父崇事佛、老。端因採經傳格言切於日用者，輯為此
書，名《夜行燭》，以進其父。其書分類編輯，為目十有五，大抵取
淺顯易解之語。

　　月川語錄一卷（河南巡撫採進本）

　　明曹端撰。端講學之書，有《理學要覽》一卷，《性理論》一
卷，又有《儒家宗統譜》、《存疑錄》，亡其卷數。並載《千頃堂書
目》，今皆未見。是編乃真寧趙邦清輯其講學之語為一卷，非端
之全書，亦非端所自著，不足以盡其底蘊。然《千頃堂書目》載
《月川語錄》作一卷，則所見亦即此本矣。

　　從政名言二卷（江蘇巡撫採進本）

　　明薛瑄撰。瑄有《讀書錄》，已著錄。案瑄《年譜》，宣德元年

四月①，服闋至都，上章願就教職。宣宗特擢為御史，尋差監沅州銀場。此書第二條稱"吾居察院"，第四條稱"余始自京師來湖南"，則作於奉使沅州時也。其言皆切實通達，然精要已見《讀書錄》中，此其緒餘矣。

【彙訂】

①"四月"，殿本作"四十"，誤。

薛子道論一卷（編修程晉芳家藏本）

舊本題明薛瑄撰。皆自瑄《讀書錄》中摘出，別立此名，以炫俗聽。蓋明末詭誕之習，凡屬古書，多改易其面目以求售。雖習見如《讀書錄》者①，尚不免刪竄以市欺耳②。

【彙訂】

①"者"，殿本無。

②"耳"，殿本作"也"。

明良交泰錄十八卷（江西巡撫採進本）

明尹直撰。直有《名臣贊》，已著錄①。是編為其致仕以後所作，成於宏治十七年，而表上於正德六年。書中皆援引經史，附以論斷。一卷《易》三篇，《書》十二篇。二卷《詩》五篇，《春秋傳》五篇，《禮記》二篇②，孔子三篇③，《孟子》五篇。三卷以下，則備述歷代君臣問答之語，治忽興衰之故，始自漢高，迄明孝宗，而明事當古事二之一。蓋亦範祖禹《帝學》多述宋代祖宗之意。惟末卷自錄其獻納之詞，連篇累牘，雖序中引夏侯勝、魏徵、韓琦、司馬光、歐陽修、楊士奇、李賢為例，然勝未嘗著書，徵事為王方慶所集，琦特自編奏議，修與光與士奇與賢皆自為記載，非自附諸古名臣後，表進於朝也。《明史》直本傳載孝宗薄其為人，令致

仕。宏治九年，表賀萬壽，併以太子當出閤，上承華箴，引先朝少
保黃淮事，冀召對。帝卻之。此書或亦是意歟？

　　　　案，直之進退，未合儒者之道，然其言則儒家之言。列
之儒家，從其書也。

【彙訂】

　　①《總目》卷六一著錄明尹直撰《名相贊》一卷，《千頃堂書
目》卷十亦作尹直撰《名相贊》一卷。

　　②"禮記"，殿本作"禮"。

　　③"三篇"，殿本作"二篇"，誤，參今存明鈔本此書卷一
原文。

　　朱子學的二卷（副都御史黃登賢家藏本）

　　明邱濬編。濬有《家禮儀節》，已著錄。是編上卷分下學、持
敬、窮理、精蘊、須看、鞭策、進德、道在、天德、韋齋等十篇，下卷
分上達、古者、此學、仁禮、為治、紀綱、聖人、前輩、斯文、道統等
十篇。蔡衍鎤序曰："上編自《下學》以至《天德》，由事而達理，而
終之以《韋齋》，所以紀朱子之生平言行，猶《論語》之有《鄉黨》
也；下編自《上達》以至《斯文》，由理而散事，而終之以《道統》，所
以紀濂、洛、關、閩之學之所由來，猶《論語》之有《堯曰》也。"然濬
闡朱子之言以示學者，即仿朱子編《近思錄》、《小學》之體足矣，
何必摹擬《論語》，使之貌似聖人？況揚雄、王通之僭經，朱子嘗
深譏之。濬之是編，豈朱子所樂受乎？

　　居業錄類編三十一卷（兩江總督採進本）

　　明胡居仁撰，陳鳳梧編。居仁有《易象鈔》，已著錄。鳳梧字
文鳴，廬陵人①。宏治丙辰進士，官至右都御史，巡撫應天。是

編凡分三十一類,類為一卷。序云:"《錄》舊無銓次,不便觀覽。頃自山東巡撫改佐南臺,舟次之暇,輒手自編訂,以類相從,付門人無錫陳大尹名世,校而刻之,以廣其傳。"此本蓋從刻本傳寫者。昔薛瑄《讀書錄》、《續錄》亦有原本及分類二刻②,然論者謂分類失瑄意,此本亦猶是也。

【彙訂】

① 陳鳳梧之籍貫,明韓邦奇《陳公鳳梧傳》(載《國朝獻徵錄》卷五九)謂"家於泰和"。雍正《江西通志》卷七八《陳鳳梧傳》亦謂為泰和人。廬陵、泰和同隸吉安府,見《明史·地理志》,不能視為一地。若因吉安府古稱廬陵郡,遂泛舉郡名,而與府治廬陵縣混淆,亦不當。(楊武泉:《四庫全書總目辨誤》)

② "讀書錄續錄",底本作"讀書續錄",據殿本改。《總目》卷九三著錄薛瑄《讀書錄》十卷,《續錄》十二卷,云:"其後萬曆中有侯鶴齡者,因所記錯雜,更為編次,刪去重複,名《讀書全錄》。然去取之間,頗失瑄本意。"

道一編六卷(浙江汪汝瑮家藏本)

不著撰人名氏。編朱、陸二家往還之書,而各為之論斷,見其始異而終同。考陳建《學蔀通辨》曰:"程篁墩著《道一編》,分朱、陸同異為三節。始焉如冰炭之相反,中焉則疑信之相半,終焉若輔車之相依。朱、陸早異晚同之說,於是乎成矣。王陽明因之,遂有《朱子晚年定論》之錄,與《道一編》輔車之說正相唱和。"云云。然則此書乃程敏政作也。敏政有《宋遺民錄》,已著錄。

性理要解二卷(浙江鄭大節家藏本)

明蔡清撰。清有《易經蒙引》,已著錄。是編以《性理要解》

為名，而上卷題《虛齋看〈太極圖說〉》，下卷題《虛齋看〈河圖洛書說〉》。前有蘇濬序，稱其“冥搜之暇，神游太極。左圖右書。字字而櫛之，言言而綜之”，亦但舉二書。其序詞氣拙陋，殆出依託。疑清本有此殘稿，其後人彙為一編，強立此名，又偽撰濬序於前也。

虛齋三書無卷數（浙江巡撫採進本）

明蔡清撰。是編即以《看〈太極圖說〉》改名《太極圖說》，以《看〈河圖洛書說〉》改名《河洛私見》，而增以《艾菴密箴》五十條，故曰“三書”。乾隆壬戌，其裔孫蔡廷魁所刊，其名亦非清所自題也。

白沙遺言纂要十卷（衍聖公孔昭焕家藏本）

明張詡編。詡字廷實，南海人。成化甲辰進士，官至南京通政司左參議。嘗受業於陳獻章，《明史·儒林傳》附載獻章傳末。是編採獻章《白沙文集》中語，仿南軒《傳道粹言》例，分為十類，以闡新會之本旨。獻章之學，當時胡居仁、章懋等皆以為禪[1]。詡溺禪尤深，即獻章亦頗訾之。略見於羅欽順、湛若水問答書中云。

【彙訂】

①“章懋”，底本作“張懋”，據殿本改。明章懋《楓山語錄》云：“今白沙見朱子之後支離，遂欲捐書册，不用聖賢成法，只專主靜求自得，恐又不免流於禪學也。”

文公先生經世大訓十六卷（禮部尚書曹秀先家藏本）

明余祐編。祐字子積，鄱陽人。宏治庚戌進士[1]，官至雲南布政使。內召為太僕寺卿，未及行，又擢吏部侍郎，未聞命而病卒。《明史·儒林傳》附見胡居仁傳中。祐,居仁之門人,又其壻也。是書成於正德甲戌,採朱子《文集》、《語類》二書,分類排纂為三十六門,別無一字之發揮。其曰"大訓",蓋取與"天球河圖"並重之義。然《書》所稱者,乃古聖先王之教典,非大賢以下所敢受,恐未必合朱子意也。

【彙訂】

① 庚戌為弘治三年。但《明史·儒林傳一·胡居仁傳》云:"其弟子余祐最著……弘治十二年舉進士。"弘治十二年歲次己未。《國朝獻徵錄》卷二六張嶽《吏部右侍郎訒齋余公祐神道碑》云:"成化丙午領鄉薦,登弘治己未進士。"《明儒學案》卷三《崇仁學案》"侍郎余訒齋先生祐"條、雍正《江西通志》卷五三《選舉志》"弘治十二年己未倫文敘榜"、《總目》卷九三《居業錄》提要均同。(楊武泉:《四庫全書總目辨誤》)

近言一卷(山西巡撫採進本)

明顧璘撰。璘有《國寶新編》,已著錄。是書凡十三篇,而末一篇為《序志》。其體例仿揚雄《法言》、王符《潛夫論》,其篇名則取之劉勰《文心雕龍》也。所論皆持身涉世之道,大致平正無疵,而亦無深義。

傳習錄略一卷(編修程晉芳家藏本)

不著編輯者名氏。取王守仁《傳習錄》刪存大略,曹溶收入《學海類編》者。《明史·藝文志》載王守仁《傳習錄》四卷,《聚樂堂書目》有戴經《傳習錄節要》一卷,《會稽縣志》有劉宗周《陽明傳習錄選》,皆無《傳習錄略》之名。末有鄒元標跋語,然亦但云嘗讀《傳習錄》,不云有所刪輯。蓋以《傳習錄》跋移綴之,均非其舊也。

慎言十三卷（衍聖公孔昭煥家藏本）

明王廷相撰。廷相字子衡，儀封人。宏治壬戌進士，官至兵部尚書。事蹟具《明史》本傳。是編前有嘉靖丁亥自序，稱："仰觀俯察，驗幽核明，有會於心，即記於册。二十餘年[1]，言積數萬，類分為十三篇，附諸集以藏於家。"又論諸儒之失有曰："擬議過貪，則援取必廣；性靈弗神，則詮擇失精。由是旁涉九流，淫及緯術，卒使牽合附會之妄，以迷乎聖人中庸之軌。"云云。持論大抵不詭於正。然以"擬議過貪"詆諸儒，故罕考羣言；以"性靈弗神"詆諸儒，故多憑臆見。甚至併"五行分屬四時"亦以為必無之理，則愈辨而愈偪矣。本傳稱："廷相博學好議論，以經術稱。於星曆、輿圖、樂律、河圖、洛書及周、程、張、朱之書皆有所論駮，然其説多乖僻。"良得其實云。

【彙訂】

[1] 據其自序原文，"二十餘年"乃"三十餘年"之誤。

子　部　六

儒家類存目二

後渠庸書一卷（編修程晉芳家藏本）

明崔銑撰。銑有《讀易餘言》，已著錄。此其筆記之文。如論"春王正月"為周正，"幽贊於神明而生蓍"為用策；論《易》不本於先天圖，在今日為已定之論，在明人則為卓識矣。又曰："圖像繁而《易》荒矣，《小序》廢而《詩》蕪且淺矣，《左氏》輕而《春秋》虛矣。喜新變古，君子無樂乎斯焉耳。"又曰："宋人之說古事也，多以其意億之。始猶昭然也，習之久，遂若真者，誣矣哉！"尤講學家所不肯言者①。銑獨不巧言回護，亦絕無門户之私。然諸條皆見所作《士翼》中。殆後人摘鈔，偽立此名。曹溶不及詳核，誤收入《學海類編》耳。

【彙訂】

① 殿本"所"下有"諱"字。

同異錄二卷（浙江鮑士恭家藏本）

明陸深撰。深有《南巡日錄》，已著錄。是書採漢以來名臣奏疏、雜文有關於典章政事之大者，節而錄之，分為二卷。上篇曰典常，下篇曰論述。每條之末，各附以論斷。大旨欲取古人成説，相其緩急，而通之於當世之務。其書始脱稿於閩中，及提學山西，重加詮次，欲奏上之，既而不果。其進書原序，猶存卷首。書中凡原文有"陛下"云云者，俱空白二字，而註其下云："前朝臣子尊稱君上之文，義當避闕。"然古來傳寫舊文，實無此例。世所見石經《尚書》，於"帝"字、"王"字均未有避闕者也。

心性書無卷數（浙江巡撫採進本）[①]

明湛若水撰。若水有《二禮經傳測》，已著錄。是書首列《心性圖》，圖後有説。復集《心性通》三十五章，附其門人黄民準[②]、鍾景星、周學心、袁郵、郭肇乾、謝錫命、湛天潤為之註與贊[③]。霍任又著《或問》數十條以發明之。蓋欲仿周子《太極圖説》、《通書》也。

【彙訂】

① 此書在《各省進呈書目》中僅著錄於《浙江省第九次進呈書目》與《浙江採集遺書總錄》，又見於《二老閣進呈書》，"浙江巡撫採進本"應為"浙江鄭大節家藏本"之誤。（江慶柏：《四庫全書私人呈送本中的鄭大節家藏本》）

②"附"，殿本無。

③ 殿本"為"上有"共"字。

楊子折衷六卷（浙江鄭大節家藏本）

明湛若水撰。宋儒之學，至陸九淵始以超悟為宗，諸弟子中最號得傳者莫如楊簡。然推衍九淵之説，變本加厲，遂至全入於禪。所著《慈湖遺書》，以"心之精神是謂聖"一語為道之主宰，而以"不起一意，使此心虛明洞照"為學之功夫。其極至於斥《大

學》非聖言,而謂"子思、孟子同一病源",開後來心學之宗。至於
窅冥恍惚,以為獨得真傳,其弊實成於簡。若水因當時有梓其書
者,乃即其所言,條析而辨之。凡書中低一格者簡之説,平格者
若水之論也。

　　遵道錄八卷(江蘇巡撫採進本)

　　明湛若水撰。所輯皆明道程子之説。其曰"遵道"者,自序
為"遵明道也"。若水從陳獻章游,生平所至,必建書院以祀獻
章。初與王守仁同講學,後各立宗旨。守仁以致良知為宗,若水
以隨處體驗天理為宗。守仁言若水之學求之於外,若水亦謂守
仁格致之説不可信者四。學者遂分王、湛之學。若水得力於獻
章,每教人靜坐,其學灑然獨得,故於宋儒中獨推尊明道。所謂
學焉而得其性之所近也[①]。此本凡八卷,衍聖公孔昭煥所進本
則作十卷,蓋當時原有兩刻。《明史·藝文志》作十卷,所據即孔
氏本也。

　　【彙訂】

　　① "若水從陳獻章游"至"所謂學焉而得其性之所近也",殿
本作"若水與王守仁同講學而守仁主致良知若水主隨處體驗天
理守仁言若水之學求之於外若水亦謂守仁格致之説不可信者四
遂各分門戶齗齗然相爭是編因若水之學出陳獻章獻章之學每教
人靜坐使此心灑然獨得於宋儒中獨推尊明道故闡明師説追溯
淵源"。

　　甘泉新論一卷(編修程晉芳家藏本)

　　明湛若水撰。若水之學以虛明為宗,故其論心則以為主一
而無物,其論性則以宋儒理氣對舉為非,視程、朱所論頗殊。《千

頃堂書目》載《甘泉明論》十卷，又《甘泉新論》一卷。其《明論》今未見，此本則曹溶《學海類編》所載也。

論學要語一卷洞語一卷接善編一卷人倫外史一卷（江西巡撫採進本）①

明劉陽撰。陽字一舒，安福人。由舉人授碭山縣知縣，官至監察御史②。陽初從族人劉曉受經③。曉告以王守仁之學，遂往謁守仁於贛州。故《要語》、《洞語》大率不離良知之旨。其《接善編》多採先儒粹語④，非所自作。其《人倫外史》即墓誌、傳狀、詩咏等作，以其人係於孝弟忠義貞節之大⑤，故以《外史》為名。舊總題曰《劉兩峯集》，然實非詩文之屬，未可著錄於集部。故分列其目⑥，隸之"儒家類"焉。

【彙訂】

①"論學要語一卷洞語一卷接善編一卷人倫外史一卷"，殿本作"劉兩峯集四卷"。

② 殿本此句後有"是編凡《論學要語》一卷，《洞語》一卷，《接善編》一卷，《人倫外史》一卷"一句。

③"受"，殿本作"授"，誤。

④"先儒"，殿本作"儒先"。

⑤"人"，殿本無。

⑥"總題曰劉兩峯集然實非詩文之屬未可著錄於集部故分列其目"，殿本作"雖總為一集實未可著錄於集部故仍以語錄為主"。

閑闢錄十卷（浙江巡撫採進本）

明程曈撰。曈有《新安學系錄》，已著錄。是編錄朱子集中辨正異學之語，以闢陸、王之説，凡九卷，末一卷則雜取《宋史》以下諸家之論朱[①]、陸者。其説不為不正[②]。而門户之見太深，詞氣之間，激烈已甚，殊非儒者氣象，與陳建《學蔀通辨》均謂之"善罵"可也。《江南通志》載瞳所著尚有《新安文獻》、《紫陽風雅》二書，今並未見，然大略可睹矣。

【彙訂】

① 殿本"末"上有"其"字。

② "其"，殿本作"立"。

苑洛語錄六卷（副都御史黃登賢家藏本）

明韓邦奇撰。邦奇有《易學啟蒙意見》，已著錄。是書皆平日論學之語及所記錄時事，輯為一編，本名《見聞考隨錄》，已編入所著《苑洛集》中。惟集本五卷，此本作六卷，所載雖稍有出入，而大略皆同。蓋此本乃邦奇門人山西參議白璧所刊。前有璧序，稱刻而題之曰《苑洛先生語錄》，疑又為璧所重編也[①]。

【彙訂】

① "也"，殿本作"矣"。

願學編二卷（陝西巡撫採進本）

明胡纘宗撰。纘宗有《安慶府志》，已著錄。此編乃其講學之語。成於嘉靖甲寅，時纘宗年已七十五矣[①]。關中之學，大抵源出河東、三原，無矜奇弔詭之習。纘宗又師羅欽順而友魏校、湛若水、何瑭、呂柟、馬理，故所論頗為篤實。其解《大學》用古本[②]，而不廢朱子格物之説；雖與王守仁異趨，而稱其如程門之有游、楊，亦無門户詬爭之習。然核其全書，大抵皆先儒所已言也。

【彙訂】

① “年”，殿本無。

② 殿本“用”上有“雖”字。

近取編二卷（陝西巡撫採進本）

明胡纘宗撰。是編取朱子要語釐成二卷。名曰“近取”者，謂取諸切近日用①，以救宗金谿者之弊。殆為王守仁發也。

【彙訂】

① “切近日用”，殿本作“日用切近”。

海樵子一卷（編修程晉芳家藏本）

明王崇慶撰。崇慶有《周易議卦》，已著錄。是編僅二十六則，多摹仿王通《中說》、周子《通書》、張子《正蒙》之體，大抵老生常談。末一條論為將必用儒者，謂：“有張良之楚歌，則項羽之魂自褫；有諸葛之雲鳥，則南人之反自定。”夫渡瀘之役，未必徒恃陣圖。至於四面楚歌出自張良，《史記》、《漢書》皆不載，不知其何所本矣。

東石講學錄十一卷（浙江范懋柱家天一閣藏本）

明王畿撰。畿有《忠義錄》，已著錄。是集為其門人黃文龍所編，皆平生講學之語。畿與陸九淵為鄉人，故其說一以九淵為本云。

心學錄四卷（浙江范懋柱家天一閣藏本）

明王畿撰。是編乃畿養親家居之時，取陸九淵之言，擇其發明心學者，彙為一編。凡五百二十條，而以己意推闡之。大旨亦主王守仁《晚年定論》。

大儒心學語錄二十七卷（江蘇巡撫採進本）

明王畿撰。是編亦其歸養之時所輯諸儒語錄。凡周子、程子、張子、邵子、楊時、謝良佐、呂大臨、尹焞、羅從彥、李侗、胡宏、朱子、陸九淵、張栻、呂祖謙、黃榦、蔡沈、陳淳、真德秀、薛瑄、吳與弼、陳獻章、胡居仁二十四家，皆論心學之語也。

性理羣書集覽七十卷（江蘇巡撫採進本）

不著撰人名氏。但題“瓊山玉峯道人集覽”，不知為誰。其書取永樂《性理大全》中人名、地名、年號、訓詁之類，依王幼學《通鑑綱目集覽》之例，各為註釋，有增註者，即別標為附錄。然淺陋殊甚。如《太極圖說》後“遂寧傅耆伯”成句，於“遂寧”下則詳註，“傅耆”下則註“未詳出處”。又如《律呂新書》內，於“梁武帝之通”則註，於“晉荀勗之笛”則不註。蓋出不學者所為。卷尾有“大德辛未刊行”字，尤為舛謬。是書本註《性理大全》，安得大德中先有刊本？考辛未為明正德六年，此售偽者以版式近麻沙舊本，故削補正字，偽冒元刻也。

三難軒質正無卷數（浙江巡撫採進本）①

明戴金編。金字純夫，漢陽人②。正德甲戌進士，官至兵部尚書。金自以力行、責己、克終三者甚難，因取以名軒。而徵集同時士大夫所贈詩詞、序記、論說、銘贊彙成是編。然學在實踐，既知三者之難，則自勉而已矣，徵文刻集何為也？且以是三者為難，雖聖賢不以為非。本無疑義，又安用“質正”乎？

【彙訂】

① 此書在《各省進呈書目》中僅著錄於《浙江省第九次進呈書目》與《浙江採集遺書總錄》，又見於《二老閣進呈書》，“浙江巡

撫採進本"應為"浙江鄭大節家藏本"之誤。（江慶柏：《四庫全書私人呈送本中的鄭大節家藏本》）

　　②"漢陽"，底本作"濮陽"，據殿本改。清雍正《湖廣通志》卷四十七《鄉賢志》"漢陽府"有戴金小傳，引《分省人物考》："字純夫，漢陽人，正德甲戌進士。"《明清進士題名碑錄索引》亦作"湖廣漢陽人"。《浙江採集遺書總錄》謂明御史漢陽戴金撰。

　　正學編二卷（浙江范懋柱家天一閣藏本）

　　明陳琛撰。琛有《易經淺說》，已著錄。是書已編入所著《紫峯集》中，此其別行之本。凡二十一篇，各立篇名，全擬《通書》、《正蒙》之體，未免刻畫之嫌。然依傍先儒，不敢出入，持論尚無疵謬。末附《秋夜感興》詩十絕句，亦力摹康節《擊壤》之派，其宗尚可知矣。

　　說理會編十五卷（浙江巡撫採進本）

　　明季本撰。本有《易學四同》，已著錄。本為王守仁門人。自序謂："親聞姚江之傳，而同門之士傳布師說遍天下。恐其為說既長，或乖典則，故輯此書。凡疑難之說，悉辨明之。"其意蓋擬守仁於濂、洛，而此書則仿《近思錄》而作。《近思錄》分類十四，此分類十二。其先之以性理、聖功者，猶《錄》之首及道體論也。繼之以實踐、賢才者，猶《錄》之次及於致知、存養、克治也。推之於政治者，猶《錄》之有治道、治法也。終之以異端、諸子者，猶《錄》之辨別異論、總論聖賢也。其間巧借程、朱之言以證良知之說，則猶守仁《朱子晚年定論》之旨耳。

　　困辨錄八卷（浙江巡撫採進本）

　　明聶豹撰。豹字文蔚，永豐人。正德丁丑進士，官至兵部尚書,諡貞襄。事蹟具《明史》本傳。豹之學出於姚江。是編乃其嘉靖丁未繫詔獄時所劄記,分辨中、辨《易》、辨心、辨素、辨過、辨仁、辨神、辨誠八類①。羅洪先為之批註。

【彙訂】

①“辨誠”,底本作“辨諴”,據殿本改。明刻本《雙江先生困辯錄》八卷,目錄及第八卷卷首皆作“辨誠”。第八卷有云:“君子有大道,必忠信以得之,驕泰以失之。”又云:“唯天下至誠為能經綸天下之大經,立天下之大本。”又云:“唯天下至誠為能盡其性,能盡其性則能盡人之性。”(胡露:《〈四庫全書總目〉子部存目補正》)

燕居答述二卷(浙江巡撫採進本)

明戴經撰。經,德清人,聶豹之門人也。是編皆述豹講授之語,下卷又別題曰疑總問、曰見條問、曰見條註疑問諸目,大抵《困辨錄》中所已具。經特以己所獲聞者別加編綴,故往往複出焉。

研幾錄無卷數(河南巡撫採進本)

明薛侃撰。侃有《圖書質疑》,已著錄。是書乃侃門人鄭三極所編。侃承姚江餘緒,故屢稱引良知之説。其《儒釋辨》謂世之疑先生之學類禪者三①,曰廢書,曰背考亭,曰虛②,侃一一辨之。黃宗羲《明儒學案》謂:“此淺於疑陽明者,皆不足辨也。”況言元寂③,言虛無,愈辨愈支,竝王氏本旨亦為侃所累矣。

【彙訂】

①“世”下“之”字,殿本無。

②明萬曆四十五年薛茂杞等重刻本此書《儒釋辨》條原文

作“日以廢書，日以背朱，日以涉虛也”。

③ “元寂”，殿本作“寂靜”。

庸言十二卷（江蘇巡撫採進本）

明黄佐撰。佐有《泰泉鄉禮》，已著錄。是編乃其致仕後講學語錄。分學道、修德、求仁、游藝、制禮、審樂、政教、事業、著述、象數、天地、聖賢十二類①。

【彙訂】

① 殿本此句後有“佐不取王守仁良知之説故所論雖無奥義而不失為篤實之言”一句。

慎言集訓二卷（浙江鮑士恭家藏本）

明敖英撰。英字子發，清江人。正德辛巳進士，官至河南右布政使。是書上卷二十二目，二百四十二條，以戒多言為首。下卷十目，九十二條，以言貴簡為首。採經史子集分類編次，而閒附己説於其下。蓋英督學陜西時刊以示諸生者也。

辨惑續編七卷附錄二卷（浙江巡撫採進本）

明顧亮撰。亮字寅仲，長洲人。正德中況鍾為蘇州府知府，嘗聘致幕中①。是書以世俗養生送死，大抵為吉凶拘忌、師巫之説所惑，因輯古今書傳，分為七門。首曰原理，言人之所以為邪説所惑者，由於此理之不明。次曰事生，言事親之要。曰應變，曰奠祭，曰擇墓，曰送葬，曰拘忌，則皆論喪葬之事也。又為《附錄》二卷，論生死、輪迴、壽夭、貧富、貴賤、吉凶、禍福諸事，及師巫、邪術之害②。專為鄉俗之弊而作，故註釋字義，詞皆淺近，取其易曉。其稱《辨惑續編》者，蓋元謝應芳先有《辨惑編》③，此申明其説也。

【彙訂】

① 况鍾任蘇州知府,自宣德五年至正統七年卒官,見《明史》本傳。同治《蘇州府志》卷七九《顧亮傳》云:"知府况鍾聞其賢,建書塾於木蘭堂西,延為府僚弟子師。歷後知府李從智、朱勝、汪滸,凡十五年不廢其教席。"考同書卷五二《職官志》,况、李、朱、汪四知府,任期連續。汪於"景泰四年以刑部郎中任,六年卒於官",即由景泰四年上推十五年,為正統四年。可知《總目》"正德"為"正統"之誤。(楊武泉:《四庫全書總目辨誤》)

② 明成化五年刻本《辨惑續編》七卷《附錄》二卷,卷一為"事生",卷二為"應變",卷三為"居廬",卷四為"奠祭",卷五為"擇墓",卷六為"送葬",卷七為"拘禁"。又《附錄》卷上為"論死生"、"論輪迴"、"論壽夭"、"論貧富"、"論貴賤"、"論吉凶"、"論禍福",卷下為"論師巫"、"論邪術"。(胡露:《〈四庫全書總目〉子部存目補正》)

③ "蓋",殿本無。

擬學小記六卷續錄一卷(浙江巡撫採進本)

明尤時熙撰。時熙字季美,自號西川居士,洛陽人。嘉靖壬午舉人,官國子監博士。事蹟具《明史·儒林傳》①。時熙師事劉魁,傳王守仁良知之學,有所心得,輒為筆記。其壻李根,與其雜著編次之。時熙自序謂:"名《擬學》者,言擬如此為學,而未知其是否也。"書中於魁稱晴川師,於守仁則稱老師,不忘所本也。凡分六目,一經擬,二餘言,三格訓通解,四質疑,五雜著,六紀聞,末有附錄數則。《明史》稱時熙"議論切於日用,不為空虛隱怪之談"。今觀其書,大抵以心為宗。即董仲舒"道之大原出於

天"語,亦以為舍心言天,即為義外。而《中庸》之中,直訓為中外
之中,以與心學相比附。又謂:"《中庸》論道理多分兩截,具兩
景,不如《孟子》之直截。"又謂:"子夏、子游之言,皆主務本,皆有
支離之病。"又謂"危行言遜"及"文質彬彬"皆非聖人之言。猶是
姚江末派,敢為高論者也。

【彙訂】

①《明史》卷二八三本傳、《明儒學案》卷二十九"主事尤西
川先生時熙"條、《明文海》卷四百四十二張元汴撰《尤西川墓銘》
皆謂官至戶部主事。(胡露:《〈四庫全書總目〉子部存目補正》)

心齋約言一卷(編修程晉芳家藏本)

明王艮撰。艮字汝止,泰州人。王守仁之門人,《明史·儒
林傳》附載《王畿傳》中。此書皆發明良知之旨。中有稱"先生"
者,皆指守仁。《明史·藝文志》載《心齋語錄》二卷。此本改其
名曰《約言》,又止一卷,亦《學海類編》之節本也。

一菴遺集二卷(兩江總督採進本)

明王棟撰。棟字隆吉,號一菴,泰州人。嘉靖中,由歲貢生
補江西南城訓導,遷深州學正。初,王守仁良知之學有泰州一
派,始於王艮。棟為艮從弟,故獨得其傳。所至皆以講學為事。
集分二卷,上卷曰《會語正集》、《續集》,下卷曰《論學雜吟》及各
體詩文,并其門人李樋所記誠意問答之語。黃宗羲《明儒學案》
嘗稱棟"意非心之所發"一語為獨得宗旨,而又謂"泰州之學時時
不滿師說,益啟瞿曇之祕,致躋陽明而為禪"云。

緒山會語二十五卷(江蘇周厚堉家藏本)

明錢德洪撰。德洪有《平濠記》,已著錄。《明史·儒林傳》

稱四方士從王守仁學者,皆德洪與王畿先為疏通其大旨,而後卒業於守仁。事守仁四十年[①],嘗刻《陽明文錄》。故稱王氏學者以錢、王為首。又稱德洪徹悟不及畿,畿持循亦不如德洪。然畿竟入於禪,而德洪猶不失儒者矩矱。是編為其子應樂所刊。前四卷為《會語講義》,五、六兩卷為詩,七卷以下為雜文,第二十五卷則附錄墓表、誌銘。雖其詩文全集,而大致皆講學之語,故仍總名曰《會語》。今亦著錄於儒家焉。

【彙訂】

①《明史·錢德洪傳》云:"王守仁自尚書歸里,德洪偕數十人共學焉。"守仁為南京兵部尚書,在正德十六年武宗死後世宗新立之時,則錢德洪從師王守仁,不過六七年,因王守仁卒於嘉靖八年正月也。且守仁卒年五十七,若德洪從學四十年,則必在守仁十七歲時開始。守仁十七歲時為弘治元年,而德洪生於弘治八年(由《明史》本傳"神宗嗣位,復進一階,卒年七十九"推),亦無從學之可能。光緒《餘姚縣志》卷二三"列傳九"《錢德洪傳》云:"王守仁平濠歸越,德洪與同邑范引年、管州鄭寅、柴鳳、徐珊、吳仁數十人,會於中天閣,同稟學焉。"亦可見錢德洪從師王守仁,不過七八年。(楊武泉:《四庫全書總目辨誤》)

東溪蔓語一卷(浙江范懋柱家天一閣藏本)

明曹煜撰。煜,浮梁人,嘉靖丙戌進士。其仕履未詳。據書中自言,則嘗為縣令者也。其書皆講學之語,持論頗淳正。然多抄撮二程之言,以鄉曲之私,推吳與弼過甚。於石亨一事,至以孟子稱孔子者稱之,殊為曲筆。又如"居家友愛"、"居官德感"及"近來進益"諸條,皆自暴所長,殆淺之乎為人矣。

諸儒語要二十卷（浙江巡撫採進本）

明唐順之編。順之有《廣右戰功錄》，已著錄。是編採諸儒之言。十四卷以前以人分，凡周子、二程子、張子、謝良佐、楊時、胡宏、朱子、張栻、陸九淵、楊簡、王守仁十有二家①。十五卷以下以類分，其為某人之言或註或不註，閱之殊不甚了了②。

【彙訂】

①"十有二家"，殿本作"十有一家"，或以二程子各計為二家、一家。

②明萬曆三十年吳達可刻本與萬曆三十九年黃一騰刻本均為十卷。卷一至六按人分，後四卷以類分。高攀龍《高子遺書》卷九上有《重刻〈諸儒語要〉序》，云："唐荊川先生輯《諸儒語要》十卷，其六卷皆諸先生所自得語，四卷則辨析同異，而考亭之語為多。"然前六卷實十三家，卷六楊慈湖與王陽明間尚有陳白沙。陸隴其《三魚堂剩言》卷七即云："唐荊川編《諸儒語要》十卷，高景逸序云：'前六卷皆諸先生所自得語，後四卷則辨析同異。'然前六卷載周、程、張、朱五先生，上蔡、龜山、五峯、南軒之語，而終以象山、慈湖、白沙、陽明之語，如河津、餘干，不得與焉，則去取未當也。後四卷雜取先儒之言而不注明姓氏，則條例未善也……"（胡露：《〈四庫全書總目〉子部存目補正》）

洨濱語錄二十卷（直隸總督採進本）

明蔡靉撰。靉字天章，號洨濱，寧晉人。嘉靖己丑進士，官至監察御史巡按河南。靉少從韓邦奇、湛若水游，故講學宗旨不出二家。其論《周禮》，謂："遺公孤而詳細職，詳略失宜。"又謂："六卿之上皆有'惟王建國，體國經野'數語，亦覺繁複。"則一隅之見也。

　　廉矩一卷（編修程晉芳家藏本）

　　明王文祿撰。文祿字世廉，海鹽人，嘉靖辛卯舉人[1]。此編凡十八章，皆以訓廉為主。其文似箴似銘，欲摹古而適成贋體。其義則了不異人。其必十八章者，殆欲合《孝經》之數，為《忠經》之重儓，特未敢自題曰經耳。

【彙訂】

　　[1]《檇李詩系》卷十二“沂陽子王文祿”云“海鹽人”。然《明文海》卷三百八十四有王文祿《蟄存圫户記》云：“沂陽王生文祿，字世廉……弘治癸亥夏五二十九日亥時生……正德庚辰游海鹽邑庠，嘉靖辛卯中浙試式。”王世貞《弇州四部稿》卷十九有《長短句奉贈沂陽王子》。可知王文祿本山東沂陽人，年十八始就學海鹽。（胡露：《〈四庫全書總目〉子部存目補正》）

　　道林諸集無卷數（浙江巡撫採進本）

　　明蔣信撰。信字卿實，常德人。嘉靖壬辰進士，官至貴州提學副使。嘗師王守仁，又師湛若水。《明史·儒林傳》附載《湛若水傳》末[1]。是編乃其卜築桃岡時與諸弟子講學之書，而其門人章評所刊者。首《古大學義》，專釋《大學》。次《桃岡講義》，摘取《論》、《孟》諸條，附以論斷。又《桃岡日錄》，則與門人問答語錄也。《桃岡訓規》，則讀書日程也。《傳疾錄》，則疾痛時記也。史稱“信初從守仁游，時未以良知教。後從若水游最久，其學得之若水者為多”。又稱其“踐履篤實，不尚虛談”，蓋猶未盡入於禪者。卷末有《附談》一則，稱：“評為斗陽子[2]，讀書九山者二十年。有太乙丈人者哂之，無名先生者論之，惝恍無憑。”斯則末流放失，全入於二氏者矣。

【彙訂】

①“湛”，殿本無。

②“評為”，殿本無。

西田語略二十三卷續集二十九卷（内府藏本）

明樊深撰。深有《河間府志》，已著錄。此書皆雜鈔先儒語類，以多為貴，無所發明。

識仁定性解註二卷（浙江巡撫採進本）①

明何祥撰。祥字克齋，内江人，嘉靖甲午舉人②。是編後有羅節跋，稱祥“以丁未入太學。時歐陽德為祭酒，傳陽明之學。祥獲師事之，日究奧義。嘗閱性理，得明道先生《識仁論》、《定性書》，好之不忘，遂為註解”。今檢此書，卷一為《識仁定性解》，卷二則《自警語》十條，《自警箴》七則，《南野語錄》七段，《大洲語錄》六段③，《復麻城劉魯橋書》一篇。據王任重序，尚有《恤刑》、《彈劾》、《反觀》諸論，及《五官問答》等篇，而書中無之，蓋非完本。其總名惟稱《識仁定性解註》，亦不該括，莫詳其義也。祥之學出於姚江，此書所論，皆發明心學。

【彙訂】

①“識仁定性解註”，殿本作“識仁定性註解”，下同，疑誤。

②《湖廣通志》卷四十四《名宦志·襄陽府》、《陝西通志》卷五十三《名宦四·令長》與清恩聯修、王萬方撰《襄陽府志》卷二十一《職官三·宦績》均作“字子修”。（胡露：《〈四庫全書總目〉子部存目補正》）

③“大洲語錄”，底本作“太洲語錄”，據殿本改。南野、大洲

乃指歐陽德、趙貞吉,見《明儒學案》。

薛方山紀述一卷(浙江鮑士恭家藏本)

明薛應旂撰。應旂有《四書人物考》,已著錄。此其平日所鈔先正格言。前有自識,稱:"凡所聞於師友,輒為紀之。閒有自得,亦附書焉。置之几案,少裨循省。曰述者,明非己作,不敢冒立言之責。"書分上、下二篇,上篇皆論性命之理,下篇則論治道也。

薛子庸語十二卷(浙江巡撫採進本)

明薛應旂撰。是編乃其講學之語。分二十四篇,各以首二字為篇名,而每條冠以"薛子曰",大意欲如揚雄之擬《論語》。其門人向程為之音釋。

二谷讀書記二卷(編修程晉芳家藏本)[①]

明侯一元撰。一元字舜舉,樂清人。嘉靖戊戌進士,官至江西布政使。此編乃其讀書雜記。多推闡四書之義,大抵前人所已言[②]。中閒謂:"陽明之學遺却格致本旨。"又謂:"朱子談理過於分析,陽明起而病之,由於相激而成。"亦頗有見也。

【彙訂】

① 曹溶《學海類編》本分上、中、下三卷,凡六十三條。明刻《二谷山人集》本不分卷,其條數多於曹本不啻十倍。(孫詒讓:《溫州經籍志》)

② 此記論性理十之六七,而經史大義及老莊諸子及唐宋詩文亦間有評議。曹本所采者偶多論《四書》語,《總目》遂謂多推闡《四書》之義,實不然也。(同上)

禮要樂則二卷(浙江巡撫採進本)

明阮鶚撰。鶚，桐城人。嘉靖甲辰進士，官至右副都御史巡撫福建。事蹟附見《明史·胡宗憲傳》。此書乃其以御史督學直隸時所作以教諸生者。《禮要》分冠、昏、喪、祭、飲、射六門，引《三禮》原文於前。凡《四書》中涉及禮制者，亦酌取之，皆人所共知，別無發明之處。樂則分五倫為五門，取《詩經》數章以實之。如君臣則載《鹿鳴》、《皇華》諸篇，父子則載《凱風》、《小弁》諸篇，先列經文，而節取《集傳》數語附其下。後又有所頒《僚屬吏民約》一篇。

學蔀通辨十二卷（內府藏本）

明陳建撰。大旨以佛與陸、王為學之三蔀，分前編、後編、續編、終編。每編又自分上、中、下，而採取朱子《文集》、《語類》、《年譜》諸書以辨之。前有嘉靖戊申自序云："專明一實，以抉三蔀。《前編》明朱、陸早同晚異之實，《後編》明象山陽儒陰釋之實，《續編》明佛學近似惑人之實，而以聖賢正學不可妄議之實終焉。"按朱、陸之書具在，其異同本不待辨。王守仁輯《朱子晚年定論》，顛倒歲月之先後，以牽就其說，固不免矯誣。然建此書痛詆陸氏，至以"病狂失心"目之，亦未能平允。觀朱子集中與象山諸書，雖負氣相爭，在所不免，不如是之毒詈也。蓋詞氣之間，足以觀人之所養矣。

格物圖一卷（陝西巡撫採進本）

明孫丕揚撰。丕揚字叔孝[①]，富平人。嘉靖丙辰進士，官至吏部尚書，諡恭介。事蹟具《明史》本傳。是編分四篇，一曰《格物圖》，二曰《明物解》，三曰《原物辨》、四曰《人物鏡》。意其原有總名，傳寫佚之，而以第一篇為總名也。其圖分物始、物格、物終為三。物始、物終皆畫一圓圈，如周子之無極。物格則大圈中畫一小圈，小圈之中書"聖人成能"字，小圈四旁分列天清、地寧、物阜、民安八字。大旨闢王守仁良知之說，而謂："道無可名，名之曰物。"然守仁求之無定之心，而丕揚又求之無物之道，其說雖變，其實一也。

【彙訂】

①"字叔孝"，殿本無。

論學篇一卷（陝西巡撫採進本）

明孫丕揚撰。丕揚既撰《格物圖》，復為《論學》三篇①。一為格物工夫，一為良知明辨，一為心學始終，皆申明《格物圖》中之意也。

【彙訂】

①"論學"，底本作"講學"，據殿本改。

耿子庸言二卷（浙江巡撫採進本）

明耿定向撰。定向有《碩輔寶鑑要覽》，已著錄。是編為所著語錄。凡七篇，首《繹經》，次《冲言》，次《輯聞》，次《比弦》，次《學筌》，次《牧要》，次《切偲》。定向之學出於泰州王艮，本近於禪。然有鑑於末流之狂縱，不甚敢放言高論。故初請李贄至黃安，既而惡之，而贄亦屢短定向。然議論多而操履少，遂不免有迎合張居正事，為清議所排。講學之家，往往言不顧行，是亦一證矣。

胡子衡齊八卷（浙江鄭大節家藏本）

明胡直撰。直字正甫，泰和人。嘉靖丙辰進士，官至福建按察使。直之學出於歐陽德及羅洪先，故以王守仁為宗。嘗與門人講學螺水上，輯其問答之語為是書。分《言末》、《理問》、《亡鋼》、《博辨》、《明中》、《徵孔》、《談言》、《續問》、《申言》凡九篇①，篇有上、下②。其名"衡齊"者，意謂談理者視此為均平云爾。大要以"理在心不在天地萬物"③，意在疏通守仁之旨。然守仁本謂："我與天地萬物一氣流通，無有礙隔，故人心之理即天地萬物之理。"而直乃謂："吾心所以造天地萬物，匪是則黯沒荒忽而天地萬物熄矣。"是竟指天地萬物為無理，與守仁亦不相合，未免太失之高遠④。其文章則縱橫恢詭，頗近子書，與他家語錄稍異。蓋直少攻古文詞，年二十餘始變而講學，故頗能修飾章句，無弇陋粗鄙之狀云⑤。

【彙訂】

①　"凡"，殿本無。

②　明萬曆曾鳳儀刻本《胡子衡齊》八卷，其目錄及第二卷卷首皆作《六鋼》。卷中有云："弟子曰：'……蓋二三子之鋼於中者有六，請竟宣之以瘳承學。'胡子曰：'何哉六鋼？'曰：'世儒之所為爭而未肯降者，則虛實也、天人也、心性也、體用也、循序與格物也。'"又《六鋼》止一篇，未分上、下。（胡露：《〈四庫全書總目〉子部存目補正》）

③　殿本"大"上有"其"字。

④　《明儒學案》卷二十二《江右相傳學案七·臬長胡廬山先生直》云："先生著書，專明學的，大意以理在心不在天地萬物，疏通文成之旨……孟子言'萬物皆備於我'，言我與天地萬物一氣流通，無有礙隔，故人心之理即天地萬物之理，非二也……故曰理在心不在天地萬物，非謂天地萬物竟無理也。先生謂'吾心者，所以造天地萬物者也，匪是則黯沒荒忽而天地萬物熄矣'……此與文成'一氣相通'之旨不能相似矣。"而王守仁《傳習

錄》卷下原文為："問：'人心與物同體，如吾身原是血氣流通的，所以謂之同體；若於人便異體了；禽獸草木益遠矣：而何謂之同體？'先生曰：'你只在感應之幾上看，豈但禽、獸、草、木，雖天、地也與我同體的，鬼、神也與我同體的。'請問。先生曰：'你看這個天地中間，甚麼是天地的心？'對曰：'嘗聞人是天地的心。'曰：'人又甚麼教做心？'對曰：'只是一個靈明。'曰：'可知充天塞地中間，只有這個靈明。人只為形體自間隔了。我的靈明，便是天、地、鬼、神的主宰。天沒有我的靈明，誰去仰他高？地沒有我的靈明，誰去俯他深？鬼、神沒有我的靈明，誰去辯他吉、凶、災、祥？天、地、鬼、神、萬物，離却我的靈明，便沒有天、地、鬼、神、萬物了；我的靈明，離却天、地、鬼、神、萬物，亦沒有我的靈明。如此，便是一氣流通的，如何與他間隔得？'"則《總目》所引實為黃宗義概述之語，非"守仁本謂"。

　　⑤ 殿本"無"下有"諸家語錄"四字。

大儒學粹九卷（江西巡撫採進本）

　　明魏時亮編。時亮字敬吾，南昌人。嘉靖己未進士，官至工部侍郎。事蹟具《明史》本傳①。史稱："時亮初好交游，負意氣。中遭挫抑，潛心性理。"是書取周子、二程子、張子、朱子及陸九淵、薛瑄、陳獻章、王守仁九家之言，人各為卷。大旨謂孔子之道，顏以敏悟，曾以魯得，濂溪、明道、象山、白沙、陽明則顏子之入道可幾焉，伊川、橫渠、晦菴、敬軒則曾子之入道可幾焉。要之，道無二，學無二，其所至亦無二也。蓋主調停之説者。本傳稱其官兵科給事中時，請以薛瑄、陳獻章、王守仁並從祀文廟，猶是志也。

【彙訂】

①《明史》卷二二一本傳及《江西通志》卷六十九、《大清一統志》卷二百三十九、民國魏元曠纂修《南昌縣志》卷三十二"人物三"皆作"字工甫"。（胡露：《〈四庫全書總目〉子部存目補正》）

三儒類要五卷（江蘇巡撫採進本）

明徐用檢編。用檢字魯源，蘭溪人。嘉靖壬戌進士，官至南京太常寺卿①。是書彙錄薛瑄、陳獻章、王守仁語錄，分類排纂，釐為五門，曰志學，曰為仁，曰政治，曰性命，曰游藝，其大旨亦與魏時亮同。

【彙訂】

①《浙江通志》卷一百七十云"號魯源"，《禮部志稿》卷四十二、《欽定續文獻通考》卷一百七十四、《明儒學案》卷十四均作"字克賢，號魯源"。《千頃堂書目》卷三亦云"字克賢"。（胡露：《〈四庫全書總目〉子部存目補正》）

李見羅書二十卷（江蘇巡撫採進本）

明李復陽編。皆其師李材講學之書①。材字孟誠，豐城人。嘉靖壬戌進士，官至右僉都御史巡撫鄖陽。事蹟具《明史》本傳。材嘗患世之學者每以朱、王兩家格物致知之説爭衡聚訟，因揭"修身為本"一言，以為孔、曾宗傳。而謂"知止即知本"，又謂"格物之功散見八條目中"，以朱子《補傳》為誤。其學較姚江末派稍為近實，故顧憲成頗稱之。然材在鄖陽，侵營地為書院，至於激變諸軍，狼狽棄城，僅以身免。及被劾遣戍，猶用督撫儀從赴謫所，為當代所非。黃宗羲《明儒學案》記之最詳，則亦何貴乎講學耶？是編凡《大學古義》一卷，《道性善編》一卷②，《論語大意》四卷，《書問》九卷，《門人記述》四卷，而以舊本序別綴於末為一卷。復陽為無錫知縣時所刊也。

【彙訂】

① "書"，殿本作"語"。

② "道性善編一卷"，殿本脫，參明萬曆刻本《見羅先生書》二十卷本。

心學宗四卷（浙江巡撫採進本）

明方學漸撰。學漸有《桐彝》，已著錄。是書專明心學，自堯舜至於明代諸儒，各引其言心之語，而附以己註。其自序云："吾聞諸舜，'人心惟危，道心惟微'；聞諸孟子，'仁，人心也'；聞諸陸子，'心即理也'；聞諸王陽明，'至善，心之本體'。一聖三賢，可謂善言心也矣。"蓋學漸之說本於姚江，故以陸、王並稱。而書中解"人心惟危"為高大意，解"不愧屋漏"為喻心曲隱微，解"格物"為去不正以歸於正。大意皆主心體至善，一闢虛無空寂之宗，而力斥王畿《天泉證道記》為附會。故其言皆有歸宿。憲成序其首曰："假令文成復起，亦應首肯。"蓋雖同為良知之學，較之龍溪諸家猶為近正云。

日言一卷（衍聖公孔昭煥家藏本）

明孔承倜撰。承倜字永冠，曲阜人，先聖六十代孫。官保定縣知縣，終於荆王府長史。是書乃承倜劄記之文。其學出於王守仁，故以鐘柝喻性，明其本空。又云："朱晦翁中年學尚未悟，至晚年則甚悔。今人不於悟處用功，却於其悔處執迷，惑矣。"是即守仁《晚年定論》之說也。

性理圖説一卷（浙江巡撫採進本）

明徐中撰。中字成中，鄱陽人。是目分無極、天道、性命諸類。語多陳因，無足採錄①。

【彙訂】

①"語多陳因無足採錄"，殿本作"大抵皆陳因之語"。

一書增删四卷（浙江巡撫採進本）

明俞邦時撰。邦時號敬軒，新昌人。是編名曰《一書》者，以一為本也。第一卷曰元卷，為傳四，曰一元、兩儀、三才、四象。第二卷曰副卷，為傳四，曰一天、兩地、三人、四物。第三卷曰參卷，為傳四，曰一期、兩至、三和、四時。第四卷曰輔卷，為傳二，曰河洛、律呂。總三百六十六章，以當周天之數。大意欲配張子《正蒙》、邵子《皇極經世》，而刻畫皮毛，去之轉遠。書成於隆慶丁卯，刊於萬曆癸酉，再刊於國朝康熙壬子，皆名《一書》。此本為第三刻①，乃康熙己卯吕夏音所增删，故題曰《一書增删》云。

【彙訂】

①"刻"，殿本作"刊"。

性理鈔二十卷（副都御史黃登賢家藏本）

明楊道會撰。道會字惟宗，晉江人。隆慶戊辰進士，歷官至湖廣左布政使。是編取《性理大全》，删節繁冗。前有萬曆戊子王道顯序，稱其更定者十之一，而裁割者十之九。然去取多未得當，蓋亦書帕本耳。

諸儒學案八卷（江西巡撫採進本）

明劉元卿撰。元卿有《大象觀》，已著錄。是書輯周子、二程子、張子、邵子、謝良佐、楊時、羅從彦、李侗、朱子、陸九淵、楊簡、金履祥、許謙、薛瑄、胡居仁、陳獻章、羅欽順、王守仁、王艮、鄒守益、王畿、歐陽德、羅洪先、胡直、羅汝芳二十六家語錄，而益以耿定向之説。元卿，定向弟子也。其學本出於姚江①，程、朱一派特擇其近於陸氏者存之耳。

【彙訂】

①“出於姚江”，殿本作“出姚江於”。

憲世編六卷（浙江巡撫採進本）

明唐鶴徵撰。鶴徵有《周易象義》，已著錄。是編發明心性之學，首列孔子、顏子、仲弓、子貢、曾子、子思、孟子，次列周子、二程子、張子、邵子、楊時、朱子、張栻，次列陸九淵、楊簡、薛瑄、陳獻章、王守仁、王艮、羅洪先、唐順之、羅汝芳、王時槐，各述其言行而論之。大旨主於牽朱就陸，合兩派而一之。

羣書歸正集十卷（副都御史黃登賢家藏本）

明林喬撰。喬號方塘，鄞縣人，隆慶中諸生。此書為喬八十四歲時作，本四十二卷。其從孫御史祖述刪為十卷，其十六門則仍其故。書中皆援引舊文，斷以正理。然不過老生常談，人所共知者也。

呻吟語六卷（副都御史黃登賢家藏本）

明呂坤撰。坤有《四禮質疑》，已著錄①。此編上三卷為內篇，下三卷為外篇，蓋萬曆壬辰刊本也②。晚年又手自删補為《呻吟語摘》二卷③，彌為簡要。故此本附存其目焉。

【彙訂】

①《總目》卷二五著錄呂坤撰《四禮疑》。

② 萬曆壬辰為萬曆二十年（1592），此書實刊於萬曆二十一

年癸巳,有是年三月自序。(鄭涵:《呂坤年譜》)

③"二卷",底本作"三卷",據《總目》卷九三《呻吟語摘》條及殿本改。

呂子節錄四卷補遺二卷(兩江總督採進本)

國朝陳宏謀編。宏謀有《大學衍義輯要》,已著錄。此編亦《呻吟語》之節本,初刻於乾隆丙辰。後於戊午八月復得坤原書,知從前所據乃摘鈔之本,多所挂漏。因採錄初刻所遺者,復為補遺二卷。然摘鈔之本實坤所自定也①,宏謀掇拾其所棄,蓋未考也。

【彙訂】

①"也",殿本無。

呪言十卷(江蘇巡撫採進本)

明范淶撰。淶有《兩浙海防類考》,已著錄。此編隨筆劄記,亦語錄之類。前有《小引》,稱:"所著筆記二十卷,起辛巳,迄戊申,以年為次。每年有'呪言'附其後,因錄出別為一冊,凡八卷。"其後二卷起己酉,迄癸丑,蓋續所增入也①。

【彙訂】

①"蓋續所增入也",殿本作"蓋所續增也"。

中詮六卷(安徽巡撫採進本)①

明汪應蛟撰。應蛟有《古今彝語》,已著錄。是編皆其講學之語。起萬曆丁亥,至乙卯,凡二十年②。多詳於儒釋之辨,而於王守仁所云"無善無惡,心之體"一語,論之尤詳。以當日諸儒各立門户,應蛟欲無所偏倚,故以《中詮》為名云。

【彙訂】

①"中詮",底本作"中銓",據明萬曆四十六年敬思堂刻本、

崇禎十四年刻本《汪子中詮》六卷及殿本改。（杜澤遜：《四庫存目標注》）

　　② 萬曆刻本《汪子中詮》卷一為萬曆丁亥戊子集，卷二為萬曆丁未戊申集，卷三為萬曆己酉庚戌集，卷四為辛亥壬子集，卷五為萬曆甲寅乙卯集，卷六為萬曆丙辰丁巳集。實自萬曆丁亥至萬曆丁巳，前後曆三十一年。然實止錄十二年講學之語，非三十一年中，年年皆登也。（胡露：《〈四庫全書總目〉子部存目補正》）

　　王門宗旨十四卷（浙江巡撫採進本）

　　明周汝登編。汝登有《聖學宗傳》，已著錄。是編首載王守仁講學之語，並其奏疏、雜著、詩文，而以王艮、徐曰仁、錢德洪、王畿之說次焉。蓋督學陳大綬之意，而汝登編次之。書成之後，陶望齡又為校定。汝登嘗供羅汝芳像，節日必祭祀之。南都講會，拈《天泉證道》一篇相發明。又嘗作《九解》，以伸無善無惡之說。首載汝登自序云：“首稱宗者，明為千聖之嫡嗣也。數門人語附見而概系之王門者，統於宗無二旨之義也。”然姚江再傳以後，去其師之本旨益遠。汝登此編①，徒爭王學之門户，實不足以發明王學也。

　　【彙訂】

　　① “此編”，殿本作“是編”。

　　信古餘論八卷（江蘇巡撫採進本）

　　明徐三重撰。三重有《餘言》，已著錄。是編乃其講學語錄。《江南通志》稱所著《庸齋日記》及此書皆可垂世範俗，然理氣性命之說幾居其半。以道之大原言之，固屬推究根本；以學者之實踐言之，又不免為枝葉矣。

庸齋日記八卷（江蘇巡撫採進本）①

明徐三重撰。是書前一卷説《易》，後七卷説《四書》，皆隨意標舉，非循文箋註。蓋借經義以發揮其講學之旨耳。

【彙訂】

① 今存清鈔本與《兩淮商人馬裕家呈送書目》著錄皆作《庸齋日紀》。（杜澤遜：《四庫存目標注》）

鄒南皋語義合編四卷（浙江巡撫採進本）

明鄒元標撰。元標字爾瞻，吉水人。萬曆丁丑進士，官至左都御史，諡忠介。事蹟具《明史》本傳。是編乃其門人所輯，以講學者曰“會語”，説經者曰“解義”，故總名曰《語義合編》。元標以氣節重一時。其立首善書院，卒釀門户之爭，功不補過。其學亦源出姚江，不能一一淳實。然其人則不愧於儒者，故仍存其目於儒家焉。

道學正宗十八卷（副都御史黃登賢家藏本）

明趙仲全撰，其子健校補。前列河、洛諸圖，而以古今聖賢分正宗、羽翼兩門。大旨以道德純粹、功業並隆及學術醇正者，尊為正宗，首伏羲、神農，以迄明羅欽順、羅洪先諸人。其造詣未至、見道未的、功業雖隆而所學未純者，附為羽翼，首顓頊、高辛，以迄明湛若水、呂柟諸人。其平時言論有片語涉禪寂者，皆削置弗存，持擇似乎甚嚴。然實則隨意分別，絕無義例。他姑無論，如羅洪先、羅欽順等俱列之顓頊、高辛之上，而伯夷、伊尹、子夏、子貢、子游、子路反不及楊時、胡安國，此果不易之評乎？仲全字梅峯，涇縣人，仕履未詳。健字行吾，萬曆丁丑進士，官至通政司使。是編乃其為太僕寺卿時所作,標題稱"後學管窺不肖男",亦可異也。

小心齋劄記十六卷(江蘇巡撫採進本)

明顧憲成撰。憲成字叔時,無錫人。萬曆庚辰進士,官至吏部文選司郎中,削籍歸。起南京光祿寺少卿,移疾不赴,終於家。崇禎初,贈吏部右侍郎,諡端文。事蹟具《明史》本傳。憲成里居,與弟允成修宋楊時東林書院,偕同志高攀龍、錢一本、薛敷教、史孟麟、于孔兼輩講學其中。朝士慕其風者,多遙相應和。聲氣既廣,標榜日增。於是依草附木之徒,爭相趨赴,均自目為清流。門戶角爭,遞相勝敗,黨禍因之而大起。恩怨糾結,輾轉報復,明遂以亡。雖憲成等主持清議,本無貽禍天下之心。而既已聚徒,則黨類衆而流品混;既已講學,則議論多而是非生。其始不過一念之好名,其究也流弊所極,遂禍延宗社。《春秋》責備賢者,憲成等不能辭其咎也。特以領袖數人,大抵風節矯矯,不愧名臣,故於是書過而存之,以示瑕瑜不掩之意云爾①。是書於萬曆戊申同安蔡獻臣始為刻版,其後刻於崑山。然兩本皆始於萬曆甲午,終於乙巳,止十二卷。此本乃其子與淳所刻,益以丙午至辛亥所記,增多四卷,卷數與《明史・藝文志》合,當為足本矣②。

【彙訂】

①"故於是書過而存之以示瑕瑜不掩之意云爾",殿本作"尚為瑕瑜不掩云爾"。

②是書年各一卷,丙午至辛亥共六年,當為六卷,合前十二卷共十八卷。《明史・藝文志》正作十八卷。《江蘇採輯遺書目

錄》亦作十八卷。（杜澤遜：《四庫存目標注》）

顧端文公遺書三十七卷附年譜一卷（副都御史黃登賢家藏本）①

明顧憲成撰。是編為其曾孫貞觀所彙刻。首即《小心齋劄記》十八卷，次《證性編》六卷，次《東林會約》一卷，次《東林商語》二卷，次《虞山商語》三卷，次《經正堂商語》一卷，次《志矩堂商語》一卷，次《仁文商語》一卷②，次《南岳商語》一卷，次《當下繹》一卷，次《還經錄》一卷，次《自反錄》一卷。末附《年譜》四卷，則其孫樞所編，而貞觀訂補者。外別有《以俟錄》、《涇皋藏稿》、《大學重訂》、《大學質言》、《大學通考》五書，在初刻十種內者，與未刻之《桑梓錄》皆不列於是編。以卷帙頗繁，尚待續刻故也。

【彙訂】

① 清康熙刻《顧端文公遺書》三十七卷，附《年譜》四卷，題："男與沐記略，孫樞初編，曾孫貞觀訂補。"光緒三年宗祠刻本同。"年譜一卷"疑誤。

② "仁文商語"，殿本作"當下商語"，誤。

黽記四卷（編修勵守謙家藏本）

明錢一本撰。一本有《像象管見》，已著錄。東林方盛之時，一本雖與顧憲成分主講席，然潛心經學，罕談朝政，不甚與天下爭是非，故亦不甚為天下所指目。是編乃其隨手劄記，取《詩》"黽勉從事"之義，故題曰《黽記》。自萬曆甲午以迄癸丑，凡二十年，意有所得，輒筆之於書。其發明性道，排斥二氏，頗為深切。其中閒有過當者，如引《學記》"求之也佛"句以闢佛，未免附會。李日華《六研齋筆記》謂："《曲禮》'獻鳥者佛其首'句註，訓佛為違戾,闢佛先生得之大喜。"云云。二人同時,似聞一本之論,故有此戲。雖文人輕薄之詞,亦講學者好為異説,有以召其侮也。

聖學範圍圖無卷數(浙江鮑士恭家藏本)

明岳元聲撰。元聲字之初,號石帆,嘉興人。萬曆癸未進士,官至兵部侍郎。此書一名《範圍象教圖》。大旨以儒教統攝二氏。以易中一陽一陰之卦併入剝、復卦,為《剝復圖》以範釋;二陽二陰之卦併入坎、離卦,為《坎離圖》以範老;三陽三陰之卦併入否、泰卦,為《否泰圖》以為儒宗。其自序謂昉於孟子指點楊、墨歸儒之意。蓋宗王氏良知之學,而好為新奇者耳。

南雍誡勸淺言一卷(山西巡撫採進本)

明傅新德撰。新德字元明①,又字商盤,定襄人。萬曆己丑進士,官至國子監祭酒,贈禮部右侍郎,諡文恪。是編乃其官南京國子監司業署祭酒時訓導諸生之文。凡誡言八條,曰淫蕩、酗酒、鬭狠②、罔利、詞訟、詭服、黨比、傲惰。勸言八條,則孝、弟、忠、信、禮、義、廉、恥也。

【彙訂】

①《千頃堂書目》卷二十五《傅文恪公集》條曰"字明甫",清雍正《山西通志》卷一百三十九《人物三十九·文苑四·忻州》"傅新德"條亦云:"字明甫,定襄人。"

②"酗酒"底本作"酤酒","鬭狠"底本作"鬭很",皆據民國五年《雪華館叢編》本《誡勸淺言》(一卷)目錄、正文及殿本改。

馮子節要十四卷(安徽巡撫採進本)

明馮從吾撰。從吾有《元儒考略》,已著錄。從吾以風節著,而亦喜講學,無錫高攀龍、高邑趙南星皆稱之。時官京師,會講都城，至環聽者院宇不能容。終亦以此招謗。是編即其各地會講之語也。

殘本文華大訓箴解三卷（浙江巡撫採進本）

明吳道南撰。道南有《河渠志》，已著錄。初，憲宗成化十八年十二月，以御製《文華大訓》二十八卷賜皇太子①。嘉靖八年，世宗御製序文頒行。道南因按其篇章，前為之序，次為之解，次為之箴，以嘉靖十四年正月表上②。此本僅存三卷，已非完書。

【彙訂】

①"御製"，殿本作"御撰"。

②《千頃堂書目》卷十一云廖道南《文華大訓箴解》六卷。今存明嘉靖刻本《文華大訓箴解》六卷，為全本。前載廖道南《文華大訓箴解表》，云："嘉靖十九年正月，內臣道南謹奏：為昭聖謨以崇國本事。"吳道南乃萬曆十七年進士。可知"吳道南"乃"廖道南"之誤，"以嘉靖十四年正月表上"亦誤。（余嘉錫：《四庫提要辨證》；朱家濂：《讀〈四庫提要〉札記》；胡露：《〈四庫全書總目〉子部存目補正》；杜澤遜：《四庫存目標注》）

荷薪義八卷（內府藏本）

明方大鎮撰。大鎮字君靜，桐城人。萬曆己丑進士，官至大理寺少卿。始大鎮父學漸講學桐川。大鎮追述父訓及與同社諸人問答之語，詮次成帙，名曰《荷薪》，蓋亦不忘繼述之意。其大旨在闡良知之說，於儒、釋分別辨論極詳。

增訂論語外篇四卷（浙江巡撫採進本）

明潘士達編。士達字在聞，安吉州籍，烏程人。萬曆壬辰進士，官至廣東提學僉事①。是書取諸子百家所載孔子之言②，分類排纂，仿《論語》二十篇之數。以皆《論語》所不載，故曰"外篇"；以因南昌李梴舊稿而葺之，故曰"增訂"。所採既罕異聞，又《莊》、《列》寓言亦復闌入。《朱子語錄》嘗稱："孔門弟子留下《家語》，至今作病痛。"況雜家依託之言乎？

【彙訂】

① 雍正《浙江通志》卷一三三《選舉志·進士·萬曆二十年壬辰科》："潘士達，烏程人，江西右參政。"同治《湖州府志》卷七二《人物·潘士達傳》："字去聞，號完朴，烏程人，萬曆二十年進士……晉江西參政，署布政使。"光緒《烏程縣志》卷一五《人物·潘士達傳》據《府志》、《劉志》、《高志》云："字去聞，號完朴，安吉州籍……少儁異，年十七舉於鄉，萬曆壬辰進士，授臨江府推官……未幾授廣東提學副使，人不敢干以私。晉江西參政，署布政使，一塵不染。"可知潘士達字"去聞"，非字"在聞"。官至參政署布政使，非僅至僉事。（楊武泉：《四庫全書總目辨誤》）

② "孔子"，殿本作"孔氏"。

龍沙學錄六卷（江蘇巡撫採進本）

明王在晉撰。在晉有《歷代山陵記》，已著錄①。是編輯宋儒程、朱以下及明王守仁、羅汝芳諸人之說而註釋之。大率鈔撮語錄，無所發明。其論良知格致仍以姚江為宗，特假程、朱為重耳。在晉誤國庸臣，而亦著書講學。明季風氣，觀此可以知矣。

【彙訂】

①《總目》卷七七著錄王在晉撰《歷代山陵考》。

聖學啟關臆說三卷（浙江巡撫採進本）

明龍遇奇撰。遇奇字才卿，號紫海，吉安人①。萬曆辛丑進士,官至監察御史。是編乃其巡按陝西時與諸生講學之語。分為八關,一曰迷悟,二曰濃淡,三曰剝復,四曰窮達,五曰死生,六曰聖凡,七曰内外安勉,八曰門户異同。又於八關之中别爲子目,雜引諸儒語録以證之[2]。雖衆説兼陳,而大旨則姚江一派也。

【彙訂】

①《江西通志》卷七十九、《浙江通志》卷一百五十五、《陝西通志》卷五十一皆作“字紫海,永寧人”,永寧縣隸屬吉安府。(胡露:《〈四庫全書總目〉子部存目補正》)

②“諸儒”,殿本作“諸篇”。

經書孝語無卷數(浙江巡撫採進本)

明朱鴻編。鴻字子漸,仁和人,萬曆閒諸生。是書摭《五經》、《四書》中言孝之語爲一帙,而各爲之發明,附録《曾子孝實》於末。文既餖飣,論亦凡近,殊無可取。鴻嘗刻《孝經》而以此附之。今既别本單行,不可復溷於經部,姑置之“儒家類”焉。

證人社約言一卷(浙江巡撫採進本)

明劉宗周撰。宗周有《周易古文鈔》,已著録。宗周初以順天府尹罷歸,與陶奭齡講學王守仁祠。以“證人”名堂,此其所爲條誡也。首冠以《社學檄》,題辛未三月,蓋崇禎四年所作。次爲《約言》十則。次爲《約戒》十則,所載凡三十條,題曰癸未秋日,爲崇禎十六年。次爲《社會儀》七則,不題年月。次爲宗周自《書後》,而附以《答管而抑論遷改格書》。其《書後》中所稱“石梁子”者①,即奭齡之别號。奭齡字君奭,國子監祭酒望齡弟也。

【彙訂】

①“書後中”，底本作“書中後”，據《學海類編》本此書及殿本乙改。

劉子節要十四卷（浙江巡撫採進本）

明惲日初編。日初號遜菴，武進人，劉宗周之門人也。宗周生平著述曰《劉子全書》。曰《儀禮經傳》，曰《古學經》，曰《家語考次》，曰《古易鈔義》，曰《讀易圖說》，曰《論語學案》，曰《曾子章句》，曰《十三子》①，曰《古小學集記》，曰《古小學通記》②，曰《孔孟合璧》，曰《五子聯珠》，曰《聖學宗要》，曰《明儒道統錄》，曰《人譜》，曰《人譜雜記》，曰《中興金鑑錄》，曰《保民要訓》，曰《鄉約小相編》③。其子汋彙而訂之，凡百餘卷。以篇帙繁富，未易盡觀，因仿《近思錄》例，分類輯錄。一道體，二論學，三致知，四存養，五克治，六家道，七出處，八治體，九治法，十居官處事，十一教人之法，十二警戒改過，十三辨別異端，十四總論聖賢。每一類為一卷，其排纂頗為不苟，然亦有一時騁辨之詞，不及詳檢而收之者。如曰“天命一日未絕則為君臣，一日既絕則為獨夫。故武王以甲子日興，若先一日癸亥，便是篡，後一日乙丑，便是失時違天”云云。此語非為臣子者所宜言。且癸亥師在商郊矣，實非甲子興師。即甲子滅紂先一日之說，亦未免過於求快。如斯之類，其去取尚未當也。

【彙訂】

①“十三子”，底本作“十三字”，據殿本改。十三子乃董子、文中子、周子、程子、程叔子、張子、朱子、陸子、曹子、薛子、吳子、胡子、王子。（董瑒：《劉子全書鈔述》）

②“曰古小學通記”，殿本作“小學通記”，誤。（同上）

③“鄉約小相編”，底本作“鄉學小相編”，據殿本改。
（同上）

宋先賢讀書法一卷（内府藏本）

不著撰人名氏。所採宋儒之説凡十二家，而朱子為多。其
法始以熟經，繼以玩味，終以身體力行。明萬曆丙午，莆田訓導
江震鯉序而重刊之，亦不云誰所輯也。

諸儒要語九卷（浙江巡撫採進本）

明王化振編。化振字宇春，滁州人。萬曆己酉舉人，官至户
部主事。周汝登之門人也。是編節取諸儒語錄，編次而成。於
宋則周、程、張、朱而外，取陸九淵、楊簡二人，於明則取薛瑄、羅
汝芳及汝登三人而已。其宗旨則不出於姚江一派，蓋汝登本傳
王氏學也。

存古約言六卷（浙江巡撫採進本）

明吕維祺撰。維祺有《四禮約言》，已著錄。是書凡十二篇，
首敦本，次閑家，次厚俗，次冠昏喪祭，次服式，次宴會，次交際，
次揖讓，次柬劄。大略以《朱子家禮》為主，並採擇諸家之言為條
例註釋，而以箴誡格言附於後，亦司馬氏《書儀》、吕氏《鄉約》之
支流也。

真儒一脈無卷數（江蘇巡撫採進本）

明吳桂森編。桂森有《周易像象述》，已著錄。是編前列《從
祀四先生語錄》，薛瑄、胡居仁、陳獻章、王守仁也；後列《東林三
先生語錄》，顧憲成、錢一本、高攀龍也。前有天啟丙寅桂森自

序。《千頃堂書目》載桂森著述二種,《江南通志》載四種,皆無是書。殆偶然鈔錄,當時未著於世耶?

論語逸編三十一卷(浙江吳玉墀家藏本)

明鍾韶編。韶字牙臺,海鹽人。是編集諸書所載孔子問答之語,分三十一篇。前有其甥鄭心材序,稱其根據《六經》,節取百家。然《家語》自有全書,《禮記》列於經典,重為割裂,殊屬牀上之牀。《孔叢子》既屬偽書,《韓詩外傳》[①]、《説苑》、《新序》亦多依託,未可據為典要。至於承蜩、弄丸乃《莊子》寓言,而執為實事;赤虹、黃玉尤讖緯誕語,而信為古書。他若楊簡《先聖大訓》亦裒合諸書而成,乃引為出典,尤非根柢之學也。

【彙訂】

① "韓",殿本無。

閑道錄十六卷(浙江巡撫採進本)

明沈壽民撰。壽民字眉生,號耕巖,宣城人。崇禎中行保舉法,巡撫張國維以壽民應詔。甫入都,即劾楊嗣昌奪情,熊文燦撫賊,留中不報。乃移疾歸。疏中語侵阮大鋮。福王時,大鋮柄國,必欲殺之,變姓名遁迹以免。事蹟附見《明史・田一儁傳》。是書為排斥佛老而作,故名以《閑道》。取先儒格言分條節錄,凡不惑於二氏者咸載之,以為世訓,不能無惑者亦錄以示戒。雍正戊申,其孫廷璐校刊之,復取壽民詩文、雜記等條補諸卷末[①]。

【彙訂】

① 清雍正二年甲辰沈廷璐等刻本此書作二十卷,《浙江省第六次呈送書目》及《浙江採集遺書總錄》亦著錄作二十卷。"雍正戊申"乃"雍正甲辰"之誤。(杜澤遜:《四庫存目標注》)

印正稿六卷（江西巡撫採進本）

明張信民撰。信民，澠池人，孟化鯉之門人也。傳姚江良知之學，從游者頗衆。其門人馮奮庸等錄其平日問答議論為是書。國朝雍正丙午，澠池縣知縣王箴輿為校訂而刊之。

衡門芹一卷（山西巡撫採進本）

明辛全撰。全字復元，號天齋，絳州人。萬曆末貢生，以特薦授知府，未及赴官而卒。全為曹于汴門人，故亦喜講學。是書皆論治天下之法，分治本三綱，治具八目。三綱曰君志[1]、君心、君學，八目曰選賢才以轉士習[2]，破資格以定臣品，行限田以足民生，定里甲以防姦宄，驅游民以務本業[3]，正禮樂以興教化。其宗藩、軍政二目則有錄無書。自序稱：“屏伏衡門，芹曝之獻，不能自已，故名其書曰《衡門芹》。”然全意主匡救時弊，而實剽襲舊文。其限田之法於事理尤斷不可行，亦祇儒生之迂論而已。

【彙訂】

①“君志”，底本作“君治”，據殿本改。北京圖書館藏明晉淑健等刻本作“君志”，其中云：“志貴弘而毅，作室者先築基，習射者先立鵠，行路者先期所止之境，何也……昔伊尹、顏淵俱布衣，有志欲為堯舜，竟與堯舜同歸……”皆論立志。（胡露：《〈四庫全書總目〉子部存目補正》）

②“選”，殿本作“遷”，誤，參明晉淑健等刻本此書。

③“本業”，底本作“生業”，據明晉淑健等刻本此書及殿本改。

經世碩畫三卷（山西巡撫採進本）

明辛全撰。此書輯前代事蹟議論之有關治道者，分為二門：一曰聖典採據，皆紀明太祖至英宗五朝善政。二曰定論採據，皆宋明諸儒之説，而以北魏至唐共四條附焉。書為其門人所刊，故卷末併載全試策一首。其論取士不過調停於科目、保舉之間，別無創見。當事者遽稱其學術、經濟俱於是見，殆未必然。

思聰錄一卷（湖北巡撫採進本）

明賀時泰撰。時泰字叔交，一字陽亨，陳鼎《留溪外傳》作“字叔文”。以時泰之名推之，“交”字有義，“文”字誤也。江夏人。少為諸生。以聾廢，因自號曰聾人。是書為其子大學士逢聖所編，皆其講學語錄，大旨宗良知之説。

作師編一卷（湖北巡撫採進本）

明賀時泰編。首列《易·蒙卦》，次列《大學·聖經》一章，次列《禮記·學記》一篇，次列《白鹿洞規》五節六十九字，次列《程董學則》一節九十一字，終以《興文會條件》兩頁有奇。皆無一字之發明，又屬天下所習見，亦何必為此鈔胥也。

人模樣一卷（湖北巡撫採進本）

明賀時泰撰。是編以人身五官四體之類分目標題，往往牽強。如“元氣”一條，引唐柳公權語，是攝養之法，非學問之事。“兩肘”一條，引楊時“兩肘不離案”語；“腳”一條，引宋璟“有腳陽春”事，皆關合字面而已。其“骨頭”一條，引陳獻章“除卻此心此理，渾是一包膿血裹一塊骨頭”語，亦是論心，非論骨也。不及劉宗周《人譜》遠矣。陳鼎《留溪外傳》乃稱：“一時學者俱奉此書為法則，因稱時泰為‘人模樣先生’。”蓋講學家標榜之談，不足據也。

傳習錄論述參一卷（安徽巡撫採進本）

明王應昌編，其子銤續成之。應昌有《宗譜纂要》，已著錄。是編皆發明《傳習錄》之旨。蓋姚江之學弊於明末，至國初而攻之者彌衆①，故應昌父子力為之回護云②。

【彙訂】

① “之”，殿本無。

② “之”，殿本無。

留書別集二卷（江蘇巡撫採進本）

明章世純撰。世純有《四書留書》，已著錄。是編《內集》一卷，分四十三篇，篇各有名，多摹倣周秦諸子。《散集》一卷，皆《內集》之緒餘，不立篇名，故謂之“散”。前有世純自序。總謂之《別集》，以有說《四書》者故也。兩書自序甚明，《明史》合為一編，殊非世純之意，今分載之。又此書《內集》、《散集》各一卷，合《四書》六卷僅得八卷，而《明史》乃作十卷。然《四書》六卷無所闕佚。《內集》列有目錄，無所散失，《散集》亦首尾完具。蓋是集初名《己未留》，亦編為二卷，周鍾序之。張煒如以刊本未善，因為編定先後，考正標題，定為此本，雖有小異，實即一書。《明史》殆以兩本並行，故合之稱十卷歟？

己未留二卷（浙江巡撫採進本）

明章世純撰。此本前有周鍾序。其文與張煒如所編《留書別集》相出入，但次序小異，又不標篇名。煒如所謂“坊刻貿譌，零失篇目”者，蓋即此本也。

性理綜要二十二卷（浙江巡撫採進本）

舊本題明詹淮輯，陳仁錫訂正。而前有凡例一條云：“《性理》有詹柏山、諸理齋、黃葵陽、李九我、董思白諸刻。或病其太簡略，玆刻從《大全》增益之。"云云。柏山即詹淮之號，則凡例必非淮語，殆仁錫取淮原本稍增輯之。又卷首並存李廷機、詹淮及仁錫序，皆稱其所自輯，而仁錫序中亦不稱為據淮本。即其開卷數頁，已自相牴牾，則是書為庸俗坊本決矣[1]。書中各加標識，於可作闈試題者從〇，可作小試題者從、，可作策題者從△，並見之凡例、序中。大抵為場屋剽竊之用，於性理本旨實無所關也。淮自署新安人，仕履未詳。仁錫有《繫辭十篇書》[2]，已著錄。

【彙訂】

① 今存明嘉靖四十年歸仁齋刻本新安詹淮輯《性理集要》八卷、萬曆十八年刻本李廷機輯《性理要選》四卷。明末陳仁錫蓋因諸家選集之舊而編訂重刊，故仍題詹淮輯，並存詹淮、李廷機序。實則詹、李之書均不名《性理綜要》。（杜澤遜：《四庫存目標注》）

② "繫辭十篇書"，殿本作"繫辭十篇"，誤。《總目》卷八著錄陳仁錫撰《繫辭十篇書》十卷，今存明神默齋刻本。

性理標題彙要二十二卷（江蘇巡撫採進本）

舊本亦題明詹淮、陳仁錫同編。核檢其文，與《性理綜要》相同。蓋坊賈以原刻習見，改新名以求速售，非兩書也。

家誡要言一卷（編修程晉芳家藏本）

明吳麟徵撰。麟徵字來皇，號磊齋，海鹽人。天啟壬戌進士，官至太常寺少卿。明亡殉難，世祖章皇帝賜諡貞肅[1]。事蹟具《明史》本傳。是編皆麟徵居官時寄訓子弟之書。其子蕃昌摘錄其語，輯為一帙，故曰《要言》[2]。蕃昌字仲木，劉宗周之門人也。

【彙訂】

①“貞肅”，殿本作“忠節”，誤。《明史》卷二百六十六本傳：“遂自經……贈兵部右侍郎，謚忠節。本朝賜謚貞肅。”

②“要言”，底本作“要語”，據殿本改。

讀書劄記四卷（江蘇巡撫採進本）

明喬可聘撰。可聘字君徵，一字聖任，寶應人。天啟壬戌進士，官至河南道監察御史。是書自序謂：“始讀《王文成全書》，知有知行合一之學；又與潤山葉子、幾亭陳子互相切劘，知有居敬窮理之學；晚年讀《性理大全》、《近思錄》、《諸儒語錄》，知有理一分殊之學。”蓋可聘之學初從陸、王入，晚乃兼信程、朱，故其説出入於兩派之閒①。然生於明季，頗染佻薄之習。如其中一條云：“中庸其至矣乎，無極而太極。”又一條云：“《中庸》首言‘天命之謂性’，終言‘上天之載，無聲無臭’，無極而太極。”②此其詞氣，與叢林方丈掉弄機鋒何異乎！

【彙訂】

①“入”，殿本無。

②“無極而太極”，底本作“太極而無極”，據清康熙七年刻本此書卷四原文及殿本乙。

弟經一卷（直隸總督採進本）

明林允昌撰。允昌有《易史象解》，已著錄。是書仿《孝經》分十八章，篇末引《詩》，亦仿《孝經》之體。大抵掇拾陳言，徒供覆瓿，又偽《忠經》之重儓矣。

經史耨義二十二卷（江蘇巡撫採進本）

明林允昌撰。莆田有金石社，乃林氏宗人講肆之所。允昌集子弟月三會於其中之栖綠堂,每會講《五經》及諸史。自崇禎庚辰四月始為第一期,至十一月止①,凡二十二期,而經史義俱講畢。門人張拱宸等因輯而成編。允昌以請學為圃自題所居,故復引《禮》“講學以耨之”之語②,名之曰《耨義》。

【彙訂】

①“止”,殿本無。

②“禮”,殿本作“禮記”。

消閒錄十卷(浙江范懋柱家天一閣藏本)

明成勇編。勇字仁有,樂安人①。天啟乙丑進士,官至南京監察御史。崇禎十一年以劾楊嗣昌逮治,戍寧波衛。福王時起為原官,不赴。披緇而終。事蹟具《明史》本傳。是編乃其講學之語,皆纂輯諸儒論説而發明以己意。史稱勇“初授饒州府推官,謁鄒元標於吉水,從之受業”,故多傳其緒論云②。

【彙訂】

① 明代樂安縣有二:一屬江西省撫州府,一屬山東省青州府。成勇之籍貫,據雍正《山東通志》卷二八之三“人物三”,乃山東青州府樂安縣人,而雍正《江西通志》無此人。(楊武泉:《四庫全書總目辨誤》)

②《明史·成勇傳》云:“天啟五年進士,授饒州府推官。謁鄒元標於吉水,師事之。”乙丑即天啟五年。雍正《山東通志》卷二八之三《成勇傳》云:“天啟乙丑進士……授饒州推官。至則謁鄒元標,造廬請焉。”然鄒元標卒於天啟四年,見《明史》本傳,成勇豈能於天啟五年後謁見而師事之? 蓋成勇於登第入仕之前,已至吉水謁鄒,從之受業。若在為推官後,成勇職任在身,又饒

州府(治鄱陽,今江西波陽縣)距吉水較遠,豈能遠至吉水長期從師,傳其緒論?《明史·成勇傳》與雍正《山東通志》誤將吉水從師,敘於登第入仕之後,館臣踵其誤。(同上)

顏子繹五卷(浙江巡撫採進本)

明張星撰。星,永城人。崇禎甲戌進士,官光祿寺署丞。是編取《論》、《孟》中所載顏子事實語言釐為十則。每標題下係以四言四句,若釋家之偈。每則之下系以繹說、頌語,謂之《內篇》。又取《家語》中所載釐為八則,謂之《外篇》,取《韓詩外傳》所載十四則,謂之《繹餘》,均有繹無頌。復取諸家之論顏子者四十則,謂之《統繹》。末以陶宗儀所輯《顏子》九篇附焉,謂之《舊本》。其大旨皆入於禪。蓋自"心齋坐忘"之說倡於《莊子》,皇侃《論語義疏》遂以"屢空"為"心虛無累",焦竑因之,顏子之學為異端所假借久矣。星當心學橫決之時,又著為此書,言之加詳耳。此所謂陽儒陰釋,講學之極弊也。於理當入釋家,以所載皆顏子言行,姑附之"儒家類",而糾正其謬焉。

性理會通七十卷續編四十二卷(江蘇巡撫採進本)

明鍾人傑撰。人傑字瑞先,錢塘人。是書成於崇禎甲戌,即《性理大全》而增以明人之說。袁宏道、陳繼儒皆躋諸理學儒先之列,則其去取可知矣。

學脈正編五卷(浙江巡撫採進本)

明李公柱編。公柱初名松,字子喬,嘉善人。崇禎庚辰進士,官歙縣知縣。是書取薛瑄、胡居仁、顧憲成、錢一本、高攀龍五人語錄,彙輯成帙,人各一卷,末各系以傳贊。蓋欲標篤實之學以抗姚江之末派。然如曹端之學,其醇正不減薛瑄,何以又獨遺之乎？則亦意為進退而已矣①。

【彙訂】

①"然如曹端之學其醇正不減薛瑄何以又獨遺之乎則亦意為進退而已矣"，殿本作"也"。

道學迴瀾八卷（江西巡撫採進本）①

明王尹撰。尹字莘民，號覺齋，安福人。嘗從鄒元標、高攀龍講學於首善書院。會黨禍起，乃歸里。崇禎末，大學士陳演欲薦之，辭不就，蓋薄演之為人也。是編乃其門人所錄，大旨力闢心學，辨陽儒陰釋之誤。所取惟薛瑄、胡居仁、羅欽順、霍韜四家，而於王守仁《朱子晚年定論》則反復掊擊。雖鄒元標為所信從，而於其"完養吾心到純熟處，義理自然流出"之說，亦不少假借。其持論甚正。但文繁不殺，意重語複，衍至百六十二條，未免冗蔓耳。末附《覺齋詩編》一卷，皆談理之作。又附錄李長春所作尹《傳》，其時尹尚無恙，仍未免明末標榜之習矣。

【彙訂】

①"江西巡撫採進本"，殿本作"江蘇巡撫採進本"。

西疇日鈔二卷（江蘇巡撫採進本）

明顧樞撰。樞字庸菴，無錫人，天啟中舉人。顧憲成之孫，高攀龍之門人也。此書主程、朱而闢陸、王。又謂"考亭之學得姚江而明"，又謂"文成之學從程子來，惜矯枉過正，遂啟後來之弊"，皆不甚確。各條之下閒有其子貞觀識語，蓋刊版時所附入也。

求仁錄十卷（浙江巡撫採進本）

明潘平格撰。平格字用徵，慈谿人。是書共分七目，曰學脈,曰格致,曰性理,曰孝悌,曰讀書,曰學問,曰篤志力行。而其立說大綱,總以吾性"渾然天地萬物一體"為求仁之宰。毛文强為作小傳,稱其少時念程、朱、王、羅之學皆不合於孔孟,因竭力參求,慚痛交迫者四十日,始得親證孔、孟之學[①]。然聖門大旨,惟尊德性、道問學二途。平格一概棄置,別闢門徑,則所云證孔、孟之學者,亦仍流入禪宗而已。文强乃謂其功不在孟子下,何其傎歟!

【彙訂】

① 清康熙五十六年毛文强等刻本《潘子求仁錄輯要》十卷,據書前毛文强《潘先生傳》:"先生姓潘,諱平格,字用微……二十歲,從事於程、朱之學……越五年,又從事於王、羅之學,後又從事於老、莊之學者半載,禪學者二年。因念程朱、王羅之學,既不合於孔孟,而二氏之學,益不合於孔孟,竭力參求,慚痛交迫者四十日如一日……是時蓋三十八歲冬十月也。"則不得謂"少時"。

卓菴心書四卷(江西巡撫採進本)

明張自勳撰。自勳有《綱目續麟》,已著錄。其論學以求放心為本。謂陽明言良知,是偶有所見,故從此推出,遂主張立說不若言正心,尤為探本窮源之論。然自勳之學實沿陽明之餘波,觀其自跋可見。故書中於象山、白沙、甘泉、龍溪之說多所採掇也[①]。

【彙訂】

① "也",殿本作"焉"。

罍菴雜述二卷(浙江巡撫採進本)

明朱朝瑛撰。朝瑛有《讀易略記》,已著錄。茲編則隨其所偶得，雜書成帙，每喜以數言理。蓋其學本出黃道周也。

孔子遺語一卷（浙江范懋柱家天一閣藏本）

不著編輯者名氏。皆裒集羣書所引孔子之言。觀其"孔子卜得賁"一條，自記云："已見漆雕氏，第與此少異。""孔子曰吾志在《春秋》"一條，自記云："已刻，再查。""魯哀公使人穿井"一條，自記云："已見《集語》卷五。"① 蓋欲補宋薛據《孔子集語》之遺，而尚未成。書中引楊慎《丹鉛錄》，則近代人也。

【彙訂】

① "卷五"，殿本作"五卷"。薛據《孔子集語》僅二卷，此條見於卷上。

卷九七

子 部 七

儒家類存目三

藤陰劄記_{無卷數}（副都御史黃登賢家藏本）

國朝孫承澤撰。承澤有《尚書集解》，已著錄。是編乃其講學之語，共一百餘條。大抵以程、朱為宗，而深詆金谿、姚江，亦頗涉及史事。其論元許衡、劉因一條，謂衡不對世祖伐宋之問為是，而以因作《渡江賦》有“我有名而衆，彼無義而小，留我奉使，醜我大邦”云云，過於尊元抑宋為非。不知二人生長北方，由金入元，皆非宋之臣子。乃於一百餘年之後，責其當尊邈不相關之趙氏[①]，可謂紕繆之至矣。

【彙訂】

① “皆非宋之臣子乃於一百餘年之後責其當尊邈不相關之趙氏”，殿本作“自其高曾祖父皆非宋之臣子乃於一百餘年之後使背其踐土食毛之國而遙尊邈不相關之南宋是率天下而為逆也”。

學約續編十四卷（直隸總督採進本）

國朝孫承澤編。初，承澤嘗輯周、程、張、朱之言為《學約》一編。是編又以明薛瑄、胡居仁、羅欽順、高攀龍四家之語倣《近思錄》之例,訂為一集以續之。前有自記,稱“《學約》於二程同時不入堯夫,考亭同時不入南軒、東萊,故茲編亦不入月川、楓山、後渠、涇野、念菴、涇陽、少墟諸家”云。

考正晚年定論二卷(江蘇巡撫採進本)

國朝孫承澤撰。是書以王守仁所作《朱子晚年定論》不言晚年始於何年,但取偶然謙抑之詞,或隨問而答之語,及早年與人之筆錄之,特欲借朱子之言以攻朱子,不足為據。乃取朱子《年譜》、《行狀》、《文集》、《語類》等書[1],詳為考正。以宋孝宗淳熙甲午為始,朱子是時年四十有五,其後乃始與陸九淵兄弟相會。以次逐年編輯,實無一言合於陸氏,亦無一字涉於自悔。因逐條辨駁,輯為是編。考《晚年定論》初出之時,羅洪先致書守仁,所辨何叔京、黃直卿二《書》,已極為明晰。是書特申而明之,大旨固不出羅《書》之外。至謂守仁“立身居家,並無實學,惟事智術籠罩,乃吾道之莽、懿”,又取明世宗時請奪守仁封爵會勘疏及不准恤典之詔以為口實,則摭拾他事以快報復之私,尤門戶之見矣。

【彙訂】

① “書”,殿本作“語”。

明辨錄二卷(副都御史黃登賢家藏本)

國朝孫承澤撰。是書取諸儒闢佛之言,彙載成帙。上卷首載昌黎《原道》及《佛骨表》,而傅奕疏及太宗斥蕭瑀詔轉列於後。其餘辨論陸九淵、楊簡、王守仁之說者亦備記之。下册則皆諸儒語錄辨駁佛氏之學者。

紫陽通志錄四卷(江蘇巡撫採進本)

國朝高世泰編。世泰有《五朝三楚文獻錄》,已著錄①。是
編本徽州汪知默等輯其紫陽書院講會之語,名曰《理學歸一》,寄
示世泰。適孫承澤以《學約續編》、魏裔介以《知統翼錄》先後寄
至。世泰因合刁包《潛室劄記》、陳揆《省心日記》諸條并梓行之。
其曰《通志》者,蓋謂通彼此應求之志,以明為學之出於一源。卷
末自附《格致講》、《學講》各一篇,又有"講畢送難"之語,頗涉禪
宗窠臼。蓋猶沿明季書院之餘習也。

【彙訂】

①《總目》未著錄《五朝三楚文獻錄》。(胡露:《〈四庫全書
總目〉子部存目補正》)

聖學入門書無卷數(江西巡撫採進本)

國朝陳瑚撰。瑚字言夏,號確菴,太倉人。前明崇禎壬午舉
人。是書分大學日程、小學日程二種。大學日程曰格致之學、誠
意之學、正心之學、修身之學、齊家之學、治平之學,於八條目之
中復分條目,各為疏解。小學日程曰入孝之學、出弟之學、謹行
之學、信言之學、親愛之學、文藝之學,其條目較之大學為簡。其
用功之要曰日省敬怠、日省善過,末附日程格式於後。每日為空
格,以四格記晨起、午前、午後、燈下,以二格總記敬怠、善過。又
有半月總結之法。蓋即仿袁黃功過格意,惟不言果報,稍異乎有
為而為。然科條密於秋荼,非萬緣俱謝,靜坐觀心,不能時時刻
刻操管繕錄也。

學言三卷(山西巡撫採進本)

國朝白允〔胤〕謙撰。允謙字子益,陽城人。前明崇禎癸未

進士,改庶吉士。入國朝授祕書院檢討,官至刑部尚書。此書皆
其講學之語,上卷五十九條,下卷六十條,又續一卷,凡八十一
條。其曰"無我之我是謂真我,無知之知是謂良知",又曰"聖人
無內無外,仁可智也,智可仁也",皆語涉惝悅,非篤實之學也。

此菴語錄十卷(浙江巡撫採進本)

國朝胡統虞撰。統虞字孝緒,武陵人。前明崇禎癸未進
士,入國朝官至國子監祭酒①。此書前二卷為《成均語錄》,乃
官祭酒時與諸生講論者,附《原性》、《或問》、《學規》三種。三
卷至七卷為《四書語錄》,八卷為《萬壽宮語錄》,末二卷為《此
菴語錄》②,以別乎《成均》、《萬壽宮》也。其學禰姚江而祖象
山,專持良知之説,於朱子頗不能盡合。如記陸子靜鵝湖講喻
義一章,滿座為之揮淚。講畢,朱晦菴長跪以謝曰:"熹平生學
問,實實未嘗看到此處。"其軒輊類多如此,亦可謂深於門户之
見者矣。

【彙訂】

①《湖廣通志》卷五十:"胡統虞,武陵人,前明進士,選庶吉
士,升檢討。順治初詔授國史院檢討,典直隸鄉試,稱得人,擢國
子監祭酒,講學彝倫堂。以明善誠身為要,升祕書院學士,纂修
《實錄》,教習庶吉士,以疾終。"既言"升祕書院學士",則非"官至
國子監祭酒"也。《詞林典故》卷七"順治六年己丑科""胡統虞"
下亦注"內院學士",可證。(胡露:《〈四庫全書總目〉子部存目
補正》)

② 清順治八年刻本《此菴講錄》十卷,卷一為《大學講錄》,
卷二為《中庸講錄》,卷三為《上論講錄》,卷四為《下論講錄》,卷

五為《二孟講錄》,卷六、七為《成均講錄》(附《原性》、《或問》、《學規》三種),卷八為《萬壽宮講錄》,卷九為《此菴講錄》,卷十為《此菴書問》。

理學傳心纂要八卷(湖北巡撫採進本)

國朝孫奇逢撰,漆士昌補。奇逢有《讀易大旨》,已著錄。士昌,江陵人,奇逢之門人也。奇逢原書錄周子、二程子、張子、邵子、朱子、陸九淵、薛瑄、王守仁、羅洪先、顧憲成十一人,以為直接道統之傳。人為一篇,皆前敘其行事而後節錄其遺文,凡三卷。又取漢董仲舒以下至明末周汝登,各略載其言行以為羽翼理學之派,凡四卷。奇逢歿後,士昌復刪削其語錄一卷,攙列於顧憲成後,共為八卷。奇逢行誼,不愧古人。其講學參酌朱、陸之間,有體有用,亦有異於迂儒。故湯斌慕其為人,至解官以從之遊。然道統所歸,談何容易。奇逢以顧憲成當古今第十一人,士昌又以奇逢當古今第十二人,醇儒若董仲舒等猶不得肩隨於後。其猶東林標榜之餘風乎?

歲寒居答問二卷附錄一卷(浙江范懋柱家天一閣藏本)

國朝孫奇逢撰。皆自錄朋友答問之語。奇逢之學主於明體達用,宗旨出於姚江,而變以篤實,化以和平。兼採程、朱之旨,以彌其闕失。故其言有曰:“門宗分裂,使人知反而求之事物之際,晦翁之功也;然晦翁歿,而天下之實病不可不瀉,詞章繁興,使人知反而求之心性之中,陽明之功也;然陽明歿,而天下之虛病不可不補。”是其宗旨所在也。舊本前有《附錄》一卷,為奇逢所作《格物說》及楊東明《興學會約》八條。既曰“附錄”,不應弁首,或裝輯時誤置卷端耳。

潛室劄記二卷（直隸總督採進本）

國朝刁包撰。包有《易酌》，已著錄。其書以平日所見隨筆劄記。王士禛《池北偶談》嘗稱其中"為蓋世豪傑易，為愜心聖賢難"一條，又稱其"趨吉避凶，蓋言趨正避邪，若認作趨福避禍便誤"一條。然所言心性及格致誠敬，類多拾前人緒餘。其謂："讀《春秋》而不知胡傳之妙，不可以言《春秋》。"亦不出里塾拘墟之見。又稱："吾輩第一座名山在《大學》'知止'一節。"且謂："此山又不在書本上，還只在腔子裏。"①語殊虛渺，尤不免墮入姚江門徑矣。

【彙訂】

① "只"，清光緒《畿輔叢書》本此書卷下原文及殿本無。

張界軒集八卷（江西巡撫採進本）

國朝張時為撰。時為字景明，餘干人，前明福王時貢生。是編乃其族孫司直所刻，目列十六卷。首序傳、目錄一卷，次《為學約言》四卷，次《讀近思錄紀言》一卷，次《六一寱言》一卷，次《喪禮去非》一卷，次《讀左言》一卷，次語錄一卷，次詩文六卷，故總以集名。然《讀左言》、語錄、詩文皆未刻，刻者皆講學之書，仍以集名，非其實也。江右之學，大抵以陸氏為宗。時為生胡居仁之鄉，乃獨從居仁宗朱子，故其言平正篤實者居多，然頗有主持太過者。如曰"《六經》載道之書，非止為治天下之書"。是徒知尊崇性命，菲薄事功，而不知大人之學由格致而治平，中庸之理自中和而位育也。又謂："程子'雲淡風輕'一詩，與陰陽四時相準，四句分配四時之氣，一句亦分配四時之氣。如'雲淡'二字是春氣，'風輕'二字是夏氣，'近午'二字是秋氣，‘天’字是冬氣。”恐程子吟詩之時斷無此意，即伶倫製律，后夔典樂，周公輯頌，亦斷無此法也。他如擬奏疏於朝，請旨定天下傳奇為六等，古今無此政體；又擬定假名著書者視殺人之罪加一等，古今亦無此律令。其於程、朱之學，殆猶食而未化歟？

性圖一卷（江西巡撫採進本）

國朝黃采撰。采字亮公，號復堂，南城人。是書立為六圖，以發明心性之旨。一曰性圖，二曰心圖，三曰情質圖，四曰氣質圖，五曰心性情氣質總圖①，六曰中和圖。附以《辛未會語》及《再復陶企夫書》，皆辨論六圖之義。其大旨以孟子四端為説，力矯靜觀未發之失，論頗篤實。惟以心與性分為二物，則究未為協也。

【彙訂】

①“心性情氣質總圖”，殿本作“性心情氣質總圖”，底本疑誤。

學案一卷（兩江總督採進本）

國朝王甡撰。甡字無量，金壇人。是編大旨主於救姚江末流之失。首錄《四書》之文，列為孔子、顏子、曾子、子思、孟子學案。即繼以朱子《白鹿洞規》，次以程端蒙、董銖《學則》，而終以朱子《敬齋箴》。蓋因雙峯饒魯之書而為之。其《四書》及《敬齋箴》，則甡所加也。

存性編二卷（直隸總督採進本）

國朝顏元撰。元字渾然，號習齋，博野人。明末，其父成遼東，歿於關外。元貧無立錐，百計拮据，覓其骨歸葬，故世以孝子稱之。其學主於厲實行,濟實用,大抵源出姚江,而加以刻苦,亦介然自成一家,故往往與宋儒立同異。是書為其《四存編》之一。大旨謂孟子言"性善",即孔子言"性相近,習相遠",語異而意同。宋儒誤解相近之義,以善為天命之性,相近為氣質之性,遂使為惡者諉於氣質。不知理即氣之理,氣即理之氣,清濁厚薄,純駁偏全,萬有不齊,總歸一善,其惡者引蔽習染耳①。其以目為譬,則謂:"光明能視即目之性,其視之也則情之善,視之詳略遠近則才之強弱皆不可謂之惡。惟有邪色引動,然後有淫視。"是所謂非才之罪,是即所謂習。又謂:"性之相近如真金,輕重多寡雖不同,其為金俱相若也。惟其有差等,故不曰同;惟其同一善,故曰近。舉天下不一之姿,以'性相近'一言包括,是即性善,是即人皆可以為堯舜;舉世人引蔽習染無窮之罪惡,以'習相遠'一言包之,是即非才之罪,是即非天之降才爾殊。"其説雖稍異先儒,而於孔、孟之旨會通一理,且以杜委過氣質之弊,正未可謂之立異也。至下卷分列七圖以明氣質非惡之所以然,則推求於孔、孟所未言,使天地生人全成板法,是則可以不必耳。

【彙訂】

①"引",殿本作"即",誤,參清康熙刻本此書卷一"明明德"、"借水喻性"諸條。

存學編四卷(浙江巡撫採進本)

國朝顏元撰。是書為其《四存編》之二,以辨明學術為主。大旨謂聖賢立教所以別於異端者,以異端之學空談心性,而聖賢之學則事事徵諸實用,原無相近之處。自儒者失其本原,亦以心性為宗，一切視為末務，其學遂於異端近，而異端亦得而雜之。其說於程、朱、陸、王皆深有不滿。蓋元生於國初，目擊明季諸儒崇尚心學，放誕縱恣之失，故力矯其弊，務以實用為宗。然中多有激之談，攻駁先儒，未免已甚。又如所稱打諢、猜拳諸語，詞氣亦叫囂粗鄙，於大雅有乖。至謂"性命非可言傳"云云，其視性命亦幾類於禪家之恍惚，持論尤為有疵。殆懲羹吹齏而不知其矯枉之過正歟？

存治編一卷（直隸總督採進本）

國朝顏元撰。是書為其《四存編》之三。大旨欲全復井田、封建、學校、徵辟、肉刑及寓兵於農之法。夫古法之廢久矣，王道必因時勢。時勢既非，雖以神聖之智，藉帝王之權，亦不能強復。強復之，必亂天下。元所云云，殆於瞽談黑白。使行其說，又不止王安石之《周禮》矣。

存人編四卷（直隸總督採進本）

國朝顏元撰。是書為其《四存編》之四。前二卷一名《喚迷塗》，皆以通俗之詞勸喻僧、尼、道士歸俗，及戒儒者談禪，愚民尊奉邪教。三卷為《明太祖釋迦佛贊解》一篇。太祖本禪家機鋒語，元執其字句而解之，非其本旨。且闢佛亦不必借此《贊》，恐反為釋子藉口。四卷附錄束鹿張鼎彝《毀念佛堂議》，及元所撰《闢念佛堂說》、《擬更念佛堂諭》。則元尋父骨至錦州，應鼎彝之請而作，時鼎彝為奉天府尹也。

教民恒言一卷（直隸總督採進本）

國朝魏裔介撰。裔介有《孝經註義》，已著錄。是書本聖諭十六條衍為通俗之詞，反覆開闡，以訓愚蒙。前列講約二圖，蓋其家居時所作也。

致知格物解二卷（直隸總督採進本）

國朝魏裔介撰。是編上卷載程子、朱子格致之説，下卷列諸儒格致之説，而附以裔介所作《辨》二篇，一曰《致知格物非物欲扞格》，一曰《致知格物非去不正以全其正》。又《與孫承澤論學書》一篇、《或問》一篇。

周程張朱正脈無卷數（直隸總督採進本）

國朝魏裔介編。是編首錄周子《太極圖説》，次張子《西銘》、《東銘》，次周汝登所輯《程門微旨》，次國朝孫承澤所輯《考正晚年定論》及朱子《與廖德明問答》。題曰“正脈”，以諸儒之脈在是也。其自序謂：“周海門所輯《程門微旨》，王陽明所輯《朱子晚年定論》，未足發蒙啟迷。於《微旨》取十之五，於王陽明所輯則盡删之，而取北海《考正定論》。”云云。然《微旨》内如“覺悟便是性”一條，及“漢江老父云心存誠敬固善，不若無心”一條，依然王門之宗旨，則持擇猶未審也。

論性書二卷（直隸總督採進本）

國朝魏裔介撰。是書引《書》、《易》、《孝經》、《論語》、《家語》、《左傳》、《禮記》、《中庸》、《孟子》、《孔叢子》、《子華子》、《荀卿子》、《論衡》、《老子》以及唐、宋以來諸家論性之語，而衷以己説。末自附《性説》二篇[①]。

【彙訂】

① 清初龍江書院刻本此集，《論衡》、《老子》之下，尚有《秦漢人論性》一節，包括賈誼、王輔嗣（弼）、趙臺卿（岐）、韓嬰、啖助、袁准等人論性之語。（胡露：《〈四庫全書總目〉子部存目補正》）

約言錄二卷（直隸總督採進本）

國朝魏裔介撰。是編乃順治甲午冬裔介在告時所筆記^①。內篇多講學，外篇則兼及雜論。

【彙訂】

① 清刻本《靜怡齋約言錄》二卷，前有《約言錄自序》，云："癸巳之冬……遂謝却知交，閉戶高吟，追憶舊聞，隨手一記錄，得二百一十餘則，分爲内、外二篇，曰《約言錄》。"末署"順治甲午正月，柏鄉魏裔介題於燕邸之靜怡齋中"。可知此書成於順治癸巳之冬至甲午正月，非"順治甲午冬"。（胡露：《〈四庫全書總目〉子部存目補正》）

續近思錄二十八卷（兩江總督採進本）

國朝鄭光羲撰。光羲字夕可，無錫人。是編前集十四卷，採薛瑄、胡居仁、陳獻章、高攀龍四人之説，後集十四卷，採王守仁、顧憲成、錢一本、吳桂森、華貞元及其父儀曾六人之説。前有光羲自序云："不有朱子，孔子之道不著；不有高子，朱子之道不著。朱子依然一孔子，高子依然一朱子。朱子功不在孟子下，高子功不在朱子下。"然講學之家，申明聖賢之緒論以引導後學則有之矣，動擬之於孔子，孔子豈若是易爲哉？

朱子聖學考略十卷（副都御史黃登賢家藏本）

國朝朱澤澐撰。澤澐字止泉，寶應人^①。朱、陸二派，在宋已分。洎乎明代宏治以前，則朱勝陸。久而患朱學之拘，正德以後則朱、陸爭詬，隆慶以後則陸竟勝朱。又久而厭陸學之放，則仍申朱而絀陸。講學之士亦各隨風氣，以投時好。是編詳敍朱子爲學始末，以攻金谿、姚江之説。蓋澤澐生於國初，正象山道弊,鹿洞教興之日也。

【彙訂】

①《清史稿》卷四八〇《列傳》第二六七《儒林一》:"王懋竑,字子中,寶應人……同邑與懋竑學朱子學者,有朱澤澐、喬僅。澤澐,字湘陶。"(胡露:《〈四庫全書總目〉子部存目補正》)

廣祀典議一卷(兩江總督採進本)

國朝吳蕭公撰。蕭公有《讀禮問》,已著錄①。是書力闢二氏及諸淫祀,持議甚正。然皆儒者之常談,可以無庸複述。

【彙訂】

① 依《總目》體例,當作"蕭公有《詩問》,已著錄"。(胡露:《〈四庫全書總目〉子部存目補正》)

二程學案二卷(兩江總督採進本)

國朝黃宗羲撰,其子百家續成之。宗羲有《易學象數論》,已著錄。是編以二程造德各殊,因輯二程語錄及先儒議論二程者,各為一卷。百家又以己意附論各條之下。然黃氏之學出王守仁,雖盛談伊、洛,姚江之根柢終在也。

讀書質疑二卷(安徽巡撫採進本)

國朝王錟撰。錟有《宗譜纂要》,已著錄。是書仿諸儒語錄隨筆劄記,不出前人緒論。或故為恍惚之語,如云:"曆家以布算論天,不是理,亦不是數。儒者數在理中,却布算不得,布算數之巧,非數之正。"亦殊支離也。

欲從錄十卷(安徽巡撫採進本)

國朝王錟撰。是編之名,蓋取顏子"欲從末由"之意,摘錄孔

子、子思、顏子、曾子、孟子、周子、二程子、張子、朱子之言，而廣
引諸家以闡發之。於孔子則取《易·繫辭》及《論語》，於子思則
取《中庸》，於顏子則取《易·繫辭》一條、《論語》數條，於曾子則
取《論語》、《大學》，於《孟子》則取"不忍"、"養氣"、"性善"諸條，
於周子則取《太極圖說》、《通書》，於二程則取《遺書》，於張子則
取《西銘》、《正蒙》，於朱子則取《近思錄》。然皆寥寥數則，自謂
聖賢祕奧已盡於此，似不然也。

臆言四卷（浙江巡撫採進本）

國朝朱顯祖撰。顯祖有《希賢錄》，已著錄。是編乃其劄記
之語。論皆醇正，而亦患陳因。如云"行莫大於仁，德無加於孝"
之類，雖聖人不易斯言矣，然何必顯祖始能言也。

儒宗理要二十九卷（內府藏本）

國朝張能鱗編。能鱗有《詩經傳說取裁》，已著錄。是書取
宋五子著述，分類編錄，周子二卷，張子六卷，程子六卷，朱子十
五卷。書前各有小序一首、本傳一篇，別無發明。

理學辨一卷（浙江巡撫採進本）①

國朝王庭撰。庭字言遠，嘉興人。順治己丑進士，官至山西
布政使②。是書以宋、明諸儒互有得失，因以己意訂正之。意在
埽衆說之繆轕，破諸家之門户。然過於自用，往往不醇。譚旭
《謀道續錄》曰："偶過坊閒，見王言遠《理學辨》，悅其名也，購得
之。時一披覽，百孔千瘡，殊不可耐。據其所言，宋代直無完儒。
異哉，邪說之害道一至此乎？如以混沌言太極，以心知言性，以
用言道，以心言理，天人看作兩股，內外判成兩截。甚至周子'無
極'等說，程子'性即理'等說，邵子'道為太極'等說，張子'鬼神

二氣良能'等説,都一例譏彈,而其闢朱子也尤甚。又謂'釋氏見性成佛,與《中庸》未發之中相似',又謂'吾儒體認未發以前氣象,與禪家不思善不思惡時看本來面目相近',又謂'老子是《易》之坤道,儒者是《易》之乾道',和合三教,全無義理。其他支離破碎,非聖叛經,并取陸、王之學者尤難縷述。最不通者,羅整菴一生闢禪,深得儒學源流之正,與章楓山同蒞南廱,極為相得。胡敬齋歿時,整菴年方弱冠,讀書本里雙龍觀內,尚未知名。渠謂楓山目以禪學,敬齋攻之尤力,竟以二公之議白沙者坐於整菴,真可笑也。"云云。其詆訶雖未免稍過,要亦庭之好為異論有以致之也。

【彙訂】

① 此書在《各省進呈書目》中僅著錄於《浙江省第九次進呈書目》與《浙江採集遺書總錄》,又見於《二老閣進呈書》,"浙江巡撫採進本"應為"浙江鄭大節家藏本"之誤。(江慶柏:《四庫全書私人呈送本中的鄭大節家藏本》)

② 殿本"使"下有"司"字,衍。

常語筆存一卷(編修程晉芳家藏本)

國朝湯斌撰。斌有《洛學編》,已著錄。斌學術出於孫奇逢,介在朱、陸二派之間,而有體有用,號曰醇儒。是書凡二十餘條,於存心、養性、稽古、敬身之道皆抒所心得,末有斌子溥跋。蓋此乃斌平時常語以教子弟生徒,溥及斌門人姚岳生等所追記者。今編入《湯子遺書》,題曰《語錄》是也[①]。此蓋初出別行之本耳[②]。

【彙訂】

① "題曰語錄是也",殿本作"改題曰語錄"。

② "耳"，殿本作"也"。

理學要旨_{無卷數}（河南巡撫採進本）

國朝耿介編。介有《中州道學編》，已著錄。是書輯周、程、張、朱五子之書為一帙，書首各列《小傳》。其於周子錄《太極圖說》，復摘錄《通書》六章；於明道程子錄《定性書》、《識仁説》、《論氣質之性》及語錄；於伊川程子錄《顏子所好何學論》、《四箴》及語錄；於張子錄《西銘》及語錄；於朱子之書亦止採《仁説》一篇及語錄四十條。

朱子學歸二十三卷（浙江巡撫採進本）

國朝鄭端編。端有《政學錄》，已著錄。是書成於康熙癸亥。採摭朱子緒論，分類編輯，列為二十三門，門為一卷。自序稱："少讀朱子《近思錄》，而求明儒高攀龍所編《朱子節要》，數年不得。及此書既成，復得《節要》一册，取以相質，亦不至大相刺謬。"云。

溯流史學鈔二十卷（河南巡撫採進本）

國朝張沐撰。沐有《周易疏略》，已著錄。是編乃其講學之語。首曰《敦臨堂錄》，其初自内黃罷歸時作。次曰《關中錄》，遊臨潼時作。次曰《嵩高錄》，遊嵩山時作。侯重喜序稱二錄作於避薦潛跡之時。考沐前後兩任縣令，不知中閒數年何以忽為隱士也。次曰《釣談錄》，因歲歉流寓禹州作①。次曰《燕邸錄》，重至京師求官時作。次曰《蜀中錄》，官資縣時作。次曰《天中錄》，再罷官後主天中書院時作。以上共為十八卷。其第十九卷則論昏、喪葬、祭、處女死節、廬墓諸事，其二十卷則游梁講語也。其曰"溯流"者，自序謂取"水哉水哉"之義②。其曰"史學"，則是書實非史論，沐亦自無明文。命名之義，不可得而知矣。

【彙訂】

① 清康熙侯重喜等刻本此集，"嵩高錄"，目錄及卷六至八卷首、版心皆作"嵩談錄"；"釣談錄"，目錄、卷九至十卷首、版心皆作"鈞談錄"。書前附康熙三十三年季冬之四日丁酉年雪園侯重喜序，云："《關中錄》，夫子避薦舉，潛迹長安、臨潼間止筆。旋又避於嵩高登密間，又為《嵩談錄》。至《鈞談錄》者，夫子避蔡邑凶歉，講學於禹州所錄也。"鈞州，即禹州。《明史》卷四二《地理志三》："禹州，元曰鈞州……萬曆三年四月避諱改曰禹州。"（胡露：《〈四庫全書總目〉子部存目補正》）

② "自序"，殿本作"自取"，誤。

閑道錄三卷（湖北巡撫採進本）

國朝熊賜履撰。賜履有《學統》，已著錄。是書大旨以明善為宗，以主敬為要，力闢王守仁良知之學，以申朱子之說。故名曰《閑道》，蓋以楊、墨比守仁也。其間辨駁儒、禪之同異，頗為精核。惟詞氣之間，抑揚太過。以朱子為兼孔子、顏子、曾子、孟子之長，而動詈象山、姚江為異類，殊少和平之意，則猶東林之餘習也。其中如云："一箇分萬箇①，萬箇又分萬箇，萬箇合一箇，一箇又合一箇。"然既已合為一箇，不知所云又合之一箇竟指何物。又云："無方無方之方，無體無體之體，無外無外之外，無內無內之內，無終無終之終，無始無始之始。"又云："自寂自感，自感自寂，恒寂恒感，恒感恒寂。"又云："無斷無續，無出無入。"皆不免故為杳冥恍惚之詞。又云："食知味，行知步，知性知天，亦不外此。"尤不免仍涉良知之說。其謂："老氏無止無理，不曾無欲，佛

氏空止空理,不曾空欲。"亦不甚中其病。至謂:"學不聞道,雖功
彌六合,澤及兩閒,止是私意。"以陰抑姚江之事功,尤為主張太
過,轉以心性為元虛矣②。

【彙訂】

① 殿本"分"下有"為"字,衍,參清刻本此書卷上原文。

② "元虛",殿本作"虛無"。

下學堂劄記三卷(湖北巡撫採進本)

國朝熊賜履撰。賜履既重訂所作《閑道錄》,乃舉向所劄記,
摘其與是《錄》相發明者三百三十有三條,定為此編。前有康熙
乙丑自序,末條自記成是書時年已五十矣。大旨仍以辨難攻擊
為本。其說有曰:"是陸而非朱者,不可不辨;是朱而並是陸者,
不可不為之深辨。"又曰:"孟子本靜重簡默之人,今日距楊、墨,
明日闢告、許,辨論衎衎,迄無寧日,時為之也。朱子之在淳熙
也,亦然。闢五宗之狂禪,訂百家之譌舛,殫力竭精,舌敝穎禿,
豈得已哉,亦時為之也。當今日而有衛道其人者乎,孟、朱之徒
也。"其自負亦不淺矣。然引蕭企昭之言詈王守仁為賊,未免已
甚。且其中如論《易》之類,謂:"六十四卦也說不盡,乾、坤二卦
也不消。"是亦不免參雜恍惚之論矣。

性理譜五卷(湖北巡撫採進本)

國朝蕭企昭撰。企昭字文超,漢陽人,順治丁酉副榜貢生。
《縣志》稱其喜講性命之學,與熊賜履友善。故賜履著書,嘗引其
說。所著有《客窗隨筆》一卷,《再筆》二卷,《闇修齋日記》一卷,
《雜筆》一卷。企昭卒後,其兄廣昭裒為一編,總名之曰《性理
譜》,亦曰《蕭季子語錄》。其書大旨在於伸程、朱而闢陸、王,與

賜履《閑道錄》所見同。

大儒粹語二十八卷（江蘇巡撫採進本）

國朝顧棟高撰[①]。棟高字季任，又字未餘，吳江人。是書摘錄周子、二程子、張子、楊時、謝良佐、呂大臨、尹焞、羅從彥、李侗、胡宏、朱子、陸九淵、張栻、呂祖謙、黃榦、蔡沈、陳淳、真德秀、許衡、薛瑄、王守仁、陳獻章、胡居仁、顧憲成、高攀龍、劉宗周二十七家講學之語[②]，彙為一編。諸儒門徑各殊，棟高合而一之。大旨援新安以合金谿，為調停之說者也。

【彙訂】

① “顧棟高”，殿本作“顧棟南”，下同，誤。《清史列傳》卷六八《顧棟高傳》謂“字復初，江蘇無錫人，康熙六十年進士，授內閣中書，著有《大儒粹語》二十八卷”。《清史稿》卷四八〇《儒林一·顧棟高傳》云“字震滄”，餘與《清史列傳》同。顧棟南字季任，又字未餘，吳江人。清乾隆《吳江縣志》卷四六《書目》著錄顧棟南《大儒語錄》。《江蘇採輯遺書目錄》著錄：“《大儒粹語》二十八卷，清吳江顧棟南著，刊本。”亦誤。（楊武泉：《四庫全書總目辨誤》；杜澤遜：《四庫存目標注》）

② “二十七家”，殿本作“二十八家”，誤。

紫陽大旨八卷（江蘇巡撫採進本）

國朝秦雲爽撰。雲爽字開地，號定叟，錢塘人。是編成於順治辛丑，專為王守仁《朱子晚年定論》而作。分八門，一曰朱子初學，二曰論已發未發，三曰論涵養本原[①]，四曰論居敬窮理，五曰論致知格物，六曰論性，七曰論心，八曰論太極。大約以第一卷所載實為未定之論，二卷以下則真知灼見，粹然一出於正。守仁之論,亦閒附載以互證。其何叔京書顛倒年月之類,羅欽順等所已駁者,不復糾焉。

【彙訂】

① "原",底本作"源",據清鈔本此書目錄及殿本改。

會語支言四卷(浙江巡撫採進本)

國朝陸鳴鼇撰。鳴鼇字石菴,仁和人。嘗官河陽縣知縣,與趙士麟友善。鳴鼇罷官歸,會士麟巡撫浙江,延入書院講學。因輯錄平日議論問答之語以為此編。大要在闡明心性,而往往以習靜養生闌入二氏之説。如謂"儒家亦作禪和機鋒語,非釋氏之私",牽合殊甚。又引沙門竺公與王坦之約"先死者當相報"語,後經年,王於廟中見師來言,"惟當勤修道德,以昇躋神明"。謂此一則,數善備焉。亦涉語怪,不能盡衷於醇正也。

性理大中二十八卷(浙江孫仰曾家藏本)

國朝應撝謙撰。撝謙有《周易應氏集解》,已著錄。是書因《性理大全》而增損之,更其篇籍,删其繁支①,補其闕略。初創稿於康熙庚寅,越六年復為訂正,至辛酉始定為今本②。故卷端有自序,又有重訂一序。其退《太極圖説》於末卷。蓋即吕祖謙題《近思錄》以陰陽性命之説錄於首卷,而致知力行之方反錄於後,懼學者騖於高遠意。其凡例稱:"自聖學失傳以後,開闢洪荒,豈無所自。嘉言自漢、唐以來,累累而有。"亦平心之公論。然既稱薛瑄守朱學之成,王守仁閒有異同矣,所敍道統,又明代止錄守仁一人,而瑄反見黜,何也③?

【彙訂】

① "支",底本作"文",據清康熙二十五年刻本此書書前應

搞謙原序及殿本改。

②庚寅為康熙四十九年(1710)，其後辛酉則為乾隆六年(1741)。應搞謙之卒年，康熙《仁和縣志》卷一八《儒林·應搞謙傳》載："癸亥七月病卒。"癸亥為康熙二十二年。《清史列傳》卷六六《應搞謙傳》、《清史稿·應搞謙傳》從之。清康熙二十五年刻本此書有康熙二十五年趙士麟序云："先生長往已幾三年。"又康熙二十年辛酉(1681)自序云："予向者館華藏寺，不揣曾修敘之，顏為《大中》，尚有闕略焉。越六年，初遷臨平，閒居無事，手訂成書，以為聖人之道從是以入，必可達也。後復二十六年，歲有增改，庶少遺缺。"則"康熙庚寅"應係"順治庚寅(1650)"之誤。(楊武泉：《四庫全書總目辨誤》)

③此書卷之七《儒紀五》錄陽明王子，而卷之六《儒紀四》錄有敬軒薛子，"瑄反見黜"不確。

慎助編二卷（浙江巡撫採進本）

國朝蔡方炳編。方炳有《廣輿記》，已著錄①。其父懋德嘗取前人格言，分條輯錄，以自砥礪。方炳得其手稿，每攜以自隨，未及編次，而為人竊去。至年六十餘，因採擇諸儒緒論，仿懋德原編體例，復為此書以補之。

【彙訂】

①《總目》卷七二著錄蔡方炳撰《增訂廣輿記》二十四卷，"是編因明陸應暘《廣輿記》而稍刪補之"。

體獨私鈔四卷（浙江巡撫採進本）

國朝黃百家撰。百家字主一，餘姚人。康熙中嘗以薦預修《明史》。其父宗義為劉宗周門人，故百家是編皆發明宗周之說。

首揭宗周慎獨宗旨，一一考辨，曰《闇章》。次以專言獨者，曰《明句》。又採取古聖賢能慎獨之人，曰《證人》。又取先儒舊訓有合於慎獨之義者，曰《證言》。皆參以其父宗羲所論，而推闡以己意。

王劉異同五卷（浙江巡撫採進本）

國朝黃百家撰。是書大旨，在以劉宗周慎獨之說補王守仁良知之罅漏。首述二家立說之異，繼證二家之同，末採擇兩家文集中語以類次之，而終以其父宗羲所撰王、劉兩《傳》。

學術辨一卷（編修程晉芳家藏本）

國朝陸隴其撰。隴其有《古文尚書考》，已著錄。是書凡上、中、下三篇，皆辨姚江之學。上篇發其端，中篇實其病之所在，下篇究其弊之所極。已載入《三魚堂集》中。此曹溶《學海類編》摘錄別行之本也。

問學錄四卷（浙江巡撫採進本）

國朝陸隴其撰。是編大旨，主於力闢姚江之學以尊朱子。然與王守仁辨者少，而於近代之說調停於朱、陸之間，及雖攻良知而未暢者，駁之尤力。其中有抑揚稍過者。如高攀龍遭逢黨禍，自盡以全國體，其臨終遺表有“君恩未報，願結來生”二語。此自老臣戀主，惓惓不已之至情。而隴其以其“來生”之說流於佛氏為疑[1]，未免操之已蹙。朱子《文集》有《與鞏仲至書》曰：“仍更洗滌得腸胃間夙生葷血脂膏。”“夙生”二字與“來生”何異，隴其何竟不糾耶？王守仁開金谿之派，其末流至於決裂猖狂，誠為有弊，至其事業炳然，自不可掩。而隴其謂：“守仁之道不得大行，繼守仁而行其道者[2]，徐階也。使守仁得君，其功業亦不過如階。"似亦未足以服守仁之心。至於朱子之學上接洙泗,誠宋以來儒者之宗。隴其必謂:"讀《論語》固能興起善意,然聖言簡略,又不若《小學》、《近思錄》、《朱子行狀》尤能使人興起善意。"似亦過於主持。蓋明之末年,學者以尊王詆朱為高,其勢幾不可遏。隴其篤守宋儒,力與之辨,不得不甚其詞,然亦稍失和平之氣。且隴其官靈壽時,已自摘此書要語入之《松陽鈔存》中。則所未摘取者,雖不存可也③。

【彙訂】

① "以"下"其"字,殿本無。

② "者",殿本無。

③ "也",殿本作"矣"。

信陽子卓錄八卷(編修勵守謙家藏本)

國朝張鵬翮撰。鵬翮有《忠武志》,已著錄。是書凡分七目,曰道體①,曰致和②,曰存省,曰修己,曰治人,曰閑道,曰博物。俱採輯前言往行,附以己說。名曰《卓錄》,取"如有所立卓爾"之義也。

【彙訂】

① "道體",底本作"體道",據清康熙刻本此書卷一及殿本改。

② 此書卷二作《致知》,其中云:"朱子曰:知者,心之神明,所以妙衆理而應萬事也。故知不昧,斯能妙衆理而應萬事。日用之間,知最為切要……"皆論"格物致知"之"致知",可知"致和"誤。(胡露:《〈四庫全書總目〉子部存目補正》)

王學質疑一卷附錄一卷(浙江巡撫採進本)

國朝張烈撰。烈有《讀易日鈔》,已著錄。是書攻擊姚江之學,凡分五篇,一辨性即理之説,一辨致知格物之説,一辨知行合一之説,一為雜論,一為總論。其《附錄》則首為《朱陸異同論》。次為《史法質疑》,通論史體。次為《讀史質疑》五篇:一論明孝宗時閹宦之勢;一論李東陽之巧宦;一論《宋史》以外不當濫立《道學傳》,亦為王學而發;一論王守仁宜入《功臣傳》,而以明之亂亡全歸罪於守仁;一論萬曆時爭東宮、梃擊諸臣之非①。當王學極濫之日,其補偏救弊亦不為無功,然以明之亡國歸罪守仁,事隔一百餘年,較因李斯而斥荀卿,相距更遠,未免鍛鍊周内。夫明之亡,亡於門户。門户始於朋黨,朋黨始於講學,講學則始於東林,東林始於楊時,其學不出王氏也。獨以王氏為禍本,恐宗姚江者亦有詞矣。至以守仁宏治己未登第,是年孔廟災,建陽書院亦火,為守仁所致之天變,尤屬鑿空誣衊。是皆持之過急,轉不足以服其心者也。若梃擊一案,當以孫承宗"事關國本不可不辨,事關宮闈不可深辨"之説為正。而烈以抗論諸臣多出王學,遂謂主瘋顛者為是。殊不思福王奪嫡,途人皆知。即事關鄭妃,不能行法,亦不可無此窮究之論,坐罪於其羽翼,以陰折再發之逆萌。如其默默相容,僅以瘋顛坐張差,則彼計得逞,可以坐擅天下。即計不成,不過僅損一刺客②,何憚而不重試乎?故諸臣之爭,雖明知其不可行③,而於事不為無益,未可黨同伐異,顛倒天下之是非也。陸隴其跋於此條再三剖析,蓋亦深覺其失矣。夫學以克制其私也,烈所云云,於門户之私其尚有未能克制者乎?

【彙訂】

① 殿本"梃"上有"爭"字。

②"損",殿本作"捐"。

③"可",殿本無。

太極圖説遺議一卷（浙江巡撫採進本）

國朝毛奇齡撰。奇齡有《仲氏易》，已著錄。周子《太極圖說》本《易》有"太極"一語，特以"無極"二字，啟朱、陸之爭。奇齡又以其圖與《參同契》合，併引唐元宗《御製上方大洞真元妙經序》"無極"二字為證。因及於篇中"陰陽"、"動靜"、"互根"等語，謂皆非儒書所有，立議原不為無因。惟是一元化為二氣，二氣分為五行，而萬物生息於其閒，此理終古不易。儒與道共此天地，則所言之天地，儒不能異於道，道亦不能異於儒。猶之日月麗天，萬方並覩，不能謂彼教所見日月非我日月也。苟其說不悖於理，何必定究其所從出①？ 奇齡此論，不論所言之是非，而但於圖繪字句辨其原出於道家，所謂舍本而爭末者也。

【彙訂】

①"其"，殿本無。

教習堂條約一卷（編修程晉芳家藏本）

國朝徐乾學撰。乾學有《讀禮通考》，已著錄。此書乃其教習庶吉士時所定學規，曹溶收之《學海類編》者也。考乾學教習庶吉士時，為康熙二十四年乙丑。其《條約》雖極早出，亦當在四五月閒。溶即以是年病卒，且遠在嘉興，不應得見其《條約》，編入叢書。或溶歿之後，傳鈔者又有所竄入也。《學海類編》真偽糅雜，有謬至不可理解者，頗為讀者所詬病。觀於此卷，則其真出溶手與否，固在疑似之閒矣。

萬世玉衡錄四卷（江蘇巡撫採進本）

國朝蔣伊撰。伊字渭公，常熟人。康熙癸丑進士，由翰林院庶吉士改陝西道監察御史，官至河南提學副使。是編乃其初登第後恭進御覽之書也，前有進書奏疏。其書分門編次，共六十四類，每類之中又自分法、戒二類。所採上起唐、虞，下迄明季。其曰"萬世玉衡"者，蓋取司馬遷《天官書》之説，以玉衡為北斗杓也。

儒門法語無卷數（江蘇巡撫採進本）

國朝彭定求編。定求有《周忠介公遺事》，已著録。是編凡録宋朱子、陸九淵，明薛瑄、吳與弼、陳獻章、王守仁、鄒守益、王敬臣、羅洪先、王畿、顧憲成、高攀龍、蔡懋德、魏校、羅倫、馮從吾、吕坤、孟化鯉、劉宗周、陳龍正、黄道周二十一家講學之語，少或一二條，多至十數條。定求自有所見，即附識於後。其卷首題詞有云："功殊博約，候分頓漸，自朱、陸立言始。要之，入門異而歸墟同，無容偏舉也。"云云。可以見其宗旨矣。

三子定論五卷（浙江巡撫採進本）[1]

國朝王復禮撰。復禮有《家禮辨定》，已著録。王守仁作《朱子晚年定論》，顛倒年月，以就己説，久為諸儒所駁。復禮欲申陸、王，而又揣公論既明，斷斷不能攻朱子。故噓守仁已燼之焰，仍為調停之説。凡《朱子定論》一卷，《陸子定論》一卷，《王子定論》一卷。後附《學辨》、《論斷》共一卷，皆採諸家之言。《附論》一卷，則復禮自為説也。困絀之餘，仍巧為翻案之計，蓋所謂不勝不止者也。

【彙訂】

[1] 此書在《各省進呈書目》中僅著録於《浙江省第五次鄭大節呈送書目》，"浙江巡撫採進本"應為"浙江鄭大節家藏本"之誤。（江慶柏：《四庫全書私人呈送本中的鄭大節家藏本》）

正修錄三卷齊治錄三卷(浙江巡撫採進本)

國朝于準撰。準字萊公,永寧人,江南總督成龍子也①。官至江蘇巡撫。是編因成龍雜鈔之稿,與蔡方炳編次增益之。《正修錄》所採凡一百三十八家之言,不分門目。《齊治錄》所採則分幼學養蒙、閑家善後、士子守身、縉紳居鄉、以道事君、任職居官、勸諭愚民、慎重刑獄、善俗戢姦、催科撫字、備荒救災十一門,亦雜採諸家之説,所取不拘一格。其凡例稱成龍"不從理學中立名,絕無胸中彼此異同之見",又稱成龍"不佞佛,亦不闢佛",謂:"身為儒者,方憂聖賢道理抱取不盡,何暇探討宗教律觀諸書,以資辨駁。"其言明白正大②,是成龍所以為成龍歟③?

【彙訂】

①《清史列傳》卷八《于成龍傳》:"孫準,官至江蘇巡撫。"《清史稿》卷二七七《于成龍傳》、雍正《山西通志》卷一一四汾州府人物《于準傳》亦謂成龍之孫。(楊武泉:《四庫全書總目辨誤》)

② 殿本此句後有"無一毫黨同伐異媢嫉求勝之私"一句。

③ "是",殿本作"斯"。

續近思錄十四卷(河南巡撫採進本)①

國朝張伯行編。伯行有《道統錄》,已著錄。是編因《近思錄》門目,採朱子之語分隸之,而各為之註。然自宋以來,如《近思續錄》、《文公要語》、《朱子學的》、《朱子節要》、《朱子近思錄》之類,指不勝屈,幾於人著一編。核其所載,實無大同異也。

【彙訂】

① "河南巡撫採進本",殿本作"浙江巡撫採進本",誤。《四

庫採進書目》中僅"河南省呈送書目"著錄此書。（江慶柏：《殿本、浙本〈四庫全書總目〉著錄圖書進獻者主名異同考》）

　　學規類編二十七卷（江蘇巡撫採進本）

　　國朝張伯行撰。是編乃康熙丁亥，伯行官福建巡撫，建鼇峯書院，因併刊學規以示諸生。卷首載《聖祖仁皇帝訓飭士子文》，而宋、元、明諸儒講學條約以次類編，併以所自作《讀書日程》附焉。自二十三卷以下，題曰《補編》，又所以補原本未備之門目也。

　　性理正宗四十卷（河南巡撫採進本）

　　國朝張伯行撰。伯行自序謂："《性理大全》一書，雜採天文、地志、律曆、兵機、讖緯、術數之學，及釋家、《參同契》、縱橫家言，概有取焉，未免失之駁而不純。因刪其繁蕪，補其闕略，尊道統以清其源，述師傳以別其派。"爰取周、程、張、朱五子以下，及元、明諸儒之言，分類次之。卷一論道統。卷二、卷三總論聖賢。自四卷至六卷則論孔子及顏淵、曾子、子思、孟子，至十哲則惟閔子、冉子、端木子、子路、子游、子夏，益以曾點，其餘聖門諸賢皆不及焉①。七卷以下為周、張、二程及程子門人。十一卷以下論朱子、張栻及朱子門人，於元則取許衡一人②，於明則取薛瑄、胡居仁、羅欽順三人。十四卷以下雜論性命、氣質、道德、仁義禮智等目。二十四卷以下論為學之要。三十五卷以後則辨其學術之詭於正者，如荀卿、揚雄、王通、蘇軾、陸九淵、陳獻章、王守仁之學，皆採先儒論辨之言，大旨在闢陸、王以尊程、朱，其所擇可謂嚴矣。然以伯牛、冉求、宰我之賢及七十子之徒見於《魯論》者，自宋、明以來先儒豈無論說，而一概置之不錄。且如讖緯、術數

及釋家、《參同契》、縱橫家言,《性理大全》取之誠不能無駁雜之
譏。至於天文、地志、律曆之學,即《朱子大全集》中亦未嘗不論
及之。伯行以性理、事功岐而為二,故卷中於宋儒如邵子之《皇
極經世》、蔡元定《律呂新書》皆在存而不論之列,亦未免主持稍
過矣③。

【彙訂】

①"焉",殿本作"也"。

②"取",殿本無。

③"其所擇可謂嚴矣"至"亦未免主持稍過矣",殿本無。

廣近思錄十四卷(副都御史黃登賢家藏本)

國朝張伯行撰。伯行是編採集宋張栻、呂祖謙、黃榦,元許
衡,明薛瑄、胡居仁、羅欽順七家之遺書,以續朱子《近思錄》。分
十四門,仍如朱子原書之目。

濂洛關閩書十九卷(副都御史黃登賢家藏本)

國朝張伯行編。取宋五子之書,粗存梗概,各為之註。凡周
子一卷,張子一卷,二程子十卷,朱子七卷。每條皆以"某子曰"
字冠之。夫《正蒙》閒涉汗漫,程、朱語錄浩繁,多所刊削,尚為有
說。至周子《通書》言言精粹,朱子尚為全註,伯行乃剗除其大
半,何耶①?

【彙訂】

①"夫《正蒙》閒涉汗漫"至"何耶",殿本無。

困學錄集粹八卷(副都御史黃登賢家藏本)

國朝張伯行撰。其書摹《讀書》、《居業》二錄之體。一、二卷
題曰《河干公餘》,三、四、五卷題曰《閩署公餘》,六、七、八卷題

“庚寅至甲辰年”。六卷以上皆述其自得之語，七卷以下頗辨陸九淵、王守仁、高攀龍、劉宗周諸人之誤。

　　理學正宗十五卷（河南巡撫採進本）

　　國朝竇克勤編。克勤字敏修，號敬菴，柘城人。康熙戊辰進士，官翰林院檢討。是編列宋周子、張子、二程子、楊時、胡安國、羅從彥、李侗、朱子、張栻、呂祖謙、蔡沈、黃榦，元許衡，明薛瑄共十五人，人各一傳，併取其語錄、答問及著作之切於講學者錄之，附以己見，而於《太極》、《通書》釋之更詳。大旨以朱子為宗。李侗以上，開其緒者也；黃榦以下，衍其傳者也；胡安國等，皆互相羽翼者也。克勤自序又云：“尚有邵康節、蔡元定二公之書，俟學者既通《六經》、《四書》而後可及。”蓋二人之學皆主於數，與主理者又小別耳。

子　部　八

儒家類存目四

大學辨業四卷聖經學規纂二卷論學二卷（直隸總督採進本）

國朝李塨撰。塨有《周易傳註》，已著錄。是編發明古《大學》之法，以辨俗學之非，大旨與其《大學傳註》同。首《總論大學》，次《辨後儒所論小學大學》，次《論小學》，次《辨後儒改易大學原本》，次《大學》原文及全篇解，次《大學之道至致知格物解》，次《辨後儒格物解》，次《其本亂至此謂知之至也解》，次《申論格物》，次《所謂誠其意者至末解》，次申解全篇。其所爭在以格物為《周禮》三物。其謂孔子之時，古《大學》教法所謂六德、六行、六藝者，規矩尚存，故格物之學人人所習，不必再言。惟以明德、親民標其宗要，以誠意指其入手功夫而已。格物一傳，可不必補。其說較他家為巧，故當時學者多稱之。《聖經學規纂》二卷，則摘錄《四書》、《五經》之言學者，申明其說。《論學》二卷，則錄朋友問難之語。其凡例所謂"《辨業》意有不盡者入之《學規》，《學規》意有不盡者入之《論學》"是也。

小學稽業五卷（直隸總督採進本）

國朝李塨撰。其序謂朱子《小學》所載天道、性命，上達也，親迎、朝覲，年及壯强者也，以及居官①、告老諸條，皆非幼童事，且無分於《大學》。乃别輯此編。卷一為小學四字韻語，括其總綱，以便誦讀。卷二為食食，能言，六年教數、方名，七年别男女，八年入小學教讓，九年教數目，十年學幼儀諸條。卷三為《學書》。卷四為《學記》。卷五為十有五學樂、誦詩、舞勺②。大旨以禮、樂、書、數為綱。其中如引《曲禮》"履不上堂"一節，在今日並無解履之事；引《内則》"道路男子由右③，婦人由左，車從中央"一節，在今日亦跬步不可行，此虛陳古禮者也。又"誦詩"一條自造詩譜，"舞勺"一條自造舞譜，此又杜撰古樂者也。惟《學書》一篇，辨篆楷之分，極為精核。然亦非童子之所急，其郛廓正與親迎、朝覲等耳。

【彙訂】

① "居官"，《畿輔叢書》本此書自序及殿本作"居相"。

② 據此書目錄，卷四為"學計"，此卷所載有《九九數》、《算盤九九上下法》、《九歸歌》、《歸因總歌》、《九章算法》等，皆為計算之學。又目錄卷五作"十有三年學樂誦詩舞勺"，卷五卷首有："《内則》曰：十有三年，學樂、誦詩、舞勺。"《禮記註疏》卷二十八《内則篇》曰："十有三年，學樂、誦詩、舞勺。成童舞象，學射御。"注云："先學勺，後學象，文武之次也。成童，十五以上。"則作"十有五學樂、誦詩、舞勺"誤。（胡露：《〈四庫全書總目〉子部存目補正》）

③ "内則"，底本作"王制"，據《禮記·内則》、此書卷二原文及殿本改。"道"，殿本作"凡"，誤。

性理纂要八卷（河南巡撫採進本）

國朝冉覲祖撰。覲祖有《易經詳說》，已著錄。是書前四卷為《性理纂要附訓》，五卷至八卷為《性理纂要附評》。自序謂：“《附訓》者，周子《太極圖》、《通書》，張子《西銘》、《東銘》，程子《定性書》五者之訓詁。《太極圖》、《通書》、《西銘》本朱子之註，諸儒之説，《東銘》、《定性書》則雜考朱子及諸儒之説而參以己意。《附評》者，以程子之言為經，朱子之言為傳，諸儒為之羽翼，而以己意為之評。”推覲祖之意，蓋以《性理》所載《太極圖》諸書為周、張、程所手著，故尊為經典，名之曰“訓”。其“性理”諸條以下則胡廣等裒集之言，故儕諸文史，目之曰“評”。然同一先儒之言，何必分疆別界。況評中所引程子之説不一而足，何所見忽尊而訓，忽卑而評也。

天理主敬圖一卷（河南巡撫採進本）

國朝冉覲祖撰。其圖上標“天理”二字，明性道之重。中列存養、省察、講學、力行四項，為體道之功。下書一“敬”字，以示心法之要。蓋為姚江之學言超悟者而發。然古人著書，必言不能盡其意者乃圖以明之。若體認天理，而存養、省察、講學、力行以歸於主敬，此可以言詮者也，何必託諸繪畫乎？

程功錄五卷（兩江總督採進本）

國朝楊名時撰。名時有《周易劄記》，已著錄。是編乃其講學劄記。體例全仿薛瑄《讀書錄》，然中間頗涉雜論。第四卷中剖析鉛汞之説，尤於儒理無關。其亦鄒訢註《參同契》意耶？以大旨醇實，故仍列之儒家焉。

嵩陽學凡六卷（副都御史黃登賢家藏本）[①]

國朝景日昣撰。日昣有《嵩岳廟史》，已著錄[②]。是書依《大學》八條目,排纂諸家語錄。意取通俗,故言皆淺近,蓋曹端《夜行燭》之類。每門中分析子目至數百條,亦不免於蕪雜。

【彙訂】

① 清康熙刻本目錄、各卷卷首、版心皆作"嵩厓學凡"。(胡露:《〈四庫全書總目〉子部存目補正》)

② 依《總目》體例,當作"日昤有《説嵩》,已著錄"。

續小學六卷(浙江巡撫採進本)

國朝葉鉁編。鉁號潛夫,嘉善人。是書成於康熙辛未。以朱子《小學》一書所採至宋淳熙而止,因續採自宋迄明諸儒言行可為師法者,仍以内、外篇目分條類敘,自為之註。其《立教第一篇》末附《幼儀》三十則,則鉁所自撰也。

心印正説三十四卷(江蘇巡撫採進本)

國朝吳台碩撰。台碩字位三,嘉定人,陸隴其之門人也。是書成於康熙壬申,以學術治功之要分立篇目,而各為論以發明之。凡三十四類,每類又各有子目。於洛、閩緒言及歷代史論多所徵引。又閒有註釋,不知何人所增入也①。其曰"心印",當取"心心相印"之義,然二字乃佛語,非儒語也。其《説序》二篇②,則仿《序卦傳》體,述其次第,亦涉擬經。陸隴其為之作序,不一糾正,何耶?

【彙訂】

①"也",殿本無。

②"説序",殿本作"説存",誤。

尊道集四卷(湖北巡撫採進本)

國朝朱搴撰。搴字良一,黃陂人。是書成於康熙丁丑。第一卷為《聖賢前編》，自孔子至孟子事蹟，及後人論説。第二卷節取《伊洛淵源錄》。第三卷節取《伊洛淵源續錄》。第四卷為《前明五子錄》，紀薛瑄、胡居仁、羅欽順、顧憲成、高攀龍五人行誼，而兼及其言論。大指主於攻擊陸、王。

近思續錄四卷（副都御史黃登賢家藏本）

國朝劉源淥撰。源淥字昆石，自號直齋，安邱人。是書因朱子《近思錄》篇目，採輯朱子《或問》、《語類》、《文集》分門編輯。前有康熙辛巳其門人陳舜錫、馬恒謙二序。舜錫序稱其"每祭朱子，品物豐潔，極其誠敬"。恒謙序稱其"於朱子《文集》、《或問》、《語類》三書，沈潛反覆，撮輯纂敍。席不暇煖，手不停筆，二十餘年。凡三創草，三脱稿，乃成是書"云。

冷語三卷（副都御史黃登賢家藏本）

國朝劉源淥撰，其門人馬恒謙編。其書仿《語類》之體，大旨本朱子之説而衍之。其三卷中一條詆劉安世為邪人，謂其害甚於章惇、邢恕，以其與伊川不協也。然《宋史》具在，安世《盡言集》亦具在，果章惇、邢恕之不若乎？不問其人品之醇疵，但以附合道學者為正，稍相齟齬者為邪，則蔡京之薦楊時，當為北宋第一正人矣。佛家以敬信三寶與否定人之罪福，儒者不當如是也。

讀書日記六卷（山東巡撫採進本）

國朝劉源淥撰。凡《記疑》五卷，《冷語》一卷，皆讀書劄記之言。其《記疑》本二十四卷，《冷語》本五卷，後歸安陸師為之刪定，更以今名。然《冷語》又有三卷一本。蓋天下之至易作者莫如語錄，偶逢紙筆，即可成編。故諸本錯出如是也。

性理辨義二十卷（直隸總督採進本）

國朝王建衡撰。建衡有《讀史辨惑》，已著錄。是書分二十篇，而列目凡十有五，曰原理、原氣、原天、原生物、原性、原命、原道、原德、原倫、原學、原鬼神、原人鬼、原祭、原妖厲、雜論。其第一篇與十二篇皆題曰"原理"，自註謂："前統論天地之理，後以在物之理言。"第二篇、第三篇皆題曰"原氣"，第四篇、第五篇、第六篇皆題曰"原天"，而不自言其所以分。推究其文，則"原氣"二篇，一言陰陽，一言五行。"原天"三篇，一言天行及日月，一言星辰及推算，一言風雨露雷諸事也。大旨皆復衍宋儒而加以膠固。其"原天"三篇，則純述歐羅巴語而諱所自來焉。

靜用堂偶編十卷（兩江總督採進本）

國朝涂天相撰。天相字燮菴，號存齋，一號迂叟，孝感人。康熙癸未進士，官至工部尚書。天相從熊賜履講學，所著有《謹庸齋劄記》、《守待錄》、《存齋閒話》等書，茲編又從諸書之中撮其大略①。上編為學言、政言、學辨，凡五卷。下編為家訓、幼儀、雜箴、雜銘、雜誡、古今體詩、《存齋詩話》，亦五卷。

【彙訂】

①"大略"，殿本作"大要"。

廣字義三卷（浙江巡撫採進本）

國朝黃叔璥撰。叔璥有《南征記程》，已著錄。初，宋陳普作《字義》①，凡一百五十三字，孫承澤嘗為增訂。叔璥復取陳淳《北溪字義》及程達原《字訓》，合承澤所訂，裒為一書。每條之首題"原"字者，普之舊；題"廣義"者，皆續增也。

【彙訂】

①"陳普",殿本作"陳晉",下同,誤。清乾隆四年黄氏刻本此書卷前有《〈字義〉原序》,題"宋寧德陳普石堂";清李清馥《閩中理學淵源考》卷四十有"福寧陳石堂先生普學派",謂其"著《字義》一卷,凡百五十三字"。

朱子晚年全論八卷(江西巡撫採進本)

國朝李紱編。紱字巨來,號穆堂,臨川人。康熙己丑進士,官至内閣學士兼禮部侍郎①。朱、陸之徒,自宋代即如水火。厥後各尊所聞,轉相詬厲。於是執學問之異同,以爭門户之勝負。其最著者,王守仁作《朱子晚年定論》,引朱以合陸。至萬曆中,東莞陳建作《學蔀通辨》②,又尊朱以攻陸。程瞳,朱子之鄉人也,因作《閑闢錄》以申朱子之説。紱,陸氏之鄉人也,乃又作此書以尊陸氏之學。大旨謂陳建之書與朱子之論,援據未全,且《語錄》出門人所記,不足爲據。乃取朱子正、續、别三集所載,自五十歲至七十一歲與人答問及講義、題詞之類,排比編次,逐條各附考證論辨於下,以成是書③。其説甚辨。案韓愈《送王秀才序》稱:"孔子之道大而能博,學焉而各得其性之所近。"故子貢之敏悟、曾子之篤實,皆得聞一貫之旨,而當時未嘗相非。後之儒者,各明一義,理亦如斯。惟其私見不除,人人欲希孔庭之俎豆,於是始於爭名,終於分黨,遂尋仇報復而不已,實非聖賢立教之本旨。即以近代而論,陸隴其力尊程、朱之學,湯斌遠紹陸、王之緒,而蓋棺論定,均號名臣。蓋各有所得,即各足自立,亦何必强而同之,使之各失故步乎?紱此書皆以朱子悔悟爲言,又舉凡朱子所稱切實近理用功者,一概歸之心學。夫"回也屢空",焦竑以"心無罣礙,空諸所有"解之矣，顔子其果受之乎？仍各尊所聞而已矣④。

【彙訂】

①依《總目》體例，當作"綏有《陸象山年譜》，已著錄"。

②《學蔀通辨》卷首有陳建自序，署"嘉靖戊申"，即嘉靖二十七年。道光《廣東通志》卷二七九《陳建傳》載，建閉七載著成《學蔀通辨》，復著《古今至鑒》等書，莆田林潤修宗藩條例，多採其説。考《明史·林潤傳》，潤論宗藩在嘉靖四十三年以前，而潤本人亦卒於隆慶三年。《總目》"萬曆"當為"嘉靖"之誤。（楊武泉：《四庫全書總目辨誤》）

③李紱在《書孫承澤考正〈朱子晚年全論〉後》中曾語："余嘗盡錄朱子五十一歲至七十一歲論學之語，見於文字者一字不遺，共得三百七十餘篇，名曰《朱子晚年全論》。"（楊朝亮、張德偉：《李紱生平學行考》）

④"惟其私見不除"至"仍各尊所聞而已矣"，殿本作"何必引而同之使各失故步乎"。

陸子學譜二十卷（江西巡撫採進本）

國朝李紱撰。是編發明陸九淵之學。首列八目，曰辨志，曰求放心，曰講明，曰踐履，曰定宗仰，曰闢異學，曰讀書，曰為政。次為友教，次為家學，次為弟子，次為門人，次為私淑，而終之以附錄。考陸氏學派之端委，蓋莫備於是書。惟其必欲牽朱入陸，以就其《晚年全論》之説。所列弟子如呂祖儉之類，亦不免有所假借。是則終為鄉曲之私耳①。

【彙訂】

①"以就其晚年全論之説"至"是則終為鄉曲之私耳"，殿本

作“則可以不必耳”。

　　學舫無卷數（山東巡撫採進本）

　　國朝吳雲撰。雲有《雲谷寺志》，已著錄。是編每條標目，各載門人某述。而玩其文辭，乃出一手。大抵雲有所講論，輒筆於書，特分署門人之名，以摹仿程、朱語錄體例耳。其議論頗多迂誕。如論河圖，謂：“嬰兒首有髮漩，為人之河圖；黃河居中，衆水分流，為地之河圖；三垣五行，日月列宿，為天之河圖。”未免穿鑿。論《周易》大旨，謂：“‘易’字從日從月，日月往來即易。聖人非作《易》，乃鈔《易》耳。”陰取《參同契》之説，又未免剿襲。至“詩學”一條，謂：“詩必以《賡歌》、《擊壤》為歸。”尤萬不可行之高論也。

　　白鹿洞規條目二十卷（江蘇巡撫採進本）

　　國朝王澍撰。澍有《禹貢譜》，已著錄。是編取朱子《白鹿洞規》為綱，而分類條析，證以經史百家之語。自序云：“始自戊寅四月，迄癸未十月，中更六年，凡三易稿。”云。

　　集程朱格物法一卷集朱子讀書法一卷（兩江總督採進本）

　　國朝王澍撰。陸、王之學主於靜悟，故以讀書為粗迹。而所謂“格物”者，亦以為格去物欲，還虛明之本體。故澍取程、朱格物之要語與朱子讀書章程，排比聯絡，融會其意，各為一篇，以救其弊。其詞澍所自撰，其理則洛、閩之緒言，故皆謂之“集”焉。

　　經書性理類輯精要錄六卷（兵部侍郎紀昀家藏本）

　　國朝王士陵撰。士陵有《易經纂言》，已著錄。是編採《五經》、《四書》與《性理大全》之文,分類編次。凡道體一卷,為學一卷,為政二卷,實履一卷,聖賢一卷。別為子目四十三,子目之中又別為子目二十。各雜採坊本講章之文,而附以己見。

　　謀道續錄二卷(江西巡撫採進本)

　　國朝譚旭撰。旭字東白,新建人,康熙丁酉副榜貢生。是書末有其門人呂步青跋,稱旭先有《謀道錄》,故此稱《續錄》。其學恪守程、朱,持論甚正,而不免於好辨。每爭競於一字一句之間,其細已甚。又朋友以書相質①,詳為批閱是也,所見不合,兩存以待論定亦可也。乃往往註其人已改,而仍載其原本之疵謬,以見駁正之功。此近於暴己之長,形人之短矣。

【彙訂】

①"朋友",殿本作"友朋"。

　　讀周子劄記無卷數(江蘇巡撫採進本)

　　國朝崔紀撰。紀有《成均課講周易》,已著錄。是書以《中庸》之旨發明《太極圖說》、《通書》之理。大意謂太極即《中庸》"上天之載",其陰中有陽者,是太極之靜,而"中"即《中庸》所謂人心未發之中;陽中有陰者,是太極之動,而"和"即《中庸》所謂人心已發之和。其變四象而言五行,用意尤在於土,以明太極即不貳之誠。蓋本明薛瑄之說而益推衍之。紀所解《中庸》以主靜為主,亦此意也。

　　知非錄一卷(山東巡撫採進本)

　　國朝鄧鍾岳撰。鍾岳字東長,號悔廬,聊城人。康熙辛丑進士第一,官至禮部左侍郎。是編蓋其晚年講學所記,故取蘧伯玉事為名,猶其自號"悔廬"之意也。

餘山遺書十卷(浙江巡撫採進本)

國朝勞史撰。史字麟書,號餘山,餘姚人。是書謂:"《易》之為道,細無不該,遠無不屆。"故多本《易》理以推人物之性,其說亦或偶似近理。然如推"飛禽上升屬陽,陽象圓,圓者徑一而圍三。故鳥足三爪,為圍三,除去上一旱爪為徑一[①]。本乎地者為植物,故走獸不能飛,屬陰。陰象方,為坤,坤為牛。牛之蹄爪四,四合而二偶,故除去上二小旱爪,惟大爪著地,是兩地而為二"。萬物衆矣,恐不能一一準數而生也。

【彙訂】

① "為圍三除去上一旱爪為徑一",殿本作"而圍三除去上一旱爪為徑下",誤,參清乾隆三十年須友堂刻本此書卷二"圓圖餘說"條原文。

虛谷遺書三卷(江西巡撫採進本)

國朝何國材撰。國材字維楚,江西新城人。是編凡分四種,祖陸九淵求放心之說而為《心學釋疑》,本王守仁致良知之說而為《格物質疑》,採魏伯陽《參同契》之說而著《易圖測》,仿岳元聲《研幾私乘》之說而為《研幾錄》。大旨堅護陸、王,為門戶而著書[①],非為學問而著書也。

【彙訂】

① "大旨堅護陸王為門戶而著書",殿本作"大旨為堅護陸王門戶而著書"。

筆記二卷(湖北巡撫採進本)

國朝程大純撰。大純字漢舒,孝感人。康熙中,由貢生官黃岡縣教諭。是書皆講學之語。其謂:"陸、王之學雖矯枉過正,然用以救口耳之學,不為無功。"所見頗為平允。若以程子配孔子,朱子配孟子,則聖賢之於大儒,自有分際,未必二子所敢居矣。

日省編一卷(浙江巡撫採進本)

國朝馮昌臨撰。昌臨有《易學參記》,已著錄[①]。是書取《太極圖説》、《西銘》及劉宗周《人極圖》三篇,以為體道修身之本。後有《玩〈日省編〉附語》,取先儒舊説,閒以己意附釋焉。

【彙訂】

①《總目》卷九著錄馮昌臨撰《易學參説》二卷,今存清刻本。

聖學輯要一卷(兩江總督採進本)

國朝潘繼善撰。繼善有《音律節略考》,已著錄。是書為目凡六,論致知、力行、存養、慎獨為一篇,論誠一篇,論仁義禮智為一篇,論學思知行為一篇,論主敬存省為一篇,論生質氣象為一篇。前有江永序,稱其學以敬為主。蓋新安為朱子之鄉,無不宗法洛、閩者,繼善亦隨其土俗云。

載道集六十卷(浙江巡撫採進本)

國朝許焞編。焞字純也,海寧人。雍正癸卯進士,官翰林院編修。此編錄歷代之文,大旨以道學諸儒為主,而其餘類及焉。冠以《大學》"聖經"一章,《中庸·哀公問政》一章。次以《家語》三章。次為孔子弟子門人子思、孟子、孟母、樂克、東周賢士之言。又次為東周論著。自漢至唐,大體分王言、臣言、論著三類,而隋則增"王門弟子之言"一類,尊王通也。宋、元、明則論著之外增"言行"一類,以有講學諸儒也。終以張履祥之書。其凡例謂:"千古之聖人,莫尊於洙泗;有明之儒者,莫醇於楊園。以孔子始,以張子終,垂希聖希賢之則也。"然於百世之下,尊一人與孔子相終始,談何容易乎?

　　耻亭遺書十卷(浙江巡撫採進本)

　　國朝周宗濂撰。宗濂字簡菴,華亭人。雍正癸卯拔貢生,官潛山縣教諭。是書於《易》、《書》、《詩》、《春秋》、《禮記》、《周禮》、《儀禮》偶有所得,皆隨筆記錄,末附《日省錄》一卷。其說經諸條,多講章習見之語。至斥《禮記·祭法》"王立七廟"凡有六謬,《祭義》"天子巡狩先見百年"於理難通,尤為臆見。惟《日省錄》語多切實,蓋疏於考古而熟於講學者也。

　　棉陽學準五卷(江西巡撫採進本)

　　國朝藍鼎元撰。鼎元有《平臺紀略》,已著錄。雍正戊申,鼎元以普寧縣知縣署理潮陽。因經理其學校,作是編以訓士。卷一曰《同人規約》,卷二曰《講學禮儀》[①]、《丁祭禮儀》、《書田志》,卷三、卷四曰《閒存錄》,卷五曰《道學源流》、《太極要義》、《西銘要義》。棉陽者,潮陽古地名也。

　　【彙訂】

　　① 據《鹿洲全集》本此書目錄及卷二正文,"講學禮儀"乃"講學規儀"之誤。

　　女學六卷(福建巡撫採進本)

　　國朝藍鼎元編。鼎元以《周禮·天官》有九嬪掌婦學之法,謂婦人不可不學。然自班氏《女誡》以外,若劉向《列女傳》擇而不精,鄭氏《女孝經》精而不詳,至《女訓》、《女史》、《閨範》、《女範》等書,尤為鄙陋淺率。因採經傳格言,參摭史傳,分為德、言、容、功四篇[①],章區類別,閒綴論斷,其體例皆本之朱子《小學》。

【彙訂】

①"功"，殿本作"工"，誤。《鹿洲全集》本此書卷六為《婦功篇》。

張子淵源錄十卷（山東巡撫採進本）

國朝張鏐編。鏐號紫峯，樂陵人。雍正壬子舉人，官內閣中書①。是書以儀封張伯行所刻《張子全書》不無譌謬②，因仿《近思》、《淵源》二錄之遺意，擇張子粹言，以程、朱論定者彙為一集。閒有刪節，皆從程、朱所辨，而張子晚年所未及改者也。凡《西銘》一卷，《正蒙》二卷，《經學理窟》二卷，語錄、文集一卷，遺文一卷，拾遺文一卷，遺事一卷，弟子一卷。

【彙訂】

①"官內閣中書"，殿本無。清光緒《山東通志》卷百七十五《人物志第十一》"青州府"有"張鏐，字紫峯，樂陵人，乾隆九年舉人，官臨清州學正……為《張子淵源錄》十卷"。壬子為雍正十年，然李桓《國朝耆獻類徵初稿》卷二五四賈聲槐《張鏐傳》云："二十一歲中雍正丙午（按即四年）鄉試副榜第二十二名，不及充貢。乾隆辛酉（按即六年）選拔貢成均。甲子（按即乾隆九年）舉於鄉。年將四十，屢上春官未售，就教職，七十選臨清州學正。逾三年告休，以乾隆壬寅（按即四十七年）二月十四日卒於家，壽七十有七。"《清史列傳》卷六七《閻循觀傳附張鏐傳》亦云："張鏐，字紫峯，山東樂陵人，乾隆九年舉人，官臨清州學正，以告歸……四十七年卒，年七十七。"可知"雍正壬子舉人"誤，應為"乾隆甲子舉人"。亦未嘗官內閣中書。（楊武泉：《四庫全書總目辨誤》）

②"譌謬"，殿本作"譌誤"。

女教經傳通纂二卷（江蘇巡撫採進本）

國朝任啟運撰。啟運有《周易洗心》，已著錄。是編仿朱子《小學》之例①，採諸經傳及《女誡》、《女訓》、《女史箴》等書，分十三類。曰立教，曰敬身，曰笄禮，曰昏禮，曰事父母舅姑，曰謹夫婦，曰辨內外，曰逮妾媵，曰生子，曰勤職，曰祭禮，曰喪禮，曰貞節。其子翔為之註。末有其門人傅洛等跋，稱尚有《女教史傳通纂》一書，仿《小學》外篇之意，今未之見。據翔所附記，此書“立教”等十一門乃啟運之妻所輯，“笄禮”、“喪禮”二門乃其妻沒後啟運所補。然啟運序中不及之，且其妻名氏翔亦未著，故仍以啟運之名著錄焉。

【彙訂】

① 殿本“朱”上有“宋”字。

躬行實踐錄十五卷（浙江巡撫採進本）

國朝桑調元撰。調元有《論語説》，已著錄。調元初以文章馳驟一時，晚乃講學，作為語錄。其門人沈世煒及其姪經邦編而次之，以成是書。本名《夜炳錄》①，大旨以程、朱為宗，言敬言仁，闢仙闢佛。持論極為醇正，而大抵皆先儒所已言②。

【彙訂】

① “本名夜炳錄”，殿本無。

② “言敬言仁闢仙闢佛持論極為醇正而大抵皆先儒所已言”，殿本無。

朱子為學考三卷（福建巡撫採進本）①

國朝童能靈撰。能靈有《周易剩義》，已著錄。是編考朱子為學之次第，分年記載，而於講學諸書，各加案語以推闡辨論之，蓋繼《學蔀通辨》而作也。同時寶應朱澤澐亦有是書②，大致皆互相出入。

【彙訂】

① 殿本此條與下《理學疑問》條置於卷九七《朱子聖學考略》條之後，與《總目》依作者時代先後排序的體例不符。

②"同時寶應朱澤澐亦有是書"，殿本作"與朱澤澐書"。

理學疑問四卷（福建巡撫採進本）

國朝童能靈撰。首卷言心，二卷言性，三卷言仁，四卷言情。其論心曰："氣之精爽為神明，神明之渣滓為氣，氣之渣滓為形，心其精，而形氣其渣滓也。"其論性，謂："氣質中亦有義理。"其論仁，謂："仁先須理會愛之理，未發之愛是為愛之本體，而得名之曰仁。"其論情，謂："思慮是心之用，而情行其中。"又以《孟子》四端為逆觸吾性而發者①，其情屬陰；《中庸》喜怒哀樂為順吾性而發者，其情屬陽。自序謂："專心於聖賢先儒之旨，閱十餘年日用體驗，間有所見，輒自劄記而成是編。"然多師心臆説，不能一一愜理也。

【彙訂】

①"發"，殿本作"出"，下同。

讀書小記三十一卷（山西巡撫採進本）①

國朝范爾梅撰。爾梅字梅臣，號雪菴，洪洞人。雍正中貢生。是編乃其隨筆劄記教授生徒者。其弟爾楫顏之曰《讀書小記》②。其目為《大學》、《中庸》、《論語》、《孟子劄記》者，凡六卷。為《周易劄記》、《易論》、《易卦考》者，凡七卷③。為《尚書劄記》者，一卷。為《毛詩劄記》者，二卷。為《春秋劄記》者，五卷。為

《禮記》、《周禮劄記》者,三卷。又《樂律考》一卷,《琴律考》一卷,語錄一卷,《明儒考》一卷,詩文三卷。據卷首凡例,謂《易》、《尚書》、《詩》為完書,《春秋》、《禮記》、《周禮》等皆有殘佚重複,蓋其書非手訂,故多闕略。其所為諸經劄記,皆隨意綴語,初非依經立訓。《易論》、《易卦考》則專主圖書卦變之義,《樂律》、《琴律考》則採自明鄭世子載堉《樂書》,無他發明。

【彙訂】

①"三十一卷",殿本作"三十卷",誤,參清雍正七年敬恕堂刻本此書。(杜澤遜:《四庫存目標注》)

②"爾楫",殿本作"爾輯",誤。敬恕堂刻本此書卷前有其弟序,署"胞弟爾楫謹識"。

③敬恕堂刻本此書目錄及正文皆作"易輪",版心題"婁山易輪"。有《易輪引》,云:"易輪者,義易之變也。義易極天下之至變而周易反變,實以發明義易之變,有非漢唐以下諸子所能盡其變者。愚嘗思而衍之十餘年,乃為此圖。其法止於一闢一闔而惟變所適足以撥轉六十四卦,使之周流六虛,往來不窮,而旋轉如輪……"可知作《易論》誤。(胡露:《〈四庫全書總目〉子部存目補正》)

南阿集二卷(陝西巡撫採進本)

國朝康呂賜撰。呂賜有《讀大學中庸日錄》,已著錄。是編以集為名,實則劄記。一為《論易問答》,一為《慎獨齋日錄》,皆題曰"卷一"。據雍正壬子王心敬序,稱問答語錄凡十冊,則非全書矣。

淑艾錄十四卷(江西巡撫採進本)

國朝祝洤撰。洤字人齋,原名游龍,海寧人。乾隆丙辰舉人。是書本張履祥《備忘錄》而增删之,凡三百九十五條,仿朱子《近思錄》例,分十四門,持論頗為純正。而其後序則門户之見尚堅持而不化,必欲滅盡陸、王一派而後已,如不共戴天之讎①,是未免於已甚矣。

【彙訂】

① 殿本"如"下有"有"字。

下學編十四卷(江西巡撫採進本)

國朝祝洤撰。洤以蔡氏所纂《朱子近思續錄》及近代《朱子近思續錄》、《朱子文語纂》、《朱子節要》諸書皆為未善,乃掇取《文集》、《語類》,分十四門編次之,門為一卷,凡六百九十二條。其去取頗具苦心,然多竄易其原文。雖所改之處皆註其下曰"原作某句",然先儒之書,意有所契,簡擇取之可也;意所不合,附論是非,破除門户,無所曲阿亦可也。學未必能出其上而遽改古書,其意雖善,其事則不可訓矣。

東莞學案無卷數(浙江巡撫採進本)

國朝吳鼎撰。鼎有《易訓舉要》,已著錄①。是書大旨以陳建《學蔀通辨》全為阿附閣臣,排陸以陷王,甚至取象山語錄割裂湊合而誣之以禪。因條列其説,為之詰難②。一曰誣朱子學禪,二曰撰禪名色,三曰以遮掩禪機咎象山,四曰撰"養神"二字誣象山,五曰删節象山文字誣象山,六曰錯解象山語罪象山,七曰嘲象山闢禪,八曰自禪,九曰罵先儒,十曰自譽,十一曰譽朝貴,十二曰總論《學蔀通辨》三十謬,十三曰諸儒評《學蔀通辨》。末附《象山讀書法》五十七條,《論三魚堂〈答秦定叟書〉》一則。陳建為東莞人,故題曰《東莞學案》。案明以來,朱、陸之徒互相詬厲,名則託於衛道,實則主於尋釁。建之書以善罵為長,既非儒者氣象,鼎又從而報復之。蓋門户之爭,非一朝一夕之故矣。

【彙訂】

①《總目》卷十著錄吳鼎撰《易例舉要》二卷。

②"為之",殿本作"一一"。

逸語十卷(江蘇巡撫採進本)

國朝曹庭棟撰。庭棟有《易準》,已著錄。是書前有自序謂:"慮羣書沿襲,疑信相參,用是殫心潛體,削誣正誤,以傳其信。"云云。夫自秦、漢而後,百家多述孔子之言,真偽參半。庭棟雖稱削誣正誤,亦未見一一必出於孔子。又其序説行款,及每節註文分圈內、圈外,儼然朱子《論語集註》體例,亦未免過於刻畫也。

困勉齋私記四卷(編修周永年家藏本)

國朝閻循觀撰。循觀有《尚書讀記》,已著錄。是編乃其劄記之文。初為三書,一曰《困勉齋私記》,一曰《困勉齋記忘》,一曰《求心錄》。循觀歿後,其同學韓夢周刪除繁複,定為四卷,總名之曰《私記》。其學主於主敬克己,時時提醒此心,刻苦自立,而諄諄致戒於近名,於河津之派為近。

思通集二卷隨意吟一卷(江蘇巡撫採進本)

國朝秦望撰。望字元宫,無錫人。《思通集》皆雜論義理,自太極、陰陽、天地、鬼神、飛潛、動植之類,凡有會悟,隨筆記之。《隨意吟》乃所作雜詩,皆五言古體,亦多涉理路。

敘天齋講義四卷(陝西巡撫採進本)

國朝竇文炳撰。文炳字質民,長安人。是書首《純一圖説》,

次《學約》,次《中庸撮總》,次《禮樂緒言》,凡四種。其説簡略殊甚①。因乾隆三十三年其稿曾咨送五朝國史館,遂題曰《進呈敘天齋講義》。且備錄文牒,累牘連篇,幾乎末大於本。可謂村塾迂儒,毫不知朝廷體制者矣。

【彙訂】

①"其説簡略殊甚",殿本無。

明儒講學考一卷(浙江巡撫採進本)

國朝程嗣章撰。嗣章字元朴,號南耕,上元人。明代儒者,洪、永以來多守宋儒矩矱。自陳獻章、王守仁、湛若水各立宗旨,分門別户,其後愈傳愈遠,益失其真,入主出奴,互興毀譽。嗣章為綜括大略,合為一篇,而各註仕履於其下。於源流授受,宗派甚明。然如貝瓊等本明初文士,於《六經》無所發明,未足當儒林之目。乃概加牽引①,不免失之泛濫矣。

【彙訂】

①"乃",殿本無。

業儒臆説一卷(編修程晉芳家藏本)

國朝陶圻撰。圻字甸方,秀水人。是編皆論學之語。末有其弟越跋語,稱其生平於性命之學最所究心。然觀所論議,大率仍明人講學之習,務以空談相勝者也①。

【彙訂】

①"者",殿本無。

砥身集六卷(江蘇巡撫採進本)

國朝劉鳴珂撰。鳴珂有《易圖疏義》,已著錄。《陝西通志》謂鳴珂"有志聖賢之道,隨處體認,有所得輒錄之,凡六卷",即此書也①。其書雖以"集"名,實則語錄。持論亦頗醇正,然其中多駁經之説。如疑《儀禮·喪服傳》"父在,不得為母三年","妾生之子,適母在,不得為其母服"及"叔嫂無服",皆逆於人心自然之理。又疑《禮記》"抱孫不抱子"為厚於孫而薄於子;祭必立尸,是偽為祖父,非百世不易之典②。凡此之類,皆據臆見以測聖人,執後世以疑前代③,蓋講學而未能窮經者耳。卷首有臨潼教諭王修所作鳴珂傳,其標題曰《大茂才理學名儒伯容劉公傳》,亦不知文章體例。至稱鳴珂學行載於大清國史,尤鄉曲陋儒妄相誇耀,不知國家典制者矣。

【彙訂】

① 清雍正《陝西通志》卷七十五《經籍第二》著錄《砭身集》五卷,蒲城劉鳴珂撰。

② "祭必立尸是偽為祖父非百世不易之典",殿本無。

③ 殿本此句後有"順人情而不揆正名定分别嫌明微之意"一句。

愚齋反經錄十六卷(陝西巡撫採進本)

國朝謝王寵撰。王寵字愚齋①,陝西人②。是書卷一至卷四為《論語尊註解意》,卷五為《小學》、《大學》、《中庸》、《兩孟指要》四種,卷六為《孝經述朱》,卷七為《忠經擇要》,卷八為《明倫錄》,卷九為《理學入門》,卷十為《知性錄》,卷十一為《尋孔顏樂處》,卷十二為《易學指要》,卷十三為《善利圖説補》,卷十四為《學要》,卷十五為《治要》,卷十六為《荒政錄》,總名為《反經錄》。皆陳因之説,無所發明。

【彙訂】

① "國朝謝王寵撰王寵字愚齋",殿本作"國朝王寵撰寵字

愚齋"，誤。清刻本此書各卷卷首署"關西謝王寵愚齋輯"。（昌彼得：《跋武英殿本〈四庫全書總目提要〉》）

② 謝王寵應為寧夏道人。康熙四十一年雁塔題名中式舉人五十三名中有"寧夏謝王寵，習《易》"，疑即此人。（徐亮：《〈四庫全書〉西北文獻研究》）

講學二卷（浙江范懋柱家天一閣藏本）

國朝陳祖銘編。皆其師李培講學語也。培號此菴，嘉興人。其說皆闡姚江餘緒。上卷曰溯源委、同人我、端學術、定志趣、認本體、議功夫、求悟門、先默識、崇實際、重悟輕修、脫世味，凡十一條①。下卷則皆雜論性理四書大旨。觀其立論，以悟為宗，而又譏世之講學者重悟而輕修。特巧掩其迹，杜人攻詰而已矣。

【彙訂】

① 今存清鈔本此集"求悟門"後、"先默識"前尚有"嚴真似"一條，此條下注："銘按：真似嚴而邪偽之術消。"則總數實應為十二條。（胡露：《〈四庫全書總目〉子部存目補正》）

三立編十二卷（安徽巡撫採進本）

國朝王梓編。梓字琴伯，郃陽人，官崇寧縣知縣。是編取明王守仁著述，分類編輯。以講學者為立德，以論事者為立功，以詩文為立言。《立德編》摘述《傳習錄》及《文錄》，《立功編》載奏疏、咨文、行牒、批呈、告諭，《立言編》載古今體詩、雜文。末附《年譜》。

性理析疑十五卷（福建巡撫採進本）

國朝蔡洛撰。洛，武平人。此書皆舉宋儒之說，摘條設問，分二十七門。或引先儒之言，或出己意以解之。引伸觸類，辨析頗詳。然大抵如坊刻高頭講章之説也。

　　童子問一卷(浙江巡撫採進本)

　　國朝黄文澍撰。文澍有《經解》、《經義雜著》,已著錄。是編刊本題《石畦集》,《童子問》蓋其集中之一種也。設為童子問而文澍答,以駁王守仁之學。凡十四章。

　　敬義錄一卷(浙江巡撫採進本)

　　國朝黄文澍撰。亦《石畦集》中之一也。大旨述程、朱之緒言,駁陸、王之高論,無所發明,亦無所乖剌。惟其中一條云:"莊子尚有見地,荀子則茫然無所見,止識得一个'學'字。"① 乃轉似金谿、姚江所説,與全書南轅北轍,則不解其何故也。

　　【彙訂】

　　① "字",殿本作"名",疑誤。

　　理解體要二卷(江西巡撫採進本)

　　國朝黄為鵑撰。為鵑,宜黄人。其書凡一百三十八條,繪圖列説。皆雜採宋人講學之語,融貫成篇。

　　讀白鹿洞規大義五卷(江蘇巡撫採進本)

　　國朝任德成撰。德成字象元,吳江人。是書取朱子《白鹿洞規》原文,各分段落,標於每卷之首,而引歷代諸儒名言附於後,凡二百四條。前有《讀白鹿洞規文約》,舉邵、周、程、張、吕、陸諸子之説以冠之,則一篇之綱領也。

　　朱子書要無卷數(兩江總督採進本)

　　不著編輯人名氏。取朱子《語類》、《文集》鈔撮成帙。前無序目,每條下又各以硃筆註道體、天命等子目。蓋欲分類編排,手錄未竟之本也。

　　右儒家類三百七部，二千四百七十三卷^①，內二十部無卷數。皆附存目。

　　【彙訂】

　　① "二千四百七十三卷"，殿本作"二千三百六十九卷"。實際著錄二千四百六十七卷。

卷九九

子　部　九

兵　家　類

《史記・穰苴列傳》稱："齊威王使大夫追論古者《司馬兵法》。"是古有兵法之明證。然風后以下，皆出依託。其閒孤虛、王相之説，雜以陰陽五行；風雲、氣色之説，又雜以占候。故兵家恒與術數相出入，術數亦恒與兵家相出入，要非古兵法也。其最古者，當以《孫子》、《吳子》、《司馬法》為本。大抵生聚訓練之術，權謀運用之宜而已。今所採錄，惟以論兵為主，其餘雜説，悉別存目。古來偽本流傳既久者，詞不害理，亦併存以備一家。明季遊士撰述，尤為猥雜。惟擇其著有明效，如戚繼光《練兵實紀》之類者，列於篇。

握奇經一卷(浙江范懋柱家天一閣藏本)

一作《握機經》，一作《幄機經》。舊本題"風后撰，漢丞相公孫宏解，晉西平太守馬隆述贊"。案《漢書・藝文志・兵家・陰陽・風后十三篇》，班固自註曰："圖二卷，依託也。"並無《握奇經》之名。且《十三篇》，《七略》著錄，固尚以為依託。則此《經》此《解》，《七略》不著錄者，其依託更不待辨矣。馬隆《述贊》，《隋

志》亦不著錄，則猶之公孫宏《解》也。考唐獨孤及《毘陵集》有
《八陣圖記》，曰："黃帝順煞氣以作兵法，文昌以命將。風后握機
制勝，作為陣圖。故八其陣，所以定位也。衡抗於外，軸布於內，
風雲附其四維，所以備物也。虎張翼以進，蛇向敵而蟠，飛龍翔
鳥，上下其旁，所以致用也。至若疑兵以固其餘地，游軍以案其
後列，門具將發，然後合戰。弛張則二廣迭舉，犄角則四奇皆
出。"云云。所説乃一一與此經合。疑唐以來好事者因諸葛亮八
陣之法，推演為圖，託之風后。其後又因及此《記》，推衍以為此
《經》，併取《記》中"握機制勝"之語以為之名。《宋史·藝文志》
始著於錄，其晚出之顯證矣。高似孫《子略》曰："馬隆本作《幄機
序》曰：'幄者帳也，大將所居。言其事不可妄示人，故云《幄
機》。'則因握、幄字近而附會其文。今本多題曰《握奇》，則又因
《經》中有'四為正，四為奇，餘奇為握奇'之語，改易其名也。"似
孫又云："總有三本，一本三百六十字，一本三百八十字，蓋呂尚
增字以發明之。其一行閒有'公孫宏'等語。今本衍四字。"校驗
此本，分為三章，正得三百八十四字，蓋即似孫所謂"衍四字本"
也。《經》後原附《續圖》，據《書錄解題》，亦稱馬隆所補。然有目
而無圖，殆傳寫佚之歟？

　　六韜六卷（通行本）

　　舊本題周呂望撰。考《莊子·徐無鬼篇》稱《金版六弢》。
《經典釋文》曰："司馬彪、崔譔云：'《金版》、《六弢》，皆周書篇
名。'本又作《六韜》，謂《太公六韜》，文、武、虎、豹、龍、犬也。案，
今本以文、武、龍、虎、豹、犬為次，與陸德明所註不同。未詳孰是，謹附識於此。"[①]
則戰國之初，原有是名。然即以為《太公六韜》，未知所據。《漢

書‧藝文志》“兵家”不著錄，惟“儒家”有《周史六弢》六篇。班固自註曰：“惠、襄之閒。或曰顯王時，或曰孔子問焉。”則《六弢》別為一書。顏師古註以今之《六韜》當之，毋亦因陸德明之說而牽合附會歟②？《三國志‧先主傳》註始稱：“閒暇歷觀諸子及《六韜》、《商君書》，益人志意。”《隋志》始載《太公六韜》五卷，註曰：“梁六卷，周文王師姜望撰。”唐、宋諸志皆因之③。今考其文，大抵詞意淺近，不類古書。中閒如“避正殿”乃戰國以後之事。“將軍”二字始見《左傳》，周初亦無此名。案，《路史》有“虞舜時，伯益為百蟲將軍”之語。雜說依託，不足為據。其依託之迹，灼然可驗。又《龍韜》中有《陰符篇》云，主與將有陰符凡八等，克敵之符長一尺，破軍之符長九寸，至失利之符長三寸而止。蓋偽撰者不知“陰符”之義，誤以為符節之符，遂粉飾以為此言，尤為鄙陋。殆未必漢時舊本。故《周氏涉筆》謂其書“並緣吳起，漁獵其詞，而綴輯以近代軍政之浮談，淺駁無可施用”。胡應麟《筆叢》亦謂其“《文伐》④、《陰書》等篇為孫、吳、尉繚所不屑道”。然晁公武《讀書志》稱：“元豐中，以《六韜》、《孫子》、《吳子》、《司馬法》、《黃石公三略》、《尉繚子》、《李衛公問對》頒行武學⑤，號曰‘七書’。”則其來已久，談兵之家恒相稱述。今故仍錄存之，而備論其蹖駁如右⑥。

【彙訂】

① 唐魏徵《羣書治要》卷三一引《六韜》，其次第為《文韜》、《武韜》、《龍韜》、《虎韜》、《犬韜》，唯未引《豹韜》耳。《後漢書‧何進傳》章懷太子注云：“《太公六韜》篇：第一《霸典》，文論；第二《文師》，武論；第三《龍韜》，主將；第四《虎韜》，偏禆；第五《豹韜》，校尉；第六《犬韜》，司馬。”《郡齋讀書志》卷十四、《玉海》卷

百四十、《小學紺珠》卷四所列次第均為文、武、龍、虎、豹、犬。
《經典釋文》或傳寫有誤。（余嘉錫：《四庫提要辨證》）

②《金版六弢》即《六韜》，《周史六弢》乃《大弢》之誤。（胡
玉縉：《四庫全書總目提要補正》）

③唐、宋時期的主要目錄學著作亦著錄《六韜》為姜望撰
者，《舊唐書·藝文志》及《郡齋讀書志》兩家而已。（張林川：
《〈六韜〉的作者及其流傳考》）

④“文代”乃“文伐”之誤。此書卷二《武韜》有《文伐》篇。
胡應麟《少室山房筆叢》卷十五《四部正譌中》原文亦作《文伐》。

⑤“行”，據衢本《郡齋讀書志》卷十四“六韜”條原文及殿
本補。

⑥“備論”，殿本作“略論”。

孫子一卷（通行本）

周孫武撰。考《史記·孫子列傳》載武之書十三篇，而《漢
書·藝文志》乃載《孫子兵法》八十二篇，圖九卷。故張守節《正
義》以十三篇為上卷，又有中、下二卷。杜牧亦謂武書“本數十萬
言，皆曹操削其繁剩，筆其精粹，以成此書”。然《史記》稱十三
篇，在《漢志》之前，不得以後來附益者為本書，牧之言固未可以
為據也。此書註本極夥。《隋書·經籍志》所載，自曹操外，有王
凌、張子尚、賈詡、孟氏、沈友諸家。《唐志》益以李筌、杜牧、陳
皥、賈林、孫鎬諸家①。馬端臨《經籍考》又有紀燮、梅堯臣、王
晳、何氏諸家。歐陽修謂：“兵以不窮為奇，宜其説者之多。”其言
最為有理。然至今傳者寥寥。應武舉者所誦習，惟坊刻講章，鄙
俚淺陋，無一可取。故今但存其本文著之於錄。武書為百代談

兵之祖，葉適以其人不見於《左傳》，疑其書乃春秋末戰國初山林處士之所為。然《史記》載闔閭謂武曰："子之《十三篇》，吾盡觀之矣。"則確為武所自著，非後人嫁名於武也。

【彙訂】

①《隋書・經籍志》載魏太尉賈詡《鈔孫子兵法》一卷，乃節鈔之本，不可與曹操諸家并論。《新唐書・藝文志》有孫鎬注《吳子》一卷，並無《孫子》注。（余嘉錫：《四庫提要辨證》）

吳子一卷（通行本）

周吳起撰。起事蹟見《史記》列傳。司馬遷稱"起《兵法》世多有"，而不言篇數。《漢藝文志》載《吳起》四十八篇。然《隋志》作一卷，"賈詡註"，《唐志》並同。鄭樵《通志略》又有"孫鎬註"一卷。均無所謂四十八篇者。蓋亦如孫武之八十二篇出於附益，非其本書世不傳也。晁公武《讀書志》則作三卷，稱："唐陸希聲類次為之，凡《說國》、《料敵》、《治兵》、《論將》、《變化》、《勵士》六篇①。"今所行本雖仍併為一卷，然篇目並與《讀書志》合，惟《變化》作《應變》，則未知孰誤耳。起殺妻求將，齧臂盟母，其行事殊不足道。然嘗受學於曾子，耳濡目染，終有典型，故持論頗不詭於正。如對魏武侯則曰"在德不在險"，論制國治軍則曰"教之以禮，勵之以義"，論為將之道則曰"所慎者五，一曰理，二曰備，三曰果，四曰戒，五曰約"，大抵皆尚有先王節制之遺。高似孫《子略》謂其"尚禮義，明教訓，或有得於《司馬法》者"，斯言允矣。

【彙訂】

① 晁公武《郡齋讀書志》諸本皆僅列《料敵》、《治兵》、《論將》、《變化》、《勵士》五篇，脫首《圖國》一篇，作《說國》誤。（孫

猛：《郡齋讀書志校正》）

司馬法一卷（通行本）

舊題齊司馬穰苴撰。今考《史記·穰苴列傳》稱："齊威王使大夫追論古者《司馬兵法》，而附穰苴於其中，因號曰《司馬穰苴兵法》。"然則是書乃齊國諸臣所追輯。隋、唐諸《志》皆以為穰苴之所自撰者，非也。《漢志》稱《軍禮司馬法》百五十五篇。陳師道以傳記所載司馬法之文今書皆無之，疑非全書。然其言大抵據道依德，本仁祖義，三代軍政之遺規猶藉存什一於千百。蓋其時去古未遠，先王舊典，未盡無徵，摭拾成編，亦漢文博士追述《王制》之類也①。班固序"兵權謀"十三家，"形勢"十一家，"陰陽"十六家，"技巧"十三家，獨以此書入禮類。豈非以其説多與《周官》相出入，為古來五禮之一歟？胡應麟《筆叢》惜其以穰苴所言參伍於仁義禮樂之中，不免懸疣附贅。然要其大旨，終為近正，與一切權謀術數迥然別矣。隋、唐《志》俱作三卷。世所行本，以篇頁無多，併為一卷。今亦從之，以省繁碎焉。

【彙訂】

①《史記·封禪書》索隱引劉向《七錄》云："文帝所造書，有《本制》、《兵制》、《服制》篇。"非《禮記》之《王制》。（胡玉縉：《四庫全書總目提要補正》）

尉繚子五卷（通行本）

周尉繚撰。其人當六國時，不知其本末。或曰魏人，以《天官篇》有"梁惠王問"知之。或又曰齊人，鬼谷子之弟子。劉向《別錄》又云："繚為南君學。"未詳孰是也。《漢志》"雜家"有《尉繚》二十九篇。《隋志》作五卷，《唐志》作六卷，亦並入於"雜家"。

鄭樵譏其見名而不見書，馬端臨亦以為然。然《漢志》"兵形勢家"內實別有《尉繚》三十一篇。故胡應麟謂："兵家之《尉繚》即今所傳，而雜家之《尉繚》並非此書。今雜家亡而兵家獨傳，鄭以為孟堅之誤者，非也。"特今書止二十四篇，與所謂三十一篇者數不相合，則後來已有所亡佚，非完本矣。其書大指主於分本末，別賓主，明賞罰，所言往往合於正。如云："兵不攻無過之城，不殺無罪之人。"又云："兵者所以誅暴亂，禁不義也。兵之所加者，農不離其田業，賈不離其肆宅，士大夫不離其官府，故兵不血刃而天下親。"皆戰國談兵者所不道。晁公武《讀書志》有張載註《尉繚子》一卷，則講學家亦取其說。然書中《兵令》一篇，於誅逃之法言之極詳，可以想見其節制。則亦非漫無經略[1]，高談仁義者矣。其書坊本無卷數。今酌其篇頁，仍依《隋志》之目，分為五卷。

【彙訂】

[1] "則"，殿本無。

黄石公三略三卷（通行本）

案黄石公事見《史記》。《三略》之名始見於《隋書‧經籍志》[1]，云："下邳神人撰，成氏註。"唐、宋《藝文志》所載並同。相傳其源出於太公，圯上老人以一編書授張良者，即此。蓋自漢以來，言兵法者往往以黄石公為名，史志所載有《黄石公記》三卷、《黄石公略註》三卷、《黄石公陰謀乘斗魁剛行軍祕》一卷、《黄石公神光輔星祕訣》一卷，又《兵法》一卷、《三鑑圖》一卷、《兵書統要》一卷[2]。今雖多亡佚不存，然大抵出於附會。是書文義不古，當亦後人所依託。鄭瑗《井觀瑣言》稱其"剽竊老氏遺意，迂

緩支離,不適於用。其'知足戒貪'等語,蓋因子房之明哲而為之
辭,非子房反有得於此。其非圯橋授受之書明甚"。然後漢光武
帝詔書引《黃石公》"柔能制剛③,弱能制強"之語,實出書中所載
《軍讖》之文。其為漢詔援據此書,或為此書剽竊漢詔,雖均無可
考。疑以傳疑,亦姑過而存之焉。

【彙訂】

① 殿本"始"上有"則"字。《文選》李康《運命論》:"張良受
黃石之符,誦《三略》之說。"遠在《隋書·經籍志》前。(胡玉縉:
《四庫全書總目提要補正》)

②《隋書·經籍志》、《宋史·藝文志》著錄者尚有《黃石公
內記敵法》一卷、《黃石公三奇法》一卷、《黃石公五壘圖》一卷、
《黃石公兵書》三卷、《黃石公備氣三元經》一卷、《黃石公地鏡訣》
一卷、《黃石公宅》一卷等。(余嘉錫:《四庫提要辨證》)

③ "書",殿本無。

三略直解三卷(浙江范懋柱家天一閣藏本)

明劉寅撰。寅始末未詳,自題"前辛亥科進士"。考《太學進
士題名》,洪武辛亥有劉寅,崞縣人,蓋即其人。張綸《林泉隨筆》
稱:"太原劉寅作《六書直解》,謹據經史,辨析舛謬。"①然劉寅所
註者凡六書②,此其一種也③。《三略》一書,《漢志》不著於錄。
張商英偽作《素書》,託盜者得之張良冢中④,而以稱《三略》出黃
石公者為誤。寅辨其雜取子書中語,更換字樣聯屬之,詆商英言
涉虛無。其說當矣。然必以《三略》為真出太公,至黃石公始授
張良,於書中"越王句踐投醪飲士"一事無以為解,則指為黃石公
所附益。又遁其說以為句踐以前或別有投醪之事,今不可考。

則其誣與商英等矣。真德秀《西山集》有是書序，亦以為雖非太
公作，而當為子房之所受。則寅說亦有所自來。其大旨出於黃、
老，務在沈幾觀變，先立於不敗以求敵之可勝。操術頗巧，兵家
或往往用之。寅之所註，亦頗能發明此意，又能參校諸本，註其
異同，較他家所刻亦特為詳贍。中有闕字無可考補，今亦姑仍
之焉。

【彙訂】

①　"舛謬"，殿本作"舛譌"。"謹據"當作"證據"，文淵閣本
書前提要不誤。《今獻彙言》本《林泉隨筆》原文作："太原劉寅作
《六書直解》，證據經史，辨析舛謬。"

②　"然劉寅所註者凡六書"，殿本作"然則寅所註者凡
六書"。

③　明萬曆刊本《武經直解》二十五卷，凡七種。《明史·藝
文志》則作《七書直解》二十六卷，《集古兵法》一卷。（胡玉縉：
《四庫全書總目提要補正》）

④　"託盜者得之張良家中"，殿本無。

素書一卷（江蘇巡撫採進本）

舊本題黃石公撰。宋張商英註。分為六篇，一曰《原始》，二
曰《正道》，三曰《求人之志》，四曰《本德宗道》，五曰《遵義》，六曰
《安禮》。黃震《日鈔》謂："其說以道、德、仁、義、禮五者為一體，
雖於指要無取，而多主於卑謙損節，背理者寡。張商英妄為訓
釋，取老子先道而後德，先德而後仁，先仁而後義，先義而後禮之
說以言之，遂與本書說正相反。"其意蓋以商英之註為非，而不甚
斥本書之偽。然觀其後序所稱："圯上老人以授張子房。晉亂，

有盜發子房冢,於玉枕中得之,始傳人閒。"又稱:"上有祕戒,不許傳於不道不仁、不聖不賢之人。若非其人,必受其殃。得人不傳,亦受其殃。"尤為道家鄙誕之談。故晁公武謂:"商英之言世未有信之者。"至明都穆《聽雨紀談》以為"自晉迄宋,學者未嘗一言及之,不應獨出於商英",而斷其有三偽[①]。胡應麟《筆叢》亦謂其書中"'悲莫悲於精散,病莫病於無常',皆仙經、佛典之絕淺近者"。蓋商英嘗學浮屠法於從悅,喜講禪理。此數語皆近其所為,前後註文與本文亦多如出一手。以是核之,其即為商英所偽撰明矣。以其言頗切理,又宋以來相傳舊本,姑錄存之,備參考焉。

【彙訂】

① 唐趙蕤《長短經》引《鈐經》及《玉鈐經》七則,其中五則見於《素書》,涉及《素書》六篇中的四篇,即《原始》、《正道》、《遵義》、《安禮》。則《素書》或即《玉鈐經》別名,非"自晉迄宋,學者未嘗一言及之"。(周斌:《〈長短經〉校正與研究》)

李衛公問對三卷(通行本)

唐司徒并州都督衛國景武公李靖與太宗論兵之語,而後人錄以成書者也。案,史稱所著兵法世無完書,惟《通典》中略見大概。此書出於宋代,大旨因杜氏所有者而附益之。何薳《春渚紀聞》謂:"蘇軾嘗言世傳王通《元經》、關子明《易傳》及此書,皆阮逸所偽撰,蘇洵曾見其草本。"馬端臨撰《四朝國史·兵志》謂:"神宗熙寧閒,嘗詔樞密院校正此書。"似非逸所假託。胡應麟《筆叢》則又稱:"其詞旨淺陋猥俗,最無足採,阮逸亦不應鄙野至此。當是唐末宋初,村儒俚學掇拾貞觀君臣遺事而為之。"諸說紛紜，多不相合。今考阮逸偽撰諸書，一見於《春渚紀聞》，再見於《後山談叢》，又見於《聞見後錄》，不應何薳、陳師道、邵博不相約會，同構誣詞。至熙寧、元豐之政，但務更新，何嘗稽古？尤未可據《七書》之制，斷為唐代舊文。特其書分別奇正，指畫攻守，變易主客，於兵家微意時有所得，亦不至遂如應麟所詆耳。鄭瑗《井觀瑣言》謂："《問對》之書雖偽，然必出於有學識謀略者之手。"斯言近之。故今雖正其為贗作，而仍著之於錄云。

太白陰經八卷（浙江范懋柱家天一閣藏本）

唐李筌撰。筌里籍未詳。惟《集仙傳》稱其"仕至荊南節度副使，仙州刺史，著《太白陰經》"。又《神仙感遇傳》曰："筌有將略，作《太白陰符》十卷，入山訪道，不知所終。"《太白陰符》，當即此書，傳寫譌一字也。考《唐書·藝文志》、《宋史·藝文志》皆云"《太白陰經》十卷"，而此本止八卷，疑非完帙。然核其篇目，始於《天地陰陽險阻》，終於《雜占》，首尾完具，又似無所闕佚。殆後人傳寫有所合併，故卷數不同歟？兵家者流大抵以權謀相尚，儒家者流又往往持論迂闊，諱言軍旅，蓋兩失之。筌此書先言主有道德，後言國有富強，內外兼修，可謂持平之論。其人終於一郡，其術亦未有所試，不比孫、吳、穰苴、李靖諸人，以將略表見於後世。然杜佑《通典》"兵類"取通論二家，一則《李靖兵法》，一即此經。其《攻城具篇》則取為攻城具，《守城具篇》、《築城篇》、《鑿濠篇》、《弩臺篇》、《烽燧臺篇》、《馬鋪土河篇》、《游奕地聽篇》則取為守拒法，《水攻具篇》則取為水戰具，《濟水具篇》則取為軍行渡水，《火攻具篇》、《火戰具篇》則取為火兵，《井泉篇》則取為識水泉，《宴娛音樂篇》則取為聲感人[①]。是佑之採用此書，與李靖之書無異，其必有以取之矣。靖之兵法，宋時已殘闕舛譌，阮逸所傳，又亂以偽本。筌此經至今猶存，惟篇首《陰陽總序》及《天地無陰陽篇》有錄無書，不知佚於何時，今則無從校補矣②。

【彙訂】

①“宴娛音樂篇”乃“宴設音樂篇”之誤。（張文才、王隴：《〈太白陰經全解〉前言》）

②“陰陽總序”，殿本作“陰經總序”，誤。以《守山閣叢書》本勘之，《四庫》本佚去第九、十兩卷，卷一首脫去《天無陰陽》、《地無險阻》二篇，卷八末又脫《分野占》、《風角》、《五音占風》、《鳥情》諸篇。（柏克萊加州大學東亞圖書館編：《柏克萊加州大學東亞圖書館中文古籍善本書志》）

武經總要四十卷（江蘇巡撫採進本）

宋曾公亮、丁度等奉敕撰。晁公武《讀書後志》稱：“康定中，朝廷恐羣帥昧古今之學，命公亮等採古兵法及本朝計謀方略。凡五年奏御，仁宗御製序文。”①其書分前、後二集。前集制度十五卷，邊防五卷，而十六卷、十八卷各分上、下。後集故事十五卷，占候五卷。仁宗為守成令主，然武事非其所長，公亮等亦但襄贊太平，未嫻將略。所言陣法戰具，其制彌詳，其拘牽彌甚，大抵所謂“檢譜角觝”也。至於諸番形勢，皆出傳聞，所言道里山川，以今日考之，亦多刺謬。然前集備一朝之制度，後集具歷代之得失，亦有足資考證者。《讀書後志》別載王洙《武經聖略》十五卷，乃寶元中西邊用兵，詔洙編祖宗任將用兵邊防事迹為十二門②，今已佚。南渡以後，又有《御前軍器集模》一書。今惟《造甲法》二卷、《造神臂弓法》一卷，尚載《永樂大典》中，其餘亦佚。

宋一代朝廷修講武備之書,存者惟此編而已,固宜存與史志相
參也。

【彙訂】

①《續資治通鑑長編》卷一四四慶曆三年十月乙卯,"詔修
兵書,翰林學士承旨丁度提舉,集賢校理曾公亮、朱宷為檢閱
官"。仁宗序云:"命天章閣待制曾公亮等同加編定……尚書工
部侍郎、參知政事丁度總領書局,適成編綴,形於奏請,願賜敘
引。"丁度為參知政事在慶曆六年八月至八年四月(《宋史·宰輔
表》),曾公亮為天章閣待制始於慶曆七年三月至八月,半年後遷
知制誥(《續資治通鑑長編》卷一六〇),則此書始纂於慶曆三年
(1043)十月,成書於慶曆七年三月至八月間。丁度為提舉,總領
書局,署名應在前。(李裕民:《四庫提要訂誤》增訂本)

②《郡齋讀書志》卷十四"兵家類"著錄《武經聖略》十五卷,
"分二十門"。(同上)

虎鈐經二十卷(安徽巡撫採進本)

宋許洞撰。洞字淵夫,吳興人①。登咸平三年進士②,為雄
武軍推官,免歸。尋召試中書,改烏江縣簿。坐事變姓名,隱中
條山。龔明之《中吳紀聞》謂:"洞平生以文章自負,所著詩篇甚
多,歐陽修嘗稱為俊逸之士者是也。"是書卷首有洞進表及自序,
大意謂:"《孫子兵法》奧而精,學者難於曉用。李筌《太白陰符
經》論心術則祕而不言,談陰陽又散而不備。乃演孫、李之要,而
撮天時人事之變,備舉其占。凡六壬、遁甲、星辰、日月、風雲、氣
候、風角、鳥情以及宣文設奠、醫藥之用、人馬相法,莫不具載。
積四年書成③,凡二百十篇,分二十卷,名曰《虎鈐經》。"大都彙

輯前人之説而參以己意。惟第九卷所載飛鶚、長虹、重覆、八卦
四陣，及飛轅寨諸圖，為洞自創耳。其《四陣統論》自以為遠勝李
筌所纂。其間亦多迂闊誕渺之説，不足見諸施行。然考《漢書·
藝文志》兵家者流，有兵權謀、兵形勢、陰陽諸類，凡七百餘篇。
蓋古來有此專門之學，今《漢志》所錄者久已亡佚，而洞獨能掇拾
遺文，撰次成帙，不可謂非一家之言。錄而存之，亦足以備一
説也。

【彙訂】

① 范成大《吴郡志》卷二五、《宋史》卷四四一本傳均云許洞
為吴縣人。《曾鞏集》卷四五《壽昌縣太君許氏墓誌銘》亦云：“許
氏，蘇州吴縣人……兄洞，名能文，見《國史》。”（李裕民：《四庫
提要訂誤》）

② “登”，殿本無。

③ 曾釗跋云：“自序‘創意於辛酉之初，成文於甲辰之末’，
考辛酉為太祖建隆二年，迄甲辰真宗改元景德，蓋歷三十八年所
而書成。”（胡玉縉：《四庫全書總目提要補正》）

何博士備論一卷（浙江鮑士恭家藏本）①

宋何去非撰。去非字正通，浦城人。元豐五年以特奏召。
廷試，除右班殿直，武學教授、博士。元祐四年以蘇軾薦，換承奉
郎。五年出為徐州教授。軾又奏進所撰《備論》，薦為館職，不果
行。是編即軾奏進之本。軾《狀》稱二十八篇，此本僅二十六篇，
蓋佚其二也。去非本以對策論兵得官，故是編皆評論古人用兵
之作。其文雄快踔厲，風發泉涌，去蘇氏父子為近。蘇洵作《六
國論》，咎六國之賂秦；蘇轍作《六國論》，咎四國之不救。去非所

論,乃兼二意,其旨尤相近,故軾屢稱之。卷首惟載軾《薦狀》二篇,所以志是書之緣起也。卷末有明歸有光跋,深譏是論之謬。且以元符、政和之敗,歸禍本於去非。夫北宋之釁,由於用兵。而致釁之由,則起於狃習晏安,廢弛武備,驅不可用之兵而戰之。故一試而敗,再試而亡。南渡以後,卒積弱以至不振。有光不咎宋之潰亂由士大夫不知兵,而轉咎去非之談兵。明代通儒所見如是,明所由亦以弱亡歟?

【彙訂】

① 文淵閣《四庫》本為上、下二卷,書前提要不誤。(沈治宏:《中國叢書綜錄訂誤》)

守城錄四卷(永樂大典本)

宋右正議大夫陳規在德安禦寇事蹟也。規字元則,密州安邱人。中明法科。靖康末,金兵南下,荊、湖諸郡所在盜起。規以安陸令攝守事,連敗劇寇。建炎元年,除知德安府,擢鎮撫使。羣盜先後來攻,隨機捍禦,皆摧破去。尋召赴行在,又出知順昌,與劉錡同却金兵。又移知廬州,兼淮西安撫使,卒。乾道中追封忠利智敏侯,立廟德安。事蹟具《宋史》本傳。是書凡分三種①。首為規所撰《靖康朝野僉言後序》。《朝野僉言》本夏少曾作,備載靖康時金人攻汴始末。規在順昌見之,痛當日大臣將帥捍禦失策,因條列應變之術,附於各條下,謂之《後序》。徐夢莘嘗採入《北盟會編》一百三十九卷中。然其文與此大同小異,疑傳錄者有所刪潤也。次曰《守城機要》,亦規所作,皆論城郭樓櫓制度及攻城備禦之方。《宋史》本傳載規有《攻守方略》傳世,疑即此書。次曰《建炎德安守禦錄》,乃瀏陽湯璹所作。璹,淳熙十四年進士,官德安教授。尋訪規守城遺事,作為此書。紹熙四年除太學錄,乃表上之。案規本傳載:"乾道八年詔刻規《德安守城錄》頒天下,為諸守將法。"《藝文志》亦別有劉荀《建炎德安守禦錄》三卷,而無璹書之名,疑荀所撰者即乾道所頒之本。璹書上於紹熙時,距乾道已二十餘年,或又據荀書而重加增定歟?三書本各自為帙,不知何人始併為一編。觀書末識語,則寧宗以後人所輯矣。宋自靖康板蕩,宇內淪胥,規獨能支拄經年,不可謂非善於備禦。然此僅足為守一城乘一障者應變之圖,而不足為有國有家者固圉之本。當時編為程式,原欲令沿邊肄習,蘄保殘疆。然至元師南下,直破臨安,復為東京之續,卒未聞有一人登陴以抗敵者。豈非本根先撥,雖有守禦之術,亦無所用歟?伏讀睿題,闡晰精微,抉汴梁喪敗之由,申守在四夷之訓,然後知保邦諴命,自有常經。區區輸攻墨守之技,固其末務矣。謹錄存是帙,以不沒規一事之長。並恭錄宸翰,弁於簡端,俾天下萬世知聖人之所見者大也。

【彙訂】

① "凡",底本作"几",據殿本改。

武編十卷(江蘇巡撫採進本)

明唐順之編。順之有《廣右戰功錄》,已著錄。是書皆論用兵指要,分前、後二集。前集六卷,自將士、行陣至器用、火藥、軍需、雜術凡五十四門。後集徵述古事,自料敵、撫士至堅壁、摧標,凡九十七門①。體例略如《武經總要》。所錄前人舊説,自孫、吳、穰苴、李筌、許洞諸兵家言,及唐、宋以來名臣奏議,無不摭集。史稱:"順之於學無所不窺。凡兵法、弧矢、壬奇、禽乙,皆能究極原委。"故言之俱有本末。其應詔起為淮揚巡撫剿倭也，負其宿望，虛憍恃氣，一戰而幾為寇困。賴胡宗憲料其必敗，伏兵豫救得免。殆為宗憲玩諸股掌之上。然其後部署既定，亦頗能轉戰蹙賊，捍禦得宜，著有成效，究非房琯、劉秩迂謬償轅者可比。是編雖紙上之談，亦多由閱歷而得，固未可概以書生之見目之矣。

【彙訂】

①　明萬曆四十六年徐象枟曼山館刻本為前集六卷五十五門，後集六卷一百三十四門。《總目》所列後集之目至四卷而止。文淵閣《四庫》本亦止於《摧標》門，無卷五、卷六《先鋒》、《奇兵》至《夜》、《託》諸門。（許保林：《中國兵書通覽》；柏克萊加州大學東亞圖書館編：《柏克萊加州大學東亞圖書館中文古籍善本書志》）

陣紀四卷（浙江鮑士恭家藏本）①

明何良臣撰。良臣字惟聖，會稽人。弱冠棄諸生從軍，嘉靖間官至薊鎮遊擊。是編皆述練兵之法。一卷曰募選、束伍、教練、致用、賞罰、節制，二卷曰奇正、虛實、衆寡、卒伍、技用，三卷曰陣宜、戰令、戰機，四卷曰摧陷、因勢、車戰、騎戰、步戰、水戰、火戰、夜戰、山林谷澤之戰、風雨雪霧之戰，凡二十三類②，共六十六篇。明之中葉，武備廢弛，疆圉有警，大抵鳩烏合以赴敵，十出九敗。故良臣所述，切切以選練為先。其所列機要，亦多即中原野戰立說。夫事機萬變，應在一心，蘇軾所謂"神兵非學到，自古不留訣"也。明代談兵之家，自戚繼光諸書外，往往捃摭陳言，橫生鄙論，如湯光烈之掘穽藏錐，彭翔之木人火馬，殆如戲劇。

惟良臣當嘉靖中海濱弗靖之時，身在軍中，目睹形勢，非憑虛理斷，攘袂坐談者可比。在明代兵家，猶爲切實近理者矣。

【彙訂】

①"陣紀"，殿本作"陣記"，誤。今存明萬曆十七年徐元刻本《陣紀》四卷。

②明本"虛實"二字旁注於"奇正"下；故爲二十三類，否則成二十四類。"卒伍"原本作"率然"。（胡玉縉：《四庫全書總目提要補正》）

江南經略八卷（兩江總督採進本）

明鄭若曾撰。若曾有《鄭開陽雜著》，已著錄。是編爲江南倭患而作，兼及防禦土寇之事。八卷之中，每卷又分二子卷。卷一之上爲《兵務總要》，卷一之下爲《江南內外形勢總考》。卷三之上至卷六之下分蘇州、常州、松江、鎮江四府所屬山川險易、城池兵馬，各附以土寇要害。卷七上、下論戰守事宜。卷八上、下則雜論戰具、戰備，而終以水利積儲與蘇、松之浮糧。明季武備廢弛，法令如戲，倭寇恒以數十人橫行數千里，莫敢攖鋒，土寇亦乘之不靖。若曾此書，蓋專爲當時而言①，故多一時權宜之計。福建林潤時爲應天巡撫，爲評而刊之，所評亦多遷就時勢之言。然所列江海之險要，道路之衝僻，守禦之緩急，則地形水勢，今古略同，未嘗不足以資後來之考證。究非紙上空談，檢譜而角觚者也。

【彙訂】

①鄭若曾爲嘉靖初貢生，湛若水、王守仁弟子，與唐順之、歸有光等爲友，見《總目》卷六九《鄭開陽雜著》提要、道光《昆

（山）新（陽）兩縣志》卷二六《文苑一·鄭若曾傳》。鄭之時代，下距明亡近百年，乃明中葉，今稱“明季”，誤。（楊武泉：《四庫全書總目辨誤》）

練兵實紀九卷雜集六卷（江蘇巡撫採進本）①

明戚繼光撰。繼光字元敬，世襲登州衛指揮僉事。歷官薊州、永平、山海等處地方總兵官，中軍都督府左都督，進太子太保。事蹟具《明史》本傳。考隆慶二年，繼光以都督同知總理薊州、昌平、保定三鎮練兵事。至鎮，上疏請浙東殺手、礮手各三千，再募西北壯士馬軍五枝，步軍十枝，專聽訓練。此書乃載其練兵實效。一練伍法，二練膽氣，三練耳目，四練手足，五練營陣②，六練將。其附載《雜集》，一儲練通論③，二將官到任，三登壇口授，四軍器制解，五車步騎解④。蓋繼光為將，精於訓練，臨事則飈發電舉，當世稱為“戚家軍”。今以此書考其守邊事蹟，無不相符，非泛摭韜略常談者比。繼光初到鎮疏有云：“教兵之法，美觀則不實用，實用則不美觀。”此書標曰《實紀》，徵實用也。考《登壇口授》云：“時惟庚午夏六月，諸邊新臺，肇建過半，奏奉暫停，以舉練事。”庚午為隆慶四年。又考繼光請刊此書移文云：“擬定教練已經二年，今將條約通集成帙。”則是書成於隆慶五年辛未矣。《明史》本傳稱：“薊鎮十七年中易大將十人，率以罪去。繼光在鎮十六年，邊備修整，薊門宴然。繼之者踵其成法，數十年得無事。”又稱：“所著《紀效新書》、《練兵事實》，談兵者遵用焉。”此本題曰《練兵實紀》⑤，與史不同，或史偶誤一字歟？

【彙訂】

①“江蘇巡撫採進本”，底本作“山東巡撫採進本”，據殿本

改。《四庫採進書目》中"江蘇省第二次書目"、"江蘇採輯遺書目
錄簡目"著錄此書。(江慶柏:《殿本、浙本〈四庫全書總目〉著錄
圖書進獻者主名異同考》)

②"練營陣",底本作"練營陳",據《實紀》卷五及殿本改。

③"儲練通論",底本作"儲將通論",據《雜集》卷一、二及殿
本改。

④此前四句應作"二將官到任寶鑒,三登壇口授,四軍器
解,五車步騎營陣解"。

⑤"練兵實紀",底本作"練兵實記",據殿本改。

紀效新書十八卷(山東巡撫採進本)①

明戚繼光撰。是書乃其官浙江參將時前後分防寧波、紹興、
台州、金華、嚴州諸處練兵備倭時作。首為申請訓練公移三篇。
所謂"提督阮"者,阮一鶚;所謂"總督軍門胡"者,胡宗憲也。次
為《或問》,題下有繼光自註云:"束伍既有成法,信於衆則令可
申,苟一字之種疑,則百法之是廢,故為《或問》以明之。"蓋明人
積習,惟務自便其私,而置國事於不問。故己在事中,則攘功避
過,以身之利害為可否,以心之愛憎為是非;己在事外,則嫉忌成
功,惡人勝己,吠聲結黨,倡浮議以掣其肘。繼光恐局外阻撓,敗
其成績,故反覆論辨,冠之簡端,蓋為當時文臣發也。其下十八
篇,曰束伍,曰操令,曰陣令,曰諭兵,曰法禁,曰比較,曰行營,曰
操練,曰出征,曰長兵,曰牌筅,曰短兵,曰射法,曰拳經,曰諸器,
曰旌旗,曰守哨,曰水兵。各系以圖而為之説,皆閱歷有驗之言,
故曰"紀效"。其詞率如口語,不復潤飾。蓋宣諭軍衆,非如是則
不曉耳。《或問》第一條云:"開大陣,對大敵,比場中較藝、擒捕

小賊不同。千百人列陣而前，勇者不得先，怯者不得後，只是一齊擁進。轉手皆難，焉能容得左右動跳！一人回頭，大眾同疑，焉能容得或進或退！"可謂深明形勢，不為韜略之陳言。第四篇中一條云："若犯軍令，便是我的親子姪，也要依法施行。"厥後竟以臨陣回顧，斬其長子。可謂不愧所言矣。宜其所向有功也。

【彙訂】

① 此條與文淵閣庫書次序不符，文淵閣庫書及殿本皆置於"練兵實紀九卷雜集六卷"之前。

右兵家類二十部，一百五十三卷，皆文淵閣著錄。

子 部 十

兵 家 類 存 目

握機經三卷握機緯十五卷（浙江巡撫採進本）

明曹允〔胤〕儒撰。允儒字魯川，太倉人。是書首載風后《古文》一十九字，次載太公望《增衍》三百六十五字，次載宋阮逸所撰《李衛公問對》中六十七字。採輯諸家註釋，於衡衝、風雲諸陣，皆繪為圖，凡三卷。又以《孫子》十三篇、《吳子》六篇為《握機緯》。《孫子》輯諸家訓釋，凡十三卷，《吳子》惟用劉寅註，凡二卷。考《千頃堂書目》有元人《孫子握機緯》十三卷，劉寅《吳子握機緯》二卷，書名、卷數與此書一一相合，其即得此書之殘本，誤為標目歟？據王世貞序，稱"崑山明齋王氏與念菴羅公、荊川唐公因倭變，力研窮之，而以其說盡授之魯川曹君。曹君向與戚大將軍商之，戚深以為然，數數向予稱道之"云云，則確非元人及劉寅作矣。然以孫、吳二子加以緯名，亦殊杜撰。二子之書，各明一義，與《握機》不相發明也。

握機經解一卷（山西巡撫採進本）

國朝王皝撰。皝字始旦，絳州人。是編據《李衛公問對》，以

《握機經》三百八十四字皆太公增衍之文，因捃摭往説，並攄己見為之集註。考《李衛公問對》三卷，本宋阮逸偽撰，曦乃據以定此書為太公之文，殊不足信。後附《增衍握機經》六十八字，自註云："相傳宋阮逸擬作。"則亦明知其偽矣。

太公兵法一卷（浙江范懋柱家天一閣藏本）

案此書首列天陣、地陣、人陣之名，其説出於《六韜》。而風雲、日星等占皆以七言詩句為歌訣，辭甚鄙俚。其偽託不待辨也。

孫子參同五卷（江蘇巡撫採進本）

此本不知何人所輯。前有凡例，又有萬曆庚申吳興松筠館主人序，亦不署姓名。其版用朱、墨二色，與世所稱"閔版"者同，疑為烏程閔氏刻也。所採註釋，列曹操、李筌、杜牧、王晢、張預、賈林、梅堯臣、陳皞、杜佑、孟氏、何氏、解元、張鏊、李材、黃治徵十五家。所採批評，列蘇洵、王圻、唐順之、王世貞、陳深、李贄、梅國楨、焦竑、郎文煥、陸宏〔弘〕祚十家，而卷中不盡見。卷中所見如茅坤、王鏊之類，卷首又不列名。其凡例稱："卓吾子以《吳子》、《司馬法》、《李靖問答》、《六韜》、《三略》集其品類，分列十三篇後，今悉從之。"[1] 又稱："今旁集諸書，廣採事實，以補前人所未備。"又稱："批點悉係鳳洲、了凡原筆，而評則蘇、王諸家並存。"又稱："卓吾《參同》具載叢書中，原有梅司馬評點，並不擅改。"所言輾轉糾紛，無從得其端緒。蓋坊賈湊合之本，故漫無體例如是也[2]。

【彙訂】

① "從之"，底本作"總之"，據明萬曆四十八年閔氏松筠館刻朱墨套印本凡例原文及殿本改。

② 是書為李贄（字卓吾）所撰，書前梅國楨序已詳。閔氏刻本實系以李書為主，合併王世貞《孫子批釋》、陳深《諸子品節‧孫子》而成。（王重民：《中國善本書提要》；穆志超、蘇桂亮主編：《孫子著述提要》）

孫子彙徵四卷（直隸總督採進本）

國朝鄭端撰。端有《政學編》，已著錄①。考《孫子十三篇》舊註，見於史志及諸家書目者，今多不傳，傳者亦多散見諸書，罕專家之完本②。端此編彙集眾說，兼採古來談兵之言，足與《孫子》發明者，附錄於各句之下，頗為詳備。然徵引太冗，如《作戰篇》"公家之費"節，註內所錄車馬器械之論，於車則全載《考工記》，於馬則悉引《相馬經》，於弓矢、戈戟、牌棒、鈀鐵等類則縷陳演習攻打之法。極其瑣細，亦博而不精者也。其書每卷皆標曰《孫武子集解廣義》，而端自序則又題曰《孫子彙徵》，未詳二名孰先孰後，今姑從端自序之名焉。

【彙訂】

①《總目》卷八十著錄鄭端撰《政學錄》五卷。

②"專家"，殿本作"專行"。

十六策一卷（永樂大典本）

此本載《永樂大典》中，舊題漢諸葛亮撰。考亮著作①，陳壽《三國志》詳列於傳後②。初無是書之名，故晁公武《讀書志》疑附託者所為。又晁《志》曰："有序稱'謹進便宜十六事'。"是尚有偽撰亮序文，今本不載，而末有李革跋云："泰和五祀中秋日，閱圖書，得此集，因錄一本，既竟而題於此。"革字君美，河津人。登大定二十五年進士，貞祐中為吏部尚書。蓋晁氏所據宋人本，此則金人本耳。又晁氏稱六曰"治民"，今本作"治人"；十二曰"治亂"，今本作"治政"；十六曰"陰察"，今本作"陰誡"，亦小小異同。然皆不足究詰也③。

【彙訂】

① 殿本"著"上有"所"字。

② 殿本"後"上有"之"字。

③ 明嘉靖陳大紀刻本此書有《前序》，其目十二曰"治亂"，十六曰"陰察"。（黃裳：《來燕榭書跋》）

將苑一卷（浙江范懋柱家天一閣藏本）

舊本題漢諸葛亮撰。前有明僉都御史寧仲升序，謂出於士人周源所藏。考此書諸家不著錄，至尤袤《遂初堂書目》乃載其名，亦稱亮撰，蓋偽書之晚出者。又明焦竑《經籍志》更有亮《心書》、《六軍鏡》、《心訣》、《兵機法》諸書，益為依託。蓋宋以來兵家之書，多託於亮；明以來術數之書，多託於劉基。委巷之談，均無足與深辨者耳。

心書一卷（陝西巡撫採進本）

舊本題諸葛亮撰①。書中皆言為將用兵之法。陶宗儀《說郛》作《新書》。明宏治間，關西劉讓鋟之於木，始改名《心書》，附以《出師》二表。嘉靖中，夔人張銳重刊，增入《夔門圖》，前載讓序，後有郎鄉進士寇韋跋，皆以為真出於亮。考五十篇內之文，大都竊取《孫子》書而附以迂陋之言，至不足道。蓋妄人所偽作，又出於《將苑》之後也②。

【彙訂】

① 殿本"題"下有"漢"字。

② 此書乃明人托名之作，多處言及騎兵、水戰等，又有《北狄》、《東夷》、《南蠻》、《西戎》諸篇論邊防，不失為心血之作。其中引用《孫子兵法》數句，不得謂之剽竊。（華赴云：《偽書〈將苑〉管見》）

兵要望江南歌一卷（浙江巡撫採進本）

是書詳述兵家占候凡三十二門，各以《望江南》詞括之①。《崇文總目》題："武安軍左押衙易靜撰，蓋唐人也。"晁公武《讀書志》則稱："舊題黃石公以授張良。"其妄殆不待辨。此本又題"唐李靖撰"。案段安節《樂府雜錄》，《望江南詞》本李德裕為亡妓謝秋娘作，則其調起於中唐。世傳《海山記》"隋煬帝作《望江南》八闋"②，實出偽託。靖在唐初，安得預製是詞？推厥所由，蓋以《望江南》調始德裕，德裕實封衛國公，言兵者多稱靖，靖亦封衛國公，此書以《望江南》談兵，遂合兩衛公而一之耳③。末附李淳風《占風法》、諸葛亮《氣候歌》，前有梁禎明三年安邱劉鄩序④，均詞意凡鄙，亦偽託也。

【彙訂】

① 傳世諸本皆為三十門或二十六門。（王兆鵬：《唐宋詞史論》）

② "望江南八闋"，殿本脫。

③《望江南》調非始於李德裕，盛唐崔令欽《教坊記》早有記載。（王兆鵬：《唐宋詞史論》）

④ "禎明"，殿本作"楨明"。梁末帝年號應為"貞明"。

武經體註大全會解七卷（內府藏本）

國朝夏振翼撰。振翼字遜闇①，蕪湖人。《孫子》等七書，武科用以試士，故相傳謂之《武經》。振翼因依《五經講章》例，作體註以訓釋之，冠以胡秉中《射學摘要》一篇。蓋坊閒通俗之本也。

謹案，《四庫》編纂之例，凡註古書者，仍以古書之時代為次，則此書當列《孫子彙徵》後。然七書合為一編，實始於宋元豐中，又與自為一書者不同，故今移冠宋人兵書之前。

【彙訂】

①"避閣"，底本作"避門"，據殿本改。"閣"有陰暗義。《藝文類聚》卷九一載曹植《鸚鵡賦》曰："美洲中之令鳥，超衆類之殊名。感陽和而振翼，遁太陰以存形。"則其字當作"避閣"。

將鑑論斷十卷（兩淮鹽政採進本）

舊本題宋戴少望撰。考沈光作戴溪《岷隱春秋傳》序，稱"其字曰少望"，則此書當為溪作。然溪以淳熙五年登第，開禧中尚官資善堂說書。而此書自序題"紹興辛酉"，為高宗十一年，下距其登第之歲三十八年，距開禧元年更六十五年，溪不應如是之老壽。疑別一人，其名偶與溪字同也。是書採輯古來善用兵者，始於孫武，終於郭崇韜，凡九十三人，各以時代為次。每人之下，皆以一語標目，評其得失，而反覆論其所以然，大抵多為南渡後時事而發。如第一條詆孫武之徒能滅楚，終於恃強以亡吳，蓋隱以比金兵破汴之事。第二條稱范蠡能復吳讎，為春秋大夫第一，則又隱激諸將恢復之心①。而"耿弇"一條、"竇憲"一條，尤三致意焉。然大旨主於尚仁義，賤權謀，尊儒者，抑武臣。至以能讀《三略》之書者始可以立功，則又衣冠而拯焚溺，與南渡事勢迥乎不合矣。此本為宋麻沙版，明武定侯郭勛嘗重刻之。前有正德十年達賓序，題曰《將鑑博議》，與宋版不同。考《永樂大典》已引為

《將鑑博議》，則其來久矣。

【彙訂】

① 據國家圖書館藏此書明抄本，第一條為孫武，第二條為吳起，第三條方為范蠡。

江東十鑑一卷（兩淮鹽政採進本）

宋李舜臣撰。舜臣字子思，井研人。乾道二年進士①，官成都府教授，擢宗正寺主簿。事蹟具《宋史》本傳。是編蒐輯江東戰勝之迹，上起三國，下至六朝，共得十事：一曰周瑜赤壁之戰，二曰祖逖譙城之戰，三曰褚裒彭城之戰，四曰桓温灞水之戰，五曰謝元淝水之戰，六曰劉裕關中之戰，七曰到彥之河南之戰，八曰蕭衍義陽之戰，九曰陳慶之洛陽之戰，十曰吳明徹淮南之戰。皆先敘其事，次加論斷。蓋宋自高宗南渡，偏據一隅，地處下游，外臨勃敵，岌岌乎不能自保。故舜臣特作此編，以勵戰氣。然自古以來，無以偏安江左而能北取中原者，舜臣徒為大言，未核事勢也。明姚廣孝等編輯《永樂大典》，特錄其書，殆以廣孝吳人，故借以誇鄉邦之形勝。又成祖詔修是書之時，猶在南都，故廣孝等遷就其説。不知明太祖之得天下，實緣起於江北，與漢高祖略同。又以崛起方新之氣，乘元綱縱弛，盜賊蜂起之後，故席捲長驅，混一海内，非地形可據之故也。成祖篡立之後，終於北遷，則金陵之不為勝地審矣。恭讀皇上御題，綜括南北之大勢，洞燭往古之得失，用以闢舜臣之虛談，揭廣孝之私意，經緯天地，睿見高深，為萬古定評，非尋常管蠡之見所能窺測萬一也。考《永樂大典》所載尚有地圖，此本無之，蓋傳寫佚脱。然舜臣持論既謬，則其圖之有無固亦不足計矣。

【彙訂】

①"二年",底本作"三年",據《宋史》卷四百四本傳及殿本改。

美芹十論一卷(浙江鮑士恭家藏本)

舊本題宋辛棄疾撰。棄疾字幼安,歷城人。官至龍圖閣待制,進樞密都承旨,卒諡忠敏。是書皆論恢復之計。其《審勢》、《察情》、《觀釁》三論,所以明敵之可勝。其《自治》、《守淮》、《屯田》、《致勇》、《防微》①、《久任》、《詳戰》七論,所以求己之能勝。卷末又載《上光宗疏》一篇,《論荊襄上流為東南重地疏》一篇,《論江淮疏》一篇,《議練民兵守淮疏》一篇,則後人所附入也。然史不言棄疾有此書②。考《江西通志》載臨川黃兌字悦道,紹興進士,官至朝議大夫,嘗獻《美芹十策》、《進取四論》。此或兌書,後人偽題棄疾歟③?

【彙訂】

①"防徵"乃"防微"之誤。

②《宋史·藝文志》雖未著錄此書,然辛棄疾本傳云:"(乾道六年)作《九議》並《應問》三篇、《美芹十論》獻於朝。"(辛更儒:《書〈四庫全書存目·美芹十論提要〉後》;楊武泉:《四庫全書總目辨誤》)

③書中敍及自身之事,如序稱:"粵辛巳歲(按即紹興三十一年),逆亮南寇,中原之民,屯聚蜂起。臣嘗鳩衆二千,隸耿京,為書記,與圖恢復。"均見載於《宋史》本傳,此經歷豈是臨川人黃兌所能有?至於論宋金間和戰形勢,又與紹興、隆興間時事屢屢相合。野人以芹為美,稱於鄉豪,見《列子·楊朱篇》,"美芹"遂

為"敬獻"之謙詞。辛、黃《論》、《策》,偶同此名,豈可視為僻典而以黃有則辛無?(同上)

江東十考一卷(永樂大典本)

宋李道傳撰。道傳字貫之,舜臣子也。官至太常博士,知果州,諡文節。事蹟具《宋史·儒林傳》。是書前有自序曰:"孝宗元年,方事恢復。時先君初仕,討論南北閫事,著《江東勝後之鑑》十篇上之。竊謂戰勝存乎備具,退守存乎人心,因復考六朝備具之實,曰屯兵之地,曰統兵之任,曰取兵之制,曰財賦之出,曰出師之途,曰餽運之方,曰舟師之利,曰出騎之用,曰守城之規,曰守江之要,凡十篇。參之古今,論其大略。"云云。蓋以補其父之書,然皆儒生坐談之見也。

南北十論一卷(永樂大典本)

案此書載《永樂大典》,題曰許學士撰,不著其名,蓋亦南宋人也。十論僅存其八,曰吳,曰蜀,曰東晉,曰宋,曰齊,曰梁,曰陳,曰元魏。末曰:"天下之物,本吾所有而吾取之,則其理順;非吾所有而吾爭之,則其事逆。"又曰:"晉氏啟土,六合為家,子孫雖播遷,而天下與之爭衡者,皆其故臣。地吾地,民吾民,城邑吾之城邑,因其有以用之,如反覆手之易。褚裒北伐,青、兗之民襁負來歸;桓溫至灞上,父老爭迎,牛酒踵至;劉裕入長安,秦民咸相告語,指咸陽宮殿為晉人第宅。而數子之無成者,皆其自失之。嗚呼! 民心如此,境土不復,君子不以責晉而誰責也。"其隱諷南渡君臣,可謂切矣。然東晉中原雲擾,羣雄各據一隅。建炎、紹興以來,則金憑全盛之勢,宋當積弱之餘,其勝負又當別論耳。

百將傳一百卷（浙江范懋柱家天一閣藏本）

宋張預撰。翟安道註。預字公立，東光人。安道字居仁，安陽人。其書採歷代名將百人，始於周太公，終於五代劉鄩，各為之傳，而綜論其行事。凡有一節與孫武書合者，皆表而出之，別以《孫子兵法》題其後。蓋欲述古以規時，亦戴少望《將鑑論斷》之類。然其分配多未確當，立說亦未免近迂。仍為宋人之談兵而已矣。

八陣合變圖說無卷數（兩淮鹽政採進本）

明龍正撰。正，武都人[①]。正德中，萊陽藍章巡撫四川，駐兵漢中。遣人至魚復江，圖八陣壘石。正時在章幕中，遂推演為圖說，刊於蜀中。

【彙訂】

① 雍正《甘肅通志》卷三十九《隱逸》有傳，謂階州人。

北邊事蹟一卷（戶部尚書王際華家藏本）[①]

明王瓊撰。瓊有《晉溪奏議》，已著錄。瓊在嘉靖初總督三邊軍務，因集歷代守邊得失及所條畫奏疏，合為一書。大旨主於花馬池一路三百里，及環縣至蘭州八百里，皆築牆掘塹，以為臨邊設險之計。又欲仿趙充國故策，於甘肅屯田，以備戰守。蓋當時兵力，不能及遠，故其所設施，止於如此。後附《設險守邊圖》，則所起邊牆及剗削崖谷之道里尺寸也。

【彙訂】

① 書名實作《北虜事蹟》。

西番事蹟一卷（戶部尚書王際華家藏本）

明王瓊撰。瓊總督三邊時，出兵討土魯番，撫定其部族，而

誅其不順命者。因為此書，歷敘漢先零、宋岷洮諸羌叛服之事，
而以當時用兵始末附之。其論王安石遣王韶西征事，許其能詰
兵戎以強宋室，而斥史臣以安石為開邊生事之非，蓋亦有見於明
世邊備之不修而為是言歟？前有王九思序，稱：“關中士大夫作
為詩歌以紀其盛，題曰《元老靖遷》，屬九思序之。”而書中實無詩
歌。序與書頗不相應，疑刊書者誤取他序以冠此册也。

　　海寇議一卷（户部尚書王際華家藏本）

　　明萬表撰。表字民望，鄞縣人。正德末武進士，累官都督同
知僉書南京中軍都督府①。時值海寇出没，為江浙患，表推原禍
本，以為姦民通番者所致。因為此《議》，上之當事，歷敘逋逃嘯聚
始末甚詳。其後倭亂大起，表結少林僧，習格鬭法，屢殲其眾。蓋
本能以才略自顯者，宜其所言之具有先見也。案黄虞稷《千頃堂
書目》載表《海寇前後議》一卷。此乃袁褧採入《金聲玉振集》者，
所錄僅一卷。疑已佚其《後議》，又譌“萬”為“范”，尤為失考矣。

　　【彙訂】

　　①“僉書”，底本作“僉事”，誤，據殿本改。清黄宗羲《明儒
學案》卷十五“都督萬鹿園先生表”條曰：“萬表，字民望，號鹿園，
寧波衛。世襲指揮僉事……登正德庚辰武會試，歷浙江把總，署
都指揮僉事，督運浙江掌印都指揮，南京大教場坐營漕運參將，
南京錦衣衛僉書，廣西副總兵，左軍都督漕運總兵，南京中軍都
督府僉書。”朱彝尊《明詩綜》卷五十四亦云：“表字民望，鄞縣人。
正德末中武進士，累官都督同知僉書南京中軍都督府。”

　　塞語一卷（浙江范懋柱家天一閣藏本）

　　明尹耕撰。耕有《南泰紀略》，已著錄。是書作於嘉靖庚戌，

皆言捍禦塞北諸部之術。一曰邊情,二曰形勢,三曰城塞,四曰乘塞,五曰出塞,六曰抽丁,七曰官軍戶,八曰練習,九曰保馬,十曰民堡,十一曰審幾。耕以邊才自負,其言頗縱橫博辨,然亦書生紙上之談也。

備倭記二卷(編修程晉芳家藏本)

明卜大同撰。大同字吉夫,秀水人。嘉靖戊戌進士,由刑部主事歷任湖廣按察司僉事。弭蘄、黃盜有功,升布政司參議。又有平苗功,終於福建巡海副使。是編即其官福建時講求備倭之術而作也。上卷分八篇,曰制置,曰方畫,曰將領,曰士卒,曰烽堠,曰險要,曰戰舸,曰邊儲。下卷分二篇,曰奏牘,曰策議。所言頗簡略,不足以資考核,又喜徵古事,尤屬空談。其書本名《備倭圖記》,原本卷首尚有海圖。此本佚之,遂併書名刪去"圖"字。然浙江鮑士恭家藏本尚題《備倭圖記》也。

兩浙兵制四卷(浙江巡撫採進本)

明侯繼國撰[①]。繼國號龍泉,金山衛人,世襲指揮使。是書第一卷首列全浙海圖,附以說,並及沿革兵制。又析杭、嘉、湖三府為一圖,寧、紹二府為一圖,台、金、嚴三府為一圖,溫、處二府為一圖。圖後均有說,併詳列其兵制、烽堠、倭犯。第二卷載造戰船、福船、鳥船、沙船、唬船、火器、軍器及營操、申操、哨操、伍操等圖。第三卷載《倭警始末》。第四卷為《日本風土記》。於一時海防軍政,最為詳悉。惟《日本風土記》有錄無書,疑裝緝者偶佚之也[②]。考《明世宗本紀》[③],二十年五月,倭犯朝鮮,陷王京,朝鮮王李昖奔義州求救。二十一年正月,李如松攻倭於平壤,克之。四月,倭棄王京逃,使小西飛請款[④]。二十三年正月,封平秀吉為日本國王。二十四年九月，平秀吉抗不受封，復侵朝鮮。
此書中《倭警始末》載："朝鮮國王奏，二十一年九月⑤、十月、十
一月，倭賊仍於慶州機張縣、蔚山郡麗陽縣、梁山郡等處肆意攻
掠。"而經略宋應昌為倭奏請封貢，乃即在此數月內。則倭之請
貢非實可知。又載："充龍港船商許豫，偵知倭賊初敗於平壤，即
食盡矢窮，思逃無路，乃以封貢議和，是墮其計。"又稱："倭賊素
詐，議和後新造大艘十餘隻，將欲為亂，恐和非實。"與李昖所奏
情事相符。乃應昌力主和議，反斥李昖妄奏。是二十四年日本
之叛，應昌罪無可辭，此書實可以曲證史事。而應昌所著《經略
復國要編》，於李昖之奏、許豫之偵、遼東巡按之訐，概不錄入，則
自張其功而匿其短也。此書又可以勘其謬矣。惟考《平壤錄》載
日本謝表無年月，當時斷為沈惟敬捏造，而此書載之。又多列案
牘全文，辭旨鄙俚，失於刪潤，是則不免小疵耳⑥。

【彙訂】

①　當作侯繼高。（汪向榮：《關於〈日本考〉》）

②　《日本風土記》即《總目》卷七八著錄之《日本考》，既非有
錄無書，亦未佚失。（同上）

③　下文所引皆《明史》卷二十《神宗本紀一》之文，"《明世宗
本紀》"誤。

④　"請款"，底本作"請封"，據《明史》卷二十原文及殿本改。

⑤　"二十一年"，底本作"二十九年"，據下文及殿本改。

⑥　"惟考平壤錄"至"是則不免小疵耳"，殿本無。

將將紀二十四卷（內府藏本）

明李材撰。材有《李見羅書》，已著錄。是書大旨專重御將。

而首卷至九卷詳載漢、唐、宋七帝《本紀》之文，牽連並書，殊無斷制。十卷至二十一卷分別得失，用為法戒。自虞、夏迄於南宋，各綴數條，亦未完備。二十二卷至二十四卷援摭經文，旁及子史，議論尤迂。據《明史》本傳，材於隆慶中官廣東按察使僉事，嘗破羅旁賊，屢殲倭寇。萬曆中官雲南按察使，備兵金騰時，又屢破緬甸之衆。則非全不知兵者，而其書乃拘腐如是。蓋材以講學著名，恐儒者以不談王道病之故也。

　　運籌綱目八卷決勝綱目十卷（浙江巡撫採進本）

　　明葉夢熊撰。夢熊字南兆，歸善人。嘉靖乙丑進士①，官至南京工部尚書。事蹟附見《明史·魏學曾傳》②。此編乃其以都御史兼兵部侍郎總督三邊時所作。《運籌綱目》凡八卷，為綱八，為目八十，綱目之下，俱有統論，各採史事以證之。《決勝綱目》凡十卷，俱以二字標目，不立總綱目，凡百條，亦前綴統論，證以史事。惟《運籌綱目》列史事而評之，《決勝綱目》先立說而以史事證之，為體例小異耳③。夢熊官陝西巡撫時，曾請討搉力克，與經略不合，朝廷右經略而絀其議。後移甘肅，有討賊功，蓋亦留心韜鈐者。然兵機萬變，轉瞬勢移，田單火牛，再用則敗，是固不可以成法拘耳。

　　【彙訂】

　　①“乙丑”，底本作“己丑”，據殿本改。《明史》卷二二八本傳云：“字男兆，歸善人，嘉靖四十年進士。”嘉靖四十年歲次辛酉，非己丑。然四十年無進士科，考王弘誨《葉公夢熊神道碑》（載《國朝獻徵錄》卷五二），乃嘉靖四十四年乙丑科。《廣東通志》卷四六小傳、《明清進士題名碑錄》亦同。（楊武泉：《四庫全

書總目辨誤》)

②《神道碑》及史傳均稱"字男兆",當是取《詩·小雅·斯干》"吉夢維何……維熊維羆,男子之祥"之義。(同上)

③今存明余泗泉卒慶堂刻本與史氏琢菴馮琦序刻本《運籌綱目》均為十卷,與《明史·藝文志》著錄相同,為綱十,為目一百。而《決勝綱目》全部抄自《百戰奇法》,僅後三卷篇目順序稍加變化。(許保林:《中國兵書通覽》)

軍權四卷(浙江巡撫採進本)

明何良臣撰。良臣有《陣紀》,已著錄。是書分國本、國禁、兵本、兵祕、禮士、士遇、馭士、士品、握機、揣情、必慮、必克、將事、將誠、任將、軍範、術占,凡十七目,一百七十四篇。中閒有云:"募選之事,付諸有司,欺昧朦朧,上下交蔽。"又云:"將不識兵,兵不識將,卒然有事,實無以支。"皆譏切時政之語。自序稱:"早歲事戎行,足迹徧寰宇,而累於談忌,困於貪胥。"蓋亦發憤而著書者也。

倭情考略一卷(兩淮鹽政採進本)

明郭光復撰。光復,武昌人,官揚州府知府。考萬曆己丑進士別有一郭光復,順天固安人,官至右副都御史遼東巡撫。姓名偶同,非一人也。嘉靖中,東南屢中倭患,而揚州當江海之衝,被害尤甚。光復以為必得其情,始可籌備禦之術,因考次所聞為此編。首總論,次事略,次倭患,次倭術,次倭語,次倭好,次倭船,次倭刀。載其情狀頗詳,蓋亦知己知彼之意。而得諸傳聞,未必一一確實也。

長子心鈐無卷數(兩江總督採進本)

舊本題明戚繼光撰。繼光有《練兵實紀》,已著錄。考書中

“對壘號令”一條云：“南塘戚少保謂此爲束伍第一陣法，屢戰屢勝，皆由於此。”則非繼光所自爲矣。又“車營”一條云：“一放廠所節，不錄。”又“取散長蛇陣”一條云：“以扳子鳴一聲。”註曰：“其制未詳。”則明爲後人鈔撮繼光舊文，僞題此名。以繼光《練兵實紀》校之，皆一一具載也。

菽戎要略一卷（編修程晉芳家藏本）

舊本題明戚繼光撰。即《練兵實紀》中之條約也①。或先有此册，後乃載入書中，或後人於書中鈔出別行，則均不可知矣。

【彙訂】

① “也”，殿本無。

武備新書十四卷（江蘇巡撫採進本）

舊本題明戚繼光撰。與繼光《紀效新書》大同小異，仍冠以繼光《紀效新書》序。其《手足篇》中火器諸圖下，題曰“崇禎庚午仲秋，羽南彭翔謹錄祕藏”。考繼光卒於萬曆丁亥，則必非繼光手著矣。首有“四明謝三賓訂正”字，當即三賓所損益，改此名也。其中如火龍捲地飛礮，雕木爲虎豹之形，以輪駕之，使口中出火；飛馬天神及木人火馬天雷礮並以木爲人，縛於馬上，飾以紙甲冑，而藏礮於腹，以火爇馬尾，使之衝敵。殆於兒戲。明季談兵者如是，其亡國非不幸也。

古今將略四卷（江蘇巡撫採進本）①

案《明史·藝文志》、黄虞稷《千頃堂書目》載此書，皆作馮孜撰。孜字原泉，桐鄉人。隆慶戊辰進士，官至湖廣布政使。此刊本則題“馮時寧以一甫撰”。前有李維楨序，亦稱時寧所作。維楨登隆慶戊辰進士，與孜同年，似不應有誤。然孜六世孫浩有此書跋，稱：“孜生三子，次曰時寧，孜歿時僅六歲。及年漸長，忽有志習武，乃妄竊父書，鑿改己名，且求父之同年李維楨為序。維楨詭隨徇物，竟不為之是正。”云②。其語出馮氏子孫，當必有據。然則此書實孜所撰，刊本及序皆偽作③，不足信也。書分元、亨、利、貞四集，採自黃帝迄明代，以戰功顯者，錄其事蹟，而以孫、吳諸書所載兵法證之。體例略與宋張預《百將傳》相近，特隨事節錄，不立全傳為異耳。

【彙訂】

①“江蘇巡撫採進本”，底本作“浙江巡撫採進本”，據殿本改。《四庫採進書目》中僅“江蘇省第一次書目”著錄此書。（江慶柏：《殿本、浙本〈四庫全書總目〉著錄圖書進獻者主名異同考》）

②“云”，殿本作“云云”。

③“偽作”，殿本作“作偽”。

嶺西水陸兵紀二卷（浙江巡撫採進本）

明盛萬年撰。萬年字恭伯，秀水人。萬曆癸未進士，官至江西按察使，遷雲南布政使，未到官卒①。是編乃萬年官廣西按察使時，值倭入寇，萬年擊破之。因增設戰船，繕治營壘，益兵練卒，為善後計。以電白、吳川東南濱海，番舶內犯，二地先受其害。遂審度地勢，布置堡寨②，圖其兵弁制度及巡船款式，以成此書。其陸路則由電白、吳川至於高州添置員弁，凡郵傳之政及攻守之器悉載焉。歲久版佚。此本乃國朝雍正辛亥其裔孫熙祚署吳川縣知縣，即萬年駐兵之地，因校其舊本重梓以行。

【彙訂】

①“未到官卒”，殿本作“未上卒”。

②“堡寨”,底本作“堡塞”,據殿本改。清雍正寶綸堂刻本此書有俞政序,云:“故嘉、隆有電白之禍,萬曆有吳川之危……公見之慨然,殷殷為桑土之謀。電白西五里為蓮花寨,以扼其吭;吳川西六里為限門寨,以固其藩。”卷上有《水寨條約》。

劍草一卷(兩淮鹽政採進本)

明熊明遇撰。明遇字子良,進賢人。萬曆辛丑進士,官至兵部尚書。事蹟具《明史》本傳。是編摘取古今名將事蹟,為之論斷,凡百餘條。蓋隨筆剳記之文,不足以當著述之目。

嶺南客對一卷(浙江范懋柱家天一閣藏本)

舊本題粵西舜山子撰,不著姓名。所紀有王守仁事,則嘉、隆以後人也。其書以粵中猺獞嘯聚,時出劫掠,為居民行旅之害,有司不能制,故設為賈客問答,以推究其得失。大略為土軍畏怯好利①,將帥營求冒功。必得老成而任之,合四省兵力,明賞罰,嚴號令,始可成功。其云府江之賊,東則荔浦,西則宣威,古田、修仁、兩江等處,亦閒有之。蓋指桂林、平樂二府所屬猺人而言,即《明史·土司傳》所稱“設防置戍,世世為患”者也。是編所陳方略,雖未必切中事機,然亦可見當時疆吏措置乖方,不能綏靖,致起草茅之竊議矣。

【彙訂】

①“為土軍”,殿本作“謂官軍”。

左氏兵略三十二卷(浙江巡撫採進本)

明陳禹謨撰。禹謨有《經籍異同》,已著錄。是編乃其任兵部司務時所撰,嘗疏進於朝。其例取《左傳》之敘及兵事者,以次排纂,仍從十二公之序。其事相類者,則不拘時代,類附於前。

又雜引子史證明之，而斷以己意，謂之"捫蝨談"。非惟無關於《春秋》，併無關於《左傳》，特借以談兵而已。考《五代史·敬翔傳》曰："梁太祖問翔曰：'聞子讀《春秋》，《春秋》所紀何等事？'翔曰：'諸侯戰爭之事耳。'太祖曰：'其用兵之法，可以為吾用乎？'翔曰：'兵者應變出奇以取勝，春秋古法，不可用於今。'"云云，是左氏兵法至五代已不可用。而禹謨進疏，乃請"敕下該部，將副本梓行，俾九邊將領人手一編"，是與北向誦《孝經》何異？明季士大夫之迂謬至於如是，欲不亡也得乎？

類輯練兵諸書十八卷（浙江巡撫採進本）

明董承詔編。承詔，武進人。萬曆丁未進士，天啟中官至浙江左布政使。是書輯錄戚繼光談兵之言。繼光所著有《紀效新書》、《練兵實紀》、《儲練通論》、《哨守條約》四書，承詔薈萃其説，刪除繁複，編為十六類，曰奏疏，曰條議，曰將略，曰兵紀，曰賞罰，曰陣，曰營，曰戰，曰操，曰哨守，曰長兵，曰短兵，曰聲類，曰色類，曰什器，曰儀節。而以汪道昆所作《繼光墓誌》及承詔所作《小傳》冠於首。

火器圖一卷（浙江巡撫採進本）

明顧斌撰。斌字質夫，晉江人。萬曆己酉舉人，官廣東信宜縣知縣，調蜀府左長史。是編言軍中火攻之具甚詳，然大抵斌以意造之。如所製木人騎馬之類，頗近兒戲。其火藥器具皆取天地星宿之數、太極兩儀之象，亦殊為迂闊。前有《火器原》、《火攻要》二篇，多書生紙上之談。又末有《風雨賦》一篇，謂："熟此以占天文，百無一失。"是尤必不然之事也。

兵機類纂三十二卷（江蘇巡撫採進本）

明張龍翼撰。龍翼字羽明，松江人。是書取古今言兵事者，自《春秋左氏傳》而下，至於元、明，分為三十二類。每類中又各析子目，所載明事尤詳，大抵書生紙上談也。第三十一卷專言陣勢，然陣法未載圖式，殊為闕略。其凡例云："篇中如陣法、器械之類，不詳圖說者，慮或冗漫。"亦為文飾其詞。蓋是書之作，本為武闈答策之用，故可略則略耳。

廣名將譜十七卷（浙江巡撫採進本）

不著撰人名氏。卷首題"黃道周註斷"。前有崇禎癸未道周序，稱："即舊本芟其繁文，取其精要，入妙旁批，有疑夾註，又總斷結其智勇之所在。"云云。詞意弇陋，決不出道周之手，殆坊肆所依託。其目錄後幅割裂，亦似非足本①。

【彙訂】

① 此書乃黃道周改編陳元素《名將傳》而成，足本二十卷。（許保林：《中國兵書通覽》）

左略一卷（浙江汪啟淑家藏本）

明曾益撰。益字子謙①，山陰人。其書專摘《左傳》所言兵事。凡五十六篇，每條標以名目。陳禹謨《左氏兵略》尚援引他書，疏通證解。此但摘錄傳文，益無可採矣。

【彙訂】

① "子謙"，殿本作"予謙"，皆誤。清康熙三十六年長洲顧氏秀野草堂刻本《溫飛卿詩集箋註》卷一題"山陰曾益謙原注"，顧嗣立跋云："昔先考功令山陰，時邑人曾君名益字謙，注溫庭筠詩四卷，曰《八叉集》。"

談兵髓七卷（安徽巡撫採進本）

題西浙囂囂生撰，不著名氏。首為《談兵髓說》，稱："自黃帝用兵以來，兵法不廢天時。故日月星辰、風雲節候，皆用兵者所宜知。"然其所載，如黃赤道、渾天儀、寒暑晝夜長短諸說，多涉律曆家言，於兵事無可徵驗。蓋亦雜綴成書，初無祕授也。前有王洽序。洽字和仲，臨邑人。萬曆甲辰進士，官至兵部尚書。序作於天啟甲子，蓋其巡撫浙江之時。則所為"囂囂生"者，亦明末人矣。

残本金湯十二籌八卷（江蘇周厚堉家藏本）

明李盤撰。盤字小有，揚州人。是書以"十二籌"為名，而今所存者，一曰籌修備，二曰籌訓練，三曰籌積貯，四曰籌制器，五曰籌清野，六曰籌方略，七曰籌水戰，八曰籌制勝，已闕其四籌，蓋斷爛不完之本矣。所言皆團練鄉勇，扞禦土寇之計。雜引古事以證之，多不切合，亦頗支蔓。如無糧無水不可以守，三尺童子能知之，而臚列前代絕糧絕水之故實，以為鑒戒。連篇累牘，殊為浪費筆墨。所列飛鎗、飛刀諸法，及以桐油雞卵拋擲敵船，使滑不能立諸計，亦頗近戲劇也。

左氏兵法測要二十卷（江蘇周厚堉家藏本）

明宋徵璧撰。徵璧原名存楠，字尚木，華亭人。是書節略左氏所紀兵事，而論其得失。春秋車戰事，與後世迥異，徵璧引以談兵，殊為不達時變也①。

【彙訂】

①"也"，殿本無。

兵鏡十一卷（兩江總督採進本）

國朝鄧廷羅撰。廷羅字叔奇，號偶樵，江寧人。順治中拔貢生，官至湖廣荊南道。是編凡《孫子集註》一卷，十三篇各為評釋。其《作戰》一篇，移為第三。《九變》一篇，改為《軍變》，而刪其與《地形篇》重出五句。《九地》一篇，謂："原本重複，為之改正。"殊嫌竄亂舊文。次為《兵鏡或問》上、下卷，各十五篇。次為《兵鏡備考》八卷①，則於十三篇中摘其要語為綱，而羅列史事以互證其說。摭拾頗為叢雜②。

【彙訂】

① 清康熙刻本此集《兵鏡備考》為十三卷，合計十六卷。（韓承鐸：《兵法全書提要》）

② "摭拾"，殿本無。

武備志略五卷（內府藏本）

國朝傅禹撰。禹字服水，義烏人。是編惟鈔撮《武經》諸書及明茅元儀《武備志》，別無特見。

歷代車戰敘略一卷（兩江總督採進本）

國朝張泰交撰。泰交字泊谷，陽城人。康熙壬戌進士，官至浙江巡撫。是書皆剽宋章俊卿《山堂考索後集·車戰篇》之文而稍附益之，別無考正。如述列國車戰，而齊侯伐衛之先驅、申驅失載；敘唐代，而裴行儉之糧車、李光弼之櫥車亦失載；敘明代，而給事中李侃所奏之贏車、總兵官張泰所造之獨馬小車、定襄伯郭登之仿古偏箱車皆不能徵引。蓋不免於疏漏矣①。

【彙訂】

① "矣"，殿本無。

練閱火器陣紀一卷（兩江總督採進本）

國朝薛熙撰。熙字孝穆，蘇州人。是書記康熙三十五年江南提督張雲翼演教礮弩之事。所言陣法頗詳，然皆訓練常制也。

右兵家類四十七部，三百八十八卷，內二部無卷數。皆附存目。

子 部 十 一

法 家 類

刑名之學，起於周季，其術為聖世所不取。然流覽遺篇，兼資法戒。觀於管仲諸家，可以知近功小利之隘；觀於商鞅、韓非諸家，可以知刻薄寡恩之非。鑒彼前車，即所以克端治本。曾鞏所謂"不滅其籍，乃善於放絕"者歟？至於凝、嶸所編（和凝、和嶸父子，相繼撰《疑獄集》），闡明疑獄；桂、吳所錄（桂萬榮、吳訥相續撰《棠陰比事》），矜慎祥刑，並義取持平，道資弼教。雖類從而錄，均隸法家。然立議不同，用心各異，於虞廷欽恤，亦屬有裨。是以仍準舊史，錄此一家焉。

管子二十四卷（大理寺卿陸錫熊家藏本）

舊本題管仲撰。劉恕《通鑑外紀》引《傅子》曰："管仲之書，過半便是後之好事者所加[①]，乃説管仲死後事，《輕重篇》尤復鄙俗。"葉適《水心集》亦曰："《管子》非一人之筆，亦非一時之書。以其言毛嬙、西施、吳王好劍推之，當是春秋末年。"今考其文，大抵後人附會多於仲之本書。其他姑無論，即仲卒於桓公之前，而篇中處處稱桓公，其不出仲手，已無疑義矣。書中稱《經言》者九篇,稱《外言》者八篇,稱《內言》者九篇,稱《短語》者十九篇,稱《區言》者五篇,稱《雜篇》者十一篇②,稱《管子解》者五篇,稱《管子輕重》者十九篇。意其中孰為手撰,孰為記其緒言如語錄之類,孰為述其逸事如家傳之類,孰為推其義旨如箋疏之類,當時必有分別。觀其五篇明題《管子解》者,可以類推。必由後人混而一之,致滋疑竇耳。晁公武《讀書志》曰:"劉向所校本八十六篇,今亡十篇。"考李善註陸機《猛虎行》曰:"江邃《文釋》引《管子》云:'夫士懷耿介之心,不蔭惡木之枝,惡木尚能恥之,況與惡人同處?'今檢《管子》,近亡數篇,恐是亡篇之內而邃見之。"則唐初已非完本矣。明梅士享所刊,又復顛倒其篇次。如以《牧民解》附《牧民篇》下,《形勢解》附《形勢篇》下之類,不一而足,彌為竄亂失真。此本為萬曆壬午趙用賢所刊,稱由宋本翻雕。前有紹興己未張嵲後跋云:"舛脫甚眾,頗為是正。"用賢序又云:"正其脫誤者逾三萬言。"則屢經點竄,已非劉向所校之舊。然終愈於他氏所妄更者,在近代猶善本也。舊有房元齡註,晁公武以為尹知章所託。然考《唐書‧藝文志》,元齡註《管子》不著錄,而所載有尹知章註《管子》三十卷,則知章本未託名。殆後人以知章人微,元齡名重,改題之以炫俗耳。案《舊唐書》,知章,絳州翼城人。神龍初,官太常博士。睿宗即位,拜禮部員外郎,轉國子博士。有《孝經註》、《老子註》。今並不傳,惟此註藉元齡之名以存。其文淺陋,頗不足採。然蔡絛《鐵圍山叢談》載蘇軾、蘇轍同入省試,有一題軾不得其出處,轍以筆一卓而以口吹之,軾因悟出《管子註》。則宋時亦採以命題試士矣③。且古來無他註本,明劉績所補註,亦僅小有糾正,未足相代。故仍舊本錄之焉。

【彙訂】

①"事"下"者"字，劉恕《資治通鑑外紀》卷一原文及殿本無。

② 此書自《地圖》第二十七至《九變》第四十四為《短語》，共計十八篇（中缺《正言》第三十四，實存十七篇）。自《封禪》第五十至《問霸》第六十二為《雜篇》，共計十三篇（中缺《言昭》第六十、《修身》第六十一、《問霸》第六十二，實存十篇）。（江慶柏等整理：《四庫全書薈要總目提要》）

③ 據葉紹翁《四朝聞見錄》丙集，蘇軾省試六題皆與《管子註》無關，《鐵圍山叢談》所記出於傳聞之誤。（余嘉錫：《四庫提要辨證》）

管子補註二十四卷（編修勵守謙家藏本）

明劉績撰。績有《三禮圖》，已著錄。《管子》舊註，頗為疏略。故宋張嵲跋其後曰："《管子》書多古字，如'專'作'摶'，'貳'作'貣'，'宥'作'侑'，'況'作'兄'，'釋'作'澤'，此類甚眾。《大匡》載召忽語曰：'雖得天下，吾不生也，兄與我齊國之政也。'註乃謂'召忽呼管仲為兄'；曰'澤命不渝'，註乃以為'恩澤之命'。不可遍舉。"黃震《日鈔》亦曰："《管子》註釋，最多抵牾。《四傷》之篇，誤名'百匿'，而以'四傷'名《七法》之篇。《幼官篇》首章云：'若因夜虛守靜人物則皇'，其後方之《圖》本可覆也，乃衍'人物'二字。不知參對以'夜虛'為句，'守靜人物'自為句，乃以'人物則皇'為句，而曲為之説曰：'聽候人物也。'《幼官》五圖以'形生理'為句，而《中央》之註獨以'形生'屬上文。《明法篇》以'比周以相匿'為句，而下又云'忘生死交'①，其後方之《明法解》

可覆也。乃以'相為匿是'為句,而曲為之説曰:'匿公是而不行也。'《五法》之章曰:'天下不患無財,患無人以分之。''分'如'分地之利'之分。乃釋云:'可以分與財者,賢人也。'《立政》之章曰:'道塗無行禽。'指人言之,謂其為能行之禽耳,乃釋云:'無禽獸之行。'《版法篇》云:'悦在施愛,有衆在廢私②。'今因闕文而云'悦在施有,衆在廢私',不成文矣。"云云。其抉摘皆中理。績本之以作是註,故於舊解頗有匡正。皆附於原註之後,以"績按"別之。雖其循文詮解,於訓詁亦罕所考訂,而推求意義,務求明愜,較原註所得則已多矣。案明有兩劉績,一為山陰人,字孟熙。《千頃堂書目》載此書於績名下,註"江夏人",則為字"用熙"者無疑。坊刻或題曰"宋劉績",誤也。

【彙訂】

①　"忘生死交",殿本作"忘主死交",《管子·明法》原文亦同,然黃震《黃氏日抄》卷五十五《讀諸子·管子》引作"忘生死交"。

②　黃震《黃氏日抄》卷五十五《讀諸子·管子》原文作:"四悦在施愛,有衆在廢私。"《總目》脱"四"字。

鄧析子一卷(少詹事陸費墀家藏本)

周鄧析撰。析,鄭人。《列子·力命篇》曰:"鄧析操兩可之説,設無窮之詞。子產執政,作竹刑,鄭國用之,數難子產之治。子產屈之。子產執而戮之,俄而誅之。"劉歆奏上其書,案,高似孫《子略》誤以此奏為劉向,今據《書錄解題》改正①。則曰:"於《春秋左氏傳》昭公二十年而子產卒,子太叔嗣為政。定公八年,太叔卒,駟歂嗣為政。明年乃殺鄧析,而用其竹刑。"然則《列子》為誤矣。其書《漢志》作二篇,今本仍分《無厚》、《轉辭》二篇,而併為一卷。

然其文節次不相屬,似亦掇拾之本也。其言如"天於人無厚,君於民無厚,父於子無厚,兄於弟無厚。勢者君之輿,威者君之策",則其旨同於申、韓;如"令煩則民詐,政擾則民不定,心欲安靜,慮欲深遠",則其旨同於黃、老。然其大旨主於勢統於尊,事覈於實,於法家為近。故竹刑為鄭所用也。至於"聖人不死,大盜不止"一條,其文與《莊子》同。析遠在莊子以前[2],不應預有剿説,而《莊子》所載又不云鄧析之言。或篇章殘闕,後人摭《莊子》以足之歟[3]?

【彙訂】

① 書前有奏一篇,實劉向之文。《意林》卷一、《荀子·不苟篇》注皆作劉向。《直齋書録解題》卷十有此書,其解題中實無一字及於劉向、劉歆者。(余嘉錫:《四庫提要辨證》)

② "莊子",殿本作"莊周"。

③《鄧析子·轉辭》"夫川竭而谷虛,丘夷而淵實。聖人以死,大盜不起"一段,雖與《莊子·胠篋》所言意思一致,但文字前者粗略而後者詳細,應是後者以前者為原型改寫而成,而非前者抄後者。《荀子·不苟》曰:"山淵平,天地比……是説之難持者也,而惠施、鄧析能之。""山淵平"意即"丘夷而淵實",亦可證此段確係鄧析之言。此書從漢到清,羣志均有著録,流傳有緒。馬王堆三號墓出土帛書中《十大經》、《稱》、《道原》三種古佚書有些文字亦與今本《鄧析子》相近或略同,説明今本不是後人掇拾之本。(董英哲:《〈鄧析子〉非偽書考辨》)

商子五卷(兩江總督採進本)

舊本題秦商鞅撰。鞅事蹟具《史記》。鞅封於商,號商君。

故《漢志》稱:"《商君》二十九篇。"《三國志·先主傳註》亦稱《商君書》。其稱《商子》,則自《隋志》始也①。陳振孫《書錄解題》云:"《漢志》二十九篇,今二十八篇,已亡其一。"晁公武《讀書志》則云:"本二十九篇,今亡者三篇。"《讀書志》成於紹興二十一年,既云已闕三篇,《書錄解題》成於宋末,乃反較晁本多二篇。蓋兩家所錄,各據所見之本,故多寡不同歟?此本自《更法》至《定分》,目凡二十有六,似即晁氏之本。然其中第十六篇、第二十一篇又皆有錄無書,則併非宋本之舊矣。《史記》稱"讀鞅《開塞書》",在今本為第七篇,文義甚明。而司馬貞作《索隱》,乃妄為之解,為晁公武所譏。知其書唐代不甚行,故貞不及睹。又《文獻通考》引《周氏涉筆》,以為"鞅書多附會後事,擬取他詞②,非本所論著"。然周氏特據文臆斷,未能確證其非。今考《史記》稱:"秦孝公卒,太子立,公子虔之徒告鞅欲反,惠王乃車裂鞅以徇。"則孝公卒後,鞅即逃死不暇,安得著書?如為平日所著,則必在孝公之世,又安得開卷第一篇即稱孝公之謚?殆法家者流掇鞅餘論,以成是編,猶管子卒於齊桓公前,而書中屢稱桓公耳。諸子之書,如是者多。既不得撰者之主名,則亦姑從其舊,仍題所託之人矣。

【彙訂】

①《隋書·經籍志》著錄《商君書》五卷,《舊唐書·經籍志》著錄為《商子》,《新唐書·藝文志》著錄為《商君書》,注曰:"商鞅。或作《商子》。"(楊武泉:《四庫全書總目辨誤》;張林祥:《〈商君書〉的成書與命名考辨》)

②"擬",底本作"疑",據《文獻通考》卷二百十二"商子"條原文及殿本改。

韓子二十卷（內府藏本）

周韓非撰。《漢書‧藝文志》載《韓子》五十五篇,張守節《史記正義》引阮孝緒《七錄》載《韓子》二十卷,篇數、卷數皆與今本相符。惟王應麟《漢藝文志考》作五十六篇,殆傳寫字誤也①。其註不知何人作。考元至元三年何犿本,稱:"舊有李瓚註,鄙陋無取,盡為削去。"云云,則註者當為李瓚。然瓚為何代人,犿未之言。王應麟《玉海》已稱《韓子》註不知誰作,諸書亦別無李瓚註《韓子》之文,不知犿何所據也②。犿本僅五十三篇,其序稱:"內佚《姦劫》一篇,《說林下》一篇,及《內儲說下‧六微》內'似煩'以下數章。"明萬曆十年趙用賢購得宋槧,與犿本相校③,始知舊本《六微篇》之末尚有二十八條,不止犿所云數章。《說林下篇》之首尚有"伯樂教二人相踶馬"等十六章,諸本佚脫其文,以《說林上篇》"田伯鼎好士"章逕接此篇"蟲有蚘"章。《和氏篇》之末,自"和雖獻璞而未美,未為王之害也"以下脫三百九十六字④。《姦劫篇》之首,自"我以清廉事上"以上脫四百六十字。其脫葉適在兩篇之間,故其次篇標題與文俱佚。傳寫者各誤以下篇之半連於上篇,遂求其下篇而不得,其實未嘗全佚也。今世所傳,又有明周孔教所刊大字本,極為清楷。其序不著年月,未知在用賢本前後。考孔教舉進士在用賢後十年⑤,疑所見亦宋槧本。故其文均與用賢本同,無所佚闕。今即據以繕錄,而校以用賢之本。考《史記》非本傳稱:"非見韓削弱,數以書諫韓王,韓王不能用。悲廉直不容於邪枉之臣,觀往者得失之變,故作《孤憤》、《五蠹》、《內、外儲說》、《說林》、《說難》十餘萬言。"又云:"人或傳其書至秦,秦王見其《孤憤》、《五蠹》之書。"則非之著書⑥,當在未入秦前。《史記‧自敘》所謂"韓非囚秦,《說難》、《孤憤》"

者,乃史家駁文,不足為據。今書冠以《初見秦》,次以《存韓》,皆入秦後事,雖似與《史記·自敘》相符。然《傳》稱:"韓王遺非使秦,秦王悅之,未信用。李斯、姚賈害之,下吏治非。李斯使人遺之藥,使自殺。"計其閒未必有暇著書。且《存韓》一篇,終以李斯駁非之議及斯《上韓王書》。其事與文,皆為未畢。疑非所著書本各自為篇,非歿之後,其徒收拾編次,以成一帙。故在韓、在秦之作,均為收錄,併其私記未完之稿亦收入書中。名為非撰,實非非所手定也。以其本出於非,故仍題非名,以著於錄焉。

【彙訂】

① 王應麟《玉海·藝文·諸子》篇亦云"今本五十六篇",殆併後人雜入之《范雎舉韓》一篇計之,非傳寫之誤。(昌彼得:《說郛考》)

② 何犿《校韓子序》云:"臣犿所校讎中祕書,有《韓子》五十三篇,與處士臣許謙家藏本無異,舊本有李瓚注,鄙陋無取,臣盡為削去。"明言中祕書與許謙家藏本《韓子》有李瓚注,何謂"不知所據"?(陳奇猷:《韓非子舊註考》)

③ 趙用賢《韓子凡例》明言,係根據"近本"、"近刻"校定。(張覺:《〈韓非子〉版本源流敘略》)

④ "王",底本作"玉",據《韓非子》卷四《和氏第十三》注文及殿本改。

⑤ 趙用賢為隆慶五年進士,見《明史》本傳。周孔教為萬曆八年進士,見雍正《江西通志》卷五五《選舉志》。周在趙後九年,即晚三科。(楊武泉:《四庫全書總目辨誤》)

⑥ "之",殿本無。

疑獄集四卷補疑獄集六卷(浙江范懋柱家天一閣藏本)

《疑獄集》四卷，五代和凝與其子㠓同撰。凝字成績，鄆州須昌人。初為梁義成軍節度從事。唐天成中，官翰林學士。唐亡入晉，官至左僕射。晉亡入漢，拜太子太傅，封魯國公。漢亡入周，至顯德二年乃卒。事蹟具《五代史·雜傳》。㠓據此書題其官曰中允，其始末則不可詳矣①。書前有㠓序及至正十六年杜震序。陳振孫《書錄解題》稱《疑獄》三卷，上一卷為凝書，中、下二卷為㠓所續②。今本四卷，疑後人所分也③。《補疑獄集》六卷，明張景所增，共一百八十二條，所記皆平反冤濫、抉摘姦慝之事，俾司憲者觸類旁通，以資啟發。雖人情萬變，事勢靡恒，不可限以成法，而推尋故迹，舉一反三，師其意而通之，於治獄亦不無裨益也。書中閒有按語，稱"訥曰"者，不著其姓。又"包拯杖吏"一條，稱："桂氏取以載入篇中，愚特取以終篇。"云云，亦不言桂氏為誰。考宋端平中，桂萬榮摭凝父子所載事迹，益以鄭克之《折獄龜鑑》，編為《棠陰比事》一書。明景泰中，吳訥又刪補之。則所謂訥者，乃吳訥。所謂桂氏，即萬榮。景乃剽剟其文④，不著所出，又復刊削不盡，是亦"不去葛龔"之類矣。景號西墅，汝陽人，嘉靖癸未進士。此書乃其官監察御史時作也。

【彙訂】

① 和㠓事迹詳見《宋史·文苑傳》其兄峴傳後。(余嘉錫：《四庫提要辨證》)

②《直齋書錄解題》未著錄《疑獄集》，《總目》所引實為《郡齋讀書志》"刑法類"之文。(同上)

③ 今本第四卷多記和㠓身後事，係出於後人妄增。(楊奉琨：《〈疑獄集折獄龜鑑校釋〉前言》)

④"考宋端平中"至"景乃剗剟其文",殿本作"蓋剗剟桂萬榮吳訥之書"。

折獄龜鑑八卷（永樂大典本）

宋鄭克撰。是書《宋志》作二十卷。晁公武《讀書志》、陳振孫《書錄解題》俱題作《決獄龜鑑》,蓋一書而異名者也①。大旨以五代和凝《疑獄集》及其子㠓所續均未詳盡,因採摭舊文,補苴其闕,分二十門。其間論斷,雖意主尚德緩刑,而時或偏主於寬,未能悉協中道。所輯故實,務求廣博,多有出於正史之外者,而亦或兼收猥瑣,未免龐雜。然究悉物情,用以廣見聞而資觸發,較和氏父子之書,特為賅備。晁公武《讀書志》稱其"依劉向《晏子春秋》,舉其綱要為之目錄",體例井然,亦可謂有條不紊者已。《書錄解題》載其目"凡二百七十六條,三百九十五事"。今世所傳鋟本②,祇存五門,餘皆散佚。惟《永樂大典》所載尚為全書。而已經合併連書,二十卷之界限不復可考。謹詳加校訂,析為八卷。卷數雖減於舊,其文則無所闕失也。

【彙訂】

①《直齋書錄解題》卷七實著錄作《折獄龜鑑》。《宋史·藝文志》刑法類作三卷。（余嘉錫:《四庫提要辨證》;陳樂素:《宋史藝文志考證》）

②"鋟本",殿本作"鈔本",疑誤。今存明刊本均為二卷五門。（劉俊文:《〈折獄龜鑑譯註〉前言》）

棠陰比事一卷附錄一卷（浙江巡撫採進本）

宋桂萬榮撰。明吳訥刪補。萬榮,鄞縣人①。由餘干尉仕至朝散大夫、直寶章閣、知常德府。訥字敏德,號思菴,常熟人。永樂中，以知醫薦。仁宗監國，聞其名，使教功臣子弟。洪熙元年，擢監察御史，官至右都御史，謚文恪。事蹟具《明史》本傳。是集前有嘉定四年萬榮自序，稱："取和魯公父子《疑獄集》，參以開封鄭公《折獄龜鑑》，比事屬詞，聯成七十二韻。"又有端平甲午重刻自序，稱："以尚右郎陛對，理宗諭以嘗見是書，深相褒許。因有求其本者。以鋟梓星江，遠莫之致，是用重刻流布。"其書彷唐李瀚《蒙求》之體，括以四字韻語，便於記讀而自為之註。凡一百四十四條，皆古來剖析疑獄之事。明景泰閒，吳訥以其徒拘聲韻對偶而敘次無義，乃刪其不足為法及相類複出者，存八十條。以事之大小為先後，不復以叶韻相從，其註亦稍為點竄。又為補遺二十三事，附錄四事，別為一卷。萬榮書中附論七條。首五條辨析律意，末二條則推論他事。然不應僅首尾有此五條，中閒全置不議，或傳寫又有所刪佚歟？第四條下註云："存中，宋人，不書時代，後同。"不類萬榮之語，當亦訥所加也。訥所續二十七條，每條各有評語，附於題下。其書雖略於和嶸諸家，而敘述明白，較嶸等乃為簡切，亦折獄者所宜取裁也。

【彙訂】

① 陸心源《宋史翼》卷二二《桂萬榮》傳，據《成化四明郡志》云："字夢協，慈谿人。"雍正《寧波府志》卷二一《桂萬榮傳》所載同。光緒《慈谿縣志》卷二五《桂萬榮傳》，據桂氏甥趙景儔所撰傳，所載亦同。而康熙《鄞縣志》不載桂萬榮其人及其著述。（楊武泉：《四庫全書總目辨誤》）

右法家類八部，九十四卷，皆文淵閣著錄。

法 家 類 存 目

管子榷二十四卷（内府藏本）

明朱長春撰。長春字大復，烏程人。萬曆癸未進士，官刑部主事。是書即趙用賢本而增釋之，故凡例、文評俱仍其舊，惟每篇各加敘釋。在篇首者曰"評"，多論作文之法；在篇中者曰"通"，則隨文訓解其義；在篇末者曰"演"，乃統論一篇大旨，皆出長春一手。創立異名，無所闡發。其《七法篇》評云："是註意之作，可為文式。後之分段者，神弛氣懈，周末秦先病如此。千年來文家反學其病，文之壞由韓、蘇以來。"云云。亦可稱敢於大言矣。

詮敘管子成書十五卷（内府藏本）

明梅士享編。士享字伯獻，宣城人。《管子》原目三十卷已不可考。明代舊本皆二十四卷。士享此本合為十五卷，而以己意詮敘之。如《牧民》、《形勢》、《立政》、《九敗》、《版法》、《明法》諸解，皆移附本篇之後，已亂其次第。又謂其文繁冗不倫，乃於一篇之中分上、下二格，其定為《管子》本文者①，列之上格；疑為後人攙雜及義有未安者，列之下格。其自為發明者，別稱"梅生曰"以別之。如《牧民篇》"國之四維"一段，則云："朱晦翁解繇'不仁故不智，不智故不知禮義所在'，斯為一貫之旨。若此節'維絕則傾，及傾可正也'等語，於理有乖，恐非《管子》之言，故列下層。"又《權修篇》"天下者國之本"一段，則云："與《大學》、《孟子》之旨相悖，故列下層。"讀諸子之書而必以經義繩之，何異閱晉、唐行草之跡而糾以《說文》之偏傍耶?

【彙訂】

① "本文",殿本作"本分",誤。

韓子迂評二十卷(內府藏本)

舊本題明門無子評,前列元何犿校上。原序署"至元三年秋七月庚午",結銜題"奎章閣侍書學士"。考元世祖、順帝俱以至元紀年,而"三年七月"以紀志干支排比之,皆無庚午日,疑"子"字之誤。奎章閣學士院設於文宗天曆二年,止有大學士,尋陞為學士院,始有侍書學士,則犿進是書在後至元時矣。觀其序中稱:"今天下所急者法度之廢,所少者韓子之臣。"正順帝時事勢也。門無子自序稱:"坊本至不可句讀。最後得何犿本,字字而讎之,皆不失其舊。乃句為之讀,字為之品,閒取何氏註而折衷之,以授之梓人。"云云。蓋趙用賢翻刻宋本在萬曆十年,此本刻於萬曆六年,故未見完帙,仍用何氏之本。然犿序稱李瓚註"鄙陋無取,盡為削去",而此本仍閒存瓚註,已非何本之舊。且門無子序又稱:"取何註折衷之。"則併犿所加旁註亦有增損,非盡其原文。蓋明人好竄改古書,以就己意,動輒失其本來。萬曆以後,刻版皆然,是書亦其一也。門無子不知為誰。陳深序稱:"門無子俞姓,吳郡人,篤行君子。"然新舊志乘皆不載其姓名。所綴評語,大抵皆學究八比之門徑,又出犿註之下。所見如是,宜其敢亂舊文矣。

刑統賦二卷(兩淮監政採進本)

宋傅霖撰。霖里貫未詳,官律學博士。法家書之存於今者,惟《唐律》最古。周顯德中,竇儀等因之作《刑統》,宋建隆四年頒行。霖以其不便記誦，乃韻而賦之，併自為註。晁公武《讀書志》稱：“或人為之註。”蓋未審也。其後註者不一家。金泰和中，李祐之有《删要》。元至治中，程仁壽有《直解》、《或問》二書。至元中，練進有《四言纂註》，尹忠有《精要》。至正中，張汝楫有《略註》。並見《永樂大典》中。此本則元祐中東原郯氏為韻釋①，按，趙孟頫原序但稱“郯君”，不著其名。其鄉人王亮又為增註。然於霖所自註竟削去之，已非完本②。亮註亦類皆剽襲前人，無所發明，且傳寫譌誤，第四韻、第七韻內脫簡特多，殊不足取。

【彙訂】

①“元祐中”當作“元延祐中”。（孫猛：《郡齋讀書志校正》）

② 繆氏《藕香零拾》本跋云：“其中‘解曰’云云，出傅氏自注；‘韻曰’云云，是郯氏韻釋；‘增注曰’云云，出自王氏；《提要》云霖所自注，亮削去之，非也。”（胡玉縉：《四庫全書總目提要補正》）

刑法敘略一卷（編修程晉芳家藏本）

舊本題宋劉筠撰。筠字子儀，大名人。咸平元年進士，累擢司諫，知制誥，翰林學士承旨。進龍圖閣學士，加禮部侍郎。是編載曹溶《學海類編》中。今考其文，即《册府元龜》“刑法”一門之《總敘》也。

洗冤錄二卷（永樂大典本）①

宋宋慈撰。慈字惠父，始末未詳。是書自序題“淳祐丁未”，結銜題“朝散大夫，新除直祕閣，湖南提刑，充大使行府參議官”。序中稱：“四權臬司，於獄案審之又審。博採近世諸書，自《內恕錄》以下凡數家，薈稡釐正，增以己見為一編，名曰《洗冤集錄》，

刊於湖南憲治。"後來檢驗諸書，大抵以是為藍本。而遞相考究，
互有增損，則不及後來之密也。

【彙訂】

①　此書原為五卷，陸心源《儀顧堂題跋》卷六《影宋本提刑
洗冤錄跋》云："宋提刑《洗冤錄》五卷，影宋鈔本。"現存最早刊本
為北京大學圖書館、日本靜嘉堂文庫所藏元刊本《宋提刑洗冤集
錄》，均為五卷五十三目，南京圖書館藏明刊本亦題《洗冤集錄》
五卷。後人多將清康熙三十三年(1694)官修《律例館校正洗冤
錄》與此書混淆。(黄顯堂：《宋慈〈洗冤集錄〉研究中的失誤與
版本考證述論》；李裕民：《四庫提要訂誤》)

無冤錄二卷(浙江巡撫採進本)

不著撰人名氏，亦無序跋。《永樂大典》載此書，題元王與
撰，與不知何許人。卷中自稱"昔任鹽官"檢二孕婦事，蓋嘗官海
鹽縣令。《永樂大典》載其自序一篇，題"至大改元之歲"，是武宗
戊申年作也①。所載多至元、元貞、大德間官牒條格，又多引《平
冤錄》、《洗冤錄》之文，而稍為駁正。上卷皆官吏之章程，下卷皆
屍傷之辨別。其論銀釵試毒，"非真銀則觸穢色必變"；論自縊、
勒死之分，皆發二《錄》所未發，至今猶遵用之。至上卷駁《洗冤
錄》"食額在前，氣額在後"之誤，而下卷"自割"條中乃仍用《洗冤
錄》"一寸七分食、氣系並斷，一寸五分食系斷，氣系微破"之説，
則亦未為精密矣②。

【彙訂】

①　書中卷首所列《檢驗格例中》有延祐二年(1315)二件。
卷上云："予昔任鹽官案牘，至治三年(1323)春，復檢崇德州石門

鄉孕婦沈,觀女死屍。"則此書必非至大改元之歲(1308)所作,疑為至元改元之歲(1335)之誤。鹽官乃地名,非官名,與海鹽歷來分屬兩地,"蓋嘗官海鹽縣令"云云純係臆斷。(楊奉琨:《元代大法醫學家王與生平著述考略》)

②《總目》所據二卷本上卷即為《無冤錄》全文,而下卷當係宋元間人趙逸齋著《平冤錄》全文。"自割死"條之說乃照抄《洗冤錄》原文,與《無冤錄》無涉。(方齡貴:《讀〈宋元檢驗三錄〉》)

政刑類要一卷(永樂大典本)

元彭天錫撰。天錫字仁仲,湖州人。其始末無考,原序謂其"通才明吏,專於法家"。能成書如此,必有推轂者,殆吏胥之流歟?其書以當時法令區別科類,大字標目於其上,細字分記於其下。蓋因舊文繁重,變為簡易,以便於記覽者耳。

名公書判清明集十七卷(永樂大典本)

不著撰人名氏。輯宋、元人案牘判語[1],分類編次,皆署其人之別號,蓋用《文選》稱字之例。然名不甚顯者,其人遂不可知矣。其詞率以文采儷偶為工,蓋當時之體如是云[2]。

【彙訂】

① 此書現存有南宋刊殘本,約刻於景定二年辛酉(1261),顯係宋人所撰。(李裕民:《四庫提要訂誤》增訂本)

②"云",殿本作"也"。

唐律文明法會要錄一卷(永樂大典本)

不著撰人名氏。前有原序,亦不署名。後有沈侃序,署其字曰"和卿",署其官曰"陵州同知"。案陵州始設於元,則元人作也。其說皆郛廓迂腐,殆無足觀。

祥刑要覽二卷（浙江巡撫採進本）

明吳訥撰。訥有《棠陰比事》，已著錄。此書乃其致仕後所作。上卷《經典大訓》十六條，次為《先哲議論》十五條。下卷《善可為法》十三人，《惡為可戒》十人[1]。其《經典大訓》中引及《論語》、《大學》，而開卷《尚書》一條，"皋陶"下註"舜臣"字。蓋為通俗之文，以戒不甚讀書者，故淺近如是也。

【彙訂】

[1] "惡為可戒"，殿本作"惡可為戒"。明嘉靖刻三卷本此書，卷上載《善者為法》十三人，《惡者為戒》十人。

王恭毅駁稿二卷（兩江總督採進本）

明王概撰，高銓編。概字同節，廬陵人。正統壬戌進士，官至刑部尚書，諡恭毅。銓字宗選，江都人。成化己未進士，官至南京戶部尚書[1]。《江右名賢編》云："概先為大理寺卿，與兩法司會讞，多所平反。"是書即其官大理寺時案牘之文。時銓方為左評事，因為編次成帙。首列《參駁文書式》九條，而以所駁諸案分載於後。

【彙訂】

[1]《國朝獻徵錄》卷三一李東陽《贈太子少保高公銓墓表》云："成化乙酉舉鄉貢，己丑登進士第。"《弇山堂別集》卷四八"南京戶部尚書表"："高銓，直隸江都人，成化己丑進士。"己丑即成化五年，己未為弘治十二年，非成化也。雍正《江南通志》卷一四四、嘉慶重修《揚州府志》卷四七人物《高銓傳》所言高銓登進士第年代，均作己丑即成化五年。（楊武泉：《四庫全書總目辨誤》）

法家裒集無卷數（浙江范懋柱家天一閣藏本）

不著撰人名氏。明蘇祐題辭，稱："從史陳永，以是集見，曰'司臺司籍潘智手錄'。因命補綴，付之梓。"則是編永所輯定矣。書中設為問答，剖析異同，頗得明慎之意。其論"拒毆追攝人"并"罪人拒捕"二條與《唐律疏義》相合，疑其嘗見《唐律》也。

折獄卮言一卷（編修程晉芳家藏本）

國朝陳士鑛撰。士鑛有《江南治水記》，已著錄。是篇摭取四書諸經慎刑之語，兼及漢詔一二條，徵引疏略，無所發明。曹溶載之《學海類編》中，姑盈卷帙而已，不足以言著書也。

巡城條約一卷（直隸總督採進本）

國朝魏裔介撰，裔介有《孝經註義》，已著錄。順治丁酉，裔介為左都御史，立此約以釐清五城之事，凡四十條。然其中有瑣屑過甚者，如"禁舖戶唱曲"、"禁擊太平鼓"、"禁小兒踢石抛毬"之類，皆必不能行之法。即令果能禁絕，於民生國計，亦復何裨？徒滋吏役之擾而已。

風憲禁約一卷（直隸總督採進本）

國朝魏裔介撰。皆巡按條約，凡五十四條。考《五朝國史》裔介本傳，載其由庶吉士授工科給事中，轉吏科、兵科給事中，累遷太常寺少卿、左都御史、吏部尚書、保和殿大學士，不載其巡按外省。不知此書何時所作也。

讀律佩觿八卷（江蘇周厚堉家藏本）

國朝王明德撰。明德字金樵，高郵人，官刑部陝西司郎中。是編成於康熙甲寅。取現行律例，分類編輯，各為箋釋，附以《洗冤錄》及《洗冤錄補》。每門先載《大清律》本註，次《明律》舊註，而以己意辨證之。其説好爲駁難，而不免穿鑿。所作《洗冤錄補》，雜記異聞，旁及鬼神醫藥之事，尤近小説家言。

續刑法敍略一卷（編修程晉芳家藏本）

國朝譚瑄撰。瑄字子羽，嘉興人。康熙乙酉舉人，官至給事中。是書敍宋、元、明三代刑法，舛略殊甚。其曰《續刑法敍略》者，以曹溶《學海類編》取《册府元龜》中敍文僞題爲劉筠《刑法敍略》也。然筠書既僞，續者可知。又不知掇何類書數頁，贋題此名耳。

疑獄箋四卷（浙江巡撫採進本）

國朝陳芳生撰。芳生有《捕蝗考》，已著錄。此書自序謂：“晉和魯公凝著《疑獄集》二卷，其子宋太子中允崿增之，爲四卷。明巡按御史張景廣之，爲六卷。兹復增汰之，統爲三卷。”而附和崿及元杜震明、李崧原序於卷後。末又輯昔賢論説讞獄成法，別爲一卷，統名《疑獄箋》。大旨主於全活，亦古人恤欽之意。然如“張差梃擊”一案，以主瘋顛者爲是，主姦宄者爲非[①]，則又矯枉過直矣。其論妊娠過期，至引佛經脅尊者之處胎六十年，《神仙傳》老聃之處胎七十二年，是亦未可爲典要也。

【彙訂】

① “姦宄”，殿本作“宄姦”，誤。

右法家類一十九部，一百五卷，<small>内一部無卷數。</small>皆附存目。

卷一〇二

子 部 十 二

農 家 類

農家條目，至為蕪雜。諸家著錄，大抵輾轉旁牽，因耕而及《相牛經》，因《相牛經》及《相馬經》、《相鶴經》、《鷹經》、《蟹錄》，至於《相貝經》，而《香譜》、《錢譜》相隨入矣。因五穀而及《圃史》，因《圃史》而及《竹譜》、《荔支譜》、《橘譜》，至於《梅譜》、《菊譜》，而《唐昌玉蕊辨證》、《揚州瓊花譜》相隨入矣。因蠶桑而及《茶經》，因《茶經》及《酒史》、《糖霜譜》，至於《蔬食譜》，而《易牙遺意》、《飲膳正要》相隨入矣。觸類蔓延，將因《四民月令》而及算術、天文，因《田家五行》而及風角、鳥占，因《救荒本草》而及《素問》、《靈樞》乎？今逐類汰除，惟存本業，用以見重農貴粟，其道至大，其義至深，庶幾不失《豳風》、《無逸》之初旨。茶事一類，與農家稍近，然龍團鳳餅之製，銀匙玉盌之華，終非耕織者所事．今亦別入"譜錄類"，明不以末先本也。

齊民要術十卷(浙江巡撫採進本)[①]

後魏賈思勰撰。思勰始末未詳，惟知其官為高平太守而已[②]。自序稱："起自耕農，終於醯醢，資生之樂[③]，靡不畢書，凡

九十二篇。"今本乃終於《五穀果蓏非中國物者》。自序又稱："商
賈之事,闕而不錄。"今本《貨殖》一篇乃列於第六十二,莫知其
義④。中第三十篇為《雜說》,而卷端又列《雜說》數條⑤,不入篇數。
一名再見,於例殊乖。其詞亦鄙俗不類,疑後人所竄入。然陳振
孫《書錄解題》稱其"治生之道,不仕則農"為名言,正見於卷端《雜
說》中,則宋本已有之矣。思勰序不言作註,亦不云有音。今本句
下之註,有似自作,然多引及顏師古者。考《文獻通考》載李燾《孫
氏〈齊民要術〉音義解釋序》曰:"賈思勰著此書,專主民事,又旁摭
異聞,多可觀,在農家最嶷然出其類。奇字錯見,往往艱讀。今運
使祕丞孫公為之音義,解釋略備。其正名小物⑥,蓋與揚雄、郭璞
相上下,不但借助於思勰也。"則今本之註蓋孫氏之書。特《宋藝
文志》不著錄,其名不可考耳⑦。董穀《碧里雜存》以註中"一石當
今二斗七升"之文,疑其與魏時長安童謠"百升飛上天"句不合,_{案,}
_{斛律光齊人,非魏人,此語殊誤。}蓋未知註非思勰作也⑧。錢曾《讀書敏
求記》云:"嘉靖甲申,刻《齊民要術》於湖湘,首卷簡端'《周書》曰'
云云,原係細書夾註。今刊作大字,毛晉《津逮祕書》亦然。"今以
第二篇至六十篇之例推之,其說良是。蓋唐以前書文詞古奧,校
勘者不盡能通,輾轉譌脫,因而譌異,固亦事所恒有矣。

【彙訂】

① 文淵閣《四庫》本尚附《雜說》一卷。(沈治宏:《中國叢書
綜錄訂誤》)

② 諸本均題"後魏高陽太守賈思勰撰"。(余嘉錫:《四庫提
要辨證》)

③ "資生之樂",自序原文作"資生之業",《直齋書錄解題》
卷十、《農政全書》卷一亦引作"資生之業"。文淵閣本書前提要

不誤。(江慶柏等整理:《四庫全書薈要總目提要》)

④自序云:"今採摭經傳,爰及歌謠,詢之老成,驗之行事。起自耕農,終於醯醢,資生之業,靡不畢書,凡九十二篇。其有五穀果蓏非中國所植者,存其名目而已,種植之法,蓋無聞焉。"則所謂起自耕農,終於醯醢,特包舉全書之大旨言之耳,非篇目終於醯醢之意。五穀果蓏非中國所植者,然亦可供人食用,何嘗非資生之業。《貨殖》一篇節錄《漢書・貨殖傳》所言馬二百蹄等者,皆以前六十一篇中所有也。其意蓋以此勸農,使知種植畜牧之利,非為商賈而作也。(余嘉錫:《四庫提要辨證》)

⑤"雜說",殿本作"雜記",誤。

⑥"小物"當作"辨物",參《文獻通考》卷二一八引李燾序。(陳尚君、張金耀主撰:《四庫提要精讀》)

⑦書中注文多稱中國,卷三《種蘭香》篇注又云"中國為石勒諱",確出於賈思勰之手,若宋人無緣作此語矣。《祕冊彙函》本此書胡震亨序曰:"宋孫祕丞《音義解釋》,今已失傳。"可知孫氏注本久佚,然其名非不可考。(余嘉錫:《四庫提要辨證》)

⑧元代官撰《農桑輯要》卷一引《齊民要術》:"凡美田之法,綠豆為上,小豆、胡麻次之,悉皆五、六月中穊種,七月、八月犁掩殺之,為春谷田,則畝收十石。"下有附注:"一石大約今二斗七升,十石今二石七斗有餘也。後《齊民要術》中石、斗仿此。"董穀乃誤以此附注為原注,不足為據。(陳尚君、張金耀主撰:《四庫提要精讀》)

農書三卷附蠶書一卷(江蘇巡撫採進本)

此書影宋鈔本題曰"陳旉撰",《宋史・藝文志》亦同。陳振孫《書錄解題》作“西山隱居全真子陳旉撰，未詳何人”。《永樂大典》所載則作陳敷。考《漢郊祀歌》“朱明旉與”，顏師古註曰：“旉，古敷字。”《永樂大典》蓋改古文從今文。陳氏作“旉”，則字形相近而誤也。首有自序，佚其前二頁。末有洪興祖後序及旉自跋。興祖序稱：“西山陳居士[①]，於六經諸子百家之書，釋老氏、黃帝神農氏之學，貫穿出入，往往成誦。下至術數小道，亦精其能。平生讀書，不求仕進，所至即種藥治圃以自給。”又稱其“紹興己巳，年七十四”，則南北宋閒處士也。自跋稱：“此書成於紹興十九年。真州雖曾刊行，而當時傳者失其真，首尾顛倒，意義不貫者甚多。又為或人不曉旨趣，妄自删改，徒事絺章繪句，而理致乖越。故取家藏副本，繕寫成帙，以待當世之君子，採取以獻於上。”則興祖所刊之本，有所點竄，旉蓋不以為然。其自序又稱：“此書非騰口空言，誇張盜名，如《齊民要術》、《四時纂要》，迂疎不適用之比。”其自命殊高。今觀其書，上卷泛言農事，中卷論養牛，下卷論養蠶。大抵泛陳大要，引經史以證明之，虛論多而實事少，殊不及《齊民要術》之典核詳明。遽詆前人，殊不自量。然所言亦頗有入理者。宋人舊帙，久無刊本，姑存備一家可也。末有《蠶書》一卷，宋秦湛撰[②]。湛字處度，高郵人，秦觀之子也[③]。所言蠶事頗詳，《宋志》與旉書各著錄。不知何人綴旉書後，合為一編。其說與旉書下篇可以互相補苴，今亦仍並錄之焉。

【彙訂】

① “西山”，殿本作“山西”，誤。

②《文獻通考》卷二百十八著錄秦觀《蠶書》：“見少游《淮海集》第六卷。”（余嘉錫：《四庫提要辨證》）

③ "也"，殿本無。

農桑輯要七卷（永樂大典本）

元世祖時官撰頒行本也。前有至元十年翰林學士王磐序，稱："詔立大司農司，不治他事，專以勸課農桑為務。行之五六年，功效大著。農司諸公又慮夫播植之宜，蠶繰之節，未得其術。於是遍求古今農家之書，刪其繁重，摭其切要，纂成一書，鏤為版本進呈，將以頒布天下。"云云。案《元史》，司農司設於至元七年。分布勸農官，巡行郡邑，察舉農事成否，達於戶部，以殿最牧民長官。史又稱世祖即位之初，首詔天下，崇本抑末，於是頒《農桑輯要》之書於民，均與王磐所言合。惟至元七年至十年，不足五六年之數，磐蓋據建議設官之始約略言之耳。焦竑《國史經籍志》、錢曾《讀書敏求記》皆作七卷，《永樂大典》所載僅有二卷，蓋編纂者所合併，非有闕佚。《永樂大典》又載有至順三年印行萬部官牒。蘇天爵《元文類》又載有蔡文淵序一篇，稱延祐元年，仁宗特命刊版於江浙行省，明宗、文宗復申命頒布。蓋有元一代，以是書為經國要務也。書凡分典訓、耕墾、播種、栽桑、養蠶、瓜菜、果實、竹木、藥草、孳畜十門。大致以《齊民要術》為藍本，芟除其浮文瑣事，而雜採他書以附益之。詳而不蕪，簡而有要，於農家之中，最為善本。當時著為功令，亦非漫然矣。

農桑衣食撮要二卷（永樂大典本）①

元魯明善撰。明善《元史》無傳，其始末未詳。此本有其幕僚導江張桌序一篇，稱："明善威烏爾 舊作畏吾兒，今依《元國語解》改正。人②，以父字魯為氏，名鐵柱，以字行。於延祐甲寅出監壽郡，始撰是書，且鋟諸梓。"又有明善自序，則稱："叨憲紀之任，取所藏《農桑撮要》,刊之學宮。"末署"至順元年六月",蓋自壽陽刊版之後,閱十有七年而重付剞劂者也③。考《豳風》所紀,皆陳物候;《夏小正》所記,亦多切田功。古來《四民月令》、《四時纂要》諸書,蓋其遺意,而今多不傳。至元中,頒行《農桑輯要》,於耕種樹畜之法,言之頗詳。而歲用雜事,僅列為卷末一篇,未為賅備。明善此書,分十二月令,件繫條別,簡明易曉,使種藝斂藏之節,開卷了然。蓋以陰補《農桑輯要》所未備,亦可謂留心民事,講求實用者矣。

【彙訂】

① 今存明刻本及各種書目著錄的元明刻本皆題書名為《農桑撮要》,魯明善自序、明正統三年紀振跋亦稱《農桑撮要》。(黃淑美:《對〈四庫全書總目〉中幾種古農書的辨證》;張元濟:《涵芬樓燼餘書錄》;沈津:《〈農桑撮要〉書名和版本問題初探》)

② 殿本"人"字在小注前。

③ 張桌序僅言延祐甲寅明善出監壽郡,未言是年付梓。至順元年刻本應是初刻。(黃淑美:《對〈四庫全書總目〉中幾種古農書的辨證》;張元濟:《涵芬樓燼餘書錄》;沈津:《〈農桑撮要〉書名和版本問題初探》)

農書二十二卷(永樂大典本)①

元王禎撰。禎字伯善,東平人。官豐城縣尹②。《文淵閣書目》曰:"王禎《農書》一部,十冊。"《讀書敏求記》曰:"農桑通訣六,穀譜四,農器圖譜十二,總名曰《農書》。"《永樂大典》所載,併為八卷,割裂綴合,已非其舊。今依原序條目,以類區別,編為二十二卷。其書典贍而有法,蓋賈思勰《齊民要術》之流。圖譜中所載水器,尤於實用有裨。又每圖之末必系以銘贊詩賦,亦風雅可誦。今外閒所有王禎《農務集》,即從是書摘鈔者也。唐中和節所進農書,世無傳本。宋人農書惟陳旉所作存。元人農書存於今者三本。《農桑輯要》、《農桑衣食撮要》二書,一辨物產,一明時令,皆取其通俗易行。惟禎此書,引據賅洽,文章爾雅,繪畫亦皆工緻,可謂華實兼資。明人刊本,舛譌漏落,疑誤宏多,諸圖尤失其真。《永樂大典》所載,猶元時舊本。今據以繕寫校勘,以還其舊觀焉[③]。

【彙訂】

① 正確書名應稱《東魯王氏農書》。(胡道静:《評〈元刻農桑輯要校釋〉》)

② 此書"序跋"中所收元大德八年甲辰《抄白》記江西儒學提舉司上報王禎行歷曰:"切見承事郎信州路永豐縣尹王禎。"元戴表元《剡源文集》卷七《王伯善農書序》、清顧嗣立《元詩選二集己》均謂王禎嘗為旌德縣尹。六年,再調永豐。作"豐城"誤。(胡道静:《〈農書‧農史論集〉自序》;劉遠遊:《四庫提要補正》)

③ 明嘉靖九年山東布政司刻本王禎《農書》分三十六卷,凡遇國家等字皆頂格,當從元本翻刻,凡農桑通訣六,農譜十,農器二十。又禎書原本稱集不稱卷,自序亦稱為集三十六。《永樂大典》所載割裂綴合,已非其舊。(朱家濂:《讀〈四庫提要〉札記》)

救荒本草二卷(兩淮鹽政採進本)

明周王橚撰。橚,太祖第五子。洪武十一年封,十四年就藩開封。建文中,廢徙雲南。永樂初復爵。洪熙元年薨,諡曰定。《明史》本傳稱:"橚好學,能詞賦。以國土夷曠,庶草蕃廡,考核其可佐饑饉者四百餘種，繪圖上之。"即此書也。李時珍《本草綱目》以此書及《普濟方》俱云洪武初周憲王著。考憲王有燉於仁宗初始嗣封，其説殊誤。是編為嘉靖乙卯陸東所重刊[①]。每卷又分為前、後，共成四卷[②]。其見諸舊本草者一百三十八種，新增者二百七十六種，皆詳核可據。前有東序，亦稱周憲王著。蓋當時以親藩貴重，刊書皆不題名。故輾轉傳譌，有所不免。今特為糾正焉。

【彙訂】

① "陸東"乃"陸柬"之誤。（王重民：《中國善本書提要》）

② 文淵閣《四庫》本為八卷，書前提要不誤。（沈治宏：《中國叢書綜錄訂誤》）

農政全書六十卷（兵部侍郎紀昀家藏本）

明徐光啟撰。光啟有《詩經六帖》，已著錄。是編總括農家諸書，裒為一集。凡農本三卷，皆經史百家有關民事之言，而終以明代重農之典。次田制二卷，一為井田，一為歷代之制。次農事六卷，自營制開墾以及授時占候，無不具載。次水利九卷，備錄南北形勢，兼及灌溉器用諸圖譜。後六卷則為泰西水法。考《明史》光啟本傳，光啟從西洋人利瑪竇學天文、曆算、火器，盡其術。崇禎元年，又與西洋人龍華民、鄧玉函、羅雅谷等同修《新法曆書》，故能得其一切捷巧之術，筆之書也。次為農器四卷，皆詳繪圖譜，與王楨之書相出入。次為樹藝六卷，分穀、蓏、蔬、果四子目。次為蠶桑四卷，又蠶桑廣類二卷。"廣類"者，木棉、麻苧之屬也。次為種植四卷，皆樹木之法。次為牧養一卷，兼及養魚、養蜂諸細事。次為製造一卷，皆常需之食品。次為荒政十八卷。前三卷為備荒，中十四卷為《救荒本草》，末一卷為《野菜譜》，亦類附焉。其書本末咸該，常變有備，蓋合時令、農圃、水利、荒政數大端，條而貫之，彙歸於一。雖採自諸書，而較諸書各舉一偏者，特為完備。《明史》稱光啟"編修兵機、屯田、鹽笑、水利諸書"，又稱其"負經濟才，有志用世"，於此書亦略見一斑矣。

泰西水法六卷（兩江總督採進本）

明萬曆壬子，西洋熊三拔撰。是書皆記取水、蓄水之法。一卷曰龍尾車，用挈江河之水。二卷曰玉衡車，附以專筩車；曰恒升車，附以雙升車，用挈井泉之水。三卷曰水庫記，用蓄雨雪之水。四卷曰水法附餘，皆尋泉作井之法，而附以療病之水。五卷曰水法或問，備言水性。六卷則諸器之圖式也。西洋之學，以測量步算為第一，而奇器次之。奇器之中，水法尤切於民用，視他器之徒矜工巧，為耳目之玩者又殊，固講水利者所必資也。四卷之末有附記云："此外測量水地，度形勢高下，以決排江河，蓄洩湖淀，別為一法。或於江湖河海之中，欲作橋梁、城垣、宮室，永不圮壞，別為一法。或於百里之遠，疏引源泉，附流灌註，入於國城，分枝析派①，任意取用，別為一法。皆別有備論。茲者專言取水，未暇多及。"云云。則其法尚有全書，今未之見也。

【彙訂】

① "派"，此書卷四原文及殿本作"脈"。

野菜博錄四卷（浙江鮑士恭家藏本）

明鮑山撰。山字元則，號在齋，婺源人。嘗入黃山，築室白龍潭上七年，備嘗野蔬諸味。因次其品彙，別其性味，詳其調製，著為是編。分草部二卷，木部二卷①。草部葉可食者，自大藍至

秋角苗,一百四十二種。木部葉可食者,自茶樹柯至藩籬枝,五
十九種。花可食者,自臘梅至櫔齒,五種。實可食者,自青舍子
條至野葡萄,二十五種。花、實可食者,槐樹、欒華木、房木三種。
葉、實可食者,杏樹至石榴,十九種。花、葉、實俱可食者,松樹至
旁其,五種。葉、皮、實俱可食者,榆錢至老兒樹,四種。並圖繪
其形,以備荒歲。蓋明之末造,饑饉相仍,山作此書,亦仁者之用
心乎?自序記“所得凡四百數十種”,而是編所載僅二百六十二
種,蓋又有所試驗去取歟②?所錄廣於王磐《野菜譜》,較明周定
王《救荒本草》亦互有出入。木饑金穰,理可先知;堯水湯旱,數
亦莫逃。有備無患,不厭周詳。苟其有益於民命,則王道不廢
焉。書雖淺近,要亦荒政之一端也。

【彙訂】

①“二卷”,殿本作“一卷”,誤。

②“試驗”,殿本無。鮑氏進呈本缺中卷,且把上卷野茴香
以後作為第二卷,下卷藤花菜以後作為第四卷。(天野元之助:
《中國古農書考》)

　　欽定授時通考七十八卷

　　乾隆二年奉敕撰,乾隆七年進呈欽定,御製序文頒行。凡八
門。曰天時,分四子目,明耕耘收穫之節也。曰土宜,分六子目,
盡高下燥濕之利也。曰穀種,分九子目①,別物性也。曰功作,
分十子目,盡人力也。曰勸課,分九子目,重農之政也。曰蓄聚,
分四子目,備荒之制也。曰農餘,分五子目,種植畜養之事也。
曰蠶桑,分十子目,蔟箔織紝之法也。《天時》冠以“總論”,餘七
門各冠以“彙考”,而詔諭御製詩文,並隨類恭錄焉。昔周公作

書，以《無逸》為永年之本。而所謂《無逸》，在先知稼穡之艱難。故重農貴粟，治天下之本也。《管子》、《呂覽》所陳種植之法，並文句典奧，與其他篇不類。蓋古者必有專書，故諸子得引之，今已佚不可見矣。劉向《七略》，綜別九流，以農家自為一類，其書亦無一存。今所傳者，以賈思勰《齊民要術》為最古。而名物訓詁，通儒或不盡解，無論耕夫織婦也。沿而作者，不可殫數，惟王楨、徐光啟書為最著，而疏漏冗雜，亦不免焉。我皇上御極之次年，即深維堯典授時之義，虞廷命稷之心，特詔刪纂諸書，編為此帙。準今酌古，務期於實用有裨。又詳考舊章，臚陳政典，不僅以自生自息聽之閭閻，尤見軫念民依之至意，非徒農家言矣。

【彙訂】

① "分"，殿本作"凡"。

右農家類十部，一百九十五卷，皆文淵閣著錄。

農 家 類 存 目

末耒經一卷（內府藏本）

唐陸龜蒙撰。龜蒙字魯望，吳江人。事蹟具《唐書・隱逸傳》①。是編記犁製特詳。犁與末耒，今古異名也。次及鑣，因又及爬與礰礋，而以礰砋終焉②。敍述古雅，其詞有足觀者。舊載《笠澤叢書》中，故唐、宋《藝文志》皆不載。陳振孫《書錄解題》始自出一條，意宋末乃別行也。

【彙訂】

① 唐代無吳江縣。吳江縣始置於後梁開平三年，見《讀史

方輿紀要》卷二四“吳江縣”條及乾隆《吳江縣志》卷一“沿革”條。此時陸氏已卒二十七八年矣（陸卒於中和初，見《唐才子傳》卷八《陸龜蒙傳》）。《新唐書·隱逸傳》言龜蒙“元方七世孫”，未言籍貫。然同書《陸元方傳》云：“蘇州吳人。”可知其籍貫為吳縣，既著於先祖，不重複於裔孫也。五代王定保《唐摭言》卷一〇：“陸龜蒙，字魯望，三吳人也……居於姑蘇。”《唐才子傳·陸龜蒙傳》亦云：“姑蘇人。”姑蘇即指吳縣。《總目》“吳江”乃“吳縣”之誤。（楊武泉：《四庫全書總目辨誤》）

②　書中鑱並非獨立的農具，而是犁的一個零件。（周昕：《耒耜經校註》）

耕織圖詩無卷數（浙江巡撫採進本）

宋樓璹撰。璹，鄞縣人，鑰之伯父也。《文獻通考》載是書，引陳氏之言曰：“於潛令鄞樓璹玉撰。”今檢《永樂大典》所載陳振孫《書錄解題》，乃作“於潛令鄞樓璹壽玉撰”。是壽玉乃璹之字，刊《通考》者誤落一“壽”字也。此本後有嘉定庚午璹孫洪跋。又有作霖跋，不著其姓，謂公孫洪跋語未載公名，引樓鑰後序及宋濂《題耕織圖後》，以證此書為璹所作。蓋作霖併未見《通考》耳。璹原書凡耕圖二十一，織圖二十四，各系以詩。今內府所藏畫本尚在，業經御題勒石。此本僅存詩三十五首，不載其圖，蓋非原本矣。

經世民事錄十二卷（浙江范懋柱家天一閣藏本）

明桂萼編。萼有《桂文襄奏議》，已著錄。是書乃萼為武康知縣時，按明《大統曆》所載逐月節氣，各註事宜，刊布曉諭。故每卷之首皆稱“湖州府武康縣據本縣陰陽呈，某時為某節，當奉時令施行"云云。後嘉靖七年蔣瑜知鄱陽縣，蕚以是本授之，瑜遂重刊以行。其中每月冠以《月令》全文一段，與民事無關。且"居青陽左个"云云，與明制亦絕不相合也。

野菜譜一卷（兩江總督採進本）

舊本題高郵王磐鴻漸撰。磐，明正德、嘉靖間人，嘗誦《詠老人燈》詩以譏李東陽者，非元之王磐也。前有存白山人序，不著年月姓名。辨其私印，微似"李宮"二字，不知為何許人。所記野菜凡六十種，題下有註，註後繫以詩歌，又各繪圖於其下。其詩歌多寓規戒，似謠似諺，頗古質可誦。然所收錄，不及鮑山書之賅博也。

農說一卷（浙江鮑士恭家藏本）

明馬一龍撰。一龍字負圖，溧陽人。嘉靖丁未進士，官至國子監司業。自序謂："農不知道，知道者又不明農，故天下不務此業而他圖賈人之利①。閭閻之間力倍而功不半，十室九空，知道者之所深憂。因就田廬作《農說》一章。"逐條自為之註，文頗簡略。

【彙訂】

① "人"，殿本作"入"，誤。

別本農政全書四十六卷（山東巡撫採進本）

明徐光啟撰，陳子龍刪補。子龍有《詩問略》，已著錄。初光啟作《農政全書》，凡六十卷。光啟沒後，子龍得本於其孫爾爵，與張國維、方岳貢共刊之。既而病其稍冗，乃重定此本。子龍所作凡例有曰："文定所集，雜採衆家，兼出獨見，有得即書，非有條貫。故有略而未詳者，有重複而未及刪定者，中丞公屬子龍以潤飾之[①]。以友人謝廷正、張密皆博雅多識[②],使任旁搜覆校之役,而子龍總其大端。大約刪者十之三,增者十之二。其評點俱仍舊觀,恐有深意,不敢臆易"云云。所謂"文定"者,光啟之諡。所謂"中丞公"者,即國維也。今原書有刊版,而此本乃出傳鈔,併其評點失之。核其體例,較原書頗為清整。然農圃之事,本為瑣屑,不必遽厭其詳。而所資在於實用,亦不必以考核典故為優劣。故今仍錄原書,而此本則附存其目焉[③]。

【彙訂】

①"之",殿本無。

②"以",底本脫,據殿本補。

③ 今存四十六卷《農政全書》抄本除截去最後所錄《救荒本草》與《野菜譜》十四卷外,與陳子龍平露堂刊六十卷本並無差異。平露堂本陳子龍凡例與評點俱在,可知六十卷本即所謂刪補之本。此條所引凡例即六十卷本之凡例,而"謝廷禎"誤作"謝廷正"。《四庫採進書目》中"山東巡撫進呈書目"未著錄四十六卷本《農政全書》。(胡道靜:《徐光啟農學著述及〈農政全書〉》;黃淑美:《對〈四庫全書總目〉中幾種古農書的辨證》)

沈氏農書一卷(編修程晉芳家藏本)

案此編為桐鄉張履祥所刊,稱"漣川沈氏撰"。不知沈氏為誰也。其書成於崇禎末。履祥以其有益於農事,因重為校定。具列藝穀、栽桑、育蠶、畜牧諸法,而首載《月令》以辨趨事赴功之宜[①]。沈氏為湖州人,故所述皆吳中土宜,與陳旉、王禎諸本互有出入。近時朱坤已刻入《楊園全書》中,而曹溶《學海類編》亦備載之云。

【彙訂】

① "載"，底本作"以"，據殿本改。

梭山農譜三卷（江西巡撫採進本）

國朝劉應棠撰。應棠字又許，奉新人。梭山其所居地也。其書分耕、耘、穫三卷，詳其器與其事，而每條綴一贊詞①。每卷又各有小序，詞多借題抒憤，不盡切於農事也。

【彙訂】

① "一"，殿本作"以"。

豳風廣義三卷（江西巡撫採進本）

國朝楊屾撰。屾字雙山，西安人。其書述樹桑、養蠶、織紝之法。備繪諸圖，詳說其制，而雞豚畜字之法亦附見焉。考蠶月條桑，《豳風》所述，則其地非不可蠶桑。而近代其法久廢，故貧民恒以無衣為虞。屾之所述，蓋秦民之切務。近時頗解織紝，故所作之帛，世稱秦紗，俗曰繭子。四方往往有之，或亦講求之力歟？

右農家類九部，六十八卷，內一部無卷數。皆附存目。

子 部 十 三

醫 家 類 一

儒之門户分於宋，醫之門户分於金、元。觀元好問《傷寒會要序》，知河間之學與易水之學爭；觀戴良作《朱震亨傳》，知丹溪之學與宣和局方之學爭也①。然儒有定理，而醫無定法。病情萬變，難守一宗。故今所敘錄，兼衆説焉。明制，定醫院十三科，頗為繁碎。而諸家所著，往往以一書兼數科，分隸為難。今通以時代為次。《漢志》醫經、經方二家後有房中、神仙二家，後人誤讀為一，故服餌導引，歧塗頗雜，今悉删除。《周禮》有獸醫，《隋志》載《治馬經》等九家，雜列醫書間。今從其例，附錄此門，而退置於末簡，貴人賤物之義也。《太素脈法》不關治療，今别收入術數家，兹不著錄。

【彙訂】

① 元好問《傷寒會要》序不過敘李杲為張元素高足弟子並傳其業，戴良《丹溪翁傳》亦僅言朱震亨求學醫時，正盛行陳師文、裴宗元所定大觀二百九十七方（乃大觀局方，非宣和局方），翁窮晝夜是習。既而悟曰"掺古方以治今病，其勢不能以盡合"而已。何嘗涉及門户之爭？（李致忠：《三目類序釋評》）

黄帝素問二十四卷(内府藏本)^①

唐王冰註。《漢書·藝文志》載《黄帝内經》十八篇,無《素問》之名。後漢張機《傷寒論》引之,始稱《素問》。晉皇甫謐《甲乙經序》稱《鍼經》九卷、《素問》九卷,皆為《内經》,與《漢志》十八篇之數合,則《素問》之名起於漢、晉閒矣。故《隋書·經籍志》始著錄也^②。然《隋志》所載祇八卷,全元起所註已闕其第七。冰為寶應中人,乃自謂:"得舊藏之本,補足此卷。"宋林億等校正,謂《天元紀大論》以下,卷帙獨多,與《素問》餘篇絕不相通。疑即張機《傷寒論序》所稱《陰陽大論》之文,冰取以補所亡之卷,理或然也。其《刺法論》、《本病論》則冰本亦闕,不能復補矣。冰本頗更其篇次,然每篇之下必註全元起本第幾字,猶可考見其舊第。所註排抉隱奧,多所發明。其稱:"大熱而甚寒之不寒,是無水也;大寒而甚熱之不熱,是無火也。無火者不必去水,宜益火之源以消陰翳;無水者不必去火,宜壯水之主以鎮陽光。"遂開明代薛已諸人探本命門之一法,其亦深於醫理者矣。冰名見《新唐書·宰相世系表》,稱為京兆府參軍。林億等引《人物志》,謂冰為太僕令。未知孰是。然醫家皆稱"王太僕",習讀億書也^③。其名晁公武《讀書志》作王砅,《杜甫集》有《贈重表姪王砅》詩,亦復相合。然唐、宋志皆作"冰",而世傳宋槧本亦作"冰"字,或公武因杜詩而誤歟?

【彙訂】

① 文淵閣《四庫》本尚附《釋文》。(沈治宏:《中國叢書綜錄訂誤》)

②《黄帝内經》十八卷,乃《素問》九卷、《鍼經》九卷,其名必出於張仲景之前。(余嘉錫:《四庫提要辨證》)

③《新唐書·宰相世系表》所載王冰乃唐文宗朝丞相王播之子。《文苑英華》卷八八八、《唐文粹》卷五六均有《故丞相尚書左僕射贈太尉王公神道碑》,乃李宗閔太和五年所作。末云其次子名冰。此書冰自序末題寶應元年。由太和五年(831)上溯寶應元年(762),已六十九年。蓋偶同姓名,必非一人。(同上)

靈樞經十二卷(大理寺卿陸錫熊家藏本)

案晁公武《讀書志》曰:"王冰謂《靈樞》即《漢志·黃帝內經》十八卷之九。或謂好事者於皇甫謐所集《內經·倉公論》中鈔出之,名為古書,未知孰是。"又李濂《醫史》載元呂復《羣經古方論》曰:"《內經》、《靈樞》,漢、隋、唐志皆不錄,隋有《鍼經》九卷,唐有靈寶註、《黃帝九靈經》十二卷而已①。或謂王冰以《九靈》更名為《靈樞》,又謂《九靈》尤詳於鍼,故皇甫謐名之為《鍼經》。苟一經而二名,不應《唐志》別出《鍼經》十二卷。"是《靈樞》不及《素問》之古,宋、元人已言之矣。近時杭世駿《道古堂集》亦有《靈樞經跋》,曰:"《七略》、《漢藝文志》'《黃帝內經》十八篇',皇甫謐以《鍼經》九卷、《素問》九卷合十八篇當之。《隋書·經籍志》'《鍼經》九卷,《黃帝九靈》十二卷',是《九靈》自《九靈》,《鍼經》自《鍼經》,不可合而為一也。王冰以《九靈》名《靈樞》,不知其何所本。余觀其文義淺短,與《素問》之言不類,又似竊取《素問》而鋪張之。其為王冰所偽託可知,後人莫有傳其書者。至宋紹興中,錦官史崧乃云:'家藏舊本《靈樞》九卷,除已具狀經所屬申明外,准使府指揮依條申轉運司選官詳定,具書送祕書省國子監②。'是此書至宋中世而始出,未經高保衡、林億等校定也。其中《十二經水》一篇,黃帝時無此名,冰特據身所見而妄臆度之。"云云。

其考證尤為明晰③。然李杲精究醫理,而使羅天益作《類經》,兼採《素問》、《靈樞》。吕復亦稱善學者,當與《素問》並觀其旨義,互相發明。蓋其書雖偽,而其言則綴合古經,具有源本。譬之梅賾《古文》,雜採逸書,聯成篇目,雖牴牾罅漏,贗託顯然,而先王遺訓,多賴其蒐輯以有傳,不可廢也。此本前有紹興乙亥史崧序,稱:"舊本九卷八十一篇,增修音釋附於卷末。"又目錄首題"鼇峯熊宗立點校重刊",末題"原二十四卷,今併為十二卷"。是此本為熊氏重刊所併。吕復稱"史崧併是書為十二卷,以復其舊",殆誤以熊本為史本歟?

【彙訂】

① 殿本"靈寶注"下有"及"字。又,明刻本李濂《醫史》未載"吕復《罨經古方論》"云云,乃見於清孫承澤《春明夢餘錄》卷五七。

② "具",殿本作"其",誤,參史崧《靈樞經原序》及杭世駿《道古堂文集》卷二七《靈樞經跋》原文。

③ 《靈樞》即《鍼經》,見於《漢書‧藝文志》、皇甫謐《甲乙經序》、《中興書目》,並非後出,不得詆為偽撰。靈寶注以鍼有九名,改為《九靈》,又以十二經絡各為十二卷。王冰又因《九靈》之名而改為《靈樞》,實一書也。《甲乙經》林億等序所列宋仁宗時奉詔校正醫書八種,其中即有《靈樞》,則非林億所未校,特未通行耳。《隋書‧經籍志》亦未著錄《黃帝九靈》一書。(陸心源:《儀顧堂題跋》;余嘉錫:《四庫提要辨證》)

難經本義二卷(兩淮鹽政採進本)①

周秦越人撰,元滑壽註。越人即扁鵲,事蹟具《史記》本傳。

壽字伯仁，《明史・方技傳》稱為許州人，寄居鄞縣。案朱右《攖寧生傳》曰：“世為許州襄城大家，元初，祖父官江南，自許徙儀真，而壽生焉。”又曰：“在淮南曰滑壽，在吳曰伯仁氏，在鄞越曰攖寧生。”然則許乃祖貫，鄞乃寄居，實則儀真人也。壽卒於明洪武中，故《明史》列之《方技傳》。然戴良《九靈山房集》有《懷滑攖寧》詩曰：“海日蒼涼兩鬢絲，異鄉飄泊已多時。欲為散木居官道[②]，故託長桑說上池。蜀客著書人豈識，韓公賣藥世偏知。道塗同是傷心者，只合相從賦黍離。”則壽亦抱節之遺老，託於醫以自晦者也[③]。是書首有張翥序，稱：“壽家去東垣近，早傳李杲之學。”《攖寧生傳》則稱：“學醫於京口王居中，學鍼法於東平高洞陽。”考李杲足迹未至江南，與壽時代亦不相及。翥所云云，殆因許近東垣[④]，附會其説歟？《難經》八十一篇，《漢藝文志》不載。隋、唐《志》始載“《難經》二卷，秦越人著”。吳太醫令呂廣嘗註之，則其文當出三國前。廣書今不傳，未審即此本否？然唐張守節註《史記・扁鵲列傳》所引《難經》，悉與今合，則今書猶古本矣[⑤]。其曰《難經》者，謂經文有疑，各設問難以明之。其中有此稱“經云”而《素問》、《靈樞》無之者，則今本《內經》傳寫脱簡也。其文辨析精微，詞致簡遠，讀者不能遽曉，故歷代醫家多有註釋。壽所採摭凡十一家，今惟壽書傳於世。其書首列《彙考》一篇，論書之名義源流。次列《闕誤總類》一篇，記脱文誤字。又次《圖説》一篇。皆不入卷數。其註則融會諸家之説而以己意折衷之，辨論精核，考證亦極詳審。《攖寧生傳》稱：“《難經》本《靈樞》、《素問》之旨，設難釋義，其間榮衛部位，臟府脈法，與夫經絡腧穴，辨之博矣，而闕誤或多。愚將本其旨義，註而讀之。”即此本也。壽本儒者，能通解古書文義，故其所註視他家所得為多云。

【彙訂】

① 文淵閣《四庫》本尚有《附錄》三卷。（沈治宏：《中國叢書綜錄訂誤》）

② "居"，底本作"留"，據明正統戴統刻本《九靈山房集》卷二十五《懷滑攖寧》詩原文及殿本改。

③ "自晦者"，殿本作"自逃"。

④ "東垣"，殿本作"東明"，誤。

⑤《史記·倉公傳》記陽慶授淳于意黃帝、扁鵲脈書上、下經，《史記正義》於"五色診病"句下所引《八十一難》乃《難經》之第十三難，可證所謂"黃帝、扁鵲脈書"應即指《難經》言之，非始於張仲景矣。（余嘉錫：《四庫提要辨證》）

甲乙經八卷（兩淮鹽政採進本）①

晉皇甫謐撰。謐有《高士傳》，已著錄。是編皆論鍼灸之道。《隋書·經籍志》稱"《黃帝甲乙經》十卷"，註曰："音一卷。梁十二卷，不著撰人姓名。"考此書首有謐自序，稱："《七略》、《藝文志》，'《黃帝內經》十八卷'，今有《鍼經》九卷，《素問》九卷，二九十八卷，即《內經》也。又有《明堂孔穴鍼灸治要》，皆黃帝、岐伯選事也。三部同歸，文多重複，錯互非一。甘露中，吾病風，加苦聾，百日方治。案，此四字文義未明，疑有脫誤②，今仍舊本錄之，謹附識於此。要皆淺近，乃撰集三部，使事類相從，刪其浮詞，除其重複，至為十二卷。案，"至"字文義未明，亦疑有誤。"云云。是此書乃裒合舊文而成，故《隋志》冠以黃帝。然刪除謐名，似乎黃帝所自作，則於文為謬。《舊唐書·經籍志》稱"《黃帝三部鍼經》十三卷"，始著謐名，然較梁本多一卷，其併音一卷計之歟？《新唐書·藝文志》既有《黄帝甲乙經》十二卷,又有皇甫謐《黄帝三部鍼經》十三卷,兼襲二《志》之文,則更舛誤矣。書凡一百一十八篇,内《十二經脈絡脈支別篇》、《疾形脈診篇》、《鍼灸禁忌篇》、《五臟傳病發寒熱篇》、《陰受病發痹篇》、《陽受病發風篇》各分上、下③,《經脈篇》、《六經受病發傷寒熱病篇》各分上、中、下,實一百二十八篇。句中夾註,多引楊上達《太素經》④、孫思邈《千金方》、王冰《素問註》、王惟德《銅人圖》,參考異同。其書皆在謐後,蓋宋高保衡、孫奇、林億等校正所加,非謐之舊也。考《隋志》有《明堂孔穴》五卷,《明堂孔穴圖》三卷,又《明堂孔穴圖》三卷。《唐志》有《黄帝内經明堂》十三卷,《黄帝十二經脈明堂五臟圖》一卷,《黄帝十二經明堂偃側人圖》十二卷,《黄帝明堂》三卷,又楊上善《黄帝内經明堂類成》十三卷,楊元〔玄〕孫《黄帝明堂》三卷。今並亡佚,惟賴是書存其精要。且節解章分,具有條理,亦尋省較易⑤。至今與《内經》並行,不可偏廢,蓋有由矣。

【彙訂】

①　文淵閣《四庫》本為十二卷,書前提要不誤。(修世平、張蘭俊:《四庫全書總目》訂誤十六則)

②　"百日方治"蓋謂治之百日方愈,似無脱誤。(胡玉縉:《四庫全書總目提要補正》)

③　"陽受病發風篇",殿本作"陽受病發痹篇",誤,參此書卷十。

④　《宋史》卷二百七《藝文六》著録:"《黄帝太素經》三卷,楊上善注。"

⑤　"亦尋省較易",殿本作"亦便於尋省較端緒易尋"。

金匱要略論註二十四卷（通行本）

漢張機撰，國朝徐彬註。機字仲景，南陽人。嘗舉孝廉，建安中官至長沙太守。是書亦名《金匱玉函經》，乃晉高平王叔和所編次。陳振孫《書錄解題》曰："此書乃王洙於館閣蠹簡中得之，曰《金匱玉函要略》。上卷論傷寒，中論雜病，下載其方，併療婦人。乃錄而傳之。今書以逐方次於證候之下，以便檢用。其所論傷寒，文多簡略，故但取雜病以下止服食禁忌二十五篇，二百六十二方，而仍其舊名。"云云。則此書叔和所編，本為三卷。洙鈔存其後二卷，後又以方一卷散附於二十五篇内，蓋已非叔和之舊①。然自宋以來，醫家奉為典型，與《素問》、《難經》竝重。得其一知半解，皆可以起死回生，則亦岐、黃之正傳，和、扁之嫡嗣矣。機所作《傷寒卒病論》，自金成無己之後，註家各自爭名，互相竄改，如宋儒之談錯簡。原書端緒，久已瞀亂難尋，獨此編僅僅散附諸方，尚未失其初旨，尤可寶也。漢代遺書，文句簡奧，而古來無註，醫家猝不易讀。彬註成於康熙辛亥，註釋尚為顯明，今錄存之，以便講肄。彬字忠可，嘉興人。江西喻昌之弟子，故所學頗有師承云。

【彙訂】

① 王叔和所編次者，為《張仲景藥方》十五卷，又《傷寒論》十卷，本無金匱玉函之名。（余嘉錫：《四庫提要辨證》）

傷寒論註十卷附傷寒明理論三卷論方一卷（内府藏本）

《傷寒論》十卷，漢張機撰，晉王叔和編，金成無己註。《明理論》三卷，《論方》一卷，則無己所自撰，以發明機說者也。叔和，高平人，官太醫令。無己，聊攝人，生於宋嘉祐、治平間。後聊攝

地入於金，遂為金人。至海陵王正隆丙子，年九十餘尚存。見開
禧元年歷陽張孝忠跋中①。明吳勉學刻此書，題曰宋人，誤也。
《傷寒論》前有宋高保衡、孫奇、林億等校上序，稱：“開寶中，節度
使高繼沖曾編錄進上，其文理舛錯，未能考正。國家詔儒臣校正
醫書，今先校定仲景《傷寒論》十卷②，總二十二篇，合三百九十
七法，除重複，定有一百一十三方，案，“一十三”，原本誤作“一十二”，今
改正。今請頒行。”又稱：“自仲景於今八百餘年，惟王叔和能學
之。”云云。而明方有執作《傷寒論條辨》，則詆叔和所編與無己
所註多所改易竄亂，併以《序例》一篇為叔和偽託而刪之。國朝
喻昌作《尚論篇》，於叔和編次之舛，序例之謬，及無己所註，林億
等所校之失，攻擊尤詳。皆重為考定，自謂“復長沙之舊本”。其
書盛行於世，而王氏、成氏之書遂微。然叔和為一代名醫，又去
古未遠，其學當有所受。無己於斯一帙，研究終身，亦必深有所
得，似未可概從屏斥，盡以為非。夫朱子改《大學》為一經十傳，
分《中庸》為三十三章，於學者不為無裨。必以謂孔門之舊本如
是，則終無確證可憑也。今《大學》、《中庸》列朱子之本於學官，
亦列鄭元之本於學官，原不偏廢，又烏可以後人重定此書，遂廢
王氏、成氏之本乎？無己所作《明理論》凡五十篇③，又《論方》二
十篇，於君臣佐使之義，闡發尤明。嚴器之序稱：“無己撰述傷寒
義，皆前人未經道者。指在定體分形析證，若同而異者明之，似
是而非者辨之，釋戰慄有內外之診，論煩躁有陰陽之別。讝語鄭
聲，令虛實之灼知；四逆與厥，使淺深之類明。”云云。其推挹甚
至。張孝忠跋亦稱無己此二集自北而南，“先以紹興庚戌得《傷
寒論註》十卷於醫士王光廷家④，後守荊門，又於襄陽訪得《明理
論》四卷，因為刊版於郴山”。則在當時固已深重其書矣。

【彙訂】

① 大定十二年(1172)王鼎《註解傷寒論》後序云:"後為權貴挈居臨潢,時已九十餘歲矣。僕囊緣訪尋舍弟親到臨潢……百有餘日,目擊公治病……既歸又十七年,一鄉人自臨潢放還,首遺此書……今則年逾從心……遂於辛卯(1171)冬出謁故人,以干所費。"王鼎之友魏公衡序云:"此書……自致於退翁先生(王鼎)……俯仰逾紀……年逾從心……遂斷意為之……功克始究。"可知刻成時間為 1172 年,而得書應在一紀十二年前,得書以前十七年見到成無己時應在 1143 年,此時成無己九十餘歲,則約生於皇祐三年(1051),非嘉祐、治平間。王鼎序云:"前宋國醫成公無己。"則成無己曾在開封為御醫,其入金必是 1127 年金兵佔領開封時被擄走。此書應成於被擄前。稱為宋人,亦不算錯。(李裕民:《四庫提要訂誤(續)》)

② "仲景",殿本作"張仲景"。

③ 金刻本《傷寒明理論》三卷《論方》一卷嚴器之序,"始於發熱終於勞復,凡五十篇",句中"勞復"二字及"五"字均剜改。目錄中第三卷一行及十四篇之目全係割裂補寫,《傷寒明理論》原刊應不止三卷五十篇。(張元濟:《寶禮堂宋本書錄》)

④ "紹興"年號無庚戌,據張孝忠開禧元年《傷寒論方跋》,乃"紹熙"之誤。

肘後備急方八卷(浙江范懋柱家天一閣藏本)

晉葛洪撰。洪字稚川,句容人。元帝為丞相時,辟為掾。以平賊功,賜爵關內侯,遷散騎常侍。自乞出為句漏令。後終於羅浮山,年八十一。事蹟具《晉書》本傳①。是書初名《肘後卒救

方》,梁陶宏景補其闕漏,得一百一首,為《肘後百一方》。金楊用
道又取唐慎微《證類本草諸方》附於“肘後隨證”之下,為《附廣肘
後方》。元世祖至元閒,有烏某者,得其本於平鄉郭氏,始刻而傳
之。段成己為之序,稱“葛、陶二君共成此編”,而不及楊用道。
此本為明嘉靖中襄陽知府呂容〔顒〕所刊②,始並列葛、陶、楊三
序於卷首。書中凡楊氏所增,皆別題“附方”二字,列之於後。而
葛、陶二家之方則不加分析,無可辨別③。案《隋書·經籍志》:
“葛洪《肘後方》六卷,梁二卷。陶宏景補闕《肘後百一方》九卷,
亡。”《宋史·藝文志》止有葛書而無陶書。是陶書在隋已亡,不
應元時復出④。又陶書原目九卷,而此本合楊用道所附祇有八
卷,篇帙多寡,亦不相合。疑此書本無《百一方》在內,特後人取
宏景原序冠之耳⑤。書凡分五十一類,有方無論,不用難得之
藥,簡要易明。雖頗經後來增損,而大旨精切,猶未盡失其本
意焉。

【彙訂】

　　① 葛洪卒年,《太平寰宇記》卷一六〇引袁宏《羅浮記》作
“六十一”。《太平御覽》卷三二八引《抱朴子·外篇》晉太康[安]
張昌反於荆州,宋道衝“召余為將兵都尉。余年二十一”,以太安
二年(303)年二十一計,當生於太康四年(283)。《晉書》本傳載
洪“以年老,欲練丹以祈遐壽,聞交阯出丹,求為句屚令……至廣
州,刺史鄧岳留不聽去,洪乃止羅浮山鍊丹……在山積年,優游
閒養,著述不輟……後忽與岳疏云:‘當遠行尋師,克期便發。’岳
得疏,狼狽往別。而洪坐至日中,兀然若睡而卒,岳至,遂不及
見。時年八十一。”據《成帝紀》、《鄧岳傳》,岳遷廣州刺史在咸和
五年(330)平郭默後。又據《庾翼傳》,咸康六年(340),庾亮卒,

翼代,竭其志能,數年之中,公私充實。"時東土多賦役,百姓乃從海道人廣州,刺史鄧岳大開鼓鑄,諸夷因此知造兵器",翼表陳以為不可。約略計之,康帝時(343、344)鄧岳尚在廣州,前後已歷十餘年。《鄧岳傳》又載岳卒後,弟逸繼為廣州刺史、假節。然《庾冰傳》記冰子希、蘊等並顯貴,太[隆]和中,蘊為廣州刺史並假節。《哀帝紀》作隆和元年(362)。若葛洪卒年八十一,當在興寧元年(363),不僅鄧岳早已亡故,鄧逸亦已離任或亡故,葛洪此時焉得致書於鄧岳? 當從六十一歲之説。(曹道衡、沈玉成:《葛洪卒年、卒歲》)

②"吕容",當作"吕顒",乃避嘉慶諱改。殿本作"吕顒"。

③ 書中有"葛嘗言"、"葛云"、"葛氏方"等,皆明出於陶氏之手,則非"葛、陶二家之方無可辨别"。(余嘉錫:《四庫提要辨證》)

④《舊唐書·經籍志》、《新唐書·藝文志》皆葛、陶二書並列,是陶書未嘗終亡也。《直齋書錄解題》卷十三亦著錄葛、陶二書,是陶書南宋時具存,何嘗至元始復出乎? 且《宋史·藝文志》云:"葛洪《肘後備急百一方》三卷。"是即已經陶弘景增補之本。(同上)

⑤ 今本作八卷,卷六《治面皰髮秃身臭心惛鄙醜方》第五十二云:"《孔子大聖智枕方》,已出,在第九卷。"是今本原用九卷之本,特佚其一卷,然其中有明題《隱居效驗方》者,不得謂本無《百一方》在内也。(同上)

褚氏遺書一卷(浙江范懋柱家天一閣藏本)

舊本題南齊褚澄撰。澄字彦適,陽翟人,褚淵弟也。尚宋文帝女廬江公主,拜駙馬都尉。入齊為吳郡太守,官至左民尚書。事蹟具《南齊書》本傳①。是書分受形、本氣、平脈、津潤、分體、精血、除疾、審微、辨書、問子十篇,大旨發揮人身氣血陰陽之奧。《宋史》始著於錄。前有後唐清泰二年蕭淵序,云:"黃巢時羣盜發冢,得石刻,棄之。先人偶見載歸,後遺命即以褚石為槨。"又有釋義堪序,云:"石刻得之蕭氏冢中,凡十有九片,其一即蕭淵序也。"又有嘉泰元年丁介跋,稱:"此書初得蕭氏父子護其石而始全,繼得僧義堪筆之紙而始存,今得劉義先鋟之木而始傳。"云云。考周密《癸辛雜識》引其"非男非女之身"一條,則宋代已有此本。所謂刻於嘉泰中者,殆非虛語。其書於《靈樞》、《素問》之理頗有發明,李時珍、王肯堂俱採用之。其論"寡婦僧尼必有異乎妻妾之療",發前人所未發②。而論"吐血便血飲寒涼百不一生",尤千古之龜鑑。疑宋時精醫理者所著,而偽託澄以傳。然其言可採,雖贋本不可廢也。中頗論精血化生之理,所以辨病源,戒保嗇耳。高儒《百川書志》列之"房中類",則其誤甚矣。

【彙訂】

①《南齊書·褚淵傳》附《褚澄傳》載:"永明元年……遷侍中領右軍將軍,以勤謹見知。其年卒。"今本亦題齊侍中領右軍將軍追贈金紫光祿大夫褚澄編。可知"官至左民尚書"誤。(余嘉錫:《四庫提要辨證》)

②書中並無寡婦僧尼之語,後人所引疑出於褚澄《雜藥方》。(同上)

巢氏諸病源候論五十卷(浙江巡撫採進本)

隋大業中太醫博士巢元方等奉詔撰。考《隋書·經籍志》有

“《諸病源候論》五卷,《目》一卷,吳景賢撰”,《舊唐書‧經籍志》有“《諸病源候論》五十卷,吳景撰”,皆不言巢氏書。《宋史‧藝文志》有“巢元方《巢氏諸病源候論》五十卷”,又無吳氏書。惟《新唐書‧藝文志》二書並載,書名、卷數並同,不應如是之相複。疑當時本屬官書,元方與景一為監修,一為編撰,故或題景名,或題元方名,實止一書,《新唐書》偶然重出。觀晁公武《讀書志》稱“隋巢元方等撰”,足證舊本所列不止一名。然則《隋志》“吳景”作“吳景賢”,“賢”或“監”字之誤[①]。其作“五卷”,亦當脱一“十”字。如止五卷,不應目錄有一卷矣。此本為明汪濟川、方鑛所校,前有宋綬奉敕撰序。考《玉海》載“天聖四年十月十二日乙酉,命集賢校理晁宗慤、王舉正校定《黃帝内經》、《素問》、《難經》、《巢氏病源候論》。五年四月乙未,令國子監摹印頒行,詔學士宋綬撰《病源》序”,是其事也。書凡六十七門,一千七百二十論。陳振孫《書錄解題》稱:“王燾《外臺祕要》諸論,多本此書。”[②]今勘之,信然。又第六卷《解散病諸候》,為服寒食散者而作,惟六朝人有此證。第二十六卷《貓鬼病候》[③],見於《北史》及《太平廣記》者,亦惟周、齊時有之,皆非唐以後語,其為舊本無疑[①]。其書但論病源,不載方藥,蓋猶《素問》、《難經》之例。惟諸證之末多附導引法,亦不言法出誰氏。考《隋志》有《導引圖》三卷,註曰“立一、坐一、臥一”,或即以其說編入歟?《讀書志》稱宋朝舊制,用此書課試醫士。而太平興國中集《聖惠方》,每門之首亦必冠以此書。蓋其時去古未遠,漢以來經方脈論存者尚多。又裒集眾長,共相討論,故其言深密精邃,非後人之所能及。《内經》以下,自張機、王叔和、葛洪數家書外,此為最古。究其旨要,亦可云證治之津梁矣。王禕《青巖叢錄》嘗議其“惟知風、寒二

濕,而不著濕熱之説",以爲疏漏。然病機萬變,前人所未及言,
經後人闡明者甚多。未可以一節病是書也。

【彙訂】

①《隋書》卷六四《麥鐵杖傳》已載醫者吳景賢之名,則"賢"
非"監"字之誤。(楊守敬:《日本訪書志》)

②《直齋書録解題》卷十三《巢氏病源論》條原文作"《千金
方》諸論,多本此書"。(陳尚君、張金耀主撰:《四庫提要精讀》)

③《貓鬼候》條載於此書卷二十五。(同上)

④《隋書·外戚傳》敍獨孤陀畜貓鬼事甚詳,《北史》附見
《獨孤信傳》後,《太平廣記》卷三六一據《北史》載入。其事在隋
文帝即位以後,不在周、齊之時。唐王燾《外臺祕要》卷十七尚有
《更生散方》,卷三七有《餌寒食五石解散論》,是唐之中葉,寒食
散仍復盛行。同書卷二八有貓鬼方三首,《唐律疏議》卷十八《賊
盜律》有造畜蠱毒之罪,畜謂傳畜貓鬼之類。是則畜養貓鬼之俗,
至唐猶盛。《宋會要》第一百六十八册《刑法第四》云太平興國五
年二月四日,溫州言捕獲養貓鬼咒詛殺人賊鄧翁,則北宋初年猶
有此俗矣,不可謂唐以後無此病也。(余嘉錫:《四庫提要辨證》)

千金要方九十三卷(兩淮馬裕家藏本)

唐孫思邈撰。思邈,華原人。《唐書·隱逸傳》稱其少時,周
洛州刺史獨孤信稱爲聖童①。"及長,隱居太白山。隋文帝輔
政,以國子博士徵,不起"。則思邈生於周朝,入隋已長。然盧照
鄰《病梨樹賦》序稱癸酉歲於長安見思邈,"自云開皇辛酉歲生,
今年九十二"。則思邈生於隋朝。照鄰乃思邈之弟子,記其師言
必不妄。惟以《隋書》考之,開皇紀號凡二十年,止於庚申,次年

辛酉已改元仁壽，與史殊不相符。又由唐高宗咸亨四年癸酉上推九十二年，為開皇二年壬寅，實非辛酉，干支亦不相應。然自癸酉上推九十三年，正得開皇元年辛丑。蓋《照鄰集》傳寫譌異，以"辛丑"為"辛酉"，以"九十三"為"九十二"也。史又稱思邈卒於永淳元年，年百餘歲，自是年上推至開皇辛丑，正一百二年，數亦相合。則"生於後周，隱居不仕"之説，為史誤審矣[②]。思邈嘗謂："人命至重，貴於千金。一方濟之，德踰於此。"故所著方書以"千金"名。凡診治之訣、鍼灸之法，以至導引養生之術，無不周悉。猶慮有闕道，更撰《翼方》輔之。考晁、陳諸家著錄，載《千金方》、《千金翼方》各三十卷。錢曾《讀書敏求記》所載卷數亦同。又謂："宋仁宗命高保衡、林億等校正刊行，後列《禁經》二卷。合二書計之，止六十二卷。"此本增多三十一卷，疑後人併為一書，而離析其卷帙[③]。葉夢得《避暑錄話》稱："思邈作《千金前方》時已百餘歲，妙盡古今方書之要。獨傷寒未之盡，似未盡通仲景之言，故不敢深論。後三十年，_{案，"百餘歲"及"後三十年"之説皆因仍舊誤，今姑仍原本錄之。}作《千金翼》，論傷寒者居半，蓋始得之。其用志精審不苟如此。"云云。則二書本相因而作，亦相濟為用，合之亦未害宏旨也。《太平廣記》載思邈曾救昆明池龍，得龍宮仙方三十首，散入《千金方》各卷之中。蓋小説家附會之談，固無足深辨焉。

【彙訂】

①《新唐書·隱逸傳》、《舊唐書·方伎傳》皆作洛州總管獨孤信，"洛州刺史"誤。（余嘉錫：《四庫提要辨證》）

②《舊唐書》孫思邈本傳載盧照鄰《病梨樹賦》序原文："癸酉之歲，余卧疾長安光德壇之官舍……時有孫思邈處士居

之……自云開皇辛酉歲生,至今年九十三矣(對照《幽憂子集》原賦應為九十二)。詢之鄉里,咸云數百歲之人。話周、齊間事,歷歷如眼見,以此參之,不啻百歲人矣。"則照鄰並未相信孫思邈本人所説的九十二歲。本傳又載:"及太宗即位,召詣京師,嗟其容色甚少,謂曰:'故知有道者誠可尊重,羨門、廣成,豈虚言哉?'將授以爵位,固辭不受……初,魏徵等受詔修齊、梁、陳、周、隋五代史,恐有遺漏,屢訪之,思邈口以傳授,有如目睹。"《新唐書》本傳:"太宗初,召詣京師,年已老,而聽視聰瞭,帝歎曰:'有道者!'欲官之,不受。"同書《隱逸傳》所述略同。若思邈生於開皇元年(581),至唐太宗即位(627),僅四十餘歲,何能言老? 豈有姚思廉(557—637)、李百藥(565—648)等向後生求訪史迹,且其人能"口以傳授,有如目睹"之理? (吉文輝:《應當重新確認孫思邈的出生年份》)

③ 此書原三十卷,其析為九十三卷者,乃《道藏》中所輯,耀州喬世定錄出刊之。晁公武《郡齋讀書志》、陳振孫《直齋書錄解題》皆言《禁經》即在《千金翼方》之中,《讀書敏求記》所著錄者仍是三十卷之本,未嘗別此二卷於《千金翼方》之外。(丹波元胤:《中國醫籍考》;余嘉錫:《四庫提要辨證》)

銀海精微二卷(内府藏本)

舊本題唐孫思邈撰。唐、宋《藝文志》皆不著錄,思邈本傳亦不言有是書。其曰"銀海"者,蓋取目為銀海之義。考蘇軾雪詩有"凍合玉樓寒起粟,光搖銀海眩生花"句。《瀛奎律髓》引王安石之説,謂:"道書以肩為玉樓,目為銀海。"銀海為目,僅見於此。然迄今無人能舉安石所引出何道書者,則安石以前絶無此説,其為宋以後書明矣[1]。前有齊一經序，稱："管河北道時，得於同僚李氏。"亦不著時代年月，莫知何許人也。其辨析諸證，頗為明晰。其法補瀉兼施，寒溫互用，亦無偏主一格之弊。方技之家，率多依託。但求其術之可用，無庸核其書之必真。《本草》稱神農，《素問》言黃帝，固不能一一確也。此書療目之方，較為可取，則亦就書論書而已。

【彙訂】

① 此書不惟不見於唐、宋《藝文志》，亦絕不見於明以前藏書家目錄。《千頃堂書目》卷十四"醫家類"有《銀海精微》二卷，在明代不知撰人之內，則此書乃明人所作，本不題撰人，亦未嘗依托古書。（余嘉錫：《四庫提要辨證》）

外臺祕要四十卷（通行本）

唐王燾撰。燾，郿人，王珪孫也。《唐書》附見珪傳，稱其性至孝。為徐州司馬，母有疾，彌年不廢帶，視絮湯劑。<small>案，"視絮"二字未詳。然《玉海》所引亦同，是宋本已然，姑仍其舊。</small>數從高醫游，遂窮其術。因以所學作《外臺祕要》，討繹精明，世寶焉。歷給事中、鄴郡太守。《藝文志》載《外臺祕要》四十卷，又《外臺要略》十卷。今《要略》久佚，惟《祕要》尚傳。此本為宋治平四年孫兆等所校，明程衍道所重刻。前有天寶十一載燾自序，又有皇祐二年內降劄子及兆校上序，其卷首乃題林億等名。考《書錄解題》引《宋會要》，稱："嘉祐二年置校正醫書局於編修院，以直集賢院掌禹錫、林億，校理張洞，校勘蘇頌等並為校正，後又命孫奇、高保衡、孫兆同校正。每一書畢，即奏上，億等皆為之序。"則卷首題林億名，乃統以一局之長，故有"等"字也。燾居館閣二十餘年，多見宏文館圖籍方書。其作是編，則成於守鄴時。其結銜稱"持節鄴郡諸軍事兼守刺史"，故曰外臺。案，《猗覺寮雜記》曰："外臺見《唐·高元裕傳》：'故事，三司監院官帶御史者，號外臺。'"①《書錄解題》作《外臺祕要方》，自序亦同。《唐書》及孫兆序中皆無"方"字，蓋相沿省其文耳②。書分一千一百四門，皆先論而後方。其論多以《巢氏病源》為主，每條下必詳註原書在某卷。世傳引書註卷第，有李涪《刊誤》及程大昌《演繁露》，而不知例創於燾，可以見其詳確③。其方多古來專門祕授之遺。陳振孫在南宋末，已稱所引"小品、深師、崔氏、許仁則、張文仲之類，今無傳者，猶閒見於此書"。今去振孫四五百年，古書益多散佚，惟賴燾此編以存，彌可寶貴矣。其中閒及禁術，蓋《千金翼方》已有此例。唐小説載賈耽以千年梳治蟲瘕為異聞，其方乃出於此書第十二卷中。宋小説載以念珠取誤吞漁鉤為奇技，其方乃在今八卷中。又唐制，臘日賜口脂面藥，今不知為何物，其方亦具在三十一卷中。皆足以資博物。三十七卷、三十八卷皆乳石論。《世説》載何晏稱："服五石散，令人神情開朗。"《玉臺新咏》有《姬人怨服散》詩④。蓋江左以來，用為服食之術，今無所用。又二十八卷載《貓鬼野道方》，與《巢氏病源》同。亦南北朝時鬼病，唐以後絕不復聞，然存之亦足資考訂也。衍道刻此書，頗有校正，惟不甚解唐以前語與後世多異。如"痢"門稱"療痢稍較"，衍道註曰："'較'字疑誤。"考唐人方言，以"稍"可為"校"，故薛能《黃蜀葵》詩有"記得玉人春病校"句，馮班校《才調集》辨之甚明。衍道知其有誤，而不知"較"為"校"誤，猶為未審。然大致多所訂定，故今亦並存焉。

【彙訂】

① 王燾自序結銜不帶御史，則謂出守於外即稱外臺者，未

確。《三國志・魏志・王肅傳》注薛夏曰蘭臺為外臺,祕閣為内閣云云。燾自序云:"兩拜東披,便係臺閣二十餘歲,久知弘文館圖籍方書等,由是睹奥升堂,皆探其祕要。"則取《魏志》蘭臺為外臺甚明。(楊守敬:《日本訪書志》)

②《新唐書・藝文志》、《郡齋讀書後志》、《直齋書錄解題》、今存南宋紹興刊本、文淵閣四庫本均作《外臺祕要方》。(董康:《書舶庸譚》)

③ 梁皇侃《論語疏》卷七引《春秋傳》七處,皆記卷數。卷十"雖有周親"節云《尚書》第六《泰誓》中文,則六朝已有此例。(汪遠孫:《借閑隨筆》)

④ 五石散其方以乳與石為主,然不可謂乳石即五石散也。此書第三十七卷自《薛侍郎服乳石體性論》以下凡十首,乃服鍾乳之法。自《周處溫錬白石英法》以下,乃服諸石之法。惟《餌寒食石諸雜石等解散論》并法四十九條,始兼及五石散耳。此後自《癰疽》、《發背》、《證候》等論,以至盡三十八卷,乃統治服五石後所發諸病,不專為五石散耳。《姬人怨服散》詩,乃陳江總所作,見《藝文類聚》卷三二及《文苑英華》卷三四六。《玉臺新咏》乃梁徐陵撰集,安得預錄江總之詩? 此係誤據明代俗本。(余嘉錫:《四庫提要辨證》)

顱顖經二卷(永樂大典本)

不著撰人名氏,世亦別無傳本,獨《永樂大典》内載有其書。考歷代史志,自《唐藝文志》以上皆無此名,至《宋藝文志》始有"師巫《顱顖經》"二卷"。今檢此書,前有序文一篇,稱:"王母金文,黃帝得之昇天。祕藏金匱,名曰《内經》,百姓莫可見之。後穆王賢士師巫於崆峒山得而釋之。"云云。其所謂"師巫"，與《宋志》相合，當即此本。疑是唐末宋初人所為[①]，以王冰《素問註》第七卷內有"師氏藏之"一語，遂託名師巫，以自神其説耳[②]。其名"顱顖"者，案，首骨曰顱，腦蓋曰顖。殆因小兒初生，顱顖未合，證治各別，故取以名其書。首論脈候至數之法，小兒與大人不同。次論受病之本與治療之術，皆極中肯綮，要言不煩。次論火丹證治，分別十五名目。皆他書所未嘗見[③]。其論雜證，亦多祕方，非後世俗醫所可及。蓋必別有師承，故能精晰如此。《宋史·方技傳》載："錢乙始以《顱顖經》著名，召至京師視長公主女疾[④]，授翰林醫學。"錢乙幼科冠絕一代，而其源實出於此書，亦可知其術之精矣。謹據《永樂大典》所載，裒而輯之，依《宋志》舊目釐為二卷，俾不至無傳於後焉。

【彙訂】

①　宋劉昉《幼幼新書》、明徐春甫《古今醫統大全》卷八八《幼幼彙集》、明盛端明《程齋醫抄撮要》卷二、《古今圖書集成》兒科等均有引述《顱顖經》的內容。《太平御覽》卷七二二引《張仲景方序》謂衛汎少師仲景，撰有《小兒顱顖方》三卷，《中國醫籍考》作《衛氏汎顱顖經》，可知至遲東漢末年間，已有名為《顱顖方》或《顱顖經》的著作行世。成書於隋大業六年的巢元方《諸病源候論》卷四五亦載："中古有巫方立《小兒顱顖經》。""唐末宋初人所為"並無實據。（余嘉錫：《四庫提要辨證》；高曉山：《〈顱顖經〉及其〈四庫全書提要〉》）

②　此書序文所謂黃帝祕藏金匱，師巫得而釋之者，明指《黃帝內經》。其後言師巫所釋《黃帝內經》雖能敘陰陽化生之妙，而自非賢者莫達其理，使世之庸醫於嬰兒之疾亂施攻療，致多枉

死,用為歎息。遂究古人之言,察致疾之端由,敘成《顱顖經》,乃自敘其著書之意。固未嘗自神其説,以此書為黄帝之所藏,師巫之所得也。師巫實即巫方之謂,《諸病源候論》所謂"巫方《顱顖經》"即此書。且《重廣補註黄帝内經素問》第七卷四篇王冰注中並無"師氏藏之"之語。而卷首王冰序云:"懼非其人,而時有所隱,故第七一卷,師氏藏之。今之奉行,惟八卷耳。"楊上善《黄帝内經太素》亦注明第七卷佚。則王冰本人未曾見過第七卷。(丹波元胤:《中國醫籍考》;余嘉錫:《四庫提要辨證》;高曉山:《〈顱顖經〉及其〈四庫全書提要〉》)

③《永樂大典醫藥集》中《顱顖經》火丹共三十五種,《幼幼新書》載三十條,《古今圖書集成》稱二十二種。隋《諸病源候論》卷三一、宋王懷隱《太平聖惠方》卷九一、趙佶《聖濟總錄》所載丹的數量並不少於《顱顖經》,有些治法也超過後者。(余嘉錫:《四庫提要辨證》;高曉山:《〈顱顖經〉及其〈四庫全書提要〉》)

④"召至京師視長公主女疾",殿本作"至京師視長公主女病"。《宋史》卷四六二《方技下》錢乙本傳原文作"乙始以《顱顖方》著名,至京師視長公主女疾"。《顱顖方》之名,既已甚古,凡以小兒科著書者,皆可名為《顱顖方》。錢乙所見之《顱顖方》,是否即今之《顱顖經》,正未可知。(余嘉錫:《四庫提要辨證》)

銅人鍼灸經七卷(浙江范懋柱家天一閣藏本)

不著撰人名氏。按晁公武《讀書後志》曰:"《銅人腧穴鍼灸圖》三卷,皇朝王惟德撰。仁宗嘗詔惟德考次鍼灸之法,鑄銅人為式,分臟腑十二經,旁註腧穴所會,刻題其名,併為圖法及主療之術,刻版傳於世。"王應麟《玉海》曰:"天聖五年十月壬辰,醫官院上所鑄腧穴銅人式二。詔一置醫官院，一置大相國寺仁濟殿。先是，上以鍼砭之法傳述不同，命尚藥奉御王惟一考明堂氣穴經絡之會，鑄銅人式。又纂集舊聞，訂正譌謬，為《銅人腧穴鍼灸圖經》三卷。至是上之，摹印頒行。"翰林學士夏竦序所言與晁氏略同，惟"王惟德"作"惟一"，人名小異耳。此本卷數不符，而大致與二家所言合。疑或天聖之舊本而後人析為七卷歟？周密《齊東野語》曰："嘗聞舅氏章叔恭云，昔倅襄州日，嘗獲試鍼銅人全像，以精銅為之，腑臟無一不具。其外腧穴則錯金書穴名於旁。凡背面二器相合，則渾然全身。蓋舊都用此以試醫者。其法外塗黃蠟，中實以水，俾醫工以分折寸，案穴試鍼。中穴則鍼入而水出，稍差則鍼不可入矣。亦奇巧之器也。後趙南仲歸之內府。叔恭嘗寫二圖，刻梓以傳焉。"今宋銅人及章氏圖皆不傳，惟此書存其梗概爾。

明堂灸經八卷（浙江范懋柱家天一閣藏本）

題曰西方子撰，不知何許人。與《銅人鍼灸經》俱刊於山西平陽府。其書專論灸法。《銅人》惟有正背左右人形，此則兼及側伏，較更詳密。考《唐志》有《黃帝十二經明堂偃側人圖》十二卷，兹或其遺法歟？其曰"明堂"者，錢曾《讀書敏求記》曰："昔黃帝問岐伯以人之經絡，盡書其言，藏於靈蘭之室。泊雷公請問，乃坐明堂授之。後世言明堂者以此。今醫家記鍼灸之穴，為偶人，點志其處，名明堂，非也。"今考《舊唐書·經籍志》，以"明堂經脈"別為一類，則曾之說信矣。古法多鍼灸並言，或惟言鍼以該灸，《靈樞》稱《鍼經》是也。自王燾《外臺祕要》始力言誤鍼之害，凡鍼法、鍼穴俱删不錄，惟立灸法為一門。此書言灸不言鍼，蓋猶燾志也。

博濟方五卷（永樂大典本）

宋王袞撰。袞，太原人。其仕履未詳，惟郎簡《原序》稱其嘗為錢塘酒官而已。此書諸家書目皆著錄，惟《宋史・藝文志》、陳振孫《書錄解題》俱作三卷，晁公武《讀書志》作五卷，稍有不同。蓋“三”、“五”字形相近，傳寫者有一譌也。公武又稱：“袞於慶曆間因官滑臺，暇日出家藏七十餘方，擇其善者為此書，名醫云其方用之無不效。如草還丹治大風，太乙丹治鬼胎，尤奇驗。”今案袞自序有云：“曩侍家君之任滑臺，道次得疾，遇醫之庸者，誤投湯劑①，疾竟不瘳。”據此，則官滑臺者乃袞之父，而公武即以為袞，殊為失考。袞又言：“博採禁方踰二十載，所得方論凡七千餘道，因於中擇其尤精要者，得五百餘首。”而公武乃云“家藏七十餘方”，則又傳寫之誤也。原書久無傳本，惟《永樂大典》內載有其文。袞輯編次，共得三百五十餘方。視袞序所稱五百首者，尚存十之七。謹分立三十五類，依次排比，從《讀書志》之目，釐為五卷。其中方藥多他書所未備，今雖不盡可施用，而當時實著有奇效，足為醫家觸類旁通之助。惟頗好奇異，往往雜以方術家言。如論服杏仁，則云：“彭祖、夏姬、商山四皓鍊杏仁為丹，王子晉服四十年而騰空，丁令威服二十年而身飛。”此類殊誕妄不足信。今故取服食諸法，編附卷末，以著其謬。俾讀者知所持擇焉。

【彙訂】

① “誤”，此書王袞自序及殿本作“妄”。

蘇沈良方八卷（永樂大典本）

宋沈括所集方書，而後人又以蘇軾之說附之者也。考《宋史・藝文志》有括《靈苑方》二十卷，《良方》十卷，而別出《蘇沈良方》十五卷。註云："沈括、蘇軾所著。"陳振孫《書錄解題》有《蘇沈良方》十卷,而無《沈存中良方》。尤袤《遂初堂書目》亦同。晁公武《讀書志》則二書並列,而於《沈存中良方》下云："或以蘇子瞻論醫藥雜說附之。"《蘇沈良方》下亦云："括集得效方成一書,後人附益以蘇軾醫學雜說。"蓋晁氏所載良方,即括之原本,其云或以蘇子瞻論醫藥雜說附之者,即指《蘇沈良方》。由其書初尚並行,故晁氏兩載。其後附蘇說者盛行,原本遂微,故尤氏、陳氏遂不載其原本。今《永樂大典》載有《蘇沈良方》原序一篇①,亦括一人所作,且自言"予所作《良方》"云云,無一字及軾。是亦後人增附之後,併其標題追改也。案明晁瑮《寶文堂書目》有《蘇沈二內翰良方》一部,是正、嘉以前,傳本未絕,其後不知何時散佚。今據《永樂大典》所載,掇拾編次,釐為八卷②。史稱括"於醫藥卜算無所不通,皆有所論著"。今所傳括《夢溪筆談》,末為《藥議》一卷,於形狀性味、真偽同異,辨別尤精。軾雜著時言醫理,於是事亦頗究心。蓋方藥之事,術家能習其技而不能知其所以然,儒者能明其理而又往往未經試驗。此書以經效之方而集於博通物理者之手,固宜非他方所能及矣③。

【彙訂】

① "篇",殿本作"卷",誤。

② 此書有明刊十卷足本,清乾隆吳郡程永樵尚重刻此十卷本。(胡道靜:《評〈元刻農桑輯要校釋〉》)

③ "能",殿本無。

壽親養老新書四卷(浙江汪啟淑家藏本)

第一卷為宋陳直撰,本名《養老奉親書》。第二卷以後則元大德中泰寧鄒鉉所續增①，與直書合為一編，更題今名。直於元豐時為泰州興化令。《文獻通考》載有直所著《奉親養老書》一卷，而此本則題曰《養老奉親書》，其文互異。然此本為至正中浙江刊本，猶據舊帙翻雕，不應標題有誤，蓋《通考》傳寫倒置也。鉉號冰壑，又號敬直老人。書中稱其曾祖曰南谷，叔祖曰樸菴。以《福建通志》考之，南谷為宋參知政事應龍，樸菴為宋江西提刑應博，皆有名於時②。據周應紫序③，稱為"總管鄒君"，又稱"其官中都時"，則鉉亦曾登仕版者。特《通志》不載其仕履④，不可詳考矣。直書自《飲食調治》至《簡妙老人備急方》，分為十五篇，二百三十三條，節宣之法甚備。明高濂作《尊生八箋》，其《四時調攝牋》所錄諸藥品，大抵本於是書。鉉所續者，前一卷為古今嘉言善行七十二事，後兩卷則凡寢興器服、饘粥飲膳、藥石之宜，更為賅具。而附以婦人小兒食治諸方，凡二百五十六條。其中如祝壽詩詞連篇載入，不免失於冗雜。又敍述閒適之趣，往往詞意纖仄，採掇瑣碎。明季清言小品，實亦濫觴於此。然徵引方藥，類多奇祕，於高年頤養之法不無小補，固為人子所宜究心也。

【彙訂】

①　"鄒鉉"，底本作"鄒鈜"，下同，據殿本改。

②　此書卷二載鄒應龍作壽伯母太夫人上官氏《木蘭花》詞與鄒應博壽母上官太夫人《感皇恩》詞，可知應博為鄒鉉之從曾叔祖。卷二有云："今舉曾叔祖樸菴《炎詹集》中玉軸六氣全文以明之。"（李裕民：《四庫提要訂誤》）

③　"周應紫"乃"黃應紫"之誤。（同上）

④　"仕履"，殿本作"行履"。

腳氣治法總要二卷（永樂大典本）

宋董汲撰。汲字及之，東平人，始末未詳。錢乙嘗序其《瘢疹論》，則其著書在元豐、元祐之閒。是書《書錄解題》作一卷[①]，《宋史·藝文志》亦同。久無傳本，今從《永樂大典》所載排纂成帙。以篇頁稍繁，分為二卷。上卷論十二篇，大旨謂腳氣必由於風濕，風濕兼有冷熱，皆原本腎虛。陰陽虛實，病之別也；春夏秋冬，治之異也；高燥卑濕，地之辨也；老壯男女，人之殊也。說賅備矣。下卷方四十六，獨活湯、木香散、傳信方、防風粥、桑枝煎，專治風。天麻丸、茴香丸、烏蛇丸、趁痛丸，專治濕。薏苡仁湯、海桐皮散、木瓜丸，治風濕相兼。獨活、寄生湯、石楠丸、牛膝丸，治風濕挾虛。金牙酒，治風濕瘴癘。八味丸、腎瀝湯、地黃粥，治虛。神功丸、麻仁丸、三脘散、大黃湯，治實。屬陰者兼冷，木香飲子治其偏於陰也。屬陽者兼熱，紅雪治其偏於陽也。絳宮丸、白皮小豆散、木通散，治其屬於陰陽而兼淋閉者也。松節散、食前丸、食後丸、橘皮丸，治尋常法也。三仁丸、潤腸丸、五柔丸，治老人血枯法也。天門冬大煎，則為總治法。淋煠蒸熨五方，則為外治法。而以鍼灸法為始。原序方有一十九門，大約不出於此，即闕佚亦鮮矣。考腳氣即《素問》所謂“厥疾”，至唐始有此名，治法亦漸以詳備。然李暄及蘇敬、徐玉、唐侍中諸家之書，今多不傳，獨汲此帙尚存，頗為周密醇正。觀其自述，稱“嘗患此疾至劇，因深思其源，遂得祕要”。殆所謂“三折肱而為良醫”者歟？今特錄而存之，以備專門之一種焉。

【彙訂】

① “是書”，殿本無。

旅舍備要方一卷(永樂大典本)

宋董汲撰。陳振孫《書錄解題》載有董汲《小兒癍疹論》、《腳
氣治法》,不及此書。然《宋史·藝文志》載之,卷帙亦同。蓋陳
氏偶未見也。汲因客途猝病,醫藥尤難,特集經效之方百有餘
道。內如蚰蜒入耳及中藥毒,最為險急,而所用之藥,至為簡易。
其雜傷五方,古書中不少概見,今亦罕傳,尤見奇特。蓋古所謂
專門禁方,用之則神驗,至求其理,則和、扁有所不能解,即此類
也。至於小半夏湯、五苓散兩方,本於漢之張機。今以半夏湯治
濕痰,仍其本法。至五苓散本治傷寒、汗後不解及有水氣之病,
今書中引為通行利水之劑,殆亦變通用之。如河閒益元散本雙
解半表半裏之傷寒,而後人取以醫暑歟? 其治中暑一方,似即李
杲清暑益氣湯之藍本。其無比香薷散,與後來局方稍有出入,蓋
亦本古方為加減。然云治兩腳轉筋疼痛,而反去主治之木瓜,則
不解其故矣。小兒一門,大概與同時錢乙《藥證直訣》相出入[①]。
第以柔脆之腸胃而多用膩粉硃砂諸峻藥,古人氣厚,服之無妨,
在後來亦未可概施也。原本久佚。今從《永樂大典》收掇排纂,
得方尚幾五十,仍舊目分為一十有二類。其觸寒心痛、厥風涎潮
等證,有錄無書,無從校補,則亦闕焉。

【彙訂】

①"藥證直訣",殿本作"藥證真訣"。陳振孫《直齋書錄解
題》卷十三"醫書類"著錄《錢氏小兒藥證真訣》三卷,"太醫丞東
平錢乙仲陽撰"。《宋史·藝文六》著錄錢乙《小兒藥證直訣》八
卷。今存錢乙《小兒藥證直訣》三卷,有《保赤彙編》本;錢乙《小
兒藥證真訣》三卷,有《武英殿聚珍版叢書》本等。

　　素問入式運氣論奧三卷附黄帝内經素問遺篇一卷（兩江總督採進本）

　　宋劉温舒撰。温舒里居未詳。前有元符己卯自序，題“朝散郎太醫學司業”，蓋以醫通籍者也。晁公武《讀書志》云：“温舒以《素問》氣運爲治病之要，而答問紛糅，文辭古奥，讀者難知。因爲三十論、二十七圖上於朝。”今詳考其圖，實二十九。蓋《十干起運》、《十二支司天》二圖，原本别題曰“訣”，故公武不以入數，僅曰二十有七。其論實爲三十一篇。末《五行勝復論》一篇，原本别註“附”字，故公武亦不以入數，僅曰三十也。卷末别附《刺法論》一卷，題曰《黄帝内經素問遺篇》[①]。按《刺法論》之亡在王冰作註之前，温舒生北宋之末，何從得此？其註亦不知出自何人，殆不免有所依託，未可盡信。焦竑《經籍志》載此書四卷，合此《論》爲一書，益舛誤矣。

　　【彙訂】

　　① 此書所附《黄帝内經素問遺篇》，實《刺法論》、《本病論》，凡二篇。（余嘉錫：《四庫提要辨證》）

　　傷寒微旨二卷（永樂大典本）

　　宋韓祗和撰。是書《宋史·藝文志》不載。陳振孫《書錄解題》載有其名，亦不著作者名氏。但據序題“元祐丙寅”，知其爲哲宗時人而已。今檢《永樂大典》各卷内，此書散見頗多，每條悉標韓祗和之名。而元戴良《九靈山房集》亦稱自後漢張機著《傷寒論》，晉王叔和、宋成無己、案，無己乃金人，説見前“傷寒論”條下。龐安常、朱肱、許叔微、韓祗和、王實之流[①]，皆互相闡發[②]。其閒祗和姓名，與《永樂大典》相合。是祗和實北宋名醫，以傷寒爲專門者。特《宋史·方技傳》不載,其履貫遂不可考耳。書凡十五篇,間附方論。大抵皆推闡張機之旨,而能變通於其間。其《可下篇》不立湯液③,惟以早下為大戒,蓋為氣質羸弱者言。然當以脈證相參,知其邪入陽明與否,以分汗下,不宜矯枉過直,竟廢古方。至如《辨脈篇》據《傷寒例》"桂枝下咽,陽盛乃斃;承氣入胃,陰盛乃亡"之義,以攻楊氏之謬誤;《可汗篇》分陰盛陽虛、陽盛陰虛、陰陽俱盛三門,則俱能師張氏而神明其意矣。又如汗下溫三法,分案時候辰刻,而參之脈理病情,乃因張機正傷寒之法而通之於春夏傷寒,更通之於冬月傷寒,亦頗能察微知著。又如以陽黃歸之汗溫太過,陰黃歸之過下亡津,則於《金匱》發陽發陰之論,研析精微,不特傷寒之黃切中窾要,即雜病之黃亦可以例推矣。其書向惟王好古《陰證略例》中間引其文,而原本久佚④。今採掇薈粹,復成完帙。謹依原目,釐為上、下二卷。陳振孫所稱之"原序",則《永樂大典》不載,無從採補。殆編纂之時,舊本已闕歟?

【彙訂】

①"王賓",明正統戴統刻本《九靈山房集》卷二十七《滄洲翁傳》原文作"王寔",衢本《郡齋讀書志》卷十五作"王實",袁本《郡齋讀書後志》卷二、《文獻通考·經籍考四十九》、《宋史·藝文六》"《傷寒證治》三卷"條皆作"王寔"。疑當作"王寔"。(孫猛:《郡齋讀書志校正》)

②"闡發",《滄洲翁傳》原文及殿本作"開發"。

③"可下篇",殿本作"書下篇",誤。此書卷上末篇即《可下篇》。

④ 明代醫書如《普濟方》、《證治準繩》等尚引其說。

傷寒總病論六卷附音訓一卷修治藥法一卷（大學士于敏中家藏本）

宋龐安時撰。安時字安常，蘄水人。案，袁文《甕牖閒評》載蘇軾稱蜀人龐安常，未詳孰是。安時本士人，習與蘇軾、黃庭堅游。第六卷末附與蘇軾書一篇①，論是編之義甚悉。卷首載軾答安時一帖，猶從手蹟鈎摹，形模略具。又以黃庭堅後序一篇冠之於前，序末稱："前序海上人諾為之，故虛其右以待。"署"元符三年三月作"，時軾方謫儋州，至五月始移廉州，七月始渡海至廉，故是年三月猶稱"海上人"也。然軾以是年八月北歸，至次年七月，即卒於常州，前序竟未及作。故即移後序為弁也。序中剷去庭堅名，帖中亦剷去軾名。考卷末附載《音訓》一卷，《修治藥法》一卷，題"政和癸巳門人董炳編字"②，知正當禁絕蘇、黃文字之日，諱而闕之。此本猶從宋本鈔出，故仍其舊耳。《宋史・藝文志》但載安時《難經解》，前後兩見，而不載此書。《文獻通考》載《龐氏家藏祕寶方》五卷，引陳振孫之言，謂安時以醫名世者惟傷寒而已。此書南城吳炎晦叔錄以見遺，似乎別為一書，而下列庭堅之序與此本同。疑當時已無刻本，故傳寫互異歟？又載張耒一跋云："張仲景《傷寒論》，病方纖悉必具，又為之增損進退之法以預告人。嗟夫，仁人之用心哉！自非通神造妙不能為也。安常又竊憂其有病證而無方者，續著為論數卷。淮南人謂安常能與傷寒說話，豈不信哉！"此本未載此跋，殆傳寫偶佚歟？又耒作《明道雜志》，記安時治驗，極其推挹。而葉夢得《避暑錄話》乃頗不滿於安時③。蓋耒，蘇軾客；夢得，蔡京客，其門户異也。然曾敏行《獨醒雜志》亦記其治泗州守王公弼中丹石毒甚奇，又記其治公弼之女尤神異。敏行於元祐、紹聖兩局均無恩怨，則所記當為公論矣。

【彙訂】

①"蘇"，殿本無。

②《東坡志林》稱"麻橋龐安常"，可知為蘄水麻橋人。"董炳"乃"魏炳"之誤。（胡玉縉：《四庫全書總目提要補正》）

③《避暑錄話》卷一稱龐安時"善醫傷寒"，而所不滿者乃蜀人巢谷及蘇軾對巢谷的過信。（李裕民：《四庫提要訂誤》增訂本）

聖濟總錄纂要二十六卷（浙江巡撫採進本）

宋政和中奉敕編，國朝程林刪定。林字雲來，休寧人。初，徽宗御製《聖濟經》十卷四十二章，又詔集海內名醫，出御府所藏禁方祕論，纂輯成編，凡二百卷。其書久而佚脫。林購求殘帙，凡得三本，互相補苴，尚闕一百七十三卷至一百七十七卷，不可復見。以其繁重難行，乃撮其旨要，重為纂輯，門類悉依其舊。所闕《小兒方》五卷，則倩其友項睿補之。仍冠以徽宗原序、大德四年集賢學士焦惠校上序，及校刊諸臣銜名。考晁、陳二氏書目，但有徽宗《聖濟經》，不載是書。觀焦惠序稱："始成於政和，重刊於大定。"殆汴京破後，隨內府圖籍北行，南渡諸人未睹其本歟？今未見其原書。然宋代崇尚醫學，搜羅至富，就所採錄古來專門授受之方，尚可以見其大略。其每類冠論一篇，亦皆詞簡而理明，均足以資考訂。原本之末有《神仙服餌》三卷，或言烹砂鍊石，或言嚼柏咀松，或言吐納清和，或言斬除三尸。蓋是時道教方興，故有是妄語。林病其荒誕，一概汰除，惟約取其尋常頤養之藥三十餘方，其別擇具有條理。故所錄諸方多可行用，與膠執古法者異焉。

　　證類本草三十卷（兩淮江廣達家藏本）

　　宋唐慎微撰。案陳振孫《書錄解題》載此書三十卷，名《大觀本草》。晁公武《讀書志》則作《證類本草》三十二卷，亦題唐慎微撰。是宋時已有兩本矣。《玉海》載："紹興二十七年八月十五日，王繼先上校定《大觀本草》三十二卷，《釋音》一卷，詔祕書省修潤付胄監鏤版行之。"則南宋且有官本，然皆未見其原刊。今行於世者亦有兩本，一為明萬曆丁丑翻刻元大德壬寅宗文書院本。前有大觀二年仁和縣尉艾晟序，稱："其書三十一卷，目錄一卷。集賢孫公得其本而善之，命官校正鏤版，以廣其傳。慎微不知何許人，傳其書者失其邑里族氏，故不載焉。"陳氏所見蓋此本，故題曰《大觀本草》。一為明成化戊子翻刻金泰和甲子晦明軒本。前有宋政和六年提舉醫學曹孝忠序，稱："欽奉玉音，使臣楊戩總工刊寫，繼又命孝忠校正潤色之。"其改稱《政和本草》，蓋由於此，實一書也。書末又有金皇統三年翰林學士宇文虛中跋，稱："慎微字審元，成都華陽人，治病百不失一。為士人療病，不取一錢，但以名方祕籙為請，以此士人尤喜之。每於經史諸書中得一藥名、一方論，必錄以告，遂集為此書。尚書左丞蒲傳正欲以執政恩例奏與一官，拒而不受。"又稱："元祐閒虛中為兒童時，見慎微治其父風毒，預期某年月日再發，緘方以俟，臨期服之神驗。"則慎微始末，虛中述之甚明。蓋靖康以後，內府圖籍悉入於金，故陳振孫未見此本，不知慎微何許人。而晁公武所云三十二卷者，殆合目錄計之，亦未見政和所刻也。然考趙與峕《賓退錄》，則稱："唐慎微，蜀州晉原人。世為醫，深於經方。元祐閒蜀帥李端伯招之,居成都。嘗著《證類備急本草》三十二卷①,艾晟序其書,謂‘慎微不知何許人’,故為表出。蜀州今為崇慶府。”云云,所序履貫小異。豈虛中兒時見之,但知其寄籍歟?大德中所刻大觀本作三十一卷,與艾晟所言合。泰和中所刻政和本,則以第三十一卷移於三十卷之前,合為一卷,已非大觀之舊。又有大定己酉麻革序及劉祁跋,並稱平陽張存惠增入寇宗奭《本草衍義》,則益非慎微之舊。然考大德所刻大觀本,亦增入宗奭《衍義》,與泰和本同。蓋元代重刻,又從金本錄入也②。今以二本互校,大德本於朱書、墨蓋案,原本每條稱墨蓋以下為慎微所續,其式如今刻工所稱之“魚尾”。較為分明,泰和本則多與條例不相應,然刊刻清整,首末序跋完具,則泰和本為勝。今以泰和本著錄,大德本則附見其名於此,不別存目焉。

【彙訂】

①“三十二卷”,底本作“三十一卷”,據《賓退錄》卷三原文及殿本改。

② 大德壬寅所刻《大觀本草》未附《本草衍義》。而明萬曆丁丑王大獻翻刻本名為《大觀本草》,實際亦為《政和本草》。成化戊子翻刻《政和本草》本刊有“大德丙午歲仲冬望日平水許宅印”記,則其底本當為元大德丙午刊本,並非金泰和本。四庫本所據底本即成化戊子本,其中譌誤、脫漏悉同成化本。此本張存惠題記稱“泰和甲子下己酉冬”,泰和年號凡八年,無己酉,實為元定宗後稱制之年(當宋理宗淳祐九年),距金亡已十有六載。張存惠猶以“泰和甲子下”統之,隱寓不忘故國之思。(錢大昕:《十駕齋養新錄》;丹波元胤:《醫籍考》;尚志鈞:《〈證類本草〉文獻源流叢考》)

全生指迷方四卷（永樂大典本）

宋王貺撰。案《書錄解題》，貺字子亨，考城人，名醫宋毅叔之壻。宣和中以醫得幸，官至朝請大夫。是書《宋史·藝文志》作三卷，而傳本久絕[1]。故醫家罕所徵引，或至不知其名。今檢《永樂大典》所收，案條掇拾，雖未必盡符原本，然大要已略具矣。方書所載，大都皆標某湯某丸，主治某病，詳其藥品銖兩而止。獨貺此書，於每證之前，非惟詳其病狀，且一一論其病源，使讀者有所據依，易於運用。其脈論及辨脈法諸條，皆明白曉暢。凡三部九候之形，病證變化之象，及脈與病相應不相應之故，無不辨其疑似，剖析微茫，亦可為診家之樞要。謹詳加訂正，分為二十一門，依類編次，而以論脈諸篇冠之於首。因篇頁稍繁，釐為四卷，不復如其原數焉。

【彙訂】

①"而"，殿本無。

小兒衛生總微論方二十卷（大學士英廉家藏本）

不著撰人名氏。凡論一百條，自初生以至成童，無不悉備，論後各附以方。前有嘉定丙午和安大夫特差判太醫局何大任序，稱："家藏是書六十餘載，不知作者為誰。博加搜訪，亦未嘗聞此書之流播。因錄於行在太醫院，案，南宋雖定都臨安，而當時猶稱行在，以示恢復之意，《咸淳臨安志》所載甚明。以廣其傳。"案，北宋錢乙始以治小兒得名，其《藥證直訣》一書[1]，僅有傳本，亦不免闕略。其他如晁、陳二氏所著錄者，有《嬰童寶鏡》、《小兒靈祕方》、《小兒至訣》、《小兒醫方妙選》、《小兒癍疹論》諸書，皆不可得見。是書詳載各證，如梗舌、鱗瘡之類，悉近時醫書所未備。其議論亦篤實明晰，無明以來諸醫家黨同伐異、自立門户之習，誠保嬰之要書也。此本爲明宏治己酉濟南朱臣刻於寧國府者，改名《保幼大全》。今考嘉定本原序，復題本名。臣序又稱："得之醫者鄭和，和稱得之古冢中。"其説迂怪。蓋方技家自神其授受，亦無取焉。

【彙訂】

① "藥證直訣"，殿本作"藥證真訣"。

類證普濟本事方十卷（浙江巡撫採進本）①

宋許叔微撰。叔微字知可，或曰揚州人，或曰毘陵人，惟曾敏行《獨醒雜志》作真州人。二人同時，當不誤也。紹興二年進士。醫家謂之"許學士"。宋代詞臣率以學士爲通稱，不知所歷何官也。是書載經驗諸方，兼記醫案，故以"本事"爲名。朱國楨《湧幢小品》載："叔微嘗獲鄉薦，春闈不利而歸。舟次平望，夢白衣人勸學醫，遂得盧、扁之妙。凡有病者，診候與藥，不取其直。晚歲取平生已試之方，併記其事實，以爲《本事方》。取《本事詩》之例以名之。"云云。即指此書。然考《獨醒雜志》，叔微雖有夢見神人事，而學醫則在其前，不知國楨何本也②。叔微於診治之術，最爲精詣。故姚寬《西溪叢語》稱許叔微精於醫，載其"論肺蟲上行"一條，以爲微論。其書屬詞簡雅，不諧於俗，故明以來不甚傳布③。此本從宋槧鈔出，其中凡"丸"字皆作"圓"，猶是漢張機《傷寒論》、《金匱要略》舊例也。國楨又記叔微所著尚有《擬傷寒歌》三卷，凡百篇。又有《治法》八十一篇，及《仲景脈法》三十六圖，《翼傷寒論》二卷，《辨類》五卷。今皆未見傳本，疑其散佚矣④。

【彙訂】

① 日本宮内廳書陵部藏宋刊本《許學士類證普濟本事方》前集十卷、後集十卷,《總目》著錄僅為前集。(董康:《書舶庸譚》)

② 宋施德操《北窗炙輠錄》卷下即作先見夢而後學醫。(胡玉縉:《四庫全書總目提要補正》)

③ "傳布",殿本作"傳播"。

④ 今存元刊本《新編張仲景註解傷寒百證歌》五卷、《新編張仲景註解傷寒發微論》二卷,舊鈔本《傷寒九十論》一卷,《擬傷寒歌》即《百證歌》,三卷乃五卷之訛,《翼傷寒論》即《發微論》,《治法》即《傷寒九十論》。(陸心源:《儀顧堂題跋》)

太平惠民和劑局方十卷指南總論三卷(兩淮鹽政採進本)

舊本題宋庫部郎中提轄措置藥局陳師文等奉敕編。案王應麟《玉海》云:"大觀中,陳師文等校正《和劑局方》五卷,二百九十七道,二十一門。"晁公武《讀書志》云:"大觀中,詔通醫刊正藥局方書,閱歲,書成,校正七百八字,增損七十餘方。"又《讀書後志》曰:"《太醫局方》十卷,元豐中,詔天下高手醫各以得效祕方進,下太醫局驗試,依方製藥鬻之,仍摹本傳於世。"① 是大觀之本實因神宗時舊本重修,故公武有"校正"、"增損"之語也。然此本止十四門,而方乃七百八十八。考《玉海》又載:"紹興十八年閏八月二十三日,改熟藥所為太平惠民局。二十一年十二月十七日,以監本藥方頒諸路。"此本以"太平惠民"為名,是紹興所頒之監本,非大觀之舊矣。其中又有寶慶、淳祐續添諸方,更在紹興之後。兼附《用藥總論指南》三卷② ,皆從《圖經本草》鈔撮增入,亦不知何時所加。陳振孫《書錄解題》稱："《和劑局方》其後時有增補。"殆指此類歟③？戴良《九靈山房集》有《丹溪翁朱震亨傳》曰："時方盛行陳師文、裴宗元所定《大觀》二百九十七方，翁窮晝夜是習，既而悟曰：'操古方以治今病，其勢不能以盡合。苟將起度量，立規矩，稱權衡，必也《素》、《難》諸經乎？'"又稱："震亨得羅知悌之學以歸。諸醫泥陳、裴之學者，聞其言，大驚而笑且排。及治許謙末疾良驗，笑且排者始皆心服④。"是此書盛行於宋、元之閒，至震亨《局方發揮》出，而醫學始一變也。又岳珂《桯史》曰："《和劑局方》乃當時精集諸家名方，凡幾經名醫之手，至提領以從官內臣參校，可謂精矣。然其閒差譌者亦自不少，且以牛黃清心丸一方言之，凡用藥二十九味，寒熱譌雜，殊不可曉。嘗見一名醫云：'此方祇前八味至蒲黃而止，自乾山藥以下凡二十一味，乃補虛門中山芋丸。當時不知緣何誤寫在此方之後，因循不曾改正。'余因其說而考之，信然。如此之類，必多有之。"云云⑤。是併不能無所舛誤矣。然歷代相傳專門禁方，多在是焉，在用者詳審而已。必因噎而廢食，則又一偏之見矣。

【彙訂】

　　① 此段引文見於袁本《郡齋讀書志》卷三下（衢本亦有此文，但作三卷），而《讀書後志》無之。（楊武泉：《四庫全書總目辨誤》）

　　② "論"，殿本脫。

　　③ 元刊本《和劑局方》"末有《局方指南總論》上、中、下三卷，標題'敎授太醫助敎前差充四川總領所檢察惠民局許洪編'……其所論列皆有斷制，非深明醫術者不能。稱其從《圖經》、《本草》抄撮增入，亦淺之乎視洪矣。余又得日本丹波元胤

《醫籍考》稿本,有許洪《太平惠民和劑局方註》自序,末題'嘉定改元歲在戊辰日南長至敕授太醫助教前差充四川總領所檢察惠民局許洪謹書',乃知許洪有《局方註》。其《指南總論》冠其注本之首,後人刻《局方》去其注而存其《總論》,故附於書後"。(楊守敬:《日本訪書志補》)

④ "始",殿本作"乃各",誤,參《九靈山房集》卷十《丹溪翁傳》原文。

⑤ 今傳各本《桯史》均無此段引文。考其文,乃出於周密《癸辛雜識別集》卷上"和劑藥局"條。(楊武泉:《四庫全書總目辨誤》)

衛生十全方三卷奇疾方一卷(永樂大典本)①

宋夏德撰②。德字子益,其里貫始末未詳。是書有唐仲友原序云:"友人夏子益,哀其師傳之方,經常簡易,用輒得效者為十卷,并取舊所家藏他方,掇其佳者為二卷,附以自著《奇疾方》一卷。共十三卷。"則此書非一人之所著。觀其治腰腎疼方,即唐鄭相國方,其明證也。今從《永樂大典》錄出,輯為上、中、下三卷,雖與原書卷數十不逮其三四,然諸證方藥論說,亦已略具其中。如肝脹離魂、眼見禽蟲飛走及眼赤、渾身生斑、毛髮起如銅鐵、鼻中毛長五尺、口鼻腥臭水流、有鐵色蝦魚等證,皆罕見之變怪,而治法甚為平近。蓋本於相傳禁方,不主尋常之軌轍。他如奏功散之治翻胃,交加散之治產後中風,率皆平正簡當,則固非徒矜新異者矣。《書錄解題》僅載《奇疾方》一卷,《宋史·藝文志》所載則書名、卷數與仲友序並合。其《奇疾三十八方》,已附見《傳信適用方》中,又散見《本草綱目》中。然不可以他書所引轉廢其本書。故今仍輯為一卷，附之於後。至其孰為師傳之十卷，孰為家藏舊方之二卷，則已不可辨別，故亦合而編之焉。

【彙訂】

① 此條殿本無，《四庫全書》亦未收錄。（修世平、張蘭俊：《〈四庫全書總目〉訂誤二十四則》）

② "夏德"乃"夏德懋"之誤。（史廣超：《永樂大典輯佚研究》）

傳信適用方二卷（兩淮監政採進本）

不著撰人名氏。《宋史·藝文志》載此書，亦不云誰作，而別有劉禹錫《傳信方》二卷。考此書每方之下皆註傳自某人，中有引及《和劑局方》者，必非禹錫書也。《書錄解題》有《傳道適用方》二卷，稱"拙菴吳彥夔淳熙庚子撰"，與此本卷帙正同。知此即彥夔之書，傳寫譌"信"為"道"也①。此本由宋槧影寫，前後無序跋。所錄皆經驗之方，中有"八味圓問難"一條，尤深得製方之旨。其餘各方，雖經後人選用，而採擇未盡者尚多。末附《夏子益治奇疾方三十八道》，其書罕見單行之本。明李時珍《本草綱目》所載，疑或從此鈔出也。

【彙訂】

① 輯本《直齋書錄解題》作"信"，《總目》當據《文獻通考》云然。（陳樂素：《宋史藝文志考證》）

衛濟寶書二卷（永樂大典本）

舊本題東軒居士撰，不著名氏。陳振孫《書錄解題》、《宋史·藝文志》皆列其目為一卷。世閒久無傳本①，惟《永樂大典》內尚有其文，並原序一篇，稱："予家藏《癰疽方論》二十二篇，圖證悉具,可傳無窮,故記之曰《家傳衛濟寶書》。"序中具述方論之所自來,而復言"憑文註解,片言隻字,皆不妄發"云云。然則是書所載,本以經驗舊方裒輯成帙,惟中閒註語乃東軒居士所增入耳。又別有董璉序一篇,紀其得此書於妻家汪氏始末。中有乾道紀年,知東軒居士尚當為孝宗以前人,特其姓名終不可考。至徐文禮不過校正刊行,而所作後序亦有"舉諸家治法集成一書"之語,乃當時坊本售名欺世之陋習,不足信也。其書首列論治諸條,皆設為問答之詞。原序以為"傳之不老山高先生",其說頗荒誕不可稽。而剖晰精微,深中奧妙,實非有所師授者不能②。其後臚列諸方,附以圖說,於藥物之修製、鍼灸之利害,抉摘無遺,多後來醫流所未見。謹因其舊文,掇拾排比,析為上、下二卷,著之於錄,以備醫家之一種。其乳癰、軟癤二門,則別系之卷末,俾各從其類焉。

【彙訂】

① "世閒",殿本無。

② "實非",殿本作"非實"。

醫説十卷(浙江巡撫採進本)

宋張杲撰。杲字季明,新安人。其伯祖張擴,嘗受業於龐安時,以醫名京、洛閒。羅願《鄂州小集》有擴《傳》,敘其治驗甚詳。此書前有淳熙己酉羅頊序,亦稱擴授其弟子發,子發授其子彦仁。杲,彦仁子也,承其家學,亦喜談醫。嘗欲集古來醫案勒為一書。初期滿一千事,猝不易足。因先採掇諸書,據其見聞所及為是編,凡分四十七門。前七門總敘古來名醫、醫書及鍼灸、診視之類,次分雜證二十八門,次雜論六門,次婦人、小兒二門,次瘡及五絕、痹疝三門①,而以醫功、報應終焉。其閒雜採説部,頗涉神怪,又既載天靈蓋不可用,乃復收陳藏器《本草》"人肉"一條,亦為駁雜。然取材既富,奇疾險證,頗足以資觸發,而古之專門禁方,亦往往在焉。蓋三世之醫,淵源有自,固與道聽塗説者殊矣。

【彙訂】

① 書中卷十"五絕病"門後為"疝瘇痹"門,"痹疝"不確。

鍼灸資生經七卷(兩淮鹽政採進本)

舊本題葉氏廣勤堂新刊,蓋麻沙本也。不著撰人名氏。前有嘉定庚辰徐正卿初刊序,稱"東嘉王叔權作"。又有紹定四年趙綸重刊序,稱"澧陽郡博士王執中作",而疑叔權為執中字。以字義推之,其説是也。其書第一卷總載諸穴,二卷至末分論諸證。經緯相資,各有條理,頗為明白易曉。舊本冠以徽宗崇寧中陳承、裴宗元、陳師文等校奏醫書一表,與序與書皆不相應。考裴宗元、陳師文等即校正《太平惠民和劑局方》之人,殆書賈移他書進表置之卷端,欲以官書取重歟? 然宋代官書自有王惟德《銅人鍼灸經》,曷可誣也。

婦人大全良方二十四卷(大學士英廉家藏本)①

宋陳自明撰。自明字良父,臨川人。官建府醫學教諭②。是編凡分八門,首調經,次眾疾,次求嗣,次胎教,次妊娠,次坐月,次產難,次產後。每門數十證,總二百六十餘論,論後附方。案,婦人專科始唐咎殷《產寶》③,其後有李師聖之《產育寶慶集》、陸子正之《胎產經驗方》。大抵卷帙簡略,流傳亦尟,自明採摭諸家④,提綱挈領,於婦科證治,詳悉無遺。明薛己《醫案》曾

以己意删訂,附入"治驗",自為一書。是編刻於勤有書堂,猶為
自明原本。前有嘉熙元年自序,稱:"三世學醫,家藏醫書若干
卷,又徧行東南,所至必索方書以觀。"其用心亦可云勤矣。

【彙訂】

① 文淵閣《四庫》本尚有《辨識修制藥物法度》一卷。(沈治
宏:《中國叢書綜錄訂誤》)

②"教諭",底本作"教授",據殿本改。書前自序署"時嘉熙
元年八月良日建康府明道書院醫諭臨川陳自明良父序"。

③《隋書·經籍志》子部"醫書類"已有佚名《療婦人產後雜
方》二卷。(楊武泉:《四庫全書總目辨誤》)

④"婦人專科始唐咎殷產寶"至"自明採摭諸家",殿本作
"婦人胎產之書如李師聖之保慶集陸子正之經驗方大抵卷帙簡
略惟自明此書採摭諸家"。

太醫局程文九卷(永樂大典本)①

宋時考試醫學之制也。其命題有六,一曰墨義,試以記問之
博;二曰脈義,試以察脈之精;三曰大義,試以天地之奧與臟腑之
源;四曰論方,試以古人製方佐輔之法;五曰假令,試以證候方治
之宜;六曰運氣,試以一歲陰陽客主與人身感應之理②。考《宋
史》,醫學初隸太常寺。元豐間始置提舉判局,設三科以教之,曰
方脈科、鍼科、瘍科。凡方脈以《素問》、《難經》、《脈經》為大經,
以《巢氏病源》、《龍樹論》、《千金翼方》為小經,鍼科、瘍科則去
《脈經》而增三部鍼灸經。常以春試,學生願與者聽。迨崇寧間,
改隸國子監,分上舍、内舍、外舍。其考試法,第一場問三經大義
五道,次場方脈及臨證運氣各二道,鍼科、瘍科試小經大義三道、

運氣二道，三場假令治病法三道。中格高等，為尚藥局醫師以下職。乾道中罷局而存御醫諸科，後更不置局，僅存醫學科。淳熙中又稍變其制焉。此太醫局係紹熙二年後所置，程文以墨義為第一道，較舊制又稍異矣。其彙為一集，不知何人所編，世亦別無傳本。今從《永樂大典》中排纂，得墨義九道，脈義六道，大義三十七道，論方八道，假令十八道，運氣九道，謹釐次為九卷。其文皆通貫三經及三部鍼灸之法，暨金石之品、草木之性，辨析精微，足資啟發。蓋有宋一代，於醫學最為留意，自皇祐中於古來經方脈論皆命孫兆、林億、高保衡等校刊頒行，垂為程式。故學者沿波討流，各得以專門名家。觀於是編，可以見當時討論之詳矣。

【彙訂】

① 文淵閣《四庫》本書名為《太醫局諸科程文格》，據書前序及進書牒，編者為何大任。（沈治宏：《中國叢書綜錄訂誤》）

② "人身"，殿本作"人生"，誤。

三因極一病證方論十八卷（大學士英廉家藏本）

宋陳言撰。言字無擇，莆田人①。是書分別三因，歸於一治，其說出《金匱要略》。三因者，一曰內因，為七情，發自臟腑，形於肢體；一曰外因，為六淫，起自經絡，舍於臟腑；一曰不內外因，為飲食饑飽、叫呼傷氣，以及虎狼毒蟲、金瘡壓溺之類。每類有論有方，文詞典雅而理致簡該，非他家鄙俚冗雜之比。蘇軾傳聖散子方，葉夢得《避暑錄話》極論其謬，而不能明其所以然。言亦指其通治傷寒諸證之非，而獨謂其方為寒疫所不廢，可謂持平。《吳澄集》有《易簡歸一》序，稱："近代醫方惟陳無擇議論最有根柢,而其藥多不驗。嚴子禮劓取其論,而附以平日所用經驗之藥,則兼美矣。"是嚴氏《濟生方》其源出於此書也。《宋志》著錄六卷,陳振孫《書錄解題》亦同。此本分為十八卷②,蓋何鉅所分。第二卷中"太醫習業"一條,有"五經二十一史"之語,非南宋人所應見。然證以諸家所引,實為原書。其詞氣亦非近人所及。疑明代傳錄此書者不學無術,但聞有廿一史之說,遂妄改古書,不及核其時代也。

【彙訂】

①　書首自序署"青田鶴溪陳言",康熙《青田縣志》卷一〇《人物志》、光緒《處州府志》卷二一"藝術傳",均有《陳言傳》,謂字無擇,為《三因論》之作者。《浙江通志》卷一九七有《陳無擇傳》曰:"青田人……作《三因方論》。"《總目》本卷《產育寶慶方》提要云"括蒼陳言撰《三因方》",括蒼指括蒼山,此山在青田。宋慈抱《兩浙著述考》著錄是書,題"青田陳言撰"。森立之《經籍訪古志》、張元濟《涵芬樓燼餘書錄》著錄宋槧本各一,皆題"青田鶴溪陳言無擇編"。益可證無擇應為浙江處州府青田縣鶴溪鄉人。(劉遠遊:《四庫提要補正》;楊武泉:《四庫全書總目辨誤》;林祖泉:《〈四庫全書〉中莆人著述辨誤》)

②　"分為",殿本無。

產育寶慶方二卷(永樂大典本)①

不著撰人名氏。《宋史·藝文志》以為郭稽中撰。考陳振孫《書錄解題》稱:"濮陽李師聖得《產論》二十一篇,有說無方。醫學教授郭稽中為時良醫,以方附諸論末,遂為完書。"則稽中特因師聖所得舊本,增以新方,非所自撰。《宋史》所載,似未見陳氏説也。然稽中所增,合原論共為一卷,與此本不合。以卷首諸序考之,蓋括蒼陳言撰《三因方》,嘗取其方論各評得失,婺醫杜玘因採其所評,附入各條之下。後趙瑩得《產乳備要》,增以楊子建《七説》,合於《產論》為一集。有冀致君者又掇御藥院雜病方論,及《八月產圖》、《體元子借地法》、《安產藏衣方位》綴於其末。是輾轉增益,已非郭氏之舊,特沿其舊名耳。其書世罕傳本。今載於《永樂大典》者得論二十一,陳言評十六,方三十四為一卷;《產乳備要》暨經氣、妊娠等證方六十二為一卷。其《體元子借地法》,《永樂大典》佚不載,今亦闕焉。案胎教之法,古人所重,賈誼《新書》所引青史氏之説,劉向《列女傳》所記太任育文王之事,尚可見其崖略。惟產育方藥則罕專書,《唐書・藝文志》有咎殷《產寶》一卷,始別立一門。今其書不傳,則講妊育者當以是書為最古矣。卷中惟陳言之評標識姓名,餘皆不標為誰説。今以原本體例推之,上卷之方皆出郭氏,下卷娩乳、安產、經氣三條外,殆即楊氏之説,所附方藥,殆即冀致君所採御藥院方也。陳言即撰《三因方》者。楊子建名倓,有《楊氏家藏方》,今未見。李師聖等皆南宋人。冀致君序稱諸人為“宋儒”,又稱:“近在燕、趙閒”,蓋元人云②。

【彙訂】

①　與文淵閣庫書次序不符,文淵閣庫書與殿本皆置於“三因極一病證方論十八卷”條之前。

②　楊子建曰康侯,號退修,元符間人,著有《護命方》、《通神論》。楊倓字子靖,淳熙中人,著有《家藏方》。《直齋書錄解題》卷一三:“《楊氏方》二十卷,樞密楊倓子靖以藏方一千一百十有一首,刻之當塗,世多用之。”樞密者,倓為簽書樞密院事也,見

《宋史》其父楊存中傳末。可知其人字子靖,非子建。子建曰康侯,見黃庭堅《山谷別集》卷三《楊子建〈通神論〉序》。二楊不同時,不可混為一人。(丹波元胤:《中國醫籍考》;楊武泉:《四庫全書總目辨誤》)

集驗背疽方一卷(永樂大典本)

宋李迅撰。迅字嗣立,泉州人①。官大理評事,以醫著名。此書見於陳振孫《書錄解題》,稱:"所集凡五十三條,其議論詳盡曲當。"馬端臨《經籍考》亦著於錄②,而題作"李逸撰",與《書錄解題》不合。今案此書前有郭應祥序,亦云嗣立名迅,則《通考》誤也③。背疽為患至鉅,俗醫剽竊一二丹方,或妄施刀鍼,而於受病之源、發病之形,及夫用藥次第、節宣禁忌之所宜,俱置不講,故夭閼者十恒八九。今迅所撰,於集方之前俱系以論說,凡診候之虛實、治療之節度,無不斟酌輕重,辨析毫芒,使讀者瞭如指掌。中如五香連翹湯、內補十宣散、加料十全湯、加減八味丸、立效散之類,皆醇粹無疵,足稱良劑。至忍冬丸與治乳癰發背神方,皆祇金銀花一味,用藥易而收功多。於窮鄉僻壤難以覓醫,或貧家無力服藥者,尤為有益,洵瘍科中之善本矣。謹從《永樂大典》中採掇裒訂,仍為一卷。其麥飯石膏及神異膏二方,乃諸方中最神妙者,而《永樂大典》乃偶佚之,今據《蘇沈良方》及危亦林《得效方》補入。又《赤水元〔玄〕珠》亦載有神異膏方,與《得效方》稍有不同,今並列之,以備參考焉。

【彙訂】

①《直齋書錄解題》、《文獻通考》俱稱李迅泉江人。此書有慶元丙辰二年(1196)自序,署"遂江李迅嗣立書",郭應祥序亦稱

李迅為"(泉江)邑"人。蓋龍泉(今江西遂川)以龍泉江得名,又嘗名遂興,故龍泉江又名遂江。而泉州乃以泉山而名,從未有泉江之謂。(丹波元胤:《中國醫籍考》;何振作:《〈四庫全書總目〉考辨劄記六則》)

②《直齋書錄解題》卷一三著錄作"五十二條",《文獻通考·經籍考》所引亦同。(黃嬿婉:《〈四庫全書總目〉誤引〈直齋書錄解題〉訂正十七則》)

③《文獻通考·經籍考》亦作李迅。其誤作李逸者,見於《國史經籍志》。《欽定四庫全書考證》卷四三稱是書於《文獻通考》"別本作李逸",則館臣所見作李逸者為別本《文獻通考》。(丹波元胤:《中國醫籍考》;何振作:《〈四庫全書總目〉考辨劄記六則》)

濟生方八卷(永樂大典本)

宋嚴用和撰。用和始末未詳。《吳澄集》有《易簡歸一》序,稱嚴子禮剽陳氏《三因方》之論,而附以經驗之藥。以其名推之,子禮似即用和字,其人蓋在陳言後矣。澄又有《古今通變仁壽方》序,曰:"世之醫科不一,惟有所傳授,得之嘗試者多驗。予最嘉嚴氏《濟生方》之藥,不泛不繁,用之輒有功。蓋嚴師於劉,其方乃平日所嘗試而驗者也。"則澄蓋甚重此書矣。其書分門別類,條列甚備,皆立論於前,而以所處諸方次列於後。自序稱:"論治凡八十,製方凡四百,總為十卷。用之十五年,收效甚多,因鋟梓以傳。"明以來傳本頗稀,又大抵脫佚錯謬,失其本旨①,故醫家亦罕相研究。今據《永樂大典》所載,補闕訂譌,釐為八卷。書中議論平正,條分縷析,往往深中肯綮,如論補益云:"藥惟平補,柔而不僭,專而不雜,間有藥用羣隊,必使剛柔相濟,佐使合宜。"又云:"用藥在乎穩重。"論欬嗽云："今人治嗽,喜用傷脾之劑,服之未見其效,穀氣先有所損。"論吐衄云："寒涼之劑不宜過進。諸方備列,參而用之。"蓋其用藥主於小心畏慎。雖不善學之,亦可以模棱貽誤。然用意謹嚴,固可與張從正、劉完素諸家互相調劑云。

【彙訂】

① "本旨",殿本作"本真"。

產寶諸方一卷(永樂大典本)

不著撰人名氏。《宋史·藝文志》不載①,惟陳振孫《書錄解題》有之。自明以來諸家書目,亦罕有著錄者。今檢《永樂大典》所載,尚得七十餘方。又有《十二月產圖》一篇,與振孫所記並合,蓋即宋時之原本②。又別有序論一首,王卿月序一首,文皆殘闕,當亦原書之佚簡也。其方於保產之法頗為賅備,而原第為《永樂大典》所亂,已不可復考。謹詳加釐訂,以類分排。首調經養血,次安胎,次胎中諸病,次催生,次產後,次雜病,仍為一卷。其中所引各方,多為後人所承用。如人參飲子一方,與朱震亨所製達生散,雖品味多寡不同,而以大腹皮為君,人參為輔,命意無異,知震亨實本此而增損之。又如張元素以枳殼、白朮為束胎丸,後人以為不宜於藜藿之軀,易以白朮、黃芩,相沿至今,為便產良方③,不知亦本是書所載之枳殼湯④。又今時治產後血風,有所謂"舉卿古拜"者,核其所用,惟荊芥一味,即此書之青金散。蓋荊芥主治風,《素問》"東方主風",而肝屬於木,平肝木即所以助肺金,故以"青金"為名。後人竊用其方,而又翻切荊芥字音,詭名以炫俗耳。凡此之類,皆可以證古今傳授之由。惟所用多降氣破血之品、辛熱震動之劑,則古人稟厚,可受攻伐,有未可概施於後來者。此則神而明之，存乎其人矣。

【彙訂】

① "史"，殿本無。

② "即"，殿本作"猶屬"。

③ "方"，殿本作"藥"。

④ 殿本"不"上有"而"字。

仁齋直指二十六卷附傷寒類書活人總括七卷（浙江巡撫採進本）

宋楊士瀛撰。士瀛字登父，仁齋其號也。福州人。始末無考。前有自序，題景定甲子。甲子為景定五年，次年即度宗咸淳元年，則宋末人矣。此本為明嘉靖庚戌所刻。前有余鏜序①，稱："《直指》列為二十八卷，析七十九條。"今考七十九條之數，與序相符，而其書實止二十六卷。焦竑《國史經籍志》載有此書，亦作二十六卷，蓋序文偶誤。然士瀛所撰本名《仁齋直指》，其每條之後題曰"附遺"者，則明嘉靖中朱崇正所續加。崇正字宗儒，號惠齋，徽州人。即刊此本者也。焦《志》既題曰《仁齋直指附遺方》，乃惟註"楊士瀛撰"，則併"附遺"屬之士瀛，亦未免小誤也。其《傷寒類書活人總括》七卷，焦《志》不著錄。據《仁齋直指》自序，其成書尚在《直指》前。此本以卷帙較少，故附刻於後。卷首標題，亦稱"朱崇正附遺"。然核其全編，每條皆文義相屬，絕無所謂"附遺"者。惟卷一《活人證治賦》後有《司天在泉圖》、《五運六氣圖》、《傷寒脈法》、《指掌圖》，目錄中註一"附"字耳。或因此一卷有附遺，而牽連題及七卷，或因《直指》有附遺，而牽連題及此書，均未可定②。宋槧舊本既已不存，無從證其虛實，疑以傳疑可矣。

【彙訂】

①"余鍥"，殿本作"余錄"，誤。卷首余序署"嘉靖庚戌夏日徽郡余鍥撰"。

②明刊本《仁齋小兒附遺方論》及《醫脈真經》皆題"朱崇正宗儒附遺"，是非因一卷或一書而牽連題及也。（胡玉縉：《四庫全書總目提要補正》）

　　急救仙方六卷（永樂大典本）

不著撰人名氏。其書《宋志》及諸家書目均未著錄。惟焦竑《國史經籍志》載有《救急仙方》十一卷，註云："見《道藏》。"亦不言作者為誰。考白雲霽《道藏目錄》"太元部·惻字號"中有《急救仙方》①，與《永樂大典》所載合，則焦氏誤倒其文為"救急"也。瘍醫自《周禮》即自為一科，然傳習其術者多不能通古人之意。是編於背瘡、疔瘡、眼科、痔證四者，所載證治尤詳，蓋作者所擅長在此。中閒如"論背瘡"條內所載蓮子、蜂窠、散走流註、腎俞諸發，名目猥衆，乃能一一討論，各詳其證之形狀與得病之因、療治之法，條分縷析，為自來瘍科所未及。其"疔瘡門"內所立追疔奪命湯一方，備詳加減之法，學者苟能觸類旁通，亦足以資博濟之用，非精於是術者不能作也。雖雜瘡、雜證諸門稍有闕佚，然綱要具存，正不以不完為病矣。

【彙訂】

①"急救仙方"，殿本作"急救神方"。《道藏目錄詳注》卷四"太玄部·惻字號"原文作《急救仙方》。

子 部 十 四

醫 家 類 二

素問元機原病式一卷（通行本）

金劉完素撰。完素字守真，河閒人。事蹟具《金史·方技傳》。是書因《素問·至真要論》詳言五運六氣盛衰勝復之理，而以病機一十九條附於篇末。乃於十九條中採一百七十六字，演為二百七十七字，以為綱領，而反復辨論以申之，凡二萬餘言。大旨多主於火。故張介賓作《景岳全書》，攻之最力。然完素生於北地，其人秉賦多强[①]，兼以飲食醇醲，久而蘊熱，與南方風土原殊。又完素生於金時，人情淳樸，習於勤苦，大抵充實剛勁，亦異乎南方之脆弱。故其持論，多以寒涼之劑攻其有餘，皆能應手奏功。其作是書，亦因地因時，各明一義，補前人所未及耳。醫者拘泥成法，不察虛實，概以攻伐戕生氣。譬諸檢譜角觝，宜其致敗，其過實不在譜也。介賓憤疾力排，盡歸其罪於完素。然則參桂誤用，亦可殺人，又將以是而廢介賓書哉[②]？張機《傷寒論》有曰："桂枝下咽，陽盛乃斃；承氣入胃，陰盛以亡。"明藥務審證，不執一也。故今仍錄完素之書，並著偏主之弊，以持其平焉。

【彙訂】

①“多”，殿本作“原”。

②“介賓”，殿本作“東垣”。

宣明方論十五卷（通行本）①

金劉完素撰。是書皆對病處方之法。首諸證門，自煎厥、薄厥、殞洩、䐜脹以及諸痹、心疝，凡六十一證，皆採用《內經》諸篇，每證各有主治之方，一宗仲景。次諸風，次熱，次傷寒，次積聚，次水濕，次痰飲，次勞，次洩痢，次婦人，次補養，次諸痛，次痔瘻，次眼目，次小兒，次雜病，共十七門②。每門各有總論，亦發明運氣之理，兼及諸家方論，於軒岐奧旨，實多闡發。而多用涼劑，偏主其說者不無流弊，在善用者消息之耳。考《原病式》自序云：“作《醫方精要宣明論》一部，三卷，十萬餘言。”今刊入《河閒六書》者乃有十五卷。其二卷之菊葉法、薄荷白檀湯，四卷之妙功藏用丸，十二卷之蓽澄茄丸、補中丸、楮實子丸皆註“新增”字，而七卷之信香十方、青金膏不註“新增”字者，據其方下小序稱灌頂法王子所傳，併有偈呪。金時安有灌頂法王？顯為元、明以後之方。則竄入而不註者不知其幾矣。卷增於舊，殆以是歟？

【彙訂】

①“宣明方論”，底本作“宣明論方”，據文淵閣《四庫》本此書及殿本乙。

②此書卷十“痼門”前尚有“燥門”，卷十三“痔門”後尚有“瘧門”，共十八門。《總目》所列僅十六門。

傷寒直格方三卷傷寒標本心法類萃二卷（通行本）

舊本皆題金劉完素撰。《傷寒直格方》大旨出入於《原病式》,而於傷寒證治議論較詳。前序一篇,不知何人所撰。馬宗素《傷寒醫鑒》引平城翟公宵行遇燈之語,與此序正相合,殆即翟公所撰歟?《醫鑒》又云完素著《六經傳變直格》一部①,計一萬七千零九字。又於《宣明論》中集緊切藥方六十道,分六門,亦名《直格》。此書有方有論,不分門類,不能確定原為何種。卷首又題為"臨川葛雍編",蓋經後人竄亂,未必完素之舊矣。《傷寒標本心法類萃》上卷分別表里,辨其緩急。下卷則載所用之方,其中"傳染"一條稱雙解散、益元散皆為神方。二方即完素所製,不應自譽至此。考完素《原病式》序稱:"集傷寒雜病脈證方論之文,目曰《醫方精要宣明論》。"今檢《宣明論》中已有"傷寒"二卷,則完素治傷寒法已在《宣明論》中,不別為書。二書恐出於依託。然流傳已久,姑存之以備參考焉。

【彙訂】

① "云",底本作"元",據殿本改。

病機氣宜保命集三卷(兩淮鹽政採進本)

金張元素撰。元素字潔古,易州人。八歲應童子舉,二十七試進士,以犯廟諱下第。乃去而學醫,精通其術。因抒所心得,述為此書。凡分三十二門,首原道、原脈、攝生、陰陽諸論,次及處方用藥,次第加減君臣佐使之法,於醫理精蘊闡發極為深至。其書初罕傳播,金末楊威始得其本刊行①,而題為河間劉完素所著。明初寧王權重刊,亦沿其誤,并偽撰完素序文詞調於卷首以附會之。至李時珍作《本草綱目》,始糾其謬,而定為出於元素之手,於序例中辨之甚明。考李濂《醫史》稱:"完素嘗病傷寒八日,頭痛脈緊,嘔逆不食。元素往候,令服某藥。完素大服,如其言,遂愈。元素自此顯名。"是其造詣深邃,足以自成一家,原不必託完素以為重。今特為改正,其偽託之序亦並從删削焉②。

【彙訂】

① "其",殿本無。

② 丹波元胤《中國醫籍考》據綫溪野老《劉守真〈三消論〉跋》,稱麻九疇訪得劉守真有《氣宜病機》之書;又據杜思敬於元延祐二年八十一歲時序《濟生拔萃》提到"劉守真《保命》"(守真為劉完素之字),認為麻為金朝人,杜距劉守真時代亦近,而均謂劉著是書,豈可移之於張元素"? 章拯(《明史》有傳)《重刊劉河閒〈保命集〉序》(載《明文海》卷三一六)稱:"(俗師)殊不知審察病機,無失氣宜,河閒固醫中之王也。"又云:"沙河姜居安,自稱江右世醫,國初有官院判者,故蓄古方書頗多。予嘗取而閱之,茲且梓,願以次刊河閒《保命》諸集。"可知李時珍以前,相傳之本,為劉完素著也。《本草綱目》卷一上"潔古《珍珠囊》"條云:"(張元素)又著《病機氣宜保命集》四卷,一名《活法機要》。後人誤作河閒劉完素所著,偽撰序文,調於卷首以附會之。"此即《總目》所本。然《活法機要》今存,乃李杲撰,與《病機》判然二書。劉完素、楊威、寧王朱權三《序》,無偽可言,因何作偽而"調於卷首"? 茫無解釋。《本草綱目》雖系藥學聖典,但此條寥寥數語,理據均無,不足以剝奪劉完素之著作權。(楊武泉:《四庫全書總目辨誤》)

儒門事親十五卷(大學士英廉家藏本)

金張從正撰。從正字子和,號戴人,睢州考城人。興定中召補太醫,尋辭去。事蹟具《金史·方技傳》。從正與麻知幾、常仲明董講求醫理，輯為此書。劉祁《歸潛志》稱："麻知幾九疇與之善，使子和論説其術，因為文之。"則此書實知幾所記也。其例有説有辨，有記有解，有誡有箋，有詮有式，有斷有論，有疏有述，有衍有訣，有十形三療，有六門三法[①]，名目頗煩碎，而大旨主於用攻。其曰《儒門事親》者，以為惟儒者能明其理，而事親者當知醫也。從正宗河閒劉守真，用藥多寒涼，其汗吐下三法當時已多異議，故書中辨謗之處為多。丹溪朱震亨亦譏其偏，後人遂并其書置之。然病情萬狀，各有所宜，當攻不攻與當補不補厥弊維均，偏執其法固非，竟斥其法亦非也。惟中閒負氣求勝，不免過激。欲矯庸醫恃補之失，或至於過直。又傳其學者不知察脈虛實，論病久暫，概以峻利施治，遂致為世所藉口。要之未明從正本意耳。

【彙訂】

①"六門三法"應為"三法六門方"。（陸心源：《金刊張子和醫書跋》）

内外傷辨惑論三卷（江蘇巡撫採進本）

金李杲撰。杲字明之，自號東垣老人，真定人。嘗以納貲得官，監濟源税。案元硯堅作《東垣老人傳》，稱杲以辛亥年卒，年七十二。則當生於世宗大定二十年庚子，金亡時年五十五，入元十七年乃終。故舊本亦或題元人，而《元史》亦載入《方技傳》也。初，杲母嬰疾，為衆醫雜治而死，迄莫知為何證。杲自傷不知醫理，遂捐千金，從易州張元素學，盡得其法。而名乃出於元素上，卓為醫家大宗。是編發明内傷之證有類外感，辨別陰陽寒熱有餘不足，而大旨總以脾胃為主。故特製補中益氣湯，專治飲食勞倦,虛人感冒。法取補土生金,升清降濁,得陰陽生化之旨。其闡發醫理,至為深微。前有自序,題丁未歲,序中稱"此論束之高閣十六年",以《長曆》推之,其書蓋出於金哀宗之正大九年辛卯也[①]。

【彙訂】

① 正大九年乃改元之年,應稱天興元年(正大九年正月庚子,金主改元開興;同年三月甲子,又改元天興,見《續通鑑》卷一六六)。是年歲次壬辰,非辛卯,辛卯乃正大八年。由丁未上溯十六年,亦正得金哀宗正大八年辛卯。其云"此論束之高閣十六年"者,指幼時所撰《辨惑論》一篇而言,非三卷全出於十六年前。(胡玉縉:《四庫全書總目提要補正》;楊武泉:《四庫全書總目辨誤》)

脾胃論三卷(江蘇巡撫採進本)

金李杲撰。杲既著《辨惑論》,恐世俗不悟,復為此書。其說以土為萬物之母,故獨重脾胃。引經立論,精鑿不磨。明孫一奎《醫旨緒餘》云:"東垣生當金、元之交,中原擾攘,土失其所,人疲奔命。或以勞倦傷脾,或以憂思傷脾,或以饑飽傷脾,病有緩急,不得不以急者為先務。"此真知杲者也。前有元好問序。考《遺山文集》有杲所著《傷寒會要》引一篇,備載其所治驗,《元史·方技傳》全取之。而此序獨不見集中,意其偶有散佚歟? 又有羅天益後序一篇。天益字謙父,杲晚年弟子,盡得其傳。元硯堅《東垣老人傳》稱杲"臨終取平日所著書,檢勘卷帙,以次相從,列於几前,囑謙父曰'此書付汝'"者,即其人也。

蘭室祕藏三卷(江蘇巡撫採進本)

金李杲撰。其曰《蘭室祕藏》者,蓋取《黃帝素問》"藏諸靈蘭之室"語。前有至元丙子羅天益序,在杲歿後二十五年,疑即硯堅所謂臨終以付天益者也。其治病分二十一門,以飲食勞倦居首。他如中滿腹脹,如心腹痞,如胃脘痛諸門,皆諄諄於脾胃,蓋其所獨重也。東垣發明內傷之類外感,實有至理。而以土為萬物之母,脾胃為生化之源。《脾虛損論》一篇,極言寒涼峻利之害,尤深切著明。蓋預晰劉、張兩家末流攻伐之弊,而早防其漸也。至於前代醫方,自《金匱要略》以下,大抵藥味無多。故《唐書·許允〔胤〕宗傳》紀允宗之言曰:"病之於藥有正相當,惟須單用一味,直攻彼病,藥力既專,病即立愈。今人不能別脈①,莫識病證,以情臆度,多安藥味。譬之於獵,未知兔所,多發人馬,空地遮圍,或冀一人偶然逢也。如此療病,不亦疏乎?"其言歷代醫家傳為名論。惟杲此書載所自製諸方,動至一二十味,而君臣佐使相制相用,條理井然,他人罕能效之者。斯則事由神解,不涉言詮。讀是書者能喻法外之意則善矣。

【彙訂】

①"人",殿本作"又",誤,參《舊唐書》卷一九一許胤宗本傳原文。

醫壘元戎十二卷(兵部侍郎紀昀家藏本)

元王好古撰。好古字進之,趙州人,官本州教授。據好古所作《〈此事難知〉序》,蓋其學出於李杲①。然此書"海藏黃耆湯"條下稱杲為"東垣李明之先生",而"易老大羌活湯"條下稱"先師潔古老人"②,則好古實受業張元素。殆如趙匡、陸淳同受《春秋》於啖助,而淳又從匡講問歟? 自跋稱:"是書已成於辛卯。金哀宗正大八年。至丁酉春,元滅金之第四年。為人陰取之。元稿已絕,更無餘本。予職州庠，杜門養拙，蘉鹽之暇，無可用心，想像始終，十得七八。試書首尾，僅得復完。"前有自序，亦題丁酉歲。蓋初成於金末，而重輯於元初也。其書以十二經為綱，皆首以傷寒，附以雜證。大旨祖長沙緒論，而參以東垣易水之法，亦頗採用《和劑局方》，與丹溪門徑小異。然如"半硫丸"條下註云："此丸古時用，今時氣薄不用。則斟酌變通。"亦未始不詳且慎矣。其曰《醫壘元戎》者，自序謂："良醫之用藥，若臨陣之用兵也。"此本為嘉靖癸卯遼東巡撫右都御史餘姚顧遂所刻。萬曆癸巳，兩淮鹽運使鄞縣屠本畯又重刻之[3]，體例頗為參差。蓋書帕之本，往往移易其舊式。今無原本可校，亦姑仍屠本錄之焉。

【彙訂】

①"據好古所作此事難知序蓋其學出於李杲"，殿本作"據此事難知序好古淵源李杲"。

②"而"，殿本無。

③"使"，殿本作"司"。文淵閣《四庫》本書前提要作"同知"，當從。朱彝尊《靜志居詩話》卷十七《屠本畯小傳》曰："出為兩淮運司同知，移福建運使。"民國《鄞縣通志·文獻志·文學》有傳，亦云："萬曆間為兩淮鹽運同知，復移福建福建鹽引。"

此事難知二卷（江蘇巡撫採進本）[1]

元王好古撰。是編專述李杲之緒論，於傷寒證治尤詳。其《問三焦有幾》分別手足，明孫一奎極稱其功。惟謂："命門包絡與右尺同論[2]。"又謂："包絡亦有三焦之稱。"未免誤會經旨耳。史稱杲長於傷寒，而《會要》一書元好問實序之。今其書已失傳，則杲之議論猶賴此以存其一二。前有至大元年自序,稱:"得師不傳之祕,旬儲月積,浸就篇帙。"蓋好古自為裒輯。今本《東垣十書》竟屬之杲,殊為謬誤。考明李濂《醫史》亦以是書為杲作,則移甲為乙,已非一日矣。

【彙訂】

① 此條與文淵閣庫書次序不符,文淵閣庫書與殿本皆置於"醫壘元戎十二卷"條之前。

② 此書卷二《問三焦有幾》篇曰:"右手尺脈為命門包絡同胗,此包絡亦有三焦之稱。"則"論"字乃"胗"之誤。

湯液本草三卷(江蘇巡撫採進本)

元王好古撰。曰"湯液"者,取《漢志·湯液經方》義也。上卷載東垣《藥類法象》、《用藥心法》,附以五宜、五傷、七方、十劑。中、下二卷以本草諸藥配合三陽三陰十二經絡,仍以主病者為首,臣佐使應次之。每藥之下,先氣次味,次入某經。所謂"《象》云"者,《藥類法象》也;"《心》云"者,《用藥心法》也;"《珍》云"者,潔古《珍珠囊》也。其餘各家雖有採輯,然好古受業於潔古,而講肄於東垣,故於二家用藥尤多徵引焉。考《本草》藥味不過三品,三百六十五名。陶宏景《別錄》以下,遞有增加,往往有名未用。即《本經》所云主治,亦或古今性異,不盡可從。如黃連今惟用以清火解毒,而《經》云"厚腸胃"[①],醫家有敢遵之者哉? 好古此書所列,皆從名醫試驗而來。雖為數無多,而條例分明,簡而有要,亦可云適乎實用之書矣。

【彙訂】

① 殿本"厚"上有"能"字。

瑞竹堂經驗方五卷（永樂大典本）

元沙圖穆蘇原作薩理彌實，今改正。撰。沙圖穆蘇《元史》無傳，其事蹟不可考。以吳澂、王都中二序核之，則其字為謙齋，嘗以御史出為建昌太守。是書即其在郡時所撰集也。原書本十五卷。楊士奇等《文淵閣書目》載有一部一册，而晁瑮《寶文堂書目》內亦列其名，則是明中葉以前，原帙尚存。其後遂尠傳本。今據《永樂大典》所載，搜採編輯，計亡闕已十之五六，而所存者尚多[①]。謹依方詮次，分立二十四門，釐為五卷。中間如"調補"一門，不輕用金石之藥，其處方最為醇正。又"女科"之八珍散，即四君子湯、四物湯之並方，其用尤廣，明薛己《醫案》已詳著之。至"瘡科"所載返魂丹，與今世瘍醫所用梅花點舌丹、奪命丹相類，內托千金散以治癰毒，亦見殊功。是皆可資利濟之用。惟"幼科"之褐丸子與《蘇沈良方》中所列褐丸名目相類，治療亦同。特彼用烏頭、桂、香附、乾薑、陳皮配合，攻補兼行，頗為周密。此乃用黑牽牛、京三棱、蓬莪术諸品，殊病其過於峻利。蓋金、元方劑往往如斯，由北人氣稟壯實，與南人異治故也。此在於隨宜消息，不可以成法拘矣。

【彙訂】

① 此書今存明成化十年熊氏種德堂刻本十五卷、明嘉靖間高濂校刻本十五卷，可知明季尚有傳刻之本。（朱家濂：《讀〈四庫提要〉札記》）

世醫得效方二十卷（兩淮鹽政採進本）

元危亦林撰。亦林字達齋，南豐人。官本州醫學教授。是編積其高祖以下五世所集醫方，合而成書。一曰大方脈科，分子目九十有一。二曰小方脈科,分子目七十有一。三曰風科,分子目十。四曰產科兼婦人雜病科,分子目三十有三。五曰眼科,分子目十二。六曰口齒兼咽喉科,分子目六。七曰正骨兼金鏃科,分子目二十九。八曰瘡腫科,分子目二十四。共十九卷,附以《孫真人養生法》節文一卷。其總目“鍼灸”一科,有錄無書。校檢其文,皆散附各科之中,蓋標題疎舛,實非闕佚。自序稱創始於天曆元年,迄功於後至元三年,其用力亦云勤篤。前有至元五年太醫院題識,備列院使十一人,同知院事二人,僉院事二人,同僉院事二人,判官二人,經歷二人,都事二人,掾史一人銜名。蓋江西官醫提舉司以是書牒醫院,下諸路提舉司重校,覆白於醫院,而後刊行,亦頗矜慎。序中稱其高祖遇仙人董奉二十五世孫,傳其祕方。雖技術家依託之言,不足深詰。而所載古方至多,皆可以資考據,未可以罕所發明廢之也。

　　格致餘論一卷(江蘇巡撫採進本)

　　元朱震亨撰。震亨字彥修,金華人①。受業於羅知悌,得劉守真之傳。其說謂陽易動,陰易虧,獨重滋陰降火,創為陽常有餘,陰常不足之論。張介賓等攻之不遺餘力。然震亨意主補益,故諄諄以飲食色欲為箴,所立補陰諸丸,亦多奇效。孫一奎《醫旨緒餘》云:“丹溪生當承平,見人多酗酒縱欲,精竭火熾,復用剛劑,以至於斃。因為此救時之說。後人不察,遂以寒涼殺人,此不善學丹溪者也。”其說可謂平允矣。是編前有自序云:“古人以醫為吾儒格物致知之一事,故特以是名書。”蓋震亨本儒者,受業於許謙之門,學醫特其餘事,乃性之所近,竟不以儒名而以醫名。然究較方技者流為能明其理,故其言如是。戴良《九靈山房集》

有《丹溪翁傳》，敘其始末甚詳云。

【彙訂】

① 此書卷首原序云："（羅知悌）無有能承其學者，又獨至烏傷朱君，始能傳之……君名震亨，字彥修。"烏傷，漢縣，六朝因之，唐初改義烏，見《新唐書·地理志》。朱震亨為義烏人，《明史·戴思恭傳》即稱"義烏朱震亨"。康熙《金華府志》卷十六《人物志》亦稱朱震亨"義烏赤岸人"。雍正《浙江通志》卷一九七《人物·朱震亨傳》、嘉慶《義烏縣志》卷一八《方技》"朱震亨"條，亦均謂朱震亨為義烏人。《元史·許謙傳》稱震亨"同郡"，許為金華人，朱只同郡而非同邑。義烏、金華，元代同屬婺州路，但不能視為一地。（楊武泉：《四庫全書總目辨誤》）

局方發揮一卷（江蘇巡撫採進本）

元朱震亨撰。以《和劑局方》不載病源，止於各方下條列證候，立法簡便，而未能變通，因一一為之辨論。大旨專為闢溫補、戒燥熱而作。張介賓《景岳全書》云："《局方》一書，宋神宗案，此《方》成於徽宗之時，介賓以為神宗，殊為舛誤，謹附訂於此①。詔天下高醫，奏進而成。雖其中或有過於粉飾者，神效之方亦必不少，豈可輕議！"其意頗不以震亨為然。考震亨之學出於宋內官羅知悌，知悌之學距河間劉完素僅隔一傳。完素主於瀉火，震亨則主於滋陰。雖一攻其有餘，其劑峻利；一補其不足，其劑和平，而大旨不離其淵源。故於《局方》香竄燥烈諸藥，諄諄致辨。明以來沿其波者，往往以黃蘗、知母戕傷元氣。介賓鑒其末流，故惟以益火為宗，掊擊劉、朱不遺餘力。其以冰雪凜冽為不和，以天晴日暖為和，取譬固是。然清風涼雨亦不能謂之不和，鑠石流金亦不能强謂之和。各明一義而忘其各執一偏，其病實相等也。故介賓之説不可不知，而震亨是編亦未可竟廢焉。

【彙訂】

① 此段小字注，殿本無。衢本《郡齋讀書志》卷十五“太醫局方”條云：“元豐中，詔天下高手醫，各以得效祕方進，下太醫局驗試，依方製藥鬻之。仍模本傳於世。”其下一條即“和劑局方”：“大觀中，詔通醫刊正藥局方書。閱歲書成。”可知《景岳全書》所言《局方》乃《太醫局方》，非《和劑局方》。

金匱鈎元〔玄〕三卷（江蘇巡撫採進本）

元朱震亨撰，明戴原禮校補。中稱“戴云”者，原禮説也。末附論六篇，不刻於目錄中。一曰《火豈君相五志俱有論》，一曰《氣屬陽動作火論》，一曰《血屬陰難成易虧論》，一曰《滯下辨論》，一曰《三焦之疾燥熱勝陰論》①，一曰《泄瀉從濕治有多法論》②，皆不題誰作。觀其《滯下辨論》引震亨之言，則亦原禮所加也。震亨以補陰為宗，實開“直補真水”之先。其以鬱治病，亦妙闡《內經》之旨，開諸家無窮之悟。雖所用黄蘗、知母不如後人之用六味圓直達本原，所製越鞠丸亦不及後人之用逍遙散和平無弊，然蓽路藍縷，究以震亨為首庸。是書詞旨簡明，不愧“鈎元”之目。原禮所補，亦多精確。《明史·方技傳》載此書於原禮傳中，卷數與今本同，稱其“附以己意，人謂不愧其師”，其為醫家善本可知矣。原禮，浦江人，洪武中御醫。本名思恭，以字行，故史作戴思恭。朱國禎《湧幢小品》曰：“戴元禮，國朝之聖醫也，太祖稱為仁義人。太孫即位，拜院使。”云云。元禮即原禮，蓋國禎得諸傳聞，故音同字異耳。

【彙訂】

①"三焦",底本作"三消",據此書卷三原文及殿本改。

②"泄瀉從濕治有多法",殿本作"泄瀉經濕治有多方",誤,參此書卷三原文。

扁鵲神應鍼灸玉龍經一卷(浙江范懋柱家天一閣藏本)

元王國端撰①。國端,婺源人。其書專論鍼灸之法。首為《一百二十穴玉龍歌》八十五首,次為《註解標幽賦》一篇,次為《天星十一穴歌訣》十二首,次為《人神尻神太乙九宮歌訣》,次為《六十六穴治證》,次為《子午流註心要祕訣》,次為《日時配合六法圖》②,次為《盤石金直刺祕傳》,次又附以《鍼灸歌》及《雜錄切要》。後有天曆二年國端弟子周仲良序,稱:"託名扁鵲者,重其道而神之。"其中名目頗涉鄙俚,文義亦多淺近,不出方技家之鄙習。而專門之學,具有授受,剖析簡要,循覽易明,非精於斯事者亦不能言之切當若是也。

【彙訂】

① 此書撰人,書中題為"王國瑞"。錢大昕《補元史藝文志》、丹波元胤《中國醫籍考》等書,亦均作"王國瑞"。(楊武泉:《四庫全書總目辨誤》)

②"日時配合六法圖",殿本作"時日配合六法圖"。書中原圖作"時日配合穴法圖"。(江慶柏等整理:《四庫全書薈要總目提要》)

外科精義二卷(江蘇巡撫採進本)

元齊德之撰。德之始末未詳,惟其結銜稱醫學博士充御藥院外科太醫。是編先論後方,於瘡腫診候淺深虛實最為詳盡。

考《周禮·天官》:"瘍醫掌腫瘍、潰瘍、金瘍、折瘍之祝藥劀殺之齊。"註曰:"劀謂刮去膿血,殺謂以藥食其惡肉。"又曰:"凡療瘍以五毒攻之。"註曰:"今醫方有五毒之藥,合黃堥置石膽、丹砂、雄黃、礜石①、慈石其中燒之,三日三夜,其烟上著。以雞羽埽取之,以注創惡。肉破,骨則盡出。"又曰:"以五氣養之,以五藥療之,以五味節之。"註曰:"既劀殺而攻盡其宿肉②,乃養之也。'五氣'當作'五穀',字之誤也。'節',節成其藥之力。"云云。是則古者瘍醫攻補兼施之明證。後之瘍醫惟持攻毒之方,治其外而不治內,治其末而不治本,故所失恒多。德之此書務審病之所以然,而量其陰陽强弱以施療,故於瘍科之中最為善本。書中無一字及李杲,李杲平生亦不以外科著。原本附《東垣十書》之末,蓋坊刻雜合之本,取以備"十書"之數,與所載朱震亨書均為濫入。孫一奎《赤水元〔玄〕珠》引之,竟稱"東垣《外科精義》",不考甚矣。

【彙訂】

①"礜石",殿本作"礬石",誤,參《周禮·天官冢宰下·瘍醫》原文。

②"攻",殿本作"須",誤,參《周禮·天官冢宰下·瘍醫》注原文。

脈訣刊誤二卷附錄二卷(兩淮鹽政採進本)

元戴啟宗撰。啟宗字同父,金陵人,官龍興路儒學教授。考《隋書·經籍志》載王叔和《脈經》十卷,《唐志》並同,而無所謂《脈訣》者。呂復《羣經古方論》曰:"《脈訣》一卷①,乃六朝高陽生所撰,託以叔和之名,謬立七表、八里、九道之目,以惑學者。

通真子劉元賓為之註，且續歌括附其後，詞既鄙俚，意亦滋晦。”
其說良是。然以高陽生為六朝人，則不應《隋志》、《唐志》皆不著
錄，是亦考之未審。《文獻通考》以為熙寧以前人偽託，得其實
矣。其書自宋以來屢為諸家所攻駁，然泛言大略，未及一一核正
其失。且淺俚易誦，故俗醫仍相傳習。啟宗是書乃考證舊文，句
句為辨，原書偽妄殆抉摘無遺，於脈學殊為有裨。明嘉靖間祁門
汪機刊之，又以《諸家脈書要語類》為一卷，及所撰《矯世惑脈論》
一卷，並附錄於後②。以其說足相發明，仍並載之，資參考焉。

【彙訂】

① “卷”，殿本作“書”，誤，參李濂《醫史》卷九《滄州翁傳》。

② 文淵閣《四庫》本此書附錄僅一卷。

醫經溯洄集二卷(浙江汪啟淑家藏本)

元王履撰。履字安道，崑山人。學醫於金華朱震亨，盡得其
術，至明初始卒。故《明史》載入《方技傳》中，其實乃元人也。嘗
以《傷寒論》中《陽明篇》無目痛，《少陰篇》言胸背滿不言痛，《太
陰篇》無嗌乾，《厥陰篇》無囊縮，必有脫簡。乃取三百九十七法，
去其重複者二百三十八條，復增益之，仍為三百九十七法。因極
論內、外傷經旨異同，併中風、中暑之辨，撰為此書，凡二十一篇。
其闡闢發明切者，如《亢則害承乃制》及《四氣所傷》，皆前人所未
及。他若溫病、熱病之分，三陰寒熱之辨，以及《瀉南補北》諸論，
尤確有所見。又以《素問》云傷寒為病熱，言常不言變，至仲景始
分寒熱，然義猶未盡，乃備列常與變，作《傷寒立法考》一篇。李
濂《醫史》有履《補傳》，載其著書始末甚詳。觀其歷數諸家，俱不
免有微詞，而《內傷餘議》兼及東垣，可謂少可而多否者。然其會

通研究，洞見本原，於醫道中實能貫徹源流，非漫為大言以夸世也。

　　普濟方四百二十六卷（浙江范懋柱家天一閣藏本）①

　　明周定王橚撰。橚有《救荒本草》，已著錄。是書取古今方劑，彙輯成編，橚自訂定。又命教授滕碩、長史劉醇等同考論之。李時珍《本草綱目》所附方採於是書者至多，然時珍稱為周憲王，則以為橚子有燉所作，誤矣。元本一百六十八卷，《明史·藝文志》作六十八卷，蓋脫"一百"二字也②。凡一千九百六十論，二千一百七十五類，七百七十八法，六萬一千七百三十九方，二百三十九圖。採摭繁富，編次詳析，自古經方無更賅備於是者。其書蒐羅務廣，頗不免重複牴牾。醫家病其雜糅，罕能卒業。又卷帙浩博，久無刊版，好事家轉相傳寫，舛謬滋多。故行於世者頗罕，善本尤稀。然宋、元以來名醫著述，今散佚十之七八，橚當明之初造，舊籍多存。今以《永樂大典》所載諸祕方勘驗是書，往往多相出入。是古之專門祕術，實藉此以有傳。後人能參考其異同，而推求其正變，博收約取，應用不窮。是亦仰山而鑄銅，煮海而為鹽矣，又烏可以繁蕪病哉？

　　【彙訂】

　　① 文淵閣《四庫》本尚附《直音略》一卷。（沈治宏：《中國叢書綜錄訂誤》）

　　② "誤矣"至"蓋脫一百二字也"，殿本作"未免舛誤明史藝文志作六十八卷與此不合蓋傳寫脫誤也"。

　　推求師意二卷（浙江巡撫採進本）①

　　明戴原禮撰。原禮即校補朱震亨《金匱鉤元〔玄〕》者也。是編本震亨未竟之意，推求闡發，筆之於書。世無傳本。嘉靖中，祁門汪機睹其本於歙縣，始錄之以歸。機門人陳桷校而刊之，其名亦機所題也。考李濂《醫史》有原禮《補傳》，稱：“平生著述不多見，僅有訂正丹溪先生《金匱鈎元》三卷，間以己意附於後。又有《證治要訣》《證治類方》《類證用藥》總若干卷，皆騾括丹溪之書而為之。”然則此二卷者，其三書中之一歟？原禮本震亨高弟，能得師傳，故所錄皆祕旨微言，非耳剽目竊者可比。震亨以補陰為主，世言“直補真水”者，實由此開其端。書中議論，大率皆本此意。然俗醫不善學震亨者，往往矯枉過直，反致以寒涼殺人。此書獨能委曲圓融，俾學者得其意而不滋流弊，亦可謂有功震亨者矣。

【彙訂】

① 此條與文淵閣庫書次序不符，文淵閣庫書及殿本皆置於“鍼灸問對三卷”條之前。

玉機微義五十卷（兩淮鹽政採進本）

明徐用誠撰，劉純續增。用誠字彥純，會稽人①。純字宗厚，咸寧人。用誠原本名《醫學折衷》②，分中風、痿、傷風、痰飲、滯下、泄瀉、瘧、頭痛、頭眩、欬逆、痞滿、吐酸、痓、癘、風癎、破傷風、損傷十七類。純以其條例未備，又益以欬嗽、熱、火、暑、濕、燥、寒、瘡瘍、氣、血、內傷、虛損、積聚、消渴、水氣、腳氣、諸疝、反胃、脹滿、喉痹、淋閟、眼目、牙齒、腰痛、腹痛、心痛、瘢疹、黃疸、霍亂、厥、痹、婦人、小兒三十三類，始改今名。仍於目錄各註“續添”字，以相辨識，或於用誠原本十七類中有所附論，亦註“續添”字以別之。是二人相繼而成，本書可據。《明史·藝文志》惟著劉純之名,蓋失考也。其書雖皆採掇諸家舊論、舊方,而各附案語,多所訂正,非餖飣鈔撮者可比。嘉靖庚寅,延平黃焯刻於永州,首載楊士奇序,知二人皆明初人。士奇序謂二人皆私淑朱震亨,今觀其書,信然。又謂北方張元素再傳李杲,三傳王好古,南方朱震亨得私淑焉。則於宗派源流,殊為舛迕。張、李、王之學皆以理脾為宗,朱氏之學則以補陰為主,去河閒一派稍近,而去潔古、東垣、海藏一派稍遠,遺書具存,可以覆案。王禕《青巖叢錄》曰[3]:"李氏弟子多在中州,獨劉氏傳之荊山浮圖師。師至江南,傳之宋中人羅知悌,南方之醫皆宗之。"云云。其宗派授受,亦極明白。士奇合而一之,誤之甚矣。

【彙訂】

① 明正統刊本載洪武丙子劉純序云:"先生諱彥純,字用誠。"(胡玉縉:《四庫全書總目提要補正》)

②"原",殿本脫。

③"王禕",殿本作"王褘",誤。說詳卷四六《元史》條訂誤。

仁端錄十六卷(浙江巡撫採進本)

明徐謙撰,其門人陳葵刪定。謙字仲光,嘉興人。葵字藎夫,武水人。是書專論治痘諸法,分別五臟所主及經絡傳變,觀形察色,條列方論,末卷附治疹之法。案痘瘡之證,古所不詳,惟《書錄解題》載董汲《小兒瘢疹論》二卷,作於宋元祐中。然其書不傳,未知所謂瘢者即痘否。錢乙《藥證真訣》於小兒諸病皆條列至詳,亦不及於是事。惟周密《齊東野語》曰:"小兒痘瘡,固是危事,然要不可擾之。趙賓暘曰:'或多以酒麵等物發之,非也;或以消毒飲、升麻湯等解之,亦非也。大約在固臟氣之外,任其

自然耳。然或有變證,則不得不資於藥。'"云云。所列《本事方》
捻金散,四君子湯加黃耆及狗蠅七枚擂細酒服,治倒靨;天花粉、
蛇蛻同煮羊肝,治目臀,證藥乃皆與今同。蓋人情之嗜慾日深,
故其毒根於先天,而其發感於時氣。自元、明以來,遂為人生之
通病,而著方立論者亦自元、明以後始詳。其開以固元氣為主
者,謂元氣既盛,自能驅毒氣使出;以攻毒氣為主者,謂毒氣既
解,始可保元氣無恙。於是攻補異途,寒溫殊用,痘家遂分為兩
岐,斷斷執門户之見。是編獨審證施療,無所偏主,推原本始,備
載治驗,頗能持兩家之平。較之先立成法,至於膠柱而鼓瑟者,
殆不可以道里計矣。

　　薛氏醫案七十八卷(通行本)

　　明薛己撰。己字立齋,吳縣人。是書凡十六種①。己所自
著者為《外科樞要》四卷,《原機啟微》三卷,《內科摘要》二卷,《女
科撮要》二卷,《癧瘍機要》三卷,《正體類要》二卷,《保嬰粹要》一
卷,《口齒類要》一卷,《保嬰金鏡錄》一卷。其訂定舊本附以己説
者,為陳自明《婦人良方》二十四卷②,《外科精要》三卷,王綸《明
醫雜著》六卷,錢乙《小兒真訣》四卷,陳文中《小兒痘疹方》一卷,
杜本《傷寒金鏡錄》一卷,及其父鎧《保嬰撮要》二十卷③。初刻
於秀水沈氏,版已殘闕。天啟丁卯,朱明為重刊之。前有明《紀
事》一篇,載明病困時,夢己教以方藥,服之得愈。又夢己求刻此
書。其事甚怪。然精神所注,魂魄是憑,固亦理之所有,不妨存
其説也。己本瘍醫,後乃以內科得名。其老也,竟以瘍卒。訿之
者以為溫補之弊,終於自戕。然己治病務求本原,用八味丸、六
味丸直補真陽真陰,以滋化源,實自己發之。其治病多用古方,

而出入加減，具有至理，多在一兩味閒見神明變化之妙。厥後趙獻可作《醫貫》，執其成法，遂以八味、六味通治各病，甚至以六味丸治傷寒之渴，膠柱鼓瑟，流弊遂多。徐大椿因併集矢於薛氏，其實非己本旨，不得以李斯之故歸罪荀卿也。世所行者別有一本，益以《十四經發揮》諸書，實非己所著，亦非己所校。蓋坊賈務新耳目，濫為增入，猶之《東垣十書》、《河閒六書》泛收他家所作，以足其數。固不及此本所載皆己原書矣。

【彙訂】

① "十六"，底本作"六十"，據殿本改。

② 文淵閣《四庫》本為七十七卷。卷二十六至卷四十八為《婦人良方》二十三卷。（沈治宏：《中國叢書綜錄訂誤》）

③ "保嬰撮要"，底本作"保嬰掇要"，據殿本改。此書卷五十四至卷七十三為《保嬰撮要》。

鍼灸問對三卷（兩淮鹽政採進本）

明汪機撰。機字省之，祁門人。《明史·方技傳》稱："吳縣張頤、祁門汪機、杞縣李可大、常熟繆希雍皆精通醫術，治病多奇中。"即其人也。是書成於嘉靖壬辰，前有程鑅序①。上、中二卷論鍼法，下卷論灸法及經絡穴道，皆取《靈樞》、《素問》、《難經》、《甲乙經》及諸家鍼灸之書，條析其說，設為問答以發明其義，措語頗為簡明。其論鍼能治有餘之病，不能治不足之病；詳辨《內經》虛補實瀉之說為指虛邪實邪，非指病體之虛實；又論古人充實，病中於外，故鍼灸有功，今人虛耗，病多在內，鍼灸不如湯液；又論誤鍼誤灸之害，與巧立名目之誣，皆術家所諱不肯言者，其說尤為篤實。考機《石山醫案》，凡所療之證，皆以藥餌攻補，無僅用鍼灸奏功者。蓋惟深知其利病，故不妄施，所由與務矜奇技者異也。

【彙訂】

①“程鑅”乃“程鑛”之誤。（王重民、屈萬里：《普林斯頓大學葛思德東方圖書館中文善本書志》）

外科理例七卷附方一卷（兩淮鹽政採進本）

明汪機撰。是書成於嘉靖辛卯，凡分一百四十七類，又補遺七類，共為一百五十四門。後《附方》一卷，凡一百五十六通。前有自序，稱：“外科必本諸内，知乎内以求乎外，其如視諸掌乎？治外遺内，所謂不揣其本而齊其末。”可謂探原之論。其曰“理例”者，謂“古人所論治，無非理”，欲學者仿其例而推廣之也。大旨主於調補元氣，先固根柢，不輕用寒涼攻利之劑。又分為舍脈從證、舍證從脈及治之不應別求其故三例，用法通變①，亦異於膠執之談。惟措語拙澀，驟讀之或不了了，是其所短。然方技之書不能責以文章之事，存而不論可矣。書中多引《外科精要》案，此書載薛己《醫案》中，不著撰人名氏。戴良《九靈山房集》中《丹溪翁傳》記朱震亨著作有此名。然機引此書乃皆與“丹溪曰”別為一條，又似不出震亨者。今亦姑闕所疑，謹附識於此。及朱震亨之論②，又稱：“輯已成編，得新甫薛先生《心法發揮》，復採其說，參於其中。”考新甫為薛己之字，己父鎧，宏治時官太醫，則為宏治、正德閒人。是書“杖瘡門”中記療治武宗時廷杖諫官事，則機在正德中早以醫名。二人同時，而虛心從善如是。其持論平允，良亦有由也。

【彙訂】

①“通變”，殿本作“變通”。

②“之”，殿本無。

石山醫案三卷附案一卷（兩淮鹽政採進本）

明陳桷編。桷字惟宜，祁門人。學醫於同邑汪機，因取機諸弟子所記機治療效驗裒為一集，每卷之中，略分門類為次。自宋、金以來，《太平惠民和劑局方》行於南，河閒《原病式》、《宣明論方》行於北。《局方》多溫燥之藥，河閒主瀉火之說，其流弊亦適相等。元朱震亨始矯《局方》之偏，通河閒之變，而補陰之說出焉。機所校《推求師意》一書，實由戴原禮以溯震亨，故其持論多主丹溪之法。然王氏《明醫雜著》株守丹溪，至於過用寒苦，機復為論以辨之，其文今附《醫案》之末。則機亦因證處方，非拘泥一格者矣。其隨試輒效，固有由也。舊本又有機門人陳鑰所作《病用參耆論》一篇，又有機所作其父《行狀》及李汛所作機《小傳》，今亦併錄之，備參考焉。

名醫類案十二卷（通行本）

明江瓘編，其子應宿增補。瓘字民瑩，歙縣諸生。因病棄而學醫，應宿遂世其業。其書成於嘉靖己酉。所採治驗，自《史記》、《三國志》所載秦越人、淳于意、華佗諸人，下迄元、明諸名醫，捃摭殆徧。分二百五門，各詳其病情方藥。瓘所隨事評論者，亦夾註於下。如“傷寒門”中許叔微治祕結而汗出一案，衆醫謂陽明自汗，津液已漏，法當用蜜兌①，而叔微用大柴胡湯取效，瓘則謂終以蜜兌為穩。又如“轉胞門”中朱震亨治胎壓膀胱一案，稱令產媼托起其胎，瓘則謂無此治法，其言不確。凡斯之類，亦多所駁正發明，頗為精審。第“尸蹷門”中附載鍼驗，引及《酉陽雜俎》所載高句驪人言髮中虛事，與治病毫無所涉；“難產門”中引《焦氏類林》載于法開令孕婦食肥羊十餘臠，鍼之即下事，既不明食羊何義，又不明所鍼何穴，亦徒廣異聞，無裨醫療，皆未免騖博嗜奇。然可為法式者固十之八九，亦醫家之法律矣。瓛初成是編，未及刊刻。瓛没之後，應宿又以瓛之醫案分類附之，而應宿醫案亦附焉。歲久版刓，近時歙縣鮑廷博又為重刊。其中間附考證稱"琇案"者，乃魏之琇所加。之琇字玉橫，錢塘人也。

【彙訂】

① "蜜兑"，殿本作"蜜煎"，下同，誤，參此書卷一原文。

赤水元〔玄〕珠三十卷（浙江巡撫採進本）

明孫一奎撰。一奎字文垣，號東宿，又號生生子，休寧人。是編分門七十，每門又各條分縷析。如"風門"則有傷風、真中風、類中風、痙痱之別，"寒門"則有中寒、惡寒之殊。大旨專以明證為主，故於寒、熱、虛、實、表、裏、氣、血八者諄諄致意。其辨古今病證名稱相混之處，尤為明晰。惟第十卷"怯損勞瘵門"附《方外還丹》，專講以人補人採鍊之法，殊非正道。蓋一奎以醫術遊公卿閒，不免以是投其所好，遂為全書之大瑕，是足惜耳。原本卷末附《醫旨緒餘》二卷，《醫案》五卷，今別自為帙。焦氏《經籍志》載孫一奎《赤水元珠》十卷，《醫旨緒餘》二卷，而不及《醫案》，或所見非全本歟？

醫旨緒餘二卷（浙江巡撫採進本）

明孫一奎撰。大旨發明太極陰陽五行之理，備於心身，分別臟腑形質、手足經上下、宗氣衛氣榮氣、三焦包絡、命門相火及各經絡配合之義。又引《黃庭經》以證丹溪"相火屬右腎"之非，引《脈訣刊誤》以駁《三因方》"三焦有形如脂膜"之謬，分噎膈、翻胃為二證，辨癲、狂、癇之異治，皆卓然有特識。其議論諸家長短，謂仲景不徒以傷寒擅名，守真不獨以治火要譽，戴人不當以攻擊蒙譏，東垣不專以内傷奏績，陽有餘陰不足之論不可以訾丹溪，而攖寧生之技亦可並垂不朽，尤千古持平之論云。

證治準繩一百二十卷（通行本）

明王肯堂撰。肯堂有《尚書要旨》，已著錄。是編據肯堂自序，稱先撰《證治準繩》八册，專論雜證，分十三門，附以《類方》八册，皆成於丁酉、戊戌閒。其書採摭繁富，而參驗脈證，辨別異同，條理分明，具有端委，故博而不雜，詳而有要，於寒温攻補無所偏主。視繆希雍之餘派，虚實不問，但談石膏之功；張介賓之末流，診候未施，先定人參之見者，亦為能得其平。其“諸傷門”内附載傳尸勞諸蟲之形，雖似涉乎語怪，然觀北齊徐之才以死人枕療鬼疰，則專門授受，當有所傳，未可概疑以荒誕也。其《傷寒準繩》八册、《瘍醫準繩》六册，則成於甲辰；《幼科準繩》九册、《女科準繩》五册，則成於丁未，皆以補前書所未備，故仍以《證治準繩》為總名。惟其方皆附各證之下，與雜證體例稍殊耳。史稱：“肯堂好讀書，尤精於醫。所著《證治準繩》該博精詳，世競傳之。”其所著《鬱岡齋筆塵》論方藥者十之三四，蓋於兹一藝用力至深，宜其為醫家圭臬矣。

本草綱目五十二卷（大學士于敏中家藏本）①

明李時珍撰。時珍字東璧，蘄州人，官楚王府奉祠正。事蹟具《明史·方技傳》。是編取神農以下諸家本草，薈粹成書，複者芟之，闕者補之，譌者糾之，凡一十六部，六十二類，一千八百八十二種。每藥標正名為綱，附釋名為目，次以集解、辨疑、正誤，次以氣味、主治、附方。其分部之例，首水、火，次土，次金石，次草、穀、菜、果、木，次服器，次蟲、鱗、介、禽、獸，終之以人。前有圖三卷，又序例二卷，《百病主治藥》二卷。於陰陽標本，君臣佐使之論，最為詳析。考諸家本草，舊有者一千五百一十八種，時珍所補者又三百七十四種，搜羅羣籍，貫串百氏。自謂："歲歷三十，書採八百餘家，稿凡三易，然後告成。"者，非虛語也。其書初刻於萬曆閒，王世貞為之序。其子建元又獻之於朝，有進疏一篇冠於卷首。至國朝順治閒，錢塘吳毓昌重訂付梓，於是業醫者無不家有一編，《明史·方技傳》極稱之。蓋集本草之大成者無過於此矣。

【彙訂】

① 文淵閣《四庫》本尚有附圖九卷。(沈治宏：《中國叢書綜錄訂誤》)

奇經八脈考一卷(大學士于敏中家藏本)

明李時珍撰。其書謂人身經脈有正有奇，手三陰、三陽，足三陰、三陽為十二正經，陰維、陽維、陰蹻、陽蹻、衝、任、督、帶為八奇經。正經人所共知，奇經醫所易忽，故特詳其病源治法①，並參考諸家之說，薈稡成編。其原委精詳，經緯貫徹，洵辨脈者所不可廢。又創為《氣口九道脈圖》，暢發《內經》之旨而詳其診法，尤能闡前人未洩之祕。考明初滑壽嘗撰《十四經發揮》一卷，於十二經外，益以督、任二脈，舊附刊薛己《醫案》之首，案，薛己《醫案》凡二本，其一本不載此書。醫家據為繩墨。時珍此書更加精核，然皆根據《靈樞》、《素問》以究其委曲而得其端緒。此以知徵實之學由於考證，遞推遞密，雖一技亦然矣。

【彙訂】

①"詳"，底本作"評"，據殿本改。（盧弼：《四庫湖北先正遺書札記》）

瀕湖脈學一卷（大學士于敏中家藏本）

明李時珍撰。宋人剽竊王叔和《脈經》改為《脈訣》，其書之鄙謬，人人知之，然未能一一駁正也。至元戴啟宗作《刊誤》，字剖句析，與之辨難①，而後其偽妄始明②。啟宗書之精核③，亦人人知之。然但斥贗本之非，尚未能詳立一法，明其何以是也。時珍乃撮舉其父言聞《四診發明》，著為此書，以正《脈訣》之失。其法分浮、沈、遲、數、滑、濇、虛、實、長、短、洪、微、緊、緩、芤、弦、革、牢、濡、弱、散、細、伏、動、促、結、代二十七種，毫釐之別，精核無遺。又附載宋崔嘉彥四言詩一首，及諸家考證《脈訣》之說，以互相發明，與所作《奇經八脈考》皆附《本草綱目》之後。可謂既能博考，又能精研者矣。自是以來，《脈訣》遂廢。其廓清醫學之功，亦不在戴啟宗下也。

【彙訂】

① 殿本"與"上有"一一"二字。

②"其"，殿本無。

③"啟宗"，殿本作"其"。

傷寒論條辨八卷附本草鈔一卷或問一卷痙書一卷（內府藏本）

明方有執撰。有執字仲行①，歙縣人。是書刻於萬曆壬辰。前有己丑自序一篇，又有辛卯後序一篇。又有癸巳所作引一篇，則刻成時所加也。大旨以後漢張機《傷寒卒病論》初編次於晉王

叔和,已有改移,及金成無己作註,又多所竄亂。醫者或以為不
全之書,置而不習;或沿襲二家之誤,彌失其真。乃竭二十餘年
之力,尋求端緒,排比成編,一一推作者之意,為之考訂,故名曰
《條辨》。其原本《傷寒例》一篇,不知為何人所加者,竟削去之,
而以《本草鈔》一卷、《或問》一卷附綴於末。又以醫家誤痙為驚
風,多所夭枉,乃歷引《素問》、《金匱要略》、《傷寒卒病論》諸説,
為《痙書》一卷,併附於後。有執既歿,其版散佚。江西喻昌遂採
掇有執之説,參以己意,作《傷寒尚論篇》盛行於世,而有執之書
遂微。國朝康熙甲寅,順天林起龍得有執原本,惡昌之剽襲舊説
而諱所自來,乃重為評點刊版,並以《尚論篇》附刊於末,以證明
其事,即此本也。起龍序文於昌毒詈醜詆,頗乖雅道。其所評
論,亦皆讚美之詞,於病證方藥無所發明。今並削而不載。所附
刻之《尚論篇》,原本具存,已別著錄。其異同得失,可以互勘,不
待此本之復載。今亦削之,而附存原目於此焉。

【彙訂】

①“仲行”,殿本作“中行”。明萬曆古歙方氏刻此書各卷卷
首署“新安方有執仲行甫著”,清康熙秩斯堂刻《傷寒論條辨續
註》十二卷,署“歙邑方有執中行甫條辨”。

先醒齋廣筆記四卷(戶部尚書王際華家藏本)

明繆希雍撰。希雍字仲醇,常熟人。《明史・方技傳》附見
《李時珍傳》中。天啟中,王紹徽作《點將錄》,以東林諸人分配
《水滸傳》一百八人姓名,稱希雍為神醫安道全,以精於醫理故
也。是編初名《先醒齋筆記》,乃長興丁元薦取希雍所用之方裒
為一編。希雍又增益羣方,兼採本草常用之藥,增至四百餘品,

又增入傷寒、温病時疫治法，故曰《廣筆記》。希雍與張介賓同時，介賓守法度而希雍頗能變化，介賓尚温補而希雍頗用寒涼，亦若易水、河間各為門徑，然實各有所得力。朱國禎《湧幢小品》記天啟辛酉，國禎患膈病，上下如分兩截，中痛甚不能支。希雍至，用蘇子五錢即止。是亦足見其技之工矣。

神農本草經疏三十卷（浙江巡撫採進本）

明繆希雍撰。《明史·方技傳》載"希雍嘗謂本草出於神農，譬之《五經》，其後又復增補《別錄》，譬之註疏。惜朱墨錯互，乃沉研剖析，以《本草》為經，《別錄》為緯，第《本草單方》一書行於世"[①]，而不及此書，未審即是書否也。其書分《本草》為十部，首玉石，次草，次木，次人，次獸，次禽，次蟲，次魚，次果，次米穀，次菜[②]。皆以《神農本經》為主而發明之，附以名家主治、藥味、禁忌。次序悉依宋《大觀證類本草》，部分混雜者，為之移正。首為序例二卷，論三十餘首，備列九方十劑及古人用藥之要。自序云"據經以疏義，緣義以致用，參互以盡其長，簡誤以防其失"是也。考王懋竑《白田雜著》有《用石膏辨》一篇，篇末附記極論是書多用石膏之非，其說良是。至云："繆仲醇以醫名於近世，而其為經疏，議論甚多紕繆，前輩云'《經疏》出而《本草》亡'，非過論也。"是則已甚之詞矣。

【彙訂】

① 據《明史·方技傳》原文，"第"當作"著"。

②《總目》所列計十一部，書中蟲、魚實為一部。

類經三十二卷（内府藏本）

明張介賓編。介賓字會卿，號景岳，山陰人。是書以《素問》、《靈樞》分類相從。一曰攝生，二曰陰陽，三曰藏象，四曰脈色，五曰經絡，六曰標本，七曰氣味，八曰論治，九曰疾病，十曰鍼刺，十一曰運氣，十二曰會通，共三百九十條，又益以《圖翼》十一卷，《附翼》四卷。雖不免割裂古書，而條理井然，易於尋覽，其註亦頗有發明。考元劉因《靜修集》有《內經類編》序，曰："東垣李明之得張氏之學者，鎮人羅謙甫嘗從之學。一日過予，言'先師嘗教予曰：夫古雖有方而方則有所自出也。子為我分經病證而類之，則庶知方之所自出矣。予自承命，凡三脫稿而先師三毀之。研摩訂定，三年而後成，名曰《內經類編》'"云云。則以《內經》分類實自李杲創其例，而羅天益成之。今天益之本不傳。介賓此編雖不以病分類，與杲例稍異，然大旨要不甚相遠。即以補其佚亡，亦無不可矣。

景岳全書六十四卷（通行本）

明張介賓撰。是書首為《傳忠錄》三卷，統論陰陽六氣及前人得失，次《脈神章》三卷，錄診家要語。次為《傷寒典》、《雜證謨》、《婦人規》、《小兒則》、《痘疹詮》、《外科鈐》，凡四十一卷，又《本草正》二卷，採藥味三百種，以人參、附子、熟地、大黃為藥中四維，更推人參、地黃為良相，大黃、附子為良將。次新方二卷，古方九卷，皆分八陣，曰補，曰和，曰寒，曰熱，曰固，曰因，曰攻，曰散。又別輯婦人、小兒、痘疹、外科方四卷終焉。其命名皆沿明末纖佻之習，至以傷寒為典，雜證為謨，既僭經名，且不符字義，尤為乖謬。其持論則謂金、元以來河閒劉守真立"諸病皆屬於火"之論，丹溪朱震亨立"陽有餘陰不足"及"陰虛火動"之論，後人拘守成方，不能審求虛實，寒涼攻伐，動輒貽害，是以力救其偏。謂："人之生氣以陽為主,難得而易失者惟陽,既失而難復者亦惟陽。"因專以溫補為宗,頗足以糾鹵莽滅裂之弊,於醫術不為無功。至於沿其說者,不察證候之標本,不究氣血之盛衰,概補概溫,謂之王道。不知誤施參桂,亦足戕人,則矯枉過直,其失與寒涼攻伐等矣。大抵病情萬變,不主一途,用藥者從病之宜,亦難拘一格。必欲先立一宗旨,以統括諸治,未有不至於偏者。元許衡《魯齋集》有《論梁寬甫病證書》曰:"近世諸醫,有主易州張氏者,有主河間劉氏者。張氏用藥,依準四時陰陽而增損之,正《內經》'四氣調神'之義。醫而不知此,妄行也;劉氏用藥,務在推陳致新,不使少有拂鬱,正'造化新新不停'之義[①]。醫而不知此,無術也。然而主張氏者或未盡張氏之妙,則瞑眩之劑終不敢投,至失幾後時而不救者多矣;主劉氏者或未悉劉氏之蘊,則劫效目前,陰損正氣,貽禍於後日者多矣。能用二家之長,而無二家之弊,則治庶幾乎!"其言至為明切。夫扶陽抑陰,天之道也。然陰之極至於龍戰,陽之極亦至於亢龍,使六陰盛於坤而一陽不生於復,則造化息矣;使六陽盛於乾而一陰不生於姤,則造化亦息矣。《素問》曰:"亢則害,承乃制。"聖人立訓,其義至精。知陰陽不可偏重,攻補不可偏廢,庶乎不至除一弊而生一弊也。

【彙訂】

①"正造化新新不停之義",殿本作"正造化新新不傷之意",誤,參《魯齋集》卷八《與李才卿論梁寬甫病證書》原文。

瘟疫論二卷補遺一卷(通行本)

明吳有性撰。有性字又可,震澤人。是書成於崇禎壬午。以四時不正之氣發為瘟疫,其病與傷寒相似而迥殊,古書未能分別,乃著論以發明之。大抵謂傷寒自毫竅而入,中於脈絡,從表入裏,故其傳經有六,自陽至陰,以次而深;瘟疫自口鼻而入,伏於膜原①,其邪在不表不裏之閒,其傳變有九,或表或裏,各自為病。有但表而不裏者,有表而再表者,有但裏而不表者,有裏而再裏者,有表裏分傳者,有表裏分傳而再分傳者,有表勝於裏者,有先表而後裏者,有先裏而後表者,其閒有與傷寒相反十一事。又有變證、兼證種種不同。並著論製方,一一辨別。其顯然易見者,則脈在不伏不沈之閒,中取之乃見。舌必有胎,初則白,甚則黃,太甚則黑而芒刺也②。其謂:“數百瘟疫之中,乃偶有一傷寒,數百傷寒之中,乃偶有一陰證。”未免矯枉過直③。然古人以瘟疫為雜證,醫書往往附見,不立專門,又或誤解《素問》“冬傷於寒,春必病温”之文,妄施治療。有性因崇禎辛巳南、北直隸,山東,浙江大疫,以傷寒法治之不效,乃推究病源,參稽醫案,著為此書。瘟疫一證始有繩墨之可守,亦可謂有功於世矣。其書不甚詮次,似隨筆劄錄而成,今姑存其舊。其下卷“勞復食復”條中載安神養血湯④,“小兒時疫”條中載太極丸,並有方而無藥。又“疫痢兼證”一條亦有錄而無書,故別為補遺於末。又《正名》一篇,《傷寒例正誤》一篇,《諸家瘟疫正誤》一篇,原目不載,蓋成書以後所續入。今亦併錄為一卷,成完書焉。

【彙訂】

①“膜原”,底本作“募原”,據此書卷下“行邪伏邪之別”條及殿本改。

②“黑”,底本作“墨”,據此書卷下“應下諸證”條及殿本改。

③“直”,殿本作“甚”。

④“勞復食復”,應作“勞復食復自復”。

瘧瘡論疏一卷（浙江巡撫採進本）

明盧之頤撰。之頤字子繇，錢塘人。是書論瘧瘡證治，於虛實寒熱四者最為詳盡，足以發明《素問·瘧論》、《刺瘧法》諸篇微意。大旨謂瘧屬陽，瘧屬陰，日作者屬陽，閒日、閒數日作者屬陰，而曰溫，曰寒，曰癉，曰牝，皆可以瘧瘡該之。其主方多取王肯堂《證治準繩》，其餘所列諸方亦多簡當。雖為書不過一卷，然治瘧之法約略盡乎是矣。杭世駿《道古堂集》有之頤小傳，稱所著初有《金匱要略摸象》[①]，為其父所焚。續著有《本草乘雅半偈》，今行於世。後著有《摩索金匱》九卷，又有《傷寒金鎞鈔》、《醫難析疑》二書，今未見傳本，獨無此書之名。或世駿作《傳》之時未見其本，故亦疏漏歟？

【彙訂】

①“摸”，底本作“模”，據《道古堂文集》卷二九《名醫盧之頤傳》原文及殿本改。

本草乘雅半偈十卷（浙江巡撫採進本）

明盧之頤撰。其說謂《神農本經》三百六十五種，應周天之數，無容去取，但古有今無者居三之一。因於《本經》取二百二十二種，又於歷代名家所纂，自陶宏景《別錄》至李時珍《綱目》諸書內，採取一百四十三種，以合三百六十五之數，未免拘牽附會。然考據該洽，辨論亦頗明晰，於諸家藥品甄錄頗嚴。雖辭稍枝蔓，而於《本草》究為有功。其曰“乘雅”者，四數為乘，此書初例有覈，有參，有衍，有斷，每藥之下，其目有四，故曰“乘”也。又曰“半偈”者，明末兵燹，佚其舊稿，之頤追億重修，乃以覈、參該衍、斷，已非原書之全，故曰“半”也。立名亦可謂僻澀矣。案杭世駿所撰《之頤傳》①，稱："其父復精於醫理，嘗著《本草綱目博議》，有'椒菊雙美'之疑，不能決，得之頤私評而決。因令面判匕藥②，皆有至理。病亟，趣令之頤成之。歷十八年而《本草乘雅》始出。中冠以'先人'字者，即《博議》也。"則此書實繼其父書而作。惟此本十卷，而世驗《傳》作十二卷，則不知其何故矣③。

【彙訂】

①"撰"，殿本作"作"。

②"匕"，殿本作"諸"。《道古堂文集》卷二九《名醫盧之頤傳》原文作"七"。

③ 文淵、文瀾兩閣《四庫》本均為十一卷。而此書初刊本為十二卷，後末附《痎瘧論疏》一卷分出刊行。（何槐昌：《四庫總目著錄校勘記簡介》）

御定醫宗金鑑九十卷①

乾隆十四年奉敕撰。首為《訂正〈傷寒論〉註》十七卷，次為《訂正〈金匱要略〉註》八卷。蓋醫書之最古者無過《素問》，次則《八十一難經》，然皆有論無方。案，《素問》有半夏湯等一二方，然偶然及之，非其通例也。其有論有方者自張機始，講傷寒及雜證者亦以機此二書為宗。然《傷寒論》為諸醫所亂，幾如爭《大學》之錯簡，改本愈多而義愈晦，病其說之太雜；《金匱要略》雖不甚聚訟，然註者罕所發明，又病其說之不詳。是以首訂二書，糾譌補漏，以標證治之正軌。次為《刪補名醫方論》八卷，輯醫方者往往僅題某丸、某散治某病，不知病狀相似者病本多殊。古人論消息②，君臣佐使有其宜，攻補緩急有其序，或以相輔為用，或以相制為功，甚或以相反相激，巧投而取效。必明製方之意，而後能詳審病源，以進退加減，故方論並載也。次為《四脈要訣》一卷[3]，取崔紫虛《脈訣》參以《內經》，闡虛實表裏之要。紫虛者，宋道士崔嘉彥之號也。其書簡括而精密，李時珍《瀕湖脈學》嘗錄以弁首，故茲亦取以為準。次《運氣要訣》一卷，闡《素問》五運六氣之理。蓋運氣雖不可拘泥，亦不可竟廢，故次於診法。次為《諸科心法要訣》五十四卷，以盡雜證之變。次為《正骨心法要旨》五卷[4]，則古有是術，而自薛己《正體類要》以外無專門之書，故補其遺。皆有圖，有說，有歌訣，俾學者既易考求，又便誦習也。自古以來，惟宋代最重醫學，然林億、高保衡等校刊古書而已，不能有所發明。其官撰醫書，如《聖濟總錄》、《太平惠民和劑局方》等，或博而寡要，或偏而失中，均不能實裨於治療。故《聖濟總錄》惟行節本，而《局方》尤為朱震亨所攻。此編仰體聖主仁育之心，根據古義，而能得其變通；參酌時宜，而必求其徵驗。寒熱不執成見，攻補無所偏施，於以拯濟生民，同登壽域。涵濡培養之澤，真無微之不至矣。

【彙訂】

① 文淵閣《四庫》本尚有卷首一卷。（沈治宏：《中國叢書綜錄訂誤》）

②“論”，殿本作“隨證”。

③ 此書卷三十四為《編輯四診心法要訣》，“四診”即望聞問切，“四脈要訣”誤。（江慶柏等整理：《四庫全書薈要總目提要》）

④ 此書卷三十六至八十六為《諸科心法要訣》，計五十一卷；卷八十七至九十為《正骨心法要旨》，計四卷。文津閣、文淵閣本書前提要不誤。（同上）

尚論篇八卷（通行本）[①]

國朝喻昌撰。昌字嘉言，南昌人。崇禎中以選貢入都，卒無
所就。往來靖安閒，後又寓常熟，所至皆以醫術著名。是書本名
《尚論張仲景〈傷寒論〉重編三百九十七法》，其文過繁難舉。世
稱《尚論篇》者，省文也。首為《尚論大意》一篇，謂張仲景著《卒
病傷寒論》十六卷，其《卒病論》六卷已不可復睹，即《傷寒論》十
卷亦劫火之餘，僅得之口授。其篇目先後差錯，賴有三百九十七
法、一百一十三方之名目，可為校正。晉太醫令王叔和附以己
意，編集成書，共二十二篇。今世所傳乃宋直祕閣林億所校正，
宋人成無己所詮註。案，成無己乃金人，此言宋人[②]，誤，謹附訂於此。二
家過於尊信叔和，往往先傳後經，以叔和緯翼之詞混編為仲景之
書。如一卷之《平脈法》，二卷之《序例》，其文原不雅馴，反首列
之。則其為校正詮註，乃仲景之不幸也。程德齋因之，作《傷寒
鈐》，既多不經。王履又以傷寒例居前，六經病次之，類傷寒病又
次之，至若雜病、雜脈與傷寒無預者皆略去，定為二百八十三法，
亦無足取。惟方有執作《傷寒條辨》，削去叔和《序例》，大得尊經
之旨。太陽三篇，改叔和之舊，以風寒之傷榮衛者分屬，尤為卓
識，而不達立言之旨者尚多。於是重定此書，以冬傷於寒，春傷
於溫，夏、秋傷於暑為主病之大綱。四序之中，以冬月傷寒為大
綱。傷寒六經之中，以太陽為大綱。太陽經中又以風傷衛、寒傷
榮、風寒兩傷榮衛為大綱。蓋諸家所註，至昌而始變其例矣。次
為《辨叔和編次之失》一篇，次為《辨林億、成無己校註之失》一
篇，次為《駁正王叔和序例》一篇，皆不入卷數。其於《傷寒論》原
文則六經各自為篇，而以合病、併病、壞病、痰病四類附三陽經
末，以過經不解、差後勞復病、陰陽易病三類附三陰經末。每經

文各冠以大意，綱舉目析，頗有條理，故醫家稱善本。原書自為八卷，乾隆癸未，建昌陳氏併為四卷，而別刻昌《尚論》後篇四卷③。首論温證，次合論，次真中，次小兒，次會講，次問答，次六經諸方，共成八卷，為喻氏完書焉。考康熙甲寅順天林起龍重刻方有執之書，以昌此書附後，各施評點。極論昌之所註全出於剽竊方氏，醜詞毒詈，無所不加。夫儒者著書，尚相祖述，醫家融會舊論，何可遽非？況起龍所評，方氏則有言皆是，喻氏則落筆即非，亦未免先存成見，有意吹毛。殆門户之見，別有所取，未可據為定論。故今仍與方氏之書並著錄焉④。

【彙訂】

① 文淵閣《四庫》本為四卷卷首一卷《後篇》四卷。（沈治宏：《中國叢書綜錄訂誤》）

② "言"，殿本作"云"。

③《尚論篇》末喻昌自識云："前四卷詳論六經證治，已盡傷寒之義矣。後四卷推廣春月温病、夏秋暑濕熱病以及脈法諸方。"清乾隆二十八年黎川陳守誠刻本末有乾隆四年舒斯蔚跋，亦謂："《寓意草》、《醫門法律》及《尚論篇》前四卷，已喜為世珍，特《尚論篇》後四卷手稿付蔚藏茇，未能續刊。"則前編原本即為四卷，非陳刻所並。（魏元曠：《〈尚論篇〉跋》；柏克萊加州大學東亞圖書館編：《柏克萊加州大學東亞圖書館中文古籍善本書志》）

④ 殿本"著"下有"於"字。

醫門法律十二卷附寓意草四卷（江西巡撫採進本）

國朝喻昌撰。昌既著《尚論篇》發明傷寒之理，又取風、寒、

暑、濕、燥、火六氣及諸雜證，分門別類，以成是編。每門先冠以
論，次為法，次為律。法者治療之術，運用之機；律者明著醫之所
以失而判定其罪，如折獄然。蓋古來醫書，惟著病源治法，而多
不及施治之失，即有辨明舛誤者，亦僅偶然附論，而不能條條備
摘其咎。昌此書乃專為庸醫誤人而作，其分別疑似，既深明毫釐
千里之謬，使臨證者不敢輕嘗；其抉摘瑕疵，併使執不寒不熱、不
補不瀉之方，苟且依違遷延致變者，皆無所遁其情狀，亦可謂思
患預防，深得利人之術者矣。後附《寓意草》四卷，皆其所治醫
案，首冠論二篇，一曰《先議病後用藥》，一曰《與門人定議病證》。
次為治驗六十二條，皆反復推論，務闡明審證用藥之所以然。較
各家醫案但泛言某病用某藥愈者，亦極有發明，足資開悟焉。

傷寒舌鑑一卷（浙江巡撫採進本）

國朝張登撰。登字誕先，吳江人。是書備列傷寒觀舌之法，
分白胎、黃胎、黑胎、灰色、紅色、紫色、黴醬色、藍色八種。末附
妊娠傷寒舌，為圖一百二十，各有總論。案古經於診候之外，兼
及辨色聆音，而未嘗以舌觀病。“舌白胎滑”之説，始見張機《傷
寒論》，其傳亦古。然其法不詳，亦未嘗言及種種之別。後《金鏡
錄》推至三十六圖，未為賅備。《觀舌心法》衍至三十七圖[1]，又
頗病繁蕪[2]。登以己所閱歷，參證於二書之間，削煩正舛，以成
是編。較之脈候隱微，尤易考驗。固診傷寒者所宜參取也。

【彙訂】

① 殿本“七”上有“有”字。

②《觀舌心法》衍至一百三十七圖。（李茂如等：《歷代史志
書目著錄醫籍彙考》）

傷寒兼證析義一卷（浙江巡撫採進本）

國朝張倬撰。倬字飛疇，吳江人，張登弟也。是書專論傷寒而挾雜病者，分中風、虛勞、中滿腫脹、噎膈反胃、內傷、宿食、咳嗽、咽乾閉塞、頭風、心腹痛、亡血、多汗、積聚動氣、疝氣、淋濁、瀉痢、胎產凡十七種，設為問答以發明之。案《傷寒論》所論合病、併病，止言六經兼證而不及雜病。醫家不明兼證之意，往往於脈證參差之際，或顧彼而失此，或治此而妨彼，為害頗深。此書一一剖析，使治病者不拘於一隅，不惑於多岐，亦可謂有功於傷寒矣。

絳雪園古方選註三卷附得宜本草一卷（浙江巡撫採進本）[①]

國朝王子接撰。子接字晉三，長洲人。自古集經方者不過註某圓、某散主治某證而已，其兼論病源脈候者已不多見。至於製方之意，則未有發明之者。近始有《醫方集解》，然所見較淺，亦未盡窺運用之本旨。是書所選之方，雖非祕異，而其中加減之道、銖兩之宜、君臣佐使之義，皆能推闡其所以然。前有自序，稱釐為三卷。上卷獨明仲景一百一十三方、三百九十七法，中、下二卷發明內科、女科、外科、幼科、眼科及各科之方，末附雜方藥性。以書按之，則和、寒、溫、汗、吐、下六劑及內科以下諸科上、中、下三品本草，俱各自為帙，不題卷數。蓋其門人葉桂、吳蒙等所分，非子接之舊也。今仍定為三卷，以還其舊。而《得宜本草》則附於末焉。

【彙訂】

① 文淵閣《四庫》本為十六卷附《得宜本草》一卷。（沈治宏：《中國叢書綜錄訂誤》）

續名醫類案六十卷（編修邵晉涵家藏本）

國朝魏之琇撰。之琇既校刊江瓘《名醫類案》，病其尚有未備，因續撰此編。雜取近代醫書及史傳、地志、文集、說部之類，分門排纂。大抵明以來事為多，而古事為瓘書所遺者亦間為補苴，故網羅繁富，細大不捐。如“疫門”載“神人教用香蘇散”二條①，猶曰存其方也。至“腳門”載“張文定患腳疾，道人與綠豆兩粒而愈”一條，是斷非常食之綠豆，豈可錄以為案？又如“金瘡門”載“薛衣道人接已斷之首，使人回生”一條，無藥無方，徒以語怪，更與醫學無關。如斯之類，往往而是，殊不免蕪雜。又“蟲獸傷門”於“薛立齋蟲入耳中”一條註曰：“此案‘耳門’亦收之，非重出也，恐患此者不知是蟲，便檢閱耳。”云云。而“腹疾門”中載“金臺男子誤服乾薑理中丸，發狂入井”一條，隔五六頁而重出，又是何義例乎？編次尤未免潦草。然採摭既博，變證咸備，實足與江瓘之書互資參考。又所附案語尤多所發明辨駁，較諸空談醫理，固有實徵虛揣之別焉。

【彙訂】

① “二條”，底本作“一條”，據此書卷三“疫門”所載及殿本改。

神農本草經百種錄一卷（江蘇巡撫採進本）

國朝徐大椿撰。大椿字靈胎，號洄溪，吳江人。世傳《神農本草經》三卷①，載藥三百六十五味②，分上、中、下三品③。今單行之本不傳，惟見於唐慎微《本草》所載。其刊本以陰文書者，皆其原文也。大椿以舊註但言其當然，不言其所以然，因於三品之中採掇一百種，備列經文，而推闡主治之義。有常用之藥而反不收入者，其凡例謂：“辨明藥性，使人不致誤用，非備品以便查閱也。”凡所箋釋，多有精意，較李時珍《本草綱目》所載發明諸條，頗為簡要。然《本草》雖稱神農,而所云出產之地乃時有後漢之郡縣,則後人附益者多。如所稱久服輕身延年之類,率方士之説,不足盡信。大椿尊崇太過,亦一一究其所以然,殊為附會。又大椿所作《藥性專長論》曰:"藥之治病,有可解者,有不可解者。"其説最為圓通。則是書所論猶屬筌蹄之末,要於諸家《本草》中為有啟發之功者矣。

【彙訂】

① 殿本"世"上有"自漢代迄宋金元明"八字,下有"所"字。

② 殿本"載"上有"共"字。

③ 殿本"三"上有"為"字。

蘭臺軌範八卷(江蘇巡撫採進本)①

國朝徐大椿撰。大椿持論以張機所傳為主②,謂為古之經方,唐人所傳已有合有不合,宋、元以後則彌失古法。故是編所錄病論,惟取《靈樞》、《素問》、《難經》、《金匱要略》、《傷寒論》、隋巢元方《病源》③、唐孫思邈《千金方》、王燾《外臺祕要》而止。所錄諸方,亦多取於諸書,而宋以後方則採其義有可推,試多獲效者。其去取最為謹嚴。每方之下,多有附註,論配合之旨與施用之宜,於疑似出入之間,辨別尤悉。較諸家方書但云主治某證而不言其所以然者,特為精密。獨其天性好奇,頗信服食之説,故所註《本草》於久服延年之論皆無所駁正。而此書所列通治方中,於《千金方》鍾乳粉、《和劑局方》玉霜圓之類金石燥烈之藥,往往取之④。是其通中之一弊⑤,觀是書者亦不可不知其所短焉⑥。

【彙訂】

① 此條與文淵閣庫書次序不符,文淵閣庫書與殿本皆置於

"神農本草經百種錄一卷"條之前。

②"大椿",殿本作"其"。

③"巢元方",殿本作"巢氏"。

④"取",殿本作"有"。

⑤"通",底本作"過",據殿本改。

⑥"其",殿本無。

傷寒類方二卷(江蘇巡撫採進本)①

國朝徐大椿撰。世傳後漢張機《傷寒論》乃晉王叔和蒐採成書,本非機所編次。金聊城成無己始為作註,又以己意移易篇章。自後醫家屢有刊定,如治《尚書》者之爭《洪範》、《武成》,註《大學》者之爭古本、今本,迄於有明,終無定論。大椿以為非機依經立方之書,乃救誤之書,當時隨症立方,本無定序。於是削除陰陽六經門目,但使方以類從,症隨方註②,使人可案證以求方,而不必循經以求症。雖於古人著書本意未必果符,而於聚訟紛呶之中,亦芟除葛藤之一術也。其中如大青龍湯下註云:"脈浮緩,身不疼,但重乍有輕,時無少陰症者,此湯主之。"大椿則以為病情甚輕,不應投以麻黃、桂枝、石膏,此條必有舛誤。又甘草茯苓湯下註云:"傷寒汗出而渴者,五苓散主之,不渴者,此湯主之。"大椿則以為此汗出者乃發汗後汗出不止,非傷寒自汗。其辨證發明,亦多精到。凡分一十二類,計方一百一十有三。末附《六經脈法》③。又論正證之外有別證、變證,附以刺法,皆有原委可尋。自謂:"七年之中,五易草稿乃成。"云。

【彙訂】

①"二卷",底本作"一卷",據文淵閣《四庫》本此書、書前提

要及殿本改。(沈治宏:《中國叢書綜錄訂誤》)

　②"註",底本作"證",據殿本改。

　③"六經脈法",殿本作"六經脈註"。據此書原文當作"六經脈證"。

　醫學源流論二卷(江蘇巡撫採進本)

　國朝徐大椿撰。其大綱凡七,曰經絡臟腑,曰脈,曰病,曰藥,曰治法,曰書論,曰古今,分子目九十有三。持論多精鑿有據。如謂:"病之名有萬,而脈之象不過數十種,是必以望、聞、問三者參之。"又如病同人異之辨;兼證、兼病之別;亡陰、亡陽之分;病有不愈不死,有雖愈必死,又有藥誤不即死;藥性有今古變遷;《內經》"司天運氣"之說不可泥;鍼灸之法失傳,其說皆可取。而《人參論》一篇、《涉獵醫書論》一篇尤深切著明。至於有欲救俗醫之弊而矯枉過直者,有求勝古人之心而大言失實者,故其論病則自岐黃以外,秦越人亦不免詆排。其論方則自張機《金匱要略》、《傷寒論》之外,孫思邈、劉守真、李杲、朱震亨皆遭駁詰,於醫學中殆同毛奇齡之說經。然其切中庸醫之弊者,不可廢也[1]。

【彙訂】

① 殿本"不"上有"固"字。

　右醫家類九十七部,一千八百一十六卷[1],皆文淵閣著錄。

【彙訂】

①"九十七部一千八百一十六卷",殿本作"九十六部一千八百十三卷"。底本實著錄九十七部,一千八百一十四卷;殿本為九十六部,一千八百十一卷。

子 部 十 五

醫 家 類 存 目

素問運氣圖括定局立成一卷（兩淮鹽政採進本）

明熊宗立撰。宗立字道軒，建陽人，劉剡之門人也。_{剡，永樂}中人，有《四書通義》，已著錄①。好講陰陽醫卜之術。是書以《素問》五運六氣之説編為歌辭。又有“天符歲會”之説，以人生年之甲子，觀其得病之日氣運盛衰，決其生死。醫家未有用其法者。蓋本五運六氣，以生剋制化推其王相休囚而已，初無所徵驗也。

【彙訂】

① 劉剡為王逢門人，逢正統間舉經明行修，則剡亦正統間人。熊宗立乃正統至成化間人，説詳卷一三〇《居家必用事類全集》條注。（王重民：《中國善本書提要》）

素問鈔補正十二卷（浙江巡撫採進本）①

明丁瓚編。瓚字點白，鎮江人。嘉靖丁丑進士②，官至温州府知府。初，滑壽著《素問鈔》，歲久傳寫多譌。瓚因其舊本，重為補正，復兼採王冰原註以明之。凡十二門，悉依壽書舊例。又以《五運六氣主客圖》並《診家樞要》附於後。

【彙訂】

① 此書在《各省進呈書目》中著錄於《浙江省第九次進呈書目》與《浙江採集遺書總錄》，又見於《二老閣進呈書》，則應為浙江鄭大節家藏本，作"浙江巡撫採進本"誤。（江慶柏：《四庫全書私人呈送本中的鄭大節家藏本》）

② 嘉靖無丁丑，正德十二年丁丑科進士有丹徒丁瓚。雍正《江南通志》卷一二二《選舉志》、乾隆《鎮江府志》卷二九《進士篇》、光緒《丹徒縣志》卷二二《科目志》，所載並同。丹徒為鎮江府附郭縣。（楊武泉：《四庫全書總目辨誤》）

續素問鈔九卷（兩淮鹽政採進本）

明汪機撰。機有《鍼灸問對》，已著錄。是編因滑壽《素問鈔》採王冰原註太略，因重為補錄。凡所增入，以"續"字別之。九卷之中分上、中、下三部，上四卷，中一卷，下四卷。其標目悉依滑氏之舊。

素問註證發微九卷（浙江巡撫採進本）

明馬蒔撰。蒔字仲化，會稽人。其說據《漢志》"《內經》十八篇"之文，以《素問》九卷、《靈樞》九卷當之。復引《離合真邪論》中"九鍼九篇，因而九之"之文，定為九九八十一篇，以唐王冰分二十四卷為誤，殊非大旨所關。其註亦無所發明，而於前人著述多所訾議，過矣。

素問懸解十三卷（編修周永年家藏本）

國朝黃元御撰。元御有《周易懸象》，已著錄。是書謂《素問》八十一篇，秦、漢以後始著竹帛，傳寫屢更，不無錯亂，因為參互校正。如《本病論》、《刺志論》、《刺法論》舊本皆謂已亡，元御則謂《本病論》在《玉機真藏論》中，《刺志論》則誤入《診要經中論》[①]，《刺法論》則誤入《通評虛實論》，未嘗亡也。又謂《經絡論》乃《皮部論》之後半篇[②]，《皮部論》乃十二正經《經絡論》之正文，如此則三奇經與《氣府論》之前論正經、後論奇經三脈無異。故取以補闕，仍復八十一篇之舊。考言經文錯簡者起於劉向之校《尚書》，見《漢書·藝文志》。猶有古文可據也；疑經文脱簡者始於鄭元之註《玉藻》，見《禮記》註。然猶不敢移其次第。至北宋以後，始各以己意改古書，有所不通，輒言錯簡，《六經》遂幾無完本。餘波所漸，劉夢鵬以此法説《楚詞》。迨元御此註，並以此法説醫經。而漢以來之舊帙，無能免於點竄者矣。揆諸古義，殆恐不然。其註則間有發明。如五運六氣之南政、北政，舊註以甲、己為南政，其餘八干為北政。元御則謂："天地之氣東西對待，南北平分，何南政之少而北政之多也。一日之中，天氣晝南而夜北；一歲之中，天氣夏南而冬北。則十二年中，三年在北，三年在東，三年在南，三年在西。在北則南面而布北方之政，是謂北政；天氣自北而南升，在南則北面而布南方之政，是謂南政。天氣自南而北升，則自卯而後，天氣漸南，總以南政統之；自酉而後，天氣漸北，總以北政統之。東、西者，左右之間氣，故不可以言政。此南、北二極之義。"其論為前人所未及。然運氣之説，特約舉天道之大凡，不能執為定譜以施治療，則亦如太極、無極之爭耳。

【彙訂】

①"診要經中論"乃"診要經終論"之誤。

②"皮部論"，殿本作"脾部論"，下同，誤。《黄帝内經素問》有《皮部論篇》第五十六。

靈樞懸解九卷（編修周永年家藏本）

國朝黃元御撰。是書亦以錯簡為說。謂《經別》前十三段為正經，後十五段為別經，乃《經別》之所以命名，而後十五段却誤在《經脈》中；《標本》而誤名《衛氣》；《四時氣》大半誤入《邪氣藏府病形》；論《津液五別》誤名《五癃津液別》，此類甚多。「乃研究《素問》，比櫛其辭，使之脈絡環通」。案《靈樞》晚出，又非《素問》之比。說者謂唐人鈔取《甲乙經》為之，不應與古書一例錯簡，亦姑存其說可也[①]。

【彙訂】

①「亦姑存其說可」，殿本無。

圖註難經八卷（浙江巡撫採進本）

明張世賢撰。世賢字天成，寧波人，正德中名醫也。《難經》舊有吳呂廣、唐楊德操諸家註。宋嘉祐中，丁德用始於文義隱奧者各為之圖，元滑壽作《本義》，亦有數圖，然皆不備。世賢是編於八十一篇篇篇有圖，凡註所累言不盡者，可以披圖而解。惟其中有文義顯然，不必待圖始解者，亦强足其數，稍為冗贅。其註亦循文敷衍，未造深微。

難經經釋二卷（江蘇巡撫採進本）

國朝徐大椿撰。大椿有《神農本草經百種錄》，已著錄。是書以秦越人《八十一難經》有不合《內經》之旨者，援引經文以駁正之。考《難經》《漢藝文志》不載，《隋志》始著於錄。雖未必越人之書，然三國已有呂博望註本，而張機《傷寒論‧平脈篇》中所稱經說，今在「第五難」中，則亦後漢良醫之所為。歷代以來，與《靈樞》、《素問》並尊，絕無異論。大椿雖研究《內經》，未必學出古人上，遽相排斥，未見其然。況大椿所據者《內經》，而《素問》全元起本已佚其第七篇，唐王冰始稱得舊本補之。宋林億等校正，已稱其《天元紀大論》以下與《素問》餘篇絕不相通，疑冰取《陰陽大論》以補所亡。至《刺法》、《本病》二論，則冰本亦闕。其間字句異同，億等又復有校改，註中題曰"新校正"皆是。則《素問》已為後人所亂，而《難經》反為古本。又滑壽《難經本義》列是書所引《內經》，而今本無之者，不止一條。則當時所見之本，與今亦不甚同。即有舛互，亦宜兩存。遽執以駁《難經》之誤，是何異談《六經》者執開元改隸之本以駁漢博士耶？

難經懸解二卷（編修周永年家藏本）

國朝黃元御撰。《難經》之出在《素問》之後，《靈樞》之前。故其中所引經文有今本所不載者見滑壽《難經本義》。然其文自三國以來不聞有所竄亂。元御亦謂舊本有譌[1]，復多所更定[2]，均所謂我用我法也。

【彙訂】

①"難經之出在素問之後"至"元御"，殿本無。

②"復"，殿本無。

傷寒懸解十五卷（編修周永年家藏本）

國朝黃元御撰。是書大旨謂漢張機因鍼灸刺法已亡，而著《傷寒論》以治外感之疾。其理則岐黃、越人之理，其法則因岐黃、越人之鍼刺而變通之。立六經以治傷寒，從六氣也；製湯丸以療感傷，守五味也。凡脈法八十三章，六經經證以及入府傳藏之裏證，誤行汗吐下之壞病三百六十八章，外感之類證、汗吐下宜忌八十六章，共五百三十七章，合百十三方。自晉王叔和混熱病於傷寒，後來坊本雜出，又有"傳經為熱，直中為寒"之説，而傷寒亡矣，且簡編亦多失次。因為解其脈法，詳其經絡，考其常變，辨其宜忌，凡舊文之譌亂者，悉為更定。末載駁正叔和《序例》一卷，以紏其失。其持論甚高。考《傷寒論》舊本經王叔和之編次，已亂其原次，元御以為錯簡，較為有據，與所改《素問》、《靈樞》、《難經》出自獨斷者不同。然果復張機之舊與否，亦別無佐證也。

傷寒説意十一卷（編修周永年家藏本）

國朝黃元御撰。元御既作《傷寒懸解》，謂論文簡奧，非讀者所能遽曉。乃會通大意，復著此書，以開示初學之門徑。

金匱懸解二十二卷（編修周永年家藏本）

國朝黃元御撰。元御謂張機著《金匱玉函經》以治內傷雜病，大旨主於扶陽氣以為運化之本。自滋陰之説勝，而陽自陰升，陰由陽降之理迄無解者。因推明其意，以成此書。於四診九候之法，言之頗詳。

長沙藥解四卷（編修周永年家藏本）

國朝黃元御撰。張機《傷寒論》共一百十三方，《金匱玉函經》共一百七十五方，合二書所用之藥共一百六十種。元御各為分析排纂，以藥名、藥性為綱，而以某方用此藥為目，各推其因證主療之意，頗為詳悉。然藥有藥之性味，此不易者也；用藥有用藥之經緯，此無定者也。故有以相輔而用者，有以相制而用者，並有以相反相激而用者①。此當論方，不當論藥。但云："某方有此藥，為某證而用。某方有此藥，又為某證而用。"是猶求之於筌蹄也。

【彙訂】

①“故有以相輔而用者”至“有以相反相激而用者”，殿本無。

圖註脈訣四卷附方一卷（浙江巡撫採進本）

明張世賢撰。是編因世傳王叔和《脈訣》而為之圖註。考晁公武《讀書志》曰：“《脈經》十卷，晉王叔和撰。唐甘伯宗《名醫傳》曰：‘叔和，西晉高平人。博通經方，精意診處，尤好著述。’其書纂岐伯、華陀等論脈要訣所成①，敘陰陽表裏，辨三部九候，分人迎、氣口、神門，條十二經、二十四氣、奇經八脈、五臟六腑、三焦四時之疴，凡九十七篇。”《讀書志》又曰：“《脈訣》一卷，題曰王叔和撰。皆歌訣鄙淺之言，後人依託者。然最行於世。”云云。據此，則《脈經》為叔和作，《脈訣》出於偽撰。今《脈經》十卷尚有明趙邸居敬堂所刊林億校本，知公武之言不誣。世賢不考，誤以《脈訣》為真叔和書而圖註之。根柢先謬，其他可不必問矣。書末《附方》一卷，皆因脈以用藥。然脈止七表八裏九道，而病則變現無方，非二十四格所能盡。限以某脈某方，亦非圓通之論也。

【彙訂】

①“所成”，殿本作“而成”。衢本《郡齋讀書志》卷十五“王叔和《脈經》十卷”條作“所成”。

杜天師了證歌一卷（浙江巡撫採進本）

舊本題唐杜光庭撰。光庭字聖賓，晚自號東瀛子，括蒼人。應百篇舉不第，入天台山為道士。僖宗幸蜀，召見，賜紫衣，充麟德殿文章應制。王建據蜀，賜號廣成先生，除諫議大夫，進戶部侍郎。後歸老於青城山。此書題曰“天師”，據陶岳《五代史補》，亦王建時所稱也。考光庭所著多神怪之談，不聞以醫顯，此書殆出偽託，其詞亦不類唐末五代人。錢曾《讀書敏求記》以為真出光庭，殊失鑒別。其註稱宋人高氏、伍氏所作而不題其名。後附《持脈備要論》三十篇，亦不知誰作。多引王叔和《脈訣》，而不知叔和有《脈經》，則北宋以後人矣。

瘡瘍經驗全書十三卷（浙江巡撫採進本）

舊本題宋竇漢卿撰。卷首署“燕山竇漢卿”。而申時行序乃稱漢卿合肥人，以瘍醫行於宋慶曆、祥符間。曾治太子疾愈，封為太師。所著有《竇太師全書》。其裔孫夢麟亦工是術，因增訂付梓云云。考《宋史·藝文志》不載此書，僅有《竇太師子午流註》一卷[①]，亦不詳竇為何名，疑其說出於附會。且其中治驗皆夢麟所自述，或即夢麟私撰，託之乃祖也[②]。國朝康熙丁酉，歙人洪瞻巖重刊，乃云得宋刻祕本校之，殆亦虛詞[③]。

【彙訂】

①《宋史·藝文志》未載《竇太師子午流註》一書。（章鈺：《錢遵王讀書敏求記校證》）

②“之”，殿本作“於”。

③《元史》卷一五八載竇默字子聲，初名傑，字漢卿，廣平肥鄉人。乃金元間人，至元十七年卒，贈太師。竇夢麟冒為其後裔，取其書刻之，附入己之治驗，以邀聲價。申時行序文云“宋有竇漢卿者，以瘍醫行於慶曆、祥符之間”，將祥符（1008—1016）、慶曆（1041—1048）兩年號倒置，且與竇漢卿（1196—1280）時代不符，顯係偽作。其書與明代《外科啟玄》、《外科正宗》等同一風格，咽喉病、梅毒等症明以後始入醫書或傳入中國，可知竇成書

於明末。(余嘉錫:《四庫提要辨證》;干祖望:《〈瘡瘍經驗全書〉——僞書話題之三》)

大本瓊瑤發明神書二卷(浙江鄭大節家藏本)[①]

舊本題賜太師劉真人撰,不著其名。前有崇寧元年序,則當爲宋徽宗時人。然序稱:"許昌滑君伯仁嘗看經絡專專^案,"專專"二字疑誤,姑仍原本錄之。手足三陰三陽及任督也。觀其圖彰訓釋,^{案,}"圖彰"二字未詳,今亦姑仍舊本。綱舉目張。"云云。伯仁,滑壽字也,元人入明,《明史》載之《方技傳》。崇寧中人何自見之,其僞可知矣。書中所言皆鍼灸之法及方藥,蓋庸妄者所託名也。

【彙訂】

① 此書應爲三卷。(黃龍祥:《中醫古籍版本鑒定常見問題例說》)

崔真人脈訣一卷(江蘇巡撫採進本)

舊本題紫虛真人撰,東垣老人李杲校評。考紫虛真人爲宋道士崔嘉彦。陶宗儀《輟耕錄》稱:"宋淳熙中,南康崔紫虛隱君嘉彥,以《難經》於'六難'專言浮沉,'九難'專言遲數,故用爲宗,以統七表八裏而總萬病。"即此書也。宋以來諸家書目不著錄[①],焦竑《國史經籍志》始載之。《東垣十書》取以冠首,李時珍已附入《瀕湖脈學》中。至其旁註之評語,真出李杲與否,則無可徵信矣。

【彙訂】

① "著錄",殿本作"載"。

東垣十書二十卷(江蘇巡撫採進本)

不著編輯者名氏。其中《辨惑論》三卷,《脾胃論》三卷,《蘭室祕藏》三卷,實李杲之書。《崔真人脈訣》一卷,稱杲批評。其餘六書,惟《湯液本草》三卷、《此事難知》二卷為王好古所撰,其學猶出於東垣。至朱震亨《局方發揮》一卷、《格致餘論》一卷,王履《醫經溯洄集》一卷,齊德之《外科精義》二卷,皆與李氏之學淵源各別。概名為東垣之書,殊無所取。蓋書肆刊本取盈卷帙,不計其名實乖舛耳。

珍珠囊指掌補遺藥性賦四卷（侍郎金簡購進本）

舊本題金李杲撰。考《珍珠囊》為潔古老人張元素著,其書久已散佚。世傳東垣《珍珠囊》乃後人所偽託,李時珍《本草綱目》辨之甚詳。是編首載寒、熱、溫、平四賦,次及用藥歌訣,俱淺俚不足觀。蓋庸醫至陋之本,而亦託名於杲,妄矣。

傷寒心鏡一卷（通行本）

一名《張子和心鏡別集》,舊本題"鎮陽常德編"。德不知何許人,亦不詳其時代。考李濂《醫史·張從正傳》後附記曰:"《儒門事親》十四卷,蓋子和草創之,麻知幾潤色之。常仲明又摭其遺為《治法心要》。"子和即從正之字,知幾為麻革之字[①],"仲明"字義與"德"字相符。常仲明者,其即德歟[②]?若然,則金興定中人也。書凡七篇,首論河閒雙解散及子和增減之法,餘亦皆二家之緒論。

【彙訂】

① 知幾為麻九疇之字。其人曾從張子和學醫,易州人,天興元年金亡前夕死於兵亂,見《金史》本傳。麻革,字信之,虞鄉人,天興二年在金南京（今開封）為太學生,捲入"崔立碑"事件,見劉祁《歸潛志》卷五及十二。九疇與革,雖同時且都姓麻,但不

可混為一人。（楊武泉：《四庫全書總目辨誤》）

　　② 元好問《遺山先生文集》卷二四《常君墓銘》云："君諱用晦，姓常氏，仲明其字也。"又云："子德，彰德府宣課使。"元氏《中州集》卷六《麻九疇小傳》云："壬辰歲（按即天興元年）遇亂卒，年五十，平山常仲明之子德，葬之小商橋旁，近趙莊。"可知德為仲明之子。（同上）

　　傷寒心要一卷（通行本）

　　舊本題都梁鎦洪編。洪始末未詳，大旨敷演劉完素之說。所列方凡十八，又有病後四方。與常德《傷寒心鏡》皆後人裒輯，附入《河間六書》之末者。然掇拾殘剩，無所發明。

　　流註指微賦一卷（永樂大典本）

　　元何若愚撰。若愚爵里未詳。原註有云："《指微論》三卷，亦是何公所作。探經絡之賾，原鍼刺之理，明榮衛之清濁，別孔穴之部分。然未廣傳於世，於內自取義以成此賦。"則若愚先著《指微論》，又自約其義為此賦，便記誦也。今《指微論》不傳，惟此賦載《永樂大典》中。

　　如宜方二卷（浙江巡撫採進本）①

　　元艾元英撰。元英，東平人。始末無考。此本為三山張士寧所刊。前有二序，一為至正乙未林興祖作，一為至治癸亥吳德昭作。其書首列《藥石炮製總論》，不過數十味，未免簡略。第一卷述證，自中風至雜病凡三十類。第二卷載方，凡三百有餘。其曰"如宜"者，如某證宜用某湯，某證宜用某圓散是也。其說一定不移，未免執而不化。焦氏《經籍志》、高氏《百川書志》俱不著錄。然相其版式，猶元代閩中所刊，非依託也。

【彙訂】

① 此書在《各省進呈書目》中僅著錄於《浙江省第九次進呈書目》與《浙江採集遺書總錄》，又見於《二老閣進呈書》，"浙江巡撫採進本"應為"浙江鄭大節家藏本"之誤。（江慶柏：《四庫全書私人呈送本中的鄭大節家藏本》）

泰定養生主論十六卷（兩淮鹽政採進本）

舊本題元洞虛子王中陽撰。其書論婚孕、老幼、陰陽、氣運、節宣之宜，並摘錄脈證、方劑以資調攝，取《莊子》"宇泰定者，發乎天光"及"養生主"之語名之。前有中陽自序及至元戊寅段天祐序，蓋正德閒兵部郎中冒鸞所重刊也。後有楊易跋，謂吳寬集中載中陽為吳人，名珪，字均章，自號中陽老人。生元盛時。年四十，棄官歸隱虞山之下。慕丹術，尤邃於醫。

類編南北經驗醫方大成十卷（兩淮鹽政採進本）

舊本題元文江孫允賢撰。本名《醫方集成》。此本為錢曾也是園所藏，猶元時舊刻。目錄末題"至正癸未菊節進德書堂刊行"。前有題識曰："《醫方集成》一書，四方尚之久矣。本堂今得名醫選取奇方，增入孫氏方中，俾得貫通，名曰《醫方大成》。"云云。則坊賈所為，非允賢之舊矣。

傷寒醫鑒一卷（通行本）

元馬宗素撰。宗素始末未詳。是書載《河閒六書》中，皆採劉完素之說，以駁朱肱《南陽活人書》，故每條之論皆先朱後劉。大旨皆以熱病為傷寒，而喜寒涼，忌溫熱。然《活人書》往往用麻桂於夏月發洩之時，所以貽禍。若冬月真正傷寒，則非此不足以散陰邪，豈可專主於涼洩？未免矯枉過直，各執一偏之見矣。

雜病治例一卷（浙江范懋柱家天一閣藏本）

明劉純撰。純有《玉機微義》，已著錄。是書成於永樂戊子。末附《蘭室誓戒》四則，敘其父橘泉翁受醫術於朱震亨，純承其家學，又從其鄉馮庭幹、許宗魯、邱〔丘〕克容游，盡得其法。因撮舉綱要，著為一編。分七十二證，每證各標其攻補之法。蓋皆其相傳口訣，故略而弗詳。初無刊本。成化己亥，上元縣知縣長安蕭謙觀政戶部時，奉命賞軍甘州，始從純後人得其本，為鋟版以傳。

傷寒治例一卷（通行本）

明劉純撰。其體例與《雜病治例》相同，不標六經，亦不分表裏，但以現證九十五種為綱，而每證推其病源與其治法。亦成化己亥蕭謙所刻也。

醫方選要十卷（兩淮鹽政採進本）

明周文采編。李時珍《本草綱目》引作“周良采”，字之譌也。其里貫未詳。是書乃其為蜀獻王椿侍醫時，承獻王之命所作，則洪武中人也[①]。每門皆鈔錄古方，而各冠以論。嘉靖二十三年，通政使顧可學奏進，詔禮部重錄付梓，仍行兩京各省翻刻。前有獻王序及文采自序，併載禮部尚書費寀題覆疏二篇，蓋亦翻刻本也。

【彙訂】

① 此書乃弘治八年憲宗第四子興獻王祐杬命周文采所編，獻王及文采序詳記其年月。（丹波元胤：《中國醫籍考》）

袖珍小兒方十卷（浙江范懋柱家天一閣藏本）

明徐用宣撰。用宣，衢州人。《藝文志槀》作徽州人，蓋字形相近而譌。其書以脈訣為首，方論、鍼灸、圖形次之。總七十二門,六百二十四方,蒐採頗備。惟論斷多襲舊文,無所發明耳。是書作於永樂中。嘉靖十一年贛撫錢宏重刊,以是書原本宋錢乙也。

安老懷幼書四卷(浙江朱彝尊家曝書亭藏本)

明劉宇編。宇字志大,河南人。成化壬辰進士,官至山西按察司副使[①]。初,宋咸淳中,陳直撰《養老奉親書》。元大德閒,鄒鉉續為《壽親養老新書》。黃應紫合為一篇刻之。宇於成化戊戌得其本,宏治庚戌重為刊行,改名《安老書》,仍為三卷。後六年丙辰,復得雪川婁氏《卹幼集》,又補刻於後,總為四卷,題曰《安老懷幼書》。雪川婁氏,明洪武、永樂閒御醫也,宇得之於其曾孫云。

【彙訂】

①《國朝獻徵錄》卷一四引《實錄》云:"劉宇,字至大,河南鈞州人。"王世貞《弇山堂別集》卷四五《內閣輔臣年表》云:"劉宇,字至大,河南鈞州人,由成化壬辰進士,正德四年以少傅、文淵閣學士入。"《明史·劉宇傳》:"劉宇,字至大,鈞州人,成化八年進士,由知縣入為御史……(正德)二年正月,入為左都御史……尋轉兵部尚書,加太子太傅……乃令宇以原官兼文淵閣大學士……乃乞省墓去。"可知劉宇乃鈞州人。鈞州,萬曆後改稱禹州(因避帝諱),屬開封府,不屬河南府(今洛陽市)。其人字至大,今作"志大",亦誤。又官至文淵閣大學士。《明史》有此人之傳,亦為失書。(楊武泉:《四庫全書總目辨誤》)

醫學管見一卷(通行本)

明何瑭撰。瑭號柏齋,懷慶人。宏治壬戌進士,官至南京右副都御史,諡文定。事蹟具《明史·儒林傳》①。是書凡二十二篇,自記謂因讀《素問》及《玉機微義》二書而作。其説皆主於大補大攻,非中和之道。其第十九篇論久病元氣太虛,病氣太盛,當以毒藥攻之,尤不可訓。其論金石藥一條,則名言也。

【彙訂】

①《明史》本傳謂為"武陟人"。《嘉慶一統志·懷慶府·人物·何瑭》條所載同。雍正《河南通志》卷六一《人物·理學·何瑭傳》云:"懷慶衛籍,武陟人。"可知懷慶為衛籍,乃為應試時所定,而實乃武陟人。王世貞《弇山堂別集》卷五三"南京都察院右都御史"條載:"何瑭,河南懷遠衛人,弘治壬戌進士,嘉靖八年由禮部侍郎養病升,未任致仕。"《明史》本傳亦言官至右都御史。(楊武泉:《四庫全書總目辨誤》)

保嬰撮要八卷(浙江巡撫採進本)

明薛鎧撰。鎧字良武,吳縣人。宏治中官太醫院醫士。是編分門纂輯,於幼科證治最為詳悉。其論乳下嬰兒有疾①,必調治其母,母病子病,母安子安。且云小兒苦於服藥,亦當令母服之,藥從乳傳,其效自捷。皆前人所未發。其子太醫院院使己又以其所治驗附於各門之後,皆低一格書之。後人集己遺書為《薛氏醫案》,此書亦在其中。考卷首蘇州府知府林懋舉序有"請己纂而約之"之語,疑鎧但草創此書,其編纂成帙則實出己手。後人收入己書,蓋由於此。此本為嘉靖丙辰所刊,猶未編《醫案》以前單行之帙也。

【彙訂】

①"疾",殿本作"病"。

神應經一卷（浙江朱彝尊家曝書亭藏本）[①]

　　明陳會撰，劉瑾補輯。會字善同，稱宏綱先生。瑾字永懷，號恒菴。均不知何許人。瑾所附論皆冠以“臣”字，亦不知何時進御本也。案宦官劉瑾，武宗時流毒海内，終以謀逆伏誅，斷無人肯襲其姓名者。此書當在正德前矣。所論皆鍼灸之法，有歌訣，有圖，有説，傳寫譌謬，不甚可據。前有《宗派圖》一頁，稱梓桑君席宏達九傳至席華叔，十傳至席信卿，十一傳至會。會傳二十四人，嫡傳者二人，一曰康叔達，一即瑾也。又有席宏達誓詞，謂：“傳道者必盟天歃血，立誓以傳，當於《宗派圖》下註其姓名。如或妄傳非人，私相付度，陰有天刑，明有陽譴。”云云。是直道家野談耳。

　　【彙訂】

　　①《四庫採進書目》僅《浙江省第五次鄭大節呈送書目》、《浙江採集遺書總錄》著錄此書，作“曝書亭藏本”，疑誤。（杜澤遜：《四庫存目標注》）

醫開七卷（浙江范懋柱家天一閣藏本）

　　明王世相撰。世相字季鄰[①]，號清溪，蒲州人，呂柟之門人也。官延川縣知縣[②]。是書凡分二十四類。首載《或問》數條，謂醫學至丹溪而集大成。蓋亦主滋陰降火之説者。

　　【彙訂】

　　①“季鄰”，殿本作“秀鄰”，誤。

　　② 清道光十一年《延川縣志》卷三《宦績·知縣》載王世相為山西安邑縣人，清乾隆二十九年《解州安邑縣志》卷八《人物》有傳。

醫史十卷（浙江范懋柱家天一閣藏本）

明李濂撰。濂有《祥符人物志》，已著錄。是編採錄古來名醫，自《左傳》醫和以下，迄元李杲，見於史傳者五十五人。又採諸家文集所載，自宋張擴以下，迄於張養正，凡十人。其張機、王叔和、王冰、王履、戴原禮、葛應雷六人，則濂為之補傳。每傳之後，濂亦各附論斷。然如醫和診晉侯而知趙孟之死，據和所稱："主不能御，吾是以云。"蓋以人事天道斷之，而濂以為太素脈之祖。《扁鵲傳》中趙簡子、齊桓公、虢君各不同時，自為《史記》好奇之誤，而濂不訂正。葛洪自屬道家，但偶集方書，不聞治驗，乃一概收入。則陶宏景之撰《名醫別錄》，有功《本草》，何以見遺？褚澄《遺書》偽託顯然，乃不能辨別，反證為真本。至於宋僧智緣，本傳但有"善醫"二字，別無治驗，特乙太素脈知名，與張擴之具有醫案者迥別。載之醫家，尤為濫及。遼濟魯古_{案，濟魯古，原作直魯古，今改正。}亦更無一事可述，但以"長亦能醫，專事鍼灸"二語，遽為立傳，則當立傳者又何限乎？濂他書頗可觀，而此書乃冗雜特甚，殊不可解。惟其論倉公神醫乃生五女而不生男，其師公乘陽慶亦年七十餘無子，以證醫家無種子之術。其理為千古所未發，有足取焉。

藥鏡四卷（浙江巡撫採進本）

明蔣儀撰。儀，嘉興人。正德甲戌進士，其歷官未詳[①]。是編前後無序跋。惟凡例謂："《醫鏡》之鐫，駢車海內。今梓藥性，仍以鏡名。"其載藥性，分溫、熱、平、寒為四部，各以儷語括其主治。後附《拾遺》、《疏原》、《滋生》三賦，以補所未備。詞句鄙淺，徒便記誦而已。

【彙訂】

① 明崇禎十四年刻本此書卷端題作"嘉善蔣儀撰"。與王肯堂《醫鏡》四卷合刻者,有其弟雲章彦文氏順治丁亥序及康熙二年(1663)自序。而明正德甲戌(1514)進士之蔣儀為南直隸崑山人,占軍籍直隸天津右衛,顯非一人。(謝敬、劉毅:《"津人之善醫者蔣儀"真偽考——兼〈四庫全書總目提要·子部·醫家類存目〉析疑一則》;江曦:《〈四庫全書總目〉條辨》)

醫學正傳八卷(浙江范懋柱家天一閣藏本)

明虞摶撰。摶字天民,自號花溪恒德老人,義烏人。是書成於正德乙亥。其學以朱震亨為宗,而參以張機、孫思邈、李杲諸家之説,各選其方之精粹者次於《丹溪要語》之後。復為《或問》五十條以申明之。

衛生集四卷(兩淮鹽政採進本)

明周宏撰。宏始末未詳。前有正德庚辰宏自序,復繫以五言律詩一章,詞頗近俚。其論外感法仲景,内傷法東垣,濕熱法河閒,雜病法丹溪,尚屬持平之論。然亦大略如是,未可執為定法也。

萬氏家鈔濟世良方六卷(浙江巡撫採進本)

明萬表編,其孫邦孚增輯。表有《海寇議》,已著錄。邦孚字汝永,官都督僉事。是編原本鈔集古方,分門別類,凡五卷。邦孚又益以經驗諸方及脈訣、藥性,共為六卷,亦頗有可用之方。至首載呂仙降乩贈詩五首,以美是書,則語怪而不可訓矣。

攝生眾妙方十一卷(兩淮鹽政採進本)

明張時徹編。時徹字維靜,鄞縣人。嘉靖癸未進士,官至南京兵部尚書。事蹟附見《明史·張邦奇傳》①。是編分四十七門，標目繁碎。自序云："每見愈病之方，輒錄而藏之。"蓋隨時鈔集而成，未為賅備。

【彙訂】

① 依《總目》體例，當作"時徹有《善行錄》，已著錄"。

急救良方二卷（兩淮鹽政採進本）

明張時徹編。分三十九門，專為荒村僻壤之中不諳醫術者而設。故藥取易求，方皆簡易，不甚推究脈證也。

靈祕十八方加減一卷（浙江巡撫採進本）①

舊本題德府良醫所良醫濟南胡嗣廉校編。前有嘉靖十七年可泉子序，云"不知何人所輯"，則嗣廉但校正編次耳，非所撰也。其書以世人多用《和劑局方》，不知加減之用。因以此十八方各詳其因證加減之法，以便於用。然病機萬變，相似者多，但據證以減藥味，似非必中之道，仍與執《局方》者等也。十八方後又附補中益氣湯等四方，共為二十二方，亦不知何人所加。或即嗣廉續入歟？

【彙訂】

① 此書在《各省進呈書目》中僅著錄於《浙江省第九次進呈書目》與《浙江採集遺書總錄》，又見於《二老閣進呈書》，"浙江巡撫採進本"應為"浙江鄭大節家藏本"之誤。（江慶柏：《四庫全書私人呈送本中的鄭大節家藏本》）

心印紺珠經二卷（兩淮鹽政採進本）

明李湯卿撰。湯卿不知何許人。是書為嘉靖丁未嘉興府知府趙瀛所校刊。上卷曰原道統，曰推運氣，曰明形氣，曰評脈法。下卷曰察病機，曰理傷寒，曰演治法，曰辨藥性，曰十八劑。融會諸家之説,議論頗為純正。惟以十八劑為主,而欲以輕、清、暑、火、解、甘、淡、緩、寒、調、奪、濕、補、平、榮、澀、和、温數字該之,未免失之拘泥。

運氣易覽三卷(兩淮鹽政採進本)

明汪機撰。機有《鍼灸問對》,已著錄。是編取《素問》中五運六氣之説詳加辨論,所衍各圖,亦頗有發明。然治病自以脈證為主,拘泥司天在泉,終無當於經旨也。

痘證理辨一卷附方一卷(兩淮鹽政採進本)

明汪機撰。前列諸家治痘方法,後引浙中魏氏之説以辨之。自序云:"嘉靖庚寅,痘災盛行。因探索羣書,見有論痘瘡者,纂為一編。"其論痘皆主於火。然痘雖胎火之毒,而虛實異稟,則攻補異宜,又多兼雜證,不可拘以一説也。

養生類要二卷(兩淮鹽政採進本)

明吳正倫撰。正倫字子叙,自號春巖子,歙縣人。鄭若庸嘗為作小傳,則嘉靖中人也。是書上卷載導引訣、衛生歌及鍊紅鉛、秋石之法,下卷分春、夏、秋、冬諸證宜忌合用方法。蓋兼涉乎道家之説者也。

志齋醫論二卷(浙江范懋柱家天一閣藏本)

明高士撰。士字志齋,鄞縣人。是書作於嘉靖中。上卷專論痘疹,下卷雜論陰陽六氣,血脈虛實。其説云:"今之醫者多非丹溪,而偏門方書盛行。"則亦以朱氏為宗者矣。

經驗良方十一卷(通行本)

明陳仕賢編。仕賢字邦憲,福清人。嘉靖壬戌進士[①],官至副都御史。其書首載醫旨、脈訣、藥性，別為一卷。次為通治諸病門，如太乙紫金丹、牛黃清心丸之類。次分雜證五十二門，皆鈔錄舊方，無所論說。自序稱與通州醫官孫宇考定而成云。

【彙訂】

① 壬戌為嘉靖四十一年，檢雍正《福建通志》卷三六《選舉志》嘉靖四十一年進士科無此人。據《進士題名碑錄》，福建福清人陳仕賢，乃嘉靖十一年（壬辰）二甲第四十名進士。雍正《福建通志》所載中進士第之年代同。（楊武泉：《四庫全書總目辨誤》）

丹溪心法附餘二十四卷（內府藏本）

明方廣撰。廣字約之，號古齋，休寧人。是書成於嘉靖丙申。因程用光所訂朱震亨《丹溪心法》贅列附錄，與震亨本法或相矛盾。乃削其附錄，獨存一家之言，別以諸家方論與震亨相發明者分綴各門之末。然均非震亨之原書矣。

避水集驗要方四卷（浙江巡撫採進本）①

明董炳撰。炳字文化，泗州人。是編以常用有驗之方，分類裒輯，無所闡發。其所用之藥有積雪草者，《本草》所未詳，特為具其圖形，述其功效。然藥類至多，惟在善用，正無取乎搜羅新異，自誇祕授也。其以"避水"名者，蓋隆慶丙寅淮水決②，炳避居樓上，以成是書。末附柳應聘撰《玉鶴翁傳》一篇，備載炳父相治醫事。玉鶴，相之自號，故炳又號懷鶴云。

【彙訂】

① 此書在《各省進呈書目》中僅著錄於《浙江省第九次進呈書目》與《浙江採集遺書總錄》，又見於《二老閣進呈書》，"浙江巡

撫採進本”應為“浙江鄭大節家藏本”之誤。（江慶柏：《四庫全書私人呈送本中的鄭大節家藏本》）

②丙寅為嘉靖四十五年，明世宗死於是年十二月庚子（十四日），其子於當月壬子（二十六日）即位，改次年為隆慶元年，見《明史·世宗紀》。隆慶僅六年，故隆慶無丙寅。（楊武泉：《四庫全書總目辨誤》）

上池雜說一卷（編修程晉芳家藏本）

明馮時可撰。時可有《左氏釋》，已著錄。此乃其雜論醫學之書。大意主於温補，伸東垣而抑丹溪。亦偏於一隅之見者也。

傷寒指掌十四卷（浙江巡撫採進本）

明皇甫中撰。中字雲洲，仁和人。其書原始《內經》[①]，發明仲景立法之意，於諸家議論獨推陶華。第十三卷載《節菴殺車槌法》中，識於後云：“先君菊泉與陶翁厥嗣廷桂善，嘗得其所著《務寒瑣言》及《殺車槌法》，傳心之祕旨。”云云。然節菴《六書》至今為傷寒家所詬厲，則此書抑可知也。

【彙訂】

①“原始”，殿本作“原本”。

鍼灸大全十卷（內府藏本）

明楊繼洲編。繼洲萬曆中醫官，里貫未詳。據其刊版於平陽，似即平陽人也。是書前有巡按山西御史趙文炳序[①]，稱文炳得痿痺疾，繼洲鍼之而愈。因取其家傳《衛生鍼灸元〔玄〕機祕要》一書，補輯刊刻，易以今名。本朝順治丁酉，平陽府知府李月桂以舊版殘闕，復為補綴。其書以《素問》、《難經》為主，又肖銅人像，繪圖立說，亦頗詳賅，惟議論過於繁冗。

【彙訂】

① 明萬曆二十九年趙文炳刊本王國光序稱"三衢楊子繼洲"，又卷一"鍼道源流"節著錄《玄機祕要》一書，云："三衢繼洲楊濟時家傳著集。"則繼洲名濟時，衢州人。（王重民、屈萬里：《普林斯頓大學葛思德東方圖書館中文善本書志》）

醫學六要十九卷（浙江巡撫採進本）

明張三錫撰。三錫字叔承，應天人。是編成於萬曆乙酉。以醫學大端有六，分別論列。首《四診法》一卷，次《經絡考》一卷，次《病機部》二卷，次《本草選》六卷，次《治法彙》八卷，次《運氣略》一卷。自謂博採羣書，各彙其要。然雜錄舊文，無所折衷。王肯堂敘以"醫聖"稱之，過矣。

删補頤生微論四卷（浙江巡撫採進本）

明李中梓撰。中梓字士材，華亭人。是編初稿定於萬曆戊午，已刊版行世。崇禎壬午，又因舊本自訂之，勒為此編。凡二十四篇，曰三奇，曰醫宗，曰先天，曰後天，曰辨妄，曰審象，曰宣藥，曰運氣，曰臟腑，曰別證，曰四要，曰化源，曰知機，曰明治，曰風土，曰虛癆，曰邪祟，曰傷寒，曰廣嗣，曰婦科，曰藥性，曰醫方，曰醫藥，曰感應，門類頗為冗雜①。《三奇論》中兼及道書修鍊，如去三尸、行呵吸等法，皆非醫家本術也。

【彙訂】

① 明崇禎十五年刻本此集卷四有"醫方論第二十二"，後為"醫案論第二十三"，其中列"吏部少宰蔣恬菴"、"屯田孫待御瀟湘夫人"、"徽州太學方經儒"等三十例病症，卷首《總目並凡例》亦云："述案三十條，皆症之變者，而常者不贊也。"可知作"醫藥"

誤。（胡露：《〈四庫全書總目〉子部存目補正》）

雷公炮製藥性解六卷（通行本）

舊本題明李中梓撰。凡金石部三十三種，果部十八種，穀部十一種，草部九十六種，木部五十七種，人部十種，禽獸部十八種，蟲魚部二十六種①。每味之下各有論案。其稱"雷公"云者，蓋採《炮炙論》之文別附於末。考宋雷敩《炮炙論》三卷，自元以來，久無專行之本，惟李時珍《本草綱目》載之差詳。是篇所採猶未全備，不得冒雷公之名。又《江南通志》載中梓所著書有《傷寒括要》、《內經知要》、《本草通原》、《醫宗必讀》、《頤生微論》凡五種，獨無是書。卷首有"太醫院訂正姑蘇文喜堂鐫補"字②，亦坊刻炫俗之陋習。殆庸妄書賈隨意裒集，因中梓有醫名，故託之耳。

【彙訂】

① 明天啟二年刻本此集"草部"分上、中、下三卷，草部上四十二種，草部中五十四種，草部下五十四種，則草部凡一百五十種也。又"木部"下有"菜部"（卷六），凡十種。又目錄中"禽獸部"為十八種，然其卷六正文中此部實十九種，"雄雀"下有"雀卵"一種，目錄中漏載。（胡露：《〈四庫全書總目〉子部存目補正》）

② "卷首有"，殿本作"卷端"。

魯府祕方四卷（兩淮鹽政採進本）

明劉應泰編①。應泰嘗為魯王府侍醫，其里貫未詳。是書分福、壽、康、寧四集。首載五言《贊》一首，以頌魯王。其餘皆分類隸方，亦罕奇祕。末載《延生》、《勸世》等箴，尤與醫藥無關②。前有萬曆甲午魯王序。考《明史·諸王傳》，魯荒王檀八世至敬王壽鏳,於萬曆二十二年嗣封。是年歲在甲午,蓋即壽鏳,故其序自稱魯王八代孫也③。

【彙訂】

① 國家圖書館藏明鈔《新刊魯府祕方》四卷,前有萬曆二十二年(甲午)魯王序云:"余……拔其最良者,因病分類,輯為四卷。"則此書實為魯王自行編撰。(杜澤遜:《四庫存目標注》)

② 今存明鈔《新刊魯府祕方》四卷,首載《禁方括》一首,曰:"魯藩仁主,心同天地,忠孝賢明,精金美玉。時值饑饉,疊施賑齋。積善累德,陰功普被……刊布天下,咸沾恩惠。國泰民安,功垂萬世。"明為四言詩。又卷四末有《延年廿箴》、《勸世百箴》。(胡露:《〈四庫全書總目〉子部存目補正》)

③ 魯王序末署:"萬曆甲午歲仲春之吉皇明八代孫魯王三畏堂書於存心殿。"據《明史》卷二一六《諸王傳》,明太祖八代孫魯王為朱頤坦。《明實錄》載朱頤坦於萬曆二十二年甲午七月甲辰薨逝。而據《明史·諸王世表》,朱壽鏳為頤坦庶六子,萬曆二十四年方襲封,為太祖九世孫。(杜澤遜:《四庫存目標注》)

普門醫品四十八卷附醫品補遺四卷(浙江巡撫採進本)

明王化貞撰。化貞字肖乾,諸城人。萬曆癸丑進士,官至僉都御史,巡撫遼東。以僨事伏誅。事蹟附見《明史·熊廷弼傳》。是編摘錄《本草綱目》諸方,參以諸家論述,詳列病證,分類彙編。每門冠以總論,但有證候而不載診法。其凡例謂是書為不知醫者設。然望聞問切,猶或審證未真,用藥多舛。況舍脈而論方,則虛實寒熱之相似者,其誤必多。執影響之見而苟冀一效,其貽誤封疆,亦此學問矣。

孫氏醫案五卷（浙江巡撫採進本）

明孫泰來、孫明來同編。二人皆休寧孫一奎之子[①]。是編即所輯一奎醫案也。凡《三吳治驗》二卷，《新都治驗》二卷，《宜興治驗》一卷。不分證而分地，蓋以治之先後為次。一奎深究醫理，其議論多見於《赤水元珠》、《醫旨緒餘》，皆已著錄。是編宗旨具載二書之中，且旁文多於正論，亦為冗漫。蓋大意主於標榜醫名，而不主於發揮醫理也。

【彙訂】

① 明萬曆孫泰來等刻本此集中《三吳治驗》卷首題："明新安生生子孫一奎文垣甫輯，門人余煌，子泰來、朋來同閱梓。"孫一奎族姪燁《族叔生生子醫案小序》亦云："叔始因余言而翻然首肯，乃其二子泰來、朋來欣欣色喜……"皆作"朋來"，而非"明來"。《赤水玄珠》屢言"孫仲子泰來曰"云云、"孫季子朋來曰"云云，亦可證作"明來"誤。"泰來"、"朋來"，皆出《周易》。《易·復》："朋來無咎。"作"明來"不可解矣。（胡露：《〈四庫全書總目〉子部存目補正》）

河閒六書二十七卷（通行本）

明吳勉學編。勉學字肖愚，歙縣人。是編裒輯金劉完素之書，凡《原病式》一卷，《宣明論方》十五卷，《保命集》三卷，《傷寒醫鑑》一卷，《傷寒直格》三卷，《傷寒標本》二卷，附《傷寒心要》、《傷寒心鏡》各一卷。名為"六書"，實八書也。其中多非完素所作，已分別各著於錄。今存其總目於此，以不沒勉學綴輯刊刻之功焉。

折肱漫錄六卷（兩淮鹽政採進本）

明黃承昊撰。承昊字履素，號闇齋，秀水人。黃洪憲之子也。萬曆丙辰進士,官至福建按察使。承昊體羸善病,因參究醫理,疏其所得,以著是書。分養神、養氣、醫藥三門①。其論專主於補益,未免一偏。

【彙訂】

① 明崇禎刻本此集書前《小引》云:"蓋取'三折肱成良醫'之義,一曰養神,一曰養形,一曰醫藥。"書中卷二至卷三即為養形篇。作"養氣"不確。(胡露:《〈四庫全書總目〉子部存目補正》)

運氣定論一卷(浙江巡撫採進本)

明董說撰。說有《易發》,已著錄。是編凡四論八圖。辨《素問》所論運氣當在《六元正紀大論》,原文久佚。故晉皇甫謐作《甲乙經》,隋全元起註《素問》,皆云亡失。唐王冰始私採《陰陽大論》七篇補之,詭云祕藏書本。劉守真、楊子建遞變其說,亦皆乖謬。因著此書以闢之。定以六氣為經,五運為緯,氣靜運動,上下周流,天始於甲,地始於子,數窮六十,循環無端。其說甚辨。然運氣之主病,猶之分野之占天,以為不驗,亦有時而中;以為必驗,又有時不然。天道遠,人事邇,治病者求之望聞問切,參以天時、地氣,亦足得其概矣,正不必辨無證、無形之事也。

鍼灸聚英四卷(兩淮鹽政採進本)

明高武撰。武始末未詳。是書以經絡窬穴類聚為一卷,各病取穴治法為一卷,諸論鍼艾法為一卷①,各歌、賦為一卷。凡諸書與《素問》、《難經》異同者,取其同而論其異,故以"聚英"名書。其所蒐採,惟《銅人明堂子午》及《寶氏流註》等書,餘皆不錄。

【彙訂】

① "穿穴",底本作"空穴";"鍼艾",底本作"鍼灸",皆據明嘉靖十六年陶師文刻本此書書前凡例及殿本改。

鍼灸節要三卷（兩淮鹽政採進本）

明高武撰。是書以《難經》、《素問》為主。《難經》首取行鍼、補瀉,次取井榮俞經合,次及經脈。《素問》首九鍼,次補瀉,次諸法,次病刺,次經脈、空穴。俱顛倒後先,於經文多割裂。

簡明醫彀八卷（內府藏本）

明孫志宏撰。志宏字台石,杭州人。是書卷首冠《要言一十六則》,議論亦平正。其餘案門列方,淺顯易解,然未能盡醫道之變化也。

金錍祕論十二卷（兩淮鹽政採進本）

舊本題梁谿流寓李藥師撰。不知何許人。自序稱:"唐李靖以三等法教士,故亦以三等法治病。"藥師之稱,適符靖字,殆亦寓名歟? 其書分十二門,皆論醫目之法,故曰《金錍》,蓋取佛書"金錍刮眼"之義也。

扁鵲指歸圖一卷（兩淮鹽政採進本）

不著撰人名氏。以脈證形色編為歌括,以便記誦。蓋坊市俗醫所為。

證治大還四十卷（浙江巡撫採進本）

國朝陳治撰。治字三農,華亭人。是書凡《診視近纂》二卷①,《藥理近考》二卷,《濟陰近編》五卷,《幼幼近編》四卷,《醫學近編》二十卷,《傷寒近編前集》五卷,《後集》五卷②。前有喻昌及治自序。治自謂：“五世業醫，所著書有《璜溪醫約解》、《醫師寤言》、《外臺祕典》、《脈藥驪珠》各種③，皆斟酌盡善，擇其近要者，付之梨棗。”然是書雜錄諸家議論證治，門類繁碎，殊少折衷。

【彙訂】

①“診視近纂”，底本作“證視近纂”，據清康熙貞白堂刻本此集及殿本改。（胡露：《〈四庫全書總目〉子部存目補正》）

②“濟陰近編五卷……傷寒近編前集五卷後集五卷”，殿本作“濟陰近編四卷……傷寒近編前集四卷後集四卷”。清康熙貞白堂刻本為六種四十三卷，與底本所列相符。

③此集前自序：“閱曾大父而至於治，蓋已五世於茲矣。邃嵒公有《璜溪醫約解》，完樸公則有《醫歸寤言》，蓉城公有《外臺祕典》、《脈藥驪珠》。”則《醫師寤言》為《醫歸寤言》之誤。醫歸者，為醫之宗旨也。（胡露：《〈四庫全書總目〉子部存目補正》）

馬師津梁八卷（浙江巡撫採進本）

國朝馬元儀撰。元儀，蘇州人。是編前有雍正壬子汪濂夫序，稱元儀受學於雲間李士材、西昌喻嘉言。士材，李中梓之字；嘉言，喻昌之字。二人皆國初人，則元儀著書當在康熙初矣。其曰《馬師津梁》者，蓋元儀門人姜思吾傳其鈔本，濂夫追題此名，非其本目也。所論多原本舊文，大抵謹守繩尺，不敢放言高論，亦不能有所發明。所載諸方，或與所論不甚符。如“中風”一門，既知病由內虛①，不屬外邪，而附方仍多驅風滌痰，一切峻利之藥。知其亦見寒醫寒，見熱醫熱，隨時補救之技。非神明其意，運用自如者矣。

【彙訂】

①“由”，殿本作“本”。

張氏醫通十六卷（浙江巡撫採進本）

國朝張璐撰。璐字路玉，號石頑，吳江人。是編取歷代名家方論，彙次成編。門類先後，悉依王肯堂《證治準繩》。方藥主治多本薛己《醫案》、張介賓《景岳全書》而以己意參定之。凡古來相傳之説，稍有晦滯者，皆削不錄。其辭氣未暢者，皆潤色發揮，務闡其意。康熙乙酉，聖祖仁皇帝南巡，璐子以柔以璐所著《本經逢原》、《診宗三昧》、《傷寒纘緒論》及此書彙輯恭進，得旨留覽。考璐自序，是書初名《醫歸》，未及刊行，佚其目科、痘疹二册。晚年命其子以倬重輯目科治例，以柔重輯痘疹心傳，補成完帙，改題此名。時韓氏《醫通》已久行於世，璐書名與相複。自序謂元氏集名《長慶》，白氏集亦名《長慶》，未嘗混也。今刊本題《張氏醫通》，蓋亦以別於韓氏云。

傷寒纘論二卷緒論二卷（浙江巡撫採進本）

國朝張璐撰。取張機《傷寒論》重分其例，採喻昌《尚論篇》及各家之註為之發明，而參以己見，是曰《纘論》。又以原書殘佚既多，證治不備，博搜前人之論以補之，是曰《緒論》。《纘論》先載原文，次附註釋，末錄正方一百十三首。《緒論》首載六經傳變、合病併病、標本治法及正傷寒以下四十證，又分別表裏，如發熱頭痛、結胸自利之類。末錄雜方一百二十餘道。其《醫通》十六卷內，諸證畢備，不立傷寒一門。自序謂先有此二書別行，故不復衍也。康熙甲寅，林起龍刻方有執《傷寒論條辨》，其序有曰：“《鈴槌》、《活人》、《類證》者出，而斯道日茅塞矣。近之《準繩》、《金鎞》、《續焰》、《參註》、《宗印》、《圖經》、《緒論》、《五法》、《手援》諸刻，衒奇鬭異，弔詭承譌，逞意簧鼓，任口杜撰，如狂犬吠，如野狐鳴。"又曰："更可異者，本無一長，又未夢見《條辨》，止將《尚論篇》割裂紛更，稱《纘論》者，譬之推糞蜣蜋，自忘其臭。此書必不能傳，即傳不過供人笑罵塗抹。"云云。其詆諆是書，不遺餘力。然亦不至如是之甚也。

本經逢原四卷（浙江巡撫採進本）

國朝張璐撰。其書以《神農本經》為主，而加以發明，兼及諸家治法。部分次第，悉依李氏《本草綱目》，而疏通大義，較為明顯。自序云："瀕湖博洽今古，尚爾舍本逐末，僅以《本經》主治冠列於首，以為存羊之意。繆氏仲醇開鑿經義，迥出諸家之上，而於委曲難明之處，則旁引《別錄》等說，疏作經言，未免朱紫之混。"蓋時珍書多主考訂，希雍書頗喜博辨[①]，璐書則惟取發明性味，辨別功過，使製方者易明云。

【彙訂】

① 殿本脫"希"字。繆希雍字仲醇，撰有《神農本草經疏》三十卷。《總目》卷一百四著錄其《先醒齋廣筆記》四卷。

診宗三昧一卷（浙江巡撫採進本）

國朝張璐撰。是書專明脈理。首宗旨，次醫學，次色脈，次脈位，次脈象，次經絡，次師傳，次口問，次逆順，次異脈，次婦人，次嬰兒。其《醫學篇》有云："王氏《脈經》、全氏《太素》，多拾經語，溷廁雜說於中，偶一展卷，不無金屑入眼之憾。他如紫虛《四診》、丹溪《指掌》、攖寧《樞要》、瀕湖《脈學》、士材《正眼》等，要皆刻舟求劍，案圖索驥之說。夫得心應手之妙，如風中鳥迹、水上

月痕，苟非智慧辨才，烏能測其微於一毫端上哉！”其言未免太自
詡也。

石室祕籙六卷（大學士英廉購進本）

國朝陳士鐸撰。士鐸字遠公，山陰人。是書託名岐伯所傳，
張機、華佗等所發明，雷公所增補。凡分一百二十八法，議論詭
異。所列之方，多不經見。稱：“康熙丁卯，遇岐伯諸人於京都，
親受其法。”前有岐伯序，自題“中清殿下宏〔弘〕宣祕籙無上天大
帝真君”。又有張機序，自題“廣蘊真人”①。方術家固多依託，
然未有怪妄至此者，亦拙於作偽矣。

【彙訂】

① 清雍正八年馬弘儒首永堂刻本此書有康熙丁卯冬至前
一日岐伯序，自題為“中清殿下弘宣祕籙無上天真大帝真君”，
《總目》所引脫一“真”字。又張機序實題“廣德真人”。（胡露：
《〈四庫全書總目〉子部存目補正》）

李氏醫鑑十卷續補二卷（內府藏本）

國朝李文來編。文來字昌期，婺源人。初，休寧汪桓作《醫
方集解》、《本草備要》二書①，淺顯易明，頗行於世。康熙丙子，
文來撮合兩書，條分縷析，分類排纂，以成是書。名曰《李氏醫
鑑》，實則汪氏書也。又以雜證及傷寒有未備者，更輯為《續補》
二卷。末附桓所作《三焦命門辨》一篇，稱：“《醫鑑》成，請正於
桓，詳校差謬，玉成完璧。更授以是篇，附刻卷末。”則文來輯是
書時，桓尚無恙，與所手定無異矣。

【彙訂】

①《清史稿·藝文志》著錄《醫方集解》、《本草備要》二書，

均題為汪昂撰。光緒《安徽通志》卷二六二《方伎·汪昂傳》云：
"輯《本草備要》、《醫方集解》二書。"（楊武泉：《四庫全書總目
辨誤》）

醫學彙纂指南八卷（安徽巡撫採進本）

國朝端木縉撰。縉字儀標，當塗人。是書成於康熙丁亥。
摘取古今醫書，薈萃成帙。每病之下，先詳脈理，次病因，次現
證，次治法，頗為明析。惟於《素問》"五運六氣"拘執過甚，未免
失於泥古。又第七卷所列醫案，惟載近人治驗，而古法一概不
錄。雖醫貴因時，又不免局於目見矣。

濟陰綱目十四卷（大學士英廉家藏本）

國朝武之望撰[1]，汪淇箋釋。之望字叔卿，自署關中人。淇
字瞻漪[2]，一字右子，錢塘人。是書所分門目與《證治準繩》之女
科相同，文亦全相因襲，非別有所發明。蓋即王肯堂書加以評釋
圈點，以便檢閱耳。

【彙訂】

[1] 武之望系萬曆十七年進士，崇禎二年卒，作清人誤。（杜
澤遜：《四庫存目標注》）

[2] "瞻漪"，殿本作"澹漪"，皆誤。清雍正天德堂刻本此書
所附自序署"西陵憺漪子汪淇右子甫"，各卷卷首皆題作"西陵汪
淇憺漪子箋釋"。《保生碎事》一卷，題"西陵憺漪子汪淇右子氏
論定"。清康熙元年刊本《呂祖全傳》一卷附《軼事》一卷，卷首題
"唐弘仁普濟孚佑帝君純陽呂仙撰，奉道弟子憺漪子汪象旭重
訂"，其下小字注明"原名淇，字右子"，葉生序云："憺漪子為誰，
予友汪淇右子也，號憺漪，其受教善師之門，道名象旭云。"書前

尚有《儋漪子自紀小引》，自題"康熙元年初夏西陵奉道弟子汪象旭右子氏書於蛈寄"，末尾有"汪淇之印"、"右子"、"汪象旭號儋漪"諸印記。附《證道碎事》四卷，題"西陵儋漪子汪象旭輯"，下注小字"原名淇，字右子"。清康熙二年刻本《尺牘新語》二十四卷，卷首題"清徐士俊、汪淇輯評"，正文題"西湖徐士俊野君、汪淇儋漪評箋"。《尺牘新語二編》二十四卷，卷首題為"西陵汪儋漪、徐野君二先生箋評"，正文題"西陵汪淇儋漪箋定、徐士俊野君同評"。《尺牘新語廣編》二十四卷，卷首題"西陵汪儋漪、許野君二先生箋論"，正文題"西陵汪淇儋漪父、吳雯清方漣父同箋定"。可知"儋漪"乃其號，非字。《尺牘新語》第十二冊有盛於斯《與汪舟次》書信，汪淇評點曰："舟次為予弟生伯子。"康熙《休寧縣志》卷五《選舉》載汪楫字舟次，西門人。則汪淇亦西門人。（黃永年：《論〈西遊記〉的成書經過和版本源流——〈西遊證道書〉點校前言》；陳恩虎：《刻書家汪淇生平考》；胡露：《〈四庫全書總目〉子部存目補正》）

保生碎事一卷（大學士英廉家藏本）

國朝汪淇撰。是書又名《濟陰慈幼外編》，錄小兒墮地時至七日內醫療之事。如拭口、斷臍、浴兒、稀痘各法，寥寥數則。大約取其便於檢用，非保嬰之全書也。卷末一條云："隨有《濟陰綱目》及《慈幼綱目》，即鐫行。"則是書之成，猶在《濟陰綱目》之前。其《慈幼綱目》自謂即《證治準繩》之幼科加以評釋，今未見其本。

釋骨一卷（浙江巡撫採進本）

國朝沈彤撰。彤有《周官祿田考》，已著錄[1]。是編取《內經》所載人身諸骨，參以他書所說，臚而釋之，中閒多所辨正[2]。

如謂《經筋篇》"足少陽之脈[③]，循耳後上額角"，"額"字乃"頭"字
之譌；謂"曲角"之"角"，經文刊本皆誤作"周"，據《氣府論》註改
定；謂"頷"字，《説文》作"顄"[④]，與"頤"同訓"顄"，蓋自口内言
之。如從口外言[⑤]，則兩旁為頷，頷前為頤，兩不相假，故《内經》
無通稱者；謂"或骨"之"或"乃古"域"字，引《説文》為證；謂齒數
奇當為牡，偶當為牝，《説文》、《玉篇》並以牙為牡齒，恐誤；謂"曲
牙二穴，俠口旁四分"，王冰以為頰車穴，恐非經義[⑥]；謂高骨通
指脊骨，不專指命門穴上一節；謂膺中有六穴，穴在骨閒，則骨當
有七；謂張介賓誤以脅下為骹；謂骺骨即肩端骨；謂《經脈篇》"斜
下貫胛"之"胛"乃"胂"字之譌；謂《本腧篇》"肘内大骨"，"内"字
乃"外"字之譌，"掌後兩骨"，"骨"字乃"筋"字之譌；謂掌後兌骨
非手髁；謂腕骨在魚際旁寸口前，非掌後高骨；謂楗即髀骨之直
者；謂《骨空論》"頗下為輔"，"下"字乃"上"字之譌；謂《刺腰痛
論》"成骨在膝外廉"[⑦]，"膝"字乃"骭"字之譌，其考證皆極精核，
非惟正名物之舛，並可以糾鍼砭之謬。已載入所著《果堂集》，此
其別行之本。序稱為吳文球講明經穴而作，則其本旨以談醫而
起。今附存其目於醫家焉。

【彙訂】

① 依《總目》體例，當作"彤有《尚書小疏》，已著錄"。

② 此書篇首曰："骨為身之幹，其載於《内經》、《甲乙經》者
以十百數，皆各有其部與其形象。然名之單複分總，散見錯出，
能辨析而會通者實鮮。余方嗟其為學者之闕，適吳生球從事經
穴，數以是請，遂與之詳考而條釋以貽之。"則主要所據非止《内
經》一種。如《總目》下文所引《經筋篇》即《鍼灸甲乙經》之文。

③ "足少陽之脈"，據《鍼灸甲乙經・經筋第六》原文及《果

堂集》本、清道光《昭代叢書》本《釋骨》注文所引,均作"足少陽
之筋"。

④ 據《釋骨》注文,"頤"當作"頜"。《說文》有"頜"字:"頤
也,從頁,合聲。"無"頜"字。

⑤ "如",殿本作"若"。

⑥ "義",殿本作"意"。

⑦ "成骨",底本作"或骨",據《內經》原文、《釋骨》原注及殿
本改。

醫學求真錄總論五卷(江西巡撫採進本)

國朝黃宮繡撰。宮繡,宜黃人。是書成於乾隆庚午。據其
凡例,稱嘗著《醫學求真錄》十六卷。別鈔其篇首總論,勒為五
卷,以標明其宗旨。議論亦明白易解,然不無臆說①。如論風土
不齊,而云西北人不可溫補,則未免膠柱而鼓瑟矣。

【彙訂】

① "臆說",殿本作"臆脫",誤。

成方切用十四卷(浙江巡撫採進本)

國朝吳儀洛撰。儀洛字遵程,海鹽人。此書為其《醫學述》
之第四種。取古今成方一千三百餘首,本經按證,加以論斷。卷
首載《內經》一十二方。第一卷至第十二卷每卷各有上、下,分治
氣、理血、補養、澀固、表散、涌吐、攻下、消導、和解、表裏、祛風、
祛寒、消暑、燥濕、潤燥、瀉火、除痰、殺蟲、經帶、胎產、嬰孩、癰
瘍、眼目、救急,凡二十四門。卷末載《勿藥元詮》七十四條。大
旨謂古方不宜今用,故所錄皆切於時用之方。凡例於汪桓《醫方
集解》頗有微詞。然桓書淺略,亦可無庸捨擊也。

傷寒分經十卷（浙江巡撫採進本）

國朝吳儀洛撰。此書為其《醫學述》之第五種，取喻嘉言所撰《尚論篇》重為訂正。凡太陽經三篇，陽明經三篇，太陰經一篇，少陰經二篇，厥陰經一篇，春溫三篇，夏熱一篇，脈法二篇，諸方一篇，補《卒病論》一篇，秋燥一篇，共十有九篇[①]。

【彙訂】

① 此書陽明經上、中、下三篇後，太陰經一篇前，尚有少陽經一篇（卷三上），實共二十篇。（胡露：《〈四庫全書總目〉子部存目補正》）

醫貫砭二卷（江蘇巡撫採進本）

國朝徐大椿撰。大椿有《神農本草百種錄》，已著錄。初，明趙獻可作《醫貫》，發明《薛氏醫案》之說，以命門真水真火為主，以八味丸、六味丸二方通治各病。大椿以其偏駁，作此書闢之。考八味丸即《金匱要略》之腎氣丸，本後漢張機之方。後北宋錢乙以小兒純陽，乃去其肉桂、附子，以為幼科補劑，名六味丸。至明太醫院使薛己，始專用二方，為補陽補陰要藥，每加減以治諸病。其於調補虛損，未嘗無效。獻可傳其緒論，而過於主持，遂盡廢古人之經方。殆如執誠意正心以折衝禦侮，理雖相貫，事有不行。大椿攻擊其書，不為無理。惟詞氣過激，肆言辱詈，一字一句，索垢求瘢，亦未免有傷雅道。且獻可說不能多驗，今其書已不甚行，亦不必如是之詬爭也。

臨證指南醫案十卷（浙江巡撫採進本）

國朝葉桂撰。桂字天士，吳縣人。以醫術名於近時，然生平無所著述。是編乃門人取其方藥治驗，分門別類，集為一書，附以論斷，未必盡桂本意也。

得心錄一卷（兵部侍郎紀昀家藏本）

國朝李文淵撰。文淵有《左傳評》，已著錄。是編皆所製新方。前有自題云："古方不能盡中後人之病，後人不得盡泥古人之法，故名曰《得心錄》。"凡十九方。其敵參膏四方，案應補之證，委曲調劑，以他藥代之，為貧不能具參者計。雖未必果能相代，然其用志可尚也。

傷寒論條辨續註十二卷（大學士英廉購進本）

國朝鄭重光撰。重光字在辛，歙縣人。明萬曆中方有執作《傷寒論條辨》，號為精審。後喻昌因之作《尚論篇》，張璐因之作《傷寒纘論》，程嘉倩因之作《後條辨》，互有發明，亦各有出入。然諸書出而方氏之舊本遂微。重光為有執之里人，因取《條辨》原本，刪其支詞，復旁參喻昌等三家之說，以己意附益之，名曰《續註》。卷首仍題執中之名，明不忘所本之意也。

醫津筏一卷（通行本）

國朝江之蘭撰。之蘭字含微，歙縣人①。是書凡十四篇，每篇以《內經》數語為主，而分條疏論於其後。

【彙訂】

① 清道光吳江沈氏世楷堂刻《昭代叢書》本題"歙縣江之蘭含微著"。（胡露：《〈四庫全書總目〉子部存目補正》）

四聖心源十卷（編修周永年家藏本）

國朝黃元御撰。四聖者，黃帝、岐伯、秦越人、張機也。元御於《素問》、《靈樞》、《難經》、《傷寒論》、《金匱玉函經》五書已

各為之解，復融貫其旨，以為此書。其文極為博辯，而詞勝於
意者多。

四聖懸樞四卷（編修周永年家藏本）

國朝黃元御撰。是書謂寒疫、溫疫、痘病、疹病皆由於歲氣，
世皆以小兒之痘為胎毒，非也。若能因其將發而急表散之，則痘
可以不出。其說為宋以來所未有。夫痘病之發，每一時而遍及
遠近，且輕則大概皆輕，重則大概皆重，則謂之歲氣，亦非無理。
然究由胎毒伏於內，歲氣感於外，相觸而發，必謂不系胎毒，何以
小兒同感歲氣，而未出痘者乃病痘，已出痘者不病痘乎？是又未
可舉一廢百也。

素靈微蘊四卷（編修周永年家藏本）

國朝黃元御撰。其書以胎化、藏象、經脈、營衛、藏候、五色、
五聲、問法、診法、醫方為十篇，又病解十六篇，多附以醫案。其
說詆訶歷代名醫，無所不至。以錢乙為悖謬，以李杲為昏蒙，以
劉完素、朱震亨為罪孽深重，擢髮難數。可謂之善罵矣。

玉楸藥解四卷（編修周永年家藏本）

國朝黃元御撰。“玉楸”者，元御別號也。是書謂諸家本草，
其議論有可用者，有不可用者，乃別擇而為此書。大抵高自位
置，欲駕千古而上之。故於舊說多故立異同，以矜獨解。

脈因證治八卷（浙江巡撫採進本）

不著撰人名氏。其書按四時氣候，詳列諸病。先脈，次因，
次證，次治，頗有條理，而分屬處未免牽強。如霍亂、泄瀉屬夏三
月，傷寒屬冬三月，已為拘滯。至於以顛狂、驚癇、痔漏、脫肛分

屬冬、夏,益為無説矣。春三月之證,分別真陰、元陰、真陽、元陽,其意主先後天立説,亦牽合不能了了。案元朱震亨有《脈因證治》一書,國朝喻昌嘗惜其不行,説見所撰《寓意草》。是書卷首無序,後有嘉禾石氏一跋,稱:"岐黄家久奉為枕祕。因譌脱甚多,借得藏書家善本校錄。"似即震亨之書①。然所載各方如左歸丸、右歸丸之類,皆出自張介賓《景岳全書》,而亦以古方目之。知其斷非震亨所著矣。

【彙訂】

①"似",殿本作"似乎"。

附錄

水牛經三卷(永樂大典本)

舊本題唐造父撰。造父未詳何許人。原序有云:"唐則天垂拱二年八月,收得水牛有病證。造父奏言:'水牛與黄牛形貌相同,治法不等。若依黄牛用藥,誤矣。'造父别立醫書共四十五證,有方有論,竝無差誤。"但其詞俚陋①。蓋方技家聞古有善御之造父,誤以為唐人而託之也。

【彙訂】

①"但",殿本作"矣"。

安驥集三卷(永樂大典本)

不著撰人名氏。前有偽齊劉豫時刊書序曰:"尚書兵部阜昌五年準内降付下都省奏,朝散大夫尚書户部郎中馮長寧等剳子,成忠郎皇城司準備差遣盧元賓進呈《司牧安驥集方》四册。奉齊旨,可看詳開印施行。長寧等竊謂國家乘宋後,不得已而用兵,故遣官市馬於隴右,詔修馬政。始命有司看詳《司牧安驥集》方,開印以廣其傳。"云云。詳其序意，則舊有此書，偽齊刊之耳。凡病各有圖，藥方附末。其所載王良《百一歌》及《伯樂畫烙圖》，《十二經絡圖》，馬師皇《五臟論》、《八邪論》，大抵方技依託之言。然其來則已久矣。

類方馬經六卷（兩江總督採進本）

不著撰人名氏。首有刑部員外郎姚江舒春序，稱："太監錢公總掌御馬監，命本監中官之善於馬者，取《馬經》舊本，參以羣書，日加考訂。究脈絡鍼穴之源委，校經方藥石之君臣，極歌訣之周，盡方術之備。又增《馬援所進銅馬表》、《銅馬相法》及《騰駒牧養法》諸條。書成，命壽諸梓。"云云。考《太學題名碑》，成化己丑有進士舒春，武功衛人。則所謂太監錢公者，當即憲宗朝之錢能也。

司牧馬經痊驥通元〔玄〕論六卷（浙江范懋柱家天一閣藏本）

舊本題東原獸醫卞管勾集註。有三十九論，四十六說。於馬之病源治訣，簡明賅備。前有正德元年陝西苑馬寺卿太原車霆序。《明史・藝文志》不著錄，惟高儒《百川書志》有之，卷帙與此本合。所謂卞管勾者，其名則不可考矣。

療馬集四卷附錄一卷（內府藏本）

明喻仁、喻傑同撰。仁、傑皆六安州馬醫。其書方論頗簡明。《附錄》一卷，則醫駝方也。

痊驥集二卷（永樂大典本）

不著撰人名氏。前載《通元〔玄〕三十九論》。病分五臟治之，各有方論，復附雜病諸方。今世療馬之劑，其源大略皆本此。

　　右醫家類九十四部,六百八十二卷①,附錄六部,二十五卷,皆附存目。

　　【彙訂】

　　①“六百八十二卷”,殿本作“六百八十一卷”。實著錄七百零七卷。

子 部 十 六

天 文 算 法 類 一

三代上之制作,類非後世所及,惟天文算法則愈闡愈精。容成造術,顓頊立制,而測星紀閏,多述帝堯,在古初已修改漸密矣。洛下閎以後,利瑪竇以前,變法不一。泰西晚出,頗異前規,門户構爭,亦如講學。然分曹測驗,具有實徵,終不能指北為南,移昏作曉,故攻新法者至國初而漸解焉。聖祖仁皇帝《御製數理精藴》諸書,妙契天元,精研化本,於中西兩法權衡歸一,垂範億年。海宇承流,遞相推衍。一時如梅文鼎等,測量撰述,亦具有成書。故言天者至於本朝,更無疑義。今仰遵聖訓,考校諸家,存古法以溯其源,秉新制以究其變,古來疎密,釐然具矣。若夫占驗機祥,率多詭説。鄭當再火,裨竈先誣,舊史各自為類,今亦別入之術數家。惟算術、天文相為表裏,《明史·藝文志》以算術入小學類。是古之算術,非今之算術也。今核其實,與天文類從焉。

周髀算經二卷音義一卷(永樂大典本)

案《隋書·經籍志》"天文類"首列《周髀》一卷,趙嬰註,又一

卷,甄鸞重述。《唐書·藝文志》:"李淳風《釋周髀》二卷。"與趙
嬰、甄鸞之註列之"天文類"。而"曆算類"中復列"李淳風註《周
髀算經》二卷",蓋一書重出也。是書內稱:"周髀長八尺,夏至之
日,晷一尺六寸。"蓋髀者股也。於周地立八尺之表以為股,其影
為句,故曰"周髀"。其首章周公與商高問答,實句股之鼻祖,故
《御製數理精蘊》載在卷首而詳釋之,稱為成周六藝之遺文。"榮
方問於陳子"以下,徐光啟謂為千古大愚。今詳考其文,惟論南
北影差,以地為平遠,復以平遠測天,誠為臆說。然與本文已絕
不相類,疑後人傳說而誤入正文者,如《夏小正》之經傳參合,傅
崧卿未訂以前,使人不能讀也。其本文之廣大精微者,皆足以存
古法之意,開西法之源。如書內以璇璣一晝夜環繞北極一周而
過一度,冬至夜半璇璣起北極下子位,春分夜半起北極左卯位,
夏至夜半起北極上午位,秋分夜半起北極右酉位,是為璇璣四游
所極,終古不變。以七衡六閒測日躔發斂,冬至日在外衡,夏至
日在內衡[①],春秋分在中衡。當其衡為中氣,當其閒為節氣[②],亦
終古不變。古"蓋天"之學,此其遺法。蓋"渾天"如毬,寫星象於
外,人自天外觀天;"蓋天"如笠,寫星象於內,人自天內觀天。笠
形半圓,有如張蓋,故稱"蓋天"。合地上地下兩半圓體,即天體
之渾圓矣。其法失傳已久,故自漢以迄元、明,皆主"渾天"。明
萬曆中歐邏巴人入中國,始別立新法,號為精密。然其言地圓,
即《周髀》所謂"地法覆槃,滂沱四隤而下"也。其言南北里差,即
《周髀》所謂"北極左右,夏有不釋之冰,物有朝生暮穫;中衡左
右,冬有不死之草,五穀一歲再熟"。是為寒暑推移,隨南北不同
之故。及所謂春分至秋分[③],極下常有日光,秋分至春分極下常
無日光,是為晝夜永短,隨南北不同之故也。其言東西里差,即

《周髀》所謂"東方日中,西方夜半;西方日中,東方夜半"。晝夜易處如四時相反,是為節氣合朔,如時早晚隨東西不同之故也①。又李之藻以西法製渾蓋通憲,展晝短規使大於赤道規,一同《周髀》之展外衡使大於中衡,其《新法曆書》述第谷以前西法⑤,三百六十五日四分日之一,每四歲之小餘成一日,亦即《周髀》所謂"三百六十五日者三,三百六十六日者一"也。西法出於《周髀》⑥,此皆顯證。特後來測驗增修,愈推愈密耳。《明史·曆志》謂堯時宅西居昧谷,疇人子弟散入遐方,因而傳為西學者,固有由矣。此書刻本脱誤,多不可通。今據《永樂大典》内所載詳加校訂,補脱文一百四十七字,改譌舛者一百一十三字,删其衍複者十八字。舊本相承,題云漢趙君卿註。其自序稱爽以暗蔽,註内屢稱"爽或疑焉"、"爽未之前聞",蓋即君卿之名。然則隋、唐《志》之趙嬰,殆即趙爽之譌歟?註引《靈憲》、《乾象》,則其人在張衡、劉洪後也。舊有李籍《音義》⑦,別自為卷,今仍其舊。書内凡為圖者五⑧,而失傳者三,譌舛者一,謹據正文及註為之補訂。古者九數惟《九章》、《周髀》二書流傳最古,譌誤亦特甚⑨。然溯委窮源,得其端緒,固術數家之鴻寶也。

【彙訂】

①"日",殿本無。

②"當其衡為中氣當其間為節氣",殿本作"當其冬至日在外衡間為節氣",係誤抄上行文字。

③"及所謂",殿本無。

④"如",底本作"加",據殿本改。

⑤"曆書",殿本作"算書"。

⑥殿本"出"上有"多"字。

⑦ "李籍"，殿本作"李藉"，誤。書中《音義》題作唐李籍撰，《直齋書錄解題》卷十二"周髀算經二卷音義一卷"條亦作李籍。

⑧ "者"，殿本作"有"。

⑨ 殿本"諢"上有"故"字。

新儀象法要三卷（内府藏本）

宋蘇頌撰。頌字子容，南安人，徙居丹徒①。慶曆二年進士，官至右僕射兼中書門下侍郎，累爵趙郡公。事蹟具《宋史》本傳②。是書為重修渾儀而作，事在元祐間。而尤袤《遂初堂書目》稱為《紹聖儀象法要》。《宋藝文志》有《儀象法要》一卷，亦註云"紹聖中編"，蓋其書成於紹聖初也③。案本傳稱："時別製渾儀，命頌提舉。頌既邃於律算，以吏部令史韓公廉有巧思，奏用之。授以古法，為臺三層。上設渾儀，中設渾象，下設司辰，貫以一機。激水轉輪，不假人力。時至刻臨，則司辰出告星辰躔度所次。占候測驗，不差晷刻，晝夜晦明，皆可推見，前此未有也。"葉夢得《石林燕語》亦謂："頌所修，制作之精④，遠出前古。其學略授冬官正袁惟幾，今其法蘇氏子孫亦不傳。"云云。案書中有官局生袁惟幾之名，與《燕語》所記相合，其說可信⑤，知宋時固甚重之矣。書首列進狀一首，上卷自渾儀至水趺共十七圖，中卷自渾象至冬至曉中星圖共十八圖，下卷自儀象臺至渾儀圭表共二十五圖⑥，圖後各有說。蓋當時奉敕撰進者，其列璣衡制度、候視法式甚為詳悉。南宋以後，流傳甚稀。此本為明錢曾所藏，後有"乾道壬辰九月九日吳興施元之刻本於三衢坐嘯齋"字兩行，蓋從宋槧影摹者。元之字德初，官至司諫，嘗註蘇詩行世。此書卷末《天運輪》等四圖及各條所附"一本"云云,皆元之據別本補入,校核殊精。而曾所鈔尤極工緻。其撰《讀書敏求記》載入是書,自稱:"圖樣界畫,不爽毫髮,凡數月而後成。楮墨精妙絕倫,不數宋本。"良非誇語也。我朝儀器精密,夐絕千古,頌所創造,宜無足輕重⑦。而一時講求制作之意,頗有足備參考者。且流傳祕册,閱數百年而摹繪如新,是固宜為寶貴矣。

【彙訂】

①"徙居丹徒",《宋史》卷三百四十本傳、《總目》卷一五二《蘇魏公集》條作"徙居丹陽",當從。《蘇魏公文集》卷七二《題維摩像》自署"丹陽蘇子容記"。卷五《累年告老恩旨未俞詔領祠宮遂還鄉閒燕閑無事追省平生因成感事述懷詩五言一百韻示兒孫輩使知遭遇終始之意以代家訓故言多不文》"葬塋帶郭田,地得兼山畏"自注云:"自此謀居郡中,占丹陽為鄉里。"(江慶柏等整理:《四庫全書薈要總目提要》)

②蘇頌之籍貫,《宋史》本傳謂為南安人。曾肇《曲阜集》卷三《贈司空蘇公墓誌銘》云:"(高祖)光誨,仕閩為漳州刺史,居泉州同安,遂為同安人。"朱熹《奉安蘇丞相祠告先聖文》、蘇頌為叔父蘇繹所寫墓誌(《蘇魏公文集》卷六二《叔父衛尉寺丞景陵府君墓誌銘》)、雍正《福建通志》卷四五《蘇紳、蘇頌父子傳》,皆謂同安人,當以同安說為是。據李燾《續資治通鑑長編》和曾肇《贈司空蘇公墓誌銘》,蘇頌所任為右僕射兼中書侍郎,《宋史》本傳"門下"二字為習慣性衍文。(管成學等:《蘇頌與新儀象法要研究》)

③據蘇頌《進儀象狀》、《宋會要輯稿‧運曆二》,此書初稿當成於元祐三年(1088),二稿成於紹聖三年(1096)。(同上)

④“作”，據殿本補。《石林燕語》卷九原文曰：“元祐初，遂命子容重修渾儀。制作之精，皆出前古。”

⑤蘇頌所選用冬官正名張仲宣，而袁惟幾僅為生員。（管成學等：《蘇頌與新儀象法要研究》）

⑥中卷共十九圖，下卷共二十三圖。（同上）

⑦“宜”，殿本作“固”。

六經天文編二卷（直隸總督採進本）

宋王應麟撰。應麟有《鄭氏周易註》，已著錄。是編裒《六經》之言天文者，以《易》、《書》、《詩》所載為上卷，《周禮》、《禮記》、《春秋》所載為下卷。三代以上推步之書不傳，論者謂古法疏而今法密。如歲差、里差之辨，皆聖人所未言。晉虞喜始知歲差。唐人作《覆矩圖》，始知地有東西南北里差。然《堯典》、《豳風》、《月令》、《左傳》、《國語》所言星辰，前後已相差一次。是歲差之法，可即是例推。《周禮》土圭之法，日南景短，日北景長，日東景夕，日西景朝，是里差之法，亦可即是而見。《六經》所載，未始非推步之根，特古文簡約，不能如後世推演詳密耳。此編雖以天文為名，而不專主於星象，凡陰陽、五行、風雨以及卦義，悉彙集之。採錄先儒經說為多，義有未備，則旁涉史志以明之，亦推步家所當考證也。《宋史·藝文志》作六卷，《至正四明續志》作二卷。今此書分上、下二編，則二卷為是。國朝吉水李振裕《補刊〈玉海〉序》稱應麟著述逾三十種。已刻者，《玉海》附《詞學指南》。又有《遺書》十三種，自《詩考》至《通鑑答問》共五十餘卷，版皆朽蝕，悉為補刊之，是編亦與焉。此本前後無序跋，紙墨甚舊，蓋猶至元六年王厚孫所刊也①。

【彙訂】

①"厚孫"，殿本作"俊孫"，誤。王應麟孫名厚孫，曾刻《玉海》，說詳卷八八《通鑑答問》條注。

原本革象新書五卷（永樂大典本）

不著撰人名氏。宋濂作序，稱："趙緣督先生所著。先生鄱陽人，隱遯自晦，不知其名若字。或曰名敬字子恭，或曰友欽，弗能詳也。"王禕嘗刊定其書，序稱："名友某，字子公，其先於宋有屬籍。"考《宋史·宗室世系表》，漢王房十二世以友字聯名。書中稱歲策加減法"自至元辛巳行之至今"，其人當在郭守敬後，時代亦合。然語出傳聞，未能確定。都卬《三餘贅筆》稱①："嘗見一雜書云，先生名友欽，字敬夫，饒之德興人。其名敬字子恭及字子公者皆非。"亦不言其何所本。惟其為趙姓，則灼然無疑也。其書自王禕刪潤之後，世所行者皆禕本，趙氏原本遂佚②。惟《永樂大典》所載，與禕本參校，互有異同，知姚廣孝編纂之時，所據猶為舊帙。禕序頗譏其蕪冗鄙陋，然術數之家，主於測算，未可以文章工拙相繩。又禕於天文星氣雖亦究心，而儒者之兼通，終不及專門之本業。故二本所載，亦互有短長。並錄存之，亦足以資參考。其中如"日至之景"一條，《周髀》謂夏至日值內衡，冬至值外衡。中國近內衡之下，地平與內衡相際於寅戌，外衡相際於辰申，二至長短以是為限，其寒暑之氣則以近日、遠日為殊。而此書謂日之長短由於日行之高低，氣之寒暑由於積氣之多寡。"天周歲終"一條，天左旋，其樞名赤極；日右旋，其樞名黃極，經星亦右旋，宗黃極以成歲差。而此書謂天體不可知。但以經星言之，左旋則自東而西③，南北不移，右旋則自西而東④，以出入而分南北⑤，截然殊致。而此書謂如良、駑二馬，駑不及良，一周遭則復遇一處。“日道歲差”一條，歲差由於經星右旋，凡考冬至日躔某星幾度幾分為一事，至授時法所立加減謂之歲實消長，與恒氣冬至、定氣冬至又為一事，迥乎不同。而此書合而一之。又“天地正中”一條，日中天則形小，出地入地則形大，乃蒙氣之故。而此書謂天頂遠而四旁近。又南北度必測北極出地，東西度必測月食時刻，別無他術。而此書欲以北極定東西之偏正，以東西景定南北之偏正。“地域遠近”一條，地球渾圓，隨處皆有天頂。而此書拘泥舊説，謂陽城為天頂之下。又《元史》所記南、北海晝夜刻數各有盈縮，而此書謂南方晝夜長短不較多。又時刻由赤道度而景移在地平，故早晚景移遲，近午景移疾，愈南則遲者愈遲，疾者愈疾。而此書謂偏西則早遲而晚疾，偏東則早疾而晚遲。“月體半明”一條，凡日月相望必近交道，乃入闇虛，遠於交道則地不得而掩之。而此書謂隔地受光如吸鐵之石。其論皆失之疏舛。他如以月字之字為彗字之字；謂地上之天多於地下之天；謂黃道歲歲不由舊路；謂月駮為山河影；謂月食為受日光多，陽極反亢；謂日、月圓徑相倍；謂闇虛非地影，或拘泥舊法，或自出新解，於測驗亦多違失。然其覃思推究，頗亦發前人所未發，於今法為疏，於古法則為已密。在元以前談天諸家，猶為實有心得者。故於譌誤之處，並以今法加案駁正。而仍存其説，以備一家之學焉。

【彙訂】

①“都印”，殿本作“都卬”，誤。《總目》卷一二七著錄都印撰《三餘贅筆》二卷。

②《十駕齋養新錄》卷十四著錄趙緣督先生《革象新書》元

槧本。（余嘉錫：《四庫提要辨證》）

③"則"，殿本作"謂"。

④"則"，殿本作"謂"。

⑤"以出入而分南北"，殿本作"南北有出入"。

重修革象新書二卷（浙江范懋柱家天一閣藏本）

明王禕刪定元趙氏本也。禕有《大事記續編》，已著錄。是書併趙氏原本五卷為二卷。前有禕自序，稱原書"涉於蕪冗鄙陋，反若昧其指意之所在。因為之纂次，削其支離，證其譌舛，釐其次等，挈其要領"云云。今以原書相校，其所潤色者頗多，刪除者亦復不少。然於改定之處不加論辨，使觀者莫能尋其增損之迹，以究其得失之由，又其中舛謬之處亦未能芟除淨盡。特其字句之蕪累，一經修飾，斐然可觀，抑亦善於點竄者矣。平心而論，原本詞雖稍沓，而詳贍可考，改本文雖頗略，而簡徑易明。各有所長，未容偏廢。故今仿新、舊《唐書》之例，並著於錄焉。

七政推步七卷（浙江范懋柱家天一閣藏本）

明南京欽天監監副貝琳修輯。即焦竑《國史經籍志》所載瑪沙伊赫原作馬沙亦黑①，今改正。之《回回曆》也。考《明史·曆志》，回回曆法乃西域默德訥原作默狄納，今改正。國王瑪哈穆特原作馬哈麻，今改正。所作，元時入中國而未行。洪武初，得其書於元都。十五年，命翰林李翀、吳伯宗同回回大師瑪沙伊赫等譯其書。遂設回回曆科，隸欽天監。而貝琳自跋又稱："洪武十八年，遠夷歸化，獻土盤法，預推六曜干犯，名曰經緯度。時曆官元統去土盤譯為漢算，而書始行於中國。"與史所載頗不合。案書中有"西域歲前積年至洪武甲子歲積若干算"之語,甲子為洪武十七年,其時書已譯行,則琳之説非也②。其書首釋用數,次日躔,次月離,次五星求法並太陰出入時刻、凌犯五星恒星度分,末載日食、月食算術,餘皆立成表。其法以隋開皇己未歲為曆元,不用閏月。以白羊、金牛等十二宮為不動之月,以一至十二大小月為動月,各有閏日。所推交食之分寸晷刻,雖亦時有出入,而在西域術中,視《九執》、《萬年》二曆實為精密。梅文鼎《勿菴曆算書記》曰:"回回曆法刻於貝琳,其布立成以太陰年,而取距算以太陽年,巧藏根數,雖其子孫隸臺官者弗能知。然回曆即西法之舊率,泰西本回曆而加精耳。"亦公論也。明一代皆與《大統曆》參用,《明史》頗述其立法大略。然此為原書,更稱詳晰。惟其法本以土盤布算,用本國之書,明初譯漢之後,傳習頗寡。故無所校讎,譌脱尤甚。今以兩本互校,著之於錄。用存術家之一種,而補《明史》所未備焉。

【彙訂】

①"所",殿本無。

② 以甲子年選作曆元,是中國古代干支紀年的習俗,與回回曆何時編譯行用關係不大。明刊本《回回曆法》貝琳《志》云:"此書上古未有也。洪武十一年,遠夷歸化,獻土盤曆法,預推六曜干犯,名曰經緯度。時曆官元統去土盤譯為漢算,而書始行於中國。"其時元統在欽天監任漏刻博士,或負責具體翻譯工作,大學士吳伯宗、翰林李翀主持其事而已。《七政推步》跋"洪武十八年"當係"洪武十一年"之誤。(陳久金:《馬德魯丁父子和回回天文學》、《貝琳與〈七政推步〉》)

聖壽萬年曆八卷附律曆融通四卷（浙江巡撫採進本）①

明朱載堉撰。載堉有《樂書》，已著錄②。《明史·曆志》曰：
"明之《大統曆》實即元之《授時》，承用二百七十餘年，未嘗改憲。
成化以後，交食往往不驗，議改曆者紛紛。如俞正己、冷守中不
知妄作者無論已，而華湘、周濂、李之藻、邢云路之倫，頗有所見。
鄭世子載堉撰《律曆融通》，進《聖壽萬年曆》。其説本之南京都
御史何瑭，深得授時之意，而能匡所不逮。臺官泥於舊聞，當事
憚於改作，竝格不行。"云云，即指此二書也。其書進於萬曆二十
三年③，疏稱："《授時》、《大統》二曆，考古則氣差三日，推今即時
差九刻。蓋因《授時》減分太峻，失之先天；《大統》不減，失之後
天。因和會兩家，酌取中數，立為新率，編撰成書。"其步發斂、步
朔閏、步晷漏、步交道、步五緯諸法，及歲餘、日躔、漏刻、日食、月
食、五緯諸議，史皆詳採之，蓋於所言頗有取也。今觀其書，雖自
行所見，斷斷而爭，不免有主持太過之處，其測驗亦未必過郭守
敬等之精。然史載崇禎二年以日食不驗，切責監官。五官正戈
豐年言："郭守敬以至元十八年造曆，越十八年為大德三年八月，
已當食不食；六年六月又食而失推。是時守敬方知院事，亦付之
無可如何④，況斤斤守法者哉！今若循舊，向後不能無差。"則當
時司曆之人已自有公論，無怪載堉等之攻擊不已也。況其書引
據詳明，博通今古，元元本本，實有足資考證者。又不得以後來
實測之密，遂一切廢置矣。載堉數學，史稱本之何瑭，瑭其舅氏
也。而載堉進疏乃稱本之許衡。蓋恐瑭在同時，不為徵信，故託
衡以重其書耳⑤。

【彙訂】

① 文津、文溯、文淵閣本皆作《聖壽萬年曆》五卷、卷首一

卷、附錄一卷、《律曆融通》四卷、《音義》一卷。明萬曆自刻本為《聖壽萬年曆》二卷、《萬年曆備考》三卷、《律曆融通》四卷、《音義》一卷。（崔富章：《四庫提要補正》）

②《總目》卷三八著錄朱載堉撰《樂律全書》。（李裕民：《四庫提要訂誤》增訂本）

③"萬曆二十三年"，殿本作"萬曆三十三年"，誤。此書卷首進書表末署"萬曆二十三年六月十九日鄭世子臣載堉謹上表"。文淵閣《四庫》本書前提要不誤。

④"無可如何"，《明史·曆志》原文及殿本作"無可奈何"。

⑤何瑭為弘治壬戌（十五年）進士，見《總目》卷一〇五《醫學管見》條。朱載堉於萬曆二十三年曾上所著書，見《明史·諸王傳四》。二人相去九十三年，不得稱同時，何瑭亦不可能為朱載堉之舅。考黃虞稷《千頃堂書目》（《適園叢書》本）卷二"鄭世子載堉《律呂精義內篇》十卷、《律呂精義外篇》十卷"條下注："先是世子父鄭恭王及其舅祖都御史何瑭，皆善言樂，因述其意而為是書。"可知何瑭為朱載堉之父之舅祖，而於載堉為舅曾祖也。（楊武泉：《四庫全書總目辨誤》）

古今律曆考七十二卷（浙江巡撫採進本）

明邢雲路撰。雲路字士登，安肅人。萬曆庚辰進士，官至陝西按察司副使。是書詳於曆而略於律，七十二卷中言律者不過六卷，亦罕所發明。惟辨"黃鍾三寸九分"之非，頗為精當。而編在歷代日食之後，步氣朔之前，不知何意。曆法六十六卷，則自《六經》以下，迄於明代《大統曆》，一一考訂。其論周改正即改月，大抵本於張以寧《春王正月考》。惟於《書》"惟元祀十有二月"則指為建丑之月,謂商雖以丑為正,而紀數之月仍以寅為首,與《春王正月考》之說不同。然均之改正,而於周則云改月,於殷則云不改月,究不若張以寧說之為允也。六十五卷中有駁《授時曆》八條,駁《大統曆》七條。其駁《大統曆》,謂斗指析木、日躔娵訾,非天星分野之次,乃月辰所臨之名。而《大統曆》乃以天星次舍加為地盤月建,殊襲趙緣督之誤。又謂《授時曆》至元辛巳黃道躔度十二交宮界,郭守敬所測,至今三百餘年,冬至日躔已退五度,則宜新改日躔度數。而《大統曆》乃用其十二宮界,不合歲差。又謂《大統曆》廢《授時》消長之法,以至中節相差九刻。蓋雲路工於推算,多創新術,《大統》為當時見行之曆,故辨之尤力。又《大統》僅廢《授時》消長一術,其餘多所承襲,故因而並及《授時》也。梅文鼎《勿菴曆算書記》曰:"從黃俞邰借讀邢觀察《古今律曆考》,驚其卷帙之多。然細考之,則於古法殊略。所疏授時法意,亦多未得其旨。"又曰:"邢氏書但知有《授時》,而姑援經史以張其說。古曆之源流得失,未能明也,無論西術矣。"是文鼎於雲路此書蓋有未滿。然推步之學,大抵因已具之法而更推未盡之奧,前人智力之所窮,正後人心思之所起,故其術愈闡愈精,後來居上。雲路值曆學壞敝之時,獨能起而攻其誤,其識加人一等矣。創始難工,亦不必定以未密譏也。

乾坤體義二卷(兩江總督採進本)[①]

明利瑪竇撰。利瑪竇,西洋人。萬曆中航海至廣東,是為西法入中國之始。利瑪竇兼通中西之文,故凡所著書,皆華字華語,不煩譯釋。是書上卷皆言天象,以人居寒燠為五帶,與《周髀》"七衡"說略同;以七政恒星天為九重,與《楚辭·天問》同;以水、火、土、氣為四大元行，則與佛經同。佛經所稱“地水風火”[②]，地即土，風即氣也。至以日、月、地影三者定薄蝕，以七曜地體為比例倍數，日、月、星出入有映蒙，則皆前人所未發。其多方牟譬，亦復委曲詳明[③]。下卷皆言算術，以邊線、面積、平圜、橢圜互相容較，亦足以補古方田少廣之所未及。雖篇帙無多，而其言皆驗諸實測，其法皆具得變通，可謂詞簡而義賅者[④]。是以《御製數理精蘊》多採其說而用之。當明季曆法乖舛之餘，鄭世子載堉、邢雲路諸人雖力爭其失，而所學不足以相勝。自徐光啟等改用新法，乃漸由疏入密。至本朝而益為推闡，始盡精微。則是書固亦大輅之椎輪矣。

【彙訂】

① 文淵閣《四庫》本為三卷，書前提要不誤。（沈治宏：《中國叢書綜錄訂誤》）

② “所”，殿本無。

③ “復”，殿本無。

④ “者”，殿本無。

表度説一卷（兩江總督採進本）

明萬曆甲寅西洋人熊三拔撰。三拔有《泰西水法》，已著錄。是書大旨言表度起自土圭，今更創為捷法，可以隨意立表。凡欲明表景之義者，先須論日輪周行之理，及日輪大於地球比例。彼法別有全書，此復舉其要略，分為五題。一謂“日輪周天，上向天頂，下向地平，其轉於地面俱平行，故地體之景亦平行”。一謂“地球在天之中”。若令地球不在天中，則在地之景必不能隨日周轉，且遲速不等矣。今春秋二分，日輪六時在地平上為晝，六時在地平下為夜，非在正中而何？一謂"地小於日輪，從日輪視地球，止於一點"。若令地非一點，則隨在地面不得見天體之半，必上半恒小，下半恒大，而為半地之厚所礙矣。一謂"地本圓體"。故一日十二辰更疊互見，如正向日之處得午時，其正背日之處得子時，處其東三十度得未時，處其西三十度得巳時。若以地為方體，則惟對日之下者其時正，處左處右者必長短不均矣。一謂"表端為地心"。凡立表取景，必於兩平面之上求得兩種景，其一立表平面上，與地平成直角，其所得景，直景也，如山岳、樓臺、樹木等景在地平者是也；其一橫表之景，倒景也，如向日有牆，於其平面橫立一表於地平為平行者是也[①]。末言表式、表度並節氣時刻推算之法，繪畫日晷術，皆具有圖說，指證確實。夫立表取影以知時刻節氣，本曆法中之至易至明者[②]，然非明於天地之運行，習於三角之算術，則不能得確準[③]。是時地圓、地小之說初入中土，驟聞而駭之者甚眾。故先舉其至易至明者，以示其可信焉。

【彙訂】

① "行"，殿本脫，參此書第五題"表端為地心"原文。

② "本"，殿本無。

③ 殿本"得"下有"其"字。

簡平儀說一卷（兩江總督採進本）

明西洋人熊三拔撰。據卷首徐光啟序，蓋嘗參證於利瑪竇者也。大旨以視法取渾圓為平圓，而以平圓測量渾圓之數也。凡名數十二則，用法十三則。其法用上、下兩盤，天盤在下，所以取赤道經緯，故有兩極線、赤道線、節氣線、時刻線；地盤在上，所以取地平經緯,故有天頂,有地平,有高度線,有地平分度線,皆設人目自渾體外遠視。其正對大圓為平圓,斜倚於內者為撱圓,當圓心者為直線,其與大圈平行之距等小圈亦皆為直線。地盤空其半圓,使可合視。二盤中挾樞紐,使可旋轉。用時依其地北極出地平高度[①],安定二盤,則赤道、地平兩經緯,交錯分明,凡節氣時刻、高度偏度皆可互取其數。天盤用方版,上設兩耳表,以測日影;地盤中心繫墜線,以視度分。立用之,可以得太陽高弧度。既得太陽高弧,則本時諸數亦皆可取。蓋是儀寫渾於平,如取影於燭,雖云借象,而實數出焉。弧三角以量代算之法,實本於此。今復推於測量,法簡而用捷,亦可云數學之利器矣。

【彙訂】

①"出地平",殿本脫。

天問略一卷(兩江總督採進本)

明萬曆乙卯西洋人陽瑪諾撰。是書於諸天重數、七政部位、太陽節氣、晝夜永短、交食本原、地影麤細[①]、蒙氣映漾、曚影留光,皆設為問答,反覆以明其義。末載《曚影刻分表》,並詳解晦朔弦望、交食淺深之故。亦皆具有圖說,指證詳明。與熊三拔所著《表度說》次第相承,淺深相繫,蓋互為表裏之書。前有陽瑪諾自序,舍其本術而盛稱天主之功,且舉所謂第十二重不動之天為諸聖之所居天堂之所,在信奉天主者乃得升之,以歆動下愚。蓋欲借推測之有驗以證天主堂之不誣,用意極為詭譎。然其考驗天象,則實較古法為善。今置其荒誕售欺之說,而但取其精密有據之術,削去原序,以免熒聽。其書中閒涉妄謬者,刊除則文義或不相續[②]。姑存其舊,而闢其邪說如右焉。

【彙訂】

① "地影"，底本作"地形"，據殿本改。

② "刊除"，殿本作"如刊除之"。

新法算書一百卷（編修陳昌齊家藏本）

明大學士徐光啟、太僕寺少卿李之藻、光祿卿李天經及西洋人龍華民、鄧玉函、羅雅谷、湯若望等所修西洋新曆也。明自成化以後，曆法愈謬，而臺官墨守舊聞，朝廷亦憚於改作，建議者俱格而不行。萬曆中，大西洋人龍華民、鄧玉函等先後至京，俱精究曆法。五官正周子愚請令參訂修改，禮部因舉光啟、之藻任其事，而庶務因循，未暇開局。至崇禎二年，推日食不驗，禮部乃始奏請開局修改，以光啟領之。時滿城布衣魏文魁著《曆元》、《曆測》二書，令其子獻諸朝。光啟作《學歷小辨》以斥其謬，文魁之說遂絀。於是光啟督成曆書數十卷，次第奏進。而光啟病卒，李天經代董其事，又續以所作曆書及儀器上進。其書凡十一部，曰法原，曰法數，曰法算，曰法器，曰會通，謂之基本五目；曰日躔，曰恒星，曰月離，曰日月交會，曰五緯星，曰五星交會，謂之節次六目。書首為《修曆緣起》，皆當時奏疏及考測辨論之事。書末《曆法西傳》、《新法表異》二種，則湯若望入本朝後所作，而附刻以行者。其中有解，有術，有圖，有考，有表，有論，皆鉤深索隱，密合天行，足以盡歐邏巴曆學之蘊。然其時牽制於廷臣之門户，雖詔立兩局，累年測驗明知新法之密，竟不能行。迨聖代龍興，乃因其成帙，用備疇人之掌。豈非天之所祐，有開必先，莫知其然而然者耶？越我聖祖仁皇帝天亶聰明，乾坤合契。《御製數理精蘊》、《曆象考成》諸編，益復推闡微茫，窮究正變。如月離二三均數分為二表，交食改黃平象限用白平象限，方位以高弧定上下左右，又增借根方法解、對數法解於點線面體部之末，皆是書所未能及者。《八線表》舊以半徑數為十萬，各線數逐分列之，今改半徑數為千萬，各線數逐十秒列之，用以步算，尤為徑捷。至《欽定曆象考成後編》，日月以本天為撱圓，交食以日月兩經斜距為白道，以視行取視距，推步之密，垂範萬年，又非光啟等所能企及。然《授時》改憲之所自，其源流實本於是編。故具錄存之，庶論西法之權輿者有考於斯焉。

測量法義一卷測量異同一卷句股義一卷（兩江總督採進本）

明徐光啟撰。首卷演利瑪竇所譯，以明句股測量之義。首造器，器即《周髀》所謂矩也。次論景，景有倒正即《周髀》所謂仰矩、覆矩、卧矩也。次設問十五題，以明測望高深廣遠之法，即《周髀》所謂知高、知遠、知深也。次卷取古法《九章》句股測量與新法相較，證其異同，所以明古之測量法雖具而義則隱也。然測量僅句股之一端，故於三卷則專言句股之義焉。序引《周髀》者，所以明立法之所自來，而西術之本於此者，亦隱然可見。其言李冶廣句股法為《測圓海鏡》，已不知作者之意。又謂欲說其義而未遑，則是未解立天元一法，而謬為是飾說也。古立天元一法，即西借根方法。是時西人之來亦有年矣，而於冶之書猶不得其解，可以斷借根方法必出於其後矣。三卷之次第大略如此，而其意則皆以明《幾何原本》之用也①。蓋古法鮮有言其義者，即有之，皆隨題講解。歐邏巴之學，其先有歐几里得者，按三角方圓，推明各數之理②，作書十三卷，名曰《幾何原本》。按，後利瑪竇之師丁氏續為二卷，共十五卷。自是之後凡學算者，必先熟習其書。如釋某法之義，遇有與《幾何原本》相同者，第註曰"見《幾何原本》某卷某節"，不復更舉其言。惟《幾何原本》所不能及者，始解之。此西學之條約也。光啟既與利瑪竇譯得《幾何原本》前六卷，並欲用是書者依其條約，故作此以設例焉。其《測量法義》序云："法而系之義也，自歲丁未始也，曷待乎？於時《幾何原本》之六卷始卒業矣，至是而傳其義也。"可以知其著書之意矣。

【彙訂】

①"也"，殿本無。

②"數"，殿本作"類"，誤。徐光啟《幾何原本》序曰："《幾何原本》者，度數之宗，所以窮方圓平直之情，盡規矩準繩之用也。"

渾蓋通憲圖説二卷（兩江總督採進本）

明李之藻撰。之藻有《頖宮禮樂疏》，已著錄。是書出自西洋簡平儀法。蓋渾天與蓋天皆立圓，而簡平則繪渾天為平圓。則渾天為全形①，人目自外遶視；蓋天為半形，人目自内遶視。而簡平止於一面，則以人目定於一處而直視之之所成也。其法設人目於南極或北極②，以視黃道、赤道及晝長晝短諸規，憑視線所經之點，歸界於一平圓之上。次依各地北極出地以視法，取天頂及地平之周，仍歸界於前平圓之内③。次依赤道經緯度以視法，取七曜恒星，亦歸界於前平圓之内④。其視法以赤道為中圈⑤，赤道以内，愈近目則圈愈大而徑愈長；赤道以外，愈遠目則圈愈小而徑愈短。之藻取晝短規為最大圈，乃自南極視之，晝短規近目而圈大。其意以為中華之地北極高，凡距北極百一十三度半以内者，皆在其大圈内也。卷首總論儀之形體。上卷以下，規畫度分時刻及制用之法。後卷諸圖，咸根柢於是。梅文鼎嘗作《訂補》一卷,其說曰:"渾蓋之器,以蓋天之法代渾天之用,其制見於《元史》扎瑪魯鼎_{原作扎馬魯丁,今改正。}所用儀器中。竊疑為《周髀》遺術,流入西方。然本書黃道分星之法尚闕其半,故此器甚少,蓋無從得其制也。茲為完其所闕,正其所誤,可以依法成造。"云云。又有《璇璣尺解》一卷,皆足與此書相輔而行。以已見文鼎書中,茲不復贅焉。

【彙訂】

① "則",殿本無。

② "於",殿本作"自"。

③ "仍",殿本作"亦"。

④ "界",殿本脫。

⑤ "其視法以",殿本脫。

圜容較義一卷(兩江總督採進本)

明李之藻撰。亦利瑪竇之所授也。前有萬曆甲寅之藻自序,稱:"凡厥有形,惟圜為大;有形所受,惟圜至多。渾圜之體難名,而平面之形易析。試取同周一形以相參考,等邊之形必鉅於不等邊形,多邊之形必鉅於少邊之形。最多邊者圜也,最等邊者亦圜也。析之則分秒不漏,是知多邊;聯之則圭角全無,是知等邊。不多邊等邊,則必不成圓。惟多邊等邊,故圜容最鉅。昔從利公研窮天體,因論圜容,拈出一義。次為五界十八題,借平面以推立圜,設角形以徵渾體。"云云。蓋形有全體,視為一面,從其一面,例其全體,故曰"借平面以測立圜";面必有界,界為線為邊,兩線相交必有角,析圜形則各為角,合角形則共成圜,故曰"設角以徵渾體"。其書雖明圓容之義,而各面各體比例之義胥於是見，且次第相生於《周髀》"圓出於方，方出於矩"之義，亦多足發明焉。

歷體略三卷(安徽巡撫採進本)[1]

明王英明撰。英明字子晦，開州人，萬曆丙午舉人。是編成於萬曆壬子。上卷六篇，曰天體地形，曰二曜，曰五緯，曰辰次，曰刻漏極度，曰雜說。中卷三篇，曰極宮，曰象位，曰天漢。下卷則續見歐邏巴書，撮其體要，曰天體地度，曰度里之差，曰緯曜，曰經宿，曰黃道宮界，曰赤道緯躔，曰氣候刻漏，凡七篇。又附論日月交食一篇。然其上、中二卷所講中法，亦皆與西法相脗合。蓋是時徐光啟《新法算書》雖尚未出，而利瑪竇先至中國，業有傳其說者，故英明陰用之耳。所論皆天文之梗概，不及後來梅文鼎、薛鳳祚諸人兼備測量推步之法。然學天文者必先知象緯之文與運行之故，而後能因其度數，究其精微。是書說雖淺近，固初學從入之門徑也。卷首冠以五圖，據翁漢麐序，英明原著書而不著圖。此本乃順治丙戌英明之子憼官江南督糧道時，以原本重刊，屬漢麐所補。憼跋稱位置編帙，與前刻少異。考書中《步天歌》第一章下有附註，稱："《步天歌》無善本，茲從先生訂正，庶鮮魚魯之譌。"云云。核其文義，亦漢麐之語。則是書蓋經漢麐重訂，非其原本矣。

【彙訂】

① 文淵閣《四庫》本尚有圖一卷。(沈治宏：《中國叢書綜錄訂誤》)

御定曆象考成四十二卷

康熙五十二年聖祖仁皇帝《御定律曆淵源》之第一部也。案推步之術，古法無徵，所可考者，漢太初術以下至明大統術而已。自利瑪竇入中國，測驗漸密，而辨爭亦遂日起。終明之世，朝議堅守門户，訖未嘗用也。國朝聲教覃敷，極西諸國皆累譯而至。其術愈推愈精，又與崇禎《新法算書》圖表不合。而作《新法算書》時，甌羅巴人自祕其學，立説復深隱不可解。聖祖仁皇帝乃特命諸臣，詳考法原，定著此書，分上、下二編。上編曰《揆天察紀》，下編曰《明時正度》。集中西之大同，建天地而不悖，精微廣大，殊非管蠡之見所能測。今據其可以仰窺者，與《新法算書》互校。如黃道斜交赤道而出其內外，其相距之度即二至太陽距赤道之緯度。《新法算書》用西人第谷所測定為二十三度三十一分三十秒，今則累測夏至午正太陽高度，得黃赤大距為二十三度二十九分三十秒，較第谷所測減少二分。蓋黃、赤二道由遠而近，其所以古多今少，漸次移易之故，非巧算所能及，故當隨時密測，以合天行者也。又時差之根，其故有二。一因太陽之實行而時刻為之進退，蓋以高卑為加減之限也；一因赤道之升度而時刻為之消長，蓋以分至為加減之限也。《新法算書》合二者以立表，名曰日差。然高卑每年有行分，則宮度引數必不能相同，合立一表，歲久必不可用。今分為二表，加減二次，而於法為密矣。又《新法算書》推算日食三差，以黃平象限為本。然三差並生於太陰，而太陰之經緯度為白道經緯度，當以白平象限為本。太陰在此度即無東西差，而南北差最大，與高下差等。若在此度以東，則差而早，宜有減差；在此度以西，則差而遲，宜有加差。其加減，有時而與黃平象限同，有時而與黃平象限異，故定交角，有反其加減之用也。又歷來算術，定月食初虧復圓方位[①]，東西南北主黃道之經緯言，非謂地平經度之東西南北也。惟月實行之度

在初宮六宮，望時又為子正，則黃道經緯之東西南北與地平經度
合。否則黃道升降有邪正，而加時距午有遠近，兩經緯迥然各
別，所推之東西南北必不與地平之方位相符。今實指其在月體
之上下左右為眾目所共睹，較舊法更為親切。又《新法算書》言
五星古圖以地為心，新圖以日為心。然第谷推步均數惟火星以
日為心，若以地為心立算，其得數亦與之同。知第谷乃虛立巧算
之法，而五星本天實皆以地為心。蓋金、水二星以日為心者，乃
其本輪，非本天也；土、木、火三星以日為心者，乃次輪上星行距
日之躔，亦非本天也。至若弧三角之法，《新法算書》所載圖說殊
多龐雜，而正弧又遺黃赤互求之法。今以正弧約之，為對邊、對
角及垂弧矢較三比例，則周天經緯皆可互求而操之有要矣。此
皆訂正《新法算書》之大端。其餘與《新法算書》相同者，亦推術
精密，無差累黍。洵乎大聖人之制作，萬世無出其範圍者矣。

【彙訂】

①“月”，殿本作“限”，誤。

御定儀象考成三十二卷①

乾隆九年奉敕撰。乾隆十七年告成，御製序文頒行。卷首
上、下為御製璣衡撫辰儀。卷第一之十三為總紀恒星及恒星黃
道經緯度表，卷第十四之二十五為恒星赤道經緯度表，卷第二十
六為月五星相距恒星黃赤道經緯度表，卷第二十七之三十為天
漢經緯度表。案璣衡之制，馬融、鄭元註《尚書》皆以為渾儀是其
遺法。唐、宋而後，日以加詳。然規環既多遮蔽，隱映之患勢不
能免。郭守敬析之為簡、仰二儀，人稱其便。康熙十三年聖祖仁
皇帝命監臣南懷仁新製六儀，赤道、黃道分為二器，皆不用地平

圈,而地平、象限、紀限、天體諸儀則地平之經緯與黃、赤之錯綜皆已畢具。又命監臣紀利安製地平經緯儀,合地平、象限二儀而為一,其用尤便。皇上親莅靈臺,徧觀儀象,以渾天製最近古,而時度信宜從今,改製新儀,錫名曰璣衡撫辰。誠酌古準今,損益盡善。儀制凡三重。其在外者即古之六合儀,而不用地平圈。其正立雙環為子午圈,斜倚單環為天常赤道圈。其南、北二極皆設圓軸,軸本貫於子午雙環,中空而軸內向,以貫內二重之環。又依京師北極高度而上五十度五分為天頂,於天頂拖垂線以代地平圈,故不用地平圈也。其內即古之三辰儀,而不用黃道圈。其貫於二極之雙環為赤極經圈。結於赤極經圈之中要與天常赤道平運者,為遊旋赤道圈②。自經圈之南極作兩象限弧以承之,測得三辰之赤道經緯度,則黃道經緯可推。且黃、赤距緯,古遠今近,縱或日久有差,而儀器無庸改製,故不用黃道圈也。又其在內即古之四游儀,貫於二極之雙環為四游圈,定於游圈之兩極者為直距,縮於直距之中心者為窺衡。游圈中要設直表以指經度,及時窺衡右旁設直表以指緯度,此則古今所同也。又星辰循黃道行,每七十年差一度,黃赤大距亦數十年而差一分。《靈臺儀象志》中所列諸表,皆據曩時分度,今則逐時加修,得歲差真數。其三垣二十八宿以及諸星,今昔多少不同者,並以乾隆九年甲子為元,驗諸實測,比舊增一千六百一十四星,亦前古之所未聞。密考天行隨時消息,所以示萬年修改之道者,舉不越乎是編之範圍矣。

【彙訂】

　　① 文淵閣《四庫》本為三十卷,奏議一卷,卷首二卷(《御製璣衡撫辰儀說》)。(沈治宏:《中國叢書綜錄訂誤》)

②“圈”，殿本脱，參《御製璣衡撫辰儀説・儀制・全儀》原文。

御定曆象考成後編十卷①

乾隆二年奉敕撰。《新法算書》推步法數，皆仍西史第谷之舊。其圖表之參差，解説之隱晦者，聖祖仁皇帝《曆象考成》上、下二編研精闡微，窮究理數，固已極一時推步之精，示萬世修明之法矣。第測驗漸久而漸精，算術亦愈變而愈巧。自康熙中西洋噶西尼、法蘭德等出，又新製墜子表以定時，千里鏡以測遠，以發第谷未盡之義，大端有三。其一謂太陽地半徑差舊定為三分，今測止有十秒，蓋日天半徑甚遠，測量所係，衹在秒微，又有蒙氣雜乎其内，最為難定。因思日月星之在天，惟恒星無地半徑差。若以日星相較，可得其準。而日星不能兩見，是測日不如測五星也。土、木二星在日上，地半徑差愈微。金、水二星雖有時在日下，而其行繞日，逼近日光，均為難測。惟火星繞日而亦繞地，能與太陽衝，故夜半時火星正當子午線，於南北兩處測之，同與恒星相較。其距恒星若相等，則是無地半徑差；若相距不等，即為有地半徑差。其不等之數即兩處地半徑差之較。且火星衝太陽時，其距地較太陽為近，則太陽地半徑差以比例算之，必更小於火星地半徑差也。其一謂清蒙氣差，舊定地平上為三十四分，高四十五度，止有五秒，今測地平上止三十二分，高四十五度，尚有五十九秒。其説謂蒙氣繞乎地球之周，日月星照乎蒙氣之外。人在地面，為蒙氣所映，必能視之使高。而日月星之光線，入乎蒙氣之中，必反折之使下，故光線與視線在蒙氣之内，則合而為一；蒙氣之外，則岐而為二。所岐雖有不同，而相合則有定處，自地心過所合處,作線抵圜周,則此線即為蒙氣之割線。視線與割線成一角,光線與割線亦成一角。二角相減,即得蒙氣差角也。其一謂日月五星之本天,舊說為平圜,今以為撱圜,兩端徑長,兩腰徑短。蓋太陽之行有盈縮,由於本天有高卑。春分至秋分行最高半周,故行縮而曆日多;秋分至春分行最卑半周,故行盈而曆日少。其說一為不同心天,一為本輪。而不同心天之兩心差即本輪之半徑,故二者名雖異而理則同也。第谷用本輪推盈縮差,惟中距與實測合,而最高最卑前後則差,因用均輪以消息之。然天行不能無差刻,白爾以來,屢加精測。又以均輪所推高卑前後漸有微差,乃設本天為撱圜,均分撱圜面積為逐日平行之度。則高卑之理既與舊說無異,而高卑前後盈縮之行乃俱與實測相符也。據此三者,則第谷舊法經緯俱有微差。雍正六年六月朔,日食。以新法較之,纖微密合。是以世宗憲皇帝特允監臣戴進賢之請,命修日躔、月離二表,續於《曆象考成》之後。然有表無說,亦無推算之法。吏部尚書顧琮恐久而失傳,奏請增修表解圖說,仰請睿裁,垂諸永久。凡新法與舊不同之處,始抉剔底蘊,闡發無餘,而其理仍與聖祖仁皇帝御製上、下二編若合符節。益足見聖聖相承,先後同揆矣。

【彙訂】

① 此條與文淵閣庫書次序不符,文淵閣庫書與殿本皆置於"御定儀象考成三十二卷"條之前。

曉菴新法六卷(山東巡撫採進本)

國朝王錫闡撰。錫闡字寅旭,號餘不,又號曉菴,又號天同一生,吳江人。是書前一卷述句股割圜諸法,後五卷皆推步七政交食凌犯之術。觀其自序，蓋成於明之末年，故以崇禎元年戊辰為曆元，以南京應天府為里差之元①。其分周天為三百八十四，更以分弧為逐限，以加減為從消。創立新名，雖頗涉臆撰。然其時徐光啟等纂修新法，聚訟盈庭，錫闡獨閉戶著書，潛心測算，務求精符天象，不屑屑於門戶之分。鈕琇《觚賸》稱其"精究推步，兼通中西之學。遇天色晴霽，輒登屋臥鴟吻間，仰察星象，竟夕不寐"，蓋亦覃思測驗之士。梅文鼎《勿菴曆書記》曰："從來言交食只有食甚分數，未及其邊，惟王寅旭則以日月圓體分為三百六十度，而論其食甚時所虧之邊凡幾何度。今為推演，其法頗為精確。"又稱："近代曆學以吳江為最，識解在青州之上。"云云。案，青州謂薛鳳祚。鳳祚，益都人，為青州屬邑故也。其推挹錫闡甚至。迨康熙中，《御製數理精蘊》亦多採錫闡之説。蓋其書雖疏密互見，而其合者不可廢也。書中於法有未備者，每稱"別見補遺"。然此本止於六卷，實無所謂補遺者，意其有佚篇歟？

【彙訂】

①《清史列傳》卷六八《王錫闡傳》云："康熙二十一年卒，年五十五。"可推知王氏生於明崇禎元年。《清史稿》本傳云："先是《曉菴新法》未成，作《曆説》六篇、《曆策》一篇，其説精核，與《新法》互有詳略。又驪括中、西步術，做《大統西曆啟蒙》。"明亡時，王錫闡才十六七歲，不僅著《曉菴新法》六卷，且著《曆説》等書，又皆"精核"，學術如此早成，豈不可疑？檢《曉菴新法》自序，全無成書於明代之迹象。末署"昭陽單閼菊花開日曉菴氏自序"，可知成書於癸卯秋。癸卯即康熙二年，是時王氏三十六歲。館臣謂"觀其自序"，不知何以視而不見也。至於以崇禎元年為曆元，以南京應天府為里差之元，則因王氏為明遺民，不欲頌揚清

朝。（楊武泉：《四庫全書總目辨誤》）

　中星譜一卷（浙江巡撫採進本）

國朝胡亶撰。亶號勵齋，仁和人。王晫《今世説》稱其"博綜羣書，尤精天官家言，日月薄蝕，星辰躔度，推測毫髮無遺。在長安與監中西洋專家反覆辨論，羣皆嘆服"。所著有《中星譜》、《周天現界圖》、《步天歌》行世。今所見者惟是編。所訂經星凡四十有五，乃於二十八舍之外益以大角，貫索，天市帝座，織女，河鼓，天津，北落師門，土司空，天囷，五車，參左肩，參右足，天狼，南、北河，軒轅大星，太微帝座等十七星①，用以較午中遲早，綴諸時刻。首京師，附浙江，其餘以類而推。所論晝夜永短，寒暑循環，地殊勢異，與所引經傳記載，考定歲差，釐分昏旦，皆簡明詳切，與今《儀象考成》中星更錄頗相表裏。觀其自序，撰自康熙八年。是此書在欽定算書以前，前明徐光啟《新法算書》以後。存其度數以校證盈縮，於恒星歲差之數亦不為無所裨矣。

　【彙訂】

　① "太微帝座"，殿本脱。

　天經或問前集四卷（福建巡撫採進本）①

國朝游藝撰。藝字子六，建寧人。是書凡前、後二集，此其前集也。凡天地之象，日月星之行，薄蝕朒朓之故，與風雲雷電雨露霜霧虹霓之屬，皆設為問答，一一推闡其所以然，頗為明晰。至於占驗之術，則悉屏不言，尤為深識。昔班固作《漢書·律曆志》，言"治曆當兼擇專門之裔，明經之儒，精算之士"。正以儒者明於古義，欲使互相參考，究已往以知未來，非欲其説太極論陰陽也。邵子曆理、曆數之説，亦謂知其當然與知其所以然耳。儒者誤會其旨，遂以為歷數之外別有曆理。孫承澤《春明夢餘錄》因以元《授時曆》全歸於許衡之明理。所載崇禎十四年禮部議改曆法一疏，不能決兩家之是非，因推原曆本，埽除測算，尤屬遁詞。案，疏稱堯舜之曆以"釐工熙績"為欽天，成周之曆以《無逸》、《豳風》為月令，非如《保章》、《挈壺》斤斤於時刻分秒之末而已。凡歷數始於河圖五十有五，以十乘之為五百五十，以五乘之為二百七十有五。自洪武元年戊申，距今壬午蓋二百七十有五年矣，實為河圖中候。宜修明禮樂，先德後刑，勸民農桑，敦崇仁厚，其斯為治曆之本務乎。夫天下無理外之數，亦無數外之理。《授時曆》密於前代，正以多方實測，立法步算得之。使但坐談造化，即七政可齊，則有宋諸儒言天鑿鑿，何以三百年中歷十八變而不定，必待郭守敬輩乎？藝作此書，亦全明曆理，雖步算尚多未諳，然反覆究闡，具有實徵。存是一編，可以知即數即理，本無二致，非空言天道者所可及也。

【彙訂】

① "四卷"，殿本作"一卷"，誤，參文淵閣庫書。

天步真原一卷（浙江汪啟淑家藏本）

國朝薛鳳祚所譯西洋穆尼閣法也。鳳祚有《聖學心傳》，已著錄。順治中，穆尼閣寄寓江寧，喜與人談算術，而不招人入耶蘇會，在彼教中號為篤實君子。鳳祚初從魏文魁游，主持舊法，後見穆尼閣，始改從西學，盡傳其術。因譯其所説為此書。其法專推日月交食，中閒繪弧三角圖三：一則有北極出地，有日距赤道，有時刻而求高弧；一則有日距天頂，有正午黃道，有黃道與子午圈相交之角，而求黃道高弧交角；一則有黃道高弧交角，有高下差，而求東西南北二差。末繪日食食分一圖。鳳祚譯是書時，新法初行，又中西文字輾轉相通，故詞旨未能盡暢。梅文鼎嘗訂證其書,稱其法與崇禎《新法曆書》有同有異①,其似異而同者,布算之圖②、對數之表,與《曆書》迴別,然得數無二。惟黃道春分二差則根數大異,非測候無以斷其是非。然其書在未修《數理精蘊》之前,錄而存之,猶可以見步天之術由疏入密之漸也。

【彙訂】

① "曆書",殿本作"算書",下同。

② "圖",殿本作"法",誤,參梅文鼎《勿菴曆算書記·〈天步真原〉訂註》原文。

天學會通一卷(浙江汪啟淑家藏本)

　　國朝薛鳳祚撰。是書本穆尼閣《天步真原》而作,所言皆推算交食之法。按推算交食,凡有兩例。一用積月積日以取應用諸行度數,由平三角、弧三角等法逐次比例,而得食分時刻方位者;一用立成表,按年月日時度數,逐次檢取角度加減,而得食分時刻方位者。鳳祚此書蓋用表算之例,殊為簡捷精密。梅文鼎訂註是書,亦稱其以西洋六十分通為百分,從授時之法,實為便用。惟仍以對數立算,不如直用乘除為正法。惜所訂註之處,未獲與之相質云。

曆算全書六十卷(浙江汪啟淑家藏本)

　　國朝梅文鼎撰。文鼎字定九,宣城人。篤志嗜古,尤精曆算之學。康熙四十一年,大學士李光地嘗以其《曆學疑問》進呈。會聖祖仁皇帝南巡,於德州召見,御書"積學參微"四字賜之①,以年老遣歸。嗣詔修樂律、曆算書下,江南總督徵其孫瑴成入侍。及《律呂正義》書成,復驛致命校勘。後年九十餘,終於家②。特命織造曹頫為經紀其喪,至今傳為稽古之至榮。所著

曆算諸書,李光地嘗刻其七種。餘多晚年纂述,或已訂成帙,或
略具草稿。魏荔彤求得其本,以屬無錫楊作枚校正。作枚遂附
以己說,並為補所未備而刊行之。凡二十九種,名之曰《曆算全
書》。然序次錯雜,未得要領。謹重加編次,以言曆者居前,而以
言算者列於後。首曰《曆學疑問》,論曆學古今疎密,及中、西二
法與《回回曆》之異同。即嘗蒙聖祖仁皇帝親加點定者,謹以冠
之簡編。次曰《曆學疑問補》,亦雜論曆法綱領。次曰《曆學問
答》,乃與一時公卿大夫以曆法往來問答之詞。次曰《弧三角舉
要》,乃用渾象表弧三角之形式。次曰《環中黍尺》,乃弧三角以
量代算之法。次曰《歲周地度合考》,乃考高卑歲實及西國年月
地度弧角里差。次曰《平立定三差說》,推七政贏縮之故。次曰
《冬至考》,用《統天》、《大明》、《授時》三法考春秋以來冬至。次
曰《諸方日軌》,乃以北極高二十度至四十二度各地日軌,各按時
節為立成表③。次曰《五星紀要》,總論五星行度。次曰《火星本
法》,專論火星遲疾。次曰《七政細草》,載推步日月五星法及恒
星交宮過度之術。次曰《揆日候星紀要》,列直隸、江南、河南、陝
西四省表景並三垣列宿經緯,定為立成表。次曰《二銘補註》,乃
所解仰儀銘及簡儀銘④。次曰《曆學駢枝》,乃所註《大統曆》法。
次曰《交會管見》,乃以交食方位向稱南北東西者改為上下左右。
次曰《交食蒙求》,乃推算法數。次曰《古算衍略》,次曰《籌算》,
次曰《筆算》,次曰《度算釋例》,俱為步算之根源。次曰《方程
論》,次曰《句股闡微》,次曰《三角法舉要》,次曰《解割圜之根》,
次曰《方圓冪積》,次曰《幾何補編》,次曰《少廣拾遺》,次曰《塹堵
測量》,皆以推闡算法。或衍《九章》之未備,或著今法之面形,或
論中西形體之變化,或釋弧矢句股八線之比例。蓋曆算之術,至

是而大備矣。我國家修明律數，探賾索隱，集千古之大成。文鼎以草野書生，乃能覃思切究，洞悉源流。其所論著，皆足以通中西之旨而折今古之中，自郭守敬以來罕見其比。其受聖天子特達之知，固非偶然矣。

【彙訂】

①“積學參微”，“積”當為“績”之訛。《總目》卷一八四《績學堂文鈔·詩鈔》條云：“以‘績學’名堂者，初大學士李光地嘗薦文鼎於朝。康熙乙酉，恭逢聖祖仁皇帝南巡，文鼎迎鑾道左，蒙召對，御書‘績學參微’四字賜之，因以名堂，並以名集也。”（司馬朝軍：《〈四庫全書總目〉精華錄》）

②清錢儀吉《碑傳集》卷一三二《梅文鼎傳》：“歲在辛丑（即康熙六十年），考終牖下，年八十有九。”《國朝先生正事略》卷三三梅文鼎《事略》、《清史列傳》卷六八《梅文鼎傳》、《清史稿》卷五〇六《梅文鼎傳》，所載享年均同。（楊武泉：《四庫全書總目辨誤》）

③“各”，殿本無。

④“乃所解仰儀銘及簡儀銘”，殿本作“解仰儀銘簡儀銘”。

大統曆志八卷附錄一卷（兩淮鹽政採進本）①

國朝梅文鼎撰。初，元郭守敬作《授時曆》，其法較古為密。明初所頒《大統曆》，即用其舊法。歲久漸差，知曆者恒有異議。至崇禎閒，徐光啟推衍西法，分局測驗，疎舛益明。欽天監正戈豐年無以復爭②，乃諉其過於守敬。孫承澤作《春明夢餘錄》，又力辨守敬為曆中之聖，惜不能盡用其法。聚訟迄無定論。康熙丙午，開局纂修《明史》③。史官以文鼎精於算數，就詢明曆得失之源流。文鼎因即《大統》舊法，詳為推衍註釋，輯為此編，以持其平。分原書為法原、立成、推步三部。法原之目七，曰句股測量，曰弧矢割圓，曰黃赤道差，曰黃赤道內外，曰白道交周，曰日月五星平立定三差，曰里差漏刻。立成之目四，曰太陽盈縮，曰太陰遲疾，曰晝夜刻分，曰五星盈縮。推步之目六，曰氣朔，曰日躔，曰月離，曰中星，曰交食，曰五星。法原所以取數，立成所以紀數，推步所以紀法，皆剖析分明，具有條理。蓋文鼎於象緯運行，實能究極其所以然，與疇人子弟沿世業而守成法者，所見固不同也。曆算之家，測未來者當以新法，推已往者則當各求以本法。知其所以疎而後可以得其密，知其所以舛而後可以得其真，知其所以漸差而後可以窮其至變。則是書雖明郭氏之法，亦測天者前事之師矣。其書舊不分卷，今以所立十七目，一目定為一卷，以便循覽焉。

【彙訂】

① "大統曆志八卷附錄一卷"，殿本作"大統書志十七卷"。文淵閣庫書為《大統曆志》八卷，無"附錄一卷"，書前提要不誤。（修世平：《文淵閣〈欽定四庫全書總目〉訂誤十六則》）

② "欽天監正"，殿本作"欽天監五官正"。

③ 丙午為康熙五年，其時並無《明史》開局之事，據梅文鼎《勿菴曆算書記》，康熙十七年戊午，施閏章欲偕梅入都，梅不果行。次年《明史》開局，施寄函欲梅修《曆志》，梅因事未受命。其後"承史局諸公以《曆志》見商"，遂作《曆志擬稿》復之。其大目凡三：曰法源，曰立成，曰推步。三部名目，正與《總目》所列同，共十七目。可知開局纂修《明史》，實為康熙十八年己未，非丙午也。（楊武泉：《四庫全書總目辨誤》）

勿菴曆算書記一卷（浙江吳玉墀家藏本）

　國朝梅文鼎撰。文鼎曆算諸書，僅刊行二十九種。此乃合其已刊、未刊之書，各疏其論撰之意。凡推步測驗之書六十二種，算術之書二十六種。雖亦目錄解題之類，而諸家之源流得失，一一標其指要，使本末釐然，實數家之總匯也。如《古今曆法通考》一條曰：「不讀耶律文正之《庚午元曆》，不知授時之五星；不讀《統天曆》，不知授時之歲實消長；不考王朴之《欽天曆》，不知斜升正降之理；不考《宣明曆》，不知氣刻時三差；非一行之《大衍曆》；不知歲自為歲，天自為天，非李淳風之《麟德曆》，不能用定朔；非何承天、祖沖之、劉焯諸曆，無以知歲差；非張子信，無以知交道表裏，日行盈縮；非姜岌，不知以月蝕檢日躔[①]；非劉洪之《乾象曆》，不知月行遲疾。然非洛下閎、謝姓等肇啟其端[②]，雖有善悟之人，亦無自而生其智。」又曰西法約有九家，一為唐《九執曆》，二為元扎瑪魯鼎原作扎馬魯丁，今改正[③]。《萬年曆》，三為明瑪沙伊赫原作馬沙亦黑，今改正[④]。《回回曆》，四為陳壤[⑤]、袁黃所述《曆法新書》，五為唐順之、周述學所撰《曆宗通議》、《曆宗中經》，皆舊西法也。六曰利瑪竇《天學初函》，湯若望《崇禎曆書》，南懷仁《儀象志》、《永年曆》，七曰穆尼閣《天步真原》、薛鳳祚《天學會通》，八曰王錫闡《曉菴新法》，九曰揭暄《寫天新語》、方中通《揭方問答》，皆新西法也。非深讀其書，亦不能知其故。又《周髀補註》一條曰：「觀其所言里差之法，是即西人之說所自出也[⑥]。」《回回曆補註》一條曰：「回曆即西法之舊率，泰西本回曆而加精。」是皆於中西諸法融會貫通，一一得其要領，絕無爭競門戶之見。故雖有論無法，仍錄之「天文算術類」中，為諸法之綱領焉。

【彙訂】

① "檢"，殿本作"驗"。

② "謝姓"，殿本脱，參《古今曆法通考》條原文。

③ "原作紫馬魯丁今改正"，殿本無。

④ "原作馬沙亦黑今改正"，殿本無。

⑤ "陳壤"，殿本作"陳瓌"，誤，參《古今曆法通考》條原文。

⑥ "是"，殿本脱，參此書《周髀補註》條原文。

中西經星同異考一卷（安徽巡撫採進本）①

國朝梅文鼎撰。文鼎字爾表，宣城人。與其兄文鼎皆精研曆算之學，互相商榷，多所發明，此其所訂中西恒星名數也。星經之最古者，莫如巫咸、甘、石三家，而其學失傳。雖殘編尚存，已不能知其端緒。惟隋丹元子《步天歌》所列星象，特為簡括。故自宋以來，天官家多據為準繩。迨明季曆法不驗，而歐邏巴之法始行。利瑪寶所撰《經天該》，其名亦與中國相同，而位元座有無、數目多寡，與《步天歌》往往不合。文鼎因據南懷仁《儀象志》所載星名，依步天次序，臚列其目，而以有無多寡之故，分行詳註其下。其古歌、西歌，亦各載原文於後，以便檢核。南極諸星為古所未及者，則併據湯若望《曆書》及《儀象志》為考證補歌，附之於末。蓋七政之運行，必憑恒星為考驗。然在天成象，天本無言，隨人所標目為指名，即據人所指名為測驗，指名不一，則測驗多岐矣。文鼎此編獨詳稽異同，參考互證，使名實不病於參差。是亦中西兩法互相貫通之要領也。

【彙訂】

① 文淵閣《四庫》本為二卷，書前提要不誤。（沈治宏：《中

國叢書綜錄訂誤》)

　　全史日至源流三十二卷(湖南巡撫採進本)①

　　國朝許伯政撰。伯政有《易深》,已著錄。此書遵《御製曆象考成前編》之法,溯稽經史傳註所載至朔氣閏,質其合否,糾其謬誤。首三卷皆論步算之術。如謂天周宜用三百六十度,日法宜用九十六刻,宮次非恒星一定之居,歲實奇零,積久始覺損益,不宜概為四分日之一,其論皆為確當。惟所論歲實,期以二百一十六年遞減二十秒,及日在高、卑二日,平行、實行適等,揆以曆理,未免滯礙。至後三十卷中,排纂長曆,分代紀年,上起軒皇,下迄明季,四千年之中,絲牽繩貫。使星躔節候,一一按譜而稽,亦可為後來考測之資焉。

　　【彙訂】

　　① "三十二卷",殿本作"三十三卷",誤。文淵閣庫書為三十卷卷首二卷。(沈治宏:《中國叢書綜錄訂誤》)

　　算學八卷續一卷(安徽巡撫採進本)

　　國朝江永撰。永有《周禮疑義舉要》,已著錄。是編因梅文鼎《曆算全書》為之發明訂正,而一準《欽定曆象考成》折衷其異同。一卷曰《曆學補論》,皆因文鼎之說而推闡所未言。二卷曰《歲實消長》,文鼎論歲實消長,以為高衝近冬至而歲餘漸消,過冬至而復漸長。永則以為歲實本無消長,消長之故在高衝之行與小輪之改,兩歲節氣相距近高衝者歲實稍贏,近最高者稍朒,又小輪半徑,古大今小,則加減差亦異。三卷曰《恒氣註曆》,文鼎論冬至加減,謂當如西法用定氣,不用恒氣,而所作《疑問補》等書又謂當如舊法,用恒氣註曆。永則以為冬至既不用恒氣,則諸節亦皆當用定氣,不用恒氣。故此二卷皆條列文鼎之説,而以所見辨於下。四卷曰《冬至權度》,《元史》六曆冬至載晉獻公以來四十九事,文鼎因作《春秋冬至考》,删去晉獻公一事,各以其本法推求其故。永則以爲算術雖明,而未有折衷,更因文鼎之法,考證曆法史志之誤。五卷曰《七政衍》,文鼎論七政小輪之動由本天之動,七政之動由小輪之動。永則以恭按《欽定曆象考成》五星有三小輪,而月更有次均輪,且更有負圈。文鼎説雖精當,而各輪之左旋、右旋,與帶動、自動、不動之異,尚未能詳剖,因各爲圖説以明之。六曰《金水發微》,文鼎初仍舊法,以金、水二星伏見輪同於歲輪,後因門人劉允恭悟得金、水二星自有歲輪,而伏見輪乃其繞日圓象,因詳爲之説,後楊學山乃頗以爲疑。永謂文鼎説是,學山疑非,因爲圖説以明之。七曰《中西合法擬草》,明徐光啟酌定新法,凡正朔、閏月之類,從中不從西;定氣、整度之類,從西不從中。然因用定氣,遂以每月中氣時刻爲太陽過宮時刻,繫以中法十二宮之名,而西法十二宮之名又用之於表,永病其錯互。又整度一事,永亦病其言之未盡。故著此論以辨之,亦多推文鼎之説。八曰《算賸》,則推衍三角諸法,求其捷要。續數學一卷[①],曰《正弧三角疏義》,以補《算賸》所未盡。故八卷各有小序,此卷獨無也。文鼎曆算,推爲絶技,此更因所已具,得所未詳,踵事而增,愈推愈密。其於測驗,亦可謂深有發明矣。

【彙訂】

①"續數學",殿本作"續編"。文淵閣《四庫》本爲《數學》八卷、《續數學》一卷,據改。

　　右天文算法類"推步"之屬,三十一部,四百二十九卷①,皆文淵閣著錄。

【彙訂】

①"四百二十九卷",殿本作"四百三十五卷"。

　　案,言天三家,惟《周髀》有書。然周人不甚講推步,故動輒失閏,《左傳》所記可考也。漢以後雖測算漸精,又往往得諸神解,其法多見於史志,書亦罕傳。傳者惟宋、元以下數家而已。故今所著錄,新法為多。諸家算術為天文而作者入此門,其專言數者則別立為"算書"一類。

子 部 十 七

天文算法類二

九章算術九卷（永樂大典本）[①]

謹案《九章算術》，蓋《周禮·保氏》之遺法，不知何人所傳。《永樂大典》引《古今事通》曰："王孝通言：'周公制禮有《九章》之名，其理幽而微，其形祕而約。張蒼刪補殘闕，校其條目，頗與古術不同。'"云云。今考書內有"長安上林"之名，上林苑在武帝時，蒼在漢初，何緣預載？知述是書者在西漢中葉後矣[②]。舊本有註，題曰劉徽所作。考《晉書》稱魏景元四年劉徽註《九章》，然註中所云"晉武庫銅斛"，則徽入晉之後又有增損矣。又有註釋，題曰李淳風所作。考《唐書》稱淳風等奉詔註《九章算術》，為《算經十書》之首。國子監置算學生三十人，習《九章》及《海島算經》，共限三歲。蓋即是時作也。北宋以來，其術罕傳。自沈括《夢溪筆談》以外，士大夫少留意者。書遂幾於散佚。洎南宋慶元中，鮑澣之始得其本於楊忠輔家，因傳寫以入祕閣。然流傳不廣，至明又亡。故二三百年來，算術之家未有得睹其全者。惟分載於《永樂大典》者，依類裒輯，尚九篇具在。考鮑澣之後序，稱："唐以來所傳舊圖，至宋已亡。"又稱："盈不足方程之篇，咸闕淳風註文。"今校其所言，一一悉合，知即慶元之舊本。蓋顯於唐，晦於宋，亡於明，而幸逢聖代表章之盛，復完於今。其隱其見，若有數默存於其間，非偶然矣。謹排纂成編，併考訂譌異，各附案語於下方。其註中指狀表目，如朱寶、青寶、黃寶之類，皆就圖中所列而言。圖既不存，則其註猝不易曉。今推尋註意，為之補圖，以成完帙。算數莫古於九數，九數莫古於是書。雖新法屢更，愈推愈密，而窮源探本，要百變不離其宗。錄而傳之，固古今算學之弁冕矣。

【彙訂】

① 文淵閣《四庫》本尚附《音義》一卷。（沈治宏：《中國叢書綜錄訂誤》）

②《史記·蕭相國世家》云："（蕭何）因為民請曰：'長安地狹，上林中多空地棄，願令民得入田，毋收藁為獸食。'上大怒曰：'相國多受賈人財物，乃為請吾苑。'"可知長安南郊之上林之為皇家私苑，在高祖時已成定制，非始於武帝也。（錢寶琮：《戴震算學天文著作考》）

孫子算經三卷（永樂大典本）

案《隋書·經籍志》有《孫子算經》二卷，不著其名，亦不著其時代。《唐書·藝文志》稱李淳風註甄鸞《孫子算經》三卷。於孫子上冠以甄鸞，蓋如淳風之註《周髀算經》，因鸞所註更加辨論也。《隋書》論審度，引《孫子算術》："蠶所生吐絲為忽[①]，十忽為秒，十秒為豪，十豪為氂，十氂為分。"本書乃作"十忽為一絲，十絲為一豪"。又論嘉量，引《孫子算術》："六粟為圭，十圭為秒，十秒為撮，十撮為勺，十勺為合。"本書乃作"十圭為一撮，十撮為一秒,十秒為一勺"。考之《夏侯陽算經》引田曹、倉曹亦如本書,而《隋書》中所引與史傳往往多合。蓋古書傳本不一,校訂之儒各有據證,無妨參差互見也。唐之選舉,算學《孫子》、《五曹》,共限一歲習肄,於後來諸算術中特為近古,第不知孫子何許人。朱彝尊《曝書亭集·〈五曹算經〉跋》云:"相傳其法出於孫武.然孫子別有《算經》,考古者存其說可爾。"又有《〈孫子算經〉跋》云:"首言度量所起,合乎兵法'地生度,度生量,量生數'之文。次言乘除之法,設為之數,《十三篇》中所云廓地、分利、委積、遠輸、貴賣[2]、兵役、分數,比之《九章》方田、粟米、差分、商功、均輸、盈不足之目,往往相符,而要在得算多,多算勝。以是知此編非偽託也。"云云[3]。合二跋觀之,彝尊之意蓋以為確出於孫武。今考書內設問有云:"長安、洛陽相去九百里。"又云:"佛書二十九章,章六十三字。"則後漢明帝以後人語。孫武春秋末人,安有是語乎[1]? 舊本久佚。今從《永樂大典》所載裒集編次,仍為三卷。其甄、李二家之註則不可復考,是則姚廣孝等割裂刊削之過矣。

【彙訂】

①"生",殿本脫,參《隋書》卷十六《律曆上·審度》原文。

②"貴賣",殿本作"貴賤",誤。《孫子兵法·作戰篇》:"國之貧於師者遠輸,遠輸則百姓貧;近師者貴賣,貴賣則百姓財竭,財竭則急於丘役。力屈財殫,中原內虛。"

③"此編",殿本作"是編",誤,參朱彝尊《曝書亭集》卷五十五《跋〈孫子算經〉》原文。

④ 古書中不免為後人所竄改附益,無足深訝。(余嘉錫:《四庫提要辨證》)

數術記遺一卷（兩江總督採進本）[1]

舊題漢徐岳撰，北周甄鸞註。岳，東萊人，《晉書·律曆志》所稱"吳中書令闞澤受劉洪《乾象法》於東萊徐岳"者是也。《隋書·經籍志》具列岳及甄鸞所撰《九章算經》、《七曜術算》等目，而獨無此書之名，至《唐藝文志》始著於錄。書中稱："於泰山見劉會稽，博識多文，徧於數術，余因受業時問曰：'數有窮乎？'會稽曰：'吾嘗游天目山中，見有隱者。'"云云。大抵言其傳授之神祕。然案《後漢志》註引袁山松《書》曰："劉洪，泰山蒙陰人。延熹中以校尉應太史徵，拜郎中。後為會稽東部都尉。徵還未至，領丹陽太守。卒官。"是洪官會稽後未嘗家居，不得言於泰山見之。且洪在會稽乃官都尉，其為太守實在丹陽，而註以為官會稽太守，錯互殊甚。又舊本皆題漢徐岳撰，據《晉書》所載，岳魏黃初中與太史丞韓翊論難日、月食五事，則岳已仕於魏，不得繫之於漢矣[2]，考古尤為疎謬。至"天門金虎"等語，乃道家詭誕之說，尤為隱僻不經[3]。註所言算式數位，按之正文，多不相蒙。唐代選舉之制，算學《九章》、《五曹》之外，兼習此書。此必當時購求古算[4]，好事者因託為之，而嫁名於岳耳。然流傳既久，學者或以古本為疑。故仍錄存之，而詳斥其偽，以祛後人之惑焉。

【彙訂】

①"數術記遺"，底本作"術數記遺"，據殿本乙。明抄本及文淵閣《四庫》本均作《數術記遺》一卷，《舊唐書·經籍志》、《新唐書·藝文志》皆著錄《數術記遺》一卷。

②"矣"，殿本無。

③"尤"，殿本作"亦"。

④殿本"算"下有"經"字。

海島算經一卷(永樂大典本)

晉劉徽撰,唐李淳風等奉詔註。據劉徽序《九章算術》有云："徽尋九數有重差之名,凡望極高,測絕深,而兼知其遠者,必用重差。輒造重差,並為註解,以究古人之意,綴於《句股》之下。度高者重表,測深者累矩,孤離者三望,離而又旁求者四望。"據此,則徽之書本名《重差》,初無《海島》之目,亦但附於《句股》之下,不別為書。故《隋志》,《九章算術》增為十卷,下云劉徽撰,蓋以《九章》九卷合此而十也[1]。而《隋志》、《唐志》又皆有劉徽《九章重差圖》一卷,蓋其書亦另本單行,故別著於錄,一書兩出。至《唐志》兼列劉向《九章重差》一卷,則徽之《重差》既自為卷,因遂譌劉徽為劉向,而一書三出耳。今詳為考證,定為劉徽之書。至《海島》之名雖古無所見,不過後人因卷首以海島之表設問而改斯名。然《唐選舉志》稱算學生《九章》、《海島》共限習三年,試《九章》三條,《海島》一條。則改題《海島》,自唐初已然矣。其書世無傳本,惟散見《永樂大典》中。今裒而輯之,仍為一卷,篇帙無多而古法具在。固宜與《九章算術》同為表章,以見算數家源流之所自焉[2]。

【彙訂】

① 殿本"而"下有"為"字。

② "所自",殿本作"有自"。

五曹算經五卷(永樂大典本)

案《隋書·經籍志》有《九章六曹算經》一卷,而無《五曹》之目,其"六曹"篇題亦不傳。《唐書·藝文志》始有甄鸞《五曹算經》五卷,韓延《五曹算經》五卷,李淳風註《五曹》、《孫子》等算經二十卷,魯靖《新集五曹時要術》三卷①。甄、韓二家,皆註是書者也,其作者則不知為誰。考《漢書・梅福傳》,福上書言:"臣聞齊桓之時,有以九九見者。"顏師古註云:"九九算術,若今《九章》、《五曹》之輩。"蓋算學雖多,不出乘除二者,而乘除不出自一至九,因而九之之數,故舉"九九"為言。而師古即以其時所有《九章》、《五曹》等書實之,非梅福時有是書也。朱彝尊《曝書亭集》有《〈五曹算經〉跋》云:"相傳其法出於孫武。"然彝尊第曰"相傳",無所引證,益不足據。觀《唐書・選舉志》稱:"《孫子》、《五曹》共限一歲。"既曰"共限",則《五曹》不出《孫子》明矣。姑斷以甄鸞之註,則其書確在北齊前耳。自元、明以來,久無刻本,藏書家傳寫譌舛,殆不可通。今散見《永樂大典》內者,甄鸞、韓延、李淳風之註雖亦散佚,而經文則逐條完善。謹參互考校,俾還舊觀,遂為絕無僅有之善本。考《夏侯陽算經》引田曹、倉曹者二,引金曹者一,而此書皆無其文。然此書首尾完具,脈絡通貫,不似有所亡佚。疑《隋志》之《九章六曹》,其目亦同陽所引田曹、倉曹、金曹等名,乃別為一書,而非此書之文。故不敢據以補入,以淆其真焉。

【彙訂】

①"魯靖",殿本作"魯續",誤。《新唐書・藝文志》"曆算類"著錄魯靖《新集五曹時要術》三卷。

夏侯陽算經三卷(永樂大典本)

案《隋經籍志》有《夏侯陽算經》二卷①,《唐藝文志》列《夏侯陽算經》一卷②,而《直齋書錄解題》載元豐京監本③,乃云三卷。蓋傳寫互有分合,故卷帙各異,然皆不言陽為何代人。考《唐志》

載是書為甄鸞註,則當在甄鸞之前。而此本載陽自序有云:"《五曹》、《孫子》述作滋多,甄鸞、劉徽為之詳釋。"書内又稱宋元嘉二年徐受重鑄銅斛④,至梁大同元年甄鸞校之,則又似在甄鸞後。其《辯度量衡》云:"在京諸司及諸州各給稱尺,並五尺度、斗、升、合等樣,皆銅為之。""倉庫令諸量函所在官造,大者五斛,中者三斛,小者一斛,以鐵為緣,勘平印書,然後給用。"又《課租庸調章》稱賦役令⑤,《論步數不等章》稱雜令、田令之屬,亦皆據隋制言之,尤不可解⑥。疑傳其學者又有所竄亂附益,不盡陽之舊義矣⑦。《唐書•選舉志》所列算經十種,此居其一。蓋當時本懸之令甲、肄習考課。今傳本久佚,惟《永樂大典》内有之⑧。然諸條割裂,分附《九章算術》各類之下,幾於治絲而棼,猝不得其端緒。幸尚載原序原目⑨,猶可以尋繹編次,條貫其文。今裒輯排比,仍依元豐監本,釐為三卷。其十有二門,亦從原目。其法務切實用,雖《九章》古法,非官曹民事所必需,亦略而不載,於諸算經中最為簡要。且於古今制度異同尤足考證云。

【彙訂】

①"隋經籍志",殿本作"隋書經籍志"。

②"唐藝文志列",殿本作"唐書藝文志載"。

③"而",殿本無。

④ 據孫詒讓《劄迻》卷十一,"徐受"乃"徐爰"之誤,徐爰見《宋書•恩倖傳》。(錢寶琮:《夏侯陽算經考》)

⑤"又",殿本作"及"。

⑥ 倉庫令、賦役令、雜令、田令等皆屬唐制,《求地稅章》以"兩稅米"、"兩稅錢"為問題,可證此偽本《夏侯陽算經》當編纂於唐建中元年(780)兩稅法施行以後,而相距或不甚遠。(錢寶琮:

《夏侯陽算經考》)

⑦ 元豐京監本並非原本。原本《夏侯陽算經》唐初立於學官者,至北宋初已遺佚無傳。有韓延者嘗編纂算書三卷,卷首"明乘除法"錄"夏侯陽曰"云云。《新唐書》誤取以為"韓延《夏侯陽算經》",而元豐七年刊《算經十書》時即以此書為《夏侯陽算經》矣。(同上)

⑧ 乾隆中曲阜孔繼涵刊微波榭本《算經十書》,其中《夏侯陽算經》乃據汲古閣之影宋抄本重雕,則非僅《永樂大典》內有之。(同上)

⑨ "尚",殿本作"所"。

五經算術二卷(永樂大典本)①

北周甄鸞撰,唐李淳風註。鸞精於步算,仕北周為司隸校尉、漢中郡守。嘗釋《周髀》等算經,不聞其有是書。而《隋書·經籍志》有《五經算術》一卷②,《五經算術錄遺》一卷,皆不著撰人姓名。《唐藝文志》則有李淳風註《五經算術》二卷,亦不言其書為誰所撰。今考是書,舉《尚書》、《孝經》、《詩》、《易》、《論語》、《三禮》、《春秋》之待算方明者列之,而推算之術悉加"甄鸞案"三字於上,則是書當即鸞所撰③。又考淳風當貞觀初,奉詔與算學博士梁述、助教王真儒等刊定算經④,立於學官。《唐選舉志》暨《百官志》並列《五經算》為《算經十書》之一,與《周髀》共限一年習肄,及試士各舉一條為問。此書註端悉有"臣淳風等謹案"字,然則唐時算科之《五經算》即是書矣。是書世無傳本,惟散見於《永樂大典》中,雖割裂失次,尚屬完書。據淳風註,於"《尚書》推定閏"條自言其解釋之例,則知造端於此。又如《論語》"千乘之

國”、《周官》“蓋弓宇曲”並用開方之術,詳於前而略於後。循其
義例,以各經之敘推之,其舊第尚可以考見。謹依《唐藝文志》所
載之數,釐為上、下二卷,其中採摭經史,多唐以前舊本。如引司
馬彪《志序論》“十二律各統一月,當月者各自為宮”,今本《後漢
志》“統”譌作“終”,“月”譌作“日”;“革木之聲”,今《志》譌作“草
木”;“陽下生陰,陰下生陽,始於黃鍾,終於仲呂”,今《志》脫“始
於黃鍾”四字;“律為寸,於準為尺,律為分,於準為寸”,下文承準
寸言“不盈者十之所得為分”,今《志》脫“律為分⑤,於準為寸”二
句,《禮記義疏》引《志》,脫誤亦然。又兩引“上生不得過黃鍾之
濁,下生不得及黃鍾之清”,申之曰:“是則上生不得過九寸,下生
不得減四寸五分。”與蔡邕《月令章句》謂“黃鍾少宮管長四寸五
分”合。且足證中央土律中黃鍾之宮乃黃鍾清律,不得溷同於仲
冬月律中黃鍾為最長之濁律。《呂氏春秋》先製黃鍾之宮,次製
十有二筒,亦黃鍾有清律之證。今《志》作“上生不得過黃鍾之清
濁,下生不得及黃鍾之數”,實因“清”字譌衍在上,後人改竄其
下,揆諸律法,遂不可通。蓋是書不特為算家所不廢,實足以發
明經史,覈訂疑義,於考證之學尤為有功焉。

【彙訂】

　① 此條與文淵閣庫書次序不符,文淵閣庫書與殿本皆置於
“夏侯陽算經三卷”條之前。

　② “隋書”,殿本作“隋唐”,誤。《隋書·經籍志》著錄《五經
算術錄遺》一卷、《五經算術》一卷,《舊唐書·經籍志》無。

　③ 按元延明(484—530)鈔集五經算事為《五經宗》,在甄鸞
之前,事見《魏書》。《魏書》、《隋書》、《新唐書》且著錄其卷數。
今所傳《五經算術》既不著撰人,因“甄鸞案”三字斷為甄鸞所作,

尚屬無據。(李儼:《中國算學史》)

④"王真儒",殿本作"王貞儒",乃避雍正諱改。《舊唐書》卷七九、《新唐書》卷二百四李淳風本傳皆作"王真儒"。

⑤"志",殿本作"悉",誤。《後漢書》卷十一《律曆志》云:"律為寸,於準為尺,不盈者十之所得為分。"

張邱〔丘〕建算經三卷(吏部侍郎王杰家藏本)

原本不題撰人時代。《唐志》載張邱建《算經》一卷,甄鸞註,則當在甄鸞之前。書首邱建自序引及夏侯陽、孫子之術,則當在夏侯陽之後也。《隋志》載此書作二卷。《唐志》一卷甄鸞註外①,別有李淳風註張邱建《算經》三卷。鄭樵《通志·藝文略》:"張邱建《算經》二卷。又三卷,李淳風註。"《宋藝文志》②、《中興書目》亦俱作三卷,則析為三卷自淳風始③。此本乃毛晉汲古閣影鈔宋槧,云得之太倉王氏。首題"漢中郡守前司隸甄鸞註經,朝議大夫行太史令上輕車都尉李淳風等奉敕註釋,算學博士劉孝孫撰細草",蓋猶北宋時祕書監趙彥若等校定刊行之本。其中稱"術曰"者,乃鸞所註,"草曰"者,孝孫所增。其細字夾註稱"臣淳風等謹案"者,不過十數處。蓋有疑則釋,非節節為之註也。其書體例皆設為問答,以參校而申明之④,凡一百條。簡奧古質,頗類《九章》,與近術不同。而條理精密,實能深究古人之意。故唐代頒之算學,以為顓業。今詳加校勘,其上卷起自乘除之數,至第十二問為句股測望,十三問為句股和較,十四問為重句股顛倒測望,十五問為卧句股左右進退測望。此四問皆藉圖以明,舊本所無,今特依義補入。自十六問以下皆取差分、和較、均輸參雜為目,間附以方圓冪積。至中卷之第六問,乃入商功,後復及貴賤、差分、倍半、衰分、方田諸術。惟“弧矢”一問原本不完，未可以他術增補，姑仍其闕。下卷首問失題，又細草下亦脫二十餘字，以有後文可據，謹為補足。其鹿、垣、倉三條，亦各為之圖，系諸原問之左，俾學者得以考見其端委焉。

【彙訂】

① “一卷”，殿本無。

② “宋藝文志”，殿本作“宋史藝文志”。

③ 殿本“風”下有“註”字。

④ “參校”，殿本作“校參”。

缉古算經一卷（吏部侍郎王傑家藏本）

唐王孝通撰。其結銜稱通直郎太史丞，其始末未詳。惟《舊唐書·律曆志》“戊寅曆”條下有“武德九年校曆人算曆博士臣王孝通題”，蓋即其人也。是書一名《缉古算術》，《唐書·藝文志》、《崇文總目》俱稱李淳風註。今案此本卷首實題孝通撰並註，則《唐志》及《總目》為誤。又《宋志》作一卷，《唐志》、鄭樵《藝文略》俱作四卷，王應麟《玉海》謂今亡其三。案孝通原表稱二十術，檢勘書內條目相同，並無闕佚，不知應麟何所據而云然也①。書中大旨，以《九章·商功篇》有平地役功受袤之術，其於上寬下狹窄，前高後卑，闕而不論，世人多不達其理。因於平地之餘，續狹斜之法。凡推朔夜半時月之所離者一術，推仰觀臺及羨道高廣袤者一術，推築堤授工上下廣及高袤不同者一術，推築龍尾堤者一術，推穿河授工斜正袤上廣及深並漘上廣不同者一術，推四郡輸粟窖上下廣袤餘郡別出入及窖深廣者一術，推亭倉上下方高者一術，推芻甍、圓囷者各一術，推方倉、圓窖對待者五術，推句股邊積互求者六術,共合二十術之數。中閒每以人戶道里、大小遠近,及材物之輕重、工作之時日,乘除進退,參伍以得其法。頗不以深淺為次第,故讀者或不能驟通。而卒篇以後,由源竟委,端緒足尋,洵為思極毫芒,曲盡事理。唐代明算立學,習此書者以三年為限,亦知其術之精妙,非旦夕所克竟其義矣。其書世罕流播,此乃宋元豐七年祕書監趙彥若等校定刊行舊本,常熟毛扆得之章邱李氏而影鈔傳之者。今詳加勘正,其文閒有脱闕,不敢妄補。謹撮取其義,別加圖説,附諸本文之左,以便觀覽云。

【彙訂】

①“然”,殿本無。

数學九章十八卷(永樂大典本)

宋秦九韶撰。九韶始末未詳。惟據原序,自稱其籍曰魯郡。然序題淳祐七年,魯郡已久入於元。九韶蓋署其祖貫,未詳實為何許人也。是書分為九類。一曰大衍,以奇零求總數,為九類之綱。二曰天時,以步氣朔晷影及五星伏見。三曰田域,以推方圓冪積。四曰測望,以推高深廣遠。五曰賦役,以均租税力役。六曰錢穀,以權輕重出入。七曰營建,以度土功。八曰軍旅,以定行陣。九曰市易,以治交易。雖以《九章》為名,而與古《九章》門目迴別。蓋古法設其術,九韶則別其用耳。宋代諸儒,尚虛談而薄實用。數雖聖門六藝之一,亦鄙之不言。即有談數學者,亦不過推衍河、洛之奇偶,於人事無關。故樂屢爭而不決,曆亦每變而愈舛,豈非算術不明,惟憑臆斷之故歟?數百年中,惟沈括究心是事,而自《夢溪筆談》以外,未有成書。九韶當宋末造,獨崛起而明絕學。其中如《大衍》類“蓍卦發微”欲以新術改《周易》揲

著之法,殊乖古義。"古曆會稽"題數既誤①,且為設問以明大衍
之理,初不計前後多少之曆過,尤非實據。《天時》類"綴術推星"
本非方程法,而術曰方程,復於草中多設一數以合方程行列,更
為牽合。所載皆平氣平朔,凡晷影長短,五星遲疾,皆設數加減,
不過得其大概。較今之定氣定朔,用三角形推算者,亦為未密。
然自秦、漢以來,成法相傳,未有言其立法之意者。惟此書大衍
術中所載"立天元一法",能舉立法之意而言之。其用雖僅一端,
而以零數推總數,足以盡奇偶和較之變,至為精妙。苟得其意而
用之,凡諸法所不能得者,皆隨所用而無不通。後元郭守敬用之
於弧矢,李冶用之於句股方圓,歐邏巴新法易其名曰"借根方",
用之於九章、八線,其源實開自九韶,亦可謂有功於算術者矣②。
至於田域、測望、賦役、錢穀、營建、軍旅、市易七類、皆擴充古法,
取事命題。雖條目紛紜,曲折往復,不免瑕瑜互見,而其精確者
居多。今即《永樂大典》所載,於其誤者正之,疎者辨之,顛倒者
次第之,各加案語於下。庶得失不掩,俾算家有所稽考焉。

【彙訂】

① 據此書卷一,"古曆會稽"乃"古曆會積"之誤。

② 秦九韶自序末題淳祐七年(丁未)九月,李冶《測圓海鏡》
自序題戊申秋九月,相去不過一年,其時南北隔絕,李氏顯非本
於九韶。而郭守敬之學實亦李氏啟之。且秦、李之"立天元一
法"名同實異。(錢大昕:《跋秦九韶數學九章》)

測圓海鏡十二卷(編修李潢家藏本)

元李冶撰。冶字鏡齋,欒城人①。金末登進士,入元官翰林
學士。事蹟具《元史》本傳。其書以句股容圓為題,自圓心、圓外

縱橫取之,得大小十五形,皆無奇零。次列識別雜記數百條,以窮其理。次設問一百七十則,以盡其用。探賾索隱,參伍錯綜,雖習其法者不能驟解。而其草則多言立天元一。按立天元一法見於宋秦九韶《九章》"大衍數"中,厥後《授時草》及《四元玉鑑》等書皆屢見之,而此書言之獨詳,其關乎數學者甚大。然自元以來,疇人皆株守立成,習而不察。至明,遂無知其法者。故唐順之與顧應祥書謂:"立天元一,漫不省為何語。"顧應祥演是書為《分類釋術》,其自序亦云:"立天元一無下手之術。"則是書雖存,而其傳已泯矣。明萬曆中,利瑪竇與徐光啟、李之藻等譯為《同文算指》諸書,於古《九章》皆有辨訂,獨於立天元一法闕而不言。徐光啟於《句股義》序中引此書,又謂欲說其義而未遑。是此書已為利瑪竇所見,而猶未得其解也。迨我國家醲化翔洽,梯航鱗萃,歐邏巴人始以借根方法進呈,聖祖仁皇帝授蒙養齋諸臣習之。梅瑴成乃悟即古立天元一法,於《赤水遺珍》中詳解之。且載西名"阿爾熱巴拉",案原本作"阿爾熱巴達",謹據西洋借根法改正。即華言"東來法"。知即冶之遺書流入西域,又轉而還入中原也。今用以勘驗西法,一一脗合,瑴成所說,信而有徵。特錄存之,以為算法之祕鑰。且以見中法西法互相發明,無容設畛域之見焉。

【彙訂】

① 李冶原名治,後改為冶,或為避免與唐高宗同名。字仁卿,號敬齋。(繆鉞:《李冶‧李治釋疑》)

測圓海鏡分類釋術十卷(浙江范懋柱家天一閣藏本)

明顧應祥撰。應祥有《人代紀要》,已著錄。李冶《測圓海鏡》所設一百七十問中,皆有草有法。案,前數十題中甚易者或無草,後

_{皆有草。}草用立天元一為虛數,合問數推之,法專用問數推之,皆歸於帶縱諸乘方而止。應祥得冶書於唐順之,於立天元一語互相推求,不得其解。遂去其細草,專演算法,改為是書,自謂便於下學。殊不知立天元一之妙,能使諸法不能求者可以得其法,若無其草,即冶已有不能得其法者。而徒沾沾於加減開方之數,可謂循枝葉而失本根者矣[①]。唐順之與應祥書云:"此書形下之數太詳,而形上之義或略,使觀之者尚不免其數可陳而義難知,有與人以鴛鴦枕而不度人以金鍼之疑。僕意欲明公於緊要處提掇一二作法源頭出來,使後世為數學者識其大者得其義,識其小者得其數,則此書尤更覺精采耳。"其不足於應祥者誠是。第作法源頭即"立天元一"一語,應祥既去之,又將何以為提掇乎? 然《九章》之中,惟《少廣》諸乘方之數為甚繁。故立方帶縱之法,古已不見有和較者[②]。冶所用有至三乘方、四乘方及五乘方者,且兼加減諸乘方、廉、隅。不為之詳其算式,初學誠有難於取數者。冶雖專為發明立天元一術,得應祥所演諸乘方之式,亦可謂求立天元一法者之一助云。

【彙訂】

①"根者矣",殿本作"故"。

②"和較",底本作"和數",據殿本改。和為用加法所得總數,較為用減法所得餘數。程大位《算法統宗》凡例云:"先徵君作論六卷,立法詳備,約其法不過四端:曰和,曰較,曰和較兼用,曰和較交變,已盡方程之用。"

益古演段三卷(永樂大典本)[①]

元李冶撰。據至元壬午硯堅序,稱冶《測圓海鏡》既已刻梓,其親舊省掾李師徵復命其弟師珪請冶是編刊行。是成在《測圓海鏡》之後矣。其曰《益古演段》者，蓋當時某氏算書_{案，冶序但稱}近世有某，是冶已不知作者名氏。以方圓周徑冪積和較相求，定為諸法，名《益古集》。冶以為其蘊猶匿而未發，因為之移補條目，釐定圖式，演為六十四題，以闡發奧義，故踵其原名②。其中有草，有條段，有圖，有義。草即古立天元一法，條段即方田、少廣等法，圖即繪其加、減、開方之理，義則隨圖解之。蓋《測圓海鏡》以立天元一法為根，此書即設為問答，為初學明是法之意也。所列諸法，文皆淺顯。蓋此法雖為諸法之根，然神明變化，不可端倪，學者驟欲通之，茫無門徑之可入。惟因方圓冪積以明之，其理猶屬易見。故冶於方圓相求各題③，皆以此法步之為草，俾學者得以易入。自序稱："今之為算者未必有劉、李之工，而褊心蜎見，不肯曉然示人。惟務隱互錯糅，故為溟涬黯黮，惟恐學者得窺其仿佛。"云云，可以見其著書之旨矣。至其條段、圖、義，觸類雜陳，則又以必習於諸法而後可以通此法，故取以互相發也。其書世無傳本。顧應祥、唐順之等見《測圓海鏡》而不解立天元一法，遂謂祕其機以為奇。則明之中葉，業已散佚。今檢《永樂大典》尚載有全編，特錄存之，俾復見於世，以為算家之圭臬。硯堅序稱三卷，今約略篇頁，釐為三卷①，其文則無所增損。惟傳寫譌謬者，各以本法推之，咸為校正焉。

【彙訂】

① "三卷"，殿本作"二卷"，誤，參文淵閣庫書。

② 李銳《益古演段跋》云："是書所稱某氏《益古集》，今已亡佚。楊輝《續古摘奇算法》載元豐、紹興、淳熙以來刊刻算書，有《益古算法》一種，當即此書也。"楊輝所舉算書十八種，而《益古

算法》居第二種,則其作者必北宋人也。《總目》云"當時某氏算書",是以為李冶同時人,顯誤。又元祖頤《四元玉鑒後序》云:"平陽蔣周撰《益古》,後人始知有天元也。"則《益古集》作者之姓名里貫,尚有可考。(余嘉錫:《四庫提要辨證》)

③ 殿本"題"下有"下"字。

④ "三卷",殿本作"二卷",誤。

弧矢算術一卷(浙江范懋柱家天一閣藏本)

明顧應祥撰。弧矢之法,始於元郭守敬《授時曆草》,其有"弧背求矢草,立天元一為矢"云云。反覆求之,至得三乘方積數及廉隅縱數而止①,不載開方算式。大抵開諸乘方法,尚為當時疇人所習②,故不贅言,抑或別有專書③,故不復演歟?其弧矢相求及弧容直闊諸法④,皆以句股法御之。明唐順之謂為"步日躔月離源頭",作《弧矢論》,以示顧應祥。應祥遂演為是書,名其編曰《弧矢算術》⑤。應祥未明立天元一法,故置之不論。惟補其開帶縱三乘方之式,竝詳各弧矢相求之法⑥,與《測圓海鏡分類釋術》之作略同⑦。其可資初學之講肄者⑧,亦略相等也。

【彙訂】

① "至",殿本作"衹"。

② "大抵開諸乘方法尚為當時疇人所習",殿本作"款開諸乘方法殆以尚為當時疇人所習"。

③ "有",殿本作"為"。

④ "其弧矢",殿本作"且弦矢",誤。

⑤ "其編",殿本無。

⑥ "弧矢",殿本作"弦矢",誤。

⑦"之作",殿本作"所失"。

⑧"其可資初學之講肄者",殿本作"至其可資初學之講肄"。

同文算指前編二卷通編八卷（兩江總督採進本）

明李之藻演西人利瑪竇所譯之書也。《前編》上、下二卷,言筆算定位、加減乘除之式,及約分、通分之法。《通編》八卷,以西術論《九章》。卷一曰三率準測,即古異乘同除;曰變測,即古同乘異除;曰重測,即古同乘同除。卷二、卷三曰合類差分,曰和較三率,曰洪衰互徵,即古差分,又謂之衰分。卷四曰疊借互徵,即古盈朒。卷五曰雜和較乘,即古方程。卷六曰測量三率,即古句股。曰開平方,曰奇零開平方,即古少廣。卷七曰積較和開平方。卷八曰帶縱諸變開平方,曰開立方,曰廣諸乘方,曰奇零諸乘方,皆即古少廣①。案《九章》乃《周禮》之遺法,其用各殊,為後世言數者所不能易。西法惟開方,即古少廣。句股各有專術,餘皆以三率御之。若方田、粟米②、差分、商功、均輸五章,本可以三率御之。至於盈朒以御隱雜互見,方程以御錯糅正負,則三率不可御矣。蓋中法、西法固各有所長,莫能相掩也。是書欲以西法易《九章》,故較量長短,俱有增補。其論三率比例,視中土所傳方田、粟米、差分諸術實為詳悉。至盈朒、方程二術則皆仍舊法。少廣略而未備,且法與數多出入之處。梅文鼎《方程餘論》曰:"《幾何原本》言句股三角備矣。《同文算指》於盈朒、方程取古人之法以傳之,非利氏之所傳也。"又曰:"諸書之謬誤,皆沿之而不能察,其必非知之而不用,能言之而不悉,亦可見矣。"誠確論也。然中土算書,自元以來,散失尤甚,未有能起而蒐輯之者。

利氏獨不憚其煩，積日累月，取諸法而合訂是編，亦可以為算家考古之資矣③。

【彙訂】

① 殿本“皆”上有“亦”字。

②“粟米”，殿本作“粟布”，下同，誤。“粟米”為《九章》之二。

③ 據徐光啟《刻〈同文算指〉序》及書中李之藻自述，搜輯合訂者乃李之藻，非利瑪竇。（計文德：《從四庫全書探究明清間輸入之西學》）

幾何原本六卷（兩江總督採進本）

西洋人歐几里得撰①，利瑪竇譯而徐光啟所筆受也。歐几里得未詳何時人，據利瑪竇序云中古聞士。其原書十三卷，五百餘題，利瑪竇之師丁氏為之集解②，又續補二卷於後，共為十五卷。今止六卷者，徐光啟自序云：“譯受是書，此其最要者，遂刊之。”其書每卷有界說，有公論，有設題。界說者，先取所用名目解說之。公論者，舉其不可疑之理。設題則據所欲言之理，次第設之。先其易者，次其難者，由淺而深，由簡而繁，推之至於無以復加而後已。是為一卷。每題有法，有解，有論，有系。法言題用，解述題意，論則發明其所以然之理，系則又有旁通者焉。卷一論三角形，卷二論線，卷三論圓，卷四論圓內、外形，卷五、卷六俱論比例。其於三角、方圓、邊、線、面積、體積、比例變化相生之義，無不曲折盡顯，纖微畢露。光啟序稱其“窮方圓平直之情，盡規矩準繩之用”，非虛語也。又案此書為歐邏巴算學專書，且利瑪竇序云③：“前作後述，不絕於世，至歐几里得而為是書。”蓋亦集諸家之成,故自始至終,毫無疵纇。加以光啟反復推闡,其文句尤為明顯。以是弁冕西術,不為過矣。

【彙訂】

① "人",殿本無。

② "利",據殿本補。

③ "利",據殿本補。

御定數理精蘊五十三卷

康熙五十二年聖祖仁皇帝《御定律曆淵源》之第二部也。上編五卷,曰立綱明體,其別有五①:曰《數理本源》,曰《河圖》,曰《洛書》,曰《周髀經解》,曰《幾何原本》,曰《算法原本》。下編四十卷,曰分條致用,其別亦有五:曰首部,曰線部,曰面部,曰體部②,曰末部。又表八卷,其別有四:曰八線表,曰對數闡微表,曰對數表,曰八線對數表。皆通貫中西之異同,而辨訂古今之長短。如舊傳方程分二色為一法,三色為一法,四色、五色以上為一法,頭緒紛然。所立假如僅可施之本例,而不可移之他處。至於正負加減法,實並分母諸例率皆謬誤。今則約之為和數、較數、和較兼用、和較交變四例③,而和數不分正負,較數任以一色為正,即以相當之一色為負,皆以異名相並,同名相減,實足正舊法之譌誤。又割圓術古以徑一圍三為周徑之率,宋祖沖之用圓容六邊起算,元趙友欽用圓容四邊起算,皆屢求句股,得徑一者周三一四一五九六二五④。泰西法亦同其率。古今周率之密,無逾於此。而舊所傳弧矢諸術,周徑皆用古率,又弧弦弦背互求諸術,立法極為疏舛。今則以六宗三要二簡法求得一象限內弦矢割切正餘八線,立為一表,洵極句股弧矢之變。又《幾何原本》

止於測面，七卷以下，徐光啟、李之藻後無譯之者。《新法算書》往往有雜引之處⑤，讀者未之能詳。且理分中末線，但有求作之法，而莫知所用。今則求得各等面體及球内容⑥、外切各等面體之積，至十二等面及二十等面之體，皆以理分中末線為之比例，足以補《測量全義》量體諸率之簡略。至末部借根方法，即古立天元一之術，唐、宋諸算家咸用之，至明而失傳。是以顧應祥、唐順之於元李冶《測圓海鏡》一書所立天元一皆茫然不解。今則具明其加減乘除之例，而後根與平方以下諸乘方之多少者咸得其開法，與古所云帶縱立方、三乘方諸變同歸一揆。且線、面、體一以貫之，而本法所不能求者，皆可以借根而得，至為精妙。他若對數表以假數求真數，比例規解以量代算，皆西法之迥異於中法者。咸為疏通證明，繪圖立表，粲然畢備，實為從古未有之書。雖專門名家，未能窺高深於萬一也。

【彙訂】

①“其別有五”，當作“其別有六”。

②“體部”，底本作“裹部”，據殿本改。此書下編卷二十三至卷三十為體部。

③“和較交變”，底本作“和較加變”，據殿本改。此書下編卷十《線部八·方程》分為和數類、較數類、和較兼用類、和較交變類。

④“周三一四一五九六二五”，當作“周三一四一五九二六五”。《隋書·律曆上》“備數”條：“宋末南徐州從事史祖沖之更開密法，以圓徑一億為一丈，圓周盈數三丈一尺四寸一分五釐九毫二秒七忽，朒數三丈一尺四寸一分五釐九毫二秒六忽，正數在盈朒二限之間。”

⑤ "新法算書"，底本作"算法新書"，據殿本改。《總目》卷
一〇六著錄《新法算書》一百卷。

⑥ "球"，底本作"求"，據殿本改。此書下編卷二十八《體部
六》分為球內容各等面體、球外切各等面體兩節。

幾何論約七卷（內府藏本）①

國朝杜知耕撰。知耕字臨甫，號伯瞿，柘城人。是書取利瑪
竇與徐光啟所譯《幾何原本》復加刪削，故名《論約》②。光啟於
《幾何原本》之首冠雜議數條，有云此書有四不必：不必疑，不必
揣，不必試，不必改；有四不可得：欲脫之不可得，欲駁之不可
得，欲減之不可得，欲前後更置之不可得。知耕乃刊削其文，似
乎蹈光啟之所戒。然讀古人書往往各有所會心，當其獨契，不必
喻諸人人，並不必印諸著書之人。《幾何原本》十五卷，光啟取其
六卷。歐几里得以絕世之藝傳其國遞授之祕法，其果有九卷之
冗贅，待光啟去取乎？各取其所欲取而已。知耕之取所欲取，不
足異也。梅文鼎算數造微，而所著《幾何摘要》亦有所去取於其
閒，且稱知耕是書足以相證。則是書之刪繁舉要，必非漫然矣。

【彙訂】

① 文淵閣《四庫》本為六卷卷末一卷。（沈治宏：《中國叢書
綜錄訂誤》）

② 殿本"名"下有"曰"字。

數學鑰六卷（內府藏本）

國朝杜知耕撰。其書列古方田、粟米①、衰分、少廣、商功、
均輸、盈朒、方程、句股九章，仍取今線、面、體三部之法隸之，載
其圖解，並摘其要語以為之註，與方中通所撰《數度衍》用今法以

合九章者體例相同。而每章設例，必標其凡於章首，每問答有所旁通者，必附其術於條下。所引證之文，必著其所出，蒐輯尤詳。梅文鼎《勿菴曆算書記》曰：“近代作者如李長茂之《算海詳説》，亦有發明，然不能具九章。惟方位伯《數度衍》於九章之外蒐羅甚富，杜端伯《數學鑰》圖註九章，頗中肯綮，可為算家程式。”其説固不誣矣。世有二本，其一為妄人竄亂，殊失本真。此本猶當日初刊。今據以校正，以復知耕之舊云。

【彙訂】

①“粟米”，殿本作“粟布”，誤。

數度衍二十四卷附錄一卷（兩江總督採進本）①

國朝方中通撰。中通字位伯，桐城人。明檢討以智之子也。以智博極羣書，兼通算數。中通承其家學，著為是書，有數原、律衍、幾何約、珠算、筆算、籌算、尺算諸法。復條列古九章名目，引《御製數理精蘊》②，推闡其義。其《幾何約》本前明徐光啟譯本，其珠算倣程大位《算法統宗》，筆算、籌算、尺算採《同文算指》及《新法算書》，惟數原、律衍未明所自。大抵裒輯諸家之長，而增減潤色，勒為一編者也。其尺算之術，梅文鼎謂其三尺交加取數，故祇能用平分一線。其比例規解之本法，惜僅見其弟中履但稱：“中通得舊法於豫章。”而不知其法何如，竟未獲與中通深論。又稱：“見嘉興陳藎謨《尺算用法》一卷，亦祇平分一綫。”豈中通所據之法與藎謨同出一源歟？蓋不可考矣。

【彙訂】

①“附錄一卷”，殿本無。文淵閣庫書實為二十三卷卷首二卷附錄《幾何約》一卷。（沈治宏：《中國叢書綜錄訂誤》）

② 殿本“蘊”下有“法”字。

句股引蒙五卷（浙江巡撫採進本）

國朝陳訏撰。訏字言揚，海寧人，由貢生官淳安縣教諭。是書成於康熙六十一年壬寅。首載加減乘除之法，雜引諸書。如加法則從《同文算指》，列位自左而右。減法則從梅文鼎《筆算》，列位自上而下，易橫為直。乘法則用程大位《算法統宗》鋪地錦法，畫格為界。除法則用梅文鼎《籌算》，直書列位，至定位則又用西人橫書之式。蓋兼採諸法，故例不畫一。至開帶縱平方，但列較數而不列和數；開帶縱立方，但列帶一縱而不列帶兩縱相同及帶兩縱不同，皆為未備。所論句股諸法，謂句股和自乘方與弦積相減，所餘之積，轉減弦積為股弦較，不知以句股和自乘積與倍弦積相減，所餘為句股較積，不得為股弦較也。又謂句股相乘，以句股較除之，亦得容方。不知既用句股容方本法，以句股和除勾積股相乘矣，則用此一句股相乘之積，而句股和與句股較除之，皆得容方，無是理也。又謂句股相乘之積為容方者四，斜弦內為容方者兩，不知句股形內以弦為界，止容一方，試以勾三股四之容方積較之，尚不及句股積四分之一。而股愈長則容方愈小者，更無論矣。又謂句股弦之長，恒兩倍於容圓之周，不知平圓積以半周除之而得半徑，句股相乘積以總和除之而得半徑，根既不同，不得牽混為一也。如斯之類，亦多未協。其三角法則全錄梅文鼎《平三角舉要》，略加詮釋。所用八線小表，以餘線可以正弦、正切、正割三線加減得之，故不備列。其半徑止用十萬，亦《測量全義》所載泰西之舊表，無所發明。然算法精微，猝不易得其門徑。此書由淺入深，循途開示，於初學亦不為無功。觀其

名以《引蒙》,宗旨可見。錄存其説,亦足為發軔之津梁也。原本
不分卷數,今略以類從,以算法為一卷,開方為一卷,句股為一
卷,三角為一卷,正餘弦切割表為一卷。

句股矩測解原二卷（浙江汪啟淑家藏本）

國朝黃百家撰。百家有《體獨私鈔》,已著錄。是書言句股
測望,並詳繪矩度之形,與熊三拔《矩度表説》大概相同,而此書
專明一義,其説尤詳。考句股測望,自古有之。其法或用方矩,
或立矩表,或用重矩,引繩入表[1],以測高深廣遠。所不能至者,
總以近者、小者與遠者、大者相準。世傳劉徽《海島算經》,即此
法也。及本朝《御製割圜八線表》出,又儀器制作悉備,始有三角
形測量。蓋測量用三角度,低昂甚便,視步算檢表,數密而功省。
雖其理與句股無殊,而徑捷簡易,則不可同日而論矣。然必儀與
表兼備,而後其術可施。苟闕其一,即精於是術者無從措手,故
句股之法亦不可廢也。是書雖僅具古法,亦足備測量之資焉。

【彙訂】

① "入",殿本作"如",誤。

少廣補遺一卷（兩江總督採進本）

國朝陳世仁撰。世仁,海寧人,康熙乙未進士。其書以一面
尖堆及方底、三角底、六角底尖堆,各半堆等題,分為十二法,復
有抽奇、抽偶諸目。蓋堆垛之法也。案堆垛乃少廣中之一術,與
尖錐體、臺體相似,而實不同。蓋尖錐體、臺體外平而中實,堆垛
為衆體所積,面有崚嶒,中多空隙,故二法和較[1],煩簡頓殊。古
少廣中僅具以邊數、層數求積數法,亦未有解其故者。至以積求
邊數、層數之法,則未備焉。又其為用甚少,故算家率略而不詳。

世仁有見於此,專取堆垛諸形,反覆相求,各立一法。雖圖說未具,不能使學者窺其立法之意。而於少廣之遺法,引伸觸類,實於數學有裨,不可以其一隅而少之也。

【彙訂】

① "和較",殿本作"相較"。

莊氏算學八卷(福建巡撫採進本)

國朝莊亨陽撰。亨陽字元仲,南靖人。康熙戊戌進士,官至淮徐海道。是編乃其自部曹出董河防,於高深測量之宜,隨事推究,設問答以窮其變,因筆之於書。其後人取其殘稿,裒輯成帙。中閒大旨皆遵《御製數理精蘊》,而參以《幾何原本》、《梅氏全書》,分條採摘,各加剖析,頗稱明顯。末為七政步法,亦本之《新法算書》,而節取其要。其於推步之法,條目賅廣,纙列星羅,無不各有端緒。恭案《御製數理精蘊》線、面、體三部,凡三十餘卷,《幾何原本》五卷,《梅氏全書》卷帙亦為浩博,學算者非出自專門,不能驟窺蹊徑。今亨陽撮舉精要,別加薈萃,簡而不漏,括而不支,可為入門之津筏。雖未能大有所發明,而以為初學者啟蒙之資,則殊有裨益矣。

九章錄要十二卷(浙江巡撫採進本)

國朝屠文漪撰。文漪字蒓洲,松江人。其書因古九章之術,參以今法,與杜知耕所著《數學鑰》體例相似,而互有詳略疏密。知耕詳於方田,文漪則詳於句股;知耕論少廣備及形體,文漪推少廣則研及廉、隅之辨①;知耕參以西法,每於設問之下附著其理,文漪則採錄梅文鼎諸書,推闡以盡其用。大致皆綴集今古之法以成書,而取舍各異。合而觀之,亦可以互相發明也。是書有

"借徵"一條,專明借衰疊借之術②,為知耕之所未及。考其所載,雖未極精密,然於借數之巧,固已得其大端矣。

【彙訂】

①"研及",殿本作"並及"。

②"借衰疊借",底本作"借衰疊徵",據此書卷十二"借徵法"及殿本改。

右天文算法類"算書"之屬,二十五部,二百十卷①,皆文淵閣著錄。

【彙訂】

①"二百十卷",殿本作"二百八卷"。底本實際著錄二百七卷,殿本著錄二百五卷。

案,數為六藝之一,百度之所取裁也。天下至精之藝,如律呂、推步,皆由是以窮要眇。而測量之術,尤可取資①。故天文無不根算書。算書雖不言天文者,其法亦通於天文。二者恒相出入,蓋流別而源同。今不入"小學"而次於"天文"之後,其事大,從所重也;不與"天文"合為一,其用廣,又不限於一也。

【彙訂】

①"可",殿本作"所"。

天文算法類存目

星經二卷(兩江總督採進本)

不著撰人名氏。晁公武《讀書志》載《甘石星經》一卷,註曰漢甘公石申撰。以日月、五星、三垣、二十八舍恒星圖像次舍，有占訣以候休咎。《隋書・經籍志》：石氏《星簿經贊》一卷，《星經》二卷，甘氏《四七法》一卷。是書卷數雖與《隋志》合，而多舉隋、唐州名，必非秦、漢閒書也。所載星象，今亦殘闕不全，不足以備考驗。

步天歌七卷（兩江總督採進本）

陳振孫《書錄解題》曰：“《步天歌》一卷，未詳撰人。二十八舍歌也。《三垣頌》、《五星凌犯賦》附於後。或曰唐王希明撰，自號丹元子[①]。”鄭樵《通志・天文略》則曰：“隋有丹元子，隱者之流也，不知名氏，作《步天歌》。王希明纂《漢》、《晉志》以釋之，《唐書》誤以為王希明。”案樵《天文略》全採此歌，故推之甚至。然丹元子為隋人，不見他書，不知樵何所據。使果隋時所作，不應李淳風不知其人，《隋書・經籍志》中竟不著錄，至《唐書》乃稱王希明也。疑以傳疑，闕所不知可矣。其書以紫微、太微、天市分上、中、下三垣宮[②]，仍以四方之星分屬二十八舍。皆以七字為句，條理詳明，歷代傳為佳本。本朝御製及欽定天文儀象諸書咸採錄之，復有專刻官本。考度繪圖，測驗星躔，一一脗合。此本圖度未工，句多增減，所註占語，亦未詳出自誰手，未為善本。又《唐志》、《文獻通考》並稱一卷，而此本乃有七卷，其為後人所竄亂審矣。鄭樵亦稱世有數本，不勝其譌，此或即其一也。

【彙訂】

① 此段引文出自《郡齋讀書志》（衢本卷十三，袁本前志卷三）。（胡玉縉：《四庫全書總目提要補正》）

② “三垣”，殿本作“三元”，誤。《玉海》卷三《天文書》“唐步

天歌"條引《中興書目》:"《步天歌》一卷,題右拾遺王希明撰。圖
二十八宿及太微、紫微、天市垣,各為之歌。"

　　青羅曆無卷數(浙江范懋柱家天一閣藏本)

　　不著撰人名氏。考陳振孫《直齋書錄解題》云:"《青羅立成
曆》一卷,司天監朱鳳奏①。據其稱貞元十年甲戌入曆,至今乾
寧丁巳,則是唐末人。"似即此書。然稽其年代,不甚相合,卷數
亦多少互異,疑不能明也。其書列一年十二月為定表,用節氣紀
太陽、太陰宿次。又以年經月緯縱橫立表,各定年數為五星周而
復始之期。案日月經天有常度,亦有差分,故月有大小,閏有常
期。若一概限以節氣太陽,倘連值十五日之節,尚可遷就,太陰
用三十日為定策,則必不能齊。至五星躔度,各有遲速,其周天
之數,贏縮不能畫一,拘以定數,亦類刻舟。又日、月、五星謂之
七曜,曜者光曜之謂也。月孛、羅、計、紫炁雖有躔次,實無其形。
此書立十一曜之名,已為未協。至論月孛一條,乃有"披金甲"及
"背上插箭"之語,一若親睹其形者。大抵剿襲道家符籙等書,而
不知其荒唐已甚也。

　　【彙訂】

　　①《直齋書錄解題》卷一二著錄作者為朱奉。《文獻通考·
經籍考》所引同。(黃嬿婉:《〈四庫全書總目〉誤引〈直齋書錄解
題〉訂正十七則》)。

　　官曆刻漏圖二卷(永樂大典本)

　　宋王普撰。自序謂:"官曆漏刻,以岳臺為定。九服之地,
冬、夏至晝夜刻數或與岳臺不同,則二十四氣前後易箭之日亦皆
少差。"又有蔡知方序,謂:"《刻漏圖》邵陽刊本最詳備,建陽林氏

復加鐫定，移小分於四刻之前，視昔尤為精密。"又有鈕蘭居士序，謂："林君衍四刻餘分，均諸衆時之先後，作小漏款識，視王普為尤備。"則此書又林氏所重修，非普之舊也。然其法已略具《宋史》中，此雖稍詳，究無大異。普字伯照，里籍未詳。官左朝散大夫，行太常博士[①]。林氏名字俱佚，其朝代亦無可考。

【彙訂】

① 據《福建通志》卷四十三《人物一》、《淳熙三山志》卷二十八，王普為閩縣人，官至工部侍郎。（胡露：《〈四庫全書總目〉子部存目補正》）

星象考一卷（編修程晉芳家藏本）

原本題宋鄒淮撰。後有魏了翁跋，稱淮"以進士提領造曆所，演算曆書，其所撰載如此"云云。考陳振孫《書錄解題》載："《天文考異》二十五卷，昭武布衣鄒淮撰，大抵襲《景祐新書》之舊。淮後入太史局。"今此書僅四頁，似從《天文考異》中錄出，而別題此名。又《書錄解題》既稱淮為昭武布衣，而了翁跋又稱為進士，亦相牴牾。殆書賈所偽託也。

天文精義賦四卷（浙江范懋柱家天一閣藏本）

舊題管勾天文岳熙載撰並集註，而不著其時代。案註中多引《宋史·天文志》，當為元末人[①]。考元太史院有管勾二員，秩從九品。而《曆志》載郭守敬會南、北日官考論曆法，有岳鉉之名，或即其家子孫也。其書皆論推測占驗之術，而以韻語儷之。首天體，次分野，次太陽、太陰，次概舉七政，及於恒星，而以凌抵、斗食之説附於其末。大都摭拾史傳，不能有所發明。錢曾《讀書敏求記》載熙載尚有《天文占書類要註》四卷，今未見。

【彙訂】

① 岳熙載金正大間登第，顯非元末人。《宋史》修於至正三至五年，上距熙載登第已百餘年，故注文甚或此書並非熙載所作。（曹正元：《〈四庫全書總目提要〉偶證三十例》）

天心復要三卷（浙江范懋柱家天一閣藏本）

明鮑泰撰。泰，徽州人。是書作於成化中①。專言曆法，而於歲實朔策漢已來所定小餘疎密，或增或損之故，茫然不解。徒主四分法，歲三百六十五日三時之整數，分二十四氣，每一氣得十五日二時五刻。參用奇門數五日，滿甲子六十為一候，三候為一氣。不及氣策二時五刻，每歲有一候三時之差。奇門於是設立超神接氣置閏，適二十年而閏二十一候，泰乃名之為一致。四致凡八十年，名之為一序。三序凡二百四十年，名之為一限。三限凡七百二十年，名之為一合。十九合凡萬三千六百八十年，名之為一會。又以舊法十九年七閏月為一章之整數，八十章凡千五百二十年，名之為一乘。三乘凡四千五百六十年，名之為一運。三運一萬三千六百年②，為一會。此最疎之數，推步家自漢張衡已後，久棄不用。泰釐涉乎此，遂矜為獨得之祕，紛紛創立名目，衍成是書。因附會邵子"冬至子之半，天心無改移"二語，以為書名，殊舛陋無足道也。

【彙訂】

① 今存明鈔本卷首題有"新安鮑泰希止敍述"，書前有序，末署"弘治甲寅冬十月，新安鮑泰希止書敍於天都山之獨月樓"。弘治甲寅為弘治七年（1494）。又《講歲曆論》後有注"戊午年書示講曆者"，書後有其識語，云："弘治戊午夏六月，因書《刻天心

復要序》……"此戊午為 1498 年(弘治十一年)。又書中《三乘運會圖》之"下乘"有"帝臨十一章十一年甲子 弘治十七年"云云，則是書絕非成化間即成書也。(胡露:《〈四庫全書總目〉子部存目補正》)

②"一"，殿本作"亦"，誤。

太陽太陰通軌無卷數(浙江鮑士恭家藏本)

明戈永齡撰。永齡，宛平人，正德中官欽天監保章正。是書取元代所輯《大統曆》七政交食通軌，循其法而重演之①。原本不題卷數，僅分三冊。蓋其細草稿也。考《明史》載《大統曆》即元《授時曆》，當時測驗，舛異已多。得其全書，猶不足用。此本篇帙殘闕，僅存推算數法，益不足據為定準矣。

【彙訂】

①《大統曆》之名，定於明初，見《明史·曆志》，元代無此曆名。《明史·曆志》"曆法沿革"條云:"(洪武)十七年閏十月，漏刻博士元統言:曆以'大統'為名，而積分猶踵《授時》之數，非所以重始敬正也。……統乃取《授時曆》，去其歲實消長之說，析其條例得四卷，以洪武十七年甲子為曆元，命曰《大統曆法通軌》。"可知《總目》"元代"乃"元統"之誤。(楊武泉:《四庫全書總目辨誤》)

象緯彙編二卷(浙江范懋柱家天一閣藏本)

明韓萬鍾撰。萬鍾，蘄州人。是書成於嘉靖壬辰。採丹元子《步天歌》逐段分釋，並為之圖。以馬氏《通考》所記彗孛客流陵犯之屬分隸各星之下，合三垣二十八宿為三十一條，而五緯附於其後。其自序謂:"便學者之考索，非有所作。"大概與《天元玉曆》相同。蓋當時未覩官本，故又為此裒輯耳。

戊申立春考證一卷（兩江總督採進本）

明邢雲路撰。雲路有《古今律曆考》，已著錄。萬曆三十六年戊申，欽天監推十二月二十一日己卯子正立春，雲路立表推之，謂當在二十日戊寅亥初。由元統《大統曆》輕改郭守敬授時法，測驗俱差，遂詳為考證，以成此書。蓋其官蘭州時所作也。陶珽《續說郛》亦載此書，但題曰《立春考證》，刪其“戊申”二字，已為舛謬。又因雲路字士登，遂誤以“邢雲”為地名，刪此二字，但題曰“路士登撰”，益足資笑噱矣。

星曆釋義二卷（浙江鮑士恭家藏本）

明林祖述撰。祖述字道卿，鄞縣人。萬曆丙戌進士，官至廣西提學僉事。是編上卷為七曜二十八宿、十干十二支，及年歲載祀、朔弦望晦盈虛閏餘諸條，下卷為二十四氣、七十二候及歲時令節諸條，皆雜引經史及先儒論說以詮解之，故曰“釋義”。然多鈔撮舊文，於授時要旨殊無當也。

折衷曆法十三卷（直隸總督採進本）

明朱仲福撰。仲福，靈壽人。初，元郭守敬作《授時曆》。明洪武中因其書作《大統曆》，而去其上考下求歲實消長之法。是以嘉靖中以《大統》、《授時》二曆相較，考古則氣差三日，推今則時差九刻。何瑭、邢雲路、鄭世子載堉諸人紛紛攻詰，迄無定論。仲福是書成於萬曆二十二年，用萬曆九年為曆元，折衷二曆強弱之閒，以為活法。然大抵勉強牽就，非能密合天行。且《授時》所定歲實，其小餘為二千四百二十五分，已為不密。以史所載考之，丁丑年冬至在戊戌日夜半後八刻半。又定戊寅冬至在癸卯日夜半後三十三刻①,己卯冬至在戊申日夜半後五十七刻,庚辰冬至在癸丑日夜半後八十一刻,辛巳冬至在己未日夜半後六刻。夫一歲小餘二十四刻二十五分,積之四歲,正得九十七刻,無餘無欠。而丁丑至辛巳,四年已多半刻。其積算未精,已概可見。仲福步日躔術乃定日平行一度躔周為三百六十五度二十五分,仍是後漢時四分最疎之率。是名為折衷《授時》、《大統》二法,實較二法為尤舛矣。

【彙訂】

①"戊寅",殿本作"戊戌",誤。丁丑、己卯間為戊寅。

緯譚一卷(福建巡撫採進本)

明魏濬撰。濬有《易義古象通》,已著錄。此書首題曰《拙存齋筆錄》,而子目則曰《緯譚》,蓋其劄記之一種也。首論太一三式源委,次括元,次太陽斗建陰陽南北,次干支納卦,次干支內藏,次五行十二變,次六合取義。皆引援質證,斷以己意。中極詆利瑪竇天論為荒唐,末又附記萬曆、天啟時推步之譌,凡十三事。然觀其以朔方、交趾北極出地論中國據地之大小,則知度而不知里。又謂交趾二月初三日日未昏而新月乃在天心,與夫夜觀北極在子分者,則其國當居正中。實非深知曆法者也。

宣夜經無卷數(江蘇巡撫採進本)

明柯仲炯撰。仲炯始末未詳。是書前有崇禎元年自序,謂:"宣夜本諸帝堯,即羲和所授。其後失傳,因作此以復其舊。"且歷詆丹元子、李淳風、僧一行等之變更古法,其說絕無根據。又分中宮宣夜、南宮宣夜、東宮宣夜、北宮宣夜、西宮宣夜諸名,尤為荒誕。至於每星之下,必引經文以釋之,若河鼓謂之牽牛,證以"執牛耳"；雞二星，證以《春官》雞人夜呼旦。亦類皆割裂經傳，以助其無稽之談也。

九圜史圖一卷附六匊曼一卷（浙江汪啟淑家藏本）

明趙宧光撰。宧光有《說文長箋》，已著錄。又著有《圖誌譜考辨說》六部，此書即六部之一也。其圖曰三儀，謂日、月、地也[1]；曰須彌，謂四大州也；曰六合平，即以四州之地平鋪而觀之；曰六匊轉，即以四州之地從地球兩面觀之；曰北極出地，從句陳大星與北極五星之閒作識以為北辰；曰合朔遠近，謂衡岳、和林鐵勒、北海諸處時刻不同也；曰春秋晝夜，謂日南、日北早晚不一也。惟北極一圖與渾天儀合，餘皆摭拾陳編，參以浮屠之說。其《六匊曼》則泛論天地之廣，荒誕不經，益無可徵驗矣。

【彙訂】

[1] "日月地"，底本作"日月星"，據明萬曆刻《趙凡夫雜著五種》本此書及殿本改。

蓋載圖憲一卷（編修勵守謙家藏本）

明許胥臣撰。胥臣有《禹貢廣覽》，已著錄。是書以天圖為蓋，地圖為載，大意以天文藉圖不藉書，其所錄圖一十有七，曰全儀，乃子午、地平、黃赤道所由分也；曰日出日入遠近，乃南海、北海、應天、順天、嶽臺、平陽之同異也；曰紫微垣見界諸星；曰黃赤道見界諸星；曰二十八宿占度；曰赤道北見界諸星；曰赤道南見界諸星；曰黃道北見界諸星；曰黃道南見界諸星。擬《堯典》四仲中星，附萬曆四仲中星，其餘則各案垣次為圖，而以《步天歌》分綴於下。末繪地輿全圖，皆案度計宮。然其天圖皆出於湯若望，自有崇禎《新法曆書》，亦無庸復載。其地圖則麤分疆界，多失其實,亦無可採焉。

天官翼　無卷數（浙江巡撫採進本）

明董說撰。説有《易發》,已著錄。是編以章蔀紀元、元會運世立論,謂歷數出於卦爻,頗譏漢《太初》、《三統》之失。所列《恒星過官》、《年干入卦》二表,以星次遞相排比。至帝堯甲子適值張、心、昴、虛居四仲之中,與《堯典》中星相合,遂據以為上遡下推之證。然天形轉運,積歲恒差,始自秒分,漸移度數,其遷流之故甚微。算家測驗星躔,隨時修改,尚往往有過疎過密之虞,不能與天行相應。説作是書,不著步算贏縮之法,但以《長曆》遞推,恐未免刻舟求劍也。

天經或問後集　無卷數（福建巡撫採進本）

國朝游藝撰。藝有《天經或問前集》,已著錄。是編復發明天象,以廣所未備。首述前人曆法及七政行度,末舉雜氣、雜象、神怪變幻出於常度之外者,一一辨正,衷之以理。雖其説閒有可採,而出於臆斷者頗多,未可據為典要,不及其《前集》之謹嚴也。

璇璣遺述七卷（兩江總督採進本）

國朝揭暄撰。暄字子宣,江西廣昌人。是書一名《寫天新語》[①]。言天地大象、七曜運旋,兼採歐邏巴義,雜以理氣之説。康熙己巳,嘗以草稿寄梅文鼎。文鼎鈔其精語為一卷,稱其“深明西術,而又別有悟入”。又稱其謂“七政小輪皆出自然,亦如盤水之運旋,而周遭以行疾而生漩渦,遂成留逆”一條,為古今之所未發。今觀其全書,大抵與游藝《天經或問》相表裏。然藝書切實平正,詞意簡明,暄則持論新奇,頗傷龐雜。其考曆變,考潮汐,辨分野,辨天氣、地氣所發育,方以智嘗謂其於《易》道有所發明。然如論日月東行如槽之滾丸,而月質不變;又謂天堅地虛,舊蛋白、蛋黄之喻徒得形似,而喻為餅中有餅,其説殊自相矛盾。至五星有西行之時,日月有盈縮之度,雖設譬多方,似乎言之成理,而揆以實占,多屬矯强,均不足據為典要也。

【彙訂】

① "一名",殿本作"又名為"。

秦氏七政全書無卷數(江蘇巡撫採進本)

國朝秦文淵撰。文淵爵里未詳。書凡八册。第一册論天行地體經緯交錯之大象,以及七政交食步算之大端,謂之《經天要略》,亦稍附句股、開方、重測諸法。二册言歲差及各表用法,謂之《七政諸表説》。三册以下全取成數,分條臚列,統謂之《二百恒年表》。考《二百恒年表》本前明徐光啟等所集,載在《新法曆書》中。文淵不過採掇其法,參以己意,遂據以為推步之譜。蓋其時曆法初變,測驗猶疎,故所見止於如是也。今《御製曆象考成》,凡《新法曆書》之詳而有據者,俱經引入。其數目驗諸實測,有分秒之不合者,俱經定正。文淵此帙,特西法之糟粕。揆以天行,多所違失,固無庸於採錄矣。

曆算叢書六十二卷(安徽巡撫採進本)

國朝梅毂成重定其祖文鼎之書也。毂成,宣城人。康熙乙未進士,官至左都御史。文鼎初作曆算書,各自為部。後魏荔彤屬楊作枚校刊,作枚遂合之為一,名曰《曆算全書》。並附以己説及辨論之語,自為訂補。毂成謂前書校讎編次不善,而名為《全書》,亦非實錄。因重加編次,合為六十卷,改題《叢書》,而附毂成所作《赤水遺珍》、《操縵卮言》二卷於後。觀其義例,與《全書》辨證者凡五;一以《歲周地度合考》作為雜著;一謂《火星本法》彙為一卷,殊欠理會;一謂《五星紀要》原名《管見》,今仍其舊;一以《籌算》七卷原書單行,今併《筆算》彙入《叢書》;一謂曆算並稱,曆法事重,然不明算術則曆書無從而讀,故稱名仍以曆居算前,而序書則以曆居算後。其字句譌舛,亦細加校駁。又序中稱作枚編次不善①,故其書不能流傳,此毀成重刊是書之大略也。雖編次不同於文鼎,書實無損益。且二刻已並行於世,均為著錄,殊嫌重複。故仍錄其先刻者,而此本則附存其目焉。

【彙訂】

① "中",殿本無。

萬青樓圖編十六卷(國子監助教張羲年家藏本)

國朝邵昂霄撰。昂霄字麗寰,餘姚人。拔貢生,乾隆元年薦舉博學鴻詞。其書專論天文算數之術,分十四目。曰天體,曰儀象,曰宮度,曰二曜,曰五緯,曰雲氣,曰暉氣,曰經星,曰曆案,曰曆理,曰曆數,曰測景,曰測時,曰定時。皆援引漢、晉以來天官家言及歐邏巴之說,而各以己見附之,於推測之術頗有所得。其量天景尺及漏碗諸法,悉用意自造,亦頗精密。惟祲祥占驗,雜引史志舊文,龐雜無要,是其所短也。

八線測表圖說一卷(兩江總督採進本)

國朝余熙撰。熙字晉齋,桐城人。是編欽遵《御製數理精蘊》,由句股、和較、割圜、八線、六宗、三要諸法括為圖說,以便初學之研究。大旨主於明淺易入,非別有新解也。

右天文算法類"推步"之屬,二十三部,一百二十七卷,內六部無卷數。皆附存目。

算法統宗十七卷（內府藏本）

明程大位撰。大位字汝思，徽州人。珠算之名始見甄鸞《周髀註》，則北齊已有之，然所説與今頗異。梅文鼎謂起於元末明初，不知宋人"三珠"戲語已有"算盤珠"之説，則是法盛行於宋矣。此書專為珠算而作，其法皆適於民用，故世俗通行。惟拙於屬文，詞多支蔓，未免榛楛勿翦之譏。

句股述二卷（浙江吳玉墀家藏本）

國朝陳訏撰。訏有《句股引蒙》，已著錄。因其中和較之法未備，復述此以舉其概。前有黃宗羲序，頗稱道之。然和較一法，自李冶、顧應祥、唐順之、李之藻等相繼闡譯成書，至今殆無遺蘊。學者苟能遵守成法，觸類而引伸之，自可得其會通。若不遡本原而徒以耳食師心，自矜創獲，則去之益遠。如是書"較求股弦"一條，附論謂句積中除較積所餘，必合股積之半。不知股積可容句積，句積必不能容股積，不當强合其半。又"和求股弦"一條，附論謂句弦和積必四倍於股積。不知句弦和積中有股積一，句積二，句乘弦積二，亦不能强之為四。其意不過用句股弦之數參合而得。設遇句股修廣不齊，則不特於理難通，即於數亦斷不能脗合矣。

隱山鄙事四卷（浙江巡撫採進本）

國朝李子金撰。子金，柘城人，隱山其號也。與梅文鼎、游藝、揭暄、王寅旭輩互以算術相高。然核其所著，文鼎論醇而學博，藝理明而詞達，暄與寅旭雖各持所見，亦頗有新意。子金是編惟採《幾何原本》及《幾何要法》二書，稍參己見，無大發明，不能與諸家抗衡也。

圓徑真旨_{無卷數}（安徽巡撫採進本）

國朝顧長發撰。長發字君源，江蘇人。是編因圜周、圜徑古無定率，有高捷者翦紙為積，補湊方圓，得窺梗概，而不得周數。長發因以為徑一者周三一二五，謂之智術。又謂甄鸞、劉徽、祖沖之、邢雲路、湯若望諸人所定周徑，皆未密合[1]。殊不知圓出於方，方出於矩，傳自《周髀》。古人"徑一圍三"之術固疎，至劉、祖之輩所推已近密[2]。而湯若望之周徑定率乃用內弦外切屢求句股之法，漸近圓周，合成一線，與《周髀》所傳"圓出於方"之義暗合[3]。所定徑一周三一四一五九六二五，自六以上，又皆與劉、祖之密率合，是以《御製數理精蘊》採用之。今長發以為猶疎，未免強生異議，不足據也。

【彙訂】

① "未"，殿本作"謂"，誤。

② "之"，殿本無。

③ "圓"，殿本作"圍"，誤。《周髀算經》卷上之一："圓出於方，方出於矩。"

右天文算法類"算書"之屬，四部，二十三卷，_{內一部無卷數。}皆附存目。

子 部 十 八

術 數 類 一

術數之興，多在秦、漢以後。要其旨不出乎陰陽五行，生剋制化，實皆《易》之支派①，傅以雜説耳②。物生有象，象生有數，乘除推闡，務究造化之源者，是為數學。星土雲物，見於經典，流傳妖妄，寖失其真，然不可謂古無其説，是為占候。自是以外，末流猥雜，不可殫名，史志總概以五行。今參驗古書，旁稽近法，析而别之者三，曰相宅相墓，曰占卜，曰命書相書。併而合之者一，曰陰陽五行。雜技術之有成書者，亦别為一類附焉，中惟數學一家為《易》外别傳，不切事而猶近理，其餘則皆百偽一真，遞相煽動。必謂古無是説，亦無是理，固儒者之迂談；必謂今之術士能得其傳，亦世俗之惑志，徒以冀福畏禍。今古同情，趨避之念一萌，方技者流各乘其隙以中之③。故悠謬之談，彌變彌夥耳。然衆志所趨，雖聖人有所弗能禁。其可通者存其理，其不可通者姑存其説可也。

【彙訂】

① "支派"，殿本作"支流"。

② 陰陽五行之説，所起甚早。《漢書·藝文志》云："春秋

時,魯有梓慎,鄭有裨竈,晉有卜偃,宋有子韋;六國時,楚有甘公,魏有石申夫;漢有唐都。"皆東周術數之士。(張舜徽:《四庫提要敘講疏》)

③ 殿本"各"上有"遂"字。

太元〔玄〕經十卷(編修勵守謙家藏本)①

漢揚雄撰,晉范望註②。《漢書‧藝文志》稱:"揚雄所序三十八篇,《太元》十九。"其本傳則稱:"《太元》三方、九州、二十七部、八十一家、二百四十三表、七百二十九贊,分為三卷,曰一、二、三,與《太初曆》相應。"又稱:"有《首》、《衝》、《錯》、《測》、《攤》、《瑩》、《數》、《文》、《掜》、《圖》、《告》十一篇,皆以解剝《元》體,離散其文,章句尚不存焉。"與《藝文志》十九篇之說已相違異。桓譚《新論》則稱《太元經》三篇,傳十二篇,合之乃十五篇,較本傳又多一篇。案阮孝緒稱:"《太元經》九卷,雄自作章句。"《隋志》亦載雄《太元經章句》九卷。疑《漢志》所云十九篇,乃合其章句言之。今章句已佚,故篇數有異。至桓譚《新論》則世無傳本,惟諸書遞相援引,或譌"十一"為"十二"耳。以今本校之,其篇名、篇數一一與本傳皆合,固未嘗有脫佚也。註其書者,自漢以來,惟宋衷、陸績最著。至晉范望,乃因二家之註,勒為一編。雄書本擬《易》而作,以家準卦,以首準彖,以贊準爻,以測準象,以文準文言,以攤、瑩、掜、圖、告準繫詞,以數準說卦,以衝準序卦,以錯準雜卦,全仿《周易》。古本經、傳各自為篇。望作註時,析《元首》一篇分冠八十一家之前,析《元測》一篇分繫七百二十九贊之下,始變其舊,至今仍之。其書《唐藝文志》作十二卷,《文獻通考》則作十卷,均名曰《太元經註》。此本十卷,與《通考》

合,而卷端標題則稱"晉范望字叔明解贊"。考《元測》第一條下有附註曰:"此是宋、陸二家所註,即非范望註也。蓋范望採此註意,自解經贊③。儒有近習,罔知本末,妄將此註升於'測曰'之上,以雜范註,混亂義訓。今依范望正本,移於'測曰'之下,免誤學者。已下七百二十九測註並同。"云云。考望自序,亦稱:"因陸君為本,錄宋所長,捐其所短。並《首》一卷本經之上,散《測》一卷註文之中,訓理其義,以《測》為據。"然則望所自註,特其贊詞,其他文則酌取二家之舊,故獨以解贊為文。今概稱望註,要其終而目之耳。卷端列陸績《述元》一篇,據陳振孫《書錄解題》為范本所舊有。又列王涯《説元》五篇,又列《釋文》一卷,則不知何人附入。其太元圖旁、范望序末及《元首》、《元測》之首尾,凡附記九條④,卷末又有一跋,均不署名氏。考序後附記,稱"近時林瑀"。瑀與賈昌朝同時,則此九條當出北宋人手。又王涯《説元》之末附題一行云:"右迪功郎充兩浙東路提舉茶鹽司幹辦公事張實校勘。"則附記或出於實歟? 其《釋文》一卷亦不著名氏。考鄭樵《通志》,《太元經釋文》一卷亦林瑀撰。疑實刊是書時,併以涯之《説》、瑀之《釋文》冠於編首也。

【彙訂】

① 文淵閣《四庫》本尚有卷首一卷附《釋音》一卷。(沈治宏:《中國叢書綜錄訂誤》)

② 依《總目》體例,當補"雄有《方言》,已著錄"。

③ "自解經贊",底本作"自經解贊",據此書卷一"測曰:崑崙旁薄,思諸貞也"注文及殿本改。

④ "附記九條",當作"附記八條",否則下文不得云"卷末又有一跋……則此九條當出北宋人手"。(江慶柏等整理:《四庫

全書薈要總目提要》）

太元本旨九卷(江蘇巡撫採進本)[1]

明葉子奇撰。子奇字世杰,號靜齋,龍泉人。明初以薦官巴陵縣主簿。揚雄以《元》擬《易》,卷首所列舊圖,具七十二候。晁說之《易元〔玄〕星紀譜》亦以星候為機括。子奇獨謂《太元》附會律曆節候而强其合,不無臆見。歷舉所求而未通者八條,以明未足盡《易》之旨。而又稱其能自成一家之學,在兩漢不可多得,因別為詮釋,以正宋、陸舊註之譌。蓋亦如說《易》之家廢象數而言義理也。考《太元》大意雖不盡涉乎飛伏互應,與焦、京之説有別,然《漢書》雄本傳稱:"《元》首四重者非卦也,數也。"其用自天元推一晝一夜陰陽數度律曆之紀,九九大運,與天終始,與《太初曆》相應,亦有顓頊之曆焉。漢儒所述,其說至明,子奇必以為不協律曆,其説殊戾。然《元》文艱澀,子奇能循文闡發,使讀者易明,亦有一節之可取。數百年來,註是書者寥寥,存以備一家可也。

【彙訂】

① 文淵閣《四庫》本尚有卷首一卷。(沈治宏:《中國叢書綜錄訂誤》)

元包五卷附元包數總義二卷(浙江汪啓淑家藏本)

北周衛元嵩撰,唐蘇源明傳,李江註,宋韋漢卿釋音。其《總義》二卷,則張行成所補撰也。楊楫嘗序其書云:"元嵩,益州成都人。明陰陽曆算,獻策後周,賜爵持節蜀郡公。"胡應麟《四部正譌》則云:"元嵩,後周人。所撰述有《齊三教論》七卷,見鄭樵《通志》。又《隋志》釋氏類稱'蜀郡沙門衛元嵩上書,言僧徒猥濫,周武帝下詔一切廢毁',即其人也。楊楫本序頗與《隋志》合。序稱元嵩有傳,考《北史》無之,楊氏誤也。"案應麟謂元嵩先為沙門,所考較楫為詳。然《北史》載元嵩《藝術傳》中,應麟求之於專傳,不見其名,遂以為《北史》不載。則楫不誤而應麟反誤。至《崇文總目》以為唐人,《通志》、《通考》並因之,則疎舛更甚矣。唐釋道宣《廣宏〔弘〕明集》於元嵩深有詆詞,蓋以澄汰僧徒,故緇流積恨①。然温大雅《創業起居注》載元嵩造謠讖,裴寂等引之以勸進,則亦妖妄之徒也。是書體例近《太元》,序次則用《歸藏》,首坤而繼以乾、兑、艮、離、坎、巽、震卦,凡七變,合本卦共成八八六十四。自繫以辭,文多詰屈。又好用僻字,難以猝讀。及究其傳註音釋,乃别無奧義,以艱深而文淺易,不過效《太元》之顰。宋紹興中,臨邛張行成以蘇、李二氏徒言其理,未知其數,復徧採《易》説以通其旨,著為《總義》。元嵩書《唐志》作十卷,今本五卷,其或並或佚,蓋不可考。楊楫序稱:"大觀庚寅,前進士張昇景初攜《元包》見遺,曰自後周歷隋、唐,迄今五百餘載,世莫得聞。頃因楊公元〔玄〕素内翰傳祕閣本②,俾鏤版以傳。"然此書《唐志》、《崇文總目》並著錄,何以云五百餘年世莫得聞? 王世貞疑為依託,似非無見。今術數家從無用以占卜者,徒以流傳既久,姑錄存之。行成書《玉海》作二卷,與今本合,與《元包》本别著錄。然考昇子張洸跋,已稱以行成《疏義》與臨邛韋漢卿《釋音》合為一編,則二書之併,其來已久。毛晉刊版,蓋有所本,今亦仍之。其《釋音》漏題漢卿名,則晉之疎耳。

【彙訂】

① 釋道宣實際極力為衛元嵩滅佛辯護,稱其"無言毁佛,有葉真道"。(金生楊:《漢唐巴蜀易學研究》)

② "公"，殿本脫，參《學津討原》本此書楊楫序原文。

潛虛一卷附潛虛發微論一卷（浙江巡撫採進本）

宋司馬光撰。光有《溫公易説》，已著錄。是編乃擬《太元》而作。晁公武《讀書志》曰："此書以五行為本①，五行相乘為二十五，兩之為五十。首有氣、體、性、名、行、變、解七圖，然其辭有闕者，蓋未成也。其手寫草稿一通，今在子建姪房。"朱子《跋張氏〈潛虛圖〉》亦曰："范仲彪炳文家多藏司馬文正公遺墨，嘗示予《潛虛》別本，則其所闕之文甚多。問之，云：'溫公晚著此書，未竟而薨，故所傳止此。'近見泉州所刻，乃無一字之闕。始復驚疑，讀至數行，乃釋然曰此贋本也②。"其説與公武合。此本首尾完具，當即朱子所謂泉州本，非光之舊。又公武言氣、體、性、名、行、變、解七圖，熊朋來則言《潛虛》有氣圖，其次體圖，其次性圖，其次名圖，其次行圖，其次命圖，其目凡六。而張氏或言八圖者，行圖中有變圖、解圖也。是命圖為後人所補。公武言"五行相乘為二十五，兩之為五十"③，而今本實五十五行，是其中五行亦後人所補，不止增其文句已也。吳師道《禮部集》有此書後序，稱初得《潛虛》全本，又得孫氏闕本，續又得許氏闕本。"歸以參校，用朱子法，非其舊者，悉以朱圈別之"。然其本今亦不傳。林希逸嘗作《潛虛精語》一卷，今尚載《鬳齋十一稿》中。凡所存者，皆闕本之語，而續者不載，尚可略見大概。然於闕本中亦不全取，究無以知某條為贋本。蓋世無原書久矣，姑以源出於光而存之耳。陳淳譏其所謂虛者，不免於老氏之歸。要其吉、臧、平、否、凶之占，以氣之過、不及為斷，亦不失乎聖賢之旨也。張敦實《論》凡十篇，據吳師道後序，則元時已附刻於後，今亦併存④。敦實，婺源人,官左朝奉郎監察御史。其始末無考。考《太元經》末有"右迪功郎充浙江提舉鹽茶司幹辦公事張實校勘"字,疑即一人。或南宋避寧宗諱,重刻《太元經》時刪去"敦"字歟⑤? 是不可得而詳矣⑥。

【彙訂】

①　"以",殿本作"是",誤,參衢本《郡齋讀書志》卷十"潛虛"條原文。

②　朱子《書張氏所刻〈潛虛圖〉後》(載《晦菴文集》卷八一)云:"近得泉州李思侍郎所刻,則首尾完具,遂無一字之闕。始復驚異,以為世果有完書而疑炳文語或不可信,讀至《剛行》,遂釋然曰此贗本也……"《潛虛》以五十五行擬《周易》之六十四卦,《剛行》為其第四卦名,以前《元》、《衰》、《柔》三行之解辭皆協韻,至《剛行》之解忽不韻,故朱子知其為贗本。《總目》引作"讀至數行",誤。(余嘉錫:《四庫提要辨證》)

③　殿本"十"下有"首"字,衍。

④　宋刊本已附張敦實《發微論》於後。(胡玉縉:《四庫全書總目提要補正》)

⑤　寧宗名擴,不名惇或敦(敦即惇,故《書·禹貢》"終南惇物",《史記·夏本紀》即作"終南敦物")。其父光宗名惇,見《宋史·光宗紀》。南宋後期刻書避"敦(惇)"字,即避光宗諱也。(楊武泉:《四庫全書總目辨誤》)

⑥　明弘治《徽州府志》卷八《張敦頤傳》云:"弟敦實,紹興五年進士登第,歷仕監察御史,知無不言。戶部退駁鄉邑絹萬六千匹,敦實抗疏至再,有旨收付左藏。後遷樞密院檢詳諸房文字,兼直慶王府贊讀,請老而歸。築佚老堂,自為《記》。有《潛虛發

微》及《文集》、《奏稿弘詞》。"據此可知,張敦實并未"充浙江提舉鹽茶司幹辦公事",張實與張敦實非一人。(胡玉縉:《四庫全書總目提要補正》)

皇極經世書十二卷(通行本)①

宋邵子撰。據晁説之所作《李之才傳》,邵子數學本於之才,之才本於穆修,修本於种放,放本陳搏。蓋其術本自道家而來。當之才初見邵子於百泉,即授以義理、物理、性命之學,《皇極經世》蓋即所謂物理之學也。其書以元經會,以會經運,以運經世。起於堯帝甲辰②,至後周顯德六年己未,凡興亡治亂之蹟,皆以卦象推之。厥後王湜作《易學》,祝泌作《皇極經世解起數訣》,張行成作《皇極經世索隱》,各傳其學。《朱子語錄》嘗謂:"自《易》以後,無人做得一物如此整齊,包括得盡。"又謂:"康節《易》看了,都看別人的不得。"其推之甚至。然《語錄》又謂:"《易》是卜筮之書,《皇極經世》是推步之書。《經世》以十二辟卦管十二會,繃定時節,却就中推吉凶消長,與《易》自不相干。"又謂:"康節自是《易》外別傳。"蔡季通之數學亦傳邵氏者也,而其子沈作《洪範皇極内篇》,則曰:"以數為象,則畸零而無用,《太元》是也;以象為數,則多耦而難通,《經世》是也。"是朱子師弟於此書亦在然疑之間矣。明何瑭議其天以日月星辰變為寒暑晝夜,地以水火土石變為風雨露雷,涉於牽強。又議其乾不為天而為日,離不為日而為星,坤反為水,坎反為土,與伏羲之卦象大異。至近時黃宗炎、朱彝尊,攻之尤力。夫以邵子之占驗如神,則此書似乎可信,而此書之取象配數,又往往實不可解。據王湜《易學》所言,則此書實不盡出於邵子。流傳既久，疑以傳疑可矣。至所云：“學以人事為大。”又云：“治生於亂，亂生於治，聖人貴未然之防，是謂《易》之大綱。”則粹然儒者之言，非術數家所能及。斯所以得列於周、程、張、朱閒歟？

【彙訂】

① 文淵閣《四庫》本為十四卷，書前提要不誤。（沈治宏：《中國叢書綜錄訂誤》）

② “堯帝”，殿本作“帝堯”。

皇極經世索隱二卷（永樂大典本）

宋張行成撰。行成字文饒，一作子饒，臨邛人。始末不甚可考。其進所著《易說七種》表稱：“自成都府路提轄司幹辦公事丐祠而歸。”《玉海》稱：“乾道二年六月，以行成進《易》可採，除直徽猷閣。”汪應辰《玉山集》有《論鄧深按知潼川府張行成狀》。殆由直閣出守歟？此編即所進七書之一，朱彝尊《經義考》註云“未見”。今見《永樂大典》中者，別載序文、《總要》及《機要》二圖，而所解《觀物》諸篇乃散綴於邵伯溫解各段之下。蓋割裂分附，殊失其舊。今摘錄敘次，以還其原第，遂復為完書。邵子數學源出陳摶，於羲、文、周、孔之《易》理截然異途。故嘗以其術授程子，而程子不受。朱子亦稱為《易》外別傳。非專門研究其說者不能得其端緒。儒者或引其書以解《易》，或引《易》以解其書，適以相淆，不足以相發明也。行成於邵子之學用力頗深，以伯溫之解於象數未詳，復為推衍其意義，故曰“索隱”。《宋史·藝文志》作一卷。考行成進書原表自稱二卷，《宋史》顯為字誤。今以原表為據，釐為二卷云。

皇極經世觀物外篇衍義九卷(永樂大典本)

宋張行成撰。是書專明《皇極經世外篇》之義,亦所進七《易》之一也。《皇極經世內篇》前四卷,推元會運世之序,後四卷辨聲音律呂之微。《外篇》則比物引類,以發揮其蘊奧。行成以《內篇》理深而數略,《外篇》數詳而理顯,學先天者當自《外篇》始。因補闕正誤,使其文以類相從,而推繹其旨,以成是編。上三篇皆言數,中三篇皆言象,下三篇皆言理。皆行成以意更定,非復舊第。然自明以來刻本,率以《外篇》居前。題為《內篇》,未免舛互失序。賴行成此本,尚可正俗刻之譌。且原書由雜纂而成,本無義例,行成區分排比,使端緒易尋,亦頗有條理。雖乾坤闔闢,變化無窮,行成依據舊圖,循文生義,於造化自然之妙未必能窺。至於邵氏一家之學,則可謂心知其意矣。魏了翁嘗稱其能得《易》數之詳,而書不盡傳,則宋代已不免散佚。朱彝尊《經義考》但載《皇極經世索隱》而不及此書,則沈湮已久。惟《永樂大典》所載尚為完本①。今據原目,仍釐為九卷著於錄。

【彙訂】

① 此書今存明刻全本。(王重民:《中國善本書提要》)

易通變四十卷(永樂大典本)

宋張行成撰。亦所進《易說七種》之一也。其說取陳摶至邵子所傳《先天卦數》等十四圖,敷演解釋以通其變,故謂之"通變"。案以數言《易》,本自漢儒。然孟喜之《易》,言六日七分而已;至京房之《易》,言飛伏納甲而已;費直之《易》,言乘承比應而已。至魏伯陽作《參同契》,借《易》以明丹訣,始言甲壬乙癸之方位。而《易緯是類謀》亦謂冬至日在坎,春分日在震,夏至日在離,秋分日在兑;《易通卦驗》又謂乾西北主立冬,坎北方主冬至,艮東北主立春,震東方主春分,巽東南主立夏,離南方主夏至,坤西南主立秋,兑西方主秋分。蓋《易》之支流,有此衍説。至宋而陳搏作圖,由穆修以遞授於邵子,始借儒者之力,大行於世。故南宋之後,以數言《易》者皆以陳、邵為宗。又以陳本道家,遂諱言陳而惟稱邵。行成於蜀中作守①,籍吏人之家,得邵子所傳十四圖,因著此書。其自序謂康節之學主於《交泰》、《既濟》二圖,而二圖尤以卦氣為根柢。參伍錯綜以求之,而運世之否泰,人物之盛衰,皆莫能外。其自許甚高。其中如人之五臟,亦以《易》數推之,謂當重幾斤幾兩,殊為穿鑿。李心傳譏其牽合②,祝泌謂其發明處甚多,而支蔓處亦甚多。然其説亦自成理。自袁樞、薛季宣以下雖往往攻之,迄不能禁其不傳也。此本流傳甚少,外閒僅有宋刻本及明費宏家鈔本。今以《永樂大典》所載參互勘校,錄而存之,以備數術之一家。是書之名,《永樂大典》作《易通變》,費宏本作《皇極經世通變》,宋本但題曰《通變》而無"易"字,亦無"皇極經世"字。蓋原刻其全書七種,此乃其一,故有細目而無大名,不能據以斷兩本之是非。以《永樂大典》所題在費氏本前,當為舊本,今姑據以著錄焉。

【彙訂】

①"守",殿本疑脱。文淵閣本書前提要此句作"行成於蜀中估籍吏人之家"。

②殿本"李"上有"故"字。

觀物篇解五卷(兩江總督採進本)附皇極經世解起數訣一卷(浙江汪啟淑家藏本)

宋祝泌撰。泌字子涇,都陽人,自號觀物老人。書首署銜稱承直郎充江淮荆浙福建廣南路都大提點坑冶鑄錢司幹辦公事，而《起數訣》內又自署提領所幹辦公事，不知其終於何官也。案朱彝尊《經義考》有泌所撰《皇極經世鈐》十二卷，此本題作《觀物篇解》，又止五卷，與彝尊所記目次不合。而別載泌自序一篇，所陳大旨又頗與此本義例相近。或一書兩名，而後人合併之歟[①]？又案泌自序末署"端平乙未"，而《起數訣》序內題"淳祐辛丑"，上距乙未六年，在《皇極經世鈐》已成之後。且今《起數訣》乃單本別行，而《觀物篇解》第四卷中亦有"併以起法、用法別載成卷"語，是當與用法別為一書。而用法已佚，即《起數訣》所存亦僅《聲韻》一譜，已非其舊。今姑附入《觀物篇解》後，以存其概。泌所言大、小運數，雖皆歸宿於卦圖[②]，其斷法則不專在卦而在四象。大旨先用四爻藏閏，次用四爻直事，大運起泰，小運起升，於牛思純《寶局》、張行成《通變》多所駁正。然如邵子言四象相交而成十六事，泌遂創為二十五變之說；邵子言姤復小父母，泌遂創為同人起分秒之說，皆與《經世書》乖異不合。其推大小運，一變不協則再變，至三變、四變以求協者，尤非出於自然。至於聲音律呂之學，邵子得之其父古，古書備見《正音敘錄》，軌轍可尋。泌乃取三十六字母之翻切，以聲起數，以數合卦，僅與壬遁同用，求深反淺。且《聲音韻譜》所說，以夫普旁母字當字母之用，既屬支離。至所云人用分數，物用秒數，數起同人之類，尤為迂曲難解。似非盡出於邵氏本意。然《永樂大典》別載有祝氏占例，所言實皆奇中。陶宗儀《輟耕錄》載泌精《皇極》數，其甥傅立傳其術，為元世祖占卜，尚能前知。則亦小道之可觀者。蓋其學雖宗康節，而亦自別有所得，故其例頗與《經世書》不符，而其推占亦往往著驗。方技之家，各挾一術，邵子不必盡用《易》，泌亦不必盡用邵子，無庸以異同疑也。二書世所鈔傳，閒有譌脱。諸本並同，無從訂正，今亦姑仍之云。

【彙訂】

①《皇極經世書鈐》者，所以明邵子先天之十四圖（據《經義考》引泌自序），猶張行成之《易通變》。《觀物篇解》者，解《觀物篇》，猶張行成之《皇極經世索隱》，書中每提及邵子之十四圖而未詳言，必詳論於《皇極經世書鈐》。（潘雨廷：《讀易提要》）

②“卦圖”，底本作“卦一圖”，據殿本改。

皇極經世書解十四卷①（直隸總督採進本）②

國朝王植撰。植有《四書參註》，已著錄。案《皇極經世書》，邵伯温以為共十二卷，一至六則《元會運世》，七至十則《律呂聲音》，十一、二為《觀物篇》。趙震又分《元會運世》之六卷為三十四篇，《律呂聲音》之四卷為十六篇。《性理大全》則合内篇十二、外篇二，共為六十四篇。又謂《律呂聲音》十六篇，共圖三千八百四十。明嘉興徐必達所刻《邵子全書》，細目復以元經會分十二會為十二篇，以會經運分二百四十運為十二篇，以運經世分十篇③，《律呂聲音》則合有字有聲及無字無聲，平上去入各九百六十圖。植為此書，則並《元會運世》為三卷，《律呂聲音》為一卷，内篇、外篇共為卷者八。而又標蔡元定原纂圖十，及所補錄圖五、新附圖三於卷首。其於舊本，多所更定。如午會之六世之巳，書“秦奪宣太后權”，黃畿註未錄入，此補錄之；《聲音篇》之配以卦，黃畿以為出於祝氏《鈐》，此一切芟汰之。又廣引諸家之説以相發明，其考究頗為勤摯。邵子之數雖於《易》為別派，然有此一家之學，亦不可磨滅於天地之閒。植之所説，雖未必盡得本旨。而自宋以來，註是書者不過數家，存之亦足資旁證也。

【彙訂】

①“皇極經世書解”，殿本作“皇極經世解”，誤，參文淵閣庫書及《清史稿·藝文志》著錄。

② 文淵閣《四庫》本尚有卷首二卷。（沈治宏：《中國叢書綜錄訂誤》）

③“十篇”，殿本作“為九篇”，誤。徐必達刻《邵子全書》本《皇極經世書》卷五、六為“以運經世”一至十，即《觀物篇》二十五至三十四。

易學一卷（内府藏本）

宋王湜撰。是書《宋志》不著錄。其名見晁公武《讀書志》，但稱“同州王湜”，而不詳其始末。張世南《游宦記聞》稱：“康節先生《皇極經世》，其學無傳，此外有所謂《太乙數》。渡江後，有北客同州免解進士王湜潛心是書，作《太乙肘後備檢》三卷，為陰、陽二遁繪圖一百四十有四。上自帝堯以來，至紹興六年丙辰。”云云，是南宋初人矣。今《太乙肘後備檢》未見傳本，此書則《通志堂經解》刊之。書中首論太極、兩儀、四象、八卦，而以夜半日中心腎升降之氣明之。又有取於《莊子》“蕭蕭出乎天，赫赫發乎地”之語，全本於道家之說。其自序則稱於陳摶、穆修、李之才、劉牧之書兼而思之，是以先天之學出於鑪火之證也。然其論先天之圖，謂：“希夷而前，莫知其所自來。”其時距邵子未遠，而其言如是也。可以知傳自伏羲，遭秦焚書，流於方外之說，出於後儒之附會。其末為《皇極經世節要》。自序有云：“康節遺書，或得於家之草稿，或得於外之傳聞，間有譌謬。於是決擇是非，以成此書，示讀《皇極》者以門户。亦可知《皇極經世》一書，不盡出於邵子。"其言可謂皎然不欺，有先儒淳實之遺矣。

洪範皇極内篇五卷（永樂大典本）[1]

宋蔡沈撰。沈父元定究心《洪範》之數，未及論著，嘗曰"成吾書者沈也"。沈反覆數十年，然後成書，分内、外篇。而釋數之辭尚未備，故各條之下有但標"數曰"二字而無其文者。《永樂大典》及《性理大全》皆作《洪範内篇》，惟熊宗立註本以論三篇為《内篇》，數八十一章為《外篇》。考是書數八十一章擬《易》六十四卦，當為《内篇》。論三篇擬《易·繫辭》、《説卦》等傳，當為《外篇》。今各本皆以論三篇列於前，而八十一章列於後，倫序頗為不協。疑《性理大全》與《永樂大典》同時纂輯，所據同一誤本，未及詳考歟？明余深著《洪範疇解》，曹溶稱為釋蔡氏《内篇》，疇即八十一章之數也。程宗舜作《洪範内篇釋》，其自序曰"釋八十一數"，亦不指三篇之論。韓邦奇引《論》中"象以偶為用"數語，作《洪範傳》，傳以別於經[2]，即《外篇》矣。意其時必有流傳善本，與永樂開書局所據不同，故諸家之言如此，其譌似無可疑。然余深等所據之本今不復見，未敢輕改古書，姑仍其舊第編之。又考王應麟《玉海》載此書名《洪範數》，王圻《續通考》作《洪範皇極内外篇》，朱彝尊《經義考》作《洪範内外篇》。今詳考其書，當以《續通考》所名為是[3]。《續通考》不載卷數，《經義考》作七卷。今以類相從，編為五卷。考洛書之名見於《易》，不見於《書》，《洪範》之文以明理，非以明數，其事絕不相謀。後人以《乾鑿度》太乙行九宮法指為洛書。案，《史記·日者列傳》所載占日七家，太乙家居其一。《漢書》載太乙諸術，亦列於五行家。明為方技之説，事不出於經義矣。盧辯註

《大戴禮記・明堂篇》,始附合於龜文。案,盧辯,北齊人,其說最為晚出,朱子引此註以證龜書,指為鄭康成撰。朱子博極羣書,豈不知康成未註《大戴禮記》? 特欲申龜文之說,別無古證,是不得不移之鄭康成耳④。至宋而圖書之說大興,遂以為《洪範》確屬洛書,洛書確屬龜文,龜文確為"戴九履一"等九數,而聖人敘彝倫之書變為術家談奇耦之書矣。沈作是書,附會劉歆河圖、洛書相為表裏,八卦、九章相為經緯之說,借《書》之文以擬《易》之貌。以九九演為八十一疇,仿《易》卦八八變六十四之例也;取《月令》節氣,分配八十一疇,陰用孟喜解《易》卦氣值日之術也;其揲著以三為綱,積數為六千五百六十一,陰用焦贛六十四卦各變六十四卦之法也。大意以《太元》、《元包》、《潛虛》既已擬《易》,不足以見新奇,故變幻其說,歸之《洪範》。實則朝三暮四,朝四暮三,同一僭經而已矣。此在術數之家,已為重儓之重儓,本不足道。以自沈以後,又開演《範》之一派,支離繆轕,踵而為之者頗多。既有其末,不可不著其本。故錄而存之,而別著錄於術數類。明非說經之正軌、儒者之本務也。

【彙訂】

① "內篇",殿本作"內外篇",誤。文淵閣《四庫》本為《內篇》五卷。

② "傳",殿本無。

③ 清雍正元年刊本書名題作《洪範數》,與《玉海》合。書分三帙,首帙各篇為四庫本所無,次帙小題曰《洪範皇極內篇》,三帙小題曰《洪範皇極外篇》,疑王圻未見首帙,或雖見而不數之歟? (倫明:《洪範數提要》)

④ "是",殿本作"故"。

天原發微五卷（兩淮鹽政採進本）①

宋鮑雲龍撰。雲龍字景翔，歙縣人。景定中鄉貢進士，入元不仕以終。是書以秦、漢以來言天者或拘於數術，或淪於空虛，致天人之故鬱而不明。因取《易》中諸大節目，博考詳究，先列諸儒之說於前，而以己見辨論其下。擬《易大傳》天數二十有五，立目二十五篇。曰太極，以明道體。曰動靜，以明道用。曰靜動②，以明用本於體。曰辨方，言一歲運行，必胎坎位。曰元渾，言萬物終始，總攝天行。曰分二，言動靜初分。曰衍五，言陰陽再分。曰觀象，言四象生兩儀之故。曰太陽，曰太陰，曰少陽，曰少陰，以日月星辰分配，用邵子之說，與《大傳》旨異。曰天樞，言北辰。曰歲會，言十二次。曰司氣，言七十二候。曰卦氣，言焦、京學為《太元》所出。曰盈縮，言置閏。曰象數，言圖、書。曰先後，言先、後天。曰左右，言左旋、右旋。曰二中，言五、六為天地中。曰陽復，言復為天心。曰數原，言萬變不出一理。曰鬼神，言後世所謂鬼神多非其正。曰變化，言天有天之變化，人有人之變化，而以朱子主敬之說終之。其中或泛濫象數，多取揚雄舊說，不免稍近於雜。要其條縷分明，於數學亦可云貫通矣。元元貞閒，鄭昭祖刊行其書，方回、戴表元皆有序。至於明初，其族人鮑寧本趙汸之說，附入辨正百餘條。剖析異同，多所推闡。又作篇目《名義》，及採雲龍與方回問答之語為《節要》一卷，冠之於首。蓋亦能發明雲龍之學者。然於原文頗有所刪改，非復元貞刊本之舊矣。

【彙訂】

① 文淵閣《四庫》本尚有附錄二卷。（沈治宏：《中國叢書綜錄訂誤》）

② "靜動"，殿本作"靜道"，誤。此書卷一第三篇即《靜動》。

大衍索隱三卷（永樂大典本）

宋丁易東撰。易東有《周易象義》，已著錄。是書專明大衍之數，臚採先儒緒論，而以己意斷之。王宏撰《山志》曰："丁氏萃五十七家之說為《稽衍》，又自為《原衍》、《翼衍》。"據易東自序云："既成《原衍》、《翼衍》二書，復為《稽衍》。"則王氏未見原本也。其書篇第，蓋自"大衍之數五十，其用四十九"以下三十六圖為《原衍》，自"圖五十五數，衍成五十位"以下二十九圖為《翼衍》，自《乾鑿度》以下列諸家之說而系以論斷者為《稽衍》，凡三卷，卷各有序。《永樂大典》既脫去目錄及《原衍》之序，又譌《翼衍》為《翼行》，而錯《稽衍》篇題於《翼衍》內，前後至為紊雜。朱彝尊《經義考》則誤以《原衍》序為全書自序，而世所傳別本又全佚去《稽衍》一篇。蓋流傳既稀，益滋謬謬。幸別本所載，原目尚有全文。謹據《永樂大典》補足《稽衍》一卷。其次序之凌亂者，則據原目釐正，仍為完帙焉。

易象圖說內篇三卷外篇三卷（兩江總督採進本）

元張理撰。理有《大易象數鉤深圖》，已著錄。是書內篇凡三，曰本圖書，曰原卦畫，曰明蓍策。外篇亦三，曰象數，曰卦爻，曰度數。其於元會運世之升降，歲時寒暑之進退，日月行度之盈縮，以及治亂之所以倚伏，理欲之所以消長，先王製禮作樂，畫井封疆，一切推本於圖、書。蓋與張行成《易通變》相類，皆《皇極經世》之支流也。圖、書之學，王湜以為自陳摶以前莫知所自來，而說者則謂為祕於道家，至摶乃顯。此書引《參同契》"巽辛見平明"、"十五乾體就"云云，以明圓圖，引"朔旦為復，陽氣始通，姤始紀緒，履霜最先"云云，以明方圖，其説頗相胭合。意所謂遭秦焚書，此圖流於方外者，即影附此類歟？黃虞稷謂鄧錡《大易圖説》與理此書俱為《道藏》所錄，今以白雲霽《道藏目錄》考之，實在《洞真部·靈圖類》"靈字號"中。則其説出道家可知矣。

三易洞璣十六卷（福建巡撫採進本）①

明黃道周撰。道周有《易象正》，已著錄。是編蓋約天文、曆數歸之於《易》。其曰"三《易》"者，謂伏羲之《易》，文王之《易》，孔子之《易》也。曰"洞璣"者，璣衡古人測天之器，謂以《易》測天，毫忽不爽也。一、二、三卷為《伏羲經緯》上②、中、下，即陳、邵所傳之先天圖。四、五、六卷為《文圖經緯》上、中、下，即《周易》上、下經次序。七、八、九卷為《孔圖經緯》上、中、下，即《説卦傳》"出震齊巽"之方位。十卷，十一、二卷為雜圖經緯上、中、下，則《雜卦傳》之義。十三卷為《餘圖總緯》，則因《周官》太卜而及於占夢之六夢、眠焚之十輝，以及後世奇門太乙之術。十四、十五、十六卷為《貞圖經緯》上、中、下，與雜圖相準，有衡，有倚，有環。衡者平也，倚者立也，環者圓也。其自述曰："夫子有言，書不盡言，言不盡意。凡《易》之言語文字，僅修辭尚玩之一端。即焦、京、管、郭幽發微中，取驗不過一時，揲扐不過數策。聖人之不為此鑽仰，亦已明矣。舍此二條，夫子所謂'三極並立，窮變極賾，範圍曲成，與天地相似'者，果為何物。蓋天、地、人之象數，皆具於物③。布而為曆，次而為律④，統而為《易》。去其圖著，別其虛實，以為《春秋》、《詩》。"又以孟子所言"千歲之日"至"五百興王"為七十二相承之曆。故是書之作，意欲網羅古今，囊括三才，盡入其中。雖其失者時時流於機祥,入於駁雜。然《易》道廣大,不泥於數,而亦不離於數;不滯於一端,而亦不遺於一端。縱橫推之,各有其理。唐李鼎祚《周易集解》序云:"鄭多參天象,王全釋人事。天道難明,人事易習。《易》之為道,豈偏滯於天人哉!"故道周此書,乍觀似屬創獲。然鄭康成解隨之初九云:"震為大塗,又為日門,當春分陰陽之所交。"此道周言歲氣之所本也。故云:"晷益則日損,晷損則日益。"康成解比之初六云:"有孚盈缶,爻辰在未,上值東井,井之水人所汲,故用缶。"此道周言星名之所本也。故云:"坤為箕,復為尾,斗之翕舌則為噬嗑,牛之任重致遠則為隨。"卦氣值日始於京房,充之則為元會之運。推策定曆,詳於一行,衍之則為章蔀之紀。推其源流,各有端緒。史稱其歿後家人得其小冊,自推終於丙戌年六十二,則其於藏往知來之道,蓋非徒託空言者。然旁見側出,究自為一家之學。以為經之正義則不可,退而列諸術數,從其類也。

【彙訂】

① 文淵閣《四庫》本尚有附錄一卷。(沈治宏:《中國叢書綜錄訂誤》)

② 此書一、二、三卷為《宓圖經緯》上、中、下。

③ "物",殿本作"易"。

④ "布而為曆次而為律",殿本作"布而為圖次而為曆"。

右術數類"數學"之屬,一十六部,一百四十七卷,皆文淵閣著錄。

案,《太元經》稱準《易》而作,其揲法用三十六策。王讜《唐語林》曰:"王相涯註《太元》①,嘗取以卜,自言所中多於

《易》筮②。”則《太元》亦占卜書也。然自涯以外，諸儒所論，不過推其數之密、理之深耳，未聞用以占卜者，亦未有稱其可以定吉凶、決疑惑者。即王充以下諸儒，遞有嗤點，亦未有詆以占卜無驗者。則仍一數學而已。故今仍隸之數學，不入占卜③。《元包》、《潛虛》以下亦以類附焉。《皇極經世》雖亦《易》之餘緒，而實非作《易》之本義。諸家著錄，以出於邵子，遂列於儒家。然古之儒者，道德仁義，誦說先王；後之儒者，主敬存誠，闡明理學。均無以數為宗之事，於義頗屬未安。夫著述各有體裁，學問亦各有派別。朱子《晦菴大全集》皆《六經》之旨也，而既為詩文，不得不列為集；《通鑑綱目》亦《春秋》之義也，而既為編年，不得不列為史。此體例也。《陰符經刊誤》、《參同契刊誤》均朱子手著，而既為黃老神仙之說，不得不列為道家。此宗旨也。邵子既推數以著書，則列之術數，其亦更無疑義矣。

【彙訂】

①“註”，殿本作“法”，誤，參《國史補》卷中、《唐語林》卷一原文。

②《唐語林》乃純取唐人之雜家小說分門編輯，無一條為王讜自撰。《總目》所引實出自李肇《國史補》卷中。（余嘉錫：《四庫提要辨證》）

③《吳志·陸凱傳》曰：“手不釋書，好《太玄論》，演其意以筮，輒驗。”柳宗元《文集》卷二《解祟賦序》云：“柳子既謫，猶懼不勝其口，筮以《玄》，遇干之八，其贊曰赤舌燒城，吐水於瓶。其測曰君子解祟出，喜而為之賦。”則以《太玄》為占卜之書者非僅王涯一人。（同上）

靈臺祕苑十五卷（浙江鮑士恭家藏本）

北周太史中大夫新野庾季才原撰，而宋人所重修也。季才之書見於《隋志》者一百十五卷，《周書》季才本傳又作一百十卷。此為北宋時奉敕刪訂之本，祇存十五卷。目錄後題編修官司天監丞管勾測驗渾儀刻漏于大吉、司天中官正權判司天監丁洵同、看詳官奉議郎輕車都尉歐陽發、看詳官翰林學士承議郎知制誥權判尚書吏部判集賢院提舉司天監公事上騎都尉王安禮諸臣銜名。案發字伯和，修之長子。史稱其天文地理靡不悉究，官至殿中丞，而不言其嘗為此書。安禮字和甫，安石之弟，其為翰林學士在元豐初，乃未改官制以前，故太史局猶稱司天監。《宋史·藝文志》有安禮所撰《天文書》十六卷，殆以其研究是術，故俾司看詳歟？錢曾《讀書敏求記》載有是書之目，稱其"考核精確，非聊爾成書者"。朱彝尊跋則謂："季才完書必多奧義，諸人芟削，僅摘十一，若作酒醴去其漿而糟醨在矣。"今觀所輯，首以《步天歌》及圖，次釋星驗，次分野土圭，次風雷雲氣之占，次取日月五星、三垣列宿，逐次詳註。大抵頗涉占驗之說，不盡可憑。又篤信分野次舍，以州郡強為分析，亦失之穿鑿附會。然其所條列，首尾詳貫，亦尚能成一家之言。宋世司天臺所修各書如《乾象新書》、《大宋天文書》、《天經》、《星史》等類，見於《文獻通考》者，今俱佚弗傳。惟蘇頌《儀象法要》與此本僅存。一則詳渾儀測驗之製，一則誌日官占候之方，雖機祥小術，不足言觀文察變之道。顧《隋志》所載天象諸書，今無一存。此書既據季才所撰為藍本，則周以前之古帙尚藉以略見大凡。存為考證之資，亦無不可也。

唐開元占經一百二十卷（浙江巡撫採進本）

　　唐瞿曇悉達撰。《唐書·藝文志》載一百十卷。《玉海》引《唐志》亦同，又註云：“《國史志》四卷，《崇文目》三卷。”此本一百二十卷，與諸書所載不符，當屬後人分卷之異。自一卷《天占》至一百十卷《星圖》，均占天象。自一百十一卷《八穀占》至一百二十卷《龍魚蟲蛇占》，均占物異。或一百十卷以前為悉達原書，故與《唐志》及《玉海》卷數相符。其後十卷，後人以雜占增附之歟？卷首標銜，悉達曾官太史監事。考《玉海》開元六年詔瞿曇悉達譯《九執曆》，則悉達之為太史監，當在開元初。卷首又標“奉敕撰”，而奉敕與成書年月皆無可考，惟其中載歷代曆法止於唐《麟德曆》，且云：“李淳風見行《麟德曆》。”考唐一行以開元九年奉詔創《大衍曆》，以開元十七年頒之。其時《麟德曆》遂不行。此書仍云“見行《麟德曆》”，知其成於開元十七年以前矣。所言占驗之法，大抵術家之異學，本不足存，惟其中卷一百四、一百五全載《麟德》、《九執》二曆。《九執曆》不載於《唐志》，他書亦不過標撮大旨。此書所載，全法具著，為近世推步家所不及窺。又《玉海》載《九執曆》以開元二年二月朔為曆首，今考此書明云：“今起明慶二年丁巳歲，案，改顯慶為明慶，蓋避中宗諱。二月一日以為曆首。”亦足以訂《玉海》所傳之誤。至《麟德曆》雖載《唐志》，而以此書校之，多有異同。若推入蝕限術、月食所在辰術、日月蝕分術諸類，《唐志》俱未之載。又此書載章歲、章月、半總、章閏、閏分、曆周、月法、弦法、氣法、曆法諸名，與《新唐書》所載全不合，其相合者惟辰率、總法等目。蓋悉達所據當為《麟德曆》，見行本《唐志》遠出其後，不無傳聞異詞。是又可訂史傳之譌，有裨於考證不少矣。又徵引古籍，極為浩博。如《隋志》所稱緯書八十一篇，此書尚存其七八，尤為罕觀。然則其術可廢，其書則有可採也。卷首有萬曆丁巳張一熙識語，謂：“是書歷唐迄明約數百年，始得之挹元〔玄〕道人。”鉤沈起滯，非偶然已。

右術數類“占候”之屬，二部，一百三十五卷，皆文淵閣著錄。

案，作《易》本以垂教，而流為趨避禍福；占天本以授時，而流為測驗災祥。皆末流遷變，失其本初。故占候之與天文，名一而實則二也。王者無時不敬天，不待示變而致修省；王者修德以迓福，亦不必先期以告符命。後世以占候為天文，蓋非聖人之本意。《七略》分之，其識卓矣。此類本不足錄，以《靈臺祕苑》、《開元占經》皆唐以前書，古籍之不存者多賴其徵引以傳。故附收之，非通例也。

卷一〇九

子　部　十　九

術　數　類　二

宅經二卷（兩江總督採進本）

舊本題曰《黃帝宅經》。案《漢志》“形法家”有《宮宅地形》二十卷，則相宅之書較相墓為古。然《隋志》有《宅吉凶論》三卷、《相宅圖》八卷，《舊唐志》有《五姓宅經》二卷，皆不云出黃帝。是書蓋依託也。考書中稱黃帝二《宅經》及淮南子、李淳風、吕才等《宅經》二十有九種。則作書之時本不偽稱黃帝，特方技之流欲神其説，詭題黃帝作耳。其法分二十四路考尋休咎，以八卦之位向乾坎艮震及辰為陽，巽離坤兑及戌為陰。陽以亥為首，巳為尾；陰以巳為首，亥為尾。而主於陰陽相得，頗有義理。文辭亦皆雅馴。《宋史・藝文志》“五行類”有《相宅經》一卷，疑即此書。在術數之中猶最為近古者矣。

葬書一卷（通行本）

舊本題晉郭璞撰。璞有《爾雅註》，已著錄。葬地之説，莫知其所自來。《周官》冢人、墓大夫之職，皆稱以族葬[1]，是三代以上葬不擇地之明證。《漢書・藝文志》“形法家”始以宫宅地形與相人、相物之書並列，則其術自漢始萌，然尚未專言葬法也[②]。《後漢書·袁安傳》載安父沒，訪求葬地。道逢三書生，指一處，當世為上公。安從之，故累世貴盛。是其術盛傳於東漢以後。其特以是擅名者，則璞為最著。考璞本傳載璞從河東郭公受《青囊中書》九卷，遂洞天文、五行、卜筮之術。璞門人趙載嘗竊《青囊書》，為火所焚。不言其嘗著《葬書》。《唐志》有《葬書地脈經》一卷，《葬書五陰》一卷，又不言為璞所作。惟《宋志》載有璞《葬書》一卷，是其書自宋始出。其後方技之家競相粉飾，遂有二十篇之多。蔡元定病其蕪雜，為刪去十二篇，存其八篇。吳澄又病蔡氏未盡蘊奧，擇至純者為內篇，精粗純駁相半者為外篇，粗駁當去而姑存者為雜篇。新喻劉則章親受之吳氏，為之註釋。今此本所分內篇、外篇、雜篇，蓋猶吳氏之舊本。至註之出於劉氏與否，則不可考矣[③]。書中詞意簡質，猶術士通文義者所作。必以為出自璞手，則無可徵信。或世見璞葬母暨陽，卒遠水患，故以是書歸之歟？其中"遺體受蔭"之說，使後世惑於禍福，或稽留而不葬，或遷徙而不恒，已深為通儒所闢[④]。然如"乘生氣"一言，其義頗精。又所云"葬者原其起，乘其止"、"乘風則散，界水則止"諸條，亦多明白簡當。王禕《青巖叢錄》曰："擇地以葬，其術本於晉郭璞。所著《葬書》二十篇，多後人增以謬妄之說。蔡元定嘗去其十二而存其八。後世之為其術者分為二宗。一曰宗廟之法。始於閩中，其源甚遠。至宋王伋乃大行。其為說主於星卦，陽山陽向，陰山陰向，不相乖錯，純取八卦、五星以定生剋之理。其學浙中傳之，而用之者甚鮮。一曰江西之法。肇於贛人楊筠松，曾文辿及賴大有、謝子逸輩尤精其學。其為說主於形勢，原其所起，即其所止，以定位向，專指龍穴砂水之相配，而他拘泥在所不論。今大江以南無不遵之者。二宗之説雖不相同，然皆本於郭氏者也。"云云。是後世言地學者皆以璞為鼻祖。故書雖依託，終不得而廢歟？據《宋志》本名《葬書》，後來術家尊其説者改名《葬經》。毛晉汲古閣刻本亦承其譌，殊為失考。今仍題舊名，以從其朔云。

【彙訂】

① "皆稱"，殿本作"稱皆"。

② 朱彝尊《曝書亭集》卷三五《〈葬經廣義〉序》云："古之葬者冢人營之，墓大夫掌之，相與辨其兆域而為之圖。將葬，筮人執鞭以宣曰：'度兹幽宅兆基，無有後艱。'既井槨矣，卜人共楚焞焦龜以宣曰：'考降無有近悔。'夫其致慎如是。迨其後《周禮》既廢，冢人、墓大夫不司其職，則不得不取信於葬師之言。"是三代以上葬不擇地之説非矣。（劉遠遊：《四庫提要補正》）

③ 元人《葬書》注尚有金華鄭謐，亦注於吳澄刪定本，名《葬書釋注》。劉則章注今已不傳，而鄭氏《釋注》本與四庫本内篇皆兩引劉注，其文略同，知四庫本即鄭謐《釋注》也。（同上）

④《後漢書・郭鎮傳》云："（吳）雄少時家貧，喪母，營人所不封土者，擇葬其中。喪事趣辦，不問時日，醫巫皆言當族滅，而雄不顧。及子訢、孫恭，三世廷尉，為法名家。"《論衡・譏日篇》云："《葬曆》曰：葬避九空地臽，及日之剛柔，月之奇耦，日吉無害，剛柔相得，奇耦相應，乃為吉良。"可知漢代人已對下葬日期有所禁忌，非始於此書。（陳尚君、張金耀主撰：《四庫提要精讀》）

撼龍經一卷疑龍經一卷葬法倒杖一卷（通行本）

舊本題唐楊筠松撰。筠松不見於史傳，惟陳振孫《書錄解題》載其名氏。《宋史·藝文志》則但稱為楊救貧，亦不詳其始末。惟術家相傳以為筠松名益，竇州人。掌靈臺地理，官至金紫光祿大夫。廣明中遇黃巢犯闕，竊禁中玉函祕術以逃，後往來於虔州。無稽之談，蓋不足信也。然其書乃為世所盛傳。《撼龍經》專言山龍脈絡形勢，分貪狼、巨門、祿存、文曲、廉貞、武曲、破軍、左輔、右弼九星，各為之說。《疑龍經》上篇言幹中尋枝，以關局水口為主。中篇論尋龍到頭，看面背朝迎之法。下篇論結穴形勢。附以《疑龍十問》，以闡明其義。《葬法》則專論點穴，有倚、蓋、撞、黏諸說。《倒杖》分十二條，即上說而引伸之。附《二十四砂葬法》，亦臨穴時分寸毫釐之辨。案陳振孫《書錄解題》有《疑龍經》一卷，《辨龍經》一卷，云：“吳炎錄以見遺，皆無名氏。”是此書在宋並不題筠松所作，今本不知何據而云然。其《撼龍》之即《辨龍》與否，亦無可考證。然相傳已久，所論山川之性情形勢，頗能得其要領。流傳不廢，亦有以也。舊本有李國木註併所附各圖，庸陋淺俗，了無可取。今並加刊削，不使與本文相溷焉。

　　青囊奧語一卷青囊序一卷（通行本）

　　《青囊奧語》舊本題唐楊筠松撰，其序則題筠松弟子曾文辿所作。相傳文辿贛水人，其父求己，先奔江南，節制李司空辟行南康軍事。文辿因得筠松之術，後傳於陳摶。是書即其所授師說也。案趙希弁《讀書後志》有《青囊本旨》一卷，云：“不記撰人，演郭璞《相墓經》。”① 陳氏《書錄解題》有《楊公遺訣》、《曜金歌》并《三十六圖象》一卷，註云：“楊即筠松也。”今是書以陰陽順逆、九星化曜辨山水之貴賤吉凶，未審與《曜金歌》為一為二。惟鄭樵《通志·藝文略》別載有曾氏《青囊子歌》一卷，又曾、楊二家

《青囊經》一卷[②]，或即是書之原名歟？其中多引而不發之語。如"坤壬乙巨門從頭出"一節，歷來註家罕能詳其起例。至序内"二十四山分順逆"一條，則大旨以木、火、金、水分屬甲丙庚壬乙丁辛癸，互起長生。如甲木生於亥，庫於未；乙木生於午，庫於戌之類。因以亥卯未寅午戌巳酉丑申子辰為四局，反覆衍之，得四十八局。陽用左旋，陰從右轉，蓋本之《說卦》陽順陰逆之例，為地學理氣家之權輿。明人偽造之《吳公教子書》、劉秉忠《玉尺經》，蓋即竊其緒餘，衍為圖局。逮僧徹瑩作《直指元真》，專以三元水口隨地可以定向，於是談地學者舍形法而言理氣。剽竊傅會，俱以是編為口實。然不以流派多岐，并咎其創法之始也。舊本有註，託名劉基。李國木復加潤色，蕪蔓殊甚。又妄據偽《玉尺經》竄改原文，尤為誕妄。今據舊本更正，併削去其註，以無滋淆惑焉。

【彙訂】

①《青囊本旨》一卷著錄於袁本《郡齋讀書志》卷三下、衢本卷十四五行類，非載於《讀書後志》。（余嘉錫：《四庫提要辨證》）

②"曾楊"，底本作"楊曾"，據殿本乙。《通志》卷六八《藝文略第六》載《青囊經》一卷，曾、楊二仙撰。

天玉經内傳三卷外編一卷（通行本）

舊本題唐楊筠松撰。考鄭樵《通志·藝文略》、陳振孫《書錄解題》，楊、曾二家書無《天玉經》之名。相傳楊氏師弟祕之，不行於世。至宋，吳見誠遇真人[①]，始授以此經。其子景鸞乃發明其義。然則是書亦至宋始出。其為筠松所撰與否，更在影響之間矣。特其流傳稍遠,詞旨亦頗有義意,故言理氣者至今宗之,其真偽可置勿論也。《內傳》首言"江東一卦"、"江西一卦"、"南北八神一卦",術者罕通其説。近時潘思榘作《天玉經箋》,許清奇作《天玉經註》,始推繹下文有"父母三般卦",又有"天卦江東掌上尋"之語。疑所謂"江東"者即天卦,所謂"江西"者即地卦,所謂"南北"者即父母卦。大抵以甲丙庚壬四陽干左旋起長生者為東卦。陽數奇,故曰天卦,曰八神四一。以乙丁辛癸四陰干右旋起長生者為西卦。陰數耦,故曰地卦,曰八神四二。又以山家之坐向為南北一卦,由天地而及人,故曰父母卦。蓋自神其説,故為隱奧之詞,使人惝恍迷離,驟不得其指要。方技家之譎智,往往如斯,不獨此書為然也。《外篇》專言四經五行,其以子寅辰乾丙乙為金,午申戌坤壬辛為木,卯巳丑艮庚丁為水,酉亥未巽甲癸為火,又謂之元〔玄〕空卦。亦莫能明其所以然。舊有天谷散人註,未詳其名,詞意尚屬明顯。合併錄之,以備考證焉。

【彙訂】

①"真人",殿本作"異人"。

靈城精義二卷(兩淮鹽政採進本)

舊本題南唐何溥撰。溥字令通,履貫未詳。是編上卷論形氣,主於山川形勢,辨龍辨穴。下卷論理氣,主於天星卦例,生克吉凶。自宋以來,諸家書目皆不著錄。觀其言:"宇宙有大關合,氣運為主。"又言:"地運有推移,而天氣從之;天運有轉旋,而地氣應之。"蓋主元運之説者。考元運之説以甲子六十年為一元,配以洛書九宮。凡曆上、中、下三元為一周,更曆三周五百四十年為一運。凡為甲子九,每元六十年為大運,一元之中,每二十年為小運，以卜地氣之旺相休囚。如上元甲子一白司運，則坎得旺氣，震、巽得生氣，乾、兌得退氣，離得死氣，坤、艮得鬼氣，大抵因《皇極經世》而推演之。其法出自明初寧波幕講僧，五代時安有是說？其非明以前書確矣。其註題曰劉基撰。前列引用書目凡二十二種，如《八式歌》之類，亦明中葉以後之偽書。則出於贋作，亦無疑義。但就其書而論，則所云"大地無形看氣概，小地無勢看精神，水成形，山上止，山成形，水中止"、"龍為地氣，水為天氣"諸語，於彼法之中頗為近理。註文亦發揮條暢，勝他書之弇鄙，猶解文義者之所為。術數之書無非依託，所言可採，即錄存以備一家。真偽固無庸辨，亦不足與辨也。

催官篇二卷（通行本）

宋賴文俊撰。文俊字太素，處州人[①]。嘗官於建陽，好相地之術。棄職浪遊，自號布衣子，故世稱曰賴布衣。所著有《紹興大地八鈐》及《三十六鈐》，今俱未見。是書分龍、穴、砂、水四篇，各為之歌。龍以二十四山分陰陽，以震、庚、亥為三吉，巽、辛、艮、丙、兌、丁為六秀，而著其變換受穴吉凶之應。穴仍以龍為主，而受氣有挨左、挨右之異。砂、水二篇亦以方位為斷。其說頗具懸解。如謂"寅甲二龍出瘋跛"者，木盛生風，又星應尾箕而好風，震為足，風淫末疾，故主瘋跛。丙方上應星馬，故有蠶絲之祥；丁方上應壽星，故多壽考之兆。兌龍辰水，辰有金殺，兌為口舌，為毀折，故主闕唇露齒；又辰酉逢合，土塞金聲，故主重舌含糊。其言雖頗涉於神怪，而於陰陽五行、生剋制化，實能言之成理。視悠謬無根之談，侈言休咎而不能明其所以然者，勝之多矣。書中舊有註解，不知何人所作，闡發頗為詳盡。其傳已久，併錄之以資考訂焉。

【彙訂】

① 此書中文詞,全是贛南方言。處州疑是虔州之誤,贛州古稱虔州。(李定信:《四庫全書堪輿類典籍研究》)

發微論一卷(通行本)

宋蔡元定撰。元定字季通,建陽人。游於朱子之門。慶元中偽學禁起,坐黨籍,竄道州,卒於謫所。後韓侂胄敗,追贈迪功郎,賜諡文節。事蹟具《宋史·儒林傳》①。元定之學旁涉術數,而尤究心於地理。是編即其相地之書。大旨主於地道一剛一柔,以明動靜,觀聚散,審向背,觀雌雄,辨強弱,分順逆,識生死,察微著,究分合,別浮沈,定淺深,正饒減,詳趨避,知裁成,凡十有四例,遞為推闡,而以《原感應》一篇明福善禍淫之理終焉。蓋術家惟論其數,元定則推究以儒理,故其說能不悖於道。如云:"水本動,欲其靜;山本靜,欲其動。""聚散言乎其大勢,向背言乎其性情。"②"知山川之大勢默定於數理之外,而後能推順逆於咫尺微茫之閒。""善觀者以有形察無形,不善觀者以無形蔽有形。"皆能抉摘精奧,非方技之士支離誕謾之比也。《地理大全》亦載此書,題曰"蔡牧堂撰"。考元定父發自號牧堂老人,則其書當出自發手。或後人誤屬之元定,亦未可知。然勘核諸本,題元定撰者為多,今故仍以元定之名著於錄焉。

【彙訂】

① 依《總目》體例,當作"元定有《律呂新書》,已著錄"。

② "向背",底本作"面背",據殿本改。書中《向背篇》云:"向背者,言乎其情性也。"

右術數類"相宅相墓"之屬，八部，十七卷，皆文淵閣著錄。

　　案，相宅、相墓，自稱堪輿家。考《漢志》有《堪輿金匱》十四卷，列於"五行"。顏師古註引許慎曰："堪，天道。輿，地道。"其文不甚明。而《史記・日者列傳》有"武帝聚會占家，問某日可娶婦否，堪輿家言不可"之文。《隋志》則作"堪餘"，亦皆日辰之書。則堪輿占家也，又自稱曰形家。考《漢志》有《宮宅地形》二十卷，列於"形法"，其名稍近。然"形法"所列，兼相人、相物，則非相宅、相地之專名，亦屬假借。今題曰"相宅相墓"，用《隋志》之文，從其質也。

靈棋經二卷（浙江范懋柱家天一閣藏本）[①]

　　舊本題漢東方朔撰。或又以為出自張良，本黃石公所授，後朔傳其術。《漢書》所載朔射覆無不奇中，悉用此書。或又謂淮南王劉安所撰。其説紛紜不一，大抵皆術士依託之詞。惟考《隋書・經籍志》即有《十二靈棊卜經》一卷。而《南史》所載"客從南來，遺我良材，寶貨珠璣，金盌玉杯"之繇，實為今經中第三十七卦象詞。則是書本出自六朝以前，其由來亦已古矣。卦凡一百二十有四，合以純陰鎡卦。十二棋皆覆者為混沌未明，尚不在此數。晁公武《讀書志》僅載一百二十繇，殆不及檢而偶遺之也。舊傳晉顏幼明、宋何承天皆為之註，李遠為之敍，元廬山陳師凱又為作解。而《宋志》別有李進註《靈棊經》一卷，則今已失傳。明初劉基復仿《周易》象傳體作註以申明其義，見於《明史・藝文志》。其後序稱："《靈棋》象《易》而作，以三為經，四為緯。三以上為君，中為臣，下為民。四以一為少陽，二為少陰，三為太陽，四為老陰。少與少為耦，老陰與太陽為敵。得耦而悦，得敵而爭。或失其道而耦反為仇，或得其行而敵反為用。陽多者道同而助，陰盛者志異而乖"數語，足盡茲經之要。大抵與《易》筮相為表裏。雖所存諸家疏解，或詞旨淺俚，不無後人之緣飾。而青田一註，獨為馴雅。或實基所自作，亦未可知。觀其詞簡義精，誠異乎世之生剋制化以為術者矣。故錄而存之，以備古占法之一種焉。

【彙訂】

① 文淵閣《四庫》本尚有卷首一卷。（沈治宏：《中國叢書綜錄訂誤》）

易林四卷（江蘇巡撫採進本）①

漢焦延壽撰。延壽字贛，梁人。昭帝時，由郡吏舉小黃令。京房師之，故《漢書》附見於房傳。黃伯思《東觀餘論》以為名贛，字延壽，與史不符。又據後漢小黃門《譙君碑》稱贛之後裔，疑贛為譙姓。然史傳無不作焦，漢碑多假借通用，如"歐陽"之作"歐羊"者，不一而足，亦未可執為確證。至舊本《易林》首有費直之語，稱王莽時建信天水焦延壽。其詞蓋出偽託，鄭曉嘗辨之審矣。贛嘗從孟喜問《易》，然其學不出於孟喜，《漢書·儒林傳》記其始末甚詳。蓋《易》於象數之中別為占候一派者，實自贛始。所撰有《易林》十六卷，又《易林變占》十六卷，並見《隋志》。《變占》久佚，惟《易林》尚存。其書以一卦變六十四，六十四卦之變共四千九十有六，各繫以詞，皆四言韻語。考《漢藝文志》所載《易》十三家，蓍龜十五家，不及焦氏。《隋經籍志》始著錄於"五行家"。唐王俞始序而稱之，似乎後人所附會。故鄭曉《古言》疑其明夷之咸林，似言成帝時事；節之解林，似言定陶傅太后事，皆在延壽後。顧炎武《日知錄》亦摘其可疑者四五條。然二家所云某林似指某事者，皆揣摩其詞。炎武所指“彭離濟東，遷之上庸”者，語雖出《漢書》，而事在武帝元鼎元年，不必《漢書》始載。又《左傳》雖西漢未立學官，而張蒼等已久相述說。延壽引用《傳》語，亦不足致疑。惟“長城既立，四夷賓服，交和結好，昭君是福”四句，則事在元帝竟寧元年，名字炳然，顯為延壽以後語。然李善註《文選》任昉《竟陵王行狀》，引《東觀漢記》曰：“沛獻王輔永平五年秋，京師少雨，上御雲臺，詔尚席取卦具自卦，以《周易卦林》占之，其繇曰：‘螘封穴戶，大雨將集。’明日大雨，上即以詔書問輔曰：‘道寧有是耶？’輔上言曰：‘案《易》卦震之蹇：“蟻封穴戶，大雨將集。”蹇艮下坎上，艮為山，坎為水，出雲為雨。蟻穴居而知雨，將雲雨，蟻封穴，故以蟻為興文。’”云云。今書蹇繇，實在震林。則書出焦氏，足為明證。昭君之類，或方技家輾轉附益，竄亂原文，亦未可定耳②。《崇文總目》言其推用之法不傳，而黃伯思記王佖占，程迥記宣和、紹興二占，皆有奇驗，則其術尚有知之者。惟黃伯思謂《漢書》稱延壽《易》分六十四卦更直日用事者，乃變占法，非《易林》法。薛季宣《易林》序則謂《易林》正用直日法，辨伯思之説為謬。並為圖例以明之，其説甚辨。今錄季宣序與王俞序以存一家之言。俞序本名《大易通變》，與諸本不同，疑為後來卜筮家所改，非其舊也。此書隋、唐、宋《志》俱作十六卷，故季宣序稱每卷四林，每林六十四變。今一本作四卷③，不知何時所併，無關宏旨，今亦姑仍之焉。

【彙訂】

①“四卷”，底本作“十六卷”，據文淵閣庫書及殿本改。（沈治宏：《中國叢書綜錄訂誤》）

②《漢書·儒林傳》載："京房受《易》梁人焦延壽。延壽云嘗從孟喜問《易》。會喜死,房以為延壽《易》即孟氏學。"則焦延壽年紀應較孟喜小許多。至元、成時尚存,得見昭君之事,非無可能。(余嘉錫:《四庫提要辨證》;陳良運:《焦氏易林詩學闡釋》)

③"今一本作四卷",殿本作"今本四卷",誤。傳本有二卷、四卷、十六卷本。

案,《漢書·儒林傳》曰:"孟喜受《易》於田王孫,得《易》家候陰陽災變書,詐言田生且死時枕喜膝,獨傳。同門梁邱〔丘〕賀疏通證明之,曰:'田生絕於施讎手中。時喜歸東海,安得此事?'焦延壽案原文無"焦"字,蓋承上而言。今節錄其文,故補此字,使姓名完具①。嘗從孟喜問《易》,京房以為延壽即孟氏學。翟牧、白生不肯刊②,皆曰非也。劉向校書,以為諸《易》家説③,皆祖田何、楊叔、丁將軍,大義略同。惟京氏為異,黨延壽獨得隱士之説,託之孟氏,不相與同。"然則陰陽災異之説始於孟喜,別得書而託之田王孫,焦延壽又別得書而託之孟喜,其源實不出於經師。朱彝尊《經義考》備列焦、京二家之書,蓋欲備《易》學宗派,不得不爾。實則以《隋志》列"五行家"為允也。今退置"術數類"中,以存其真。

【彙訂】

① "姓名",殿本作"名姓"。

② "刊",殿本無。

③ "諸易家説",殿本作"諸家易説"。

京氏易傳三卷(江蘇巡撫採進本)

漢京房撰,吳陸績註。房本姓李,吹律自定為京氏,字君明,

東郡頓邱人。受《易》於焦延壽。元帝時以言災異得幸，為石顯
等所嫉。出為魏郡太守，卒以譖誅。事蹟具《漢書》本傳。續有
《易解》，已著錄。房所著有《易傳》三卷，《周易章句》十卷，《周易
錯卦》七卷，《周易妖占》十二卷，《周易占事》十二卷，《周易守林》
三卷，《周易飛候》九卷又六卷，《周易飛候六日七分》八卷，《周易
四時候》四卷，《周易混沌》四卷，《周易委化》四卷，《周易逆刺占
災異》十二卷，《易傳積算法雜占條例》一卷，今惟《易傳》存。考
《漢志》作十一篇，《文獻通考》作四卷，均與此本不同。然《漢志》
所載古書，卷帙多與今互異，不但此編。《通考》所謂四卷者，以
晁、陳二家書目考之，蓋以《雜占條例》一卷合於《易傳》三卷，共
為四卷，亦不足疑。惟晁氏以《易傳》為即《錯卦》，《雜占條例》為
即《逆刺占災異》，則未免臆斷無據耳。其書雖以“易傳”為名，而
絕不詮釋經文，亦絕不附合《易》義。上卷、中卷以八卦分八宮，
每宮一純卦統七變卦，而註其世應、飛伏、游魂、歸魂諸例。下卷
首論聖人作《易》揲蓍布卦，次論納甲法，次論二十四氣候配卦，
與夫天、地、人、鬼四《易》，父母、兄弟、妻子、官鬼等爻，龍德、虎
形、天官、地官與五行生死所寓之類。蓋後來錢卜之法，實出於
此。故項安世謂：“以《京易》考之，世所傳《火珠林》即其遺法。
以三錢擲之，兩背一面為坼，兩面一背為單，俱面為交，俱背為
重。此後人務趨捷徑以為卜肆之便，而本意尚可考。其所異者
不以交、重為占，自以世為占。故其占止於六十四爻，而不能盡
三百八十四爻之變。”張行成亦謂：“衛元嵩《元包》其法合於《火
珠林》，《火珠林》之用祖於京房。”陸德明《經典釋文》乃於《周易》
六十四卦之下悉註某宮一世、二世、三世、四世、游魂、歸魂諸名，
引而附合於經義，誤之甚矣。

六壬大全十二卷（編修勵守謙家藏本）

不著撰人名氏。卷首題懷慶府推官郭載騋校，蓋明代所刊也①。六壬與遁甲、太乙世謂之三式，而六壬其傳尤古。或謂出於黃帝、元〔玄〕女，固屬無稽。要其為術，固非後世方技家所能造。大抵數根於五行，而五行始於水。舉陰以起陽，故稱"壬"焉；舉成以該生，故用"六"焉。其有天地盤與神將加臨，雖漸近奇遁九宮之式，而由干支而有四課，則亦兩儀四象也；由發用而有三傳，則亦一生三，三生萬物也。以至六十四課，莫不原本義爻，蓋亦《易》象之支流，推而衍之者矣。考《國語》伶州鳩對七律，以所稱夷則上宮、大呂上宮推之，皆有合於六壬之義。然特以五音十二律定數，未可即指為六壬之源。《吳越春秋》載伍員及范蠡雞鳴、日出、日昳、禺中四課，則時將加乘與龍蛇刑德之用，一如今世所傳。而《越絕書》載公孫聖亦有"今日壬午，時加南方"之語。其事雖不見經傳，似出依託。然趙煜、袁康皆後漢人，知其法著於漢代也。其書之見於史者，《隋志》二家，《唐志》六家，《宋志》三十家，而焦竑《經籍志》所列多至八十三家，然多散佚不傳。其存者如徐道符《心鏡》、蔣日新《開雲觀月歌》、凌福之《畢法賦》及《五變中黃經》，術家奉為蓍蔡。而流傳既久，其說多岐，或專論課體而失之拘，或專主類神而失之粗，或雜取神煞而失之支，又皆不可以為法。是書總集諸家遺文，首載入手法、總鈐及貴神、月將、德煞、加臨、喜忌，旁採唐、宋以來諸論，若《括囊》、《雲霄賦》、《課經》之類，而緯以《心鏡》、《觀月》諸篇，採撮頗為詳備。案《明史·藝文志》有袁祥《六壬大全》三十三卷，名目相同而卷帙不符，未必即祥所輯。要其博綜簡括，固六壬家之總匯也。惟是六壬所重，莫過於天乙貴神。陰陽順逆為吉凶所自出，如匠者之準繩枅欂。而先天之德起於子，後天之德起於未，以五干德合神取貴，承學之士多未究其源。我聖祖仁皇帝御定《星曆考原》一書，貫串璣衡，權輿圭臬，以訂曹震圭“晝丑夜未”之譌，實足立千古之標準。我皇上御纂《協紀辨方書》，復申暢斯旨。謹案《吳越春秋》所載子胥之占，“三月甲戌，時加雞鳴”，而以為青龍在酉，是甲日丑為陰貴也；范蠡石室之占，“十二月戊寅，時加日出”，而亦以為青龍臨酉，功曹為螣蛇，是戊日丑為陽貴也。沿溯古義，皆與聖謨垂示，先後同符。是書所取天乙，尚沿俗例。卷中僅載《先天貴人》一圖而不用，未免失之舛錯[2]。又所載十二宮分野，亦多拘牽舊説，未能訂正。今以原本所有，姑仍其舊錄之，而附訂其失如右。

【彙訂】

① 山西大學古典文學所藏為十三卷，卷首自序末署：“康熙甲申季秋古博郭載騋御青甫題於白門邸中。”目錄題：“古博郭御青先生較訂”。康熙四十三年甲申（1704）上距明亡已六十年，郭應是清人。《四庫》本少第五卷《兵占》及第四卷四篇小目，且無序、目錄。（李豫：《〈六壬大全〉非明刊本》）

② “舛錯”，殿本作“舛漏”。

卜法詳考四卷（浙江吳玉墀家藏本）[1]

國朝胡煦撰。煦有《周易函書約註》，已著錄。考古者大事多用卜，故《尚書》言龜者居多。《漢書·藝文志》載《龜書》五十二卷，《夏龜》二十六卷，《南龜書》二十八卷，《巨龜》三十六卷，《雜龜》十六卷，則漢時其書猶多。漢文帝“大橫”之兆，即其繇詞；褚少孫補《龜策傳》所述，即其占法也。《隋書·經籍志》僅載

《龜經》一卷,註"晉掌卜大夫史蘇撰"。又《龜卜五兆動搖決》一卷,不註姓名。則《漢志》所錄已亡矣。《舊唐書・經籍志》絕不載及龜卜[2]。《新唐書・藝文志》乃載孫思邈《龜經》一卷,又《五兆算經》一卷,《龜卜五兆動搖經訣》一卷,已多於前。《宋史・藝文志》又頓增史蘇以下十九部,其為輾轉依託,可以概見。今其書亦率不傳,傳於世者惟元陸森《玉靈聚義》最著。然其書蕪雜,殊乏雅馴。熙輯此編,首列《周禮》、《尚書》之文,本經訓也。次列《史記・龜策傳》,以其猶近古也。次列《古龜經》,案,此經不著名氏,蓋亦出自後人,非史蘇、孫思邈書也。次列全賜三圖,次列楊時喬《龜卜辨》,次列龜繇詞,皆參考以求古義也。次列《玉靈祕本》,次列《古法彙選》,皆近代術士之所傳,旁稽以盡其變也。蓋古占法之傳於今,與今占法之不悖於理者,大略已具於此。雖非《周官・太卜》之舊,然較之卜肆鄙俚之本,則具有條理。其駁唐李華,明季本、楊時喬"卜用生龜"之說,亦極為明析。存此一家,亦可以見古人鑽灼之梗概也。舊附所纂《周易函書》中。考其所說,與解《易》之書究為不類,今別著錄於術數家焉。

【彙訂】

① 文淵閣《四庫》本為八卷,書前提要不誤。(沈治宏:《中國叢書綜錄訂誤》)

②《舊唐書・經籍志》共載柳彥詢撰《龜經》三卷等龜卜之書七種。(容肇祖:《占卜的源流》;趙益:《古典術數文獻述論稿》)

右術數類"占卜"之屬,五部,三十七卷[1],皆文淵閣著錄。

【彙訂】

① "三十七卷",殿本作"二十五卷",誤。

　　案《漢志》、《隋志》皆立"蓍龜"一門,此為古法言之也。
後世非惟龜卜廢併,蓍亦改為錢卜矣。今於凡依託《易》
義,因數以觀吉凶者,統謂之"占卜"。

李虛中命書三卷(永樂大典本)

　　舊本題鬼谷子撰,唐李虛中註。虛中字常容,魏侍中李沖八
世孫。進士及第,元和中官至殿中侍御史。韓愈為作《墓誌銘》,
見於《昌黎文集》。後世傳星命之學者,皆以虛中為祖。愈《墓
誌》中所云"最深五行書,以人之始生年月日,所直日辰支干相生
勝衰死王相斟酌,推人壽夭貴賤利不利,輒先處其年時,百不失
一二"者是也。然愈但極稱其説之"汪洋奧美,萬端千緒",而不
言有所著書①。《唐書·藝文志》亦無是書之名,至《宋志》始有
李虛中《命書格局》二卷。鄭樵《藝文略》則作李虛中《命術》一
卷,《命書補遺》一卷。晁公武《讀書志》又作李虛中《命書》三卷。
焦氏《經籍志》又於《命書》三卷外別出《命書補遺》一卷。名目卷
數,皆參錯不合。世閒傳本久絶,無以考正其異同。惟《永樂大
典》所收,其文尚多完具,卷帙前後亦頗有次第。並載有虛中自
序一篇,稱"司馬季主於壺山之陽遇鬼谷子,出逸文九篇,論幽微
之理。虛中為掇拾諸家,註釋成集"云云。詳勘書中義例,首論
六十甲子,不及生人時刻干支,其法頗與韓愈《墓誌》所言"始生
年月日"者相合②。而後半乃多稱四柱,其説實起於宋時,與前
文殊相繆戾。且其他職官稱謂,多涉宋代之事。其不盡出虛中
手,尤為明甚。中閒文筆有古奧難解者,似屬唐人所為,又有鄙
淺可噱者,似出後來附益。真偽雜出,莫可究詰。疑唐代本有此
書,宋時談星學者以己説闌入其閒,託名於虛中之註鬼谷,以自

神其術耳③。今以其議論精切近理，多得星命正旨，與後來之窈渺恍惚者不同。故依晁氏原目，釐為三卷，著之於錄，以存其法。而於其依託之顯然者，則各加案語，隨文糾正，俾讀者毋為所惑焉。

【彙訂】

① 韓愈作碑誌，於其人之著述，或載或不載，無定例。（余嘉錫：《四庫提要辨證》）

② 其說實兼論八字，非不用時。《墓誌》"所直日辰"四字當連上"年月日"為句。（紀昀：《槐西雜誌》）

③ 此書卷中、下二卷，正文中並無宋代職官稱謂，亦不見有鄙淺可嗤者。惟卷上最後六條採自他書，其中一條有正郎、員郎等語，然其下注明引自《林開五命》。此卷應即《命書補遺》，非李虛中原著。（余嘉錫：《四庫提要辨證》）

　　玉照定真經一卷（永樂大典本）

　　舊本題晉郭璞撰，張顒註。考《晉書》璞傳，不言璞有此書。《隋志》、《唐志》、《宋志》以及諸家書目，皆不著錄。惟葉盛《菉竹堂書目》載有此書一冊，亦不著撰人。蓋晚出依託之本。張顒亦不知何許人。勘驗書中多涉江南方言，疑書與註文均出自張顒一人之手，而假名於璞以行。術家影附，往往如此，不足辨也。其書世無傳本，僅元、明人星命書偶一引之。今檢《永樂大典》所載，首尾備具，猶為完帙。雖文句不甚雅馴，而大旨頗簡潔明晰，猶有《珞琭子》及《李虛中命書》遺意。所言吉凶應驗，切近中理，亦多有可採。如論年儀、月儀、六害、三奇、三交、四象之類，尤多所闡發。惟推及外親、女壻，以曲說穿鑿，不免牽強附會耳。蓋舊本相傳，要有所受，究非後來杜撰者所能及。故錄而存之，以備星命家之一種焉。

星命溯源五卷（浙江范懋柱家天一閣藏本）

不著編輯者名氏。第一卷為《通元〔玄〕遺書》，雜錄唐張果之説，凡三篇。第二卷為《果老問答》，稱明李燈遇張果所口授，凡四篇。第三卷為《元〔玄〕妙經解》，稱張果撰，元鄭希誠註。第四卷為《觀星要訣》，第五卷為《觀星心傳口訣補遺》，均不云誰作。詳其題詞，似《要訣》為鄭希誠編，《補遺》又術士掇拾，增希誠所未備也。考《明皇雜錄》載果多神怪之迹，不言其知祿命。獨是編以五星推命之學依託於果，術者遂以“果老五星”自名一家。考韓愈作《李虛中墓誌》，稱其推命尚止用年月日不用時①，則開元、天寶之閒且無八字，似不應有五星。然王充《論衡》稱：“天施氣而衆星布精，天所施氣而衆星之氣在其中矣。人稟氣而生，含氣而長，得貴則貴，得賤則賤，貴或秩有高下，富或貲有多少，皆星位尊卑大小之所授也。”是漢末已以星位言祿命②。又韓愈《三星行》云：“我生之辰，月宿南斗，牛奮其角，箕張其口。”杜牧《自作墓誌銘》曰：“余生於角，星昴畢於角為第八宮，曰病厄宮，亦曰八殺宮，土星在焉，火星繼木。星工楊晞曰③：‘木在張於角為第十一福德宮，木為福德大君子，救於其旁，無虞也。’余曰：‘自湖守不週歲，遷舍人，木還福於角足矣④，土火還死於角，宜哉。’”是唐時實以五星宮度推休咎，其託名於果，亦有所因爾。希誠自署其官曰主簿，其籍曰瑞安，其號曰滄洲，始末未詳。燈自稱中都人，遇果在嘉靖二年九月，尤怪妄不足辨。總之術家務神其説而已。然世所傳五星之書，以此本為鼻祖。別有所謂《果老星宗》者，實因此而廣之。其後又有天官五星術，與此頗異。據理而論，化氣當從天官，正氣當從果老，二家之術亦可以互參⑤。其論星度乘除生克及兼取值年神煞，亦未可盡廢也。

【彙訂】

①"年月日"，底本作"年日月"，據韓愈《殿中侍御史李君墓誌銘》（《昌黎先生文集》卷二八）原文及殿本乙。

②《後漢書·王充傳》："永元中病卒於家。"其時下距東漢之亡，尚約一百二十年，不得言"漢末"。（楊武泉：《四庫全書總目辨誤》）

③"星工"，底本作"星宫"，據杜牧《自撰墓誌銘》（《樊川文集》卷十）原文及殿本改。

④"足"，底本作"是"，據杜牧《自撰墓誌銘》原文及殿本改。

⑤"以"，殿本無。

徐氏珞琭子賦註二卷（永樂大典本）

宋徐子平撰。《珞琭子》書為言祿命者所自出，其法專以人生年月日時八字推衍吉凶禍福。李淑《邯鄲書目》謂其取"琭琭如玉，珞珞如石"之意，而不知撰者為何人。朱弁《曲洧舊聞》云："世傳《珞琭子三命賦》，不知何人所作。序而釋之者以為周世子晉所為。"然考其《賦》所引有秦河上公，又如懸壺化杖之事，皆後漢末壺公、費長房之徒，則非周世子晉明矣。是書前有楚頤序，又謂珞琭子者陶宏景所自稱。然祿命之說，至唐李虛中尚僅以年月日起算，未有所謂八字者，宏景之時又安有是說乎？考其書始見於《宋藝文志》，而晁公武《讀書志》亦云宣和、建炎之間是書始行①，則當為北宋人所作。舊稱某某，皆依託也。自宋以來，註此賦者有王廷光、李仝、釋曇瑩及子平四家②。子平事蹟無可考，獨命學為世所宗。今稱推八字者為子平，蓋因其名。劉玉《已瘧編》曰："江湖談命者有子平，有五星。相傳宋有徐子平者，精於星學，後世術士宗之，故稱子平。"又云："子平名居易，五季人。與麻衣道者、陳圖南、呂洞賓俱隱華山，蓋異人也。今之推子平者，宋末徐彥昇，非子平也。"云云。其說不知何所本。然術家之言，百無一真，亦無從而究詰也。其註久無傳本③，惟見於《永樂大典》中者尚為完帙④。謹重加裒輯，釐為上、下二卷，以符《宋志》之舊。其中論運氣之向背，金木剛柔之得失，青赤父子之相應，言皆近理⑤。閒有古法不合於今者，是則在後人之善於別擇耳。又考《三命通會》亦載有《珞琭子》寥寥數語，與此本絕不相合。蓋由原書散佚，談命者又依託為之。偽中之偽，益不足據，當以此本為正也⑥。

【彙訂】

①《郡齋讀書志》卷十四著錄《珞琭子三命》一卷，並無"宣和、建炎之間是書始行"之語。（黃嬿婉：《〈四庫全書總目〉誤引〈郡齋讀書志〉訂正十則》）

② 據李仝《珞琭子三命消息賦》序，尚有鄭潾注，則共為五家。（羅福頤：《〈珞琭子三命消息賦〉提要》）

③ 臺北"國家圖書館"藏有元刻六卷本。（昌彼得：《〈永樂大典〉述略》）

④ "中"，殿本無。

⑤ 殿本"言"上有"亦"字。

⑥ 殿本"當"上有"要"字。《三命通會》所引文獻材料非常豐富，然多直接抄自南宋廖中所著《五行精紀》，後者未引《珞琭

子》徐子平注,而所引趙寔注則未見於記載,非"依托"之作。(劉國忠:《五行精紀》與《三命通會》)

　　珞琭子三命消息賦註二卷(永樂大典本)

　　案錢曾《讀書敏求記》稱《珞琭子三命消息賦》二卷,王廷光、李仝、釋曇瑩、徐子平四家註解。今考《永樂大典》所載,凡有二本,一本即徐子平註,一即此本,獨題曇瑩之名,而廷光與仝之説悉在焉①。或錢氏之本乃後人輯四家之説合為一書,故所題撰人之名互異。抑此本為曇瑩撮王、李之註,附以己説,故其文兼涉二家歟?廷光之書進於宣和癸卯,曇瑩之書成於建炎丁未,在廷光後五年,知非與廷光等同註。而卷首董巽、楚頤二序亦惟稱曇瑩一人,則當以《永樂大典》獨題其名為是也②。其説往往以命理附合《易》理,似不及徐子平註為明白切實。然如所列王廷光推演命限一條,頗為精確;曇瑩自論孤虛一條,亦有可採擇。與徐氏之書並行,亦可謂驂之靳矣。上卷之中,三家之註並載。下卷之中,則曇瑩之註為多③,而廷光與仝之註少。又曇瑩自序以李仝、鄭潾並稱,而卷中無潾一語,疑傳寫脱佚,或《永樂大典》有所刪節,亦未可定也。廷光與仝,爵里、事蹟均無可考④。李仝之名,《讀書敏求記》作"同",晁公武《讀書志》作"全"⑤,亦莫詳孰是。曇瑩號蘿月,嘉興人,以談《易》名一時。洪邁《容齋隨筆》載之,稱曰"《易》僧"。其以《易》理言命,蓋由於是云。

　　【彙訂】

　　①"而",殿本作"王"。

　　②南宋廖中著《五行精紀》所引王廷光與釋曇瑩注,分別注明引自《王氏注珞琭子賦》和《瑩和尚注珞琭子賦》,未引李仝注,

而所引曇瑩注亦未涉及李仝注的内容。"曇瑩撮王、李之注,附以己説"不確。三家注合為一部應是宋以後人所為。(劉國忠:《〈五行精紀〉與〈三命通會〉》)

③ "為",殿本無。

④ "均",殿本作"俱"。

⑤ "全",殿本作"仝"。衢本《郡齋讀書志》作"李全",袁本作"李仝"。據文意《總目》所引應為衢本。

三命指迷賦一卷(永樂大典本)

舊本題宋岳珂補註。珂有《九經三傳沿革例》,已著錄。其他撰述如《愧郯錄》、《桯史》、《金陀粹編》、《寶真齋法書贊》、《玉楮集》,皆尚有傳本,獨不聞其有是書。《宋史·藝文志》亦不著錄①。惟《桯史》中有珂與瞽者楊艮論韓侂胄祿命及論幕官袁韶祿命一條,其説頗詳。則珂亦頗講是事,或術家因而依託歟②?自元、明以來,諸家命書多引用其文。以此本檢勘,並相符合,知猶宋人所為也。《文淵閣書目》載是書一部一册,葉盛《菉竹堂書目》亦有是書一册,是明初其書尚存。今則久無單帙行世。惟《永樂大典》所錄,尚首尾完具。謹採掇釐訂,編為一卷,附之"術數類"中。所論大抵專主子平③,於夾馬、夾祿、拱庫、拱貴、辨論詳盡,往往為他家所未發。而"拱庫"一條,尤稱精晰。其他文義通達,亦多有可取。惟專以月建及胎元為推測之本,則不為定論。蓋月建是行運所主,要必當以日時參之。人生十月而產,固為常期,然氣稟不同④,亦有踰期、不及期者。若悉以十月為限,則刻舟求劍,未免轉失之支離。是又在學者之決擇矣。

【彙訂】

① "著錄"，殿本作"載其名"。

②《宋史·藝文志》未著錄不足為術家依托之據。《五行精紀》有岳珂"紹定戊子清明日"序，耐得翁《就日錄》亦載岳珂曾刊行《五行精紀》，而《三命指迷賦》與《五行精紀》注解所引文獻多同。則《三命指迷賦》的注釋者很有可能就是岳珂。（劉國忠：《岳珂與〈三命指迷賦〉的注解》）

③ 殿本"所"上有"以備參考書中"六字。

④ "不同"，殿本作"不齊"。

星命總括三卷（永樂大典本）

舊本題遼耶律純撰。有純原序一篇，末署"統和二年八月十三日"。自稱為翰林學士，"奉使高麗議地界，因得彼國國師傳授星躔之學"云云。案統和為遼聖宗年號，《遼史》本紀是年無遣使高麗事。其《二國外紀》但稱統和三年詔東征高麗，以遼澤沮洳罷師，亦無遣使議地界之文。遼代貴仕不出耶律氏、蕭氏二族，而遍檢列傳，獨無純名。殆亦出於依託也。《文淵閣書目》載有是書一部，不著冊數。《菉竹堂書目》作五冊，又不著卷數。外間別無傳本。惟《永樂大典》所載，始末完具。然計其篇頁，不足五冊之數，或葉盛所記有譌歟？中間議論精到，剖晰義理，往往造微，為術家所宜參考。惟所稱宮有偏正，則立說甚新，而驗之殊多乖迕。蓋天道甚遠，非人所能盡測，故言命者但當得其大要而止。苟多出奇思，曲意揣度，以冀無所不合，反至於窒塞而不可通矣。術家流弊，往往坐此。讀者取其所長而略其繁瑣可也。

演禽通纂二卷（浙江范懋柱家天一閣藏本）

不著撰人姓名①。乃以演禽法推人祿命造化之書也。相傳謂出於黃帝七元〔玄〕之說。唐時有《都利聿斯經》，本梵書五卷。貞元中，李彌乾將至京師，推十一星行曆②，知人貴賤。至宋而又有《秤星經》者，演十二宮宿度以推休咎，亦以為出於梵學。晁公武《讀書志》復有《鮮鸚經》十卷，"以星禽推知人吉凶，言其性情嗜好。說者謂本神仙之說，故載於《道藏》"。其書均已失傳。而詳溯源流，要皆為談演禽者所自祖。今世亦頗有通其術者，則以為本於明之劉基。然其中如"甲子寶瓶"之類，與《回回曆》所載名目相近，似其源亦出於西域，蓋即《秤星》、《鮮鸚》之支流。傳者忘其自來，遂舉而歸之於基，非其實也。其書上卷載三十六禽喜好吞啗，干支取化，及旬頭、胎命、流星、十二宮行限入手之法。下卷《鑒形賦》，具論窮達夭壽吉凶變幻之理。其詞為俗師所綴集，大抵鄙俚不文。而其法則相承已久，可與三命之學相為表裏。故存之以備一家。至《鑒形賦》，世或別為一書，名之曰《星禽直指》。其實上卷提其綱，下卷竟其用，為說相輔。今仍合為一集云。

【彙訂】

①"姓名"，殿本作"名氏"。

②"十一"，底本作"十二"，據殿本改。《困學紀聞》卷九《天道》："以十一星行曆推人命貴賤，始於唐貞元初都利術士李彌乾。"

星學大成十卷（兩淮鹽政採進本）①

明萬民英撰。民英字育吾，大寧都司人。嘉靖庚戌進士，歷官河南道監察御史，出為福建布政司右參議。是編取舊時星學家言，以次編排，閒加註釋論斷。卷一曰星曜圖例，卷二曰觀星節要、宮度主用、十二位論，卷三曰諸家限例、琴堂虛實，卷四曰耶律祕訣，卷五至卷七曰仙城望斗、三辰通載，卷八曰總龜紫府珍藏、星經雜著，卷九曰碧玉真經、鄧史喬廟，卷十曰光霽淵微、星曜格局。其於星家古法，纖鉅不遺，可稱大備。自來言術數者，惟章世純所云：“其法有驗不驗②，驗者人之智計所及，不驗者天之微妙所存。”③其言最為允當。而術家必欲事事皆驗，故多出其途以測之，途愈多而愈不能中。其尤難信者，無過於喬廟一說。其說以火、土二星相反而相成，晝火參、軫及箕、壁無咎乃大吉，夜土角、斗及井、奎降福亦如之。不知五行之理，惟主生剋，如季土坐於凋零之木，本自借其疏通；旺火臨於瀲灩之流，亦轉樂其滋益。若乃冬火坐水鄉，春土居木位，豈可目為喬廟而定其吉乎？且土雖盛而木已被其沈埋，火即熾而水已虞其枯涸①，有利於此，即不利於彼。是皆好奇求驗，而不計五行生克之故者。民英於此類大抵沿襲舊聞⑤，未能駁正其謬。且今之五星躔度，歲差既異於古，亦難必其盡合。然其鳩集衆說，多術家不傳之本，實為五星之大全，與子平之《三命通會》並行不悖。後來言果老術者參互考證，要必於是取資焉。《明史·藝文志》及黃虞稷《千頃堂書目》皆以此書為陸位撰，而別出萬民育《三命通會》十二卷。今檢此書卷首自序及凡例，確為民英所撰，《藝文志》蓋沿黃氏之誤。故仍以民英名著錄云。

【彙訂】

① 文淵閣《四庫》本為三十卷。(沈治宏：《中國叢書綜錄訂誤》)

② 殿本“不”上有“有”字。

③ “所”，殿本作“斯”。

④ “枯涸”，殿本作“涸枯”。

⑤ “類”，殿本無。

三命通會十二卷(編修程晉芳家藏本)

不著撰人名氏。卷首但題曰育吾山人。《明史·藝文志》有萬民育《三命會通》十二卷，與此本卷數相合，惟以“通會”作“會通”為稍異。考世所傳《星學大成》一書，為萬民英所撰。英字育吾，與此本所題合，當亦出民英之手。《藝文志》蓋誤以“民英”為“民育”，又“通會”二字傳寫互倒耳。自明以來談星命者，皆以此本為總彙，幾於家有其書。中閒所載仕宦八字，往往及明季之人，蓋後來坊刻所攙入，已非其舊。然其闡發子平之遺法，於官印財祿食傷之名義，用神之輕重，諸神煞所系之吉凶，皆能採撮羣言，得其精要，故為術家所恒用，要有未可遽廢者。至其立論多取正官正印正財，而不知偏官偏印偏財亦能得力；知食神之能吐秀，而不知傷官之亦可出奇，是則其偏執之見，未為圓徹。且胎元等論施之今日，亦多有不驗。言命學者，但當得其大意而變通之可矣。若所引《珞琭子》，與今《永樂大典》中所輯完本，其文迥殊。則其時祕册僅存，外閒末由窺見，遂誤信依託之本，固未足以為病也①。

【彙訂】

①《三命通會》所引文獻材料非常豐富，然多直接抄自南宋廖中所著《五行精紀》。葉德輝《舊抄本宋廖中〈五行精紀〉跋》(《郋園山居文錄》卷上)云：“《五行精紀》三十四卷，舊抄本題清江鄉貢進士廖中撰……余向讀明人萬民育《三命通會》，見其引據賅洽，多唐、宋人不得之書。竊疑諸書明時大半失傳，按之官

私藏書目,十不存一二,何以萬氏獨得見之?　後見常熟《鐵琴銅劍樓藏書目錄》,載有宋廖中《五行精紀》三十四卷,卷第與《三命通會》相同(此據《圖書集成·藝術典》所收足本,《四庫全書總目提要》止十二卷)……意揣萬氏必以此為藍本,而不得一見以證實之……因以餅銀十四圓購歸,逐一細讀,乃知萬氏《三命通會》果襲此書而成,而《四庫全書總目提要》未見此書,故稱萬書採摭羣言,得其精要,殊不知此書在南宋時固已擇焉精而語焉詳也。"《五行精紀》所引《珞琭子》王廷光、釋曇瑩注有《永樂大典》本《珞琭子三命消息賦注》所遺漏者,至於所引趙寔注則未見於記載,非"依托"之作。(劉國忠:《〈五行精紀〉與〈三命通會〉》)

　　月波洞中記二卷(永樂大典本)

　　案,《月波洞中記》見於宋鄭樵《通志·藝文略》者一卷,稱:"老君記於太白山月波洞,凡九篇。"晁公武《讀書志》亦載此書一卷,序稱:"唐任逍遙得之於太白山月波洞石壁上,凡九篇,相形術也。"與《藝文略》所記並合。《宋史·藝文志》載《月波洞中龜鑑》一卷,又《月波洞中記》一卷,皆無撰人姓氏。其為一書異名,抑或兩本別行,已無可考。自來術家亦罕有徵引,惟《永樂大典》所載尚存。核其體例,蓋猶據宋時刊本錄入。並有原序一篇,稱:"老君題在太白山鴻靈溪月波洞中七星南龕石壁間。"其説與《藝文略》相符。而序中不及任逍遙之名,則亦非晁氏所見之舊矣。序末又題"赤烏二十年七月二十三日"。案相術自《左傳》已載,而序中乃獨稱鍾、呂二真人。鍾離權生於漢代,其事已屬渺茫,呂則唐之洞賓,傳記鑿然。何由三國時人得以預知名姓[1]?且赤烏紀號盡十三年,又安得有二十年?明為不學之徒依託附會,其妄殆不足與辨。特以其所論相法，視後來俗本較為精晰，當必有所傳授。篇目自《仙濟》至《玉枕》九章，其詞亦頗古奧，蓋即鄭樵、晁公武所言之九篇。疑原本實止於此，故諸家著錄皆稱一卷。九篇以下或為後人所附益，未可知也。然相傳已久，今亦不復刪汰。以篇頁稍多，析為二卷，以便循覽，且微示原本與續入之別焉。

【彙訂】

① 殿本“名”上有“其”字。

玉管照神局三卷（永樂大典本）

舊本題南唐宋齊邱〔丘〕撰。齊邱字超回，改字子嵩，廬陵人。初以布衣事李昇，授殿直軍判官，擢右司員外郎，累遷同平章事兼知尚書省事。李璟嗣立，以太傅領劍南東川節度使，封楚國公。尋得罪被廢，自經死。事蹟具《南唐書》本傳①。齊邱生五季俶擾之世，以權譎自喜，尤好術數。凡挾象緯、青烏、姑布、壬遁之術居門下者常數十輩，皆厚以資之。是書專論相術，疑即出其門下客所撰集，而假齊邱名以行世者也②。《宋史·藝文志》、焦竑《經籍志》皆稱《玉管照神局》二卷，其名與此本同。陳振孫《書錄解題》則稱《玉管照神》而無“局”字，且僅有一卷，疑所見本非完帙。吳任臣《十國春秋》則載齊邱有《玉管照神經》十卷，名目稍異，而卷數亦與《宋志》不符。錢曾《讀書敏求記》所載與《十國春秋》相合，且稱：“上局所論，皆人之體貌，有形可見，故謂之陽局。下局所論，皆出形之外，無象可觀，故謂之陰局。”其言體例甚悉。此本為《永樂大典》所載，大指皆以形狀立論，與錢氏所云有陰陽二局者不符。疑此本即《宋志》所稱之二卷，故與十卷之本多所同異歟？術家之書，為後人緣飾增損，彼此牴牾，往往如此,不足深詰。特以其議論頗為精晰,而所取各書,尤多世所未覯,猶屬相傳舊文。故稍加訂正,釐為三卷,錄備一家焉。

【彙訂】

① 馬令《南唐書・宋齊丘傳》云:“豫章人也。”陸游《南唐書》同傳云:“世為廬陵人。父誠與鍾傳同起兵,高駢表傳為洪州節度使,以誠副之,卒官,因家洪州。”《輿地紀勝》卷二八《袁州・人物》條又謂:“宋齊丘,萬載人,為南唐相。”《正德袁州府志》卷八《宋齊丘傳》,亦謂為萬載人。按,龍袞《江南野史》卷四《宋齊丘傳》云:“世家廬陵淦陽閤皂山。”龍袞時代、居地與宋齊丘都較切近,所記必確。《太平寰宇記》卷一〇九“吉州新淦縣”條云:“閤皂山,在縣北六十里淦山南一里,為神仙之攸館。”《輿地紀勝》卷三四《臨江軍・景物下》“閤皂山”條云:“山形如閤,山色如皂,故以名云。”可知宋齊丘原居新淦之閤皂山。《紀勝》同卷新淦縣沿革云:“淳化三年置臨江軍,自吉州以縣來屬。”可知新淦原屬吉州,吉州又稱廬陵郡,宋齊丘原籍實為新淦,稱廬陵,舉郡名也。而萬載非里籍也。(楊武泉:《四庫全書總目辨誤》)

② 卷上列舉名相,宋代僅有秦檜一人,應是宋高宗紹興八年至二十五年秦檜獨相時所作,或出於其黨徒門客之手。(李裕民:《四庫提要訂誤》增訂本)

太清神鑑六卷(永樂大典本)

舊本題後周王朴撰。乃專論相法之書也。考朴事周世宗為樞密使。世宗用兵,所向克捷,朴之籌畫為多。歐陽修《新五代史》稱朴“為人明敏,多材質,非獨當世之務,至於陰陽律法,莫不通焉”。薛居正《舊五代史》亦謂朴“多所該綜,星緯聲律,莫不畢

彈"。然皆不言其善於相法。且此書前有自序，稱："離林屋洞下
山三載，徧搜古今，集成此書。"考朴家世東平，入仕中朝，遊蹟未
嘗一至江左，安得有隱居林屋山事？其為依託無疑。蓋朴以精
通術數知名，故世所傳奇異詭怪之事，往往皆歸之於朴。如王銍
《默記》所載，"朴與周世宗微行，中夜至五丈河旁，見火輪小兒，
知宋將代周"，其事絕誕妄不可信，而小説家顧樂道之。宜作此
書者亦假朴名以行矣。然其閒所引各書篇目，大都皆宋以前本。
其綜核數理，剖析義蘊，亦多微中。疑亦出宋人，非後來術士之
妄談也。其書《宋史·藝文志》不載，諸家書目亦罕著錄，惟《永
樂大典》頗散見其文。雖閒有闕脱，而掇拾排比，猶可得十之七
八。謹裒輯成編，釐為六卷。朴之名則削而不題，以祛其偽焉。

人倫大統賦一卷（永樂大典本）[①]

金張行簡撰。行簡字敬甫，莒州日照人。禮部侍郎暐之子。
大定十九年進士，累官禮部尚書、翰林學士承旨、太子太傅，贈銀
青榮祿大夫，謚文正。事蹟具《金史》本傳。行簡世為禮官，於天
文術數之學皆所究心。史稱其"文章十五卷，《禮例纂》一百二十
卷，會同、朝獻、禘祫、喪葬，皆有記錄，及《清臺》、《皇華》、《戒
嚴》、《為善》、《自公》等記，藏於家"。而獨不載是書之目。黃虞
稷《千頃堂書目》有《人倫大統賦》一册，亦不著撰人姓名。惟《永
樂大典》所載皆題行簡所撰[②]，且有薛延年字壽之者為之註。序
末稱皇慶二年。皇慶乃元仁宗年號，與金時代相接，所言當必不
誤。蓋本傳偶然脱漏也。其書專言相法，詞義頗為明簡。延年
序謂其"提綱挈領，不三二千言[③]，囊括相術殆盡，條目疏暢而有
節"，良非虛譽。惟意欲自神其術，中閒不無語涉虛夸。此亦五

行家附會之常,不足為病。至延年之註,雖推闡詳盡,而於不待註而明者亦復概行贅入,冗蔓過甚,轉不免失之淺陋耳。原本卷帙無多,然檢勘首尾完具,當為足本。金源著述,傳世者稀。今特加釐訂,著之於錄,庶考術數者尚得以窺見崖略云。

【彙訂】

① 文淵閣《四庫》本為二卷。(沈治宏:《中國叢書綜錄訂誤》)

② "載",殿本作"錄"。

③ 底本"不"下有"下"字,衍,據薛延年序原文及殿本刪。

右術數類"命書"、"相書"之屬,十四部,五十三卷,皆文淵閣著錄。

　　案,相人見《左傳》;《漢志》"形法"有《相人》二十四卷;人生時值星貴賤,見王充《論衡》;《隋志》有《雜元辰祿命》二卷,《涇河祿命》三卷,則其來已久。特書之傳於今者,大抵附會依託耳。謹擇其稍古與稍近理者,錄存數家,以見梗概。其說亦本五行,故古與相宅、相墓之屬均合為一,今別為類。蓋命言前知,主於一定不可移,他術則皆言可趨避,其持論殊也。

太乙金鏡式經十卷(浙江巡撫採進本)

唐王希明撰。希明不詳其里貫。開元時以方技為內供奉,待詔翰林。是書乃其奉敕所編,見於《新唐書·藝文志》,故書中多自稱臣。而其間推太乙積年有至宋景祐元年者,則後人已有所增入,非盡希明之舊也。《史記·日者傳》術數七家,太乙家居其一。《史記·天官書》中宮天極星,其一明者為太乙常居。而

《封禪書》亳人謬忌奏祠太一方，名天神貴者太一。鄭康成以為北辰神名，又或以為木神，而屈原《九歌》亦稱東皇太乙，則自戰國有此名。《漢志》"五行家"有《泰壹陰陽》二十三卷，當即太乙家之書，然已佚不傳。惟《周易乾鑿度》有太乙行九宮法，而今所傳次序乃特右旋，以乾、巽為一、九。希明謂太乙知未來，故聖人為之蹉一位，以示先知之義；郭璞則謂地缺東南，故蹉九以填之；樂產又謂太乙之理后王得之以統天下，故蹉一以就乾。其説頗參差，而皆近於附會。故黃宗羲至詆為"經緯混淆，行度無稽"。蓋術家又有所汩亂矣。核其大旨，乃仿《易曆》而作。其以一為太極，因之生二目，二目生四輔，猶《易》之兩儀四象也。又有計神，與太乙合之為八將，猶《易》之八卦也。其以歲月日時為綱，而以八將為緯，三基、五福、十精之類為經，亦猶夫曆也。其法以八將推其掩迫囚擊關格之類，占內外災福；又推四神所臨分野，占水旱、兵喪、饑饉、疾疫；又推三基、五福、大、小遊二限《易》卦大運，占古今治亂。術士傳習，其來甚久，故《漢書》已載有陽九、百六之語。《南齊書·高帝紀贊》所引《太乙九宮占》，自漢高祖五年推至宋禎明元年，幾數百年，而其術遂大顯於世。至希明承詔纂次，參校眾法，益為詳備。觀李燾《續通鑑長編》稱："夏主元昊通蕃漢文字，嘗推《太乙金鑑》。"則其書且行於四裔矣[①]。然其所論徵應，實多錯謬。如東周逢陽九，而不及於夏癸、商辛；少昊、帝舜，皆以靈神首出，周之成、宣，唐之太宗，其時亦可稱治安，乃謂與秦始皇同逢百六，其說殊不可通。其凶神、吉星所會，皆以分野為憑，而割裂牽配，尤為渺茫無據。故宋時劉黻亦嘗議其非[②]。《宋史·劉黻傳》，黻疏言[③]："傳者謂'太一所臨分野則有福，近歲自吳移蜀'。信如其說，坤維按堵可也。今五六十州，安全者不能十數，福何在耶？"蓋術數之學如星平、壬遁之類，所推止及於一身一時。匹夫之精神志氣，不能與造化相通，故韓、蘇箕斗，蠱、種龍蛇，亦閒為數所操而不能遁，然已為聖人所罕言。至歷代之治忽興亡，則所為克享天心者，實在主德，以為凝承之本。故聖王御世而八荒賓服，九谷順成，時有和甘，物無疵癘。其太和洋溢，自有斂疇錫福之所以然，夫豈演紀尋元之可得而推測？是書所列，乃秦、漢閒緯書之遺，機祥小數之曲説，不衷於正，宜為聖人所必斥[①]。特以其術為三式之一，所傳尚古，其書亦出自唐人，故附著於錄。而詳加辨正，以祛千古之惑焉。

【彙訂】

① "四裔"，殿本作"外國"。

② 殿本"議"上有"極"字。

③ "疏"，殿本脱，參《宋史》卷四百五本傳。下文所引為劉黻諫游幸疏中語。

④ "為"，殿本無。

遁甲演義二卷（兩江總督採進本）[①]

明程道生撰。道生字可生，海寧人。言遁甲者皆祖洛書。然河圖以圖名，當有奇偶之象，《洛書》以書名，當有文字之形。故班固以為六十五字，見《漢書・五行志》。劉向以為三十八字，劉歆以為二十字，並見《尚書正義・洪範篇》。是皆先漢以來洛書無圖之明證。若如宋以後所傳四十五點之狀，與河圖不殊，則當名"洛圖"，不名洛書矣。考《大戴禮》載明堂古制有"二九四七五三六一八"之文，此九宮之法所自昉，而《易緯乾鑿度》載太乙行九宮尤詳。遁甲之法，實從此起。方技家不知求其源，故妄説也[②]。其法以九宮為本，緯以三奇、六儀③、八門、九星，視其加臨之吉凶，以為趨避。以日生於乙，月明於丙，丁為南極，為星精，故乙、丙、丁皆謂之奇。而甲本諸陽首，戊己下六儀分麗焉，以配九宮而起符使，故號遁甲。其離、坎分宮，正授超神，閏、奇接氣，與曆律通；開休生之取北方三向，與太乙通；龍虎蛇雀刑囚旺墓之義，不外於乘承生剋，與六壬星命通。至風雲緯候，無不賅備。故神其說者，以為出自黃帝、風后及九天元〔玄〕女，皆依託固不待辨④。而要於方技之中最有理致。考《漢志》所列惟《風鼓六甲》⑤、《風后孤虛》而已，於奇遁尚無明文。至梁簡文帝《樂府》，始有“三門應遁甲”語。《陳書·武帝紀》，遁甲之名遂見於史。則其學殆盛於南北朝。《隋志》載有伍子胥《遁甲文》、信都芳《遁甲經》、葛祕《三元遁甲圖》等十三家，其遺文世不概見。唐李靖有《遁甲萬一訣》，胡乾有《遁甲經》，俱見於史志。至宋而傳其說者愈多。仁宗時嘗命修《景祐樂髓新經》⑥，述七宗二變，合古今之樂，參以六壬遁甲。又令司天正楊維德撰《遁甲玉函符應經》，親為製序。故當時壬遁之學最盛，談數者至今多援引之。自好奇者援以談兵，遂有靖康時郭京之輩以妖妄誤國。後人又攙雜以道家符籙之法，益怪誕不可究詰。於是六壬盛行而遁甲之學幾廢。究之遁通於壬，壬於人事為切，遁於天文為優，實亦未有以軒輊也。世所傳《五總龜》、《煙波釣叟訣》，稍存梗概。而是編旨約詞該，於用奇置閏之要頗為詳具。至論本命行年，謂欲乘本局中吉星生旺，其說亦他書所未及。存之以備三式之一，殆亦五行家所不廢歟？

【彙訂】

① 文淵閣《四庫》本為四卷。（沈治宏：《中國叢書綜錄訂誤》）

② “妄說”，殿本作“妄託”。

　　③“六儀”，殿本作“六曜”，誤。據此書卷二“玉女守門”條，六儀乃甲子戊、甲戌己、甲申庚、甲午辛、甲辰壬、甲寅癸。

　　④“皆”，殿本作“其”。

　　⑤“風鼓六甲”，底本作“風后六甲”，據殿本改。《漢書·藝文志》“五行”著錄《風鼓六甲》二十四卷。

　　⑥“景祐樂髓新經”，殿本作“景祐樂體新經”，誤，參《宋史》卷一二六《樂志一》、卷二百二《藝文志一》。

　　禽星易見一卷（浙江范懋柱家天一閣藏本）

　　明池本理撰。本理，贛州人。《明史·藝文志》載所著有《禽遁大全》四卷，《禽星易見》四卷。此本僅作一卷，蓋傳鈔者所合併也。禽星之用不一，此專取七元甲子局，用翻禽倒將之法推時日吉凶，以利於用。或以為其法始於張良，本風后《神樞鬼藏》之旨，為兵家祕傳，蓋好事者附會之説。其實於一切人事得失趨避，無所不占。凡行營立寨吉時，特閒一及之而已。所論禽宮性情喜好吞啗進退取化之理，較他書為簡明。而以時日禽為彼我公用之禽，專取翻禽為我，倒將為彼，乃其獨得之解，尤為可採。惟不載治曜，較異於他書。至以斗木為蟹，故其性最弱靜而安閒，非獬豸之獬，亦足訂星家之譌異。存之以與壬遁諸書參覽，猶不失為古之遺法焉。

　　御定星曆考原六卷

　　康熙五十二年聖祖仁皇帝御定。初，康熙二十二年命廷臣會議修輯《選擇通書》，與《萬年書》一體頒行，而二書未能盡一。餘相沿舊説，亦多未能改正。是年因簡命諸臣明於數學、音學者，在內廷蒙養齋纂輯算法、樂律諸書。乃併取曹振圭《曆事明

原》,詔大學士李光地等重為考定,以成是編。凡分六目。一曰
象數考原,二曰年神名位,三曰月事吉神,四曰月事凶神,五曰日
時總類,六曰用事宜忌,每一目為一卷。考古者外事用剛日,内
事用柔日,其日以卜不以擇。趙岐《孟子註》謂天時為孤虛王相,
則戰國時已漸講之。然神煞之説則莫知所起。《易緯乾鑿度》有
太乙行九宮法。太乙,天之貴神也。《漢志》"兵家陰陽類"亦稱:
"順時而發,推刑德,隨斗擊,因五勝,假鬼神而為助。"又"陰陽家
類"稱:"出於羲、和之官,拘者為之則牽於禁忌,拘於小數,舍人
事而任鬼神。"則神煞之説自漢代已盛行矣。夫鬼神本乎二氣,
二氣化為五行,以相生相剋為用。得其相生之氣則其神吉,得其
相剋之氣則其神凶,此亦自然之理。至其神各命以名,雖似乎無
稽,然物本無名,凡名皆人之所加。如周天列宿,各有其名,亦人
所加,非所本有。則所謂某神某神①,不過假以記其名位②,別其
性情而已,不必以詞害意也。歷代方技之家,所傳不一,輾轉附
益,其説愈繁,要以不悖於陰陽五行之理者近是。是書簡汰諸
家,删其鄙倍,而括其綱要。於順天之道,宜民之用,大聖人之於
百姓,事事欲其趨利而遠害,無微之不至矣③。

【彙訂】

① 上"某"字,殿本作"其",誤。

② "名位",殿本作"方位"。

③ 殿本"無"上有"誠"字。

欽定協紀辨方書三十六卷①

乾隆四年奉敕撰。越三年告成,進呈欽定。凡本原二卷,義例
六卷,立成、宜忌、用事各一卷,公規二卷,年表六卷,月表十二卷,日

表一卷,利用二卷,附錄、辨譌各一卷。舉術家附會不經、繁碎多礙之説,一訂以四時五行生剋衰旺之理。蓋欽天監舊有《選擇通書》,體例猥雜,動多矛盾。我聖祖仁皇帝嘗纂《星曆考原》一書,以糾其失,而於通書舊本尚未改定。是書乃一一駁正,以袪羣疑。如通書所載子月、巳月天德之誤,五月、十二月月恩之誤,甲日丑時為喜神之誤,正月庚日、七月甲日為復日之誤,九空、大敗等日之誤,並條分縷析,指陳其謬。甚至荒誕無稽,如男女合婚嫁娶大小利月及諸妄託許真君《玉匣記》者,則從刪削。於趨吉避凶之中,存崇正闢邪之義。於以破除拘忌,允足以利用前民。至於御製序文,特標敬天之紀、敬地之方二義,而以人之禍福決於敬不敬之間,因習俗而啟導之。尤仰見聖人牖民覺世,開示以修吉悖凶之理者,至深切矣。

【彙訂】

① 文淵閣《四庫》本尚有奏議一卷。(沈治宏:《中國叢書綜錄訂誤》)

右術數類"陰陽五行"之屬,五部,五十五卷,皆文淵閣著錄。

案,五行休咎見於《洪範》。蓋以徵人事之得失,而反求其本,非推測禍福,預為趨避計也。後世寖失其初,遂為術數之所託。《史記·日者列傳》載武帝聚占者論娶婦之日,有五行家、堪輿家、建除家、叢辰家、曆家、天文家、太乙家凡七家。《漢志》並為陰陽、五行二家,而兵家又出陰陽十六家。陰陽家所列諸書,不甚可考。《隋志》以下,並有五行而無陰陽。殆二家之理本相出入,末流合而一之,習其技者亦不能自分別矣。今總題曰"陰陽五行",以存舊目。其書則略以類聚,不復瑣屑區分云。

子 部 二 十

術數類存目一

正易心法一卷（兩淮鹽政採進本）

舊本題宋麻衣道者撰。凡四十二章，章四句，句四言。又題
"希夷先生受并消息"。《文獻通考》載李潛序云得之廬山異人，
馬端臨註曰："或云許堅。"又載張栻跋，亦信為陳摶所傳。惟《朱
子語錄》曰："此書詞意凡近，不類一二百年文字。如所謂'雷自
天下而發，山自天上而墜'，皆無理之妄談；所謂'一陽生於子月，
而應於卯月'，乃術家之小數；所謂'由破體鍊之①，乃成全體'，
則鑪火之末技；所謂'人閒萬事，悉是假合'，乃佛者之幻語。必
近年術數末流，道聽塗説，掇拾老佛醫卜諸説之陋者，以成此書。
後二年守南康，有前湘陰主簿戴師愈者求謁，即及《麻衣易》。因
復扣之，宛然此老所作。欲馳報敬夫，敬夫已下世。時當塗守李
侍郎壽翁雅好此書，亟以書來，曰：'即如君言，斯人而能為此書，
亦吾所願見，幸為津致之。'戴不久即死，而壽翁亦得請西歸矣。"
又曰："《麻衣易》是戴師愈所作，太平州刊本第二跋，即其人也。
昨親見之，甚稱此《易》，以為得之隱者，問之不肯明言其人。某
適到其家，見有一册雜錄，乃戴公自作，其言皆與《麻衣易》説相

類。及戴死,其子弟將所謂《易圖》來看,乃知真戴所自作也。"觀此二則,則是書之偽妄審矣。

【彙訂】

① "由破體鍊之",殿本作"曲破體之",誤,參《晦菴集》卷八一《書〈麻衣心易〉後》原文。

翼元〔玄〕十二卷(永樂大典本)

宋張行成撰。行成有《易通變》,已著錄①。案行成進書狀曰:"始得邵氏書,既得司馬氏書,潛思力索,久乃貫通。考之於《易》,無所不合。因著《翼元》十二卷,以明揚雄之《易》。"又曰:"揚雄作《太元》,義本《連山》。自著言之,《易》用七二,極少陽也;《太元》用三十三,五六之合,十一而三天也。自象言之,《周易》體八用六,天包地之數也;《太元》體四用三,地承天之數也。"云云。蓋所進"七《易》"之一也。朱彝尊《經義考》註云"未見"。今檢《永樂大典》尚載其本,然《太元》已贅,"翼"更蛇之足矣。

【彙訂】

① 依《總目》體例,當作"行成有《元包數總義》,已著錄"。

太元別訓五卷(兩江總督採進本)

國朝劉斯組撰。斯組有《撥易堂易解》,已著錄。是編解釋揚雄《太元》,各以韻語發揮其義,意欲以奧崛配雄。然原書詞意艱深,所以待註。註又僻澀,使人不解,是亦何取於註乎?

皇極經世書類要九卷(永樂大典本)

宋鍾過撰。過字益齋,廬陵人。其書作於咸淳中。吳應丑序云:"鍾君取邵子之書類之,圖即書,書即圖矣。其類之目曰道,曰太極,曰陰陽,而以《外篇》之文分附之。"考《皇極經世外

篇》本邵子門人所説，故張行成亦別為編次。此書捃拾排纂，初
無所發明，更不及行成之《索隱》矣。

　　皇極經世節要無卷數（浙江范懋柱家天一閣藏本）

　　不著撰人名氏。《浙江遺書目錄》題元周爽撰。案朱彝尊
《經義考》載《經世節要》：“宋周奭著。奭，湘鄉人。乾道間嘗與
胡安國、張栻游，潛心於《易》。”云云。則是周奭非周爽，是宋人
非元人也①。然書中推步元會運世至於明嘉靖辛巳登極，壬午
改元，則又非奭之舊本矣。蓋明人所附益也。

　　【彙訂】

　　① 胡安國卒於紹興八年，見胡寅《斐然集》卷二五《先公行
狀》。至乾道間，其人久已作古，周奭焉能與之游？安國諸子以
道學著稱者如張栻之師胡宏，以及胡寅、胡寧，又安國從子胡憲，
均卒於乾道以前，無與周奭游之可能。檢朱氏《經義考》之《四庫
全書》本與《四部備要》本，其卷二七一著錄“周氏奭《經世節要》”，
稱“未見”，餘無他語。不知《總目》此説所據何本。（楊武泉：
《四庫全書總目辨誤》）

　　皇極經世書説十八卷（内府藏本）

　　明朱隱老撰。隱老字子方，號瀂峯，豐城人。洪武中大學
士朱善之父，蓋元末明初人也①。隱老以邵子《皇極經世》義趣
深奧，學者猝不能得其説，因以己意訓解。凡邵子所未及者，
皆折衷而論定之。若邵子所自為説者，則又姑取至淺近之理
以為之指示，欲令讀者易得其津涯。然邵子作此書，其大旨主
於推步。隱老乃多講義理，而於數學罕所發明，則仍未能得其
綱領也。

【彙訂】

① 宋濂《文憲集》卷二二《故灤峯先生府君墓誌銘》云:"先生諱隱老,字子方,姓朱氏,南昌之豐城人……先生之言曰:'……邵氏以命世人豪,乃探是圖,著為《皇極經世書》……予於是有《經世書說》。'……不幸以至正丁酉十月八日卒於家。"丁酉為至正十七年,下距元亡尚有十一年。(楊武泉:《四庫全書總目辨誤》)

皇極經世書傳八卷(河南巡撫採進本)

明黃畿撰。畿字宗大,香山人,黃佐父也。是書有佐附記曰:"《皇極經世》未有全書,先君得諸《道藏》,手自錄之。今《性理》所載乃蔡西山《指要》,非其全也。祝泌《氏鈐》以泰為元,六十四卦皆用四爻,與邵子異矣,廖應淮《元元〔玄玄〕集》從之。惟朱隱老始宗本旨為之說,然未盡也。先君自成化乙巳隱居粵洲草堂,始悟氣以六變,體以四分,用九則三十六宮,用六則二十四閏,聲音律呂,圓唱方和,而後乾坤坎離用焉,天地萬物之理貫於一矣。"又稱:"凡所註釋有未備者,佐附以膚見,則推步也。年月日時分秒晝夜進退,積成一元消長,則命算工補其闕焉。"然則是書佐所續成也。又稱畿有自序。此本無之,殆傳寫佚脫矣。

皇極經世心易發微八卷(江蘇巡撫採進本)

明楊向春撰。向春字體元,號野厓,普洱人①。是書推衍《皇極經世》舊說,立占卜之法,惟論干支生剋,五行制化。蓋方技家言,非說《易》之書也。自稱六卷,而隆慶二年鄧世芳序稱八卷,與此本合。據世芳序,是書一刻於大理,再刻於京師。及在武定,又集前刻之未備者刻之。蓋自序乃初刻時作,此則增定之本耳。

【彙訂】

① 民國雲南叢書處刻《雲南叢書》本此集卷首載《野崖先生傳》，云："按先生氏楊，諱體仁，字向春，別號野崖，前明嘉靖人也。"後一篇序末署"洱陽楊體仁野崖氏題"，此書前亦題"洱陽楊體仁野崖氏手著"。（胡露：《〈四庫全書總目〉子部存目補正》）

皇極經世考三卷（安徽巡撫採進本）

國朝徐文靖撰。文靖有《禹貢會箋》，已著錄。是編首列邵子起算之術，括為二圖，一曰《數皆不離於五圖》，一曰《皇極經世一元圖》，皆櫽括王湜《節要》為之。末附《三十六宮解》，引鄭康成《乾鑿度》註及《黃帝素問》太乙游九宮之説為證，皆因論邵子之學偶及之。其大旨則以《竹書紀年》駁《經世紀年》之誤，上起唐堯甲子，下迄秦始皇甲寅，備列干支，訂其同異。考顧炎武《日知錄》備論自王莽以前古人不以甲子名歲，歷引《爾雅》、《周禮註》、《左傳》、《史記》、《呂氏春秋》、賈誼《鵩賦》、《漢書》、許慎《説文》，考據甚明。今本《竹書》不用歲陽歲名，而如後世題甲子，是即明人作偽，非汲冢舊文之證。邵子之學無所不窺，而所推帝王年數無不與《竹書》相左，絕無一言之考正。是又今本晚出，邵子未見之證。乃文靖不以《經世》疑《竹書》，而反以《竹書》攻《經世》。蓋文人愛奇嗜博，不加詳考，遂至顛倒是非。毛漸《三墳》，自鄭樵之外，宋以來人人知其偽，而文靖乃據以作《竹書》前編。其信《竹書》，亦猶是矣。

洪範九疇數解三卷（兩淮鹽政採進本）

明熊宗立撰。宗立有《素問運氣圓括定局立成》，已著錄①。朱彝尊《經義考》載是書作八卷，與此本不符。然彝尊註曰"未見”，恐傳聞譌異也。初，蔡沈作《洪範九疇數》，未竟而卒，今載於《性理大全》及《永樂大典》中者皆非完本。故天台謝無棥序稱其“亨數弗遽，釋數未備，猶有遺恨”。宗立訓釋其書，復因沈之法而廣之。如沈書釋數之詞，僅有潛之一數，餘但虛標數曰字，而並闕其文，宗立皆一一補作。又沈書以原、沖、從、公、中、用、分、戒、終九數為九疇之綱，宗立則因而重之，各衍為八十一數。如焦贛《易林》以一卦衍六十四卦之例，排定緝綴，遂為完書。所註推闡《易》義，曲相比附，百方牽合，使之成理，亦頗能自申其說。惟不註孰為沈之原文，孰為宗立之續補，體例龐雜，茫無端緒。非沈原書尚存，幾不知是書為誰作。是亦自明以來刊古書者之積習矣。

【彙訂】

①《總目》卷一〇五著錄熊宗立撰《素問運氣圖括定局立成》一卷。

洪範圖解二卷（浙江吳玉墀家藏本）

明韓邦奇撰。邦奇有《易學啟蒙意見》，已著錄。是編因蔡沈《洪範皇極》內、外篇復為圖解，於每疇所分之九字，係以斷語，俾占者易明。其揲蓍之法，與《易》之蓍卦相同。所言休咎，皆本於《洪範》，亦與《易》象相表裏。蓋萬物不離乎數，而數不離乎奇偶，故隨意牽合，無不相通云。

洪範皇極註四卷（江西巡撫採進本）

明李經綸註，國朝湯俟增註。經綸有《禮經類編》，已著錄。俟號漫湖，南豐人。經綸先註此書，名曰《範數觀通》，俟又改此名。凡書中稱“漫湖曰”者，皆俟說也。其書首卷著《揲法筮占說辨》諸條，以下則分內、外篇，末綴以範數之分，而每卷皆系以圖。蓋專為占筮而作。朱彝尊《經義考》載經綸有《詩教考》，極駁其宗王柏之説，刪改聖經。蓋亦好異之士。此書則彝尊不載，不知原本之卷數。中閒經俅更定，殆亦非其舊帙矣。

　　皇極數鈔二卷（江西巡撫採進本）

　　國朝陶成撰。成，南城人。康熙己丑進士，官翰林院編修。其書以洛書印合河圖，而推其數以占卜。上卷採掇蔡沈之説，下卷採掇李經綸之説，而推衍以己意。大旨重一為三，重三為九，九復合一為十，以通河、洛之數。夫奇偶相乘，無不可以成數。成遽謂："蓍之生也每一莖而百根，可為大衍之數者二。筮《易》已用其一，安知非儲其一以待蔡子數筮之用？"是勦《易》之旁支，儼然欲以配《易》矣。蔡沈之説何可與羲[①]、文、周、孔並言也？

　　【彙訂】

　　①"蔡沈之説何可"，殿本作"蔡沈何人乃可"。

　　洪範皇極補六卷（江西巡撫採進本）

　　國朝劉世衢撰。世衢字何甫，永新人。是書成於康熙甲子。以蔡沈《洪範數》為未竟之書，謝無楙之註釋亦未詳備，因補《圖數釋》二篇，《序數釋》三篇，《對數釋》一篇。蒙數原本闕疇傳，豫數原本闕註釋，皆一一補之。又補繫九小數詞。凡書中低一格者，皆世衢所續也。書本四卷，別以凡例、雜論、原序、各圖數總名為一卷，冠於首。又以五行等十二圖及其弟世履所作《五六天地之中合賦》一篇為一卷，附於末。

　　易範同宗錄無卷數（江西巡撫採進本）

　　國朝李灝撰，灝字柱文。卷首自署曰南豐，而前有雍正丁未自序,又自署曰嘉禾,未之詳也。其説取劉歆河圖、洛書相為經緯之義,以《易》與《洪範》合而一之,分三篇。一曰《河洛》,其總綱也。二曰《易卦》,三曰《範數》,其兩目也。《河洛》列圖書表裏之圖,《易象》列伏羲卦圖、文王之《易》、周公之《易》、孔子之《易》,而終以揲法、占法。《範數》列箕子之《範》、九峯蔡氏之《範》、寅清李氏之《範》,附以所作數詞,又附《改定蔡氏占法》。夫圖書之説,糾紛極矣,牽洛書以解《易》,已為附會。又必取《洪範》以合於《易》,其説於是益支。且以《易》為蓍筮,《範》為龜卜,是又因龜文之説而綴合為一,於古亦無據也。

洪範補註五卷(兩江總督採進本)

國朝潘士權撰。士權有《大樂元音》,已著錄。是編增補蔡沈之書,而於原書之外復多所附益。首卷為《疇詞》,蔡沈原本自潛而下無"數曰"云云,其"理曰"云云以下則全無之,皆士權所增入。二卷為蔡氏《內篇》,分章析節,闡其大旨。《外篇》三卷,則皆士權自撰,合蓍龜卜筮、五行卦氣、聲音律呂交互言之。

易十三傳十三卷(浙江汪啟淑家藏本)

不著撰人名氏。朱彝尊《經義考》亦云未詳誰作,第知為嘉靖閒人。其説以乾上九爻為一傳,次以姤及大過十二爻,每爻為一傳,合十三爻,共成十三傳,各證以歷代紀年。蓋倣《皇極經世》而作。然於《六十四卦相生圖》,則又不主邵子之説。邵博《聞見後錄》記有邱濬者以《易》數推元豐元年當豐卦,意其學即此術也。論多穿鑿,其於歷代事蹟亦皆附會。蓋術數家之支談,渺無關於經義者矣。

性理三書圖解九卷（江蘇巡撫採進本）

明韓萬鍾撰。萬鍾有《象緯彙編》，已著錄。此云"三書"者，《易學啟蒙》、《律吕新書》、《洪範皇極内篇》也。皆本無"性理"之名。萬鍾蓋以永樂中修《性理大全》載此三書，故從其後而追題之也。原序稱："其於《啟蒙》有主遇卦、之卦之殊①，於《律吕》有管孔之異，於《皇極》辨止戎之譌，明象占之義。"今案其書於《啟蒙》考變占之三十二圖，每爻必自一爻變至六爻，皆變者依爻位逐次列之，而各繫爻辭於下。蓋本之韓邦奇《啟蒙意見》，殊為繁複。其於遇卦、之卦並無發明。《律吕》管孔仍"徑一圍三"最疏之率，亦毫無是正。至《燕樂字譜》大吕、太簇、夾鍾清各用五字，而以上、下緊別之。蓋唐、宋相傳之舊法，所以取夾鍾為二十八調之準。萬鍾於四清衹列黄太夾而遺大吕清聲，又云旋宫之法未考，是其於燕樂尚茫然無據②，何論雅樂耶？《皇極内篇》係八之八戎③，小數縱横，當以悔、凶、休、祥、平、災、咎、吉、吝為次。刊本誤以止之縱數列為戎縱，萬鍾據數正之，則所考良是。然蔡沈此書非聖人而作《易》，《御定性理精義》已以僭經斥之，世亦無用以占者，其謬否正無庸深辨耳。

【彙訂】

①"其於啟蒙有主遇卦之卦之殊"，殿本作"此書於啟蒙有遇卦之卦之殊"，誤，參明嘉靖四十一年張敏德刻本此書黄嶠序原文。

②"茫然"，殿本作"茫茫"。

③"八之"，底本作"分之"，據殿本改。《洪範皇極内篇·八

十一數圖》有“戎八之八”,此書卷九糾《性理大全》本小數之誤。

範衍十卷(浙江巡撫採進本)

明錢一本撰。一本有《像象管見》,已著錄。是編以聖人則《書》敘疇,以龜坼為卜法,後世蓍重而龜卜不傳。《太元》、《皇極》皆根據洛書而作,朱子譏其為零星補湊。因摹倣《易》象,以龜求洛書之舊。契原數以為兆,綜九章以考占,演為繇詞,並自為音釋。卷首冠以衍法,仿《靈棋經》之例而小變之。又總論疇數之義綴於卷末,其意欲以補蔡沈書所未備。然蔡沈書亦何必補也。

　　謹案,推演《洪範》始自蔡沈,故凡因沈書而作者並類從編次。惟此及顧昌祚、舒俊鯤書雖以《範衍》、《衍範》、《洪範圖說》為名,而與蔡氏各自為說,故仍以作者之時代為次。

太微經二十卷(河南巡撫採進本)

明文翔鳳撰。翔鳳字天瑞,號太青,三水人。萬曆庚戌進士,官至太僕寺少卿。其作此書,蓋以擬《易》,凡四經、十二贊、十六圖、六十四緯、四表為一百篇。其卦畫以白、黑代連斷,每卦分上、中、下。始於四象,重之為十六罣,參之為六十四傃,三百八十四斯。又參其畫為十,為×,為丄,為丁,凡策數二萬四千五百六十。以參兩之法乘河圖之數推之,為日數十八萬兆,以太微之變爻交太元之變爻推之,為月數一萬億兆。四經者,一曰昱經,以律天道;二曰龎經,以律王道;三曰堯經,以律聖道;四曰顥經,以律神道。以四經會八卦,列之贊圖,合以緯表,為二十卷。大旨以周子《太極圖說》言無極為未安,故據《虞書》“道心惟微”語命此名。又以揚雄《太元》與歷數合,而《易》理未協;司馬光

《潛虛》則參差不倫；邵子開物、閉物之數止推至八萬餘年，猶有所極。因旁通交闡，積二十六年而其書始成，其用力亦云勤至。然《易》象之精微，六十四卦俱闡之矣，所應發揮者，《十翼》已發揮之矣，外此皆聖人所不言也。聖人所不言，而術數家必强言之，其支離繆轕也固宜。如翔鳳者，所謂誤用其心者歟！

說疇一卷（江蘇巡撫採進本）

明喬中和撰。中和有《說易》，已著錄。是編凡分五目。一曰正誤，皆踵宋、元諸儒錯簡之說，顛倒經文之序。二曰釋次，明五行之序。其云五星，惟金、水三十度，殊不可解。案金、水附日而行，日行一度，而又有遲疾順逆之差，此云三十度，是統以月計之矣。三曰廣形，推衍五行之類。其云百餌為金、薑汁為金之類，分配牽强，毫無確據。四曰辨是，以十為洛書，九為河圖，申劉牧之說，亦空言聚訟。五曰卜繇，以雨、霽、蒙、驛、克錯綜相乘為二十有五，分屬五方，每方得五九四十五疇，各係以詞，如《易林》之體。末為《用骰代龜說》，殆與盧氏《籤易》同一兒戲。如其說，則神祠、珓盃，其法更捷，何必紛紛然繳繞河、洛乎？

河圖發微無卷數（江蘇巡撫採進本）

明陳士槐撰。士槐字植甫，莆田人，明季諸生。是書大義以天一地二至天九地十為河圖之位，因位而後有數，位變五，數變十，凡干支、卦爻皆以十數推之。又自二畫推之，至千六百七十七萬有奇而止。又云：“有河圖之卦，斯有伏羲之卦。”其法以五陰五陽彼此交變而成者，謂之位變，以一至十之數乘一而得者，謂之數變。以三畫積至十畫，云用三、用四至用十者為河圖之卦。皆零星補湊，非出天然，至作河圖卦於羲卦之上，益杜撰矣。

雜説二篇,謂曆家種種不一,總之以九百四十分為一度。不知日法各家不同,九百四十分特太初法耳。士槐不明歲差之理,取十九年一章奇零不盡之數以為定率,殊未考盈縮之變。謂握機八陣前後邊各四曰風雲,左右邊各四曰天衡,並為定局,亦不知奇正相生之妙矣。至云孔子為一世佛,伯魚二世佛,子思三世佛,育聖以上過去佛,衍聖以下未來佛,尤不經之甚矣。

礌菴椠一卷（浙江汪啟淑家藏本）

明陳藎謨輯。藎謨有《皇極圖韻》,已著錄。此本乃所集與黃道周往復書札四篇。首為崇禎甲戌藎謨論《洞璣》書,次為道周答書,次亦道周所作《三易皇極答》,而以藎謨論律呂一書附之。其説不一,無類可入。以所論多律曆之學,姑附之"術數家"焉。

參兩無卷數（浙江巡撫採進本）

不著撰人名氏。凡四十一目。起《參兩圖説》,訖《靜生圖説》。大約仿《太元》、《潛虛》、《元包》、《洞極》之類,而益加以詭異。其圖天止一白圓圈,圖地於白圈中加一黑方作形①,圖人於黑方中又一白圈作形②,即以是為卦畫。其中曰"甹"者,猶《易》之有爻,《元》之有測,《虛》之有辭也。其曰"譓"者,猶《易》之有象,《元》之有贊,《虛》之有變解也。大旨以日月星漢雲霞風雨露霜雷電霧虹雪為在天成象,山石金火水田木榖絲鹽為在地成形,而以參天兩地括形象之賾。率煩碎支離,不可究詰。

【彙訂】

①"作形",殿本無。

②"作形",殿本無。

衍範二卷（江蘇巡撫採進本）

國朝顧昌祚撰。昌祚號忍園，婁縣人。康熙中舉人，官江夏縣知縣，降補萊州府經歷。是編附刻其子成天文集之前。首為三圖，一曰《皇極圖》，中為小圈，其狀如轂，圈內書一“誠”字。外為大圈，其狀如輞。而界畫以三十二線，其狀如輻。一曰《老子之極圖》，三圈相函如射的，而中一小圈書一“虛”字。一曰《佛氏之極圖》，兩圈如月之量而虛其中，別畫一小圈於外，書一“空”字。上卷自為之説，下卷引經以證之，大旨以《洪範皇極》貫註萬理萬事，故名曰《衍範》。自朱子傳周子太極圖，儒者尊為道學正脈，上接孔子。後來講學者遂紛紛作圖，以希追配，此亦其一矣。

畫前易衍無卷數（江西巡撫採進本）

國朝徐燦撰。燦字朗亭，號玉峯，崑山人。乾隆辛酉舉人。其書以太極函三兼綜河洛理數，取周子《太極圖説》引而伸之，以為交兆。又採古今格言，復益以己説，為占詞。法用太極化十六事為綱，曰順，曰矯，曰潛，曰建，曰照，曰勁，曰近，曰約，曰折[①]，曰止，曰回，曰宜，曰練，曰脱，曰經，曰緯。以十六事相錯得二百五十六，每事各為五兆，曰合五，曰八三，曰九二，曰七四，曰六五。皆有占詞，合為一千二百八十兆。其占法以一百二十子陰黑陽白各半揉和，先拈一字居中以應天一之數，尚虛中位四數，俟後積數補之。次於前後左右按次列十一數衍之，謂十六兆。內消象，純黑圈；息象，純白圈。交兆，純陽數者，陽極生陰，下半圈黑；純陰數者，陰極生陽，下半圈白。若方數不符，消息犯重者，不列。又以十六綱配二十四氣，前此言數學者所未有也。自序謂：“夢周子、二程子各書一‘三’字見示。又授筆一枝，冊一帙,顏曰《畫前易》。因衍為此書。"云云。可謂語怪矣。

【彙訂】

① "折",殿本作"析"。

潛元十六卷(兩江總督採進本)①

國朝張必剛撰。必剛有《三禮會通》,已著錄,是編以歲時氣候著為論說。先為五圖,首《元運圖》,次《立數圖》,次《平數圖》,次《平數奇圖》,次《平數偶圖》。次乃以一歲二氣、二元、四時、五行、六運、十二月、二十四氣、三十六旬、四十八弦、六十子午、七十二候為目,每目發端立義為正文。次為系說,次為贊辭。必剛自言其著述之意,謂:"《易》之卦爻象象,先事立文。《春秋》之征伐會盟,後事立文。至於歲時節候,終古共是事,即其是文。幽明俯仰,遠取近徵,參伍錯綜,抉摘發揮,於觀象玩辭、觀變玩占之義,可以竊附。"云云。其議論宛轉闚生,大致本張行成《易通變》之説,而益漫衍之。未嘗不執之成理,而以為《易》之本旨則非也。至所云"天地輪磑之象也,日月者行輪磑之蚍蜉也",即古人"蟻磨"之喻。又云:"時與節令鏤畫輪磑之寸度齒行也,物候輪磑中之穀滓也。"即《太元》"陰陽相磑,物成雕離,若是若非"之旨,特小變其字句。又其前所載諸圖,由一歲而二氣,而三元、四時、五行、六運累之為圖,算家尖堆法也;六角全圖以六起數,四角奇、偶二圖,一以四起數,一以八起數,算家平堆法也。亦改易其名目爾。

【彙訂】

① "十六卷"乃"六卷"之誤。清華大學藏乾隆刻本作六卷,有乾隆十年自序云:"釐為六卷。"(杜澤遜:《四庫存目標注》)

洪範圖説四卷（侍講劉亨地家藏本）

國朝舒俊鯤撰。俊鯤字潛夫，溆浦人。其自序云："因《欽定易圖説》得《洪範》九疇之數，兼得八十一疇之全數；於《欽定書圖説》得《洪範》九疇之名，兼得八十一疇之本名。"從此衍之，分元、會、運、世四卷，元曰《述舊聞》，會曰《形今意》，運曰《釋名義》，世曰《通數占》。各為之圖，附以論説。《述舊聞》以河圖、洛書為主，《形今意》以衍範數為之，《釋名義》則自五行以至六極皆有詮解，《通數占》則仿《皇極經世》之意推元會之數。蓋自為一家之學，非經文本義如是也。

演極圖説四卷（浙江巡撫採進本）

國朝秦錫淳撰。錫淳字沐雲，臨海人。是書推演周子太極之説。第一卷為《機極圖》、《衍極圖》，發明太極初生陰陽之旨。卷二為六陽、六陰十二節氣。卷三論天象。卷四論地理[①]，而終以潮候。亦各為圖論，發明陰陽變合之理。於萬事萬物一一求其所以然，大抵皆以意見推測也[②]。

【彙訂】

①"地理"，殿本作"天象"，疑誤。

②"意見"，殿本作"臆見"。

右術數類"數學"之屬，二十九部，一百六十六卷[①]，内五部無卷數。皆附存目。

【彙訂】

①"二十九部一百六十六卷"，底本作"二十八部一百六十五卷"，據殿本改。

黃石公行營妙法三卷（浙江范懋柱家天一閣藏本）

不著撰人名氏。後有總論，稱黃石公以授張子房者，蓋亦術家所假託也。上卷論日月星辰風雲氣候，中卷論鳥雀禽獸，下卷閒取六壬天罡遊都之説，詞義殊為淺陋。卷首有《望江南》詞百餘首，即世所稱李衛公《望江南》，而又雜以他占法。尤叢雜無可取也①。

【彙訂】

①"尤叢雜無可取也"，殿本作"尤為叢雜"。

東方朔占書三卷（浙江范懋柱家天一閣藏本）

原本前後無序跋。所載皆測候風雲星月及太歲六十年豐凶占驗之法，其詞皆鄙俚不文。案《隋書·經籍志》有《東方朔占》一卷，《東方朔書》二卷，《東方朔書鈔》二卷，《東方朔占候水旱卜人善惡》一卷。蓋古來雜占之書，託於朔者甚多。然考蔡絛《西清詩話》曰："都人劉克者，窮該典籍之事，多從之質。嘗謂杜詩'元日到人日，未有不陰時'，人知其一，不知其二，惟杜子美與克會耳。起就架上取書示余，《東方朔占書》也。歲後八日，一日雞，二日犬，三日豕，四日羊，五日牛，六日馬，七日人，八日穀。其日晴，所主之物育，陰則災。"云云。今本無此語，知非劉克所見之舊。又考《北史·魏收傳》云："魏帝宴百僚，問何故名'人日'，皆莫能知。收曰：'晉議郎董勛《答問禮俗》云：正月一日為雞，二日為狗，三日為豬，四日為羊，五日為牛，六日為馬，七日為人。'"云云，不言出東方朔。則劉克所見之占書已出依託，此又偽本中之偽本也。

乙巳占略例十五卷（兩淮鹽政採進本）

舊本題唐李淳風撰。皆雜占天文雲氣風雨並及分野星象之説。按淳風有《乙巳占》十卷。蓋以貞觀十九年乙巳，在上元甲子中,書作於是時,故以為名。《唐志》、《宋志》所載卷數並同。
惟《宋志》別出有《乙巳指占圖經》三卷,不言何人所撰,而無此
書。尤袤《遂初堂書目》、焦竑《國史經籍志》亦僅載《乙巳占》,不
云別有《略例》。檢《永樂大典》,絕無一字之徵引,可知明以前無
此書矣。錢曾《述古堂書目》始以《乙巳占》、《乙巳略例》二書並
列,而又不言其所自來。考朱彝尊《曝書亭集》有《乙巳占》跋,是
其書近時尚存,今特偶未之見耳。彝尊所論分野,以此本相較,
皆參錯不合。且所占至於天寶九載,其非淳風所作甚明。書中
援引亦多龐雜無緒。疑後人取《開元占經》與《乙巳占》之文參互
成書,而別題此名,託之淳風也。

玉曆通政經二卷(浙江巡撫採進本)[①]

舊本題唐李淳風撰。歷代史志及諸家書目皆不載,惟陳振
孫《書錄解題》有之,卷數與今本合[②]。蓋南宋人所依託也。天
文占驗,多不足憑。此書不過採摭唐以前各史天文、五行諸志,
略損益之。即真出淳風,亦無可取,況偽本乎?

【彙訂】

① 明、清鈔本及《浙江省第四次鮑士恭呈送書目》、《浙江採
集遺書總錄》皆作三卷。(杜澤遜:《四庫存目標注》)

②《直齋書錄解題》卷十二子部"曆象類"載《玉曆通政經》
三卷,《浙江省第四次鮑士恭呈送書目》著錄之本亦作三卷。(楊
大忠:《〈四庫全書總目提要〉訂誤十則》)

觀象玩占五十卷(浙江吳玉墀家藏本)

舊本題唐李淳風撰。凡日月、五緯、經星、雲漢、彗孛、客流、
雜氣以及山川、陸澤、城郭、宮室、營壘、戰陣皆著於占,而陰晴、

風雨、雹露、霜霧咸附錄焉。於日月之交會、五星之退留，今所預為推步，歲有常經者亦往往斷以占候。即日月所不至，五星所不經者，亦虛陳其象，殊不足憑。考《舊唐書·經籍志》有淳風《乙巳占》十卷，《皇極曆》一卷，《河西甲寅元曆》一卷，《緝古算術》四卷，《綴術》五卷。《新唐書·藝文志》有淳風註《周髀》二卷，註《五經算術》二卷，註《張邱〔丘〕建算術經》三卷①，註《海島算經》一卷，註《五曹孫子等算經》二十卷，註《甄鸞孫子算經》三卷，《天文占》一卷，《大象元文》一卷，《乾坤祕奧》七卷，《法象志》七卷，《太白通運逆兆通代記圖》一卷。《宋史·藝文志》有淳風《太陽太陰賦》一卷，《日月氣象圖》五卷，《上象二十八宿纂要訣》一卷，《日行黃道圖》一卷，《九州格子圖》一卷。陳振孫《書錄解題》有淳風《玉曆通政經》三卷。尤袤《遂初堂書目》有淳風《運元方道》，不載卷數。錢曾《讀書敏求記》有淳風《天文占書類要》四卷、《乾坤變異錄》四卷。夫古書日亡而日少，淳風之書獨愈遠而愈增，其為術家依託，大概可見矣。

【彙訂】

①《張丘建算經》有傳本，書名無"術"字，《新唐書·藝文志》著錄亦無"術"字。（杜澤遜：《〈四庫提要〉劄記》）

元〔玄〕珠密語十七卷（浙江巡撫採進本）

舊本題唐王冰撰。冰有《黃帝素問註》，已著錄。《素問》序稱："詞理祕密，難粗論述者，別撰《元珠》以明其道"，則冰實有《元珠》一書。然考冰為寶應時人，官至太僕令。而此書序中有"因則天理位而乃退志休儒"之語，時代事蹟，皆不相合。其書本《素問》五運六氣之說而敷衍之，始言醫術，浸淫及於測望占候。

前有自序，稱為其師元珠子所授，故曰《元珠密語》。又自謂以啟問於元珠，故號啟元〔玄〕。然考冰所註《素問》，義蘊宏深，文詞典雅，不似此書之迂怪。且序末稱："傳之非人，殃墮九祖。"乃粗野道流之言。序中又謂："余於百年間不逢志求之士，亦不敢隱沒聖人之言①，遂書五本，藏之五岳深洞中。"是直言藏此書時其年已在百歲之外，居然自號神仙矣，尤怪妄不可信也。宋高保衡等校正《內經》云："詳王氏《元珠》，世無傳者，今之《元珠》，乃後人附託之文耳。雖非王氏之書，亦於《素問》十九卷、二十四卷頗有發明②。"則宋時已知其偽。明洪武閒呂復作《羣經古方論》云："《密語》所述乃六氣之說，與高氏所指諸卷全不侔。"則呂復所見者併非高保衡所見，又偽本中之重儓。且鄭樵《通志略》稱《元珠密語》十卷，呂復亦稱十卷，而此本乃十七卷，則後人更有所附益，又非明初之本矣。術數家假託古人③，往往如是，不足詰也。其書舊列於"醫家"，今以其多涉機祥，故存其目於"術數家"焉。

【彙訂】

①"余於百年閒不逢志求之士亦不敢隱沒聖人之言"，殿本作"余於百年之間不逢志求之士亦不隱沒聖人之言"，誤，參明抄本此書自序原文。

②"十九卷二十四卷"乃"十九卷至二十二四卷"之誤。（胡玉縉：《四庫全書總目提要補正》）

③"術數家"，殿本作"術家"。

通占大象曆星經六卷（浙江范懋柱家天一閣藏本）

不著撰人名氏。首題原闕文一張，書末亦有脫佚，每卷第一行有"薑七"、"薑八"等字,用《千字文》記數,蓋《道藏》殘本也。大抵每星為圖,而附以占說,有宋、汴、蔡、幽諸州名,似是唐人之詞。始於紫微垣之四輔,由角、亢歷二十八舍,至壁宿而止。然多舛誤,次第亦顛倒不倫,蓋已為傳鈔者所竄亂矣。

天文鬼料竅 無卷數(兩江總督採進本)

不著撰人名氏。考鄭樵《通志》稱:"《步天歌》祇傳靈臺,不傳人間,術家祕之,名曰《鬼料竅》,即《步天歌》也。"而錢曾《讀書敏求記》稱:"《天文機要鬼料竅》十卷,前半詳解丹元子之說,後則兼採衆論,附列諸圖,而終以汪黙《渾天註疏》、張素宗《渾象圖說》。"合二說觀之,蓋《步天歌》稱《鬼料竅》,特轉相珍祕之隱語,而未嘗竟改書名。後人因樵此言,遂輯《鬼料竅》一書,而摭《步天歌》於其內。以實而論,則《鬼料竅》該《步天歌》,《步天歌》不該《鬼料竅》;以名而論,則《步天歌》兼《鬼料竅》,《鬼料竅》不兼《步天歌》也。此本所載,與《步天歌》多有異同,所註占語,亦多冗濫。又不載汪、張二家之書,已非錢曾之所見。蓋儒者講求古義,務得源流,稍篤實者,皆不敢竄亂舊文。方技家一知半解,則必以新說相附益。此不知何人所改,而仍冒原名耳。

天文主管一卷(浙江范懋柱家天一閣藏本)

首題"明昌元年司天臺少監賜紫金魚袋臣武亢重行校正",蓋金章宗時經進之書。案《金史·百官志》,司天少監秩從六品,而武亢姓名不見於紀傳。惟王鶚《汝南遺事》曰:"哀宗天興二年,右丞仲德奏,前司天臺管勾武禎男亢,原註曰徐州人氏。習父之業,精於占候。上遣人召之,既至,與語大悦,即命為司天長行。亢數言災咎,動合上意。是年九月,敵人圍蔡,亢預奏十二月初三日攻城,及期果然。上復問何日當解,亢曰:'直至明年正月十三日城下無一人一騎。'明年正月城陷,十三日撤營去。其數精妙如此。"云云。則亢乃哀宗末人,不應章宗時已為司天臺少監,校正此書。疑其出於託名,故時代舛異也。其書諸家皆未著錄,惟晁氏《寶文堂書目》有之。所載恒星及五星次舍占説,皆頗明晰,而繪圖舛錯者多。末附《周天立象賦》及《五星休咎賦》各一篇①,題曰李淳風撰,其詞亦不類唐人。錢曾《讀書敏求記》有明李泰《天文主管釋義》三卷,稱依丹元子《步天歌》分布垣舍之星為主,當即詮釋此書而作。然不言及此書,殆曾偶未之見耶?

【彙訂】

① 殿本"及"上有"一篇"二字,衍。

戎事類占二十一卷(浙江巡撫採進本)

元李克家撰。考《江西通志》:"李克家,字肖翁,南昌富州人。至正末,任本學教諭,遷遼陽儒學提舉。"即其人也①。是書取兵家占候,採輯成編。卷首為《天象圖》、《分野圖》,中分天類、日類、月類、星野類、星類、風類、雲氣類、蒙霧類、虹霓類、雨雹類、雷電類、霜露類、冰雪類、五行類、時日類、厭勝類,凡十五門。夫天遠人邇,非私智小數所能窺,此甲彼乙,徒熒衆聽。至於厭勝,尤屬鬼謀。郭京六甲神兵,豈足以拒金源耶? 此真妖妄之言,法所必斥者也。

【彙訂】

① 清同治《新建縣志》卷四八《文苑》有李克家小傳,云:"字嗣宗。父鼎,嘗於萬曆間上書籌邊防海防十二事,為當寧所嘉許……按省志載李克家,系元時富州人,自另為一人。"據明萬曆

二十五年厭原山館刻本朱謀埠序、張壽朋序,亦可知李克家為明萬曆間人,此本即其自刻。(王重民:《中國善本書提要》;杜澤遜:《四庫存目標注》)

天文祕略無卷數(浙江吳玉墀家藏本)

舊本題新安胡氏撰,不著名字。其書雜採占候之説,而附以《步天歌》。所陳測驗,大抵牽引傅會,純駁溷淆,不出術士之技。前有劉基序,當為元末明初之人。然詞旨膚淺①,基集亦不載,殆妄人所依託也。

【彙訂】

①“當為元末明初之人然”九字,殿本無。此書今存清初抄本,卷首題“新安心廷胡獻忠集”,胡獻忠著有《大統皇曆經世》三卷,《總目》卷一百十一著錄。前有新安謝存仁《重訂〈天文祕略〉序》,云:“友人胡君抱《天文祕略》以示不佞。”“謝存仁字生甫,祁門人,萬曆乙未進士……歷雲南布政,升巡撫。”前又有其“萬曆乙卯仲秋吉旦”自序。則其非“元末明初之人”明矣。(胡露:《〈四庫全書總目〉子部存目補正》)

清類天文分野之書二十四卷(兩江總督採進本)

明劉基撰。基有《國初禮賢錄》,已著錄。此書乃洪武中奉敕所作①。案星土之説本於《周禮·保章氏》,而其占錯見《左氏傳》中,其法以國分配。漢、晉諸志,少變其例,以州郡分配。以天之廣大,而僅取中國輿地分析隸屬,本不足信。基作此書,更以一州一縣推測躔度,剖析毫釐,尤不免於破碎。特其不載占驗,為差勝術家附會之説。然既不占驗,何用更測分野,於理均屬難通。蓋附會相沿,雖以基之學識,亦不能盡破拘墟之見也。

【彙訂】

①　此書卷端凡例末署"洪武十七年歲次甲子閏十月二十七日進"。《太祖實錄》卷一六七亦作"洪武十七年閏十月"，而劉基卒於洪武八年，則顯非劉基所撰。（王重民：《中國善本書提要》）

白猿經風雨占候説一卷（浙江范懋柱家天一閣藏本）

舊本題明劉基註。是書前有洪武四年基自序。案《明史·藝文志》"天文類"載有《白猿經》一卷，不著撰人，疑即是書。書中專論風雨雷電霆旱晦明之兆，末附以《日星雲氣圖》，殆好事者於天文祥異書中掇拾而成。註文及序均淺陋①，亦決非基作②。考沈士謙《明良錄略》曰："基以洪武八年四月卒，以《天文書》授子璉，使俟服闋進。且戒之曰：'無令後人習也。'"然則基之術數且不肯傳其子孫，又安有此種註釋流傳於世乎？

【彙訂】

①　"均"，殿本作"亦"。

②　"亦"，殿本無。

神樞鬼藏經二卷（浙江巡撫採進本）①

不著撰人名氏。首題"南極沖虛妙道真君"，蓋道家所依託。前有自序，稱："輯爲三卷，分十二章②，條陳一百一十九事。"今此本只分上、下二卷，殆又傳鈔者所併也。上卷載風雲陰晴之占，以知歲時豐歉。下卷雜述青烏家言，相第宅吉凶，推小兒年命。末及觀物拆字、斬三尸、驗神光，所言極冗雜不倫。自序又謂："《內篇》有神遁天奇之祕，勿敢輕泄，附諸別錄。"亦誇誕不足信。中有"皇明洪武"語③，蓋明人所爲也④。

【彙訂】

① 此書在《各省進呈書目》中僅著錄於《浙江省第九次進呈書目》與《浙江採集遺書總錄》,又見於《二老閣進呈書》,"浙江巡撫採進本"應為"浙江鄭大節家藏本"之誤。(江慶柏:《四庫全書私人呈送本中的鄭大節家藏本》)

② "十二章",殿本作"十一章"。

③ 殿本"中"上有"書"字。

④ 殿本"明"下有"初"字,衍。

象緯全書無卷數(兩淮鹽政採進本)

不著撰人名氏。觀卷末自跋,蓋明萬曆中人。跋稱:"監臺疇人子弟,分科各習一藝,算者昧於象占,占者不達數意。須用象、數相參,考其同異。"則亦司天之官也。其書前列七政二十八宿變異及風角、星氣諸術,分類頗詳。然大抵雜引諸占書,參以史事,無所考正。末為太陽行度立成諸表,蓋即所謂象、數相參者。然言象者逾十之九,言數者不及十之一也。

參籌祕書十卷(浙江巡撫採進本)

明汪三益撰。三益字漢謀,貴溪道士。是編採禽遁奇門諸書,裒合成編,以備兵家之占。成於崇禎己卯,楊廷樞為之序。己卯,崇禎十二年也①。是時流氛方熾,廟堂主招撫,而草澤則競談兵,乃至方外者流亦炫鬻其術,託於異人之傳。夫天時之說見於《孟子》,則孤虛旺相亦屬舊文。然周興紂滅,同一干支;我往彼亡,難分宜忌。軍政不修而規規以小術求勝負,末矣。

【彙訂】

① 此書明崇禎十二年楊廷樞刻本前有敍,云:"丁丑歲……

爰是冒昧濫筆，彙集前後諸書，剖精晰微，以禽遁演注七元、甲子、吉凶、勝負、定局，訂正奇門定論，考補軍營旗幟，俟受閫外重任者臨用之際不覽國然……戊寅季夏，桐岡先生再轉中州，余因恙南歸，舟次吳門，楊維斗先生熟閱斯書，不忍秘之，命梓以廣其傳……”，署“崇禎戊寅冬寓古吳蘿溪汪三益”。則此書之成當在丁丑歲，即崇禎十年。崇禎十二年乃此書刊刻之年也。（胡露：《〈四庫全書總目〉子部存目補正》）

星占三卷（浙江巡撫採進本）

明劉孔昭撰。案《明史·功臣世表》，孔昭，劉基十三世孫，天啟三年襲封誠意伯。是書因基所撰《在齊餘政》為之註釋。其一卷論恒星，繪三垣二十八宿星座形式於前，附《步天歌》於後，於諸星悉加占語，類皆剿襲舊文，稍為損益。二卷論日月五星、飛流彗孛、天形怪異以及分野宿次，言月蝕不及日食。三卷論陰晴風雨占候，亦皆雜採《觀象玩占》、《天元玉曆》諸書，無所發明考證。惟所載《測天賦》，較《觀象玩占》所載之本頗有條理，而孔昭之註則仍不免於支蔓。疑其本別有所受，為熟於干支宮卦者所訂也。末列雨師、雷煞、金虎、火鈴、太乙、天罡訪察使者諸名，全採道家之說。又附日月、星象、雲氣諸圖，亦占書之陳迹，均無足採。

天文書無卷數（江西巡撫採進本）

明柯冶撰。冶字九疑，天台人①。是書乃其手錄天官家言，故無卷帙次序。第一冊論垣宿諸星，第二冊論分野，第三冊論五星。皆雜採史傳，綴以諸家占候之法。第四冊論天地列曜交食衝犯，多採《革象新書》，而附以己意。大抵與今法違異，不足以資考核。

【彙訂】

① 柯洽非天台人，乃黃巖人。（宋慈抱：《兩浙著述考》）

靈臺祕苑一百二十卷（河南巡撫採進本）

不著撰人名氏。考《北史·庾季才傳》，稱所著有《靈臺祕苑》一百二十卷，《垂象志》一百四十二卷，《地形志》八十七卷，並行於世。此書書名、卷數皆與相合。然書中所徵引故實，迄於元末。又所記冬至以日躔箕宿四度起算，則明人所編輯，仍襲季才之名耳。其書首一卷至五卷論天，六卷至十二卷論日月，十三卷至十七卷論五星，十八卷至二十七卷論三垣，二十八卷至五十三卷論二十八宿，五十四卷論雜星，五十五卷至六十卷論望氣，六十一卷至六十六卷為天象雜占，六十七卷至七十卷論風角，七十一卷至一百二十卷為雜占候。大抵推步緯度者少，測驗祥異者多，體例亦頗冗沓。蓋方技之流雜鈔占書為之耳。

註解祥異賦七卷（浙江范懋柱家天一閣藏本）

不著撰人名氏。專言天象祥異，凡賦七篇。占天地者曰《元黃賦》，占日者曰《炎光賦》，占月者曰《元精賦》，占五緯者曰《躔經賦》，占彗孛飛流者曰《瑞妖賦》，占宮室城郭營壘氣象者曰《霧零賦》，占風角者曰《颮颭賦》，各為之註。大致與明仁宗所製《天元玉曆祥異賦》相類①。

【彙訂】

①"賦"，據殿本補。

天漢全占二卷（浙江范懋柱家天一閣藏本）

不著撰人名氏。上卷為《步天歌》，下卷為《天漢經》，各繪圖於上,而載其說及雜占於下。諸家書目皆不著錄①。星圖各施采色,頗工整可觀,疑亦從明代內府本錄出者也②。

【彙訂】

①"著",殿本無。

②"從明代內府本錄出者也",殿本作"明代內府本也"。

海上占候一卷(浙江范懋柱家天一閣藏本)

不著撰人名氏。所記潮汐風雨晴晦日月虹霧之類,皆有定驗。乃為泛海占視者而設,故以"海上"為名。

軍占雜事一卷(浙江范懋柱家天一閣藏本)

不著撰人名氏。所載亦多行兵占候之法①。其書前半已有闕佚,而後半別題《神武金鑑》,自相舛異。蓋斷爛不完之本也。

【彙訂】

①"亦",殿本無。

占候書十卷(浙江范懋柱家天一閣藏本)

不著撰人名氏。首列《步天歌》,系以星象各圖。次即詳載諸占法,每一占為一圖,而以占驗附於下。所引不出史志及京房《易傳》、《乙巳占》諸書,大抵附會穿鑿,殊為猥雜。

天文諸占一卷(浙江范懋柱家天一閣藏本)

不著撰人名氏。亦莫詳時代。書中雜占,半出鈔襲,半出臆斷。如所註"日影"一則,謂:"用竿八尺,立於地中,以度其影。每於當節之日午時,測影之長短,以定豐歉疾疫人畜夭傷。"不知太陽、太陰午正高度隨時隨地在在不同,豈能限以成法,泛言占驗?又其註"月影"一則,謂:"正月元宵夜月到午中,立七尺竿子，以度其影。八尺水潦，六尺歲稔，一尺饑疫。"云云。是並不知日月之度數，而妄陳休咎，不亦僨乎？

天文大成管窺輯要八十卷（浙江范懋柱家天一閣藏本）

國朝黃鼎撰。鼎字玉耳，六安人。明末以諸生從軍，積功至總兵官。入國朝，官至提督。是書乃其晚年所集，以古今天文占候分門編錄，大學士范文程序之。大旨主災祥而不主推步，繁稱博引，多參以迂怪荒唐之説。

右術數類"占候"之屬，二十六部，三百八十卷，內四部無卷數。皆附存目。